天

Borderless

下

博稽古今 融汇天下

天
Borderless
下

博
观

Law

and

Revolution

法律与革命

（第一卷）

西方法律传统的形成

[美]哈罗德·J. 伯尔曼 著

贺卫方 高鸿钧 张志铭 夏 勇 译

法律出版社 LAW PRESS · CHINA

著作权合同登记号

图字：01-2018-7207

作者简介

哈罗德 · J. 伯尔曼 Harold J. Berman，1918~2007

伯尔曼是当代美国最具世界影响力的法学家之一，世界知名的比较法学家、国际法学家、法史学家、社会主义法专家，以及法与宗教关系领域最著名的先驱人物。他对中国当代法学界也产生过重大影响，是中国法学界比较熟悉的外国法学家。代表著作有《法律与革命：西方法律传统的形成》《法律与革命：新教改革对西方法律传统的影响》《法律与宗教》。

凡　例

一、本书是伯尔曼《法律与革命——西方法律传统的形成》一书的中文全译本，所据版本为美国哈佛大学出版社 1983 年版第一次印刷本。

二、书中人名和专用术语一般按通行译法译出。除个别比较冷僻的术语和易致误解的译名外，一般不加译注。译者注释以星号标示，置于页下，并注明“译者注”字样，以与全部排在正文后的原著注释相区别。

三、本书切口处的数字系原书页码。因中英两文本版式不一，故边码未必完全切合。

四、本书注释引用各种语种参考文献甚多，译者未能完全了解各种文献内容，译为中文，恐反易讹误，故除《圣经》章名之外，其他文献名称以及著（编）者、出版地等均照录原文。此虽有助于读者查检有关文献，对不谙西文的读者毕竟略嫌不便，尚祈鉴谅。

五、为忠实反映原著学术面貌，并方便读者检索，本译本以外文与中文对照的方式保留了原著的全部索引。索引条目后的数字系原著页码，读者可按本书边码检索。

六、因为已有外文与中文对照索引，故本译本人名及专有名称一般不括注原文，但索引未收者，在第一次出现时则视必要括注原文。

序　言

这是一部关于起源、“根源”的历史，也是一部关于“路线”即我们借以到达今天的路径的历史。怀疑论者们可能带着怀旧的情绪阅读本书，他回忆着使他逐渐异化的过程。相信者们可能希冀从中发现某些对于未来的指导路线。德日进*写道：“过去已经向我显示如何建设未来。”

我自己的动机则略微有些绝望。据说，一个溺水者眼前会闪过他的整个生命历程。这可能是他下意识的努力，以便在他的经验范围寻找摆脱险境的办法。所以，我不得不从遥远历史的视角，从头考察西方的法律与法制、秩序与正义的传统，以便找到摆脱目前困境的出路。

---

* Teillumt de Chardin(1881 ~ 1955)，法国哲学家和古生物学家。他提出的一种理论认为，无论是在思想上还是在社会生活中，人类都在进化，最终达到精神的统一。他把科学与基督教教义结合起来研究，宣称人类的历史与十字架的道路十分相似。1923 年曾来中国考察人类学、地质学以及其他问题，第二次世界大战期间滞留中国。“北京人”头盖骨的发现与他有关。“德日进”是他的中文名字。——译者注

我们处在一个时代的终点,这一点是无法在科学上证明的。某人感觉到这一点,某人则没有察觉到。人们由直觉而知,古老的形象已经失去了它们的意义,正如阿奇博尔德·麦克利什在他的《隐喻》中所说的那样。

> 一个世界的隐喻一经消失,这个世界便告灭亡。
> 一个时代变为另一个时代,其余的一切都被弃置一旁。
> 当敏感的诗人自豪地创造,
> 那一定是灵魂契合的征兆。
> 奢言意义者将绝无所知,
> 惟想象丰富者的想象能够昭示:
> 这些想象一旦消失,目虽可视,
> 所见万物已不复具有意义。

因为这个时代正在结束,我们现在能够分辨它的开端。在一个时代的中叶,我们还看不见它的终点,它的起点也隐而不见。于
vi 是,用F. W. 梅特兰的话讲,历史看上去确实是一张无接缝的网。然而,既然我们的全部文明展现于我们面前,我们就能发现它的起源,因为我们知道我们正在探寻的起源是什么。

与此相似,正因为我们正处在一个革命的时期,我们就能够更容易辨认过去的各个革命时代。描述进化的历史即"平缓的"历史,是达尔文时代历史著述的特色。论述由社会冲突所支配的多灾多难的历史,则成了20世纪初期和中期历史著述的特色。现在,我们也是首次开始不仅把进化、把革命而且把这两者的互动作用看作西方历史的主旋律。

人们不会不感觉到20世纪发生于欧洲、北美和属于西方文明

的其他地区的社会解体、社会共同体的破裂。种族、宗教、地域、家庭、阶级、邻里和劳动共同体的联系已经日益分化为抽象的和肤浅的民族主义。这是与整个西方文明的统一性和共同目的性的衰退密切相关的。但是,也有某些组合的迹象。也许最有希望的前景是以区域和世界范围为基础的经济、科学和文化的相互依存。

这与法律有何关联?我认为关系重大。西方社会共同体的各种传统象征,即传统的形象和隐喻首先是宗教和法律方面的。然而,在20世纪,宗教首次在很大程度上变成了一种私人事务,而法律在很大程度上则变成了一种与实际权术相关的事务。宗教的隐喻和法律的隐喻之间的联系已经破裂。它们不再能够表达社会共同体对于其未来和过去的想象力了;也不再能够博得社会共同体的热诚了。

对这些变化感到惋惜,大可不必。这些变化可能是一件好事。毫无疑问,它们是不可避免的。它们无论如何都标志着一个时代的结束,既然不能返回过去,仅有的问题就是:"我们将如何走向未来?"我们能否从过去经历的大量记忆中找到对策,以帮助我们克服走向未来之路的障碍?

可以从本书所叙述的历史中间接地了解这些障碍是什么。这些障碍包括与法律本身相关的思想和行动的狭隘性和孤立性。我们需要克服下列现象:将法律归结为一套处理事务的技术性手段;使法律脱离于历史;把一国的法律等同于我们的全部法律、把一国的法律史等同于我们全部的法律史。也需要清除以下谬见:排他的政治的和分析的法学("法律实证主义"),或孤傲的哲理的和道德的法学("自然法理论"),唯我独尊的历史的和社会—经济的法学("历史法学派""法的社会理论")。我们需要一种能够综合这三个传统学派并超越它们的法学。这样一种综合的法学将强调,法律必须被信奉,否则就不会运作;这不仅涉及理性和意志,而且涉及感情、直觉和信仰,涉及整个社会的信奉。

处在危机时期,我们需要具有更丰富的想象力,小奥立佛·温德尔·霍姆斯曾对一群法学院的学生说:“你们作为法律家的事业是要明察你们面前的特殊事实与整体结构之间的关系。”在这种陈述的背后,潜含着霍姆斯由内战而产生的对生活的悲剧意识。他知道,不把特殊事实置于一种普遍性的前后关系中,特殊事实是完全靠不住的。

我们的法律概念的狭隘性不仅阻碍了我们对法律的视野,而且阻碍了我们对历史的视野。今天,人们把法律主要看作在某个特定的国家生效的一大堆立法的、行政的和司法的规则、程序和技术。与这种法律观点相伴随的历史眼光被严格地局限于多少是晚近的过去和某个特定的国家。实际上,它甚至可能完全不是历史的眼光,而只是局限于现行政策和价值的眼光。与此不同的做法是,考虑流行于过去的法律概念的历史含义——如 18 世纪英格兰的布莱克斯通在《英国法释义》所表达的。这本著作写作的对象不仅是法律家,而且主要是所有受过教育的人们。根据布氏的观点,英格兰曾流行下列各种法律:自然法、神法、国际法、英国普通法、地方习惯法、罗马法、教会法、商人法、制定法和衡平法。这种分类中所隐含的是一种不局限于一个国家或晚近过去的历史观,而是一种复合的历史观,它包括基督教和犹太教的历史、希腊的历史、罗马的历史、教会的历史、地方的历史、本国的历史和国际的历史,等等。这样一种历史观,布氏通过使他的读者联想过去不同时代,从而使他们不囿于任何单个历史,也不囿于某种抽象的康德意义上的整个历史。基于同样的理由,这能使他们不是预见单个的未来或某个一般的抽象未来,而是也预见到各种各样的未来时代。

布氏本人是很“英国式”的,并且在许多方面是相当保守的,但是,他在承认英格兰的法律传统形式多样性的同时,承认了历史本身形式的多样性。

人们有时已经注意到,过于狭隘的法律观点妨碍了其他学科的学者(历史学家、政治学家、社会学家和哲学家)有效地研究法律。如果仅仅把法律看作通行的规则、程序和技术,那么,社会科学学者和人文学者对它就不会有什么兴趣。也应该注意到,那些由此而遭受损失者不仅是法律家,而且也包括社会科学学者和人文学看,因为这剥夺了他们透视本学科的最丰富的材料之一。如 viii
果说我们的社会科学和人文学科已经变得过于行为主义和支离破碎,特别是如果说我们的历史编纂已经变得过于民族主义和过于局限于较短的时期,那么,部分原因正是我们的法律思想也已经变得如此,因而已经脱离了职业学者的总体视野并由此脱离了受过教育的公众的总体视野。

当然,抱怨知识的孤立性比做某些有助于克服这种孤立性的事情来得容易。任何重新整合过去时代的努力都可能根据现行的范畴和概念加以理解和判断。把西方法律史描述为我们时代的一种隐喻,旨在寄厚望于那些已经在颇为不同的历史观、法律观和西方观中受过教育的读者们。但是,如果没有一种对于过去的重新整合,那么,既不能回溯我们过去的足迹也不能找到未来的指导路线。

目录

导　论

本书讲述的是下面的历史：曾经有一种称作“西方的”文明；这种文明发展出了独特的“法律 1
的”制度、价值和概念；这些西方的法律制度、价值和概念被有意识地世代相传数个世纪，由此而开始形成一种“传统”；西方法律传统产生于一次“革命”，它在后来数个世纪的过程中被革命周期性地打断和改造；在20世纪，西方法律传统的革命危机比历史上任何其他时期都要大，某些人相信这种危机实质上已导致了这种传统的终结。

并非所有的人都要听信这个历史。许多人会感到它的情节是不能接受的；他们会认为它是一种幻想的作品。某些人会说，从来就没有一个西方的法律传统。另有些人会说，西方法律传统在20世纪后期是活着的并且活得蛮好。

甚至那些承认这个历史是真实的和认为应该认真对待它的人们中，关于**西方的**（*Western*）、**法律的**（*legal*）、**传统**（*tradition*）和**革命**（*revolution*）这几个词的含义,也存在广泛的意见分歧。讲述这个历史的目的之一是要在一种叙述的前后关系中即在它们时间方面揭示这些词语的含义。从这一观点出发,试图预先界定这几个词的含义,必将使自己的目的不能实现。正如弗里德里希·尼采所说的那样,任何有历史的东西都不能被界定。不过,作为一位非虚构作品的作者,有责任在开头就暴露他的某些成见。同时,试图以初步的方式消除我所见到的某些人的误解可能是有益的,这些人可能预先假定这个历史是不能接受的。

本书中所说的“西方”(the West)是一种特殊的历史文化或文明,它的特征可从许多不同的方面来概括,这取决于该种概括的目
2 的。它习惯上被称为“西方文明”,被认为包括继承古希腊和罗马遗产的全部文化,与“东方文明”相对,后者主要包括伊斯兰、印度和“远东”。自第二次世界大战结束以来,经常用“东方”和“西方”区别共产党国家和非共产党国家:在“东西方贸易”中,从布拉格到东京的货物运输被认为是一种从东方到西方的运输。

还有一种今天不那么著名的关于东西方的划分:基督教教会的东部与西部之分,这种划分与基督教时代头几个世纪中罗马帝国东部和西部的划分相对应。虽然在早期就存在东部教会和西部教会的划分,但它们的分裂却是在1054年。它们的分离恰好与下面的西方运动相一致:试图使罗马主教成为教会唯一的首领;把神职人员从皇帝、国王和封建领主的控制下解放出来;并使作为政治和法律实体的教会与世俗的政治体鲜明地区分开来。这个运动在所谓的格列高利改革和授职权之争(1075~1122年)达到了顶点,[1]导致了第一个西方近代法律体系即罗马天主教“新教会法”(*jus novum*)的形成,并且最终也导致了王室的、城市的和其他新的世俗法律体系的形成。“西方的”这个词,在“西方的法律传统”这

个短语中是指其法律传统起源于上述事件的民族。在 11 世纪和 12 世纪，这些民族是指从英格兰到匈牙利和从丹麦到西西里的西欧诸民族；而像保持在东正教中的俄国和希腊这类国家以及作为穆斯林领地的西班牙的大部分在那时则被排除在外。后来，不仅俄国和希腊及整个西班牙被西化，而且北美和南美及世界各其他不同的地区也被西化。

这样说来，西方是不能借助罗盘找到的。地理上的边界有助于确定它的位置，但这种边界时时变动。而西方是具有强烈时间性的文化方面的词。不过，它不仅仅是一种思想；它也是一个社会共同体。它意指历史的结构和结构化了的历史两个方面。在数百年中，能够很简单地把它等同于西方基督教世界中的人们。确实，从 11 世纪到 15 世纪，这些人们的社会共同体表现为它们共同忠于一个单一的宗教权威即罗马教会。

西方作为一种历史文化和一种文明，不仅区别于东方，而且区别于在“文艺复兴”各个时期所曾“恢复”的“前西方”文化。这种恢复和复兴是西方的特征。它们并不混同于自己曾从中吸取灵感 3
的模式。“以色列”“古希腊”和“古罗马”变成西方文明的精神原型，主要的不是通过一个保存或继承的过程，而是通过采纳的过程，即：西方把它们作为原型加以采纳。除此，它有选择地采用了它们，在不同时期采用了不同部分。科顿 · 马瑟（Cotton Mather）不是希伯来人。伊拉斯谟不是古希腊人。博洛尼亚大学的罗马法学家们也不是古罗马人。

当然，某些罗马法幸存于日耳曼的民俗法之中，更为重要的是幸存于教会的法律中；希腊哲学的一些内容也在教会那里保存下来；另外，希伯来的《圣经》作为《旧约》而保存下来，这也是实在的。但这些幸存下来的东西在对西方的法律、西方的哲学和西方的神学的影响中仅仅占一小部分。影响它们的主要是古代典籍文本的重新发现、重新审查和重新采用。即使达到可以说古代的学问没有被打断而存活下来的程度,这种学问也不可避免地要受到改造。这一点对于理解罗马法的重新发现和复兴尤其重要:比如说,无论如何都不能想象,12 世纪比萨自由市的法律制度竟会与查士丁尼统治下帝国的法律制度相一致,这个自由市采用了许多罗马法的规则,它们可以在新发现的拜占庭皇帝查士丁尼的法律条文中找到。相同的准则具有极不同的含义。

从这个观点出发,西方不是指古希腊、古罗马和以色列民族,而是指**转而**(*turning*)吸收古希腊、古罗马和希伯来典籍并以会使原作者感到惊异的方式对它们予以**改造**(*transforming*)的西欧诸民族。当然,西方信奉伊斯兰教的部分不属于西方——尽管西方的哲学和科学曾受到过阿拉伯的强烈影响,尤其是在与上述典籍研究有关的时期;但这种影响并未涉及法律制度。

实际上,西方文化的每一种古代成分都经受了与其他文化相融合的改造。令人惊异的是,这些对立的成分竟能综合在一起产生一种世界观。希伯来文化本来与希腊哲学和罗马法不相容,希腊文化本来与罗马法或希伯来神学不相容,罗马文化本来与希伯来神学不相容,它与希腊哲学的大部分相抵触。但 11 世纪后期和 12 世纪前期的西方却将所有这三者结合在一起,并由此对其中的每一种成分进行了改造。

有些更容易引起争议的,是西方文化与 11 世纪以前的日耳曼和欧洲其他部落民族文化的区分。如果西方是一个地理方面的词语,它应包括早期的文化;实际上,像欧洲历史的大多数研究者所做的那样,在开始叙述格列高利改革、授职权之争和通常所谓的中世纪盛期或 12 世纪文艺复兴(虽然它实际上开始于 11 世纪的后

半叶）之前，研究者必须从下列内容开始：恺撒的高卢战争，日耳曼
民族对罗马帝国的入侵，法兰克君主制的兴起，查里曼和阿尔弗烈 4
德大帝。把欧洲的日耳曼民族说成是“前西方的”，某些人听起来
可能感到奇怪。但在 1050～1150 年之前的欧洲与此后的欧洲之间
确存在根本的断裂。

最后，需要指出，关于“西方的”这个词的含义，至少为了分析和解释法律制度的目的，不应在“西方的”与“近代的”（modern）这两个词语之间作鲜明的区分；此外，近代的这个词应区分于“当代的”（contemporary）这个词，前者适用于两次世界大战之前的时期，后者适用于 1945 年以后的时期。本研究的目的之一就是旨在说明，在西方，近代起源于 1050～1150 年这一时期**而不是此前时期**（*and not before*），这不仅包括近代的法律制度和近代的法律价值，而且也包括近代的国家、近代的教会、近代的哲学、近代的大学、近代的文学和许多其他近代事物。

像“西方的”这个词一样，“法律的”一词也有其历史。现在，法律通常被定义为“规则体”。转过来，规则通常又被认为是源于制定法和法院的司法判决，后者是指在承认司法创制法律的地方。不过，从这种观点出发，不能有“西方的法律”这类东西，因为没有西方的立法机构或法院。（基于同样的原因，也不能有“美国法”这类东西，而只有美国联邦的法律和 50 个州中各州的法律。）对于囊括西方历史上各个时期全部西方国家法律制度的任何研究和对于不仅关心书本上的法律而且关心实际运作的法律的任何研究来说，这样的定义简直是太狭窄了。实际运作的法律包括法律制度和诉讼程序、法律的价值、法律概念与思想方式和法律规范。它包括有时称做“法律过程”（the legal process）或德语中所谓法律“实现”（*Rechtsverwirklichung*）的东西。

朗·L. 富勒曾把法律界定为“使人的行为受规则约束的事业”。[2]这个定义适当地强调了法律活动高于法律规则。但我想通过指出以下一点走得更远一些:这个事业的目的不仅仅是公正地制定和适用规则,而且也包括其他的管理方式,诸如投票选举、发布命令、任命官吏和宣布判决等。而且,在“法律”一词通常的意义上,它的目的不仅仅在于管理:它是一种促成自愿协议的事业——通过交易谈判、发放证件(例如信用证或所有权文据)和履行其他
5 性质的法律行为。实际运作的法律包括人们的立法、裁决、执行、谈判和从事其他法律活动。它也是分配权利和义务和由此解决冲突和创造合作渠道的一个生活的过程。

为了在一个单一的框架内对西方数个世纪存在的许多特别的法律体系进行比较,需要这样一种广义的法律概念。为了探索这些体系与其他政治、经济和社会的制度、价值和观念之间的相互关系,也需要这样一种广义的法律概念。

我已经不揣冒昧地用一般性的词语给法律下了定义,而不顾及那些表明西方法律传统特征的特殊的制度、价值和概念。我这样做的目的是对下面这些人的回答:他们由于把法律概念界定得过于狭窄即把法律界定为规则体,而有碍于对西方法律传统的产生和西方历史上数次重大革命对这种法律传统的影响的理解以及对这种传统现在所处的困境的理解。作为一种特殊事业的法律概念,在特定文化中活生生的法律实际历史发展的具体关系中,变得富有意义,在这样的概念下,法律规则在其中只起一部分作用。

论及西方的法律“传统”是想引起对以下两个主要事实的注意:第一,从 11 世纪后期和 12 世纪起,除了革命变革的某些时期,西方的法律制度持续发展达数代和数个世纪之久,每一代都在前代的基础上有意识地进行建设;第二,这种持续发展的自觉过程被

认为（或曾经被认为）不仅仅是一个变化过程，而且也是一个有机发展的过程。甚至过去巨大的民族革命，如1917年的俄国革命、1789年和1776年的法国革命和美国革命、1640年的英国革命和1517年的德国的宗教改革运动，最终也都放弃了对这些革命或革命的某些领导人所曾试图摧毁的法律传统的攻击。

自觉的有机发展的概念在11世纪和12世纪被适用到制度方面。在这里，“制度”（institutions）一词是指为执行特定的社会任务而做的结构化的安排。例如，大学是从事高等教育和职业培训的机构；政府的财政和司法部门分别是执行税收和司法的机构；法律制度是一个结构化安排的制度，它的主要目的之一通常是向政府各部门和个人指明什么是允许的和什么是禁止的。11世纪和12
世纪的西方，不仅新创立的大学、财政部门、法院和法律制度被看 6
作发展中的制度机构，甚至教会也逐渐开始被这样看待。诸如城市和王室政府这样的世俗组织也是这样。这些各种各样的制度机构被看作具有**不断发展的**（*ongoing*）特征；人们期望它们逐渐地适应新的形势，逐渐地改革自己和持续地发展。这种发展部分是被计划的：例如，计划经数代和数个世纪而建起许多大教堂；他们具有长达千年的形诸文字的预算。部分的发展并不是计划得像设计那样好：行政管理者和立法者修订了他们前辈的工作，徒弟们开始改进他们师父的工作，“评注法学派”（commentators）接替了“注释法学派”（glossators）。部分的发展似乎与其说是计划或设计的，不如说恰好是偶然发生的：例如，建筑师将罗马式建筑与诺曼式建筑“结合”起来，从中“产生”出早期的哥特式建筑，并由它“发展”成后来的哥特式建筑，等等。

正如罗伯特·尼斯贝特所说的那样，没有人看见一个社会“成长”“发展”“衰落”或“死亡”。[3]这些全都是比喻。不过，生活在特定时代特定社会中的人们相信该社会事实上正在成长或发展、衰落或灭亡这样的情况是确实存在的。在西方法律传统的形成时代,古时的奥古斯丁的信徒们曾相信,社会即“地国”正在继续衰落,这种信仰由新的信仰所修正:社会制度能够诞生、成长和再生。除此,这个过程被设想为是一种后代人自觉和积极参加其中的过程。正如歌德所言,一种传统不能由继承而得——它必须被争取。

伟大的英国历史学家 F. W. 梅特兰曾使用生物学中成长的隐喻来描述在12世纪和后来英国法中所发生的关于诉讼形式的变化。他写道:

> 我们的诉讼形式不仅仅是法律中的标题,也不是无生命的范畴;它们不是适用于既存材料的分类过程的产物。它们是法律的制度;我们毫不迟疑地说,它们是活的东西。他们各自过着自己的生活,有着自己的奇遇,享有或长或短的茁壮、成材和盛名之年,然后可能在孤独无友的风烛残年倒下。少数几个流产,其中一些没有子女,另一些则活到高龄,能够看到他们的子女和子女的子女。他们之间的生存斗争是激烈的,只有适者才生存下来。[4]

例如,被梅特兰称作“多产的诉讼之母”的侵害之诉,已经“生下了”或“产生出”或“生发出”——用其中的哪一个词部分取决于一个人的比喻趣味,部分取决于一个人关于有机体延续的概
7 念——威胁和殴打的侵害之诉、对动产的侵害之诉、对土地的侵害之诉和其他许多侵害之诉。它也是关于间接侵害之诉的“一个源泉”,尽管那里的后代实质上不同于它的祖先。[5]学者们已经勾画出一株象征诉讼形式的树,它像一个树状结构图,具有主干和分枝

以及被标明的年代。这仅仅是一种适合于教学的方法吗？它也许是泛灵论的一种形式？

在被这样设想的法律发展与音乐发展之间作一个类比，可能是有帮助的。从11世纪和12世纪起，主要表现在格列高利圣歌中的单声部音乐逐渐被复调式音乐所取代。两个声部、三个声部直到最后发展出四个声部。13世纪天主教堂中圣歌中作为范型的对位式发展成14世纪流行于法国和意大利的以叙事曲为范型的和声。最后，多声部音乐与和声音乐被结合在一起。16世纪经历了德国新教的大型赞美诗合唱阶段，这些与意大利和英国的牧歌及其他形式一道为在16世纪末和17世纪初最先出现在意大利的歌剧提供了一个基础。最终，文艺复兴的音乐被巴洛克风格的音乐所代替，后者又被古典音乐所代替，如此等等。一位当代的音乐家，无论其多么不落俗套，如果不知道这个经历，便不可能是一位好音乐家。不久前，曾一度以类似的方式要求一位好的法律职业者知晓法律制度的发展经历。

当然，并非应把每一种变化都看作发展。可以认为某些变化是旨在打断发展。例如，人们不能说神明裁判和决斗裁判产生出陪审制审判，也不能说侵害土地的侵害之诉由重罪上诉发展而来。神明裁判、决斗和重罪上诉在性质上是部落的和封建的；陪审团和侵害之诉是王室的。此外，后者一旦采用，前者几乎不能继续存活，而有机发展的概念是以母体继续与其后代一道存活为前提的。它不同于因果关系的概念。不是神明裁判本身而是由于对神明裁判的废除才导致了刑事案件中陪审团的出现。

同时，自觉的发展并不一定意指深思熟虑地朝着特定的理想目标运动。它意指的东西不足以与道德进步相提并论，但却不止于仅仅指变化和积累。毫无疑问，甚至自西方法律传统形成时代起,法律改革便一直是这种传统经常表现出来的特征。不过,这种改革本身被看作我所说的该传统不断发展的特征即它在时间上自觉连续性的一部分。

西方法律传统的主要特征可以初步概括如下:

8 1. 在法律制度(包括诸如立法过程、裁判过程和由这些过程所产生的法律规则和概念)与**其他**(*other*)类型制度之间较为鲜明的区分。虽然法律受到宗教、政治、道德和习惯的强烈影响,但通过分析,可以将法律与它们区别开来。例如,作为习惯行为模式意义上的习惯,区别于习惯法,后者是指被认为具有法律约束力的习惯性行为规范。与此相似,政治和道德可能决定法律,但它们不像在其他某些文化中那样被认为本身**就是**(*be*)法律。在西方,法律被认为具有它自己的特征,具有某种程度的相对自治,当然持这种观点的不仅仅是西方。

2. 与这种鲜明区分相关联的是以下事实:在西方法律传统中,法律的施行被委托给一群特别的人们,他们或多或少在专职的职业基础上从事法律活动。

3. 法律职业者,无论是像在英国或美国那样具有特色地称作法律家,还是像在大多数其他欧洲国家那样称作法学家,都在一种具有高级学问的独立的机构中接受专门的培训,这种学问被认为是法律学问,这种机构具有自己的职业文献作品,具有自己的职业学校或其他培训场所。

4. 培训法律专家的法律学术机构与法律制度有着复杂的和辩证的关系,因为一方面这种学术描述该种制度,另一方面法律制度通过学术专著、文章和教室里的阐述,变得概念化和系统化并由此得到改造,如果不这样,法律制度将彼此分立,不能被组织起来。换言之,法律不仅包括法律制度、法律命令和法律判决等,而且还包括法律学者(其中,有时包括像法律学者那样一些从事讲述和撰写的立法者、法官和其他官员)对法律制度、法律命令和法律判决所做的阐述。法律本身包含一种科学,一种超然法(meta-law)——通过它能够对法律进行分析和评价。

罗马法传统享有西方法律传统的上述四个特征,前者是由罗马共和国和罗马帝国从公元前2世纪到公元8世纪及后来发展起来的。但当代许多非西方的文化则不具有这些特征,11世纪前通行于西欧日耳曼民族中的法律秩序也没有表现出来这些特征。日耳曼法陷入政治和宗教生活、习惯和道德的包围之中——像今天的学校、邻里、工厂和村社等许多非正规社会团体的法律一样。在法兰克帝国或盎格鲁-撒克逊的英格兰以及那个时候欧洲别的地方都没有做以下两种明确的区分:一方面是法律规范与诉讼程序的区分;另一方面是法律规范与宗教的、道德的、经济的、政治的或其他准则和惯例的区分。当然,那时确有法律存在,并且偶有法律的汇编,它们由国王发布;但没有专职的律师或法官,没有专职的法律学者,没有法律学校,没有法律书籍,没有法律科学。在教会方面也是这样:教会法与神学合为一体,除了一些被较为简单地组织起来的教规汇编和惩罚罪孽的修道书,那时没有什么东西能够被称作基督教教会法的文献作品。

5. 在西方法律传统中,法律被设想为一个连贯的整体,一个融 9
为一体的系统,一个"实体",这个实体被设想为在时间上是经过了数代和数个世纪的发展。在法律被看作区别于道德和习惯的每一种法律传统中,作为法令大全(*Corpus juris*)的法律概念都被认为是不容怀疑的;并且经常认为这样一种概念不仅是含蓄的,而且在查士丁尼的罗马法中还是明显可见的。不过,罗马法大全(*Corpus juris Romani*)这个用语却不是由罗马人所使用的,而是由12世纪和13世纪欧洲的教会法学家和罗马法学家所使用的,后两者是从一两个世纪前那些发现古代查士丁尼的法律条文和在欧洲大学中教授它们的人的著述中推导出来的。是12世纪协调冲突和从规则与判例中获取一般概念的经院的技术才首先使查士丁尼的罗马法有可能得到协调和融为一体。[6]

6. 法律实体或体系的概念,其活力取决于对法律不断发展的特征即它世世代代发展能力的信念,这是一种在西方所独有的信念。法律体系只因它包含一种有机变化的内在机制才能生存下来。

7. 法律的发展被认为具有一种内在的逻辑;变化不仅是旧对新的适应,而且也是一种变化形式的一部分。变化过程受某种规律的支配,并且至少在事后认识到,这种过程反映一种内在的需要。人们推定,在西方法律传统中,变化并不是随机发生的,而是由对过去的重新解释进行的,以便满足当时和未来的需要。法律不仅仅是处在不断发展中;它有其历史。它叙述着一个经历。

8. 法律的历史性与法律具有高于政治权威的至高性这一概念相联系。发展中的法律体系,无论是从任何特定时期还是从长远着眼,某些人认为它约束国家本身,但并不是所有的人也未必是大多数人都这样认为。虽然直到美国革命时才贡献了"宪政"一词,但自12世纪起,所有西方国家,甚至在君主专制制度下,在某些重要的方面,法律高于政治这种思想一直被广泛讲述和经常得到承认。人们常争辩说,君主可以制定法律,但他不能专断地制定它;他应受法律的约束,除非他合法地修改了它。

10 9. 西方法律传统最突出的特征可能是在同一社会内部各种司法管辖权和各种法律体系的共存和竞争。正是这种司法管辖权和法律体系的多元性使法律的最高权威性成为必要和变得可能。

法律的多元论根源于基督教教会政治体与世俗政治体的区分。教会宣布它不受世俗的控制,并宣布它对某些事务具有专属的司法管辖权和在另一些事务上具有并行的司法管辖权。世俗人士虽然通常受世俗法律的管辖,但在婚姻家庭关系、继承、宗教犯罪和以信仰作为保证的契约关系方面以及许多其他事务上,也受基督教教会法和基督教教会法院的管辖。反过来,神职人员一般虽受教会法管辖,但关于某些类型的犯罪和某些类型的财产争议等,也要受世俗法律和世俗法院的管辖。世俗法本身也分成各种彼此构成竞争的类型,包括王室法、封建法、封建庄园法、城市法和商法。同一个人可能在一种类型的案件中受基督教教会法院的管辖,在另一种类型的案件中受王室法院的管辖,在第三类案件中受领主法院的管辖,在第四类案件中受封建庄园法院的管辖,在第五类案件中受城市法院的管辖,在第六类案件中受商人法院的管辖。

这样一个包含各种不同法律**体系**的共同的法律**秩序**,它的复杂性促进了法律的成熟精致。哪一类法院具有管辖权?哪一种法律是可适用的?如何协调这些法律的差异?在技术问题的背后,有着重要的政治和经济方面的考虑:教会与王权相对,王权与城市相对,城市与领主相对,领主与商人相对,等等。法律是解决政治和经济冲突的一种手段。但法律也能加剧这些冲突。

西方法律的多元论,已经反映和强化了西方的政治和经济生活的多元论,它一直是或一度是发展或成长(法律的成长和政治与经济的成长)的一个源泉。它也一直是或一度是自由的一个源泉。一位农奴为保护自己不受其主人的侵害可以诉诸城市法院。一位封臣为保护自己不受其领主的侵害可诉诸王室法院。一位神职人员为保护自己不受国王的侵害可诉诸教会法院。

10. 西方法律传统在思想与现实、能动性与稳定性以及超越性与内在性之间存在紧张关系。这种紧张关系导致了革命对法律体系周期性剧烈冲击。不过,这种法律传统毕竟存活了下来,甚至由这些革命所更新,这种法律传统比作为它组成部分之一的任何一种法律体系都要大。

法律与历史

11 相信并接受关于西方法律传统的这种历史,必须面对不再被广泛接受——至少在各大学是如此——的关于法律和历史的固有的理论。这种流行的理论成为理解这个历史严重的障碍。

认为法律是来源于制定法和法院判决的规则体系的这种传统的概念——一种反映把立法者(国家)意志作为法律最终渊源的理论——完全不适合于用以探讨跨国的法律文化。讲西方法律传统,旨在以这样一种法律概念为出发点:法律不是作为一个规则体,而是作为一个过程和一种事业,在这种过程和事业中,规则只有在制度、程序、价值和思想方式的具体关系中才具有意义。从这种广阔的前景出发,法律渊源不仅包括立法者的意志,而且也包括公众的理性和良心(reason and conscience),以及他们的习俗和惯例。这并不是流行的法律观点。但这绝不与正统的观点相悖:不久前人们还习惯于讲法律有四种渊源,即立法、判例、衡平法和习惯。[7]在西方法律传统的形成时代,立法和判例远不像后来几个世纪那样多。大量的法律是来自根据衡平法(限定为理性和良心)予以检验的习惯。必须承认,如果想相信和接受关于这种西方法律传统的历史,就须像看待制定法和司法判决一样看待习惯和衡平法。

除此之外，还需承认，在西方，法律将各种法律体系融为一体，每一种体系中的各种成分要素，其含义都部分地来源于整个体系。而且，每种体系都被理解为不断发展的体系；所以，每一个组成成分的含义不仅来源于过去的体系，而且也来源于未来将要出现的体系。这些观点与“分析法学”传统的观点也是不同的，后者从一个主权出发，这个主权以规则的形式发出命令，并且对不按“它的旨意”适用这些规则者施加制裁——韦伯把这称作西方法律的“形式理性”（formal rationality）或“逻辑形式主义”（logical formalism）。无论是那些反对形式主义还是赞成形式主义的人们，都广泛地相信这是一种正确的描述。韦伯认为这解释了法律在发展资本主义方面的效用。这样一个法律概念对于理解西方法律传统的历史是一个严重的障碍，人们通常认为这种传统起源于封建时代，发轫于教会与世俗界的分离。新的教会法体系创立于 11 世纪末和 12 世纪，它构成了第一个近代西方的法律体系，人们通常忽略这一事 12
实，可能恰好是由于这一事实与流行的关于法律性质的理论不一致。

如果分析法学或者（像现在更常称谓的那样）法律实证主义对于把握西方法律制度发展脉络是一种不合适的理论基础，那么，哪种或哪些理论才能提供更好的基础呢？西方法律哲学本身所提供的主要选择是“自然法理论”和“历史法学”。此外，更晚近一些，一个称作“社会学法学”（sociological jurisprudence）的新学派已经处于显要的地位。当然，所有这些学派都有许多差异。但每一种理论本身都仅仅注意到真理的某一个方面。它们中任何一个都不能单独地为理解西方的法律理论提供一个基础。这些各种法律哲学派别的涌现和冲突的历史本身就是西方法律传统历史的一部分。它们并不解释历史；而是历史解释它们——它们何以出现，不同的学派何以在不同的地方和时代盛行。

在西方法律传统的形成时代,自然法理论曾独占鳌头。人们通常认为,人类法最终源于理性和良心并受理性和良心的检验。不仅根据该时代的法律哲学,而且根据实在法本身,任何实在法,不论是制定法还是习惯法,都必须遵守自然法,否则将缺少作为法律的效力,人们可以对它置之不理。这种理论以基督教神学和亚里士多德的哲学为基础。但它也以基督教与世俗权力斗争的历史以及多元政治为基础。人们可以将这种理论与伴随美国法的理论相比较,根据后者,任何实在法都必须与“正当程序”“平等保护”“自由”和“隐私权”(privacy)等宪法要求相一致,否则便无效。事实上,“法律的正当程序”是一个14世纪用来描述自然法的英国词语。由此,自然法理论载入美国的实在法。但这并不妨碍人们对它进行政治的(“实证主义的”)解释。说明国家或实然权力或统治阶级如何获益于正当程序条款和应然的“意志”,是极为容易的。

与此相似,历史法学——认为法律的含义和权威来自该民族作为法律的过去历史,来自该民族的习惯、制度方面的民族精神、历史价值和先例的理论——自17世纪英国革命以来已经注入英国的法律**制度**;但英国的法律**哲学**一直在法律实证主义和自然法理论之间摇摆,历史法学的追随者已经为数不多,至少在20世纪
13 是这样。历史法学的故乡在德国,以它的名义,最伟大的德国法学家们将德国法誉为德意志民族精神的体现;特别是在19世纪,德国在创建民族国家的法律时,更多取源于所继受的“外来的”的罗马法,而不是自己历史上的法律制度,这与英国形成了对照。

就这样,西方法律史一直成为培育各种法律哲学流派的园地,

其中某些派别在某个时代和地方一直处于支配地位,而另一些派别在其他时代和地方居于统治地位,这常常是出于自相矛盾的原因——似乎是对当时法律现实的意识形态的反动。所以,西方法律史的研究者们必须防止囿于某一个派别,应把所有各派当作连续映示历史经验的屏幕而不应试图用历史去偏袒论证其中任何一个派别,这样做可能是更合适的和更"西方式的"。

如果说在理解或接受西方法律传统的历史方面存有各种各样的障碍,更大的障碍来自包括法律史在内的各种历史理论。这些理论涉及以下问题:关于历史是否具有意义或方向;是否有正当理由证明历史分期,如果有这种理由,其基础是什么;人们是否可以讲"历史的种种规律"或任何意义上(如经济基础和意识形态的上层建筑,或权力至上)的历史因果关系;关于对各民族历史与整个西方历史关系这个问题的较低层次的一般概括;西方历史几次重大革命的作用;诸如"中世纪"与"近代"、"封建主义"与"资本主义"等概念的含义。

虽然在无意解决编史工作中这些大量问题的条件下,也可以讲述关于西方法律传统的起源与早期发展的历史,但有必要简洁地解决几个关于通史特别是西方历史的理论问题,以便消除对这些问题流行的先入之见。此外,这个历史本身就以一种显著的方式阐明了某些这类理论问题。

关于历史的意义、方向和相关的分期问题不可避免地源于西方法律传统赖以产生的戏剧性条件。此剧中的演员们对他们正在完成历史使命这一点不存疑问。当然,他们的这种确信本身并不能够驳斥许多人今天所持的下列观点:即历史没有意图,历史的变化是随机的,以及任何分期都是专断的。不过,那些甚至拒绝承认历史的任何意义、任何方向和任何分期的人们,对待本书所讲述的

历史,与对待赋予同样事件和事实以较少意义、较少方向性和较少
14 严格分期的较为传统的叙述相比,不应有任何更多的异议。如果所有的分期都是专断的,那么对“17 世纪后期”出现的“近代”法律和政治制度的分析则不比传统的分析更专断,这种传统的分析主张“16 世纪”前的每一样东西都是“中世纪的”,并认为在从 1050 年到 1150 年或 1200 年这个时期没有根本性的间断。与此相似,对于那些认为在西方制度的历史发展中不存在什么模式的人们来说,宣称看见数辈和数百年革命与演进之间互动关系的叙述,与那种宣称仅仅看见了革命或仅仅看见了演进的叙述相比,前者不会比后者使他们更惊愕。

对本书讲述的历史最难接受的人们,不是那些不加批评地接受自 16 世纪以来在大学通常讲授的传统编史方法的人们,就是那些从未直接遇到过历史的意义、方向和分期问题的人们。这种传统的观点简单地假定,西方历史分为三个时期,即古代、中世纪和近代。古代史是希腊和罗马史。因蛮族的侵入而致罗马的衰落,产生了中世纪,它大约从 5 世纪持续到 15 世纪。然后是近代的开始——有些人会提及文艺复兴,有些人会谈到宗教改革,还有些人会将两者同时提及。那些谈论宗教改革的人们可能讲述一个稍微不同的历史。古代以色列将被列入古代世界的图景。他们会将中世纪限定为早期教会和路德与罗马教会决裂这段时期。不过,在谈及西方的艺术和思想溯源于希腊、西方的政治和法律溯源于罗马时,将会把清教徒与人文主义者放在一起。最后,所有的人都会同意,在启蒙运动的影响下,虽然希腊和罗马以及可能还包括以色列形成了西方文明的历史背景,但真正的历史是各国家的历史,特别是美国、英国、法国和德国的历史。

这种历史观念具有许多意义、许多方向和许多分期。不过,这

同近五十年来最好的历史研究是颇为不一致的。这种研究已将“黑暗时代”从1450～1500年前的时期上推至1050～1100年前的时期。甚至最保守的历史学家现在也在中世纪初期与中世纪盛期之间作了明确的区分。此外,先前假定的中世纪初期日耳曼民族历史与罗马帝国历史的连续性已经大可怀疑了。12世纪后期和13
世纪希腊哲学和罗马法的大规模复兴,已经表明是西方教会历史 15
和欧洲各民族历史关键转折点的一部分,并与欧洲城市的崛起及其他基本的社会和经济的变化相关联。

这方面,尽管有证据,但许多人仍存有怀疑和走了弯路。他们可能自言自语说:“历史中的模式和规律可能是必要的——虽然它们超出了事实——因为没有它们将没有历史。而根本性的间断是不必要的,甚至是不自然的。‘自然并不跃进。’但即使西方历史在某时曾有跃进,诸如俄国革命、法国革命和新教改革中的跃进,说在‘中世纪’中期发生了一次根本性间断似乎仍是不自然的,而且是陌生的。根据我们所学得的关于信仰时代的课程,这似乎仍是不合适的。1500年和500年欧洲社会的差异来源于长期的一系列微小的量变,某些时期速度较快,但在任何一代或一个世纪都没有发生任何巨变,我们为什么不可以继续相信这个观点呢?城市是经过10个或5个或至少3个世纪逐渐建立(或复兴)的,而不是经过80年或90年突然建立的;教皇是经过10个世纪逐渐在教会中变为最高法官和立法者的,而不是经过3个世纪突然取得这种权威的;欧洲的皇帝和国王们逐渐地丧失了他们神圣的职能和魔力,不是由于政治的公开和宗教的冲突,而是因为观念方面的渐变,我们为什么不继续相信这些观点呢?”

对西方法律传统起源的探讨,应该纠正这种赞成渐变的思想偏见。因为法律较之大多数其他政治制度的变化更为缓慢,人们便通常不去设想一种法律制度的迅速和巨大变化。不过,对欧洲的任何法律体系(首先是1000~1050年和随后是1150~1200年这两个时期)进行探究的人都会发现一种巨大的转变。首先,教会法便是这样。

讲到罗马教会内部的革命性变化当然是对下面正统(但不是东正教的)观点的挑战:罗马天主教会的结构是对早期就曾存在的诸要素逐渐精心制作的结果。这实际上是11世纪后期和12世纪前期天主教改革者们的正统观点:他们声称,自己只是恢复由不久前的前辈们所背叛了的早期传统。回到更早时代的神话事实上是所有欧洲革命的特点。路德宣称要回到由教皇予以背叛的早期的基督教去。克伦威尔时的清教徒们在都铎王朝150年的专制统治之后也鼓吹恢复"古代英国人的自由"。法国大革命也追溯上古的
16 风俗习惯和自然状态,以便与封建主义和贵族特权作斗争。俄国的布尔什维克宣扬要回到财产产生前的远古原始部落社会中去。

不过,一种法律制度的根本转变是一件自相矛盾的事情,因为法律的基本目的之一是提供稳定性和连续性。此外,所有社会中的法律都从它以外的某些东西获得权威性,如果一种法律制度经历了急剧的变化,那么关于法律权威渊源的合法性这一问题便不可避免地随之出现。法律中大规模的突然变化即革命性变化实际上是"不自然的"。当这样的事情发生,必须采取某些措施防止它再次发生。必须牢固确立新法律;必须防止再次间断危险的发生。必须将进一步的变化限制于渐变的范围内。

这至少一直是在大规模突然冲击法律发展的革命性转变之后西方法律发展的过程,这一过程开始于11世纪晚期和12世纪早期。由革命所确立的新的法律制度被赋予历史的一面。首先,可以认为新法律制度在产生它的历史事件中有其历史的根源。其

次，可以认为法律制度已经变化，这种变化不仅回应新情况而且根据某些历史的型式。可以将法律视为一种历史现象；认为它具有所谓的历史性。法律不仅必定是演进的，而且必须被视为是演进的。

不过，剧烈革命的周期爆发并无碍于西方法律的历史性，这种革命最终要回到历史的法律传统中去，但同时对这种传统加以改造，并将它导向新的方向。

不应将西方法律的历史性与受过去的“盲目权力”（尼采语）奴役意义上的历史循环论相混淆。法哲学的历史学派的拥护者和法律实证主义者及自然法理论者或在这一点上的那些相信法律仅仅是强者意志的玩世不恭的人们，事实上全都面对着具有历史价值的法律制度、程序、法律价值、法律概念和规则，它们从各自的历史中获得部分的含义。在任何西方的法律体系中，试图仅仅求诸逻辑或政策或公正来解释或理解一个法律规则（或概念或价值或制度），是绝不够的；必须还借助于使它产生的环境和长期影响它的事件的过程予以解释和说明。教条主义的方法、政治的方法和衡平的方法都总是由历史解释的方法予以补充。因此，法律源泉 17
的多元性维护了历史性，避免了盲目的历史循环论。

盲目的历史循环论在构成西方文明交迭的历史多样性面前也一筹莫展。就任何整体的意义而言，构成法律历史方面的不是“过去”，而是每个人生活其中的各类社会共同体及其所创立的各种法律体系的过去时代。只有当所有这些共同体的不同法律体系——地方的、地区的、民族的、少数民族的、行业的、政治的、智识的、宗教的以及其他的——被民族国家的法律吞并之后，“历史”才变成专制的。

事实上，这是当代民族主义潜含的最大危险。欧洲各民族，它们原初曾在西方基督教世界中相互影响,在19世纪变得越来越彼此疏离。由于第一次世界大战,它们严重地撕裂和毁坏了先前(尽管松散地)曾将它们联系在一起的共同纽带。在20世纪后期,我们仍受害于民族主义的历史编纂法,这种编纂法起源于19世纪,它赞成对西方共同遗产予以肢解。

19世纪所谓科学的历史即系统和刻苦地研究事实——用兰克(Ranke)的名言,试图说明"它实际上是怎样的"(*wie es eigentlich gewesen ist*)——的出现,恰好与欧洲经历的最强烈的民族主义的涌现相一致。民族主义仅仅假定,历史意味着民族的历史。历史是客观的,但它是民族的历史。在20世纪,这个方面已有某些变化。社会和经济史学家们首先冲破了民族主义的樊篱,将西方作为整体予以论述。在第一次世界大战之后,某些人将这种方法扩展到政治史领域。甚至欧洲法律史也开始以跨国的词语予以论述,虽然英国和美国法律史仍特别孤立存在。

不幸的是,人们一直未曾作过将英国和美国法律史融入西方法律制度通史的任何尝试。英美法律史学家们的孤立性使这种合并变得极其困难,他们还以其他国家的人疑惑不解的方式划分他们相关学科的课题,如果不是这样的话,其他国家的学者会希望插手研究的。甚至对包括英格兰在内的全部西方国家都处在罗马天主教会统治的时期——不仅它们生活在相同的基督教教会法制度
18 下,而且彼此具有最密切的智识、文化和政治的联系,许多法律史学家把英国法仍作为处于欧洲历史之外的东西对待。这些法律史学家集中探讨所谓的普通法即普通诉讼法院和王座法院这类王室法院中所适用的法律而忽视同时期在英格兰存在的其他法律体系与司法管辖权,由此维护他们的民族主义取向。但甚至狭义的英国普通法在许多方面也与西西里、法兰西和德意志公爵领地以及

其他欧洲国家的王室或公爵领地的法律相类似。

爱德蒙·伯克曾经指出:“欧洲各国的法律取自同样的源泉。”在他看来,从法律的取源角度,英格兰曾属于欧洲的一部分。不过,到法律史变成科学探究的对象时,英格兰与大陆的历史联系已经斩断。这导致了过分地强调使英国法区别于其他西方国家法律的那些法律制度、价值、概念和规则。现在,英格兰已经加入了欧洲经济共同体,英格兰法律史可能发生变化,从而将强调英国与其他西方法律制度共同享有的那些法律制度、诉讼程序、价值、概念和规则。

“英国法的历史为什么没被写出?”梅特兰于1888年在他就任剑桥大学唐宁讲座教授的就职讲演时就提出过这样的问题。他的回答是,这首先是“因为传统上对英国法的研究孤立于其他各种研究”;其次是因为“历史涉及比较,而除了知道自己的制度之外对其他任何制度都一无所知和毫不关心的英国法律家几乎对法律史的见解视而不见”。他接着说:“我们何以对我们中世纪的法律研究如此之少?我断言,其原因之一就是我们对法兰西和德意志法完全无知,并且传统上以这种无知为荣。近600年来,英国的法律家们一直夸张我们法律史的独特性……我恰恰认为我有足够的信心认为,存在大量可与我们自己的法律相比较的中世纪法。”[8]

法律与革命

西方法律传统在其历史过程中已经由六次伟大的革命加以改变。其中三次即俄国革命、法国革命和美国革命,虽然各自“革命”的含义不同,但都可将它们称作由参与革命的人们所进行的革命。

第四次革命即英国革命只有到1688～1689年的终点时,才能开始称作革命(光荣革命);在它的开始阶段(1640～1660),革命的敌人称其为“大叛乱”,朋友称其为“对自由的恢复”,[9]第二阶段(1660～1685),虽然某些当代学者称其为革命,而在那时却称作“王政复辟”。[那是近代第一次使用**革命**(*revolution*)一词来确认一次巨
19 大的政治动荡但意指回归早期政府管理体制的一种转变。]因此,大多数历史学家现在所说的“英国革命”曾包括三次连续性的“回归”。[10]

第五次伟大革命——最终仍是向后去——是新教改革运动,在德国它具有国内革命的特征,它开始于1517年路德对教皇的抨击,随着1555年新教联盟挫败皇帝和德意志各公爵领地间确立宗教的和平而结束。第六次革命即1075～1122年的教皇革命,这是本书研究的主题,在当时它也被叫作改革,即教皇格列高利七世改革(*Reformatio*),译成现代语言为格列高利改革(Gregorian Reform),由此也进一步掩盖了它的革命的特征。

将德国的宗教改革称作革命可能会引起异议,尽管包括许多非马克思主义的历史学家们经常这样称谓。把格列高利改革称作革命(或可能甚至称作一次改革)也许会招来更强烈的反对。所以有必要对这里所用“革命”一词予以说明。

西方的历史一直以周期性的激烈动荡为特征,在这种动荡中,先前存在的政治、法律、经济、宗教、文化和其他社会关系、制度、信仰、价值和目标被推翻,而由新东西取而代之。在这些巨大的历史变革时期绝不存在一种完全的均衡;但却有某些模式和规律。每次革命都标志着整个社会体制中的

一次基本变化,

一次迅速的变化,

一次剧烈的变化，
一次持久的变化。
每次革命都在以下方面寻求合法性：
一种基本的法律，
一个遥远的过去，
一种预示世界最终命运的未来。
每次革命都历经不止一代人的时间才牢固确立。
每次革命最终产生了
一种新的法律体系，
它体现了革命的某些主要目的，
它改变了西方的法律传统，
但最终它仍保持在该传统之内。

这些动荡一方面不是政变或叛乱，另一方面也不是在先前存在的体制内部生长的长期连续的渐变。它们是较为迅速实现的和 20
伴有激烈斗争和巨大痛苦的转变。

尽管**革命**（*revolution*）一词受到各种滥用，[11]但根据它与过去两个世纪的革命特别是俄国、法国和美国革命相联系的暴力内涵，用它意指这样划时代的时期是合适的。这里“暴力”一词不是指由既定的政府通过警察或军队施行的合法暴力，而是指个人和集团对既定权力机构实施的非法暴力。从西方法律史的观点来看，承认以下事实是特别重要的：西方历史中周期地诉诸这样的非法暴力来推翻既定的秩序，而且作为这种结果最终产生的权威已经创设了新的和持久的政府和法律制度。西方每个国家的政府和法律体制都源于这样的革命。

“革命”这个词不仅用于指新体制借以产生的最初暴力事件，

而且也指体制得以确立所需要的整个时期。正如罗森斯托克-胡塞所强调的那样:实行一次真正的革命不只需要一代人。[12]

六次重大革命是“全方位的”革命,因为它们不仅涉及创设新的政府形式,而且也创造了新的社会和经济关系结构,新的教会与国家之间的关系结构,新的法律结构,新的社会共同体的视野,新的历史前景,以及新的一套普遍价值和信仰。[13]“改造世界”曾是教皇革命的一个口号,而在其他每一次革命中都差不多也有这样的口号。当然,许多旧事物存活下来,经过某些时间之后,甚至更多旧的事物得到恢复,但在每次革命中,事物的总体——范式(paradigm)——却总是新的。

因此,六次革命中的每一次革命,都在被视为整个社会转变的前后关系中产生了一种新的或大大修改了的法律制度。实际上,新法律最终体现革命目标的程度标志着革命的成功程度。

每次革命都标志着该次革命所取代或根本改变的旧法律制度的失败。只有在这些旧制度实际上被取代或被根本改变的意义上,它们才是失败的。布尔什维克政府 1917 年发布的第一批法令之一就是旨在宣布废除革命前全部的法律制度。今后只适用新政府的法令,用“革命的法律意识”填补空白。法国革命也首先抛弃
21 了旧王朝的立法、行政和司法制度。在美国获得独立之后,民主党人曾反对联邦和州法院采用英国法。在英国,1640~1641 年的长期国会废除了皇室法院、高等宗教事务委员会和其他“特权法院”,查理二世的议会于 1660 年重新制定了这项立法;大大修改了的普通法与议会至上原则一道变成了英国的不成文宪法。路德焚烧了教会法的书籍。教皇格列高利七世谴责皇室和王室有关管理教会的法律——这些法律授权世俗权力机构任命主教和教士,准许买卖圣职,准许神职人员结婚。

在另一种意义上旧法也是一种失败：表明它不能及时地回应社会中正在发生的变化。如果沙皇政府采用了有效的立宪君主制并且重新分配土地；如果波旁王朝解散了教会，消除了封建主义的残余，并准许创立民主制度；如果英王乔治三世把英国臣民所享有的全部权利授予美洲殖民地移民并允许他们采用民主制度；如果斯图亚特王朝的最初几位国王接受了议会至上的原则；如果教会法在15世纪屈服于公会议至高论（conciliarism）和其他改革的压力；如果在11世纪皇帝和国王们及时地放弃他们对教会的至上权威——一言以蔽之，如果已经预见到变革不可避免并在既存的法律秩序之内进行必要的根本性变革——那么，可以认为会避免这些革命。**及时**（*in time*）变革是所有面临不可抗拒变革压力的法律制度获得生命力的关键。革命的历史含义是冲破法律制度凝聚力的急剧的、打破连续过程的和激烈的变革。

未预见到根本性的变革并没有及时实现这些变革，可能是由于西方法律传统性质中一个固有的矛盾，即它的目的之一是要维持秩序而另一个目的是旨在实现正义。可以认为秩序本身存在一种内在的紧张关系：它需要变革又需要稳定。正义本身也存在一种辩证关系：它包含个人权利与社会共同体福利之间的紧张关系。实现正义一直被宣布为是法律本身的救世主理想，它起初（在教皇革命中）与末日审判和上帝王国相联系；然后（在德国革命中）与基督教徒的良心相关联；稍后（在英国的革命中）与公共精神、公正和过去的传统相联系；再后（在法国和美国革命中）与民意、理性、人的权利相联系；最晚近（在俄国革命中）与集体主义、计划经济和社会平等相联系。首先在这些伟大的革命中找到表达的是关于正义 22
的救世主理想。重建更基本的**作为实现正义的法律**（*law as justice*），为推翻**维护既存秩序的法律**（*law as order*）提供了合理的根据。人们相信,法律正在背离历次伟大革命所提出的最终目标和使命。

托马斯·库恩曾经解释了科学领域的重大革命——如哥白尼、牛顿和爱因斯坦的革命等,认为它们是周期性发生的危机的结果,而这种危机发生在发现根据既定的基本科学假设无法解释的现象而需要新的假设解释这些异常现象之时。像库恩所说明的那样,用来解释作为"自然的"(但先前仅仅被作为"异常的")新的基本假设,变成了新的科学"范例"的核心。[14]西方法律的革命与演进的互动关系明显类似于西方科学中的革命与演进的互动关系。在西方法律中,像在西方科学中一样,预先假定,材料即"已知的"东西(条件)将发生变化;这些变化将被吸收到现存的制度或范例中去;如果它们不被吸收,则将作为异常之物而被接受,但如果它们中不能被吸收的数量过多,那么该制度本身在某方面便需要巨大的改革。在科学中,旧的真理可能不得不让位于新的真理。在法律方面,旧的正义也许必须让位于新的正义。

因此,西方政治、经济和社会历史的重大革命是法律制度过于僵化而不能适应新条件时所发生的爆炸。某些学者已经把这些历史的爆炸看作西方社会一种周期性的"癌症",一种按常规必然经历的"发烧"。[15]但这仅仅是历史的一面,而且不是最重要的一面,它们也构成一种巨大的能量释放,这种释放自然摧毁了许多过去的东西,但也创造了新的未来。最终,每次革命都可以这样看待:与其说它造成了破坏,不如说它促成了转变。每次革命都不得不与过去妥协,但它也成功地产生一种新法律,这种新法律体现革命为之奋斗的许多主要目标。

强调这些重大革命的法律方面——它们反对先前存在的法律秩序并且最终促成一种新法律的产生——并不减低反而会增强革

命的政治、经济、文化和其他社会方面的重要性。法律的基本变化不可避免地与社会生活中的其他结构要素相关联。更为特殊的是,在11世纪晚期和12世纪早期的教皇革命中,法律的改革与那个时代全方位的“极深刻和极广泛的变革”密切联系(用伟大的社会和经济史学家马克·布洛赫的话),“这种变革曾影响了社会生 23
活的全部图景”。[16]为将此称作全面的转变,教皇革命并未把范围局限于以下问题:使教皇能够控制教会和使教会获得自由即在教皇之下不受世俗权力的支配等,而是与此相反,还将那时发生的全部与之相关联的变革包括在范围之内。正如约瑟夫·R. 斯特雷耶所指出的:教会关于教皇的新概念“接近于要求创造国家的概念”。[17]法律领域的革命与教会**内部的**革命(revolution *in* the church)及教会**的**革命(revolution *of* the church)紧密联系,后两者转过来又与下列变革密切联系:农业和商业中的革命,城市和作为自治领地政治体的王国的兴起,大学和学术思想的出现,以及伴随西方诞生而出现的其他主要的转变,正如革命当时所声称以及其后八百余年人们所认为的那样。不应狭隘理解“教皇革命”一词;像“清教革命”一词适用于英国1640～1660年的历史一样,它所指的范围也超出了自身。

教皇革命的时期不只限于它处在高峰即教皇格列高利七世在位那相对短暂的几年,正如俄国革命的时期不只限于当时列宁领导布尔什维克掌权和消灭他们的敌人的短短几年一样。人们可以把教皇革命的时间确定为从1075年(那时格列高利宣布教皇对教会具有至高权威,基督教教皇独立于并高于世俗权力)到1122年(当时在教权与王权之间达成了最后的妥协),但甚至直到那时它的影响也没有停止;这些事件所产生的力量继续发生影响达数百年。

许多历史学家不同意这种包括长时间跨度的解释。他们宁可把既定的境况归因于同时代或归因于先于这些境况而存在的近因。但如果该问题尖锐地提出来,则很难否认,现行境况常常很大程度决定于甚至是几个世纪前发生的事件。例如,如果某人试图解释20世纪后半叶美国种族关系的危机,他不能忽略1776年的《独立宣言》,1789年《美国宪法》中对于奴隶问题的解决办法,以及1861~1864年的内战。无疑,美国革命引发了导致奴隶解放并最终导致为公民权而斗争的动力。

西方民族革命的特征

像德国的新教改革运动一样,英国革命、美国革命、法国革命
24 和俄国革命当然都是民族革命(national revolutions)。教皇革命则与它们不同,它是一次跨越民族的革命,一次在教皇领导下遍及欧洲的为神职人员利益而反对皇室、王室控制以及封建权贵控制的革命。显然,可以把教皇革命称为西方的或欧洲的革命,但以对待民族革命同样的方式描述它的特征是否合适呢?这个问题与如何理解教皇革命直接有关,这里需作两点说明。

第一,16世纪以来所有的民族革命(除了美国的)都部分地针对罗马天主教(在俄国是东正教)教会,并且它们全都把大量来自教会的教会法采用于民族国家,由此将这些教会法世俗化。所以,研究在教皇革命影响下于11世纪晚期和12世纪、13世纪创立的宗教和世俗的法律制度时,必须记住,这些制度中的许多成分在民族革命的影响下已输入所有欧洲国家的世俗法律之中。在这方面,民族革命具有一种国际性的特征。

第二,西方所有重大民族革命实质上也是西方的革命。每一次革命都在几个国家同时准备。新教改革运动在德国爆发之前,

就有英国的威克利夫、波希米亚的胡斯以及欧洲各国活跃的改革运动予以准备。英国的清教徒运动不仅以法国—瑞士的改革家约翰·加尔文的早期教义为基础,而且还与荷兰及大陆别处的其他加尔文运动密切关联。18 世纪的启蒙运动是整个西方的现象,它不仅构成了美国和法国革命的思想基础,而且也是促动英国和别国进行激进变革的思想基础。俄国革命产生于由两位德国人所创立的国际共产主义运动;它根源于 1870 年的巴黎公社。

与此相似,民族革命在爆发之后对整个西方产生了巨大影响。它们爆发的直接后果都无一例外地引起了其他国家的恐惧和敌视的反应——恐惧革命毒素的蔓延,敌视承载革命的国家。终于,20 年或 30 年之后,革命一经在它的母国巩固,别国对它便采取一种温和的看法。因此,当路德革命在德国平息下来之后,英国、法国和其他国家却出现了具有强大文官系统的专制君主制;清教徒革命在英国平息之后,欧洲大陆却在 17 世纪末和 18 世纪初涌现出立宪君主制和准议会政体;法国和美国革命平息之后,英国却在 1832 25
年扩大了选民范围,将中产阶级包括进去;而俄国革命平息之后,却在 20 世纪 30 年代的西欧和美国出现了"社会主义的"或"新政"政府。

更重要的是,虽然欧洲各国的法律制度从 16 世纪开始变得越来越具有民族国家的色彩而更少全欧洲的色彩,但它们却保留了西方的特征。即便是世俗法院和世俗法律把教会法院和教会法压缩到一个日益狭窄的管辖范围,即便是罗马天主教教会也变得日益民族化,情况也还是这样。

不过,各民族的法律制度中存在许多共同的纽带。所有这些法律制度都具有某些基本的分类模式。例如,它们全都在立法与司法之间保持一种制衡,在司法中,全都在法典法与判例法之间维持一种均衡。它们都明确作了刑事法律与民事法律的划分。它们全都根据行为、故意或过失、因果关系和义务等概念分析各种犯罪(像12世纪早期阿伯拉尔对它们的首次分析一样)。它们全都把民事之债明确或不明确地划分为契约、不法行为(侵权行为)和不当得利(准契约)。在这些和许多其他共同可分析的范畴背后,存在共同的政策和共同的价值。例如,在20世纪30年代,实行国家社会主义的德国有一项制定法规定,“根据健全的大众感情(*gesundes Volksgefühl*)认为应予惩罚”的任何行为都可作为犯罪予以惩罚,这被视为是对传统西方合法性概念的背离;国际法院常设法庭废除了但泽自由市(Free City of Danzig)的一项类似的法律,因为这项法律以违反法治(*Rechtsstaat*)的德国法为基础。

千禧年的追求

西方历史每次重大革命的一个重要因素是它对未来预言式的幻想。每一次革命都不只是一种政治计划,甚至不只是一种充满激情地为改革世界的斗争。每次革命还代表了对末世论(eschatology)——一种关于末日的救世主的梦想,一种关于历史正向最后结局行进的确信——的信仰和信奉。在罗马天主教革命、路德革命和清教革命的场合,曾以圣经的词句表述末日论。基督教的革命者们预言“一个新的天堂和一个新的尘世”。他们预想在基督再临和最后审判之间实现尘世一千年的和平。“我又看见圣城新耶路撒冷由神那里自天而降……因为以前的事都过去了。坐
26 宝座的说,看哪!我将一切都更新了。”(《启示录》,21:1-5)在美国、法国和俄国革命中,末世论是世俗的:一个新的和最后的自由平等的时代,人类长期压迫的历史的结束,公正社会的到来。

诺曼·科恩在他《千禧年的追求》一书中,曾描述了他所说的

不同种类的"革命的千禧年主义"(revolutionary millenarianism)。他已经注意到从11世纪到16世纪在西方"流动贫民"中间发生的许多信奉千禧年之说的运动。它们包括上帝选民的十字军东征运动,通过自行鞭笞赎罪的宗教信仰者运动,自由精神的异端运动,某些农民起义,以及塔波尔派(Taborites)运动。它们几乎全都是组织松散、自发的运动,要么主张无政府主义,要么赞成公产制,或者两者兼而主张之。科恩写道:"这种运动的特征是,它的目标和前提漫无边际。[参加者]不是把社会斗争看作具体的和界定的目标而斗争,而是把它看作一种彻底改造和拯救世界的政治和社会的大变动。"[18]

科恩所描述的思潮,与西方历史上极为**成功的**(*successful*)数次重大革命中有关世界末日启示教义(apocalypticism)之间的区别在于,后者的目标和前提既是有边际的又是无边际的;它们的目标不仅是一般的和无限制的,而且是具体的和有限制的。它们追求千禧年,但却组织良好,政治上成熟。科恩对具体类型千禧年运动的生动和敏锐描绘,已经引导他和别人将这些运动与现代左右两方面的革命运动相比较。[19]不过,至少现代运动尤其是19世纪和20世纪共产主义"千禧年主义"的历史根源,不属于科恩所描述的那类盲目的运动,而属于得以在其边缘出现的成功的革命。

成功的革命也是以基督教的末世论为基础的,而后者又以犹太教关于历史向最后结局即终点行进的幻想为基础。与其他印—欧民族——包括相信时间周期性循环的希腊人——相比,希伯来人认为时间持续地、不可逆转地和历史地走向终极的最后拯救阶段。但他们也相信时间中存在各个时期;时间不是循环的,但可能被打断或加速;时间在行进。《旧约》不仅是一种关于变化的历史,也是关于发展、增长和朝着救世主的时代运动的历史,当然,这种运动不是一帆风顺的,中间有许多倒退,但无论如何是处在运动中(a movement *toward*)。不过,基督教在犹太教的时间观念上增加了一个重要的因素:旧的转变为新的。希伯来文的《圣经》成为《旧约》,它的含义在落实于《新约》时有所转变。在“耶稣复活”一节的故事中,死亡变为新的开始。时间不仅是可加速的而且是可再
27 生的。这便引入了一种新的历史结构,在这种结构中存在从一个时代到另一个时代的根本性转变。人们认为这种转变只能发生一次:人们相信,在从创世到世界终极整个这段线性的时间过程中,生、死和基督的复活是仅有的主要的时间中断。

因此,基督教的复活观念是以信仰世界末日为基础的。它也以信仰末日即将到来、“近在眼前”为基础。诺曼·O. 布朗写道:“基督教的历史观是末日的生活观。孩子们,它是最后的时刻。整个基督的时代是处在最后的时代。”“基督教的祈祷是为了世界的末日:使它可以快些到来。目的是把这个世界推向末日;仅有的问题是如何做到这一点。这方面的一个错误可能代价极高。”〔20〕

罗森斯托克–胡塞已经指明,对最后时刻即世界末日的信仰曾如何影响了西方历史上的数次重大革命。这些革命的每一次都将死亡的和新生的经验转化为一种不同的国家与教会的概念。〔21〕当18世纪和19世纪的启蒙运动和自由的神学摒弃了基督教的末世论,取而代之的是一种世俗的末世论。他还指出:“任何人都不能在没有对某种东西终极胜利的信仰的情况下而生活。因此,当神学被埋葬时,俗人便利用其他终极性的源泉”——一方面是马克思主义的末世论,另一方面是尼采的末世论。〔22〕

在11世纪的重大改革之前,东西教会曾经宣扬,最后的时间不在这个世界即物质世界之内,而在精神世界之内——不在历史的时间中,而在永恒之中。这是圣奥古斯丁对尘世之城和上帝之

城进行比较的要点之一。尘世之城是在不断地腐化。那些生活在最后时刻的人们不再是这个世界的人。奥古斯丁用 *saeculum* 一词同时指“尘世”和“时间”。*saeculum* 没有赎救的希望:为了精神的王国只能将它放弃。在头 10 个世纪圣奥古斯丁和教会通常反对科恩所描述的那种革命的千禧年运动,后者试图将当时的社会、政治和经济现实改造成精神的天国。个人基督徒的新生及人类的再生被理解为仅仅是指不朽的灵魂,而只有通过“现世的死亡”——首要的是修道院的生活才能获得这种新生和再生。

与此相似,当基督教最初传入西欧的日耳曼人中时,它表现为另一个世界的信仰,关心的是上帝和圣徒,而对于现行军事、政治和经济权力结构,除了予以贬低外,较少谈及。

在 11 世纪晚期和 12 世纪早期,人们才第一次把重生看作也适 28
用于世俗的社会。改革者们把自己置于新的世俗时代的开端和结尾:为了设计走向未来,他们不惜试图回归过去。他们认为自己处在历史的转折点,即一个新时代的开始,他们认为这将是最后审判之前的最后时代。这是一种在基督教时代的新的解释;它把希腊的回归循环的思想与希伯来朝着既定终点线性运动的思想和早期基督教的精神诞生和新生的思想结合在一起。

始于 1075 年教皇革命的每一次重大革命都在革命前的东西即“旧事物”和伴随革命而产生及革命后的东西即“新事物”之间做了明确的区分。每一次革命都还将历史的旧事物与新事物放在一个原来创造的或自然状态的框架内和置于一个终点(即最后胜利)。若没有关于现世、这些时代和人类社会的世俗制度能够获得重生——这种重生将导致人的命运的完结——的信仰,西方历史中的重大革命就不会发生。

更具体地讲,信仰人自身具有能够使世界获得重生的能力和信仰人为了完成这一最终命运而采取行动的必要性,为自觉地攻击当时既存秩序和自觉地建立一种新的秩序提供了一个基础。上帝被用来作为衡量世俗秩序的标准。例如,11 世纪的改革者们就开始根据取源于神法和自然法的原则评断皇帝、国王和领主。教皇党曾谴责皇帝背叛了他作为教会统治者的职责,指责他没有资格充任教会统治者。但以理曾对尼布甲尼撒提出挑战说:“弥尼,弥尼,提客勒,乌法珥新”——“提客勒,就是你被称在天平里,显出你的亏欠”。(《但以理书》,5:25,27)“教会自由”这个教皇革命的口号被作为上帝的意志加以证明。所以,西方历史后来所有重大革命的时期都求助于超验的标准衡量当时现存的权力结构。当马克思(引蒲鲁东话)讲“财产是窃贼”时,说的便是西方的千禧年传统:整个经济和政治制度用最后时刻即末世(*eschaton*)的天平上衡量,缺欠甚多。

革命的法律

对于末世即最后千禧年的革命信仰,不仅有助于解释对旧法律的废除,而且有助于说明新法律制度对革命的体现;但这不能立即发生。所有重大革命都没有在第一天就成功地废除革命前的法
29 律,并在第二天就建立起一种新的和永久的革命的法律制度。例如,布尔什维克在 1917 年曾宣布废除革命前的法律,但同时他们又制定了一项法令,规定在制定出执行较小数额遗产的制度之前,10,000 金卢布以下的遗产仍可根据旧法律继续转交给继承人。不过,事实表明,制定出国家据以有效地继承一头牛、家具、艺术品乃至金钱的制度是不可能的。下一个措施是征收很高的继承税;但这个措施最终是与促进家庭稳定的努力相冲突的,并且被继承人在预见到死亡时,通过赠与便很容易规避这种遗产税。

每次重大革命都经历了一个过渡期,在这期间,相继迅速地制定了新的法律、法令、规章和命令,并迅速地对它们进行修改、废除和更换。不过,每次重大革命最终都与革命前的法律妥协,通过将它们吸收到反映革命为之奋斗的主要目标、价值和信仰的新法律制度中而恢复它的许多成分。因此,由重大革命所确立的新法律制度虽然保持在原来法律传统之内,但却改变了该法律传统。

路德的改革和体现这种改革的德意志各公国的革命,通过消除教会的权能打破了教会法与世俗法这种罗马天主教的二元制。在路德主义获得成功的地方,教会逐渐地被作为无形的、无政治意义的和无法律意义的东西;仅有的主权和法律(政治意义上的)是世俗王国或公国的主权和法律。事实上,刚好在此前,马基雅维里曾以一种新的方式使用"国家"一词,用来表示纯粹的世俗社会秩序。路德教的改革者们在一种意义上是马基雅维里派:他们对人能够创造反映永久法的人法的权力这一点持怀疑态度,他们明确否认发展人法是教会的任务。这种路德派的怀疑论使法律实证主义的法律理论的出现成为可能,它把国家的法律视为在道德上是中立的,是一种手段而不是目的,是一种表现主权政策和确保服从它的方法。但法律的世俗化和实证主义法律理论的出现只是路德宗教改革对西方法律传统贡献的一方面。另一方面是同等重要的:通过使法律摆脱神学教条和基督教教会的直接影响,这种宗教改革能够使法律经历一种新的和有前途的发展。用德国伟大的法学家鲁道夫·索姆的话讲:"路德的改革不仅是对信仰的革新而且也是对世界——宗教生活世界和法律世界——的革新。"[23]

西方从16世纪开始的法律革新的关键是路德教个人权力的
观念,这种观念认为由于上帝的恩典,个人通过运用其意志可以改 30

变自然和创造新型的社会关系。路德关于个人的观念变为近代财产法和契约法发展的中心。当然,一种精制的和复杂的财产法和契约法在教会和商业社会团体中已经存在达数百年之久,但在路德主义那里,它的中心点却改变了。旧规则在一种新的整体中获得了重新改造。自然界变成了财产;经济关系变成了契约;良心变成了意志和动机。最后的遗嘱变成了控制社会和经济关系的主要手段,而它在早期天主教传统中则是通过慈善捐赠拯救灵魂的一种手段。立遗嘱人通过对他们意志和动机的直率表达,能够在死后自由地处置他们的财产,企业主能够通过契约安排他们的营业关系。这样创设的财产和契约的权利,只要它们不违背良心,便是神圣的和不可侵犯的。良心赋予这些权利以神圣不可侵犯性。所以,在国家摆脱基督教教会控制的有限意义上的国家世俗化,伴随着的却是财产和契约的宗教化甚至神圣化。

因此,说路德主义没有对16世纪统治欧洲的专制君主们的权力施加限制是不真实的。人们曾设想实在法的发展最终只依赖君王,但又假定,君王行使其意志时,将会尊重其臣民的个人良心,这便意味着也尊重他们的财产权与契约权。这个假定——无疑是根据不足的——依赖于400年的历史,在这期间,就日耳曼民族起初的文化水平而言,教会已经成功地将法律基督教化到一种显著的程度。因此,路德宗的实证主义——将法律与道德相分离,否认教会的立法作用,在政治的强制中发现了最终的法律制裁——无论如何都假定,在由作为基督教徒的统治者控制的人民和国家中存在基督教的良心。

稍后的新教形式即加尔文主义也深刻地影响了西方法律的发展,尤其是在英国和美国。清教徒们发展了路德关于个人良心的神圣不可侵犯性的概念和在法律上作为反映在财产和契约权中的个人意志的神圣不可侵犯性的概念。此外，他们还强调在路德主义中曾居于次要地位的两个要素：一是信仰所有的基督徒——不单单是基督教的统治者——具有改造世界的义务；[24]二是信仰地方公理会，把在选举的牧师和长老主持下的公理会作为信仰活动 31
的中心——“积极的信众团契”高于任何政治权威。[25]积极的清教公理会会众关心改革世界，在维护他们的信仰时，蔑视教会和国家的最高权威，他们这样做是基于个人的良心，也求诸神法、《旧约》中的摩西法律和体现在中世纪法律传统中的自然法概念。正如早期基督教的殉教者曾因他们不服从罗马法而建立了教会一样，包括约翰·汉普登、约翰·利尔伯恩、沃尔特·尤德尔(Walter Udall)和威廉·佩恩在内的17世纪清教徒们，通过他们公开表示不服从英国法，从而为表达在英美两国各自宪法中的公民权利与公民自由的法律奠定了基础：言论和出版自由，宗教自由，反对自证有罪之权，陪审团不受法官支配，不受非法监禁之权，以及其他诸如此类的权利与自由。[26]加尔文宗的教派自治主义也为近代社会契约和由被治者同意的政府概念提供了宗教的基础。[27]

英国和美国的清教运动和它在欧洲大陆的等同物虔敬主义(Pietism)，在任何根本意义上都是在制度性的教会内部影响西方法律发展的最后的伟大运动。当然，在18世纪和19世纪，罗马天主教和路德宗的各种派别从各种角度仍然继续对法律施加压力。毫无疑问的是，预言未来的基督教在实现法律改革中继续发挥极其重要的作用，例如在废除奴隶制、保护劳动力和促进普遍的福利立法等方面。另外，同样毫无疑问的是，组织系统的宗教继续维持现状，无论现状怎样。但在这方面的一个重要因素是在19世纪甚至在20世纪，传统的宗教逐渐地被降到个人或私人事务的水平，对法律的发展没有公开影响，而其他信仰体系——新的世俗宗教

(意识形态,“主义”)——则被提升到狂热信仰的水平,为这种信仰,人们不仅集体地情愿为之献身,而且也愿意集体地过一种新的生活。

新的世俗宗教始于法国和美国的革命——将宗教的心理学以及先前曾在各种形式的天主教教义和新教教义中表达的许多宗教思想,注入世俗的政治和社会运动。首先,一种宗教的正统信仰通过一种自然神论的哲学得以保存——不过,这种哲学几乎不含有
32 作为宗教信仰中心的心理学。事实上,关于18世纪末和19世纪重大革命的宗教思想家们——如卢梭和杰斐逊等人——不是信仰上帝,而是相信人,即作为个体的人、个人的本性、理性和权利。启蒙运动产生的政治和社会哲学是宗教的,因为它们把终极意义和神圣不可侵犯性归属于个人的头脑——紧接着还必须补充说归属于民族。个人主义和理性主义的时代也是民族主义的时代:个人是一位公民,公众的意见不是人类的意见,而是变为法国人的意见、德国人的意见或美国人的意见。

个人主义、理性主义和民族主义——民主的三位一体之神——在立法机构地位的提高和司法机构创制法律作用的减弱(美国除外)中找到了法律表达;在个人行动(特别是在经济领域)摆脱了公共机构的控制中找到了法律的表达;在要求刑法和民法的法典编纂中找到了法律表达;在致力于使个人行为的法律后果(特别在经济领域)具有可预见性中找到了法律表达。这些“法律的基本原理”(如罗斯科·庞德所称谓的)[28]被认为不仅是有用的,而且是公正的,不仅是公正的,而且也是宇宙自然秩序的一部分。人们认为这些和有关的法律合理性的原则赋予生活本身以意义和目的,在自然法和人的理性的思想学说中,它们的历史渊源是明显的。

自由的民主是西方历史中第一个伟大的世俗宗教——第一个脱离传统基督教同时又从基督教中接收了神圣含义和某些主要价值的意识形态。但是,自由的民主在变成一种世俗的宗教时,随即面临一个对手,即革命的社会主义。在全欧洲的一个世纪的革命活动之后,当共产主义于1917年最终在俄国夺得政权时,它的学说已经获得了权威性启示的神圣性,它的领袖获得了高级教士的神授资格。此外,共产党一方面具有亲和力,另一方面又具有修道士的严厉性。在第二次世界大战后清洗期间,欧洲的共产主义者习惯于讲“在共产党之外不能获得拯救”,这绝不是偶然的。

社会主义的法律基本原理虽然区别于自由民主制的法律基本原理,但却表明了它们在基督教中有着共同的渊源。例如,作为苏维埃学校的儿童必须牢记并且被奉为苏维埃法律政策基础的《苏维埃共产主义建设者的道德法典》,便包括诸如下列原则:“认真为社会的福利劳动——不劳动者不得食”;“人人都要关心公共财富的保存和增长”;“集体主义和同志式的互相帮助——一人为大家,
大家为一人”;“在社会和个人生活中诚实、讲真话、道德纯洁、谦虚 33
和不虚伪”;“对于不公正、不诚实、野心和贪财行为,绝不妥协”;“对共产主义的敌人不妥协”以及“同全国的劳动人民和各族人民保持兄弟般的团结”。[29]对于背离意识形态、懒惰和个人违反道德的行为,苏维埃法律予以惩罚,这明显地使人联想起马萨诸塞湾殖民地的清教徒法典,即1641年的《自由法典》。[30]此外,苏维埃的制度极力强调法律的教育作用和大众对法律程序和法律实施的参与——通过同志审判会和人民警察以及通过把个人置于工厂和街道集体的监督之下,而且,在实行这些做法时,以一种末世论的名义——预言强制和法律本身最终都要消亡。这种理论认为,在共产主义社会,人人都会像对待(用《共产主义建设者道德法典》中的

词)“同志、朋友和兄弟”那样对待他人。为促成这样的社会,可使用强烈的压制措施和形式上的法律手段,认为这一点并不与这种乌托邦的幻想相抵触。

西方法律传统的危机

西方法律传统像整个西方文明一样,在 20 世纪正经历着前所未有的危机,但这一点并不是科学上能证明的,而最终是由直觉感知的,可以这么说,我只能证明我感到我们正处在法律价值和法律思想前所未有的危机之中,在这种危机中,我们整个的法律传统都受到挑战——不仅包括过去数百年的所谓自由的概念,而且也包括源于 11 世纪和 12 世纪的西方法制的结构。

这种危机正来自西方经验的内部和外部。在内部,前所未有的社会、经济和政治的重大转变,实际上已经对西方各国的传统法律制度、法律价值和法律概念施加了巨大压力。而在过去,虽然也曾有使西方法律传统要素受到毁坏威胁的革命动荡时期,但这种传统毕竟存活了下来。对整个法律传统挑战而不仅仅对这种传统的特定成分和方面的挑战,是今天的新情况;这首先表现在与非西方文明和非西方哲学的遭遇之中。在过去,西方人曾信心十足地将它的法律带到全世界。但今天的世界开始怀疑——比以前更怀疑——西方的“法条主义”(legalism)。东方人和南方人提供了其
34 他选择。西方本身已经开始怀疑传统法律幻想的普遍有效性,尤其是它对非西方文化的有效性。过去认为似乎是“自然而然的”法律现在看来仅仅是“西方的”法律,而且许多人还在议论说它甚至对西方来说也是过时的。

有时人们这样看待这种危机：即以某种不那么夸张的方式把它称作不是对作为西方过去9个世纪以来所理解的法制基本原则的挑战，而是对这些原则适用到20世纪新情况的挑战，至多是对自18世纪或可能自17世纪或16世纪以来一直流行的某些“自由主义的”或“资产阶级的”法制的变种的挑战。有人说，在所有西方国家，法律正在脱离那种伴随着从“中世纪”到“近代的”政治、经济和社会秩序而变化的个人主义的假定，而趋向某种集体主义。从这种观点来看，20世纪的法律危机在范围上类似于西方法律传统早期的危机，诸如在1789年法国大革命后、1640年英国革命后和1517年德国革命后发生的危机。据说，正如那些革命开辟了一个代替“封建”法律的资产阶级的或“资本主义的”法律的新时代，1917年俄国的革命则开辟了一个取代资产阶级或资本主义法的社会主义法的新时代。

的确，实际上20世纪所有西方国家都已经经历了政府对经济生活大多数方面的普遍控制。许多国家已经把工业生产国有化并采纳了统一的国家经济计划。另有一些国家则已经采取了某种形式的国家资本主义，在这种体制下，生产、分配和投资的直接责任由大型公司企业承担，但要受到国家机构直接或间接的控制。列宁1921年关于苏维埃经济的声明越来越适用于其他国家的经济，他说：“对于我们来说，与经济有关的是公法问题，而不是私法问题。”例如，在美国，税收、劳资关系、证券管理、公共住房、社会保险和环境保护以及许多其他诸如此类的行政法领域，在20世纪30年代初的大萧条之前几乎不存在，而现在却已经占据了主导的地位。

此外，先前理解的私法，在20世纪由于经济生活急剧的集中化和官僚化也发生了变化，其中各种形式的社会主义（包括国家控制的资本主义）不过是这种集中化和官僚化的一个方面或一个后

果。例如契约法,在传统西方法律制度中曾被看作在广义公共政策确立的限度内使根据当事人的意愿自愿达成的协议发生效力的
35 一套规则体系,而在 20 世纪,它却致力于使自己适应一种全新的经济境况,在这种情况下,立法对最重要的契约种类专门规定了详细的条款,不然就由大型企业组织以要么接受要么放弃为条件提出标准契约形式。同样,在财产法方面,政府和大公司的权益已经介入,从大多数私人所有主那里夺得他们大部分的占有、使用和处分之权——过去所认为的他们的所有权;而同时又将那些更多的是根据行政法而不是根据民法解释的义务强加给他们。在所有西方国家,包括房屋在内的社团的、商业的和工业的财产,正日益受行政法调整,而个人所有者如未经政府的许可,则几乎不能种植一棵树或扩建他的厨房。

侵权行为法也是同样,传统上,人们一直把它主要看作关于补偿由故意或过失的不当行为所造成的损失的一套规则体系,而它也由于对各种经济活动形式中以外发生的无过错行为所致损害的责任保险——所谓绝对责任——的迅速传播发生了变化,但这种责任的根据及其限度却仍极不明确。据说"一般契约法"即在 19 世纪作为"契约法"而提出的、曾适用于各种类型契约交易的基本概念和学说体系,已经不管用了,违约责任原则日益可以在侵权行为法中发现;[31] 而另有些人宣称,也是在 19 世纪提出的、大约与一般契约法同时存在的一般侵权行为法同样不灵了。整个法律体系的公法与私法的划分,以及诸如民法、刑法和行政法等自成一体部门的再划分,是 18 世纪启蒙运动法律思想的产物,是由法国大革命所确立的。这种划分遍及欧洲并最终传至美国。但这种划分未能在 20 世纪社会主义的发展中保存下来——无论是在共产党国家实行的完全的社会主义计划经济中还是在西方非共产党国家实

行的不够全面的、只是政府控制的“社会主义的”形式中，情况都是如此。

在整个西方，不仅传统所说的公法和私法而且在可以称作社会法的领域都已经发生了根本性的变化，后者包括家庭法及影响种族关系、阶级关系、性别关系和代际关系的法律。结婚和离婚已经日益成为主要是由协议解决的问题，而父母对子女的权力实际上也已经受到削弱。当家庭越来越多留给个人自己设计时，种族、 36
阶级和性别的社会关系越来越受到法律的限制，以便防止剥削。虽然这些变化只是间接地同政府对经济的控制相关联，但它们一直也部分地与社会主义运动相联系。无论如何，这些变化也构成不易与传统的法律范畴相协调的法律发展。

在所有西方国家，刑法实际上也经历了巨大变化，这是作为经济一体化和集体化、城市化、大批量生产和工业化以及相关现象的结果。新型犯罪已经出现：大规模的盗窃国家或大公司企业的财产，包括逃税、贪污、违反反托拉斯法的“白领”犯罪；贩毒以及相关的城市街头犯罪；在这个范围的另一端，有政治和思想意识的犯罪，它们与“传统的”犯罪如谋杀、强奸、盗窃、抢劫和纵火相比，已经占据了支配地位。在犯罪的性质和影响范围方面重要的变化一直伴随着犯罪理论和刑罚与执法实践方面类似的重要变化。

西方各国法律制度的这些和其他变化可以称作革命性的变化——这不仅是在它们曾是比较迅速发生的根本性变化的意义上，而且也是在它们是对革命的政治、经济和社会剧变的一种回应的意义上。在俄国和其他一些国家，这种剧变采取一种标准类型的革命形式，在革命中，一种政治经济和社会秩序和信仰体系剧烈地由另一种秩序和信仰体系所取代。在另一些国家，变化采取国家生活的整合这种较为温和的形式，即通过技术和信息交流，通过不断地组合成大单位和通过不断扩张政府的控制来实现的。不过,在所有地方,这一向就不仅仅是一种技术革命,也还是一种政治和思想意识的革命。

西方法律的历史正处在一个转折点上,其转变的剧烈和重要程度如同1789年法国革命、1640年英国革命和1517年德国革命所显示的那样。自俄国革命爆发以来的两代人已经目睹了——不仅在苏联而且也在整个西方——与传统法律中的个人主义的实质性的决裂;与它曾强调的私人财产权与契约自由的决裂;与它对企业主活动所致损害的责任予以限制这一点的决裂;与它对犯罪的强烈的道德态度和它的许多其他基本原理的决裂。反过来,他们已经目睹了法律中的以下转变:即趋向集体主义、强调国家和社会
37 财产权、为了社会利益而对契约自由予以限定、扩大企业主活动所致损害的责任和对犯罪一种功利主义的而不是道德方面的态度以及许多其他新的基本原理。

这些急剧的变化构成了对传统西方的法律制度、诉讼程序、法律价值、观念和规则以及思想方式的严峻挑战。它们对法律的客观性构成了威胁,因为在大多数个人之间或公司实体之间的诉讼中,它们使国家成为不露面的当事人——而正是这个国家又制定可适用的法律和任命法官。在共产党国家,这种无形的压力由于不仅对经济生活而且也对政治、文化和意识形态生活的强有力的中央集权的控制而日益强化;在非共产党的国家,这种在非经济领域中的集权控制也已经加强,尽管这种控制权通常更多的是操之于大官僚组织而不是这些国家手中。

就目前的危机已经达到了可与过去曾经打击西方法律传统的革命危机相提并论的程度而言,我们应须调动整个传统的应变能力来克服这种危机,就像曾调动那些应变能力克服先前的一切危

机一样。不过,目前的危机更深。它不仅是自18世纪已经发展起来的个人主义的危机,或自17世纪发展起来的自由主义的危机,或自16世纪发展起来的世俗主义(secularism)的危机;而且也是自11世纪后期一直存在至今的整个法律传统的危机。

西方法律传统的10个特征中只有4个即前4个仍然构成西方法律的基本特征。

1. 在法律仍区别于政治、宗教和其他类型的社会制度与其他学科的意义上,它仍是相对自治的。

2. 法律仍交由专业的法律专家、立法者、法官、律师和法律学者们培植。

3. 在法律制度被概念化和达到某种程度系统化的地方,法律培训中心仍是兴旺的。

4. 这样的法律学问仍构成一种超法律的因素,通过这种因素可以评估和解释法律制度和规则。

强调法律这4个特征的存在是重要的,因为俄国在革命的年月和20世纪30年代初期像先前的重大革命所做的那样,对法律自治、法律的职业特征和法律作为一个知识的学科及一门科学的特征曾予以猛烈的攻击。在其他西方国家,部分由于马克思列宁主义的影响,20年代和30年代也经常有人认为法律和法律家是不必要的和对社会有害的,建议取消它们,至少应大大地限制它们。20世纪60年代和70年代前期,中国的革命极其庄严地接受了这种呼 38
吁:关闭了所有的法律学校,几乎所有的法律家都消失了。苏联和中华人民共和国分别从30年代后期和70年代后期才开始谴责“法律虚无主义”。

属于西方法律传统的另外6个特征在20世纪后半叶特别是在美国全都受到了严重的削弱。

5. 无论是在理论上还是实践上,20 世纪的法律都越来越不被看作一个连贯一致的整体、一个体系和一个《法令大全》(*corpus juris*)了,而越来越被视为一盘大杂烩,一大堆只是由共同的"技术"联结起来的支离破碎的特殊判决和彼此冲突的规则。旧的超然法已被放弃并被一种玩世不恭的哲学所取代。19 世纪法律领域所形成的范畴已渐被视为过时的东西。还有那些更古老的法律结构的要素——如英国和美国的诉讼形式,普通法通过它曾获得统一,在 1906 年梅特兰说它仍"从坟墓中统治我们"——几乎已经完全被遗忘了。16 世纪关于全部法律的公法与私法之分不得不让位于庞德在 30 年代中期所说的"新封建主义"。不过,它是一种缺少法律渊源等级的基本概念——通过它可以容纳多元的司法管辖权并可以协调冲突的法律规则——的封建主义。在缺少将赋予法律结构以条理性和一致性的新的理论时,便可求诸一种原始的实用主义来证明各个规则和判决的合理性。

6. 关于法律的成长,即它具有世世代代向前发展的特征这种信念实际上也已经减弱。广为流行的观点是,法律的明显发展——通过对过去重新解释的发展,不管这种过去是由先例还是法典编纂所确立的——仅仅是一种意识形态。法律表现为没有自身的历史,法律所宣称展示的历史充其量被看作大事编年表,在最糟糕的情况下,它只被视为幻觉。

7. 过去的法律中已经发生的变化以及现在正在发生的变化不被看作对法律发展的内在逻辑的回应,不被看作对法律科学与法律实践之间的紧张关系的解决办法,而被看作对外部压力的回应。

8. 法律超越于政治的观点——认为在任何特定的时候或至少在法律的历史发展中,法律区别于国家——似乎已经逐渐让位于下面的观点:法律在任何时候都是国家的工具,即实现那些行使政治权力的人们意志的手段。

9. 同一法律秩序内存在众多法律管辖权和法律体系，这种法律至上的根源在20世纪受到了以下倾向的威胁：即在每一国家之 39
中，各种各样的司法管辖权和法律体系全都淹没在一个中央的立法和行政规章的方案之中。教会早已不再构成对世俗权威的有效的、合法的抗衡力量了。在经济和社会秩序内的商人和其他自治团体或行业的习惯，在立法和行政机构的控制下已经失去效力。国际法已经扩大了它关于优于国内法的理论主张，而实际上国内法要么明确吸收国际法，要么借口保护个人公民而使国际法无效。在像美国那样的联邦制中，避开一套法院系统而接受另一套法院系统审判的机会已经大大减少了。两个世纪之前布莱克斯通关于我们生活在大量不同的法律体系之下的观点，在当代的法律思想中几乎找不到任何知音了。

10. 关于西方法律传统超越革命，即它超脱于曾周期性地席卷西方各国的巨大而全面的剧变这种信念，正受到以下与之相反的信念的挑战：法律完全从属于革命。推翻一套政治制度并由另一套制度取而代之，导致一种全新的法律。即使保留了旧的形式，据说这种旧形式也被注入了新的内容，这些旧形式服务于新的目的，与过去不再一样了。

西方法律传统的危机不仅仅是法哲学的危机，而且是法律本身的危机。关于法律是基于理性和道德还是仅仅是政治统治者的意志这个问题，法哲学家们一直争论不休，并可以推定，他们将继续争论下去。我们无须为了得出以下结论去解决这种争论，作为历史的事实，所有继承西方法律传统的国家的法律制度都一直根源于某些信仰和假设：即这些法律制度本身一直以这些信仰的有效性为先决条件。这些信仰和假设——诸如法律结构上的完整性、法律的不断发展、它的宗教根基和它的超越性等——不仅正在从法哲学家、立法者、法官、律师、法律教师和法律职业的其他成员的头脑中消失,而且正在从作为整个人民的绝大多数公民的意识中消失;此外,也正在从法律本身中消失。法律正在变得更加零碎、主观、更加接近权术和远离道德,更多关心直接后果而更少关心一致性和连续性。因此,在20世纪,西方法律传统的历史土壤正在受到侵蚀,这种传统本身正在面临崩溃的威胁。

西方法律传统的崩溃,只是部分因为1917年10月始于俄国并逐渐传遍西方(也遍及世界其他地区)的社会主义革命——尽管它
40 常常采取较为温和的方式;也只是部分地源于对国民经济(福利国家)大规模的国家干预和通过巨型集中化的公司实体(公司国家)的社会和经济生活的全面官僚化;更多的是来自从1914年第一次世界大战爆发开始的西方文明自身的危机。这不仅仅是一场经济和技术革命,甚至也不仅仅是一场政治革命。如果不是这样,西方社会就能够像在过去的革命情况下所做的那样使它的法律制度满足新的需要。西方社会就能够在它的法律传统内部容纳不管是什么样的社会主义。但这种传统基础的崩溃是不能弥合的,对这些基础最大的挑战是人们对于作为一种文明、一种社会共同体的西方本身的信念和对9个世纪以来维系西方文明的那种法律传统普遍丧失了信心。

几乎所有西方国家今天都受到了对法律玩世不恭态度的威胁,这种态度导致了各阶层人们对法律的蔑视。城市已经日益变得不安全了。在不可强制施行的规定下,福利制度几乎濒于破产。穷人和富人及处在穷富之间的人们全都违反税法。几乎没有一个行业不以某种形式规避政府的规章。政府本身从下到上都卷入非法活动。但这还不是主要的问题。主要的问题是,只有那些罪行

已经暴露的少数人才似乎对这类问题感到良心不安。

对法律的蔑视和对法律玩世不恭的态度一直是由对当代有时被称为法律形式主义的反叛激起的。这种法律形式主义强调作为法律推理和正义观念中核心要素的一般规则的统一适用。根据罗伯托·M. 昂格尔的观点,一方面随着福利国家的发展以及另一方面随着公司国家的发展,法律形式主义正在让位于对法律推理和正义观念中公共政策的强调。[32]昂格尔指出:政策导向的法律推理以强调公正性和社会责任性的广义标准为特征。他把在“后自由主义”西方法律思想中这种转变与关于语言信念的变化联系起来。他指出:“语言被认为不再具有范畴的固定性和对世界明确的表现力了,而正是语言的这两个特点才使法律形式主义在法律推理中和正义的观念中似乎有道理。”[33]这样说来,对法律形式主义的反叛似乎是不可避免的并且是有益的。但如何防止把自由裁量的审判变成压迫的工具甚至像在纳粹德国那样变成实施野蛮和残酷行为的借口?昂格尔争辩说,可以通过在构成一个社会的各种各样 41
的集团内部发展一种强烈的群体意识来防止这种情况的发生。然而,不幸的是,这种群体多元论的发展本身却受到某些考虑的阻碍,这些考虑恰恰与攻击法律形式主义的理由相同。如果没有精致的习惯的或制定的规则,大多数超过面对面规模的社会共同体都几乎不能长期存在,更不必说互相影响了。这样说并不否认,在19 世纪后期和 20 世纪初期,西方的许多国家中确实存在过对法律中的逻辑一致性的过分关心;这种倾向在某些地方至今仍然存在。一旦对这种倾向的反对变成了对规则本身的攻击和对在规则、先例、政策和衡平这四者间维持平衡的西方法制传统的攻击,这种反对就失去了合理性。

对这四个要素的任何一个的攻击都会削弱其他要素。“公共政策”以反形式主义的名义，其含义危险地接近于当前掌权者的意志：“社会正义”和“实质合理”已经逐渐等同于实用主义；“公正”已经失去了它的历史和哲学根基而随着阵阵时髦学说之风左右摇摆。法律的语言不仅被看作必须是复杂的、模糊的和讲究修辞的（它确是这样），而且被看作是因事而变的、具有时代性的和武断的（它并非应该如此）。这些不仅是“后自由主义”时代而且也是“后西方”时代的征兆。

主张否认我们法律传统的自治性、完整性和不断发展特性的所谓的法律现实主义，也不会克服对法律和无法状态玩世不恭的态度。用爱德蒙·伯克的话讲，那些数典忘祖者也不会远虑他们的后代。

这当然并不意味着对过去的研究会拯救社会。社会不可避免地要走向未来。但可以说，这种前进是通过着眼于过去的后退来实现的。奥利弗·克伦威尔曾说：“如果一个人不知道他正在走向何处，绝不会达到这样高的一个等级。”看来他深明危机时期尊重传统的革命意义。

走向一种法的社会理论

影响现代人思考过去的两个词使人们难以把握西方法律传统的含义。

第一个词是“中世纪的”（medieval）[或中世纪（Middle Ages）]。它从16世纪开始使用，一方面用于表示早期基督教与新教改革运动之间这一段时期的特征，另一方面用于表示古典的古代和“新人
42 文主义”（300年后米什莱首次把它称作文艺复兴）之间这段时期

的特征。“中世纪”一词也合乎天主教反宗教改革运动的支持者们的口味,因为它不仅意指新教是一种革新,而且也意指罗马天主教至少自康斯坦丁时代以来具有一种未被打断的连续性。这个词最终表明,便于19世纪民族主义的编史工作,因为它似乎界定了从罗马帝国衰落到主权国家兴起这个时期。

那么,发现全部西方近代的法律制度实质上都恰好起源于中世纪的中期,这听起来会多么令人惊异!

产生魔术般影响和效果的第二个词是“封建主义”,它逐渐被用于意指中世纪社会—经济的形成。封建主义的中世纪与资本主义的近代形成对照。资本主义与个人主义和新教教义相联系,而封建主义则同传统主义和天主教的教义相关联。

“封建主义”的概念像“中世纪”的概念同样程度地承载着隐藏在背后的意识形态的假定。形容词“封建的”来自具体名词“封地”(*feod*),从11世纪开始,这个词具有政治的、经济的和法律的含义;而指全部社会经济制度的抽象名词“封建主义”一词则是在18世纪才发明的。[34]法国大革命旨在消除封建主义(*féodalité*)的封建社会(*la société féodale*)。1789年8月11日的一项法令宣布:“国民议会彻底废除封建统治。”正如马克·布洛赫所指出的:“此后谁能否认花费如此高昂代价加以摧毁的这种制度的现实?”[35]英国重要的马克思主义历史学家克里斯多夫·希尔后来的一个论证证明这种冷嘲是有道理的。希尔在攻击封建主义在16世纪随着农奴制的消灭而消灭的观点时评论道:“如果封建主义随农奴制而消灭,那么1788年的法国就不是一个封建的国家,在资产阶级革命是指推翻封建国家的革命这一意义上,就绝不曾有一个资产阶级革命。”[36]换言之,封建主义不可能在1789年的两百年前就已经结束了;如果真是那样的话,法国大革命将是空闹一场,甚至更为严重的是,马克思主义的理论将成为错误的东西。

因此,包括马克思主义在内的19世纪所有的意识形态,都不期而然地致力于贬低、否认和无视近代西方的制度和价值在前新教时代、前人文主义时代、前民族主义时代、前个人主义时代和前资本主义时代的深厚根基;它们全都试图掩盖发生于11世纪晚期
43 和12世纪的西方历史的断裂。这种对西方历史的不正确分期,不仅致使传统历史学家们在有关从中世纪到近代历史运动这个问题上犯有许多错误,而且干扰了社会理论家们追踪从近代到一个"新的"(社会主义的,后自由主义的和后现代的)社会线索的努力。

认为西方社会的发展是从封建主义时代到资本主义时代,这种信念常常具有下面的含义:社会秩序的基本结构是经济方面的,法律是"意识形态的上层建筑"的一部分,它被那些拥有经济权力的人们用作实现他们政策的一种手段。不过,不应将西方的法律传统简单地理解为经济或政治统治的工具;还必须把它看作西方社会基本结构中的一个重要部分。它是经济和政治发展的一种反映和决定性因素。如没有从12世纪到15世纪发展起来的宪法性法律、公司法、契约法、财产法和其他法律部门,当代理论家们认为与资本主义画等号的从17世纪到18世纪的经济和政治变革则是不可能发生的。

此外,"封建主义"这个词可用于掩盖下面的事实:西方的法律制度和价值在它们发展中的形成时期经常对当时流行的政治和经济制度予以挑战。在法律与封建的阶级压迫之间,在法律与城市的权贵之间,在法律与基督教的利益之间以及法律与统治之间,曾存在经常性的冲突。逃到城市的农奴们在一年零一天之后根据城市法请求获得自由。公民们根据在城市宪章中所宣布的宪法性原则反抗他们的城市统治者。贵族向国王要求古时的权利和特权。

君王与教皇相互争斗，各方都宣称，另一方在行使其社会经济权力时，违反了神授和自然的法律权利，违反了法律的精神甚至法律的字面含义。在诸如此类的斗争中，各方都援引法律去反对当时存在的重要事实和条件；可以说，人们运用法律同产生法律的社会结构相对抗。

同样，在西方的历史中，人们一直周期地求诸法律反对社会中通行的政治和道德价值——可以说是曾养育了法律和被认为是法律所享有的价值。虽然政治权力机构和舆论谴责持不同政见者和异端，而法律则被用于保护持不同政见者和异端。法律可以保护集体免受极端的个人主义的侵犯或保护个人免受极端集体主义的侵犯。按照把法律仅仅看做统治阶级或政治权贵工具的工具论，很难解释法律对自身价值的卫护。

至少不能只把西方历史中的法律完全归结为产生它的社会物质条件或观念和价值体系；还必须把它部分地看作社会、政治、智 44
识、道德和宗教发展中的一个独立因素，是其中的原因之一，而不仅仅是结果之一。

今天法的社会理论的首要任务——约在卡尔·马克思 150 年之后和约在马克斯·韦伯 100 年之后——旨在摆脱关于法律及其因果关系的过分简单化的概念。无论哲学家们想对理想主义和唯物主义发表何种意见，从历史的观点来看，黑格尔假定意识决定存在的观点是错误的，但这一事实并不意味着马克思所主张的存在决定意识的观点是正确的。在历史的真实生活中，谁也不“决定”谁；它们通常是并驾齐驱；当情况不是这样时，便有时是这个有时是另一个成为决定的因素。一种法的社会理论依照它对法律的定义和分析应该强调精神和物质、观念和经验之间的互动作用。应该把三个传统的法学派——政治学派（法律实证主义）、道德学派

(自然法理论)和历史学派(历史法学派)——综合成一个**一体化的**(*integrative*)法学。

法的社会理论今天的第二个任务是旨在采用一种适合于法律史的历史编纂法而不是主要采用来源于经济史、哲学史或其他史类的历史编纂法。法的社会理论必须面对以下事实:西方的法律体系是在11世纪晚期和12世纪开始形成的,这些法律体系的某些基本特征在16世纪到20世纪的重大民族革命中幸存下来;第一个近代的西方法律体系是天主教的教会法,这种法律体系在特征上,与当代社会理论家们所说的自由主义的资本主义社会中世俗的、理性唯物主义的和个人主义的法律体系具有许多共同之处。基督教与世俗司法管辖权的二元性是西方文化一个显著的(如果说不是独有的)特征。法的社会理论必能为此提供一种解释。这样一种解释也必会涉及在世俗司法管辖权内多元的、各有自己法律的团体的西方概念,以及这种多元性与基督教和世俗二元性之间的关系。这不仅是一个社会学的而且是一个历史编纂方面的问题,因为这涉及对西方诸次重大革命的解释。通过这些革命,民族国家吞并了大部分教会的司法管辖权,并最终也吞并了大部分世俗秩序内部各种各样的团体的司法管辖权。

45 这样一种历史编纂法将导致一种**一般的**(*general*)社会理论:即把西方历史不仅主要被看作一系列从封建主义到社会主义的过渡时期,而且也看作下面的一系列过渡时期:从一个统治一切的基督教的统一体内部多元的社团团体转变为民族国家,这种国家处在统治一切的但却是无形的宗教和文化统一体之中,然后再转变为**没有**(*without*)一个统治一切的西方统一体而是寻求世界范围新形式统一体的民族国家。

通过这种历史的透视,**法的**社会理论(a social theory *of law*)应探讨西方法律传统甚至在民族国家全盛时期在何种程度上依赖以下信念:确信在最高政治权威的法律之外存在一个被称作神授法(后称作自然法新近又称作人权)的法律体系;转过来,也探讨这种信念在何种程度上依赖国家内部社会共同体(诸城市、地区和工会)自治法律体系的活力以及依赖跨国社会共同体(各国际商业和银行社团、国际机构和教会)的活力。

此外,研究法律在革命变革时期的命运是当代法的社会理论的一个任务,与其说这是为了查验新法律对旧法律的迅速取代,不如说这是为了考察在革命确立之后所采取的措施,看看这些措施是否为将来稳定的和公正的法律秩序奠定了基础。

最后,法的社会理论除了研究西方的法律体系和法律传统之外,还必须研究非西方的法律体系和传统,研究西方法律与非西方法律的融合,研究人类共同法律语言的发展。只有朝着这个方向前进,才能发现摆脱 20 世纪后期西方法律传统所面临的危机之路。

第一部分

教皇革命与教会法

第一章　西方法律传统的背景：民俗法

历史学家敏锐地意识到谈及“起源”的危险性。无论一个人从过去的什么地方起步，都会有 49
更早的开端——这一事实可以证明人类整个历史的连续性。梅特兰在他与波洛克合著的《英国法律史》一书的开场白中，对此说了如下的名言：“这就是整个历史的统一性，任何力图了解它的某个片段的人都必须意识到，他的第一个句子就撕裂了一张没有接缝的网。传至我们的英国法的最古老的言词中，有诸如主教（*bishop*）、教士（*priest*）和执事（*deacon*）这样一类的希腊语。如果我们查寻罗马法的起源，那么我们必须研究巴比伦……某种限制性规则必须设定；但它必定是武断的。那张网必定被扯破。”

尽管有这种告诫，我仍准备论证接缝的存在，论证太阳底下有新事，论证一个人从哪里起步并不一定是武断的。尤其是，有那么一个时期,人们今天通称为法律体系——被有意识加以系统化的、独特的、完整的法律体系——的东西,在西欧各民族中并不存在,只是在 11 世纪末和 12 世纪早期及此后,各种法律体系才首次在罗马天主教会和西欧各王国、城市和其他世俗政治体中被创立出来。这正是本书的一个主要论题。"法律体系"一词在这里被用来表示比一般意义上的法更狭义、更特殊的某种东西,或者可以称为"法律秩序"。就存在依法设立的适用法律的官方机构而言,在 11、12 世纪以前西欧的每个社会中都存在某种法律秩序。的确,在西欧各民族的历史上,都少不了某种法律秩序:最早的文字记载是法律汇集;罗马作家塔西佗在公元 1、2 世纪就著述记载了起法院作用的
50 日耳曼人集会的活动。教会也从很早的时代就开始公布法律和设立判案的程序。然而,在 11 世纪后期和 12 世纪早期以前的这个阶段,西欧各种法律秩序中被使用的法律规则和程序,在很大程度上与社会习惯、政治制度和宗教制度并无差别。没有人试图将当时的法律和法律制度组成为一种独特的结构。法律极少是成文的。没有专门的司法制度,没有职业的法律家阶层,也没有专门的法律著作。法律没有被自觉地加以系统化。它还没有从整个社会的母体中"挖掘"出来,而仍然是其一部分。不存在独立的、完整的、发展中的法律原则和法律程序的体系,这样的原则和程序不仅明显不同于社会组织的其他方法或步骤,而且还由一批为此受到专门训练的人加以自觉、清晰的表达。

11 世纪后期和 12 世纪早期,上述状况发生了梅特兰所谓"不可思议的突发"变化。专职法院、立法机构、法律职业、法律著作和"法律科学",在西欧各国纷纷产生。这种发展的主要动力在于主张教皇在整个西欧教会中的至上权威和主张教会独立于世俗统治。这是一场由教皇格列高利七世在 1075 年发起的革命,为此,教

皇派和皇帝派之间进行了约 50 年的血战以决雌雄，而大约 100 后的 1170 年——托马斯·贝克特殉难，才标志着在英格兰达成最终妥协。

在随后的世纪里，欧洲各民族的民俗法几乎消失得无影无踪。新的、复杂的法律体系——教会法、城市法、王室法、商法、封建法和庄园法——先后为教会、世俗政治体所创立。终于，在 16 世纪到 20 世纪这个阶段，一系列的伟大革命——德国的宗教改革、英国革命、美国革命、法国革命和俄国革命——改变了西方的法律传统，把它的日耳曼“背景”远远地抛在后面。

然而，西方的法律概念——或许更重要的是西方的法律态度——无法被理解，除非它们在一定程度上按照它们第一次所由产生和相对而来的那种东西被看待。特别是在当今，在 20 世纪最后这个时期，当西方不再像从前那样确信自己的法律传统的时候，回顾这种传统最初所替换的东西就尤为重要。的确，如果人们要寻求新的方法以克服或补救西方“法条主义”(legalism)的弊端，那么就应该根据日耳曼式的抉择考虑它们，虽然那样的抉择曾受到否定，但它仍然存留在我们的历史记忆的表象背后。

另外，虽然新时代的法学家指责古老习惯的“非理性”特征，并对它们进行彻底修正，但日耳曼法并没有整个被否定，被否定的部 51
分也没有马上消除。新的法学不是凭空的创造。虽然它是对过去的有意识的反动(常常以某种更早的过去为名)，但也是对先前存在的制度和思想的再创造。

不仅如此，日耳曼法还为取代它的新法律传统提供了必要的基础。或许支持这种似非而是的事实的最明显证据，可以从教会内部各种新的法律发展中找到。11 世纪晚期和 12 世纪早期，西欧的教会首次获得独立于皇帝、国王和封建领主的法律地应。教会与各种世俗权威相分离,教会法与教会统治的其他方式相分离。以教皇法庭为顶层,分等级的教会法院被建立了起来。就像在教会内部出现了法律职业、法律学问、法律著作以及制定法和法官法体系一样,这种法院的设立也是全新的。然而,假如先前存在的信众(*populus christianus*)共同体没有在5世纪和11世纪间的欧洲形成,这种法院的设立就根本不可能。那时的欧洲虽然由大量部落的、地方的和封建的(领主的)实体组成,但它们逐渐有了共同的宗教信仰以及对皇帝和帝国之外的国王的共同的军事忠诚。皇帝或国王在他的帝国或王国的所有民族中被认为是信仰的神圣代表。他被称为基督的代理人。(于是教皇不再要求这种称号而自称为圣·彼得的代理人。)这种先前存在的信仰和忠诚共同体,不仅是此后出现教皇所统治的教会的新的、独立的法律地位的一个必要前提;而且也是这种法律地位的一种必要基础,没有它就不会有法律上认同的基本的社会现实。

与此相类似,日耳曼民俗法虽然基本上属于部落的、地方的和封建的(或封建以前的),它以血亲复仇为基础,并由血亲复仇及其相伴随的神明裁判、宣誓帮助和其他程序——所有这些在11世纪晚期和12世纪早期都受到了攻击——所组成,但是,它仍然是取代它的世俗法律体系的一种必要基础。这种必要基础还包括由更古老的民俗法帮助维持的社会的公有制特征。虽然与旧法相对照,新法是富于学问的、复杂的和系统的;但是,假如没有建立极其注重互相依存、同伙关系、相互负责和其他共有社会价值的、有组织的、紧密结合的日耳曼共同体,那么它就不可能形成,也不可能继续存在。

部落法

已知最早的盛行于北欧和西欧诸民族之中的法律秩序主要是 52
部落性质的。每个部落或“血亲部族”(*Stamm*)都有它自己的法律。这种部落或部族包括：法兰克人、阿勒曼尼人、弗里斯兰人、西哥特人、东哥特人、勃艮第人、伦巴第人、东撒克逊人、汪达尔人、苏伊非人和最终组合成法兰克帝国——包括后来变成了德国、法国的大部分地方和北意大利——的其他各民族；盎格鲁人、西撒克逊人、朱特人、凯尔特人、布立吞人和后来组成为英格兰的其他民族；丹麦人、挪威人和其他在斯堪的纳维亚以及后来的诺曼底、西西里和其他地方的古斯堪的纳维亚人；从皮克特人和苏格兰人到马札尔人和斯拉夫人的许多其他民族。在 6 世纪到 10 世纪这个阶段，所有这些民族的法律秩序虽然在很大程度上互相独立，但仍然非常相似。一方面，部落内部基本的法律单位是家庭，它是一种同伙关系和信赖关系的共同体，这种共同体部分是基于亲属关系，部分则是基于相互保护和服务的誓言。外来者侵害家庭的安宁，将导致血亲复仇形式的报复，否则也会导致家庭之间或氏族之间谋划阻止或平息血亲复仇的谈判。另一方面，存在地域上的法律实体，它们在典型意义上讲是由家庭、村庄、百户区和郡所组成，其中，家庭聚集于村庄，村庄聚集于百户区和郡，百户区和郡则聚集于组织非常松散的公国或王国。在地方的地域共同体中，家庭长者的公共集会[“公共问题讨论会”(moot)、“议会”(thing)]是主要的政治和法律手段。除了亲属关系共同体和地方的地域共同体外，还存在各种领主(封建)同盟，这种同盟常常是由将自己“委身”于强人以求得保护的家庭所组成。[1]

皇室权威和教会权威居于各部落以及地方和封建共同体之首。由这些更高的权威代表的更大的地域和宗教实体,随着时间的推移,变得越来越重要。虽然到12世纪为止国王一直被称作某个民族的王——法兰克人的王(*Rex Francorum*)、盎格鲁人的王(*Rex Anglorum*),但类似的术语也被用来表示界线不明确的政治地域,如法兰西亚(Francia)和盎格利亚(Anglia)。虽然在皇帝和国王各自的领地内教会最终要附属于皇帝或国王,但教会也被认为是一种更广泛的精神共同体,这种共同体完全不是有组织的统一体,但却超出所有的世俗疆界。然而,在11世纪后半期以前,王室权威和教会权威并不企图在任何根本的方面改变欧洲法律秩序那种本质上的部落、地方和封建的特征。如果人们了解欧洲当时的基本状况,那么这点看来就没有什么不可思议。当时的欧洲,经济
53 还几乎完全是地方性的,它主要由农业、畜牧业和辅助性的狩猎所构成;人口稀少,实际上没有任何多于几千人的城镇;商业仅仅起很小的作用,通信交通极为原始。从经济和地缘政治的观点看,不可思议的问题不是中央的王室**法**和宗教**法**(*law*)的微弱,而是中央的王室**权威**和教会**权威**(*authority*)的强有力。

中央的王室权威在教会法律顾问的鼓动下,担负了部落法和地方法的成文汇集(或"法典",就像它们后来逐渐被人们称呼的那样)的任务。这些部落法和地方法提供了大量我们今天所知道的有关那个时期民俗法的东西。

随着西罗马帝国在5世纪的最终解体,本来在日耳曼王国便残存无几的属于宏大的罗马法架构的东西愈发减少了,在许多地方则实际上消失殆尽。然而,在其他地方,尤其是在北意大利的一些民族中,在西班牙和法国南部,有关罗马法的记忆以及罗马法的

一些术语和规则残留了下来。这是一种简单化、通俗化和错误百出的罗马法,现代学者称为"粗俗罗马法",以区别于早先的古典时期和后古典时期的那种较为深奥的罗马法。粗俗罗马法被说成是"厌恶严格概念、无法也不愿意达到古典法学关于阐述详尽精细、结构合乎逻辑的标准的一种法律"。[2]甚至于那时最高明的"罗马法学者"的法律汇集,如7世纪西哥特诸王时期的法律汇集,也只是由各种各样的规定所构成,这些规定虽然被宽泛地按主题汇集在一起,但缺乏概念的统一和有机演进的性能。[3]或许这些分散的罗马法残余的主要历史意义在于它们有助于保持这样一种观念,即法律应该在调整政治关系和社会关系中扮演某种角色。[4]教会也保留着罗马法和圣经法的许多残余;一个日耳曼部落首领在皈依基督教后,也经常颁布在很大程度上是由他的民族的习惯组成的一整套法律。

在历史学家为区别于罗马法(*leges Romanae*)而称作蛮族法(*leges barbarorum*)的残余中,最早的是萨利克的法兰克法,即《萨利克法》,它由墨洛温王克洛维斯在496年皈依基督教后不久颁布。[5]它一开始就列举诸种金钱性处罚,要求被告支付原告,因为他没有应原告之召在地方法院出庭。它还列举了要求犯有各种罪行的人向受害方支付金钱的处罚,这些罪行包括杀人、袭击、盗窃等。这些都是早期法的典型规定;它们的主要目的之一就是把纠纷当事人双方引向服从地方集会(百户区法院)的判决,而不是通过血族间的仇杀解决纠纷,或者就是为受害家庭和侵害家庭间的 54
谈判提供一种基础。然而,它们有时甚至连这种作用也没有。用盎格鲁-撒克逊法的一句话说,受害方可以在赎金和复仇之间作出选择,"要么收买长矛,要么忍受长矛"。将被控犯罪者交由审判,获得作证的证人,或执行一个判决,都面临重大困难,民间冲突的盛行恰恰与此相关。

最早的盎格鲁－撒克逊法律汇编是大约公元 600 年颁布的《埃塞尔伯特法》。肯特国王埃塞尔伯特与一个基督徒结婚,按照传统,他于 597 年经教皇格列高利的使者奥古斯丁修道士洗礼皈依基督教。《埃塞尔伯特法》以其为各种伤害确立了非常详细的收费表而著称:失去一条腿要多少钱,一只眼睛要多少钱,如果受害者是奴隶要多少钱,如果他是自由人要多少钱,如果他是教士又要多少钱。四颗前牙每颗值 6 先令,紧挨它们的每颗牙值 4 先令,其他每颗牙值 1 先令;拇指、拇指指甲和食指、中指、无名指、小拇指以及它们各自的指甲都被区别开,并为它们每一个确定了一个单独的价钱,称为赔偿金(*bot*)。类似的区分还在耳朵听觉被破坏、耳朵被砍下、耳朵被刺穿和耳朵被撕裂之间作出;在骨头暴露、骨头受伤、骨头折断、颅骨骨折、肩膀伤残、下巴骨骨折、锁骨骨折、胳膊骨折、大腿骨折和肋骨骨折之间作出;以及在衣外伤痕、衣内伤痕和未显乌青的伤痕之间作出。[6]

如果被告的行为致人死亡,那么付给死者亲属的价钱称为赎杀金(*wer* 或 *wergeld*)。许多成文的日耳曼(包括法兰克和盎格鲁－撒克逊)法都涉及为不同阶级的人确定不同数额的赎杀金。

比《埃塞尔伯特法》稍微复杂一点的是所谓的伦巴第酋长或国王罗撒里的《罗撒里敕令》,它写于 643 年,那时伦巴第人已经从现在的匈牙利和南斯拉夫迁移到现在的北意大利 75 年。在敕令的 363 个条文中有近 140 个条文是关于刑罚量刑标准的。一个自由人谋杀了一个自由的男人或女人,需要 1200 先令(*solidi*)的赔偿金,而处死一个家仆的赔偿金仅仅是 50 先令,一个奴隶则只是 20 先令。(一个非自由人谋杀了一个自由人,要以死作"赔偿"。)它还规定了各种价钱,以适用于击中某人头部、削掉某人头发、打破所提及的各部位颅骨、用拇指挖眼睛、切掉鼻子、打破鼻子、打耳光、折断胳膊（区分了简单骨折和复合骨折）、砍掉胳膊、手指和脚趾等 55 各种情况。自由人的小拇指值 16 先令，半自由人的小拇指值 4 先令，而奴隶的小拇指仅值 2 先令。[7]

设立由过错者亲属偿付受害者亲属的确定的金钱制裁，是 12 世纪以前欧洲所有民族法律的一个显著特征，而且也确实是处在某个发展阶段的每个印欧民族法律的一个显著特征。印欧民族包括印度、以色列、希腊和罗马等民族，它也是同时代许多原始社会的法律的一个重要部分。[8]

这种制度从许多方面讲都是一种切合实际的制度。过错者及其亲属将承受沉重的金钱负担，这种威胁可能比死刑或致残肉体（在 12 世纪和 13 世纪的欧洲接替了金钱制裁）的威胁能更有效地制止犯罪，至少也与现代监禁制裁同样有效；而且肯定社会代价更小。另外，按照报应的公正原则，它不仅使过错者受到损失，而且还使——与今天更“文明的”刑罚学形成对比——受害者因此得以安抚。

然而，单凭功利的理由无法令人满意地解释这种制度，至少就欧洲的日耳曼诸民族而论是如此。它是一种完整的意识形态和世界观的一部分，这种世界观不仅有助于说明它切合实际的特征，而且有助于解释那些可能不太切合实际的特征——例如，杀死属于不同阶级的人的偿付款显著不同，许多情况下的巨额偿付款，无论亲属是否有过错均要对过错行为负责任，对伤害实行固定收费而不顾受害者付出的实际代价。

在功能方面，对于由过错者亲属偿付受害者亲属这种对犯罪的金钱制裁制度的判断主要不是根据足以制止、惩罚犯罪行为和为犯罪行为而赔偿的程度，而是根据足以防止家族间仇杀，尤其是促进敌对家族间的谈判和调解的程度。然而,在观念形态上,无论是日耳曼社会中的血亲复仇制度还是取代血亲复仇的金钱赔偿制度,都应该由珍惜荣誉(honor)来加以解释,因为在一个由战神和敌对、任意的命运(*wyrd*)支配的世界里,荣誉是赢得光荣(*lof*,"荣耀")的一种手段。对日耳曼人来说,荣誉意味着"相互扯平";只有通过相互扯平,他才能征服包围其生命的黑暗势力。[9]而固定的偿付表则提供了使价值相等的标准。

当一个人夺取了别人保护的东西时,就获得光荣,同样,当其他人夺取了他或她保护的东西时,后者就失去光荣。因此,从根源
56 上讲,赔偿在本质上是惩罚性的,其补偿性只具有从属意义。它是由一个家庭或亲属团体加之于另一个家庭或亲属团体的报复。对光荣的挑战在杀人的情况下特别巨大,因为死者永远无法恢复他们自己失去的荣誉;义务完全归之于他们的男性亲属,而这些亲属的第一直觉就是诉诸报复。起初,报复要求针对侵害者自己或他的家庭的其他成员的生命或肢体(用《圣经》的话说就是"以眼还眼,以牙还牙"),或者,如果侵害是由诸如一只动物或一棵树这样的非人的主体引起,那么报复就需要没收这种侵害主体[所谓的交出加害者(noxal surrender)]。用固定的偿付费取而代之,就使一种没有暴力的解决方法具有了尊严,同时它也不改变救济的基本目的,即挽回受害者家庭和亲属的荣誉。

因此,赔偿金(bot)和赎杀金(wer)是与 *mund* 和 *frith* 相关的。*mund* 是指由家庭扩展到与它相关的个人和团体的保护;*frith* 则是指家庭的安宁。国王的家庭保护和家庭安宁与其他任何人一样,只是更好而已。例如,《埃塞尔伯特法》规定,国王的 *mundbyrd*,即侵犯国王的家庭保护的罚款,应该是 50 先令,而侵犯下层自由民(平民)的家庭保护的罚款,则是 6 先令。[10]侵犯家庭保护,例如当

一个外人与一个家庭女仆发生性关系或杀死了家庭保护范围内的某个人，就要支付赔偿金或赎杀金。与赔偿金、赎杀金、家庭保护和家庭安宁紧密相关的其他三项日耳曼法律制度是：保证（*borh*）、宣誓（*wed*）和人质。[11]一个男人同意支付赎杀金而无法马上全部付清，那么一个男性亲属可以充当他的保证人；债务人可以发誓交付一种有价值的东西；债务人也可以送交一名人质，在敌方家庭中生活和劳动，直到偿付了债金为止。所有这些法律手段都反映了在家庭之间或氏族之间的冲突中家庭的团结和索取金钱对复仇的取代。

除了通过血亲复仇和通过家庭之间或氏族之间的谈判解决纠纷以外，日耳曼诸民族从很早的时期开始，就举行公众集会（自由民集会），以审理和解决纠纷。然而，在绝大多数类型的纠纷中，这种管辖权取决于当事人双方的同意。即使当事人双方同意出场，他们也可能不会始终留在那里，即使他们始终留在那里了，集会一般也无法强迫他们服从它的判决。因此，公众集会的程序必须在当事人双方之间假设和促成一种充分程度的信任，以便使集会制度得以运作，就像依靠保证、宣誓和人质制度的家庭之间或氏族之间的谈判程序也必须假设和促成这种程度的相互信任一样。然而很清楚，公众集会的审理和家庭或氏族相互间的谈判，都容易具有激烈对峙的性质。“双方以难以平息的敌视相对待，决意毫不退 57
让、毫不宽宥和毫不姑息。”[12]

日耳曼民俗法中复仇（血亲复仇）与媾和（血亲复仇的妥协）之间那种趋于两极的关系，是不信任和信任之间强烈的辩证关系的一个例证。这种辩证关系也存在于同时代的许多亲属社会之中。克劳德·列维－施特劳斯写道：“当地人没有可能想象出一种中性的关系，或者更准确地说，没有可能想象根本没有关系，这常常使研究者感到吃惊。我们觉得——而且是迷惑地觉得——是缺乏明确的亲属关系才在我们的意识中产生这样一种状态。但是,假定这可能是原始思维中的想法,则经不起检验。每种家庭关系都确定了某一组权利和义务,而没有家庭关系则……确定了敌意。”列维－斯特劳斯引用了下面这段马塞尔·莫斯的话:“在很长一个时期里,许多社会中的人以一种难以理解的心情互相交往。这种心情伴随着过分的担忧和同样过分的慷慨。虽然这在我们看来显得愚蠢,但当时的人却不这样看……存在的是完全的信任或完全的不信任。一个人会放下武器,抛弃魔法,并舍弃所有的东西——从偶尔的殷勤待客到舍弃他的女儿或财产。”[13]

在日耳曼社会,“信任—不信任”的同时并存与极端相信命运的任意性紧密相关,而这种信念则首先反映在运用神明裁判作为法律证明的主要手段之中。两种主要类型的神明裁判是火的神明裁判和水的神明裁判,前者适用于较高等级的人,后者适用于普通人。最初,这些人是分别乞灵于火神和水神。由火裁判的那些人蒙着眼或光着脚通过烧红的犁头,或用手传送燃烧的铁,如果他们烧伤的伤口很好地愈合,那么就被宣布无罪。水的神明裁判是用冷水或热水来进行。在冷水中,如果嫌疑者的身体漂在水上面,而不符合水的自然过程,那么就说明水不接受他,他就被判决有罪。在热水中,如果把他裸露的胳膊和腿放进滚烫的水中之后,能够不受伤地拿出来,那么就被判决无罪。稍晚些时候的一种更为精巧的神明裁判,是主要由教士运用的吃食神明裁判:一盎司的面包或奶酪伴随着这样的祈求被吃掉:“主啊,如果这个人不正当地发誓,那就闭上他的胃,使他无法咽下这块面包(奶酪)吧。”如果他无法咽下面包或奶酪,或者留下了面包或奶酪,那么他就有罪。这种原始的测谎器可能运转得相当好。无论如何,在 13 世纪废除神明裁判时，遭到了很大的抵制。

用彼得·布朗的话说，神明裁判是"混淆敬神者和渎神者""模糊人的经历中客观和主观之间界线"的一个典型的例子。它依靠一种神圣而又富有戏剧性的仪式去确定上帝的判断；它还具有"仁慈的缓慢性"，"为玩弄花招和某种形势的发展留出了余地"。其结果通常要服从由共同体舆论所作的解释。因此，小规模的面对面团体——它在很大程度上是没有读写能力的——可以用某种方式处理暴力、欺骗和巫术问题，这种方式既与信仰超自然相一致，又与共同体的实际需要相契合。[14] 58

神明裁判制度与仪式宣誓裁判（"共誓涤罪"）制度相结合，有时还被它所取代。这种裁判制度首先进行的是预先宣誓。例如，向窃牛者要求赔偿金的一方发誓："我向上帝起誓，他前面的这一圣物是神圣的，因此，我以完全的民俗权利并且毫不欺骗、毫不欺诈、毫无阴谋诡计地指控，我所主张并连同［被告］一道扣留的牛［手指它们］是从我这里偷走的。"

然后相对的一方要发誓，否认这种主张。例如："我向上帝起誓，对于在什么地方非法牵走［原告的］牛这件事，我没有教唆，也没有行动，我既不是教唆者，也不是行为者。"或者说："作为我拥有的牛，它是我自己的财产，而且基于民俗权利，它现在归我所有和饲养。"[15]

诉讼由这些宣誓开始。于是公众集会决定应该允许哪一方作证明宣誓。在约定的某一天，双方当事人到场，被允许作证明宣誓的一方按照固定的套话发誓。然而，为了完成他的宣誓，他必须使若干共誓人或宣誓帮助人发誓支持他的誓言。所需的宣誓帮助人的数量，取决于赎杀金（*wer*）的数额和受审罪行的情况。他们可能这样发誓，如"向上帝起誓，［原告或被告］所发的誓是清白的，没有弄虚作假。”[16]

所有的预先宣誓、否认宣誓、最终宣誓和支持宣誓要想取得成功,都必须无懈可击地加以重复,“没有遗漏或结巴”。要充分运用押头韵的方法,用诗歌的形式说出它们。例如,用于主张土地所有权的一种誓言,是这样朗读的:“So I hold it as he held it, who held it as saleable, and I will own it—and never resign it—neither plot nor plough land—nor turf nor toft—nor furrow nor foot length—nor land nor leasow—nor fresh nor marsh—nor rough ground nor room—nor wold nor fold—land nor strand—wod nor water.”[17] *

拘泥于证明的程式及其戏剧性特征,与法律几乎完全是口头的这一事实相联系。梅特兰说:“只要法律是不成文的,它就必定被戏剧化和表演。正义必须呈现出生动形象的外表,否则人们就看不见她。”梅特兰的评论回应了19世纪德国历史学家和语言学
59 家雅各布·格林的话,格林认为,日耳曼法中的“形象因素”,与在更为“成熟的”法律体系中占优势的更抽象或更理性的因素形成对比。[18]用诗歌的形式表达法律规则,有助于使它们铭刻在人们的心中。通用的措辞有:“我是亲眼所见,亲耳所闻,非受人指使,非受人安排”(unbidden and unbought, so I with my eyes saw and with my ears heard),“卑鄙或欺诈”(foulness or fraud),“房屋和家”(house and home),“正确的和正当的”(right and righteous),“从这里或那里”(from hence or thence)。法律包含在大量的格言之中。最早的爱尔兰法就是用诗歌的形式表达的。

日耳曼法的戏剧和诗歌特性,与它的本质的可塑性相联系。

---

* 这段原文的大致意思是:因此,我持有这块土地,就如同他过去持有可以出售的这块土地一样。我要拥有它——绝不放弃——既不分割也不种植——既不种草也不盖房——既不耕耘也不丈量——既不……——译者注

“人们尤其倾向于用那种朴素的、不严格的方式去表达涉及时间和空间的规定，以便为特殊情况中的偶然性留有余地。人们常常宣称，只要公鸡还走动或跃起，或者只要猫还跳跃，或者一块石头或一个锤子被扔出了，或者一个人能够拿着镰刀伸出手，那么某个东西就成为规则。只要风从云中吹来，世界还一如既往……或者只要人们能够取得那么多的土地，他们能够在一定的时间里骑着马或驴子在这些土地上跑一圈，能够用犁翻耕它们或使之牧群遍地，那么某项法律就将持续有效。”[19]这种“朴素而不严格的”表达方式非常符合对它的主客观二重性还没有获得科学认识的民族的需要。对于日耳曼时代的欧洲诸民族来说，生活还很少像后来那样被分成各自独立的几个部分，它更像互相牵连的整体；因此，诗歌和象征的说法与整个存在紧密联系，与无意识紧密联系，它比写实而刻板的语言更为适当，尤其在牵涉法律的严肃场合，就更是如此。

代表日耳曼法象征性和仪式性特征的一些例子包括：转移土地要通过递交细树枝和草根土或帽子和手套，或者通过触摸祭坛罩或钟的拉绳；寡妇把屋子钥匙留在她死去丈夫的棺材上，表示她希望免除自己对他的债务的责任；在法律事务中使用权杖（如在抵押契约中移交权杖）；握手一般是对信义保证和对契约的确认；当某人占有了土地或获取了某种官职时，要举行各种就位典礼。[20]

日耳曼法的戏剧和诗歌因素——它的模拟因素——使法律语言高于日常语言，从而使法律和日常生活之间有了距离。当然，在所有的社会中，法律与日常事务分离都是必要的。这种分离是通过仪式和典礼，通过反映在仪式和典礼中的信念，即相信一定的言语的力量，这种言语用一定的方式表达，以便产生所谓“法律的”一定效果。如果法律要发挥作用，就需要这种魔法。然而，每一个时 60

代都有它自己的魔法,具体就反映在它有关终极实在的特殊概念之中。日耳曼概念假定了处于生命中心的一种在本质上是不可捉摸的命运,日耳曼法律的魔法就反映了这种概念。

日耳曼审判是血亲复仇的一种象征性延续。当事人相互间以激烈的宣誓取代了猛烈的攻击。神明裁判的结果像战斗本身的结果一样,是命运的决定或天命的安排。就像詹姆斯·戈德莱对此所作的表述:"家庭决心以相互的牺牲获取**光荣**(*lof*),它们的无休无止的冲突,是所有自然力汇入其中的一种宇宙论法则。"[21]而最终起决定作用的是命运的任意力量。一首盎格鲁-撒克逊的诗歌是这样说的:

善良战邪恶;青春战腐朽;
生命战死亡;光明战黑暗;
军队战军队;仇人战仇人。
宿敌战事无休止,
夺取土地报冤仇。
且令智者细反省,
此世争斗究为何。[22]

同一个词 *dom*(doom)——判决——既被用来指命运的一种安排(a decree of wyrd),又被用来指一种审判的结果。用贝奥武甫的话说:

命运之神总是拯救
一个没有希望的人,只要他勇气充足。[23]

这是日耳曼法英雄的一面:为了荣誉,仇人间进行殊死搏斗,难分难解,但他们每一个人都准备接受命运的安排,而不管它可能多么痛苦。

但是,日耳曼法还存在另一面,即家庭的内部被表现为一种友谊和信任的共同体。而且这种共同体还扩展到整个部落或民族。公众集会像家庭一样行事。它有它的安宁或它的 frith(在现代德语中叫 *Friede*)。它的举行不仅是为了解决纠纷,而且是为了用友好的方式提供建议和商讨问题。它致力于确立公正(*riht*;在现代英语中为 *right*;在现代德语中为 *Recht*)。智者或 *witan*(有见识的人们、见证人)提出他们的见解,努力使家庭集会团结一致。部落或民族还通过对做坏事者的集体抵制,寻求自我保护:司法性呐喊——在盎格鲁-撒克逊法中称为"尖叫"或"轰叫"("out! out!")——是所有人加入追究犯人的行列的信号。在最严重犯罪的情况下,特有的放逐处罚是这种呐喊的必然结果。至少在理论上讲不允许任何人与被放逐者来往,因而他会死于饥饿和遗弃。

mund 和 frith——家庭保护和家庭安宁——的象征性,刻画了家庭和公众集会的特征,它同时也是保证、宣誓和人质的象征性;是宣誓以及戏剧性地做出握手和其他礼仪性和平动作的象征性。双方当事人通过发誓使自己处于诸神的保护——后来是上 61
帝的保护——之下,从而取得某种程度的信任。这种信任是必要的,因为它使他们能够服从保证宣誓裁判和神明裁判,或者接受为赔偿金和赎杀金提供的保证、宣誓和人质。假如没有威胁到他们的家庭生活和部落生活的真正基础,那么他们就不会违反自己的誓言,因为家庭生活和部落生活本身就建立在宣誓的基础之上。

家庭在部落内部的重要性也不应掩盖来自领主的束缚和来自地域共同体的束缚的日益增大的重要性。从很早的时期开始,就存在一种世袭贵族制,而最终是职务领主变得与血统领主一样重要。H. R. 洛恩写道:“对领主的忠诚是史诗的一贯主题。”“从阿尔弗烈德(871~900)统治时期开始”——应该补充的是,至少在一个世纪以前的查理曼统治时期的法兰克人中间——“它就成了缔造社会的一种基本的、鼓动人的精神力量。当你的亲属受到攻击时,你将为之战斗,但不能反对你的领主:阿尔弗烈德的一项法律规定,我们不允许这样做。在他的继承者的统治下,没有领主的人受到越来越多的不正常对待。社会被维系在一起,是通过人们对领主的忠诚的束缚,是通过同时作为 thegn(国王在地方上的仆人)的领主对国王的忠诚的束缚。”〔24〕就像领主的束缚为国王充当大领主做了准备一样,地域共同体的束缚则是国王作为整个土地的统治者的先导。然而,正如洛恩所说:“亲属势力和世俗领主之间没有任何冲突。”〔25〕同样,亲属势力和地域共同体之间也没有任何冲突。领主的家庭就像部落共同体内部的各个家庭;作为整个土地统治者的国王的家庭,也类似于部落共同体内部的各个家庭。它们都被卷入命运和荣誉、家庭保护和家庭安宁、赔偿金和赎杀金,以及保证和宣誓的范畴;它们都建立在宣誓相互保护和服务的基础之上。它们都是法律秩序的一部分,这种法律秩序通过血亲复仇或血亲复仇的妥协的“二元对立”(列维-施特劳斯的措辞)解决冲突,通过神明裁判或共誓涤罪裁判验证是否存在。〔26〕这种法律秩序的其他特有的制度是:在发现犯罪时的司法性呐喊(拉丁文中为 *clamor*,法律术语“claim”由此而来;盎格鲁-撒克逊语中为 *hcream*,“scream”一词由此而来);放逐处罚,包括没收所有物品和可能被任何人杀害而杀人者并不受惩罚;交出加害者,即向受害者交出犯了罪的物或奴隶。

法律史学家把这种类型的法律命名为古法。就概要而论,它不仅是处在11世纪晚期以前阶段的日耳曼诸民族的特征,而且也是从肯特到克什米尔的所有印欧民族在各个发展时期的特征。当然,许许多多的地方差异到处存在,随时间而发生的变化也大量存在;尽管如此,却存在一种共同的法律样式。[27]

日耳曼法中的动态因素:基督教和王权

日耳曼民间集会或 moot 不仅在特殊的案件中作出 dooms(判 62
决),而且还发布同样称为 dooms 的一般性法令。然而,dooms 不能被认为是近代意义上的立法;它们更确切地说应该被当作由神授意的对古代习惯的肯定。它们是诸神的意志——在基督教传入以后则是上帝的意志。它们具有一种客观现实性。公众集会上的智者不被称为立法者,而是被称为法律宣告者。他们所宣告的法律具有约束力,因为它是古老的;它是古老的,因为它是由神所创立的。"正义"缓慢而又隐秘地发生变化;法律秩序中任何公开的变化,都要求极其强有力的证明。"甚至对法律的修正也被认为是一种判决,是对迄今没有展现出来的法律因素的一种宣布,是该民族通过其智者的一种判决行为。"[28]

然而,有两个相互紧密联系的因素导向了自觉的、公开的变化:一个是基督教对法律概念的影响;另一个是出现了跨地域和跨部落建立均王权,这使得包含有各个民族的广大地区连为一体。

人们可能会猜想,在5世纪和10世纪逐渐传遍欧洲的新的宗教,会威胁到日耳曼民俗法的整个存在。因为日耳曼民俗法得以建立的因素仍是有关战神的部落神话;对河流、树林和山川的崇拜;有关部落酋长神圣血统的观念;对亲属关系和领主关系的绝对忠诚;以及对命运的压倒一切的信从。而基督教却用造物主即众生之父的福音取代了古老的神话,认为造物主曾以他儿子耶稣基督的形态降临尘世,对他的崇拜使人们摆脱所有尘世束缚的奴役,摆脱命运和死亡本身的支配。这些新观念对于日耳曼人来说,肯定显得既陌生又抽象。

然而,基督教也传授一种更实际的教义——山丘、河谷、森林、河流、岩石、风、风暴、太阳、月亮、星星、野兽、蛇和所有其他自然现象,都是上帝创造出来为人类服务的,并没有敌对的超自然神灵附在它们上面(就像日耳曼各民族所相信的那样),因此,游牧、交战的部落无忧无虑地定居在某块土地上是可能的。这种教义受到了数以万计僧侣的鼓吹,并走过了从5世纪到8世纪4个世纪的艰难岁月;僧侣们定居于荒野,最初是作为隐士,后来才组成僧侣共同体,而且还吸引了许多其他人与他们一道去耕种土地。因此,基督
63 教的修道生活是促进欧洲农民出现的因素之一。修道运动从爱尔兰和威尔士传遍欧洲,它反对支配日耳曼宗教的自然迷信;一种以《圣经》上的事件和圣徒的生活为基础的基督教历法,则同建立在自然和四季基础之上的异教历法相对立。[29]

而且,基督教以它超越宗族、部落和地域的社会共同体概念——教会——吸引日耳曼诸民族。一方面,基督教与日耳曼异教形成对比,它不把国王当作诸神的后裔,而是当作人的子孙;他们像其他所有人一样,都将因罪孽而受到上帝的惩罚。另一方面,日耳曼统治者们仍然是他们各自民族的最高宗教首领,有权任命主教,主持礼拜仪式和其他宗教事务。此外,他们开始能够提出更广泛的要求,要求其他宗族、部落和地域的人们忠诚:把这

些人引向真正的信仰,如果他们已经皈依,则把他们联合成正式的教会。

一般地说,基督教的信仰和实践对日耳曼人具有极大的吸引力。它们第一次给日耳曼人带来一种对待生与死的积极态度,带来一种更广泛的意图,以适应其生存中的各种灾难和奥秘。与基督教相比,古老的异教神话显得既粗糙又惨淡。日耳曼人的这种感情,人们可以从国王阿尔弗烈德的话中觉察到。他在自己所译波伊提乌的著作*的著名“附记”中说:“我认为,就像所有基督徒认为的那样,是神的意图在统治,而不是命运在统治。”同时,基督教的宇宙观和道德观并不容易为日耳曼人所掌握。如果认真地对待它们,它们就会逐渐损害日耳曼人从前的信仰体系,甚至损害其整个社会秩序。

然而,如果基督教对日耳曼社会制度构成了一种威胁,它又为什么能够在日耳曼部落首领和统治者家族中成功地造就皈依者呢?这个问题依托的是一个虚假的前提。首先,基督教对日耳曼社会制度并不构成一种威胁。

重要的是不要混淆日耳曼基督教与近代西方基督教:无论是罗马天主教还是新教。事实上,日耳曼基督教更接近于东正教——过去的东正教和当今某些国家中的东正教。它几乎不关注社会制度的改革。最初它也不倾向于教会统一和教会权力。它的启示涉及的是未来世界——天堂和地狱——的生活,以及通过祈祷,通过个人的谦恭和服从,为这种生活做准备。[30]在东欧和西欧最初1000年的教会历史中,基督徒的最高理想是以圣徒的生活和修道生活为象征的,它强调在精神上撤离现实世界。但是,除去修

* 阿尔弗烈德国王翻译了波伊提乌《哲学的慰藉》一书。——译者注

64 道生活以外,教会作为一种组织几乎完全与社会的社交生活、政治生活和经济生活联结在一起。它不是站在政治秩序的反面,而是处于其中。宗教与政治、经济和法律相联合,就像后者互相联合一样。教会的管辖权和世俗的管辖权是混合的。

教会鼓吹圣洁并造就圣徒,这对北欧和西欧诸民族来说是新东西,因为它们从前只赞美英雄。但是,教会并不反对英雄主义和英雄;它只是提出一种选择,一种更高的理想。同样,教会并不反对血亲复仇和神明裁判;它只是说它们无法使灵魂得到拯救,因为灵魂的拯救来自信仰和各种善行。实际上,教会的大多数主教和教士都完全卷入了作为那个时代特征的腐败和暴力;这之所以不可避免,是因为他们一般都是政治领导人从其朋友和亲属中任命的。在日耳曼诸民族基督教化的同时,基督教也日耳曼化了。[31]的确,僧侣运动通过其教义,也通过其示范,试图把基督徒甘于牺牲、乐于服务和爱其邻人的理想传授给日耳曼诸民族,同时也改进农业技术。但是,在6世纪和10世纪如雨后春笋般地出现于全欧洲的寺院,最初各有其自己的规则,并没有提出改革世俗法律的任何计划;它们所提出的是行善和祈祷的禁欲生活,目的是为来世的生活做准备。这也有降低日耳曼法律制度价值的作用,但并不是取代它们。

实际上,基督教支持了神明裁判和共誓涤罪裁判的日耳曼法律制度,因为它强化了支撑它们的有关神的内在性的日耳曼观念。日耳曼宗教和开始取代它的基督教都推定,超自然的力量是自然界所固有的,而感官所能接近的世界,用马克·布洛赫的话说,是一种"面具,在面具的后面才发生真正重要的事件"。神判(*judicium dei*)的基础就在于信仰这种固有的、存在于灵魂之中的超自然力量。[32]只是当教会把它的重点转移到那个鼓励人类效仿自己的超验的上帝时，神明裁判、宣誓帮助人、决斗和决斗裁判才让位给通过询问证人寻找事实的一种“理性的”程序。

然而，这并不是说，11 世纪以前的基督教对欧洲诸民族的民俗法毫无积极作用可言。恰恰相反，它造成了实质性的变化。首先，皈依基督教促进了部落习惯的成文化：法兰克人的第一位基督徒国王克洛维斯所采用的《萨利克法》，英格兰第一位基督徒国王、肯特王国统治者埃塞尔伯特颁布的《埃塞尔伯特法》，[33] 以及 4 个世纪以后俄国基辅的第一位基督徒君主的《罗斯真理》，[34] 都表明了这一点。一则是基督教带来了书面形式，而书面形式使习惯（尤其 65
是习惯中的金钱数额）的确定成为可能，要不然它们就会一直处于不确定状态。这便利于谈判解决纠纷；也加强了刚出现的公众机构的管辖权，以惩罚最严重形式的犯罪。二则是《圣经》这一宗教经典提示了一种给习惯加上一种新的神圣不可侵犯性的途径——书面形式本身就是一种仪式。其次，习惯的成文化为在习惯中作出一些精巧的——和不那么精巧的——变化提供了机会。基督教的僧侣那时成了国王的顾问，他们具有书写的才能，要求获得保护。的确，僧侣们特别需要特殊的保护，因为在某种意义上他们处于部落体系之外；他们在某种程度上是没有亲属的一群人。（“世俗僧侣”——非修士——一般要结婚。）《埃塞尔伯特法》像下面这样开始绝非偶然：“盗窃上帝的财产和教会的财产，处 12 倍赔偿。”

基督教在民俗法中造成的变化也并非都可归因于政治因素。从长远来看，道德因素可能扮演着某种更重要的角色。日耳曼“法典”包含各种强有力的主张，要求更公正和更人道的法律价值。例如，《阿尔弗烈德法》的开篇就包括：《十诫》、对《摩西律法》的重述、对《使徒行述》的摘要以及对僧侣苦行赎罪规则和其他教会法的引述。虽然《阿尔弗烈德法》在很大程度上由对较早的法律汇集的扼要重述组成,但它们包含有诸如下面这样的引人注目的规定:“判决应当非常公允:不能对富人是一种判决,对穷人是另一种判决;也不能对你的朋友是一种判决,对你的敌人是另一种判决。”[35]

基督教打破了民俗法永恒不变的神话。日耳曼法在性别、阶级、种族和年龄上的众多偏见,在6世纪和11世纪逐渐受到基督教有关所有人——女人和男人、奴隶和自由人、穷人和富人、儿童和成年人——在上帝面前根本平等的教义的影响。基督教中的这些信念,对于妇女和奴隶的地位、穷人和孤苦无援者的保护,具有一种改进作用。基督教还对通过宣誓的司法证明发生了重要影响,因为发誓开始采取基督教的形式,并由教会制裁所支持。宣誓由教士主持,并在教堂的圣坛处按一定仪式、通过诉诸对说谎者的神的制裁来进行;虚假发誓要通过教会补赎的方式加以惩戒。的确,在神明裁制这种裁判的主要方式的一旁,宣誓取得了一席之地。神明裁判被保留用来裁判那些没有亲属为他们作保证发誓的人(或由于某种其他原因而无法提出所需要的宣誓帮助人的人),以及那些声名狼藉、誓言完全不可信赖的人,并用来裁判一些指定的犯罪;但在其他案件中,一种平等的共同证明方法逐渐成为共誓涤
66 罪裁判的证明方法。像从前一样,宣誓帮助人主要从亲属成员中选出,就此而言,共誓涤罪裁判仍有一种强烈的忠诚因素。这种因素包含在宣誓**帮助**(oath-*helping*)的概念之中。但是,教会增添了因假誓触犯上帝的风险,并在一个人自己作假誓的情况下,增添了一种向他的教士忏悔罪孽和受苦行赎罪规则惩罚的义务。另外,不仅发假誓被当作要受苦行赎罪规则惩罚的罪孽,而且所有其他阻碍裁判的行为也如此。例如,在合理的赔偿建议提出以后仍坚

持血亲复仇，那就是对上帝的冒犯，为此，应该向教士忏悔罪孽，并用禁食和其他形式的补赎去赎罪。

在11世纪晚期以前，基督教还在民俗法的发展过程中提高了王权的作用，尤其是强化了国王保证以仁慈去缓和部落司法以及保护穷人和孤苦无援者免受富人和权贵欺凌的责任。在8、9、10世纪和11世纪，法兰克和盎格鲁－撒克逊的国王们被人们认为是上帝指定来在特别重大的案件中担任法官的。在他们巡视他们王国的同时——由于通信手段微不足道，他们要不停地巡游——他们为仁慈起见也听审案件：寡妇、孤儿和没有家人或领主做保护的人的案件；支付多少金钱都无法偿还的最恶劣的犯罪案件。这是他们作为其人民的家长的宗教管辖权的一部分。

在政治上，基督教也致力于把统治者从一个部落首领（*dux*）改变成一个国王（*rex*）。一旦皈依基督教，国王就不再只是代表其部落的诸神：他还代表一个对所有部落或至少是许多部落都有权威的神。实际上，他成了一个帝国的首脑。基督教是一种统一中的意识形态。在它的旗帜下，查理曼——自768年至814年统治法兰克人，并于800年被加冕为皇帝——将他的帝国的各种人动员成一支统一的军队，同阿拉伯人、撒克逊人、丹麦人和斯拉夫人进行战争，与此同时，渡过英吉利海峡的麦西亚王国的诸王（和晚一个世纪的撒克逊王国的国王阿尔弗烈德大帝），在英格兰各种族之上建立了军事霸权，并最终赶走了斯堪的纳维亚的入侵者。帝国王权的普遍性逐渐胜过了——至少在不同阶段的时期——对部落、地方和家庭的忠诚：这种普遍性不仅以军事力量为基础，而且以国王（或皇帝）作为教会首领所具有的宗教权威为基础。查理曼召集教会会议并制定教会法——甚至在他同意由罗马教皇加冕为皇帝以前就已经如此。正如克里斯托弗·道森所表述的："查理把教皇

当作他的宫廷教士,并坦率地告诉利奥三世,统治和保护教会是国王的事,教皇的责任则是为它祈祷。”同样,阿尔弗烈德在英格兰是
67 教会的首脑。[36]正如埃塞尔雷德*的法律(大约公元1000年)中所说的:“基督徒国王在信基督教的人们中是基督的代理人,他必须尽最大的努力向侵犯基督的行为复仇。”[37]从整体上看,虽然教皇与皇帝之间存在某种紧张关系,但是僧侣仍支持帝国的观念,包括皇帝对教会本身的领导权。

在法律制度的发展过程中,王权和教权两者都是动态因素。特别是从8世纪开始,国王把他们的安宁——他们的家法——扩展到他们的家庭、宫廷、朋友、仆人和使者以外。甚至在6世纪和7世纪,他们就做出巨大的努力,以控制和限制血亲复仇:例如,即使在王室成员的安宁没有受到侵犯时,他们也规定个人和家庭因为一定的罪行所要偿付的金钱数额。渐渐地,越来越多的罪行可以由国王来裁判。叛国、故意杀人和通奸被作为可处死刑的犯罪。8世纪和9世纪的法兰克皇帝,还有9世纪和10世纪的盎格鲁-撒克逊国王,都公开地对维护他们整个领土上的国王的安宁负责任。在坎特伯雷大主教邓斯坦973年为给国王埃德加加冕所撰写的誓言中,埃德加发誓:要确保他的王国内所有“信基督教人们”的“真正安宁”,“公正和仁慈”应该支配所有的判决。[38]法兰克皇帝有时也发类似的誓。结果是,找到了贯彻这类誓言的一些方法:任命王室官员监督地方集会以及通过其他管理方法维持王室对部落和地方的影响。此外,刚开始的封建制度有利于强化国王维持和平的作用,因为国王在其中扮演着首要领主的角色。

国王和主教发布新法律,并主持法庭。王室和教会官僚体制

---

* 英格兰国王,978~1016年在位。——译者注

的需要，产生了各种新的法律制度，这些制度比部落和地方文化背景下的那些法律制度更加错综复杂。例如，王室代表召集陪审团（即juries），并询问证人。王室的敕令以及教会的判决和法令逐渐构成一种重要的法律渊源。因此，官方法（鲁道夫·索姆称之为*Amtsrecht*）在民俗法（*Volksrecht*）的一旁发展了起来。[39]官方法和民俗法的许多特征都受到罗马法的影响，因为罗马法存在于入侵的日耳曼诸民族所征服的领土上。许多罗马法规则被保留下来：例如，不道德或非法的交易无效，暴力强迫或威胁下的出售和赠与应当无效，拖欠债务者应当支付他所欠债务的利息。实际上，在接受罗马法的同时，也存在着使罗马法庸俗化的问题。[40]近代一个相类似的例子则是日本和中国在19世纪晚期和20世纪早期对西方类型的法律的接受——它们所接受的西方类型的法律，调整的是某些官方的和上层阶级的关系，而对整个民族中的传统法律秩序， 68
实际上并无影响。

因此，在欧洲，直到11世纪更晚些时候，民俗法的基本面貌仍然是部落的和地方的，只是附带着一些封建因素。亲属关系纽带继续为个人的法律地位提供基本的界定和基本的保证。[41]国王在民俗法的制定中极少采取主动。实际上，并不存在王室的契约法、财产法以及地主与佃农法，王室的刑法和侵权行为法也几乎不存在。当国王真正成功地确立了由王室代表对地方的某种程度的管理时，这些王室代表要么容易被他们应该以国王的名义加以管理的地方所压制，要么就自己变成了主人。国王偶尔颁布成文的法律汇集，陈述那些需要更好地了解或需要更牢固地确立的习惯，但它们不是近代意义上的立法，而更像是有关保持安宁、实现公平和停止犯罪的告诫。正如梅特兰所表述的：国王不得不乞求和祈祷，因为他不能命令和惩罚。的确，日耳曼法包含的一些规定表明：一个人即使在地方法院试尽了他的一切机会,也**不应**(*not*)去国王那里寻求救济。

毫无疑问,中央权力弱小的一个原因是经济和技术上的:在8、9、10世纪和11世纪早期,商业有了某种程度的增长,城市的数量和人口有了某种程度的增加,同时,改进了农业技术,发展了手工业,并普遍促进了艺术和知识;尽管如此,经济却还几乎完全是地方性的,所存在的技术也不允许在中央和周围地区之间建立充分的联系。这些经济技术因素同它们背后的宗教和政治因素相联系:中央权力的合法性以基督教为基础,而基督教的世界观与信奉荣誉和命运的日耳曼部落文化的世界观发生尖锐的矛盾;同时,中央权力不具有独立的法律角色的概念,即作为一种手段,用以实现基督教的观念和价值,使社会、经济和政治的进程合理化,并控制它们。法律的动态因素是没有系统化的和弱小的;静态因素则占据优势。法律主要被想象为是对人们无意识心理的表达,是他们"共同良心"的产物(弗里茨·克恩的话),[42]而不被想象为是对有意识的理性或意志的深思熟虑的表达。在这方面,法律同艺术、神话和语言本身没有两样。

苦行赎罪法及其与民俗法的关系

69 补赎制度是西方教会,或更确切地说是西方各地教会所采用的。更深入地考察这种制度,可以对11世纪晚期之前盛行于欧洲的法律秩序的本质取得进一步的认识。因为尽管罗马教皇享有极大的威望,被视作 *primus inter pares*("平等主教中的第一人"),但那时在西欧还不存在独立的、共同的和有组织的罗马天主教会,不存在这样一种统一的法律实体,所存在的只是一种无形的宗教共同体,其组成包括:单个的主教管区、地方教会以及从属于部落、地域实体和封建庄园、从属于国王和皇帝的修道院。

补赎制度起源于修道院。每一个修道院共同体都有它自己的小规模法律秩序,有它自己的劳作、祈祷、管理和惩戒的“规则”。它是独立的,只受管区主教的最后控制。在6世纪,许多主要的男修道院院长开始编写规则汇集,即所谓的“苦行赎罪规则”,这种规则把特定的补赎落实于各种罪孽。[43]起初,不同次数的抽打被落实于各种形式的不端行为;最后,肉体惩罚变得更加多种多样,并增加了非肉体惩罚。在某些时期,禁食逐渐成为一般的补赎办法,附加的办法有施舍、行善和赔偿受害者。因此,基督教的修道院制度提供了它自己的程序,这些程序更多关注的是安抚灵魂而不是抑制复仇,同时,它并不指责对于纠纷解决和处罚的古老的共同参与方法。

很快,苦行赎罪规则就不仅逐渐被编写用于惩戒修士,而且还用于惩戒所有信奉基督教的人们。到11世纪,已有大量这样的苦行赎罪规则流行于西欧诸民族的僧侣之中。它们(像修道运动本身一样)从爱尔兰、威尔士和苏格兰传播到盎格鲁-撒克逊王国和包括了法兰克帝国东部领土的法兰克诸王国,传播到西班牙、伦巴第和罗马本身,还传播到斯堪的纳维亚。它们是由僧侣个人编辑的非官方的规则汇集,其意图与其说是在教士处置向他们忏悔罪孽者的过程中约束他们,还不如说是指导他们。它们在不同的地方和不同的世纪,也有相应的广泛差异。

西方最早的苦行赎罪规则的渊源,可以在公元头几个世纪东部和西部教会的实践中找到。它们要求人们公开为自己深重的罪孽而补赎。在早些世纪,所有的忏悔者都被要求在一年的某个时间或时期向主教悔罪;在一个庄严和精心设计的教会仪式上,主教根据忏悔者罪孽的严重程度,科处他们不同期限的禁食和不得参与各种圣礼。例如,4 世纪的《大巴西勒教规》(Cannonical Letters of Basil the Great)列举了各种补赎方法,它们所适用的犯罪包括:性犯罪或婚姻犯罪,如强奸、通奸、第二次结婚(“再婚”)和乱伦;宗
70 教犯罪,如魔法、盲目崇拜和侵犯墓穴;较晚近时被称为世俗罪行的犯罪,如各种杀人、盗窃、伪证、堕胎和杀害婴儿。这类补赎圣礼被认为是与上帝和邻人保持永久和谐的方法。因此,就像只有一次洗礼一样,也只有一种补赎方法:结果是,补赎逐渐普遍地被延缓,直至生命的终结。[44]

5 世纪以后,公开补赎的习惯做法在西方时存时亡。受凯尔特人的影响,在很大程度上它被私下补赎取而代之。私下补赎可以随意重复,它先由每一个个人向教士秘密承认自己所犯的罪孽,然后由教士秘密要求他做苦行赎罪规则规定的行为。西方苦行赎罪规则所包括的罪行种类来自东方的模式,但也增加了新的类型。“世俗的”犯罪(crimes)也是罪孽(sins);“犯罪”一词与“罪孽”一词事实上可以交换使用。苦行赎罪规则经常在所谓“重罪”(*capitalia crimina*)的严重罪孽和轻微罪孽(*peccata minora*)之间作出区分。重罪或死罪不是按照行为来界定,而是按照精神状态或动机状态来界定;这种状态通常有 7 种——傲慢、妒忌、淫荡、愤怒、怨恨(*accidia*,有时称为 *tristitia seculi*、“尘世的悲哀”)、暴食和贪婪。[45]就特殊种类的行为——比方杀人——而言,补赎方式根据行为人行为的动机和其他情况而变化。教士要求什么特定的补赎方式,留待他自己受苦行赎罪规则指导的裁量。

虽然苦行赎罪规则终于逐渐指明了教士所应该使用的询问类型,但它并没有建立任何裁判程序。它的程序是忏悔的程序,补

赎则可以适用于向教士忏悔的罪孽。在一般情况下，忏悔是非正式的和私下进行的，教士负有不泄露忏悔情况的神圣责任。然而，在某些苦行赎罪规则中（尤其是9世纪和10世纪法兰克人的苦行赎罪规则，它们在这方面反对凯尔特人的传统），公开的补赎仍被保留用于劣迹昭彰的罪孽。[46]但是，无论公开的补赎还是私下的补赎，苦行赎罪制度最终都有赖于单个的犯罪者同意忏悔和做补赎——当然，也有赖于唤起这种意愿的共同体的强大社会压力。

虽然苦行赎罪规则按照某些日子、月份或年份为特定的罪孽规定了禁食补赎，但它们也规定了大量可供选择的赎罪方式。这些赎罪方式包括祈祷、值夜、读赞美诗和朝圣。它们还包括赔偿受害者和帮助他们的亲属；因此，在受害者被打伤的情况下，可能要求犯罪者支付受害者的医疗费、干他的工作和赔偿他的损失。窃得的财产，或者欺诈获得或扣留的财产，则应该归还。[47]另外，从早期开始，产生了允许在必要的情况下用一种补赎代替另一种补赎
的做法。例如，假如某人病得无法禁食，那么就可以允许他用读一 71
定数量的赞美诗替代。终于，按照民俗法的样子，引进了金钱偿付这种替换方式，而且只有在例外的情况下，才能由亲属偿付。这导致了不同形式的代为补赎，包括由教士以罪孽者的名义做弥撒代为补赎。对于长期禁食和祈祷的处罚的替换方式，有时采取古怪的形式，如睡在水中，睡在窄小的屋子中，或者与死尸相伴睡在墓穴中，或者胳膊伸展成一个十字[所谓“虔诚的十字祝祷”（honest cross-vigil）]站着背诵一首赞美诗七遍。

近代教会法史学家指责上述那类方法把忏悔和赦免降低为“一种矫揉造作的俗套”。然而，重要的是要认识到，补赎制度在日耳曼时代并不具有它后来获得的那种重要性。其一，日耳曼法的

核心特征是付钱赎罪和集体赎罪。其二,在11世纪晚期以前,苦行赎罪惩罚还没有成为一种规则和程序的科学体系。在进行圣餐礼之前做忏悔的绝对义务还没有确立。圣礼一般也没有法律化。在各种主教管区和修道院中间,甚至还可能在教区中间,苦行赎罪制度为方法上的变化,甚至原则上的变化留下了很大的余地。最重要的是,人们不认为教士本身拥有使忏悔者免除其所犯罪孽的后果的权力。教士最多只能祈祷上帝或圣·彼得或其他某个圣徒宽恕罪孽者,以此作为罪孽者补赎的结果。只是在后日耳曼时期,即11世纪晚期和12世纪,教士才有可能说:“Ego absolvo te”(我宽恕你),而这时教会已经将自身确立为一种法律实体,代理的法律概念已经获得充分发展,圣礼也法律化了。[48]

苦行赎罪规则的基本概念是,补赎是医治灵魂之药石。所以,大约公元1010年的《沃尔姆斯的伯查德苦行赎罪规则》以下面的话开场:“本规则可称为‘矫正器’和‘医治者’,因为它包含有矫正肉体的大量方法和医治灵魂的丰富药方,并教导每个教士,甚至是没受教育的教士,告诉他如何才能把解救带给每个人:担任圣职的人或没有担任圣职的人;穷人或富人;小孩、年轻人或成年人;衰老的人、健康的人或体弱的人;各种年龄的人;男人和女人。”[49]惩罚的观念从属于治疗的观念;治疗则被想象为是确立与上帝的正当关系,或者说是确立与整个生活——包括来世的生活——的正当关系。终极的补赎是被开除教籍,这意味着被剥夺参与教会圣礼
72 的权利(包括圣餐、婚姻、终傅及其他);意味着割断一暂时的——罪孽者与上帝和教会的关系,直到他通过信仰和善行使自己准备好重归和谐为止。它是一种极端的方法,具有类似于放逐的效果,因为诅咒不仅会堆积在罪犯头上,而且预计会堆积在帮助他的任何人的头上。大体说来,各种补赎是比较精巧的。存在一种一般

性理论，它来自于当时的医学思想，其意为："对立物还须它们的对立物来治疗。""医生的责任应该是冷却热的，暖和冷的，弄干湿的和弄湿干的。"[50]这一点在《高隆班苦行赎罪规则》的规定中可见一斑："多嘴者应该被判处沉默，搅扰者应该被判处温和，贪食者应该被判处禁食，嗜睡者应该被判处守夜。"[51]对于流血，通常要求放弃武器；对于淫荡，则规定不得婚姻交合。

然而，根据单个犯罪者的具体情况，还允许广泛种类的变化和替代。正如《比德苦行赎罪规则》的序言所说：

> 不应用一杆秤和同样的秤称量所有的人，因为虽然他们牵涉的是一种错误，但就他们每一个人而言，仍然存在差别，这就是：富人和穷人；自由民和奴隶；幼儿、儿童、年轻人和老人；愚者和智者；俗人、教士和修士；主教、长老、执事、副执事、读经师，以及担任圣职的人或没有担任圣职的人；结婚的人和没有结婚的人；朝圣者、贞洁修女、女教士和修女；体弱的人、患病的人和健康的人。此外，每个人在以下这些方面也会形成某种差异：罪孽的特性或人的性格；自制的人或缺乏自制的人，故意或偶然；公开地还是秘密地[犯罪]；[罪犯]具有多大程度的内疚心理需要或意图作出赔偿；[犯罪]的地点和次数。[52]

莫蒂默主教说："在这方面，诡辩术和道德神学进入了教会法。"[53]

补赎法被人们编纂成苦行赎罪规则，由于它自前基督教时代以来一直在发展，使它在许多方面与民俗法形成鲜明对比。民俗法根本上涉及的是控制血亲复仇；教会的苦行赎罪法根本上涉及的是照管灵魂。民俗法把它对损害的制裁主要建立在损害的程度上;教会苦行赎罪法把它对损害的制裁主要建立在罪行的特性和程度上。民俗法基本上是依靠名誉和命运的概念;教会苦行赎罪法基本上是依靠忏悔和宽恕的概念。民俗法的首要目标是抑制或防止在部落、地方和庄园这些共同体内部的暴力冲突;教会苦行赎罪法的首要目标是维持信徒共同体的精神幸福,以及使他们每个
73 人为永恒的生活做准备。

然而,尽管有这些差异,苦行赎罪法和民俗法却都属于同一种文化。所有严重的"世俗"罪行——杀人、抢劫等——也都是罪孽,需要用补赎去赎罪;所有严重的"宗教"罪行——性和婚姻方面的罪孽、巫术和魔法、僧侣违反誓言等——也都是民俗法所禁止的犯罪,并且要受到世俗制裁。的确,执行刑法的"世俗"权威实际上主要是僧侣。因此,在这一阶段的西欧历史中,人们无法论及世俗法与神法,或世俗法与教会法的分离。世俗法和苦行赎罪法可以说是适用于同样的基础,当然,它们所采取的方式并不相同。从 6 世纪到 11 世纪早期这一时期的著作涉及两种方式,它们所使用的术语有两个方面:一是"尘世法"或"人法";二是"上帝法"。但是,人们今天所谓的国家和教会却均同等地与这两种法相联系。对此,人们可以在盎格鲁 - 撒克逊国王埃塞尔雷德的法律的规定中找到一个有效的例证:"如果一个人今后在任何方面违反了上帝或人类的正义之法,那么就让他积极地赎罪吧……既通过神圣的补赎方法,又通过人世间的惩罚手段。"[54]因此,苦行赎罪法是由国王实施并由他宣布以便用于侵犯上帝或人的所有罪行的。人们还可以从查理曼派出去检查地方行政的一个帝国巡回使的演说中找到另一个例证。他是这样开始的:"我们是查理皇帝陛下派来这里的,我们的目的是让你们获得永恒的拯救。我们告诫你们,要按照上帝

的法律过有德行的生活,要按照人世间的法律公正地生活。”[55]法兰克和盎格鲁-撒克逊的国王经常发布法律,规定实施教会补赎,以制裁违反尘世法的人。

民俗法只有微弱的实施手段,为了保持它自己的尊严,尤其是为了保持它所逐渐依赖的宣誓的神圣性,它需要苦行赎罪法的支持。除此之外,苦行赎罪法增强了民俗法对谈判解决纠纷的重视,而且在“信任—不信任”这个同一体中极力鼓励“信任”的一面。苦行赎罪规则就像借用了“补赎”一词那样,借用了日耳曼语中的“赔偿金”一词(在盎格鲁-撒克逊语中为 bot)。支付赔偿金是因为损害了上帝;这种赔偿金在盎格鲁-撒克逊苦行赎罪规则中有时称为 god-bot,即对神的赔偿金,有时则称为公正赔偿金,而在盎格鲁-撒克逊的法律中却普遍称为 god-bot。“bot”这个词的动词形式是 *gebete*,含义是“忏悔”“抵偿”和“赎回”。教士给冒犯上帝的罪孽所加置的赔偿金,兼有赎罪、抵偿以及返还的因素。因此,向受害者或他的亲属提出某种合情合理的赔偿金,也就是提出他或他们必须尊重的和解。这种提议也正是法律——不仅是民俗法, 74
而且是神法——要求罪孽者作出和要求受害者或他的亲属接受的。民俗法的赔偿金充满了取自苦行赎罪规则的赔偿金的赎罪和和解观念,这并不令人惊奇。晚到 12 世纪 20 年代,一本称为《亨利一世法》(*Leges Henrici Primi*)的手册还反复地强调,英格兰法更希望友好的解决方式而不是诉讼,更希望友好的协定(*amor*)或协议(*amicitia*)而不是法律判决(*judicium*)。这一时期,老的民俗法体系正受到新的合法性观念的挑战。一位可能是英格兰国王的宫廷教士的无名作者遵循了苦行赎罪规则的传统,他写道:“所有的案件……最好是通过友好和谐的方法(*pax*)去解决。”“郡法院对于那些它发现相互处于纠纷状态的人,将以友好协议(*amor*)的方式把他们拉到一起,或者确立一个判决去解决他们间的纠纷。”“但是,如果要求某种和解宣誓(*juramentum pacationis*),侵犯者就要发誓……假如指控者处于同样的地位……那么他将接受赔偿金的提议或放弃任何赔偿。”“如果任何人因为其罪行向另一个人作出赔偿……而且在此后为了与后者达成某种友好协议(*amicitia*),向他提供某种东西并做了和解宣誓(*pacis*),那么,被提供东西的他如果归还所有的东西,并且不保留当众侮辱(*contumelie*)他自己的任何建议,就值得称赞。”“任何纠纷者都有权选择……友好协定……这种协定像法律判决(*judicium*)自身一样有约束力。”“相邻者对于他们之间的纠纷……应该在他们土地的边界法院碰头,先作出控告者应该先享有审判。如果一场纠纷应该在其他地方受理,那么他们应该诉至他们领主的法院……在领主法院中,友好协议将把他们拉到一起(*eos amicitia congreget*),或者,一项正式判决将在他们之间确立(*sequestret judicium*);如果情况不是这样,那么他们在必要时将诉至百户区法院。”“尽管非故意犯罪者应该自觉地作出赔偿,这是一项法律规则,但是,他应该得到死者亲属的怜悯和同情越多,我们就越发明白人类对残酷命运的苛刻性和所有人那种忧郁可悲的惨况的日益厌恶。”[56]

在《亨利一世法》以前的一个多世纪,埃塞尔雷德的一部法典规定:“在一个同时拥有爱或法两种选择的地方”——即妥协或判决——“如果他选择爱,那么它会像判决一样有约束力”。[57]多丽丝·M. 斯坦顿写道,这一规定在《亨利一世法》中用拉丁文重现,其重要性在于这样一个事实:一个司法判决“大概会使当事人一方
75 处于不满状态并有意制造麻烦”。她接着指出,在所记载的10世纪和11世纪盎格鲁-撒克逊的诉讼之中,“引人注目的是,已经完全成功地实现诉求的一方当事人,最终却回到某种和解,让对方当

事人继续生活于争议的土地”。[58]斯坦顿女士所描写的有关盎格鲁－撒克逊法的情况，得到了那个时期法兰克人和其他欧洲人的案例汇编的肯定。正如斯蒂芬·怀特所说，在10世纪和11世纪的英国和欧洲大陆，纠纷经常是以正式的和解告终，这种和解以交换显然是属于友谊和相互信任的标志的礼物作为象征；他进而指出，这种正式解决纠纷方式的实现，经常要通过调解者的斡旋，调解者有时被称为“朋友和邻人”。[59]

然而，我们不应该夸大苦行赎罪规则或教会补赎法对6世纪到10世纪这一阶段的民俗法的影响。基督教区分上帝法与尘世法，这当然鼓励和支持了尘世法的某些软化倾向，特别是鼓励和支持了马克斯·格拉克曼在论及当代原始社会时称为“血亲复仇中的安宁”的东西。[60]但是，在这些世纪中，基督教并没有改变日耳曼民俗法的基本结构。它无法做到这一点，但愿是因为教会作为一种机构——处于寺院——完全融合于日耳曼社会。抽象地看来，基督教的世界观与日耳曼人的世界观存在令人难以置信的尖锐对立：仁爱与荣誉、怜悯与命运、安宁和谐的自然秩序与恶魔势力纠缠着的自然秩序、永恒的拯救与同亲权和王权相联系的神圣的世俗价值。但是，世界观上的冲突并没有落实于社会行为之中。对于各种社会制度，那时的基督教——就大体而言——采取基本上是消极的态度。甚至在查理曼的统治下形成了国王是“基督教帝国”统治者的概念，各种非基督教的社会制度也继续处于优势。华莱士－哈德利尔写道：王权“已经转变为一种具有由教士们所规定的义务和权利的职位……我们现在应该称王权为基督教的而不是日耳曼的吗？我认为它仍然是日耳曼的；战争在西方社会仍然居于首要地位：它仍然是一种生存或扩张的手段，同时也一样是一种生活方式”。[61]在刑法、财产法甚至婚姻法方面，情况也相类似，亲属关系继续居支配地位,并且基本上是由血亲复仇和相互妥协去落实。虽然教会鼓吹配偶双方同意的婚姻,但许多父母继续使他们的儿女在幼年时期就结婚。虽然教会使自然非神圣化,并且把实施魔法或相信迷信作为一种罪孽,但日耳曼人继续信奉岩石和
76 树林的精灵和魔力,继续实施其魔法和迷信行为,而教会最终的确吸收了许多异教的迷信,只不过——特别是在法律中——为它们披上了基督教的程式和仪式的外衣。

以1100年或1150年的眼光来看,1000年北欧和西欧各民族的民俗法显得相当原始。在1000年,还没有任何专门的法律学问。不存在受过训练并在教会法院、王室法院、城市法院、庄园法院、商法院或其他法院中充任法官、律师或顾问的法律家阶层。没有把法律作为一种原则的体系、一种《法律大全》的概念;在这种大全中,不同的、矛盾的习惯和法律得以协调。没有任何法律教科书,也没有任何教授去注释它们。没有把法律作为一种不同于神学和哲学的研究对象的概念;神学和哲学本身也还的确没有被人们想象为是截然不同的学科。

此外,以12世纪的眼光看,1000年北欧和西欧各民族的立法制度和审判制度是非常初级的。虽然国王们发布法律,但他们只是偶尔为之,而且那么做在很大程度上是为了确认或修改既存的习惯。教皇、大主教和主教的立法权在很大程度上也限于偶尔地确认或修改既存的规则,这些规则产生于《圣经》,或者是由教父或宗教会议所制定。人们还根本不认为王室或教会的权威担负着系统地发展一种制定法体系的任务。所谓的法典,无论是尘世法的还是神法的,都是特定习惯或特定规则的不完整的汇集;它们具有省略的特性,没有对原则或概念作出界定。审判方面的情况也相

类似。没有专职的法院，即没有配备了专职法官的法院，人们也根本不认为应该按照某种发达的普遍原则体系去判决案件。当然，这时已经确立了惩罚犯罪、赔偿损害、实施协议、分配死者财产和处理有关审判的许多其他问题的规则和程序。每一个欧洲民族都有它自己相当复杂的法律**秩序**（*order*）。但是，法律体系是一种被人们自觉地加以明确表达和系统化的法律制度的结构，它明显不同于其他社会制度，并且受到一群为建立它而经过专门训练的人的培植，从这个意义上讲，当时还没有一个欧洲民族拥有一种法律**体系**（*system*）。

自 11 世纪和 12 世纪以来，西方的法律传统不断发展，按照它的标准，不仅早期欧洲民俗法的风格看来是原始的，而且它的内容也似乎是原始的——后来的法学家实际上明确地斥之为野蛮的。12 世纪及此后，早期那种依靠神明裁判、共誓涤罪裁判和决斗裁判的"魔术般的—机械的"证明方式，终于被抛弃和取代了。亲属的 77
责任以及地方和采邑自行实施的它们的习惯，让步给更为"合理的"程序法准则和实体法准则。表现于 6 世纪到 10 世纪的苦行赎罪规则中的教会补赎法，对于 11 世纪和 12 世纪的教会法法律家来说，也似乎是原始的了，因而他们对它进行了广泛的改造。

然而，如果人们采取一种不同的、更广阔的眼光——不是后来经过发展的西方法律传统的眼光，而是非西方文化的法律概念和法律制度的眼光——的话，那么早期民俗法的消极面貌并不如它的积极面貌那么引人注目。

就像在许多非西方文化中一样，6 世纪到 10 世纪欧洲各民族的基本法律并不是由民族共同体的上层所设置的一种规则体系，它是民族共同体的共同意识、"共同良心"的一个组成部分。人们在其公共集会上自己立法和审判；当国王主张他们高于法律的权威时,这种权威主要是引导而不是重建人们的习惯和法律意识。法律就是亲属关系、领主单位关系和地域共同体关系。如果这些关系遭到侵犯,那么最初的反应将是寻求报复。但是,报复应该让步给——而且经常如此——有关金钱制裁的谈判和重新和好。审判常常是和解过程中的一个阶段。所以,一旦安宁遭到破坏,那么它最终将是通过外交手段去恢复。而调和交战集团的问题不属于谁对和谁错的问题的范围。在非洲、亚洲和南美洲有许多当代所谓的原始社会,这些社会的法律以及过去和现在许多古老文明的法律,也可以说属于同样的情况。

在法律专门化和系统化以前,人们的态度和信仰,他们的不自觉的观念或神话式思维的进程,就获得了更大的活动余地。这导致了倚重于仪式和象征手段并在这种意义上产生了具有高度技术性的法律程序。但是,基于同样的标志,实体法则是柔性的和非技术性的。权利和义务不是受法律条文规定的约束,而是对共同体的价值的反映。这种共同体的价值是一种活的法律,用弗里茨·克恩的话说,它是"从潜意识的创造之井中涌出的"一股泉水。克恩认为,虽然欧洲历史这一早期阶段的习惯法经常是"不明确的、混淆的、不切实际的和在技术上笨拙的",但它也是"具有创造性的、卓越的和符合人的需要的"。[62]这些特性描述也适用于非洲、亚洲和南美洲许多当代的无文字文化的法律概念和法律过程,适用于中国、日本和印度那种拥有复杂的、有文字记载的、古老的文明。

78 因此,日耳曼民俗法的许多特征,按西方人的眼光看好像是弱点,按非西方人的眼光看则可能是强处。没有法律改革运动,没有错综复杂的法律机制,没有一种强大的中央立法权,没有一种强大的中央司法权,没有一种独立于宗教信仰和情感的法律体系,也没有一门系统的法律科学——这些只是硬币的一面。硬币的另一面是，存在生活的整体性观念或法律与生活的所有其他方面的相关性观念，这种观念表明，法律制度、法律过程、法律规范和法律判决都被归入宇宙的和谐之中。在欧洲各民族历史的早期阶段，法律就像艺术、神话、宗教和语言本身，对于欧洲各民族来说，它主要不是一个为了决定犯罪和确定判决而制定和运用规则的问题，不是基于一整套原则将人们相互区分的一种工具，而是一个将人们维系在一起的问题，一个和解的问题。法律首先被想象为一种调解过程，一种交流的方式，而不是首先被想象为制定规则和作出判决的过程。

在这些方面，日耳曼民俗法和欧洲其他民俗法与某些东方法律哲学有很多共同点。在中东泛神论神秘主义传统中，有一些关于毛拉·内史路丁(Mulla Nasrudin)的故事，其中有一个是描述他充当地方法官首次听审案件的。原告的控告是那么的有说服力，以至于内史路丁大声说："我相信你是对的。"法院的书记员请求他克制自己，因为还没有听审被告方。内史路丁于是听了被告的辩解，但他再次被弄得晕头转向，大声说："我相信你是对的。"那个法院书记员无法允许这样，他说："阁下，他们双方不能都是对的。"内史路丁回答书记员："我相信你是对的。"〔63〕双方都是对的，也就双方都不可能是对的。谁是对的？问这样的问题将不会获得答案。要想找到答案就得顾全当事人双方的名誉，并由此恢复他们之间的正当关系。

亚洲各民族受佛教思想和儒家思想的强烈影响，在它们的传统中，社会控制首先不是在通过一般规范体系分配权利和义务的过程中被发现，而是在维持家庭成员中间、贵族领地内部的家庭中间，以及地方共同体内部并处于皇帝统治下的家庭和贵族领地中间的正当关系的过程中被发现。社会和谐比“给每一个人所应得的”更为重要。实际上,“每一个人”不是被想象为不同于他的社会——或宇宙——的一个存在,而是被想象为服从于天道的社会关系体系的一个组成部分。因此,在古老的亚洲文明中,人们强调生活中传统的、集合的和直观的方面,而生活中理智的、分析的和法律的方面则与它们相融合,并从属于它们。[64]

79 这也是欧洲各民族在11世纪晚期和12世纪早期的大扩张之前的情况。民间神话在基督教传入之前(和之后)支配着人们的思想,它们在魔法和逻辑之间或命运和刑法规则之间并没有作出清楚明显的区分。基督教——一种东方的宗教——也没有在信仰和理性之间作出鲜明的区分。

但是,如果一个社会的社会秩序反映了“东方式的”社会生活的所有方面均应相互融合或和谐的思想,那么,说法律存在于这个社会之中合理吗?例如,北部尼日利亚提弗人(Tiv)虽然拥有一种社会控制体系,这种控制体系依靠的是对氏族和血统的忠诚、氏族复仇以及为避免来源于超自然的惩罚而做的仪式性补偿,但他们并不拥有独特的政府制度,不拥有法院,在他们的语言中也没有相当于法律的词,像这样的情况,法律会存在于他们之中吗?[65]他们承认一定的规则对他们的约束,承认一定判决的权威性,并承认用来宣告这些规则和判决有效的一定的程序。但是,**他们**(*they*)并没有把这些程序、判决和规则区别于宗教、政治、经济和家庭生活,并没有称它们为“法律”,这一事实意味着**我们**(*we*)不应该称它们为法律吗?在提弗人之中——以及在其他许多社会中,我们**所谓的法律**(*what we call law*)是完全散布在宗教、政治、经济、家庭和其他各种社会制度和社会进程之中的,是完全与它们交织在一起的,难道我们不可以这么说吗?A. S. 戴蒙德把法律界定为行为规则,对这些行为规则的违反通常会受到社会共同体通过固定程序所设定的制裁。他断言“提弗人没有任何法律”。戴蒙德显然带有西方人的倾向性,对于他来说,“在法律这个词的完整的意义上讲”,它是由“国家机构强制实行的行为规则”组成的;这个定义几乎也排除了日耳曼法律(包括盎格鲁－撒克逊法律和法兰克法律)。对于日耳曼法律,戴蒙德的确说过,它只是“接近于早期阶段的法律”。[66]

法律主要是散布、淹没在宗教、政治、经济、家庭和其他各种社会制度和社会进程之中的那种社会秩序的范例——以及有关那种社会秩序在历史上先于西方文明的各种法律体系的发展的论题——这是一个多世纪以前亨利·梅因爵士在他的著作中所提出来的。梅因写道,在东方和西方,在古罗马、古希腊和古印度,法典都是“宗教的、民事的和纯粹道德的法令的混合,它们根本不考虑这些法令在本质特性上的差异”;“法律与道德、宗教与法律的分离,只是属于精神发展的**较后**(*later*)阶段”。[67]要像戴蒙德那样回答这些论断——他宣称,早期法典几乎不包含“宗教问题”,它们“完全是世俗的”,“丝毫没有显现出对法律和宗教的混淆”——就应该求诸关于什么是法律和什么是宗教的问题。[68]事实上,梅因的意见是,在一个近代观察者看来可能像是“完全世俗的”规则——例如,一个人杀死一个自由民应该支付 100 先令的赎杀金,杀死一 80
个贵族应该支付 300 先令的赎杀金——实际上在当时完全是与社会的道德规则和宗教规则结合在一起的。仅仅因为没有实施这样一种规则的集中的管理机构或其他特定的“法律机构”,就说应该把它区别于近代法律规则(就像丹尼斯·劳埃德所主张的那样),[69]或者认为实施规则的方式(通过神明裁判或共誓涤罪裁判)是宗教的,而规则本身却是世俗的(戴蒙德会持这种观点),都不具有充分的说服力。[70]重要的一点是,对受害人进行金钱赔偿的整个日耳曼规则体系,是有关命运和荣誉、赎杀金和赔偿金、家庭保护、家庭安宁、保证、宣誓的范例的一部分——是使法律融合于宗教、政治、经济以及对氏族和家庭的忠诚那种**命运**(*fate*)和**荣誉**(*honor*)体系的一部分。当戴蒙德主张《旧约全书》的希伯来律法有许多也是完全不同于宗教的“世俗法律”时,他就使自己的观点陷于荒谬的境地。希伯来人绝不会承认这样一种区分,他们会谴责它;对他们来说,《圣经》的每一个字都是神圣的。

我认为,6 世纪到 10 世纪欧洲诸民族的民俗法虽然与宗教和道德相结合,但它也是法律,也是一种法律秩序和社会生活的一种法律尺度;进而言之,任何社会共同体——甚至家庭、邻里或学校——的成员都要受到来自他们所承认权威的、相互间的权利和义务的约束,把他们共有的情感认同为社会生活的一种法律尺度,是有意义的。一旦一个孩子乞求于平等原则、一贯性原则和遵循诺言或规则的原则——例如,他争辩说他对某个玩具享有权利,其理由是:他的哥哥先前曾是如此,或者他们总是轮流拥有这个玩具,或者这个玩具是**他的**(*his*),而且他的父亲那么说过——那么论及对权利或法律的要求就是有意义的。这样一种论证可能会遭到某些养育孩子的体系的抵制,尤其是遭到那些深受儒家伦理观影响的养育孩子的体系的抵制。然而,不得不抵制这种论证的事实,在某种意义上就证明了这种论证反映了社会整合中固有的某种原则。

并不是说一个受儒家伦理统治的家庭——或村落——没有任何法律,而是说在它的生活中法律尺度完全从属于非法律的尺度,法从属于礼。[71]也不是说提弗人缺少法律这个东西,而是说它们中的法定权利和义务与宗教及其他各种制度和价值完全交织在一起。因此，连接欧洲各日耳曼民族的民俗法与这些及其他非西方法律秩序的东西，是以下这一事实：民俗法服从于对亲属、领主和王室的忠诚，并且与在命运主宰的宇宙中为荣誉而英勇斗争交织在一起。

如果可以用一个单独的措辞去描述所有这些不同的法律秩序所共同具有的东西，那么这个措辞就是习惯的神圣性。习惯是神 82
圣的，它的规范是神圣的。用索福克勒斯的话来说就是：“这些法律不是适用于现在或昨天的，它们永远具有生命力；因而没有人知道它们是在什么时候第一次被给予我们。”（《安提戈涅》）在这种类型的法律秩序中，法律不是某种由中央当局自觉地制定和重新制定的东西；虽然可能偶尔也有立法，但绝大多数法律是某种产生于社会共同体的行为模式和行为规范、产生于它的社会习俗和社会惯例的东西。另外，在这种类型的法律秩序中，习惯并不受法学家有意识的、系统的和持续不断的理性检查。习惯是那么的神圣，以至于它还可以不仅是神圣的；它简直受到了绝对的和不容置疑的尊重。

然而，单凭日耳曼民俗法受到了基督教的影响这个原因，它就不会轻易符合习惯法的模式或原型——或真正符合包括古代法和原始法在内的其他任何模式或原型。基督教的出现及其在整个欧洲的传播是一个独特的事件，任何一般的社会理论都无法解释这一事件。基督教通过否定日耳曼人的世界观和使生活分裂为两个王国，向习惯的**终极的**（*ultimate*）神圣性——包括亲属关系、领主关系和王室关系的终极的神圣性——提出了挑战。它还向自然——如神明裁判中的水和火——的终极的神圣性提出了挑战。然而，它向它们的终极的神圣性提出挑战，却不完全否定它们的神圣性；恰恰相反，教会实际上支持了各民族的神圣的制度和价值（包括神

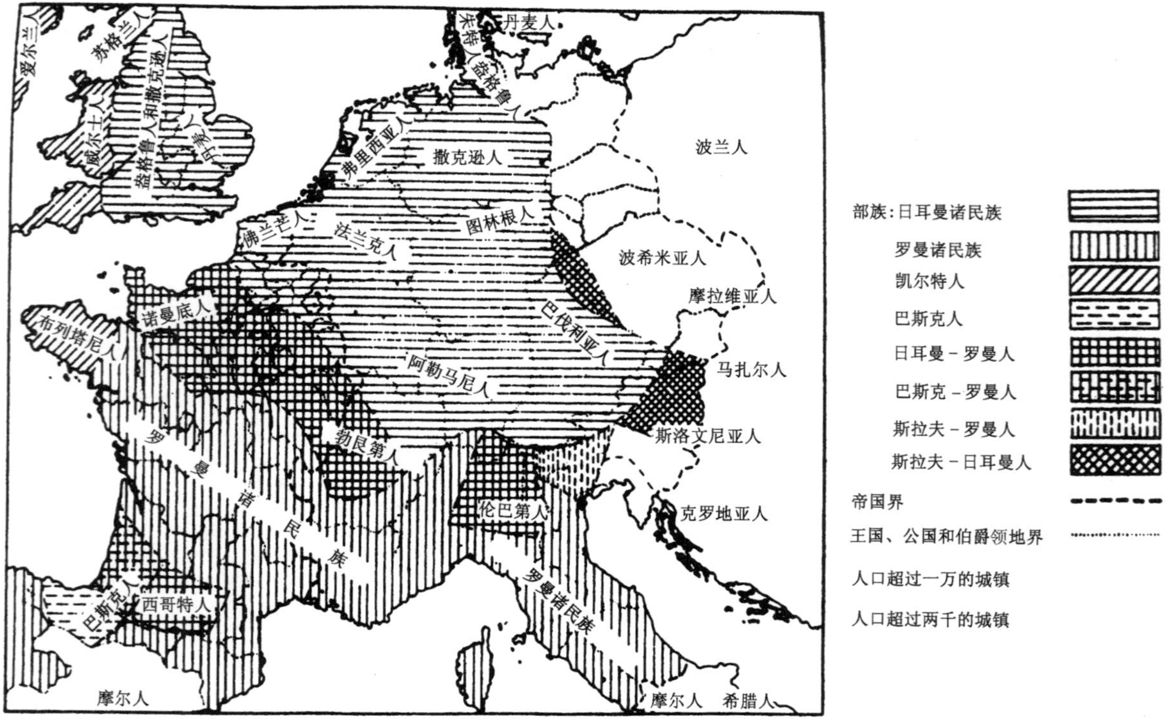

地图1：大约1050年的西欧

明裁判)。但教会在支持它们的同时,又提出一种更高的选择——上帝的王国、上帝法、来世的生活,以此向它们挑战。当生活被分裂为永恒的和现世的两个王国的时候,现世王国虽然在价值上被贬低了,但在其他方面却并不直接受影响。这种分裂不是发生在社会生活中,而是发生在人类的灵魂里。社会生活的重要方面也不直接受影响。但是,民俗法的基本结构虽然一如既往,它的许多特征却受到了基督教信仰的强烈影响。

假如可以从日耳曼民俗法中消除所有基督教的痕迹,那么它就可能恰当地归入已经由社会理论家提出的一种或多种法律秩序原型。它可能恰当地归入伴随有《十二表法》时期的罗马法、早期印度法和古希腊法的古代法,而归入原始法则不那么恰当。它可能被视为代表了早期封建主义的法律类型。它肯定会是习惯法的一个范例。然而,像这样一些法律秩序原型只是部分可适用于法兰克、盎格鲁-撒克逊和其他6世纪到10世纪的欧洲民族的法律制度。它们没有给苦行赎罪规则、或国王发布的宗教法律、或僧侣在所有方面的行政管理中的核心作用以任何地位。最 83
重要的是,基督教给法律附加上一种积极的价值,这与具有其他社会的宗教特色或哲学特色的各种法律态度形成了鲜明的对比,尽管这些社会在一般的制度结构上可以与基督教化了的欧洲各民族相匹敌。

然而,如果我们比较一下欧洲历史上日耳曼—法兰克时期的教会的情况和以色列历史上部落时期的摩西教士的情况,我们就会感到教会在对法律的态度上的矛盾心理和它对来世的专注。事实上,否定企图在任何根本的方面对这个世界的法律进行改革的价值,是那个时期基督教信仰的一个实质部分。世俗法被信以为是公正的,甚至是神圣的,只是当它在价值上与上帝法——唯一能拯救罪恶于地狱之火的东西——相比较时,它才相形见绌。

正是这种对待法律的态度和对待教会与尘世关系的态度,在11世纪晚期和12世纪发生了戏剧性的变化。教会开始通过法律既改革自身,也改革世界。它把自身建立为一种有形的、共同的法律实体,独立于皇室当局、王室当局、封建当局和城市当局。独立存在的法律体系首先在教会政治形态中、然后在各种世俗政治形态中获得了明确表现,其目的部分是维持每一种政治形态的内聚力,部分是为了实现对各个方面的改革,部分是为了在所有的政治形态中保持一种平衡。然而,这些新发展只是因为它们得以产生的各种基础在较早的阶段已被奠定才有可能。到了后来,形成各种稳固的社会共同体的基础得以建立;这个基础就是结为一体的信众共同体(*populus christianus*),在这里,既不存在教会与国家的分离,也不存在法律与其他社会控制方式的分离。从社会学和历史的观点来看,存在这种结合为一体的教区社会,是后来创立多种多样的、独立存在的、相互竞争的教会和世俗法律体系的一个必要前提。假如没有这种一体化,那么新的法律体系就只会被看作呆板的和官僚主义的东西,从而也就不能达到它们维持内聚力、实现改革和保持平衡的最终目的。

在20世纪后期,西方法律传统的史前史具有特殊的意义。在过去的两代中,对种族、阶级、性别和世代的基本划分越来越成为西方社会的特征。信仰的纽带已经变得软弱无力,亲属关系和土地的纽带已经让位给各种模糊、抽象的民族主义。随着稳固的社会共同体的崩溃,对于以法律为手段去保护精神价值不受腐败的社会势力、经济势力和政治势力的侵害,西方人不再具有信心。当然,也没有回归到过去——至少不会回归到西方文明的遥远的早
84 期阶段。然而,在怀疑主义时期,重要的是怀疑论者首先要询问一

下,西方人是通过什么历史道路才进入目前的困境的,而且,他们还要正视他们自己对某个更早时代的留恋,在那个时代,人们真切地相信"和平胜过法律,爱心压倒正义"。

第二章　西方法律传统在教皇革命中的起源

85 在11世纪以前的西欧各民族中，法律不是作为一种独特的调整体系或一种独特的思想体系而存在。每一个民族无疑都有自己的法律秩序，其内容包括中央当局偶尔制定的法规，以及世俗和教会的不计其数的不成文法律规则和法律制度。数量相当大的单个法律术语和法律规则已经从早先的罗马法那里继承了下来，它们不仅能在地方教会会议和个别主教的教规和法令中找到，而且还能在习惯法和某些王室立法中找到。然而，无论在俗界还是在教界，法律都没有完全与社会控制的其他过程相分离，也没有与其他类型的智识形态相分离。完整的世俗法并没有从一般的部落习惯、地方习惯和封建习惯中，或者从王室和皇室的一般习惯中"发掘"出来。与此类似，教会的法律在很大程度上渗透了教会的生活——渗透了它的权力结构和神学、它的道德戒律、它的礼拜仪式,并且它主要还是地方的、局部的和习惯性的,而不是集中的和制定性的。没有专业的法官或律师,也没有分等级的法院。

同时,还缺少把法律作为一种规则和概念的独特"体系"的观念。没有法学院,没有伟大的法律文献论述诸如管辖权、程序、犯罪、契约、财产权这样一些基本的法律范畴,以及最终在西方的法律体系中构成结构性要素的其他主题。没有发达的法律渊源理论,也没有关于神法和自然法与人法的关系、教会法与世俗法的关系、制定法与习惯法的关系,或各种世俗法——封建法、王室法、城市法——相互之间的关系的发达的理论。

法律调整相对非系统化的特性和法律科学的相对不发达状 86
态,与当时主要的政治条件、经济条件和社会条件紧密联系。这些条件包括:部落、村落和封建共同体居支配地位的地方特性;它们在经济上较高程度的自给自足;它们各自内部的权力的混合;中央的皇室当局和王室当局实行的政治经济控制的相对软弱;皇室当局和王室当局所实行的控制在本质上的军事特性和宗教特性;以及像亲属关系、乡土关系和军事同伴关系这样一些非正式的共同体关系的相对牢固。

在 11 世纪晚期、12 世纪和 13 世纪早期的西欧,无论作为一种政治制度的法律还是作为一种智识概念的法律,其性质都发生了根本性变化。法律被发掘了出来。在政治上,首次出现强大的教会和世俗的中央当局,其控制力通过委派的官吏从中央延伸到地方。与此部分地相联系,出现了专业的法学家阶层,包括职业法官和执业律师。在智识方面,西欧同时经历了下列过程:首次创立了法学院,首次有了法律专著,自觉对继承下来的极其繁多的法律材料进行了整理,而且还把法律概念发展成为一种自治的、完整的、不断发展的法律原则和诉讼程序体系。

政治和智识这两方面因素的结合,有助于近代西方法律体系的产生。其中,首先有助于罗马天主教会的新教会法体系的产生[那时第一次正式称为教会法(*jus canonicum*)]。它在那时还被分为“旧法”(*jus antiquum*)和“新法”(*jus novum*)两个部分,前者由较早的经文和教规组成,后者则由同时代的立法和判决以及当时对较早的经文和教规的解释所组成。以新的教会法体系为背景,并且经常是为了与之相抗衡,欧洲各王国和其他政治体开始创立它们自己的世俗法律体系。同时,欧洲大部分地区出现了自由城市,这些城市各自拥有自己的政治制度和法律制度,并由此构成了一种新型的城市法。此外,封建(领主—封臣)法律制度和庄园(领主—农民)法律制度经历了系统化的过程;新的商法体系也为满足商人从事城市间、地区间和国家间的贸易需要而产生出来。封建法体系、庄园法体系、商法体系和城市法体系的出现清楚地表明,在造成我们只能称之为法律制度的革命性发展的过程中,起作用
87 的不仅是各种政治因素和智识因素,而且还有各种社会因素和经济因素。换言之,近代法律体系在11世纪晚期、12世纪和13世纪早期的创立,不仅是对社会中坚分子的政策和理论的贯彻,而且是对“当时场合”的各种社会和经济变化的反映。

各种宗教因素也起了作用。近代法律体系的创立首先反映了教会内部和教会与世俗当局关系上的革命性变化。在这里,“革命的”一词具有整个近代的阶级斗争和阶级暴力的含义。1075年,在经过教皇党大约25年的鼓动和宣传之后,教皇格列高利七世宣布,罗马教皇在整个教会中拥有政治和法律上的至高无上地位,僧侣不受世俗控制。格列高利还坚持教皇在世俗事务中的终极的至上地位,包括有权废黜皇帝和国王。皇帝——撒克逊的亨利四

世——则以军事行动作出反应。于是教皇和皇帝间的内战在整个欧洲时有爆发,直到 1122 年在德国城市沃尔姆斯签订了协议,双方才达成最终的妥协。在英格兰和诺曼底,1107 年的《贝奇协议》虽然促成了短暂的缓和,但问题直到 1170 年托马斯·贝克特大主教殉难才获得最终解决。

在 11 世纪后半期和 12 世纪前半期这个期间,在西方教会生活中和在教会当局与世俗当局的关系上所发生的各种重大变化,由于德国僧侣希尔德布兰德——他在 1050 年以后是教皇党的领袖,并从 1073 年到 1085 年作为教皇格列高利七世在位统治——的缘故,人们习惯于称之为希尔德布兰德改革(Hildebrand Reform)或格列高利改革。然而,这里的“改革”一词是严重的词不达意的表述,它部分反映了教皇党自身——和后来的罗马天主教历史学家——意图贬低先前的一切和后继的一切之间发生的那种断裂的重要意义。通过回想 16 世纪的新教改革而知,最早的拉丁术语 *reformatio*(改革)可能意味着一种在连续性上的更实质性的断裂;另一个用来表示这同一时代的术语——授职权之争,就不像那种不直截了当的表述那么词不达意:这一措辞针对的是罗马教皇为从皇帝和国王那里夺取作为他们权威象征的主教“授予”权所进行的斗争,从而把教皇和皇帝(或国王)间的冲突同教皇方改革者的主要口号“教会自由”联系在一起。但是,即使这种激动人心的口号也没有充分表达出那种革命性转变的所有方面,因为许多著名历史学家都把这种转变当做是西方历史上第一个主要的转折点,一些历史学家甚至认为它是近代的开端。[1]用彼得·布朗的话说,这种转变 88
最终涉及的是“宗教和世俗两界的脱离”,由此所释放出来的能量和创造力,类似于一种核裂变的过程。[2]

教会和帝国:克吕尼改革

11 世纪晚期以前,西方基督教界的僧侣——主教、教士和修士——通常更多的是处于皇帝、国王和大封建主的统治之下,而不是教皇的统治之下。举例来说,那时绝大部分的教会财产就都属于那些皇帝、国王和封建主。他们作为世俗的所有人,不仅控制着教会的土地和收入,而且还指派人——经常是从他们的近亲属中挑选出来——就任作为他们财产一部分的主教职位和其他教会职位。这种指派教会职位("教士的有俸职位")的权力是非常有利可图的,因为这些职位通常负有义务从与它们相伴随的土地中提供税收和劳役。因此,一个主教职位通常是一笔巨大的封建地产,该地产伴随有管理农业经济和担负军事职责的庄园主,以及提供劳役的农民。主教管区内某种较小的教会职位——如一个普通的乡村教区教士职位——也可能是一笔有利可图的财产;教区教士有资格分享农产品和分享从各种经济劳役中获得的收入。

除了在政治—经济上处于从属地位以外,教会在内部结构上也要受世俗统治者的控制。皇帝和国王召集教会会议,并颁布教会法律。与此同时,主教和其他高级僧侣也在地方的、贵族的、王室的或皇室的管理机构中任职。主教职位常常是一种主要的民政机构,主教则是封建统治集团中的重要成员。当时教士结婚非常普遍,这使他们与地方统治者形成了重要的亲属联系。皇帝和国王不仅授予主教民事权力和封建权力,而且还授予他们宗教权力。因此,宗教领域和政治领域是混合的。有关主教管辖权的争议可以在罗马教廷或地区宗教会议上解决,但也可以在国王或皇帝的宫廷中解决。

这种体制类似于曾在东罗马帝国盛行、后来在西方被斥责为俗界对教界专制主义的那种体制。

然而,严格来说,把6世纪到11世纪西欧的国王和皇帝说成是"俗人"并不准确。虽然在1075年以后教皇是那么称呼他们,但在那以前他们却一直具有无可争辩的宗教职能。他们确实不是僧侣:即他们不是被委任的教士。但是,他们是"基督的代理人",是神圣的人物,被认为是他们民族的宗教领袖。他们经常被说成是经过涂圣油而获得了神性的人,并拥有治愈百病的能力。89
尤其是皇帝,他声称是基督教世界的最高精神领袖,没有人能裁判他,他自己却有权裁判所有的人,并在末日审判的时刻对所有的人负责。[3]

不应把查理曼或亨利四世的帝国混同于恺撒·奥古斯都或康斯坦丁的较早的罗马帝国。虽然人们保持着一种与古罗马相伴的连续性的错觉,但"帝国"(*imperium*)这个加洛林王朝的术语所指的不是一块地域或一种诸民族的联盟,而是皇帝权威的性质。这种权威事实上完全不同于较早的罗马皇帝的权威。与恺撒不同,查理曼和他的继承者不是通过帝国的官僚机构统治他们的臣民。没有比得上罗马或君士坦丁堡的首都——实际上,查理曼和他的继承者几乎完全没有任何城市,这与城市密布的恺撒帝国形成鲜明对比。作为替代,皇帝和他的家庭旅行于整个广袤的王国,从一个主要地方巡游到另一个主要地方。他不停地移动,旅行于法兰西、勃艮第、意大利、匈牙利和他的法兰克-日耳曼祖国。在一种几乎完全是地方性的经济中,在一种将最高权力给予部落和地区的领导人的政治结构中,皇帝既负有维持部落军队的联盟以保卫帝国免受外敌侵犯的军事使命,又负有保持帝国的基督教信仰以免异教信仰复辟的宗教使命。他通过主持法庭来统治。他是他的人民的头号法官。每当抵达一地,他都将听取控告和伸张正义;他还是穷人、弱者、寡妇和孤儿的保护人。

这个帝国不是一种地理上的实体,而是一种军事和宗教权威。直到 1034 年才被称为罗马帝国,直到 1254 年才被称为神圣罗马帝国。

在 10 世纪和 11 世纪早期,有过一场强大的运动,旨在清除教会中各种封建影响和地方影响,以及与这些影响必然相伴的腐败。在这场运动中扮演主要角色的是克吕尼大修道院,其总部设在法兰西南部名叫克吕尼的城镇。从法律的观点看,克吕尼特别重要,因为它是第一个这样的修道会:在其中,分散于整个欧洲的所有寺院都从属于一个单一的首脑。在 910 年克吕尼修道院创办以前,每一个本尼狄克修道院就已经成为院长主持的独立的实体,它通常受地方主教的管辖,与本尼狄克的其他修道院只有一种松散的联合关系;另一方面,克吕尼修道院在这种修道会建立后的一个世纪里,数量可能已超过一千,它们都由受克吕尼大修道院院长管辖的各自的院长(priors)所主持。因此,克吕尼修道会被人们称为第一个跨地方的社团[4];在这方面,它最终成为整个罗马天主教会的一种模式。

90 与克吕尼修道会作为一种跨地方、分等级、属共同的政体模式的重要性具有同等意义的,是它在支持欧洲第一次和平运动中的重要性。在近 10 世纪末于法兰西南部和中部的不同地方召开的若干次宗教会议上,关于上帝和平的观念不仅由僧侣予以正式认可,而且还由世俗统治者予以正式认可。虽然各种宗教会议的和平法令在细节上并不相同,但它们一般都禁止侵犯僧侣、朝圣者、商人、犹太人、妇女、农民、教会财产和农业财产的任何战争行为或复仇行为,违者将被开除教籍。另外,它们一般都使用保证拥护宣誓的手段:即要求人们集体发誓支持和平。例如,1038 年布尔日会议发布法令规定,大主教管区的每个成年基督徒都应该进行这种宣誓,并应该加入执行和平任务的某种特别的民兵组织。除了保护非战斗人员以外,传遍西欧大部分地区的和平运动还逐渐包括禁止在某些日子进行战争。由克吕尼修道院院长奥迪罗(994 ~ 1049)草拟的《上帝休战书》,首次把休战时间从星期六的正午延至星期一的清晨,后来又从星期三的傍晚延至星期一的早晨,而且规定在大斋节、降临节期间和各种圣徒日暂停战争。

克吕尼修道会和教会在一般意义上努力使一定阶级的人们免服兵役和免遭人身或财产侵犯,并努力把战事限制在一定的时间里,但是,在像 10 世纪和 11 世纪这种暴力行为和无政府主义盛行的年代里,这种努力只能部分地获得成功。然而,和平运动对于将来、尤其是对于西方法律传统的将来,意义重大,因为一群群人以和平的名义集体发誓的尝试在以下这些活动中都起了关键性作用:11 世纪晚期及此后城市的建立,城市内行会的形成,公爵、国王和皇帝通过所谓的公爵或王室和约、通过"领地和约"(*pax terrae*, *Landfriede*)颁布立法。

最重要的是,克吕尼分子和其他宗教改革团体为了提高宗教生活的水平,攻击封建统治者和地方统治者对教会的权力。这种权力尤其表现在买卖圣职(称为"simony")上,也表现在与僧侣娶亲和同居(称为"nicolaism")——主教和教士由此而卷入地方和民族的政治生活——相关的习惯做法上。然而,他们这些努力要获得成功,需要某种强大的中央权力的支持。假如为此目的借助于罗马教皇,那是无济于事的;事实上,这时的教皇从属于罗马城的贵族。克吕尼分子成功地争取到皇帝——查理曼的继承者——的

91 支持,这些皇帝统治的地域包括现在的德意志西部、法兰西东部、瑞士和意大利北部。反过来,皇帝也想得到克吕尼修道会和其他改革运动的支持;借助于这种支持,他们终于从罗马贵族那里夺取了指派教皇的权力。

与教会和国家相分离的近代思想不同,1000 年的教会不是被设想为站在政治权威对立面的一种有形的、共同的法律组织。相反,教会即 *ecclesia* 被设想为由世俗统治者和僧侣统治者(*regnum* 和 *sacerdotium*)管理的基督教信众的集合体(*populus christianus*)。800 年,查理曼同意由教皇加冕为皇帝,在此以前很久,他的忠实仆人、英格兰学者和教士阿尔昆就把他称为 *imperium christianum*(基督教帝国)的统治者,而且查理曼自己也于 794 年在法兰克福召集了一次"全体的"教会会议,并宣布了对神学教义和教会法所作的一些重要更改。有些历史学家争辩说,是教皇利奥三世使查理曼成为皇帝,但是,更接近于真实的说法是,使利奥成为教皇的是查理曼;而且查理曼在 813 年未获僧侣的恩准就给他的儿子加了冕。[5]事实上,后来的德意志皇帝在即位时都要求教皇发誓忠于他。在 1059 年(这时举行的一次教会会议第一次禁止由世俗当局任命主教)以前的几百年间任职的 25 位教皇中,有 21 位是由皇帝直接指派,有 5 位被皇帝废黜。而且,不只是德意志皇帝控制着他们帝国内的主教,其他基督教世界的统治者也是如此。1067 年,征服者威廉发布了一项著名的法令,这项法令规定:国王有权决定诺曼底和英格兰的教会是否承认教皇,国王通过自己召集的教会会议制定教会法,国王对教会加于他的贵族和官员的处罚拥有否决权。

要使教会不受贵族和地方政治经济的腐蚀影响,就需要皇室和王室控制教会。然而,克吕尼改革的这种基本目标面临着无法逾越的障碍:僧侣彻底陷入了各级政治经济结构而无法自拔。虽然,在 10 世纪和 11 世纪伟大的改革皇帝的庇护下,修道会可获得整顿,罗马教皇的职权可得以强化,但整个教会却无法得到根本改革,因为它不是独立的。买卖圣职和僧侣结婚仍然是亟须解决的问题。

Nicolaism(僧侣结婚)在严格的意义上不仅是一个道德问题,而且还是一个社会、政治和经济问题。婚姻使教士职位在氏族和封建结构内部产生。它还包括由教士的儿子和其他亲属继承某些 92
教会职位。这至少给买卖圣职(教士有俸职位的出售)的行为加置了某些限制。假如任何教会职位都不得继承,那么任命权(授职权)还能继续保留在俗人之手吗?更根本地说,假如教士不再可以结婚,并且不允许其后嗣继承他们,那么皇帝和国王在宗教上有资格对所需要的高级僧侣职位作出大量新的任命吗?那些应该由封建领主任命的低级僧侣职位又如何呢?

所有的僧侣,尤其是罗马教皇,都从属于那些本身虽不是被委任的教士、却能使他们的职位具有尊严甚至神圣化的人。与此相联系,总是存在某种紧张的关系。米兰主教圣安布罗斯在 4 世纪末就说过:“宫殿属于皇帝,教会属于教士”;他开除了皇帝狄奥多西的教籍,在皇帝作出了补赎之后,他才解除了将其革出教门的处罚。一个世纪后,教皇基拉西乌斯一世写信给皇帝阿纳斯泰希厄斯说:“尊敬的皇帝陛下,这个世界主要是用两把[剑]来统治的,这就是教士的神权和王室的王权……如果主教自己以极大的热忱承认皇位是通过神的安排而授予你的,并在有关公共秩序领域服从你的法律……那么,我问你,你应该服从那些负责管理神圣而玄奥的事务[在宗教问题上]的人吗?”[6]这就是最早的“两剑”说:教士管理神圣而玄奥的事务,而皇帝制定包括教会法在内的法律。在法兰克人中,国王和皇帝在信仰问题上总是有赖于教皇的支持和主教的普遍支持,并承认教皇在这方面的优越性。教会自治的观念也深深植根于基督教《圣经》之中。然而,在事实上,法兰克帝国的皇帝、10 世纪和 11 世纪的德意志皇帝以及法国和英格兰国王——加上西班牙、挪威、丹麦、波兰、波希米亚、匈牙利和其他地方的统治者——也像拜占庭帝国的皇帝那样,他们甚至在宗教教义问题上也支配着主教。而且,他们还向僧侣授予其僧侣职位的标记物:法兰克的皇帝和国王授予主教象征着主教权威的权戒和权杖,同时说:"Accipe ecclesiam!"("接受教会吧!")由此就把世俗之剑和宗教之剑放到了同一个人手中。其正当理由是,皇帝和国王是神圣不可侵犯的,他们是神圣的统治者、"基督的代理人"。虽然有许多主教,其中罗马主教是他们的大主教(平等主教中的第一人),但只有一个皇帝,在每一个王国中则只有一个国王。

罗马主教那时只拥有"圣彼得的代理人"的称号。只是在 12
93 世纪,他才取得"基督的代理人"的称号。只是在那时,皇帝才被迫放弃那个称号。作为基督的代理人,教皇要求挥舞两把剑——一把是直接地挥舞,另一把是间接地挥舞。由此而来的情况是,有许多世俗统治者,却只有一个教皇了。

早在 4 世纪甚至还可能是 3 世纪就有人主张罗马主教在教会的其他主教中拥有最高权威。而且,其他地位显赫的主教偶尔——虽然绝非总是——也承认这种主张。然而,最高权威可以意味着许多不同的东西。只要西方的教会仍然主要是分散的并处于地方世俗统治者的控制之下,教皇的权威就难免是软弱的,并与同样是软弱的皇帝的权威紧密相连。因此,地方主教和地方教会偶尔进行的使他们摆脱地方领主控制的斗争,才可能采取求助于皇帝的权威或教皇的权威或它们两者的形式。只是在很少的情况下,冲突才上升到较高的层次。一个显著的例子就是9世纪中叶出现的通常称为《伪伊西多尔教令集》的伟大赝品。这是一部谎称属于自4世纪以来的教皇和宗教会议的信件和法令的规模庞大的汇集;它的矛头直指由皇帝支持的兰斯的大主教,因为他力图阻止他的僧侣求助于罗马教皇去解决纠纷。作者为此目的而不得不编造一大批文件,这一事实道出了有关那个时代和以前教会中主教权威的本质的东西。事实上,《伪伊西多尔教令集》并不是在罗马编造的,而且直到过了两百余年以后,由于教皇一方要用它去论证那些与最早的经文所包含的目的截然不同的目的的正当性,它才获得教皇的普遍采纳。在9世纪后半期,教皇尼古拉一世(856~867)确实主张教皇的权威不仅高于大主教和主教,而且还高于皇帝。他宣称:不经他的同意,大主教和主教不能就职;国王没有资格裁判教士,教士不受国王的管辖。然而,这种主张也是对于将来比对于他们自己的时代更重要。它们并没有改变皇室、王室和地方的世俗领主控制教会的现实。实际上,在9世纪后期、10世纪和11世纪早期,罗马教皇的威信处于最低点,而企图提高教皇威信的正是皇帝。

罗马主教是所有主教中的最高权威还为德国人的国王提供了一个理由,使他得以每过几年就率领他的军队翻越阿尔卑斯山南下一次,以重申他关于他的帝国要保卫罗马不受伦巴第、托斯卡纳和罗马贵族的侵犯的主张。

皇帝们的宗教权威在11世纪变得越来越反常,因为买卖圣职和教士结婚已是根深蒂固,他们对此无法加以克服。1046年,亨利三世到罗马举行他的皇帝加冕典礼,并使三个敌对的教皇被废黜, 94
第四个最终当选。这时,罗马的主教们对皇帝的从属关系就不仅变得反常,而且还令人极为反感。亨利三世任命的教皇在就职几个月以后死去,他任命的第二个教皇又在几个星期后死去——据说两人都是被罗马城中不满皇帝干涉城内事务的派别所毒死。[7]第三个被任命的教皇是利奥九世(1049~1053),他虽然是亨利三世的近亲和朋友,但他拒绝接受把罗马教皇的职位当作皇帝属下的一个主教职位的观念,而且他不仅主张自己的独立地位,还主张他的权力高于所有其他的主教和僧侣,甚至还超出帝国之外。

在利奥统治期间,他的一群门徒——以希尔德布兰德为首——组成了一个党派,并提出和宣扬了教皇对教会具有至高权威的观念。这个派别所采取的方法包括普遍地宣传教皇的计划。结果是,它在各个方面的党徒散布了大量的论战性文献,其中包括数以百计的小册子。一位历史学家称这个时期为"世界历史上第一个伟大的宣传鼓动年代"。[8]教皇的小册子强烈要求基督徒拒绝接受那些过着同居或婚姻生活的教士所主持的圣礼。它们对以金钱换取教职任命的效力提出抗辩,并要求"教会自由"——处于教皇之下而不受皇帝、国王和封建领主控制的僧侣自由。终于,教皇尼古拉二世于1059年在罗马召集了一次宗教会议,首次宣布了罗马的红衣主教选举教皇的权利。

教皇敕令

正是作为教皇格列高利七世的希尔德布兰德,在11世纪70年代把教会改革运动转向反对皇帝的权威,而这种权威在10世纪和11世纪早期,曾领导过克吕尼改革者。格列高利比他的前任走得更远。他宣布:教皇在法律上凌驾于所有基督徒之上;僧侣受教皇统治,但其在法律上凌驾于所有世俗权威之上。他说,教皇可以废黜皇帝——并且着手废黜皇帝亨利四世。另外,格列高利宣布所有的主教应由教皇指派,并最终应服从于他,而不是世俗权威。

格列高利对登上教皇的宝座已经有充分的准备。在教皇尼古拉二世(1058~1061年在位)和教皇亚历山大二世(1061~1073年在位)统治时期,他就已经成为支配的势力。而且在1073年他50岁时,他已准备好实现他为之而声名狼藉的巨大的意旨、自尊和个人权威。彼得·达米安(1007~1072)自从11世纪50年代以来就一直在争取教皇至上的斗争中与格列高利联合,他曾称呼格列高利为“我的神圣的撒旦”,并且说:“你的意志对我来说永远是命令——邪恶但却合法。我总是像侍奉你那样忠诚地侍奉上帝和圣·彼得。”[9]一位近代学者曾把格列高利描绘成一个具有极强的使命感的人,这种人在贯彻自己的思想时表现出“惊人的严厉和 95
英雄般的执著……全然不顾对他自身或对其他人的后果。至少可以这样说,他具有一个革命者的脾气和性格”。[10]

格列高利一旦成为教皇,就毫不犹豫地使用革命的策略去达到他的目的。例如,1075年,他命令所有的基督徒联合抵制过着同居或婚姻生活的教士,并拒绝他们为圣事或其他目的而担任的职务。因此,教士需要在对他们妻儿的责任和对他们教区居民的责任之间作出抉择。作为反对这项法令的结果,在教会出现了公开的骚乱,而反对僧侣结婚的那些人则以棍棒石头回击。一个作者在一本题名为《为那些众教士的挑战者辩护》(*Apology against Those who Challenge the Masses of Priests*)的小册子中说,基督教正被“踩在脚下”。他问道:“即使在妇女的织房和工匠的作坊里,除了谈论整个人类法律的混乱之外还能谈论什么呢? ……平民大众中突然骚动起来,仆人新近背叛了他们的主人和主人不相信他们的仆人,朋友和同行中卑鄙的背信弃义,密谋反对上帝授予的权力……所有这一切都受到权威的支持,受到了被称为基督教世界的领袖的支持。"[11]

然而,罗马教皇没有自己的军队又如何实现其要求呢?又如何战胜那些反对教皇至上权威的人的军队呢?而且除了对付强有力的反抗的问题之外,它又怎么去行使自己主张的普遍管辖权呢?又如何有效地使整个西方基督教世界——更不要说它同样提出一些管辖权要求的东方基督教世界了——牢记它的意旨呢?

这些问题的答案的一个重要方面就是法律作为一种权威的渊源和控制的手段的潜在作用。在11世纪最后几十年里,教皇党开始在教会史的记载中寻找法律根据,以支持这样一种主张,即教皇高于全体僧侣以及僧侣独立于、而且还可能高于社会的整个世俗部分。教皇党鼓励学者发展一门能为一些重要政策的贯彻提供可操作基础的法律科学。但与此同时,皇帝方面也着手查找古老的经典,以支持其反对教皇篡权的事业。

然而,并不存在罗马教皇或帝国皇帝可以将其案件交付裁判的法庭——除非交由教皇或皇帝本人裁判。这的确是客观形势中的主要革命因素。1075年,教皇格列高利七世通过"寻找有利于自己的根据"回答这一问题,并拟定了一个文件——the *Dictatus Papae*(《教皇敕令》)——由27条简洁的主张组成。这些主张显然只是针对他自己所言,具体包括如下一些条文:

96 1. 罗马教会只是上帝一人建立的。

2. 只有罗马主教才能正当地被称为具有普遍管辖权者。

3. 只有他才可以废黜和恢复主教。

4. 在宗教会议上,他的使节——即使是低级圣阶的也一样——的地位在所有主教之上，并且可以作出废黜主教的判决。

7. 只允许他一人根据时代的需要制定新的法律。

9. 只有教皇才是应该被所有君王亲定的人。

10. 只有他的名字才应该在教会中被念诵。

11. 他可以废黜皇帝。

16. 没有他的命令不应召集全体的宗教会议。

17. 未经他的许可，任何书的章节或书都不具有教规性质。

18. 任何人都不得修改他的判决，只有他才可以修改所有的[判决]。

21. 每个教会的较重要的情况都须报告罗马教廷。

27. 他可以解除不公正者的臣民的忠诚[宣誓]。[12]

这一文件是革命性的——虽然格列高利最终为它的每一条规定都设法找到了某种法律根据。[13]

1075 年 12 月，格列高利在给皇帝亨利四世的信中将我们今天可以称为《教皇宣言》的上述文件的内容公之于众。在信中，他要求皇帝和帝国的主教服从罗马教廷。亨利同他的 26 位主教一样，于 1076 年 1 月 24 日写信作答。亨利的回信开头说："亨利，上帝神授而非篡取的国王，致信至此不再是教皇而是冒充僧侣的希尔德布兰德。"结尾说："因此，你，该受这种诅咒，以及我们全体主教的判决和我们自己惩罚的家伙，应该下台并放弃你所篡夺的使徒职位。让另一个人升任圣·彼得的宝座。我，亨利，受上帝恩赐的国王，同我们全体主教一道对你说：下台，下台（*Descende*，*Descende*），你将永远被诅咒。"主教们的信函具有类似的味道，其结尾说："就像你公开宣告的一样，由于对你来说我们中的任何一人都不再是主教，对于我们来说你也不再是教皇。"[14]

格列高利在答复中将亨利开除教籍,并废黜他。1077 年 1 月,亨利作为谦卑的悔罪者游至教皇驻足的卡诺萨,恭候 3 天,所图的
97 是获得机会,在雪中赤脚晋见教皇,并承认自己的罪孽,宣告自己的悔悟。事已至此,教皇才行使宗教权能,宽恕了亨利,并撤销了开除他教籍和废黜他的决定。这给了亨利一个机会,使他得以重新主张他对德国教会和世俗的权贵的权威,因为这些权贵在此之前已起义反对他。然而,与教皇的斗争只是延缓了一个短暂的时期。1078 年,教皇发布一项教令,其中说:“我们规定,任何一个僧侣都不应接受皇帝、国王或任何世俗男女所授予的主教职位、修道院职位或教会职位。如果他擅自那么做,那么他应该清楚地知道,这样的授职是有失使徒权威的,他自身因此应受开除教籍的处罚,直到作出了适当的苦行赎罪为止。”[15]教皇和皇帝之间的冲突再次爆发,并导致了授职权之战。

授职权之战造成的第一批伤亡是在德国境内。在那里,皇帝的敌人从皇帝与教皇的争吵中获益,推选了一个与皇帝分庭抗礼的国王并最终得到格列高利对该国王的支持。然而,亨利于 1080 年击败了他的对手,并向南翻过阿尔卑斯山,包围并占领了罗马(1084)。格列高利求助于他的盟军:南意大利的诺曼统治者——阿普利亚、卡拉布里亚、卡普阿和西西里的统治者。虽然诺曼的外国雇佣兵从罗马赶走了皇帝的军队,但他们随后凶残地劫掠和席卷了罗马,为此他们臭名远扬。亨利继续面临德国君王们的反抗;而且在他 1106 年去世的时候,他的儿子正领导一场反对他的起义。这个儿子成了皇帝亨利五世,他于 1111 年占领罗马,并俘获了教皇。

与授职权之战直接相关的政治问题是皇帝和国王向主教和其他僧侣授予他们职位的标记的权力。授予时要说:“接受教会吧!”

隐含在这个问题背后的是僧侣在当选和授职之后的忠诚和惩戒的问题。这些问题具有根本的政治意义。由于帝国和王国主要是由僧侣管理的,它们影响的恰恰是教权和皇权或王权的性质。此外甚至还涉及比政治更深的某种东西,即灵魂的拯救。从前,皇帝(或国王)被称为基督的代理人(vicar);正是他在末日审判中将对所有人的灵魂负责。如今,从前自称为圣·彼得的代理人的教皇声称是基督的唯一代理人,并有责任在末日审判中对所有人的灵魂负责。皇帝亨利四世曾写信给教皇格列高利七世,说:根据教父们的说法,没有人能裁判皇帝;在世上只有皇帝才是"所有人的法官";皇帝只有一个,而罗马教皇不过是主教中的第一人而已。这的确是盛行了几个世纪的正统教义。然而,格列高利视皇帝为诸 98
王中的第一人,视他为凡夫俗子;他当选为皇帝要由教皇首肯,如不服从教皇,则教皇可以将其废黜。[16] 这里,争辩被用典型的经院形式加以表达:"国王或者是一个俗人,或者是一个僧侣",由于他没有被任命担任圣职,他显然是一个俗人并因此在"教会"中不能有任何职位。这种主张使皇帝和国王毫无合法性根据,因为世俗国家或没有宗教职能的国家的观念在此之前还未曾产生——的确只是这时才刚刚存在。这种主张还硬说教皇拥有神权政治国家的权力,因为将教会职能划分为宗教职能和世俗职能两部分的做法在此之前还未曾有过——的确只是这时才刚刚出现。

最终结果是,教皇和皇帝都无法维持他们最先的要求。按照1122年《沃尔姆斯协约》,皇帝保证由教会独自自由地选举主教和修道院院长,并放弃向他们授予象征教权的权戒和权杖的权利。这种权戒和权杖意味着照应灵魂的权力。就教皇而言,他承认皇帝有权参与选举,并在选举有争议的地方加以介入。而且,教会要使德国的高级教士就任圣职,先要由皇帝以君权授予他们所谓的

"特权标记"(regalia),即封建的财产权、裁判权和世俗管理权。与这些权利相对应的是,承担向皇帝表示效忠和忠诚的义务。(效忠和忠诚包括提供劳役和缴纳与高级教士相伴的大片地产的赋税)然而,意大利和勃艮第的高级教士将不由君权授予,而且在教会使他们就任圣职后的6个月内,也不承担向皇帝表示效忠和忠诚的义务。任命权不得不被分享这一事实——教皇或皇帝实际上都可以行使一种否决权——使得仪式问题、程序问题至关重要。

在英格兰和诺曼底,按照1107年在贝奇达成的较早的处理协议,国王亨利一世也同意了自由选举——虽然他要在场——并放弃了授予权杖和权戒的做法。而且他后来在德国接受效忠和忠诚的表示是在圣职就任仪式以前,而非在此之后。

这些协议使教皇对僧侣拥有极其广泛的权力,同时,也使他对俗人拥有相当大的权力。没有他的批准,僧侣不能被委以圣职。他有权规定主教、教士、副主祭和其他教职的职能和权力。他可以创设新的主教管区,划分或压缩老的主教管区,调换或废黜主教。设置一个新的修道会,或者改变现行修道会的规则,也需要他的批
99 准。另外,教皇被称为所有教会财产的"主要分配者",这些财产则被说成是"基督的遗产"。教皇在礼拜事务和宗教信仰事务上也是至高的;只有他可以赦免某些严重罪孽(如袭击僧侣),才能宣告死者为圣徒和施以恩惠(死后免受神的惩罚)。这些权力在1075年以前都不存在。

用加布里埃尔·勒布拉斯的话说:"教皇统治整个教会。他是普遍的立法者,他的权力只受自然[法]和实在神法[即在《圣经》和类似的启示文献中规定的神法]的限制。他召集并主持全体宗教会议。会议决议付诸实施需要他的批准。他使用教令去结束许多问题上的争执,他是法律的解释者,并授予特权和豁免。他还是

最高的法官和执政者。不胜枚举的重要案件——*maiores causae*——留待他作出裁判。”[17]这些权力在 1075 年以前也都不存在。

格列高利宣称教皇法庭是“整个基督教世界的法庭”。[18]从那时起，教皇对于任何人呈交于他的案件都拥有普遍的管辖权——他是“直接管辖所有人的法官”。这一点是全新的。

教皇对世俗界的统治是在信仰和道德问题上，以及在婚姻、继承等各种民事问题上。在某些方面，他在这些问题上的统治是绝对的；在另一些方面，它与世俗权威分享统治权。另外，还有其他一些被看做是属于世俗管辖的问题，教皇权力也经常介入其中。在 1075 年以前，教皇对世俗界的管辖权一直从属于皇帝和国王，一般说来，它也不比其他大主教的世俗管辖权大。

宗教管辖权和世俗管辖权的分离、并存和相互作用，是西方法律传统的一个主要渊源。

教皇革命的革命特征

“革命”一词适用于欧洲历史上的伟大革命时有四种主要特征。这四种特征放在一起，则使革命一方面区别于改革或进化；另一方面有别于单纯的造反、军事政变、反革命和专政。四种特征是指：革命的**总体性**（*totality*），即革命作为一种总体变迁的特性，在这种变迁中，政治、宗教、经济、法律、文化、语言、艺术、哲学和社会变革的其他基本范畴发生连锁反应；革命的**迅速性**（*rapidity*），即革命的进程一旦启动，急剧的变化就会以快速或突发的方式从一天到另一天、一年到另一年、一个十年到另一个十年地不断发生；革 100

命的**暴力性**(*violence*),它不仅采取阶级斗争和内战的方式,而且还采取向外扩张战争的方式;革命的持续性,它持续两代或三代人的时间,直到创始者自己的孙辈承认忠诚于他们祖辈的事业为止,在这期间,面对与革命初期的乌托邦理论的必要妥协,革命的基本原则获得重新确认和重构。在创始者的事业获得承认以后,进化就可以以它自己的进度发展,而无须担心来自右翼的反革命或来自新左翼的激进主义。[19]

教皇革命的总体性

探寻历史变化的基本原因,甚至还将原因划分为主要原因和次要原因,有可能抹杀这样一个事实:没有众多不同因素的协同作用,革命就不会发生。把这些因素划分为政治、经济、文化和其他的范畴,有利于说明问题。然而,要给予真实的描述,这种说明就必须揭示各种因素必要的相互联系。否则,就会失去最重要的一点,即这样的革命是作为总体的事件为人们所经历。

所以,在政治方面,教皇革命可以看作在教会内部以及在教会与世俗政治体之间的关系上权力和权威的重大转变;并且伴随着在西欧与邻近列强的关系上的决定性政治变化。在社会经济方面,教皇革命也可以看作对生产和贸易的巨大扩展,以及数以千计的新城市和新城镇出现的一种反应和刺激。从文化和智识的角度考察,教皇革命可以看作一种动力,它推动了欧洲第一批大学的创建,促进了神学、法学和哲学形成系统的学科,并有助于新的文学和艺术风格的创立以及一种新的社会意识的发展。这些不同的政治运动、经济运动和文化运动可以分别加以分析;然而也必须说明,它们一直是相互关联的,因为正是它们整个联系在一起,才在那种形势中成为革命性因素。

政治变化 上文已经描述了在教会内部以及在教会与世俗统治者之间的权力和权威的重要政治转变。尽管如此，这里仍有必要简单地说明同时在西欧与邻近列强的关系上所发生的某些政治变化。

欧洲曾不断地遭受军事入侵达几个世纪之久。北欧人从北部和西部入侵，阿拉伯人从南部入侵，斯拉夫人和马扎尔人则从东部入侵。整个西方基督教世界就像“是一座被围困的城堡，它得以幸 101
存下来，只是因为它最大的敌人——伊斯兰教，已经到达了其交通路线的尽头，而它较小的敌人（斯拉夫人、匈牙利人和北欧海盗）只是为了袭击和掠夺才被组织起来”。[20]皇帝的任务就是动员帝国各个民族的战士、尤其是骑士，以军事力量抵抗来自外部的上述压力。在内部，皇帝也有敌人——西部的法国国王们并不总是友好相待，位于阿尔卑斯山另一边的北意大利的君王们则公然与其为敌。因此，那时的欧洲专心于自身的事务，它拥有一条贯穿南北的主要通道。然而，罗马教皇至少有 20 年一直在敦促世俗统治者把拜占庭从异教徒那里解放出来，并且终于在 11 世纪末成功地组织了第一次十字军东征（1096 ~ 1099）。1147 年发动了第二次十字军东征，1189 年发动了第三次十字军东征。这些初期的十字军东征属于教皇革命的对外战争。它们不仅增加了罗马教皇的权力和权威，而且开辟了向东通往外部世界的一条新的通道，使地中海从防御外来侵略的天然屏障转变为一条西欧自己的军事扩张和商业扩张的航线。[21]

与十字军东征相对应的事件是，在 11 世纪晚期和 12 世纪发生了向欧洲北部和东部地域（荷兰、斯堪的纳维亚、波兰、匈牙利和其他地区）的大规模迁移。在这里，罗马教皇也起了主要作用，而这种作用的发挥，特别借重了 1098 年建立的西多会。西多会修士是教皇政策的狂热支持者,他们因擅长农业技术、富有管理技能和殖民热情而著名。他们特别善于研制用于清理荒野土地的工具。

社会经济变化 上述那么重大的政治变化假如没有在经济及其相关联的社会结构上的相应变化,就不可能发生。但是,虽然社会经济变化发生了,却不容易确定它们与政治变化的关系。在一些情况下,它们好像是原因,在另一些情况下,它们好像是条件,在还有一些情况下,它们又像是结果。

11 世纪晚期和 12 世纪是西欧经济急速发展的时期。对此,R. W. 萨瑟恩描述道:"现在的经济学家如此急切地期待的那种在不发达国家中自发扩展的阶段,在 11 世纪晚期出现于西欧。"[22]新的技术发展和耕作方法有助于农业生产力的迅速提高,并促进了由此而来的乡村剩余农产品贸易的发展。[23]这些因素又转而推动了人口的急速增长;虽然缺少可靠的统计数字,但在 1050 年到 1150 年这一个世纪中,西欧整个人口似乎有可能增长了一半以上,
102 甚至有可能翻了一倍,而在先前的世纪中,在农业仅够维持生活和外来军事入侵的情况下,西欧人口数量实际上保持不变,有时甚至还下降。膨胀的人口涌入数以百计、甚至数以千计的城市和城镇。这些城市和城镇自从罗马帝国在 4 世纪和 5 世纪衰落以来,首次在西欧出现。

城市和城镇的涌现也许是 11 世纪晚期和 12 世纪、13 世纪最引人注目的社会经济变化。在 1050 年,西欧可能只有两个定居点——威尼斯和伦敦——拥有一万多人口,此外,大概有 24 个拥有两千多人口的其他定居点。(见边码第 81 页地图 1)(与此形成对比的是,君士坦丁堡在 1050 年就拥有几十万居民。)几乎所有的定居地要么是村庄,要么是拥有或不拥有一个毗邻的市场的城堡。*civitas*(城市)这一术语专指主教管区的活动中心。西西里和南意

大利的城市仍然是拜占庭人和阿拉伯人的，而非西欧人的。罗马是一个特例——它的规模并不比其他主要的主教管区大多少，如果说它规模太小，那么较之于聚集在这里的为数众多的贵族家庭，它就显得更小了。在随后的两个世纪里，大的贸易和制造业中心在整个西欧如雨后春笋般地出现，其中，有一些人口超过 10 万，有几十个人口超过 3 万，有几百个人口超过 1 万。截至 1250 年，有 5% ~10% 的西欧人口——也许有 300 万人或 400 万人——生活在城市和城镇之中(见边码第 365 页地图 3)。

商人阶级在 1050 年还是由数量较少的巡回兜售的商贩组成，而在 11 世纪晚期和 12 世纪，它不仅数量骤增，而且性质也发生了重大变化。这种状况首先出现在乡村中，后来又出现在城市和城镇中。进行陆路和海上贸易成了西欧经济和社会生活的一个重要方面(尽管它在东地中海地区已持续了 1000 多年)。集市和市场成了重要的经济制度和社会制度。信贷、金融和保险得以发展，尤其是在长途贸易中，就更为发达。伴随着商业的发展，手工制造业也发展起来，而与之相伴随的则是工匠行会的广泛形成。行会经常在城市或市镇管理中扮演重要角色。

11 世纪和 12 世纪商业的扩大和城市的发展，使 20 世纪许多经济社会史学家——其中有亨利·皮雷纳——断言西方资本主义渊源于这个时期。然而，这同一时期也被许多学者看作封建制度的鼎盛时期。事实上，正是在这一时期——尤其是 12 世纪、13 世纪——庄园制度在西欧农业中几乎成了普遍的东西；在那以前，占 103
很大比例的农民是作为自主的土地所有者生活在农村中，他们耕种自己的土地。也正是在这个时期，引进了用支付金钱代替军事和其他封建义务的做法，从而使领主和封臣间封建关系的性质发生了实质性变化。

文化和智识的变化 11 世纪晚期和 12 世纪,西欧不仅经历了政治和经济的剧变,而且还经历了文化和智识骤增的过程。这个时期,人们创建了第一批大学,开始运用经院方法(正如后来人们逐渐如此称呼的那样);也正是这个时期,神学、法学和哲学第一次经受了严密的系统化过程。这一阶段标志着近代科学思想的开端。[24]

这也是一个建筑风格上的转变阶段,先是向罗马式建筑转变,后又转向哥特式建筑;在这个时期,人们开始建造欧洲第一批大教堂——圣丹尼教堂、巴黎圣母院、坎特伯雷大教堂和达勒姆大教堂。

在这个时期,人们把作为一种学者语言的拉丁文近代化,而且各种地方方言和文学作品开始采取近代的形式。它是一个产生了伟大的史诗(法国的《罗兰之歌》、各种有关亚瑟王传奇的史诗)以及优雅的抒情诗和骑士故事(贝尔纳·德·旺塔杜尔的作品)的阶段。[25]它还是一个俗人的文化水平获得显著提高、民族文化感情在西欧绝大多数国家获得最早的发展的时期。

在社会意识方面的其他三个主要变化也有助于 11 世纪晚期和 12 世纪西欧各民族的文化和智识生活的转变。这三个主要变化是:第一,增强了僧侣的社团同一性观念,即僧侣作为一个群体的自我意识,并且第一次在僧侣和俗人之间产生了尖锐的对立;第二,转向教会(主要是指僧侣)有责任改革世界也即 *saeculum*(主要是指世俗界)的能动的概念;第三,产生了一种有关历史时代的新观念,其中包括近代性和进步的概念。

教皇革命的迅速性和暴力性

在试图了解 11、12 世纪发生的所有变化的过程中,人们可能忽视那些处于教皇革命中心的事件的巨变特性。这些事件虽然最终可以单从变革的总体性加以解释;但最初却必须把它们看作努力达到某种政治目的的直接结果。这种政治目的也即教皇党所说的“教会自由”——使僧侣摆脱皇室、王室和封建的统治,并使他们统 104
一在教皇的权威下。把这种政治目的和紧随实现这种目的的努力而来的那些事件置于整个变革的场合之中,人们就可以看到,这里所涉及的远不只是权力之争。它是一场预示世界未来的斗争,为的是一种新的事物秩序、“一种新的天堂和一种新的人间”。但与此同时,在力量和信念、物质因素和精神因素碰巧重合的地方,这种斗争的政治表现形式则是赋予这种斗争以速度和激情的东西。

当然,迅速是一个相对的东西。一场开始于 11 世纪中期的变革,直到 12 世纪后期、或者有可能到 13 世纪早期才有了保证,好像应该称之为渐进的。然而,一场革命的自然发展所花费的时间长度,并不一定就是衡量它的迅速性的尺度。迅速变化的概念指的是激烈的变化以什么速度从一天到另一天、一年到另一年、一个十年到另一个十年的发生。在教皇革命这种重大的变革中,生活的速度得以加快;各种事情迅速发生;甚至一夜间就会发生重大变化。首先,这场革命的发端是 1075 年《教皇敕令》宣布废除先前的政治和法律秩序。皇帝应拜倒在教皇的脚下。教皇应该是“所有人的唯一法官”,并单独拥有“制定新法律以满足时代需要”的权力。虽然旧社会的许多特征顽固存在、拒不消失,但这一事实并不能改变废除它们的那种努力的突发性,或这种努力所造成的震撼。其次,新制度和新政策的采用几乎像旧制度和旧政策被废除一样突然。这场革命花费了很长时间——几代人——才确立了它的目标,但这一事实并不说明它的进程是渐进的。

例如,至少从1074年起,作为教皇格列高利七世的计划的一部分,罗马教皇应当组织十字军东征,以保护东部的基督徒不受土耳其异教徒的侵害。虽然他从来未能得到充分的支持以实现这种想法,但直到他1085年去世,他一直在整个欧洲倡导这种想法。只是在1095年,他的继承人和忠实的追随者——教皇乌尔班二世——才成功地发动了第一次十字军东征。因而人们可能说,这种变化确实转变了欧洲,并在一场兼有军事和传教性质的集体远征中把欧洲联合了起来,但实现这种变化花去了很长时间。然而,在另一种意义上讲,从一个十字军东征前的欧洲转变为一个十字军东征的欧洲,其迅速程度是惊人的。十字军东征自始就成为罗马教皇公开宣称的目标。在实现这种新目标的过程中,会不断地产生新的希望、新的忧虑、新的计划和新的联系。一旦第一次十字军东征得以进行,变化的速度就加快了。从动员实际上是来自西方基督
105 教世界的每个部分的骑士,到他们开始横跨陆地和海洋的征程,并最终进行无数次的军事遭遇战,这一系列的事件都压缩到一段时间,这段时间以惊人的速度来而复去。而且,那么说并不只是以十字军东征象征着各种事变速度的加快为理由。在高层政治活动领域也是如此。例如,罗马教皇试图用十字军东征作为手段,向东部基督教世界输出教皇革命。教皇宣称他在整个基督教界至高无上。东部教会和西部教会之间的分裂在1054年关于信经中的**和子**(*filioque*)句的著名神学争论中达到了顶点[26],并采取了暴力和征服的形式。西部骑士还在1099年进入耶路撒冷,并在那里建立一个新王国,即耶路撒冷王国。这个王国至少在理论上从属于罗马教皇。历史的进程的确飞快!虽然在第二次十字军东征发动以前时间逝去了差不多50年,从第二次十字军东征结束到第三次十字军东征的发动又过去了40年,但这两段时间也必须按照连续不断

的躁动来看待。这种躁动既产生于对十字军东征的期待，也产生于对它们的回忆。整个 12 世纪都存在一种普遍的感觉，即十字军东征可能随时到来。

这场革命的主要目的在“教会自由”的口号中得以表达。就该口号而言也一样。“教会自由”不是一夜间就能实现的——实际上，在最深层的意义上讲，它永远都无法实现的——然而，正是这种口号的深度以及它既十分简洁又极其复杂，决定了实现它的斗争有两个方面：一方面，这种斗争将是持久的，它会拖延几十年、几代人、甚至几个世纪；另一方面，这种斗争将是一种导致巨变的斗争，伴随而来的是快速不断地发生各种剧烈的，并经常是暴力的变化。教会自由对于不同的人们意味着不同的东西。对于一些人来说，它意味着一种神权政治的国家。对于另一些人来说，它意味着教会应当放弃它全部的封建土地、全部的财产和全部的世俗权力；教皇帕斯加尔二世在 12 世纪头十年的早期确实曾这样提出过，但很快遭到罗马红衣主教和支持皇帝的德国主教们的抵制。它或者还可能意味着完全不同于上述两种极端的抉择的东西。它的意思从 1075 年到 1122 年一直在变化，这一事实是那个时代革命特性的标志之一。

除了十字军东征以外，教皇革命的暴力性还表现为一系列战争和反抗的形式。教皇和皇室或王室双方都既使用雇佣军又使用封建军队。存在许多反抗现行权威的民众起义——如反抗统治的主教，这些主教可能是皇帝或者教皇委任的和他们的支持者。这种起义尤以城市为甚。

教皇革命的迅速性无疑与它的暴力性是分不开的。这并不是 106
说假如能不经内战而进行这场斗争——假如能说服亨利四世不以武装力量对抗格列高利，或者能说服格列高利在防御中不召集他的诺曼盟军——那么各种事变就会失去它们快捷的发展速度。然而,教皇革命也像在西欧历史上继教皇革命后发生的其他伟大革命一样,在它们之中,诉诸于暴力是与变化被落实的速度以及变化的总体的或根本的特性紧密相关的。正是部分因为变化的迅速性、部分因为变化的总体性,先前存在的秩序才不愿和不能让位给这些变化;因此,用卡尔·马克思的话说,暴力变成了新时代的"必需的助产士"。

然而,暴力既不能使革命的一方获得最后的胜利,也不能使对立的一方获得最后的胜利。教皇革命以新与旧的妥协而告终。如果暴力是助产士,那么法律就是最终使小孩成熟的老师。格列高利七世在流亡中死去。亨利四世被废黜。最终的解决方案在德国、法国、英格兰和其他地方都是通过艰难的谈判达成的,而在这种谈判中,所有各方都放弃了他们最激进的要求。对于暴力我们所能说的是,它通过欧洲经历的内战,产生了双方的妥协意愿。平衡最终是由法律确立的。

教皇革命的持续性

假如11世纪晚期和12世纪西方基督教世界的变革没有持续几代人的话,那么这场革命运动的总体性、迅速性和暴力性本身将不会证明把它描绘为西方历史上第一场伟大的革命是正确的。

初看起来,一场革命的长期持续好像与它的迅速性和暴力性相矛盾;然而事实上正是部分因为各种变化的迅速性、暴力性和总体性,它们的基本原则才必须由连续的几代人反复地加以肯定和确立。而且,人们面对与革命初期的乌托邦理论的各种必要妥协,必须维护革命的基本目标。变革的总体性使一场革命区别于改革,变革的迅速性和暴力性使一场革命区别于进化,同样,西欧历史上伟大革命的持续几代人的特性使它们区别于造反、军事政变和政策转变，区别于反革命和军事专政。

教皇革命是西方历史上第一次具有计划特性的持续几代人的运动。从1050年到1075年，教皇党花了几乎一代人的时间，才把 107
这种计划宣布为一种实际存在。接着又进行了47年的斗争，另一位教皇才得以同另一位皇帝在教皇与皇帝对主教和修道院院长的授职权的单个问题上达成协议。至于在西欧每一个主要的王国中界定教会势力和世俗势力各自在刑事和民事上的管辖权，则花了更长的时间。在英格兰，直到1170年贝克特殉难——在格列高利作出《教皇敕令》后95年，在英格兰国王亨利一世在授职权问题上作出让步后63年——国王才最终放弃了成为英格兰僧侣的最高统治者的要求。终于，在所有范围的各种问题上都达成了妥协，这些问题不仅包括教会和国家的相互关系，而且还包括世俗秩序——庄园制度、领主—封臣单位、商业行会、特许的城市和城镇、地域性公国和王国、世俗化的帝国——内的各种共同体的相互关系。革命后代把革命的基本原则制定为政府制度和法律制度。只是到了那时，社会才多少持续安定了几个世纪。实际上，社会绝不会完全安定；在教会权力和世俗权力的交界之处，总是存在争执。

教皇革命的社会—心理原因和结果

上面已经提及在11、12世纪中出现的新的社会意识的三个方面——关于僧侣的社团同一性的新观念，关于僧侣有责任改革世俗界的新观念，以及包含了近代性概念和进步概念的历史时代的新观念。所有这些对于西方法律传统的发展都具有强烈的影响。

第一个方面,即僧侣的社团自我意识[今天则称之为**阶级**(*class*)意识],作为原因和作为结果讲,都是这场革命所必不可少的。当然,僧侣一直就具有某种自己的群体同一性意识;但是,那种意识至多是一种精神上的统一体意识、一种信仰和内心倾向上的统一体意识,而不是一种政治或法律上的统一体意识。在政治和法律上,11世纪以前的僧侣分散在各个地方,他们与中央的教会当局几乎没有联系。甚至精神上的统一体意识,也由于“寺院内的”僧侣和“寺院外的”僧侣之间的明显区分而存在缺陷。寺院内的僧侣是“宗教上的”修士和修女,他们超脱于“这个世界”,在不朽城中享有他们的成员资格;寺院外的僧侣是指教士和主教,他们几乎完全介入他们所生活的地方的政治生活、经济生活和社会生活之中。

108 克吕尼改革比任何其他单个因素的意义都大,因为它为在西方基督教世界的僧侣中形成那种共同的政治统一体的新意识奠定了基础。改革者的热情有助于把一种共同历史命运的新意识给予修道院中和修道院外的僧侣。另外,克吕尼修道会为把僧侣联合成某种单一的跨地方组织提供了一种模式,因为所有的克吕尼修道院都要受中央的大修道院的管辖。

克吕尼改革的主要目标包括禁止教士婚娶和杜绝买卖圣职。教皇党在11世纪50年代和60年代采纳了克吕尼改革的主要目标,由此而占用了这场运动的道德资本,包括这场运动帮助形成的僧侣的阶级意识。“教会自由”——即教会不受“俗人”的控制——的新的呼唤与那些较古老的目标相结合。它既是对僧侣的阶级意识的一种要求,也是对这种意识的一种促进。而且,格列高利正是通过谴责皇帝控制教会的行为去粉碎古老的加洛林王朝的理想。僧侣们面临着一种抉择:要么是政治一统于罗马教皇之下,要么是政治分裂于新的国家教会之间。假如罗马教皇在那场斗争中失败,那么后一种抉择就会不可避免地产生于欧洲的各种政治体之中。授职权之争使这种抉择明朗化。终于,通过每一个世俗政治体的主要世俗统治者与代表西方基督教世界全体僧侣的罗马教皇的分别谈判,解决了授职权问题。因此,教皇革命本身有助于确立作为其基础的僧侣的阶级意识。

僧侣在欧洲第一次成为跨地方、跨部落、跨封地和跨国家的阶级,它实现了政治和法律的统一。它变成了这样一个阶级,其证明是它能够站起来抵抗甚至击败那个先行存在的普遍权威——皇帝。皇帝则没有如此普遍存在的阶级的支持。从 12 世纪到 16 世纪,只有少数强有力的君王得以打破西方统一的僧侣等级制度。甚至西西里的诺曼诸王,虽然他们在 12 世纪和 13 世纪能够排除教皇对名义上从属于罗马的僧侣的控制,但也同意将任何有关主教选举的争议提交教皇处理。

这里用“阶级”这个术语去刻画僧侣,在某种程度是为了强调教皇革命也像德国(新教)革命、英国革命、法国革命、美国革命,以及俄国革命一样,它不仅包含个人间或精英间的相互影响,而且还包含在社会中起主要作用的大规模的社会群体间的相互影响。马克思正确地洞察到一场革命包含阶级斗争和新的统治阶级的产生,但这无需人们接受马克思按照阶级与经济财富的生产资料的关系对阶级所下的狭窄的定义。事实上,11 世纪晚期和 12 世纪的西欧僧侣在经济财富的创造上扮演着重要的角色,原因是:教会拥 109
有四分之一到三分之一的土地;主教和修道院院长也是庄园主,享有与非教会的庄园主同样的经济权益;反对世俗授职权的斗争在部分意义上也是从世俗贵族那里夺回经济权力并将它转归教会的斗争。然而,赋予僧侣阶级特性的实际上主要不是僧侣的经济利益。更确切地说,赋予他们阶级特性的是他们作为精神产品创造者的角色——作为忏悔者的神父、婚礼的主持人、婴儿的洗礼人、葬礼的执事和布道的传教士;此外,他们不仅是西方社会神学的阐释者,而且也是它基本的政治和法律学说的阐释者。

僧侣阶级意识的发展与11世纪和12世纪新的社会意识的第二个方面——僧侣负有改革世俗界的使命这一新观念的发展——相联系。一方面,把教会主要认同于僧侣或“分等级的僧侣统治集团”的新趋势,导致了僧侣和俗人之间一种鲜明的区分;另一方面,这种区分带有这样的含义,即僧侣不仅优于俗人,而且还为他们负责。换言之,僧侣的阶级意识同时就是近代意义上的一种社会意识,是一种关于社会未来的责任心。

这一点反映在“世俗的”一词语意的明显变化上。在古典拉丁文中,*saeculum* 意指“一个时代”“一个时期”“一代人”或“一定时期的人们”(比如用来表示“较年轻的一代人”);它还逐渐表示“一个世纪”的意思。2、3、4世纪的教父们使用 *saeculum* 一词表示时间的世界——“非永恒的”世界——以便使它与上帝的永恒王国形成对比。(空间的世界,即 *mundus*,是另一回事。)例如,彼得·布朗就曾指出,在圣奥古斯丁的著作中,*saeculum* 意指“存在”,即从亚当堕落开始到末日审判为止的所有过去、现在和未来的短暂人类存在的总和。布朗教授写道:“对圣奥古斯丁来说,这个 *saeoulum* 是一种十分邪恶的东西。它是该受惩罚的存在……它莫名其妙地动荡不安……而在上帝之城中,没有关于历史运动的动词,没有朝人们可以在历史过程中达到的目标进步的观念。基督徒是一个遥远国度的成员……他们是已登记的外来人,被容忍存在于‘邪恶的尘世’(*hoc maligno saeculo*)。”[27]

与人们有时所猜想的相反,圣奥古斯丁并不把天堂认同于基
110 督教会本身,也不把人间认同于罗马帝国或一般的国家。对他来

说,教会和帝国都生存于邪恶的当代,生活在尘世之中。然而,基督徒基于以下的事实而著名:他热切地向往——再用布朗的话说——“一个总是遥远、但却由于他所具有的爱和企盼的品质而永远成为现实存在的国家”。[28]因此,对圣奥古斯丁来说,真正的基督徒,无论是教士还是俗人,都生活在双“城”之中,即既生活在人世,又生活在天堂。[29]

对尘世的否定性看法,不仅反映在圣奥古斯丁的著作中,而且也反映在教会史的第一个一千年里的大多数基督教思想家的著作之中。这种看法有助于明确划分寺院内的僧侣和寺院外的僧侣。前者的生活离尘世更远,离天堂更近。可能因为这种划分的原因,在 11 世纪晚期和 12 世纪早期,既支持寺院外僧侣又支持寺院内僧侣的教皇党,才经常是宁愿用皇帝和国王的“temporal”规则和“temporal”法的提法,也不愿用“secular”规则和“secular”法的提法,尽管这两组术语是同义的。“现世的”(temporal)或“世俗的”(secular)是一种贬义的术语;它表示“受时间束缚”的意思,指的是人类存在腐朽堕落的产物,尤其是政治统治领域的东西;它此时被运用于所有的俗人。“现世的”(或“世俗的”)一词的反义词是“超凡脱俗的”(spiritual)。所有的僧侣此时就被称为 *spirituales*(超凡脱俗的人)。格列高利七世在一封著名的信中写道:

> 谁不知道国王和王公是脱胎于对上帝无知的人呢?这些人胆大妄为,为贪婪所蒙蔽且毫无节制,他们在这个世界的王——魔鬼的唆使下,凭借傲慢、掠夺、背叛、谋杀,凭借每种犯罪,使他们自己高于他们的同胞……尘世的国王和王公受虚荣心的诱惑,他们更看重自己的利益而不是灵魂的成就,与此相反,虔诚的教皇则鄙视极度的虚荣心,他们把上帝的事业

置于人类的肉欲之上……前者全身心地投入俗务,而极少顾及精神事务,后者则全神贯注于超凡脱俗的主题,鄙视这个世界的琐事。[30]

在皇帝的敌人看来,皇帝的权威缺乏精神的、也即神圣的或"超凡脱俗的"品质。格列高利的一个鼓吹者对皇帝说了以下的话:"你说你的权威七百年未受挑战,因而你按照惯例应该对这种权威享有一种权利。但是,魔鬼可以将财产权利转加到一种不正当的权力上,这与一个窃贼能够把所有权转加到窃得的物品上没有什么两样。"[31]

他还说:"在精神之剑*支配的王国中最微不足道的东西,也比[只]挥舞世俗之剑的皇帝自身要重大。"[32]

教皇革命的开端,就是罗马教皇企图把神圣的、至高无上的基督教皇帝——几个世纪以来,他一直在教会生活中扮演主角——降至低微的俗人的地位,甚至比层次最低的教士还要不如。皇帝
111 和国王是俗人,他们挥舞的只是世俗之剑,即他们只负责现世的事务,只负责这个世界的事情,这一事实使他们从属于挥舞精神之剑、负责精神事务,并"全神贯注于超凡脱俗的主题"的那些人;因为俗人在信仰和道德问题上不如僧侣,而且世俗的东西比精神的东西价值要小。

然而,格列高利七世及其支持者从不怀疑以下这些观点,即世俗政府虽然在精神问题,甚至——虽然只是间接地——世俗问题上从属于教会,但却代表着神圣的权威;世俗统治者的权力是上帝确立的;世俗法律最终来自于理性和良心,因此必须加以服从。尽

---

* "精神之剑"与"世俗之剑"相对,原文分别为 spiritual sword 和 secular sword,也即"精神权"和"世俗权"的意思。典出《路加福音》22:38。——译者注

管格列高利严厉地谴责世俗统治者，但他对世俗社会的未来——在教皇的监护下——充满希望。在这一点上，他和他的追随者与圣奥古斯丁截然相反。

实际上，教皇最根本的要求——即不仅精神之剑最终属于教会，而且世俗之剑最终也属于教会；是教会将世俗之剑授予世俗统治者的——包含一个悖论。用索尔兹伯里的约翰的话说，国王"是教士权力的行使者，他所履行的那一方面的神圣职责，似乎不值得教士插手"。[33]不值得——然而却是神圣的。正是精神权和世俗权的这种区分——虽然教会在要求其自由时极力维持这种区分，但它在寻求扩张其权力时经常违反这种区分——为人们提供了反对教皇意图主张他对那种由于世俗统治者实行世俗政策而造成的罪孽的管辖权的武器。

终于，在罗马天主教徒与他们的反对者之间在斗争中达成了妥协。正是由于那种斗争和那些妥协，西方的政治科学——尤其是近代西方第一批有关国家和世俗法律的理论——才得以产生。正如 K. J. 莱塞写道："标准意义上的政治思想只是零散地闪现于 11 世纪和 12 世纪早期的争论之中……虽然[那时]不存在有关世俗国家本身的理论，但作为重大危机的结果，它的产生已完全准备就绪。"[34]

"世俗的"一词的新含义来源于世俗权威和宗教权威双方的支持者之间的斗争。那些否定罗马教皇有关世俗领域和精神领域的区分、并坚持维护皇室或王室统治的神圣性的人，普遍受挫。但是，两个领域之间的实际界线——特定的职能分配——是通过对抗势力之间的调和和妥协划定的。正是由于问题的本质，使它们无法抽象地加以界定。

11 世纪、12 世纪出现的社会新意识的第三个方面——即包含 112

了近代性概念和进步概念的有关历史时代的新意识——是与僧侣共同体的观念和僧侣改革世界的使命感密切相关的。它同样既是教皇革命的原因,又是教皇革命的结果。

新的时代感蕴含在“世俗界”(*saeculum*)一词含义的演变之中,蕴含在改革世界的新的使命感之中。对政治社会的相对静止的看法被更为动态的看法取而代之;存在着对社会制度未来的一种新的关注。但是,也存在历史的某种根本性变革,存在对过去和未来的某种新取向,以及某种有关未来与过去的关系的新观念。在以往的世纪中人们只是偶尔作出“古”代和“近”代的区分,而在教皇党的文献中对此却变得习以为常。在12世纪,出现了第一批把西方历史看作由过去通过诸个阶段进入未来的欧洲历史学家——如圣维克多的雨果、弗赖辛的奥托、哈维尔伯格的安塞姆、菲奥雷的约阿基姆和其他历史学家。这些人把历史看作按阶段前进的东西,并在他们的时代进入鼎盛;其中一些人把他们的时代称为现代或现代社会(*modernitas*)。菲奥雷的约阿基姆及其门徒认为,圣灵的新时代将取代已告终的圣子的时代。弗赖辛的奥托则写道,世俗历史已经进入神圣历史并与它盘根错节的阶段。[35]

如同17世纪的英国革命一样,教皇革命也假装不是革命而是恢复过去。格列高利七世像克伦威尔一样,声称他不是在创新,而是在恢复古代的自由,这些自由在紧邻的前几个世纪中被取消了。就像英国的清教徒及其继承者在13世纪、14世纪的普通法中找到了各种先例、而在很大程度上忽视了那个世纪或更长时间的都铎—斯图亚特王朝的专制主义一样,格列高利的改革者们在早几个世纪的教父们的著作中找到了各种先例,并在很大程度上忽视了西方的加洛林王朝和后加洛林王朝的时代。虽然意识形态上强调的是传统,但这种传统的建立只能通过抑制直接的过去并返回到某个更早的时代。9 世纪、10 世纪法兰克王国和德国的最主要的教会法学者和神学家的著作几乎完全被忽视。另外,早期教会领袖的著作被解释为符合教皇党的政治计划的东西,一旦其中特殊的经文妨碍了那种计划,他们就加以抛弃。面对某种讨厌的习惯,格列高利的改革者们求助于真理以超越它;他们引用特尔图良和圣西普里安的格言说:"基督说'我就是真理'。他没有说'我就是习惯'。"格列高利引用此言反对皇帝亨利四世。贝克特引用它反对国王亨利二世。在一个几乎所有主要的法律都是习惯法的时 113
代,这种格言具有特殊的力量。

为根本上是新的想法披上遥远的过去的外衣,是西方历史上从教皇革命开始的各种伟大革命的特点。这种外衣或者是各种古老的法律经典(就像在教皇革命中的情况那样),或者是一种古老的宗教经文——《圣经》(就像在德国改革中的情况那样),或者是一种古老的文明——古希腊文明(就像在法国革命中的情况那样),或者是一种史前的无阶级社会(就像在俄国革命中的情况那样)。在所有这些巨变之中,恢复过去——返回到一个更早的开端以及在这种意义上的革命——的观念都与一种动态的未来概念联系在一起。

指责关于革命的编年史工作带有政治偏见和纯粹的意识形态色彩,易如反掌。然而,这是把近代历史学研究所主张的客观标准强加到那时的革命者身上,而这种标准本身也是它的时代的产物,并带有它自身的偏见。而且,重要的是认识到,那时的革命者完全知道他们是在重新解释过去,并使历史的记忆适应新的形势。有意义的是,在西方历史最关键的转折点上,对遥远的过去的设计一直需要与对遥远的未来的规划相匹配。可以说过去和未来都被召唤来同邪恶的现在进行战斗。

近代国家的兴起

教皇革命导致了近代西方国家的诞生——第一个悖论性的例子就是教会自身。

正如梅特兰一个世纪以前所说的,要想作出任何可以为人们所接受的国家定义、而这个国家却不包括中世纪的教会,那是不可能的。梅特兰在这里所指的是教皇格列高利七世以后的教会,因为在他统治之前,教会一直与世俗社会相结合,并且缺少对近代国家来说十分重要的主权和独立的立法权的概念。然而,在格列高利七世之后,教会具备了近代国家绝大部分的特征。它声称是一种独立的、分等级的、公共的权威。它的首脑教皇有权立法,而且在事实上教皇格列高利的继承者也颁布了稳定连续的一连串新法律;有时他们是以自己的权威颁布,有时他们是借助于他们召集的教会会议颁布。教会还通过一种行政管理等级制度执行法律,教皇通过这种制度进行统治,就像一个近代君主通过他或她的代表进行统治一样。更进一步说,教会还通过一种司法等级制度解释和适用它的法律。这种司法等级制度以罗马教廷为最高等级。因此,教会行使着作为一个近代国家的立法权、行政权和司法权。另
114 外,它坚持教会法这样一种理性的法律制度体系。它以农产品什一税和其他税目向它的属下征税。通过洗礼和死亡证书,它保留了实际上是一种民事登记簿的东西。洗礼授予一种公民权,而这种公民权进一步保持的条件——1215 年成为正式条件——是每个基督徒忏悔他或她的罪孽,并且至少每年在复活节时领一次圣餐。一个人实际上可以因为开除教籍而被剥夺公民权。有时教会甚至

还建立军队。

然而,把教会称为一个近代国家是一种悖论,因为近代国家据以区别于古代国家以及日耳曼或法兰克国家的主要特征是它的世俗特性。古代国家和日耳曼—法兰克国家是宗教国家,在其中,最高政治统治者还负责维护宗教教义和宗教仪式,并且经常自以为是一个神圣或半神圣的人物。教皇革命的主要目标之一就是剔除最高政治权威的宗教职能和宗教特性。在那以后,皇帝和国王被那些遵从罗马天主教教义的人当作俗人,从而在精神事务上完全不具有权能。按照教皇的理论,僧侣以教皇为首脑,只有他们才在精神事务上拥有权能。不过,由于下面几个理由,这还不是近代意义上的"教会和国家分离"。

第一,完整的近代意义上的国家——存在于世俗国家体系之中的那种世俗国家——还没有成为实在,尽管有少数国家(尤其是西西里的诺曼王国和诺曼人的英格兰)正开始创立近代的政治和法律制度。存在的是各种类型的世俗政权,包括封建贵族政权、自治的城市政府以及正在出现的民族性地域国家。这些世俗政权的相互关系受以下事实的强烈影响,即它们的所有成员,包括它们的统治者,在许多方面也要服从一种作为它们中心的教会国家。

第二,虽然皇帝、国王和其他世俗统治者被剥夺了他们的教会权威,但他们通过二元的授职权体系,仍然继续在任命主教、修道院院长和其他僧侣的过程中、甚至在一般的教会政治生活中扮演非常重要的角色。反之亦然,僧侣继续在世俗政治生活中扮演重要角色:充当世俗统治者的顾问,而且经常充当高级世俗官员。例如,英格兰的大法官在重要性上仅次于国王,这一职位实际上总是由某个高级教士——经常是坎特伯雷或约克的大主教——担任,直到16世纪为止。

第三,教会保留着各种重要的世俗权力。主教们继续是他们
115 的封建封臣和农奴的领主,是他们的财产的管理者。此外,罗马教皇坚持其影响所有国家的世俗政治生活的权力;虽然教皇只是要求主要通过世俗统治者间接地行使现世的最高权力,但他确实主张精神之剑高于世俗之剑。[36]

因此,对教会是第一个近代西方国家这一说法必须加以限定。教皇革命撤销了皇帝和国王从前曾行使的精神权能,这实际上为随后出现的近代世俗国家奠定了基础。而且,在世俗国家真正出现时,它就有了一种类似于教皇的教会所拥有的结构——不过教会作为一种与永恒生活相联系的精神共同体所拥有的精神职能,世俗国家并不具有。教会具有一种国家—教会或 *Kirchenstaat*(教会国家)的矛盾特性:它是一种精神共同体,同时它也行使尘世的职能,其结构采取的是近代国家的形式;另一方面,世俗国家具有一种没有教会职能的国家的矛盾特性,或者一种世俗政治体的矛盾特性,它的所有臣民同时也构成一种精神共同体,生活在一个独立的精神权威之下。

所以教皇革命留下了一份遗产,这就是在教会内部、国家内部和一个既不全是教会也不全是国家的社会的内部所存在的那种世俗价值和精神价值之间的紧张关系。然而,它也留下了一份政府制度和法律制度的遗产,这种制度既是教会的又是世俗的,目的在于消除这种紧张关系,保持整个体系的平衡。

近代法律体系的产生

正如教皇革命导致了近代西方国家的产生一样,它也导致了

近代西方法律体系的产生。第一个近代西方法律体系就是近代的教会法体系。

从早先的世纪开始,教会就积累了大量的法律——教会宗教会议的教规(规则)和法令,单个主教(包括罗马教皇)的法令和判决,以及基督皇帝和国王有关教会的法律。此外,西方的教会还创制了许多《苦行赎罪规则》(教士手册),其内容包括对各种罪孽及附属于它们的惩罚的说明。所有这些法律都被认为从属于包含在《圣经》(《旧约》和《新约》)和早期教父们的著作之中的那些训诫——这些教父包括士每拿的波利卡普、迦太基的特尔图良、尼斯的格列高利和希波的奥古斯丁。

在这些权威性的著作中,融入了种种教规。这些著作有助于在6世纪和10世纪之间的整个西方基督教世界逐渐建立一种共同的神学学说体系、一种共同的崇拜仪式(在天主教徒中)、一套有关 116
严重罪孽(如杀人、违背誓言、偷窃)的共同规则,以及一种共同的教会戒律和结构。每个地方的教士都听取忏悔,并向他们管辖的教徒施圣礼;每个地方的主教都统治教士、献身于教会、并仲裁他们各自管区内的纠纷;每个地方的主教都对他们的大主教(省和地区的大主教管区的主教)负责,而所有的主教都应该忠诚于作为平等主教中间的第一人的罗马主教。然而,在1000年,还不存在一本书或一套书意图介绍整个教会法体系,甚至意图系统地概括其中的任何一部分。那时的确存在大量的教规汇集,尤其是教会宗教会议的教规和主要主教的法令的汇集。虽然这些汇集通常只是按年月顺序把有关内容排列在宽泛的各种渊源(宗教会议教规、教皇信函、教父言论)之中,但在某些汇集中也存在若干主题的划分(授任圣职、教会法庭、礼拜仪式、婚姻、异端、偶像崇拜)。这些汇集几乎没有一个被认为在每个地方都有效;它们差不多全都只有局部的意义。

11世纪晚期以前教会法的分散性是与教会政治生活的分散性紧密相关的。主教更多的是在皇帝、国王和主要领主的统治下,而不是在教皇的统治下;甚至在世俗权威不干预的那些精神事务上,一个主教在自己的管区内通常也拥有相当大的自主权。[37]教会的普遍性主要不是依靠政治或法律的统一,而是依靠共同的精神传统、共同的教义和崇拜,以及一种共同的礼拜仪式。教会所拥有的这种政治和法律的统一,首先与维护教会的精神普遍性相联系。在这方面,西部的教会与东部的教会一样。它的法律在很大程度上与神学学说、礼拜仪式和各种圣礼交织在一起。这种法律只是次要地涉及有关主教的各种组织问题和主教的权力,而几乎完全不涉及诸如财产法、犯罪和侵权行为、程序、继承等这样一类规则。在这些次要的和更次要的问题上,教会法常常与世俗法整个结合在一起,而世俗法本身在很大程度上分散在政治、经济和社会的习惯之中。

随着教皇革命而来的是产生了一种新的教会法体系和各种新的世俗法体系,附带产生的有:一个职业的法律家和法官阶层、分等级的法院制度、法学院、法律专著,以及把法律作为一种自治的、完整的和发展的原则和程序体系的概念。西方法律传统形成于一种彻底革
118 命的场合,这种革命奋斗的目标是建立"事物的正当秩序"或"世界的正当秩序"。[38]"正当秩序"意味着一种新的划分,即把社会划分为相互分离的教会权威和世俗权威,意味着把教会权威建为一种政治法律实体,还意味着相信教会权威有责任改造世俗社会。

教会法体系和世俗法体系的二元格局,转而导致了在教会法律秩序内部各种世俗法律体系的复合性,而更特殊的则是导致了教会法院和世俗法院并存的管辖权。而且,为了保持复合、对抗的法律体系间的复杂的平衡,就必须使法律系统化和合理化。因此,

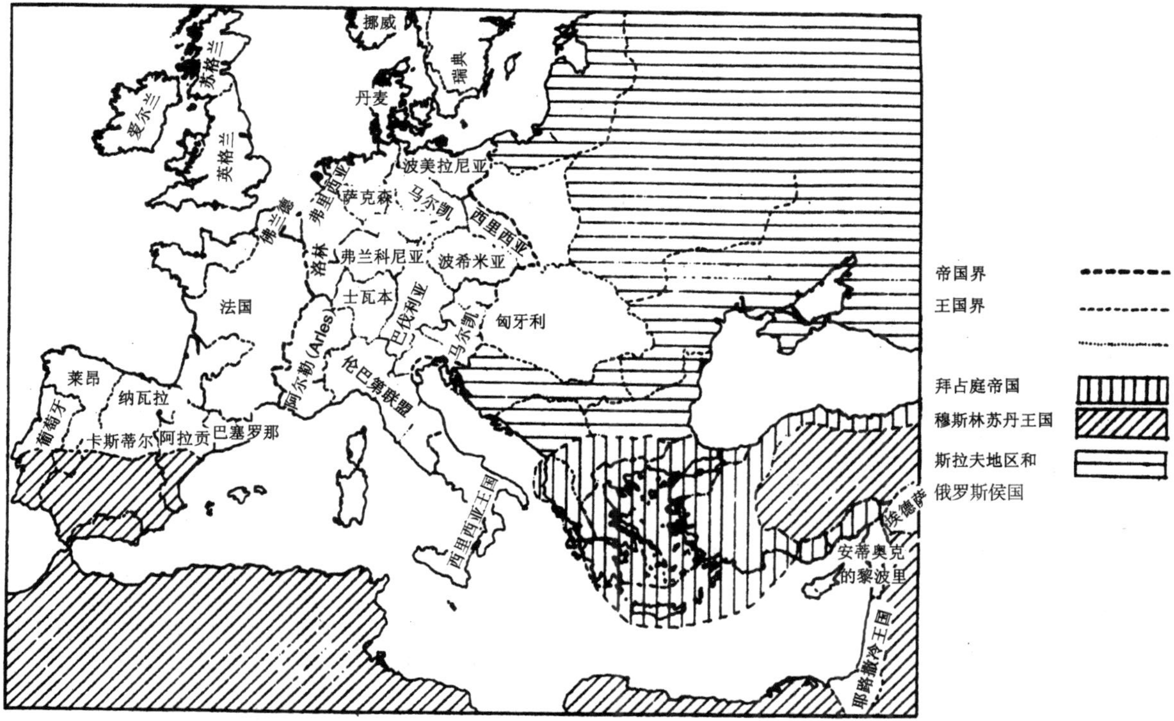

地图2:大约1200年的西欧

由教皇革命引入的那种事物的正当秩序,最终意味着法律的这种系统化和合理化;这种系统化和合理化允许根据各种综合的原则调解各种冲突的权威:无论在什么地方,矛盾都将在不破坏这些权威所包括的因素的情况下获得解决。

我们必须把伴随着教皇革命而在西欧产生的新的法律观念和各种新的法律类型概括为达到下列目的的手段:(1)中央当局控制分布广泛、伴有各种各样的群体忠诚的人口;(2)维护独立的僧侣共同体,并给僧侣的阶级意识加上新的法律的一面;(3)调整对抗的教会政治体和世俗政治体之间的关系;(4)使各种世俗权威能够以一种审慎的和有计划的方式履行他们所宣告的使命,即在它们各自管辖权的范围内,实现和平和正义;(5)使教会能够以一种审慎的和有计划的方式履行它所宣告的改造世界的使命。

教皇革命最重要的结果是它把革命经历自身引入西方历史。与把世俗历史看成是一个衰败的过程的陈旧观点形成对比,教皇革命引入了一种能动的特性、一种时代进步的观念或一种改造世界的信念。人们不再设想“现世生活”必定不可避免地堕落,直至最后审判。相反,如今人们设想——第一次——在这个世界上可以朝着实现来世的灵魂拯救所需要的某些前提迈进。

也许对这种新的时代意识和未来意识的最引人注目的说明是由新的哥特式建筑提供的。大教堂以它们高耸入云的塔尖、飞拱的扶壁和长长的拱门,表达了一种蓬勃向上的能动精神、一种取得成就或使最终价值具体化的意识。同样值得注意的是,人们常常计划跨越几代人和数个世纪去建造这些大教堂。

不那么引人注目但却更有意义的是,作为向灵魂的拯救迈进
119 的信念的一个象征,在这同一个时期建造了各种伟大的法律纪念碑。11 世纪晚期和 12 世纪的西方法律不仅与较早的西方民俗

法形成对比，而且也与查士丁尼以前和以后的罗马法形成对比；它被想象为一种有机发展的体系、一种不断发展或生成的原则和程序体系；它的建造——像大教堂一样——跨越了几代人和数个世纪。

第三章　西方法律传统在欧洲大学中的起源

梅特兰称12世纪是“一个法律的世纪”。不只如此：它是**这样的**（*the*）一个法律世纪，正是在这个世纪里，西方法律传统得以形成。不过，开创这一传统的一系列伟大的革命性事件以及最初的一些伟大的法律成就，其中包括教皇格列高利七世的《教令集》，西西里、英格兰和诺曼底的诺曼统治者的集权式行政管理措施以及伟大的教会法学家沙特尔的伊沃（1040～1116）和伟大的罗马法学家伊尔内留斯（约1060～1125）的学术成就等，并不是发生在12世纪，而是发生在11世纪最后的几十年中。

近代西方法律制度在11世纪晚期和12世纪的出现是与欧洲最早的一批大学的出现密切相关的。在那里，西欧第一次将法律作为一种独特的和系统化的知识体亦即一门科学来教授，其中零散的司法判决、规则以及制定法都被予以客观的研究，并且依据一般原理和真理而加以解释，整个法律制度均是以这些原理和真理为基础的。经受了新的法律科学训练的一代又一代大学毕业生进入正在形成中的宗教和世俗国家的法律事务部门和其他官署中担任顾问、法官、律师、行政官、立法起草人。他们通过运用其学识赋予历史积累下来的大量法律规范以结构和逻辑性，从而使各种新的法律体系得以从以前几乎完全与社会习俗和一般的政治和宗教制度混为一体的各种旧法律秩序中脱胎出来。

当然，在诸如法律规则和诉讼程序这种法律素材的寻常意义上，法律并不构成一门科学，这就如同物质或动物行为不能构成一门科学一样。如果说存在一门法律科学的话，它必定是对于这类法律材料的科学研究，是关于（*about*）法律的科学知识体，正如自
然科学或生物科学是对物质或动物生活的科学研究或与之有关的 121
知识体一样。不过，从科学的观点来看，法律材料或其他社会性材料与自然界事物之间有重要的差别，这是由于社会活动的参与者对于他们正在做的事情具有意识，他们的意识是素材的实质性内容。不仅如此，这种意识可能本身就具有或寻求获得一门科学的各种特性。行为者们可能将某种系统的、客观的和可证实的知识体的各种特性归因于他们对自身行为的观察。事实上，这正是 11 世纪末和 12 世纪法律领域所发生的情况：法律规则、法律概念、法律判决和法律程序仍然只是素材，并且在这个意义上也是一门科学的对立物，但是，法律活动参与者的意识却逐渐达到对这些素材进行系统的研究并对关于它们的知识体加以积累的程度，这便有了可以成为一门科学的某些特性。此外，这门科学，这门关于（*about*）法律的知识体，被作为法律素材本身的一部分加以处理。理解融入解释，解释融入适用。例如，“摩西十诫”禁止杀人，但是

《圣经》中的其他一些段落却暗示若出于自卫,杀人是正当的,若意外杀人,则是可以宽恕的,对此所进行的科学观察,本身便形成对一项可适用的法律原则的表述,即杀人显然非法(依据《圣经》),但是在特定情况下,它应当是正当的或可宽恕的。观察意见本身便是或可能成为法律——它是正被观察的特定对象的一部分——这一事实,将法律科学与自然科学区分开来。确实,这或许是为什么在 20 世纪英国和美国的惯用语里,“法律科学”(legal science)和“法的科学”(science of law)这样的词组几乎完全消失的原因之一,虽然在法语、德语、意大利语、俄语以及其他语言中这样的词组继续广泛地使用。在这些语言里,表达科学的词具有更为广泛的涵义,人们可以更容易地在法律和超然法(meta-law),作为实际运用的法律和作为构想出来的法律——在 *Recht* 和 *Rechtswissenschaft*、*droit* 和 *la science du droit*——之间作出区分。

指出西方在 11 世纪晚期和 12 世纪开始将法律作为一门独立的科学予以讲授和研究——这个时候,通行的各种法律秩序刚刚开始从政治与宗教中分离出来——会引出一连串问题。第一批法律教师讲授些什么呢?当现行的法律和法律制度(无论是宗教的还是世俗的)基本上是地方性的和习惯法性质的,并且基本上是与宗教信条和惯例以及与一般政治、经济和社会生活纠缠在一起的时候,教授法律又怎么可能?

答案对于现代人来说是难于理解的。在西方,首先被系统地讲授和研究的法律并不是现行的法律;那是一种包含在接近 11 世
122 纪末时在意大利的一家图书馆里发现的一部古代手稿之中的法律。这部手稿再现了在公元 534 年(距发现时五个世纪以前)罗马皇帝查士丁尼统治下编纂的大量法律文件和文献。

在君士坦丁堡,查士丁尼统治下所编纂的罗马法形成了一种

高度发达、极其精致的法律体系,它与日耳曼民俗法差异极大。在一段时间里,它在东、西罗马帝国均通行过。但是,476 年,西罗马帝国的最后一位皇帝被废黜,而距此很早以前,罗马文明在西部就已经被哥特人、汪达尔人、法兰克人、撒克逊人以及其他日耳曼人的原始部落文明所取代。在 6 世纪以后,虽然在被称为拜占庭的东罗马帝国(包括南意大利)罗马法作为一个体系依然富于生气,然而在西方却是支离破碎地残存着。在西方的宗教和世俗当局所偶尔颁布的法律中以及在居住于今天的法国和(北)意大利的诸民族的习惯法中,罗马法的一些个别规范与概念仍可见到。另外,法兰克国王乃是罗马皇帝权威的继承者这种加洛林时代和后加洛林时代的观念也使得罗马法的个别格言和原则,尤其是有关皇帝权威的某些格言和原则得到哺育而存活。日耳曼国王们所颁布的一些结构松散的法律汇编包含了相当数量的罗马法规范与概念。但是当查士丁尼的著作在意大利被发现的时候,作为一种体系的罗马法却只有极其有限的活力。法律文本已湮没不彰,术语已获得新的含义。罗马的裁判官(praetors)、法律顾问(jurists)以及辩护师(orators)在西方已经没有对应词。现行的法律制度基本上是日耳曼人的和法兰克人的。因而,构成欧洲最早的系统化法律研究的对象的,是在一部大书或一系列书中记录着的早期文明的法律体系以及法律制度。

不过,那些研究这类古代文献的法学家如同他们同时代的人们一样,相信这种早期的文明或罗马帝国无论是在西方还是东方都一直存在到他们那个时代,指出这一点是具有评论上的重要意义的。这种早期文明是在一种特殊的意义上生存的——以一种新的形式,如同一个人的灵魂可以脱离躯壳而存在一般。除此之外,他们还相信它具有一种普遍而永恒的性质。他们认为查士丁尼的法律主要不是适用于公元 534 年的拜占庭的法律,而是一种可以在所有时代和所有地方予以适用的法律。换言之,他们将它作为一种真理——好比他们将《圣经》视为真理或将柏拉图和(晚些时候的)亚里士多德的著作视为真理。虽然查士丁尼的汇编并不具
123 现行的效力,例如其中有关土地所有权的内容就与 1100 年托斯卡纳或诺曼底现行的封建财产权的调整毫无关系,但这并不意味着它不是"法律"。事实上,它是**真正的**(*true law*)法律、理想的法律、理性的具体化。不仅如此,托斯卡纳和诺曼底本身也被认为是罗马的延续,正如教会或基督教世界被认为是以色列的延续一样。对查士丁尼汇编的抄本在大约 1080 年的发现,人们以与发现了《旧约全书》中长期失传的一些篇章抄本同样的心情来接受。因此,13 世纪论述英格兰法的集大成式的著作、布拉克顿的《论英格兰的法律和习惯法》的作者(或作者们)便可以不注明出处地从查士丁尼的《学说汇纂》中引用大约 500 个段落,并理所当然地将它们作为英格兰的"法律",尽管它们中有许多并不可能在国王的法院中适用。[1]的确,布拉克顿实际上也不得不争辩说,包含在古代罗马文献中的条文与可以在国王的法院中适用的英格兰习惯一样构成一种"法律"。

其他两个因素对于西方法律传统的创造也是必要的。第一个因素是用于古代法律文献研究的分析与综合的方法——一种在近代(有时带有贬义的)称为"经院主义"的方法。第二个因素是将这种经院主义方法应用于罗马法作品研究的环境——大学。

这三个因素——罗马皇帝查士丁尼治下所汇编的法律作品的发现、对之加以分析与综合的经院主义方法以及在欧洲大学中对于法律的讲授——都属于西方法律传统的根本起因。罗马法给全欧洲(包括英格兰)提供了大量基本的法律词汇。经院主义的方法

使一种在整个西方占优势的法律思维模式存留至今。大学将法律学者——教师和学生——从全欧洲聚拢在一起，不仅使他们彼此接触，而且还使他们与神学、医学以及文科的教师和学生相互接触，并且将他们归入一种行业，或以今天的术语说，归入一种职业。

博洛尼亚法学院

在接近11世纪末时，新发现的罗马法文本在意大利的许多城市以及其他一些地方被抄录并开始获得研究。学生们聚集在一起，延聘一位教师用一年的时间讲授罗马法；所采用的法律形式是教授与学生中的合伙（罗马法上称为 *societas*）。最突出的一位教师名叫古阿内留斯（Guarnerius）——在历史上则以伊尔内留斯这个名字而著称。他大约于1087年起在北意大利的博洛尼亚开始其教学生涯，并深受赞誉，来自欧洲各地求教于他的学生成群结队。[2]他的学院在他死后继续存在。据近代估计，博洛尼亚大学法 124
律学生的数量在12世纪和13世纪的任何一个时期都在1000到10,130人之间。[3]

作为外国人，这些学生中的大部分在法律上处于很不安全的状态中。例如，任何一个外国人都可能对他本国某个同胞所欠债务负责。一个向某个伦敦商人提出赔偿要求的博洛尼亚商人可能强迫就近的英国法律学生支付赔偿金。为了保护他们自己免于这类以及其他类危险，大学生们基于他们的种族、地理出身结合成许多“同乡会”，其中有法兰克人、皮卡第人（Picards）、普罗旺斯人（Provençals）、阿勒曼尼人（日耳曼人）、盎格鲁人、西班牙人，等等，总共组成20个或更多的同乡会。最终，它们联合成两个合作制团体,或称公会,一个由来自阿尔卑斯山以北的全体学生组成,另一个由来自阿尔卑斯山以南的全体学生组成,每个团体均以 *universitas* 的形式予以组织;*universitas* 是罗马法上的一个术语,当时意为具有法律人格的联合,用今天的术语讲,便是社团。教授们并不是学生公会的成员。

博洛尼亚的学生都是十几岁的少年,但是依照中世纪的标准,十几岁的少年已是可以参与积极的政治生活的成熟的年轻人。对于他们来说,联合组织的效能是十分重要的。通过联合,他们既可以有效地与市政府做交易,又可以控制学校的行政事务。博洛尼亚大学是中世纪由学生管理的高等学府的最初形态——与稍后在巴黎出现的由教授管理的大学形成对照。“大学”这个名称最终用于所有这些学府。开始时,用于今天意义上的大学,即全面性学院或事业的名称是 *studium generale*(综合教育),意思是适应面广泛的教育,而不只是适应某个地方需要的教育。学府并不需要有若干个“系”:一个神学系或法律系本身便可以被称为一所综合学府。

这样的学生组织,或者社团,或者说是公会从博洛尼亚市获得了一份特许状,该特许状允许它们与教授们订立契约、调整学生寄宿房间的租金、确定讲授课程的科目和每种课程所使用的材料、决定授课时间和假期的长短以及调整书籍的出租和出售的价格。教授们由各自所在班级的学生直接付给酬金。

学生公会还被授权对其成员行使广泛的民事和刑事管辖。这样便使学生能够免于侨居外国者的民事无能力,而在实际上获得一种他们自己的拟制的公民权。

博洛尼亚的特许状规定学生公会须对如下事项负责:“对兄弟
125 般亲善、相互交往与和睦的培养,对病患和贫困的照顾、丧事的料理、积冤与不和的消除,对我们的博士候选人出入考场的照料和护送,以及对成员精神生活的注意。”[4]

教授们也建立了自己的联合会,即教师会,它有权考试和接纳博士候选人——并收取考试费。因为博士学位实际上就是进入教学职业的入场券,所以教授们保留了确定他们自己公会成员的权力,但这大约也就是他们的全部权力了。如果学生们感到某个教授没有完成他的教学职责,他们可以罢课或拒付酬金。因此,如果一堂课没有在上课铃声一响立即开始,或者在下课铃响之前便结束,或者课程的讲授未能持续到学期终了,学生公会都要对教授科以罚金。

这种学生控制的大学的管理机构是一个总理事会,每一个“同乡会”都选举两名成员参加该理事会。总理事会选举理事长,每一个“同乡会”均有权指定一位这个职位的候选人。理事长年龄须在 24 岁以上,并且住校时间超过 5 年。学士学位由理事长授予。理事长还要任命一个称为“教授的告发者”(Denouncers of Professors)的学生委员会,它的职责是告发教授的不当行为。

总理事会的活动由多数票决定。大部分事务由全体学生大会(congregation)审议。出席大会是强制性的,每一个学生均有发言权和表决权。总理事会有权颁布大学条例。这些条例调整学院的经济事务,包括费用和薪金、租用书籍以及租赁房屋的花销和贷款条件;它们也对学生和教授的纪律以及全部课程的许多方面作出规定。对于学生自治的主要限制是这样一个规则,即由学生大会所通过的条例在颁布之后 20 年内不得改变,除非学生与教授两方面均一致同意。

学生权力的来源在部分意义上是经济性的。大学生们——他们不是富家子弟便是得到基金(通常是修道院)赞助者——给这个城市带来了极为可观的收入。假如他们不满意,带着教授移居他处是很容易的事情。由于宿舍、餐厅和教室由城市或地方业主所有,而非学生所有,学生们的离去将会导致严重的经济危机。在后一些时期,教授们逐渐由城市付酬并受到他们向城市当局所发的不离开誓言的束缚。这一发展导致了学生对大学控制的急剧衰落。

126 教会的统治制度在管理法律教育方面也起到了某种重要的作用。除了意大利城市外,12 世纪整个欧洲的法律教育都是由宗教权威而不是世俗权威管理的。然而,在博洛尼亚大学创建一个多世纪以后的 1219 年,教皇发布命令规定未经博洛尼亚副主教考试并颁发许可证,任何人都不得被任命为教师(也就是说,不得接受博士学位)。事实上,副主教(或者根据类似的教皇命令,在意大利的其他大学则是主教)本人并不提出问题,而只是主持一下考试。不过,1219 年的教皇命令剥夺了博士们在学位授予上的独立权,教会的 *licentia docendi*(教学许可证)此后在意大利如同其他地方一样成为必需。在欧洲的许多地方,主教们对大学的遥控导致了周期性的学生反抗。

但是,历史地看,与此前已经存在的教育机构相比较,比主教控制大学更有意义的是大学对于这种控制的相对自由。在 11 世纪以前,欧洲的正规教育差不多完全执掌于修道院的手中。在 11 世纪和 12 世纪,大教堂学校得以形成并逐渐取得优势地位。大教堂是主教的宅邸,大教堂学校便处在他的直接监督之下,如同修道院学校处在修道院院长的直接监督之下。一个教师几乎不敢对抗他的主教或修道院院长。与此相反,博洛尼亚大学据说是在托斯卡纳的女伯爵、教皇格列高利七世的朋友马蒂尔达邀请伊尔内留斯到那里讲授罗马法的时候创办的。在那以后的一个多世纪里,博洛尼亚大学的教学没有受到教会的直接控制。不过,间接的实质性压力确实存在。据说,伊尔内留斯本人曾因为支持皇帝反对教皇统治的事业而被开除教籍。但是,总的来说,博洛尼亚的法学家们可以对于罗马法中的各种规定自由地表示拥护,无论它们对于皇权和教皇权所表达的观点如何对立。与此同时,在 12 世纪头十年早期的巴黎,彼得·阿伯拉尔大胆地对抗他的主教,并开设一门针对主教的“对立课程”。正是由于这种冲突才导致了巴黎大学在 12 世纪的出现。[5] 因此,欧洲各大学自始就把自身确立为教育机构,在那里,教授们能够自由地采纳相互对立的观点。这与自古代以来人们所熟悉的早期体制形成了对照,早期的每一所学校都是由一名单个的教师或一种单独的理论所统治的。

此外,博洛尼亚从一开始便是一所研究生院意义上的大学;也
就是说,大多数学生在入学之前已获得了文科教育(通常是在修道 127
院学校或大教堂学校接受教育)。在这类学校里,总课程由 7 门“文科”课程组成:语法、修辞学、逻辑学(又称辩证法)、算术、几何学、天文学和音乐。不过,许多学校将前 3 种课程合为一体,称为“三学科”(the trivium),其主要基础是《圣经》、教父著述以及柏拉图、亚里士多德、西塞罗和其他希腊罗马作者的著作的一些内容。从 12 世纪开始,接受过文科教育是从事法律、神学以及医学这些新“科学”学习的一个先决条件。(在巴黎大学,当文科成为大学里的第 4 门学科时,对它的学习依旧是学习其他 3 门学科的前提。)博洛尼亚大学开始时只有一个法律系,当后来其他系逐渐设立时,除了所有的学生都从同一个名誉校长即博洛尼亚副主教那里接受学位以外,各系之间并没有体制上的联系。

博洛尼亚的法律教育制度被移植到了欧洲的许多城市,包括帕多瓦(Padua)、佩鲁贾(Perugia)和比萨,萨拉曼卡、蒙彼利埃和奥尔良,布拉格、维也纳、克拉科夫以及海德堡。[6] 阿尔卑斯山以北的

大多数大学虽然采纳了博洛尼亚的法律课程和教学方法,但是在组织类型上接受的却是由巴黎大学所开创的模式,在那里,所有 4 个系——神学、法律、医学和文学——的博士和学生组成一个单一的组织,并服从于一个共同的首脑和一个共同的管理机构。[7] 尽管在牛津大学(以及剑桥大学),像博洛尼亚那样的法律系显然直到 13 世纪才出现,但是在 12 世纪中期,曾在博洛尼亚受过训练的瓦卡里乌斯已经在牛津讲授罗马法了。

课程设置与教学方法

在博洛尼亚,从一开始所讲授的内容就是查士丁尼时代的法学家们于 6 世纪所汇编的罗马法文本。的确,法律学校之所以创办似乎首先就是为了研究这种文本。

这一手写文本由 4 部分组成:《法典》,由查士丁尼以前的罗马皇帝们的敕令和决定组成,共 12 卷;《新律》,是查士丁尼皇帝本人颁布的法律的汇编;《法学阶梯》,这是为初学法律的学生所编写的一本篇幅不大的教科书;《学说汇纂》,其 50 卷的篇幅包括了罗马法学家就极为广泛多样的法律问题所发表意见的大量摘录。在一种现代英文译本中,《法典》共占 1034 页,《新律》562 页,《法学阶梯》173 页,《学说汇纂》2734 页。[8]

11 世纪晚期和 12 世纪欧洲法学家的见解决定了他们将所有这些著述视为一个单一的体系。

128 不过,最初的重点并没有放在只是罗马法的一本短篇入门书的《法学阶梯》上,也没有放在汇编了皇帝的具体的法令和敕令的《法典》和《新律》上,而是放在《学说汇纂》上。《学说汇纂》是对罗马法学家在数以千计法律等命题上所表达的意见的一份庞大的汇集，这些法律命题不仅涉及财产、遗嘱、契约、侵权行为以及其他属于今天所谓的民法的法律部门，也包括刑法、宪法以及其他管理罗马公民的法律部门。它是“市民的”法律（*jus civilis*，“城市的法律”），涵盖除了“万民法”（*jus gentium*）之外的一切方面，后者也适用于非罗马人，在《学说汇纂》里只是偶尔提及。《学说汇纂》并不是一部近代意义上的法典；它并没有试图提供一个体系，这个体系将法律概念、法律原则与法律规则予以完备的、不假外力的、内在统一的和系统化的编排。只是在西方，在大学设立以后，《学说汇纂》连同《法典》《新律》以及《法学阶梯》才逐渐地被称为“民法大全”，即民法的“本体”。

《学说汇纂》所阐述的法律命题最常见的是实际案件中的“裁决”（如它们在今天的称呼）。其他命题则是称为裁判官的执政者的告示（edicts），在这些告示里，裁判官们要阐述在未来的案件中将如何裁判：例如，“裁判官说，‘如果你或你的奴隶用武力剥夺某人当时所拥有的财产，我将只在一年之内允许提起一项诉讼，但是在一年时间逝去之后，我将根据用武力剥夺起诉人的那个人[随后]获得了什么而授权一项诉讼。’”这类命题后来在对许多法学家意见的引述中都得到追随。例如，关于裁判官的这段告示，法学家乌尔比安引述说：“发布这项禁令的目的在于维护被武力剥夺占有权的人的利益，因为在这类情况下，向他提供救济是完全正当的。这项禁令就是为了使他恢复占有权而设置……此禁令并非有关所有暴力，而只对侵夺他人占有权的人发布。它只针对残酷的暴力，并且当事人是被剥夺了土地占有权，例如一片土地、一座建筑的占有权，而非其他。”其他法学家也对同样的禁令加以评论——例如，庞博尼厄斯（Pomponius）被引述说：“不过，如果你被武力剥夺了占有权,你将有权要求返还土地,即使你最初是通过强力(*vi*)或秘密地(*clam*)或者在权利不确定的情况下(*precario*)而获得对它的占有权,也一样如此。"[9]

正如约翰·P. 道森曾写道,罗马法学家的大多数注意力"并不是指向理论性的综合,而是指向对具体案件的协调一致和有序的处理……他们全部的动力是追求经济实用,不只是语言上的,而且也包括观念上的经济实用。他们的使命是确定了的,社会政治
129 秩序的基本目标不会作为问题而讨论,法律观念体系已人所共知,毋须很多讨论。他们是解决问题者,在这个制度之内工作,没有被要求去解决涉及人类的需求与命运的各种根本性问题。他们以耐心与智慧以及对继承下来的传统的深深敬意,一个案件一个案件地工作着。"[10]

道森教授注意到罗马法学家"对于具体案件的强烈的关注",这些案件有的是假设的,但更多的是取自实际诉讼。他说:"这些案件的陈述以及法学家自己的结论,文字都简短精练。不需要细密的推理性论证,因为对于这个精英集团之外的人们来说,法学家本身的权威已经足够,而集团内部的人对其中道理则能很好地理解。有许多毋庸言表或仅仅加以暗示的假设存在其中,它们只能通过后来数百年的耐心探究予以揭示。法学家的首要任务,如同他们自己表达的那样,是对于已经发生或可能发生的案件提供解决方法,以及通过观察这些方法在具体案件中的效果而检验和修正他们的主要观点。"[11]

在今天的欧洲,那些学习经过12世纪以来西方的大学教授们系统化了的罗马法的法律学生们,会对于罗马法原始文本具有如此强烈的决疑性和非理论性而难以置信。教师们要求他们表明在大量的狭窄规范和未经定义的一般术语中暗含着抽象概念的一个

复杂体系。罗马法的这种完全的概念主义得到了这样一种方式的支持,并与英美法的所谓个别主义(particularism)和实用主义的方式形成对照。但是,这是通过后来欧洲法学家的眼睛观察查士丁尼的罗马法;正是他们第一次去挖掘概念的内容——是他们从具体类型的罗马契约中制作出契约法的理论,是他们为占有权规定了定义,是他们细致阐述了使用强力的正当性学说,大体上说,又是他们在广泛的原则和概念的基础上,将古老的罗马法文本予以系统的整理。

12 世纪法律学校的课程设置第一步是阅读《学说汇纂》的原文。教师朗读——并校改——手写原文的字句,学生们手持他们的(通常是借来的)原文抄本跟随着老师阅读,并作必要的校改。讲课(lecture)一词,意为"阅读",就是指这种方式的训练。一些财力难以负担购买或租借《学说汇纂》抄本费用的学生会将其背诵下来。

因为原文十分艰涩,便需要加以解释。因此,读完正文后,教师将逐词地和逐行地对它加以"注释"(gloss,此词源于希腊文中的 *Glossa*,后者的含义有两层,一是"语言",一是"不常用的词")。由教师所口授的注释由学生记录在正文的行间;如果注释过长,它们便从行间溢到页边的空白处。不久以后,这些写下的注释便取得了差不多与正文本身同等的权威。大约在 1250 年,由阿库修斯所做的《规范注释》(*Glossa Ordinaria*)成为关于整个《学说 130
汇纂》的标准权威著作。从那以后便出现了"后注释学家"(post-glossators),又称"评注学家"(commentators),以及他们对正文和注释的"评注"。

注释分为若干种。有些(称为 *notabilia*)是对所注释的段落的简短提要。有些(别称 *brocardica*)是对以被注释文本一部分内容为基础的广泛的法律规则(准则)的阐述。此外,教师们还要通过划分(*distinctiones*)对正文加以注释:他们从一个一般名词或一个概括性的概念开始,将它划分为若干次级分类,它们又将依次被加以进一步的划分,在这个过程中,作者"顺着意识和术语的这些枝杈而进入最微小的细节之中。"[12]最后,教师还要提出问题(*quaestiones*),通过将一种概括性的学说适用于具体的问题之中而对其加以验证。

博洛尼亚的课程设置、授课和辩论形式均由大学条例予以规定。现存的一份一位中世纪法律教授某次讲课的前言如下:

> 在讲述原文之前,我首先要就[《学说汇纂》的]每一章给你们作一个提要。其次,我将尽可能最恰当地、最清楚地和最明确地举出[该章中所包括的]单个法律的各种范例。第三,我要从校正的角度简要地重述这段原文。第四,我将简要地重述[这些单个法律的]范例的要旨。第五,我要解决各种矛盾,进而提出通常称为"brocardica"的一般原则以及进行划分,或者阐述精细的和有益的问题(quaestiones)。并在神圣的上帝给我能力的范围内,提出对它们的解决方案。如果某一项法律由于著名或困难等缘故,值得进行一次重讲,那么我将在晚间重讲时进行深入的讲解。[13]

除了阅读原文和注释以及通过划分和质疑对它们加以分析之外,博洛尼亚和其他中世纪法律学校的课程设置中还包括辩论(*disputatio*),这是指两个学生在一名教授的引导下,以辩论的形式对于某个法律问题的讨论,还包括在教授们和学生们之间所进行的辩论。有人将它比作现代的模拟法庭,但是辩论中的问题总是法律问题,而不是实际的或假设的事实问题。

随着时间的推移，博洛尼亚、巴黎、牛津以及其他欧洲大学的法律课程扩大了，包括了比载入《民法大全》中的罗马法更多的内容。在12世纪后半期增加的主要新学科是新近发展起来的天主教会的教会法。与罗马法相反，教会法是现时的和通行的法律，它由教皇和宗教会议的敕谕予以充实，由教会法院予以适用。同时，随着欧洲各个城市、公国以及王国的世俗法律体系的发展——通 131
常得到了那些在博洛尼亚或其他地方受过训练的法学家的引导——大学课程由于关注世俗法律的现实问题而得到丰富。在分析查士丁尼的法律时，教授们会引入具有现实实践意义的法律问题，并根据罗马法条文以及教会法对它们加以分析。

这样，对于古代罗马法的研究的复兴便导致了对现实法律问题的分析。罗马法最初被当作一种理想的法律，一种法律观念的集合体，被作为一个统一的法律体系来对待；从前是未加分类的和原始的现实法律问题被人们借助它的术语加以分析，使用它的标准予以评断。在某种意义上，罗马法对于中世纪法律见解所起的作用类似于法律史对于17世纪至20世纪初的近代英美法律观念所起的作用。它为分析现行法律提供了一个前景，为检验现行法律的有效性提供了典范。这并不是说罗马法被认为是不同于现行法的某种东西。它与后起的法律同时通行，并且是在**高于**(*over*)后者的意义上通行。但是它具有后起的法律所缺乏的一种根本的特质。后起的法律尚处在形成期的波动之中；罗马法的规则呈现出的却是和谐。

分析和综合的经院主义方法

12世纪和13世纪博洛尼亚和其他欧洲大学的法学院的课程

设置与教学方法的基础是一种分析与综合的新模式,后来它逐渐被称为经院主义方法。这种在12世纪第一个十年早期最初在法律和神学两个领域得到成熟发展的方法是预先假定某些书籍的绝对权威性,它们被认为包含着一种综合性的和完整的体系;但是,自相矛盾的是,它也假定文本里可能存在着疏漏和矛盾:因而它便将文本的概述、疏漏的填补以及矛盾的解决作为主要的任务。在12世纪这种方法被称为"辩证的",当时这个词的含义是寻求对立事物的和谐。[14]

无论是在法律领域,还是在神学以及后来在哲学领域,分析和综合的经院主义方法都受到了大学里的教学方法,尤其是注释原文以及为辩论提出问题的方法的推进。"法律和神学的主要著作都是大学讲课的自然产物。"[15]换句话说,科学——也就是学术——是来自教学,而不是相反。

正是在这个时期,西方法学家开始创造他们设想成为一种法律科学的东西,西方的神学家则开始创造他们设想成为一种神学
132 科学的东西。确实,彼得·阿伯拉尔(1079~1142)是第一个在近代意义上使用"神学"一词的人,这里的神学意味着对于神的启示的证据进行的系统化研究,[16]阿伯拉尔又是经院逻辑学的伟大先驱者之一,有时他被称为经院主义之父。阿伯拉尔寻求通过分析和综合的经院主义方法而提供一个合理的尺度,用它来判断神启真理中哪些具有普遍的效力,哪些只有相对的效力。于是,这种学说在性质上便不同于认为经典中的所有文句在任何情况下都是同样真实的原教旨主义;整体上是作为真实的,同时组成整体的各个部分却被赋予在真理性方面种种细微的差别。的确,阿伯拉尔最重要的著作之一《是与否》(*Sie et Non*)只是用一系列引文证明《圣经》、教父著作以及其他权威性著作中的超过150处的矛盾和差

异，并假定它们都是真实的，将它们留给读者，让读者去试着协调它们。[17]

在法律方面，经院主义方法表现为对于大量的法律学说进行分析和综合，这些学说是从查士丁尼的法律以及世俗当局所制定的法律中找出来的，其中许多彼此冲突。就像在神学方面的情况，《民法大全》这个书面文本也如同《圣经》和教父著作一样，在整体上被作为神圣的，作为理性的体现。但是，强调矛盾的协调，使12世纪西方法学家在对待法律概念和法律规则方面比他的罗马前辈有了更大的自由度和灵活性。如同罗马法学家一样，他固然很关心“对具体案件的统一和有秩序的处理”（用道森教授的话）。但是他也注重——正如罗马法学家的不注重——发现“精心构筑的推理证明”和一种“理论性的综合”。在寻求证明和综合的过程中，他常常要牺牲掉罗马人所夸耀过的狭隘的一致性。

经院主义与希腊哲学和罗马法的关系

12世纪欧洲法学家的方法是古希腊哲学以及古典和后古典罗马法的具有辩证推理性质的方法的一个变种。“辩证法”在希腊语中意为“谈话”或“对话”。古希腊哲学家们将“对话的艺术”（*tekhne dialektike*）作为推理的一种方法；的确如此，柏拉图将它视为获得他所称之为“科学”（*epistémé*，*scientia*）的真理知识的唯一可靠的方法。由柏拉图所记叙的苏格拉底的对话涉及3种基本的“辩证法”的技术：（1）通过一系列提问和回答，从对方论题本身引出与论题相矛盾或其他无法接受的结果，以此反驳对方；（2）从一系列有关各种具体情况的真实命题中引申出——同样是通过提问

和回答——一个一般概括;(3)运用划分和综合两种技术给概念下
133 定义,划分的技术是指,将一个种概念划分为若干属概念,再将属概念划分为更次一级的子项这样的反复分析过程,综合是指将若干属概念归入到它们的种概念,再将种概念归入更大的种概念中的反复的归类过程。通过这样的推理,柏拉图力图获取有关善、公正、真理、爱以及他认为在宇宙中独立于人而存在的其他“形式”。

亚里士多德极大地精炼了柏拉图的辩证推理概念。首先,他将推理区分为两种,一种从人们知道是必然真实的前提(诸如“人皆有死”或“火必燃烧”)出发,另一种则基于为人们普遍接受的或由专家所提出的仍可争议的前提(例如“人是一种政治动物”或“作为学问的一个分支的哲学是值得向往的”)。依照亚里士多德的观点,只有后一种推理才是辩证的推理,并且由于它的前提是可争议的,所以它无法获得必然性,而只能得到盖然性。另一方面,被称为“必然推理”的前一种推理,具有独立地展示真理的能力,因为只有从无可争议的前提开始的推理才能得到无可争议的结论。

亚里士多德又精炼和发展了柏拉图关于科学的概念。他首次使用复数名词去概括“分离的和独特的‘诸科学’的完整系列,它们具有共同的某些方法和某些分类,但每一种又具有各自独特的‘本原’(*archai*) *or*‘*principles*’[*literally*,‘*beginnings*’]和确定的研究对象”。[18]所有科学都具有共同的观察和假设的方法,但每一种科学仍有自己的考察方法,这是“由其自身的特定的研究对象决定的”。[19]这样,亚里士多德便将柏拉图的“科学”划分为物理学、生物学、几何学、伦理学、政治学、形而上学以及其他类型。但是,亚里士多德却仍把医学当作一门“技艺”(*tekhne*),因为它虽然应用科学的真理,然而它本身并不能带来这种真理的展现。法律在亚里士多德那里甚至连技艺也算不上，它被分解到伦理学和修辞学之中。

亚里士多德说，无论是必然推理还是辩证推理，都可以使用归纳和演绎两种逻辑方法。（在这一点上，他同样与柏拉图不同，对于后者来说，只有演绎法，也就是从一般到个别而不是从个别到一般的推理才能获得真理。）不过，在亚里士多德看来，在辩证推理时，归纳法应得到偏重，因为它对于大多数人来说更清楚，更令人信服，而在必然推理时，演绎法对于某些种类的科学（例如数学）则更为恰当，但对于另外某些科学（诸如生物学）则不适当。通过发现被观察的各种具体情况的共同因素，归纳法能够从经验中推导出必然性或者盖然性结论。例如，如果一个人观察到熟练的领航员是最好的领航员，熟练的马车夫是最好的马车夫，他便可以推导 134
出一个一般原则，即在任何一种具体活动中，熟练的人便是最恰当的人。[20]但是，依照亚里士多德的观点，这种一般原则只有在它所依据的，也就是说它所得以导出的原则是公认的，因而论证的前提可以被视为必然真实的时候，才能成为“科学的”。

但是，辩证推理所独具的特色并不是它偏好归纳法，因为，正如亚里士多德所表明的那样，必然推理在许多领域也倾向于使用归纳法。辩证推理与其他推理所不同的根本之处在于这样的事实，即它并不是从某些“命题”，也就是一些必然是或真或伪的陈述出发，从中推导出“科学的”结论，而是从“疑难”或“问题”出发，对于它们人们意见不一，虽然在辩证推理的有效方法得到运用后，争论的问题会通过一项命题或本原而最终获得有利于此方或彼方的完全解决。[21]

亚里士多德对于必然推理和辩证推理的区分被公元前 3 世纪及此后的斯多葛学派所接受。不过，斯多葛学派并不把辩证推理视为发现事物本原的一种方法,而把它作为对论点予以分析和通过对种和属的划分与综合而对观念作出界定的一种方法。因而他们缺少亚里士多德的那种对系统化说明的超过一切的关注;由于他们,辩证法成为一门独立的学科,尽管辩证法与逻辑学没有实质性差异,但它却具有一些浓重的修辞学和语法学因素。

希腊的辩证法带着它的斯多葛派形式以及柏拉图和亚里士多德著作的背景,在共和时期(公元前2世纪和1世纪)传入罗马。在那里,它被受教育阶级包括法学家接受,后者首次将它运用于现行的法律制度。希腊人从来没有试图作这样的适用。其中的原因颇为复杂。希腊城邦未曾有过肩负发展法律使命的受崇敬的法学家阶层兴起的经历。审判由民众大会执掌,在大会中辩论的人们实行的是一种较少依赖法律论证,更多地依据道德的和政治的考虑的雄辩术。此外,希腊的哲学家们并不承认法律规则可以作为推理的出发点。他们对于仅仅依据观察和推理即可获得的更高的哲学真理怀有忠诚。[22]对于他们来说,法律规则与司法判决并不能作为体现社会正义观念的**权威依据**(*authorities*)而接受或至少加以考虑;这些规则和判决只是他们在构筑自己的哲学理论时所使用或不使用的**材料**(*data*)。因此希腊哲学家们很乐于争论有关正义的性质和一个统治者应当根据法律还是根据他个人的意志实行统治的问题,但是在他们看来,争论诸如以下这样的问题是不重要
135 的:如果一个拥有对一些商品所有权的人受到第三者欺诈性的劝说而放弃了商品所有权,结果商品被某人善意买去,那么法律是否应给予物品所有人以针对善意买受人的某种法律救济。当他们考虑这类民法上的问题时,通常是把它们作为个人伦理方面的事务来处理的。与之相反,宪法问题一般被作为政治学问题对待。

确实,柏拉图的思想将一种超然的实在归因于不允许授权法律

家实施的正义观念。只有寻求智慧的人,即哲学家(*philosophos*),才有能力进行统治,他还必须在其探索中获得成功从而成为智者。用卡尔·弗雷德里希的话说,“正义的这种超然状态[在柏拉图那里]排除了它在一种宪法秩序中实现的可能性”。他又指出,作为这种理论的结果,在西方术语的意义上,宪法“在雅典并不存在”。[23]

另一方面,在罗马,很早的时候便开始存在一个荣耀的法学家阶层。从公元前5世纪起,教士(祭司)便记录下了适用于各种案件的各种法律救济手段(“诉讼”)。此后出现了这样的实践,即每年选举执政官,由执政官以年度告示的形式颁布适用于私人纠纷的一般法律规则,并由他受理有关侵犯告示中规定权利的个人诉讼请求。执政官会将这项诉讼请求转给一名法官,后者是由该执政官任命的一名外行人,他要根据执政官指令主持一次庭审,并依据与诉讼请求有关的证据情况而授予一项救济。除了执政官和法官之外,那时还存在着参与法律诉讼的第三种外行人集团,即在法官面前进行辩论的辩护师。最后也是最重要的,是法学家(也称法律顾问)的存在。只有他们才是专业化的。他们的首要任务是提供法律建议——给执政官,给法官,给辩护师,给诉讼当事人,给希望从事法律行为的委托人。[24]

罗马法学家在他们对法律的探索过程中是极其讲求实际的。他们在公元前2世纪和1世纪引进了希腊辩证推理,虽然这是罗马法受到的第一次学术冲击,但是却并没有带来罗马法与希腊哲学的结合,这种结合要到一千多年以后在西欧的大学中才发生。罗马法学家拒绝采纳希腊化的教育制度;法律训练依旧主要采取非常不正规的、在一个年长的开业者家中私人授徒的方式。“[罗马的]法律顾问们并不与他们的学生们讨论诸如正义、法律或法律科学这类基本的概念,虽然对于希腊人来说,这些概念可以说是最重要,甚至是唯一重要的。学生被要求直接进入实践,在那里他要面对那个循环往复的问题:根据已陈述的事实,应当怎么办?”[25]不过,正是在这个时期——在公元13世纪所谓的古典罗马法大繁荣
136 之前——法学家们首次试图系统化地将罗马法予以划分(种和属)并精确地界定适用于具体案件的一般规则。

将辩证推理用于法律的第一个例子或许出现于罗马法学家Q.穆修斯·斯凯沃拉(他死于公元前82年)所写的有关民法的论著中。[26]在这部被称为“不仅为罗马法学,而且为欧洲法学奠定基础”[27]的著作里,民法被划分为4个主要分支:继承法、人法、物法、债法。其中每个分支又进行了再划分:继承分为遗嘱继承和无遗嘱继承;人法分为婚姻、监护、自由人身份、家父权以及其他分支;物法分为占有与非占有;债法分为契约和不法行为。对这些分类还有更次一级的分类:例如,契约又分为物权契约、买卖契约、租赁契约以及合伙契约,而不法行为又分为殴打、盗窃和损坏财产。[28]在这些每一种都由支配性原则予以定性的种概念和属概念的各种分类之下,法律材料被予以重新整理,它们中首先是执政官对具体案件的判决,但同时也包括立法文件、从旧的文件汇编中提取的权威性资料以及来自口耳相传的传统中的权威性资料。这位作者为自己规定的主要任务是他所谓的提供“定义”,[29]也就是说,对于包含在司法判决中的法律规则予以精确的阐述。

在Q.穆修斯·斯凯沃拉以及公元前2世纪和1世纪他同时代的法学家的著作中,不只是分类体系,而且具体法律规则的阐述也采用了在广泛的希腊意义上的辩证式方法。问题被列举,法学家们的各种答案被收集,作者也提出他自己的结论。举个例子,从前的一位法学家曾指出,如果一个借了他人一匹马的人将马牵到并

非他与出借人商定的地方，或者牵到了比商定的更远的地方，他便是犯有盗窃罪，据此，这位法学家便对与法律范围内的盗窃罪有关的各种判决加以归纳。Q. 穆修斯·斯凯沃拉对这些以及其他一些判决重新审查，得出了一个更广泛同时也更为精确的定义：任何人以保管的目的接受某物却使用它，或者以使用的目的接受，却以与接受时所达成的不同的目的而使用，便构成盗窃罪。[30]这个定义不仅包括租借，也包括寄存，另外它用“物”代替了“马”。

如斯坦教授所说，“追随着亚里士多德式的技术，[Q. 穆修斯]领会到了他的任务是去解释司法过程中所实际发生的东西”。[31]他力图通过下列手段完成这样的任务，即对种概念和属概念进行层层划分，直到获得具体的判决，并对判决加以分类，然后便能够通过发现“一种可包括所有相关分类并排除其他所有分类的言词形式”。[32]他以及追随他的其他法学家的目标便是宣告先存的法律， 137
并规定它的严格界限。[33]但是，一般化的广度是与其复杂程度成反比的。人们将不会看到共和时期的罗马法学家进行一场对法律概念的讨论；“的确，在他们的精神资质中，没有发现对于一个概念的想法”。[34]

此后，在古典和后古典时期(1～5 世纪)，罗马法学家提炼和发展了他们的共和时期前辈所运用过的辩证技术，却没有对之予以根本改变。当时出现了一个走向某种更高抽象的趋势。在 2 世纪上半叶，他们开始明确地说起“规则”(*regulae*)，而不仅是“定义”。这两个名词之间的差别是细微的。定义似乎与它们所予以概括的案件有更为密切的关联。而规则虽然也是从案件中得来，但是却可以分开来考虑。有些时候它们被收入“规则集”之中，这些集子对于罗马帝国众多的低级官员是特别有用的。也是在这个时期，建立了为数不多的几所法律学校，虽然它们的方向是贴紧实践的,但无疑有助于一种探求更广泛的规则的趋势。例如,亚里士多德关于事物的“性质”的观念便被用于归纳有关买卖协议的明示条款中所未包括的内容的各种规则:当时的说法是“本质上属于”某种情况的条款无需明示协议。[35]但是,对于所有类型的买卖来说,只有一种条款被认为符合“本质上属于”的情况,那就是出卖者具有所有权;用于具体买卖类型的各种其他特别的默示担保(用它们今天的称呼)也被分别地列出——例如,一只动物是健康的,或者一个奴隶没有逃跑习惯。有时也发展出一些适用于各种类型交易的共同规则,例如,适合诸如买卖和租赁等各种契约的共同规则。罗马法学家只是在很偶然的情况下才去假设似乎能够包容所有法律的广泛原则。因而,2 世纪中期伟大的法学家和法律教师盖尤士写道,“违反市民法”而订立的协议无效,这就暗含了并且只是暗含了一项在 12 世纪由西方的经院派法学家所表达的原则:法律塑造全部制度,塑造整个“体系”。

这种暗含的原则同时也呈现在一些非常广泛的规则中,当这些规则从它们最初加以归纳的案件中抽象出来时,具有对基本的法律原则以简洁的格言般陈述的形式。在查士丁尼的《学说汇纂》总结性的第 50 卷第 17 篇即“关于古代法的各种规则”中收集了
138 211 条这样广泛的规则:例如,“对于知晓与同意者不存在欺骗”,“如遇疑事,善意解释优先”,“善意赋予占有人者如真理,无论何时法律均不得加以阻碍”。但是,正如斯坦所表明的那样,[36]当这些“法律准则”(这是它们在 12 世纪时的名称)被作为抽象的原则对待时,与其在最初据以表达的案件类型中以及在《学说汇纂》的较前部分里经常重新表述时具有完全不同的意义。刚刚引述过的规则中的第 1 条最初涉及的就是某个人得到债权人同意而从一个有欺诈动机的债务人那里得到某种东西的案件:此后债权人将不得

声称他们受到欺诈。第 2 条最初涉及的是遗产继承;“善意解释”是指对于遗产继承人更为有利的解释。第 3 条最初指的是对他人奴隶的善意占有人;如果该奴隶犯有盗窃,受害人可以提起一项针对占有人的诉讼。到了公元 530 年,查士丁尼发布了一项宪令对于有关这个问题的旧法予以阐述。这项宪令正是用上述规则的总结性用语加以间接表述的法律。

对于对这 211 条古代法的抽象规则予以直率陈述的汇编,使查士丁尼并无意让别人相信它们具有独立于它们最初所适用的具体环境的意义。这一点,最先的那条规则就清楚地表明了:法学家保罗被引述说,“一项规则只与某件事情有简单的关联……通过一项规则,对事情的简要陈述便能够得以宣告……如果它在任何一个方面不准确,它便失去了效力”。换言之,规则绝不能脱离它们所得以归纳的案件的具体情况而加以考虑。在每一项规则之前均冠以对其原来情形的引述也表明了这一点。此外,除了第 1 条以外,各项规则都未予以系统的排列,其中有些还相互矛盾。[37]查士丁尼之所以加上这篇规则,至少一部分原因是为了把它作为他的伟大汇编的一个装饰性索引。另外,它们似乎也被作为对法庭辩论有用的东西,或许人们设想可以用于推卸举证责任。最后,它们也被用于教育方面,即帮助记忆众多的条文。毫无疑问,没有哪个罗马法学家将它们作为抽象的原则。的确,整个《学说汇纂》的第 50 卷第 17 篇毋庸置疑地表明了亚沃勒努(Javolenus)的那条著名规则对于查士丁尼时代罗马法律家的有效性,这条规则也包含在第 50 卷第 17 篇中,即“民法中的所有规则(*definitiones*)都是危险的,因为它们几乎总是能够被曲解”。(这种批评也可能针对某项具体规则。)[38]

古典和后古典时期的罗马法学家将一项法律规则视为对某种

限定和指明类型案件所作判决中共同要素的一种概括。因此,只有通过对于法律规则范围的这种限制,他们才能指望达到运用希
139 腊的分类与概括的方法作为判决案件的合理基础的目的。希腊人从来没有试图进行任何这类对司法判决和规则的合理化;对于他们来说,辩证推理乃是从同意的前提中推导出有效的哲学结论——"命题"——的技术。罗马人将希腊的辩证法从一种发现技艺转变为一种判决技艺。

将罗马人的法律决疑法与11世纪和12世纪西欧法学家的法律决疑法以及直到今天英美普通法法律家所实际运用的案例分析方法加以区分是重要的。一方面,罗马人运用案例并不是为了说明原则,或者说并不是为了通过退后一步对它们加以检验,或者为了观察其适用情况。另一方面,他们将他们的案例简化为单纯的裁定,而不是完整地处理它们——没有对它们的事实情形中的含混或分歧以及有关法律问题的不同方案的讨论。[39]马克斯·韦伯在将古典时期的罗马法学家对法律规则的运用说成"仅仅是一种并列的和视觉上的类比联系"[40]时,他无疑走得太远了。但是,他们未能将类比所据以确立的假设和更深刻的理由接合起来——的确,他们甚至没有给最重要的法律术语下定义[41]——却导致了在案例分析时的狭隘和刻板;而这正是罗马的法学家所追求的东西!当西塞罗为法律的更加复杂的系统化及与此相伴随的清晰的定义和抽象的法律规则辩护时,法学家们"对于这类责难报之以礼貌的沉默"。[42]他们毫无理由尝试将罗马人的连贯裁判的天赋转变为一种哲学体系。他们有着各种各样的理由怀疑将希腊哲学的更高的体系用来满足裁判案件的实际需要的可行性。

11世纪和12世纪西欧的法学家将希腊的辩证法推向了一个更高的抽象层次。他们试图将法律规则系统化为一个统一的整

体——不只是确定具体类别案件中的共同要素，而且还将这些规则综合为原则，又将原则本身综合为完整的制度，即法律的体系或法律大全。

经院派法学家用来达到这一目的的技术之一是将在《学说汇纂》第 50 卷第 17 篇以及其他地方所发现的罗马**规则**（*regulae*）作为法律“准则”，也就是将它们作为具有普遍效力的独立原则。“准则”（maxim）一词来自亚里士多德的术语；它表示着一种“终极命题”（maximum proposition），也就是说，一种“一般概念”。用拉丁文翻译和注释了亚里士多德的著作，从而使 6 ~ 12 世纪的西方学者得以研究亚里士多德的罗马作家波伊提乌（480 ~ 524）写道，亚里士多德假设了可靠的、无须证明的命题，并且从这些“终极的，也就是说，一般的……命题［出发］……推导出了三段论的结论”。[43]在 12 世纪，伟大的逻辑学家彼得 · 阿伯拉尔在他的著作《辩证法》（*Dialectica*）中，将这种终极命题描述为一种对于暗含于终极命题 140
之中的特殊命题所共同具有的意义与逻辑加以归纳的命题。例如，从这样一些命题，“如果它是人它便是动物”，“如果它是玫瑰它便是花”，“如果它是红色的它就是色彩”，以及其他一些属是种的前提的类似命题中，“可以归纳出这样的一个终极命题，即属所具有者种也具有”。阿伯拉尔写道，“这个准则包含和表达了所有这种推论的意义，并展示了对于前提所共同的推理模式”。[44]采用同样的方式，阿伯拉尔的同时代人，博洛尼亚的法学家们从特殊例证的含义中推导出一般原则。这与古罗马将规则视为仅仅是“对事情的简要陈述”的概念正相反；人们假定全部的法律可以通过综合特别类型案件的共同特征而推导出来。在数世纪之后，英美法律家运用类似的逻辑手段从具体的司法判决中归纳一般的法律规则。当代的逻辑学家称之为“存在判断的概括”。[45]依据推理的一般原则,如果集体 M 中的一个个体 a 拥有财产 F,那么就可以说在集体 M 中的一些或至少一个个体拥有财产 F。不过,就确信每一项司法判决或规则是种法(the genus law)的属这一点而言,12 世纪的经院派法学家比起英美的普通法法律家来走得更远。这就使得他们能够使用法律的各个部分去构筑一个整体,同时又用整体去解释每个部分。

正是这样的确信和这种方法赋予了经院派法学家对重新发现的查士丁尼文本进行分析和综合的研究的特性。在这里,经院派法学家比起那些著作正得到研究的罗马法学家们在更高的综合层次上将亚里士多德的辩证法用于法律领域,甚至在亚里士多德有关逻辑学的著作被译出之前他们就这样做了。[46]

然而,这个问题还有另一方面。亚里士多德曾否认辩证推理真有获得必然真理的特性。因为它的前提是不确定的,所以它就不能获得必然性。与此相反,12 世纪西欧的法学家却使用亚里士多德的辩证法达到证明何为真实、何为正义的目的。他们通过合并辩证与必然两种推理并将二者都用于对法律规范的分析和综合改变了亚里士多德学说的方向。与早先的罗马法学家和希腊哲学家相反,他们设想他们能够通过理性证明权威法律文本中的一般真理和一般正义。对于他们来说,罗马法中的敕令和解答,无论是单个的或整体的,都构成了在罗马法学家自己心目中绝没有构成
141 的一种书面自然法,一种书面理性(*ratio scripta*),他们将罗马法连同《圣经》、教父著述以及教会的法律一起视为神圣的典籍。由于罗马的法律规范是真实的和公正的,从其中就可以必然地推导出新的真理和正义。但是由于它们中间存在分歧、模糊和矛盾,他们又不得不诉诸辩证推理。那就是,要提出问题,要作出分类和定义,要陈述相反的观点,要对冲突加以综合。

这是第一次系统地适用圣安塞姆的著名格言，*Credo ut intelligam*（“只有信仰，才能理解”）。亚里士多德关于辩证推理和必然推理之间的矛盾本身也就得到解决。辩证方法逐渐成为研究法律的科学方法——正如它逐渐成为其他学术领域，包括自然科学方面的科学方法。

经院派法学家不同于希腊哲学家之处不仅在于他们确信可以通过理性从权威文本中推导出一般的法律原则，而且还在于他们对这种一般原则的信念有所不同。柏拉图曾假定自然中存在着共相——假定正义或美的理念、三角形的理念、色彩的理念、一朵玫瑰花的理念以及其他人的头脑中的理念都是对存在于外部实在的“范例”或“形式”的不完整的反射。这种在后来的西方被称为关于共相概念的“实在论”观点（在今天它要被称为“唯心主义的”）并不完全是亚里士多德具有的思想，尽管在12世纪末以前，在西方仅有的亚里士多德著作的版本，也就是波伊提乌的译注中，[47]亚里士多德与柏拉图之间的大部分区别都被消除了。因此，西方基督教哲学家将柏拉图和亚里士多德都作为实在论者。虽然这些哲学家中的某些人对共相的“实在性”提出了质疑，但是，对实在论观点第一次剧烈的和系统的攻击却是在11世纪和12世纪出现的，攻击最激烈的是阿伯拉尔。他否认确定了某种类别单个实体的共同特征的外在实在性。他争辩说，单个实体存在于人的头脑之外，共相则是头脑所创造的用于表达属于一种类别的各单个事物之间的相似或联系的名（*nomina*）。有些“唯名论者”根本否定共相具有任何意义；但是阿伯拉尔却坚持名自有其意义，这意义在于它赋予类别中单个事物以特性，但是除非它们被归属于单个事物，否则它们就不存在，因而“善”“社会”“色彩”以及“玫瑰”无论是在自然界，还是在某种想象的形式领域里都不可能发现；毋宁说它们是人类心智给予良好的行为、彼此生活在社会关系中的个别人们、具体的颜色以及个别的玫瑰花的一般性质。

唯名论在法律体系化的运动中扮演了一个不可缺少的角色。
142 因为就柏拉图意义上的实在论而言,不管它怎样被认定为一种形而上学,与12世纪的法学家把众多的司法判决、习惯、教规、法令、令状、法律以及其他构成当时法律秩序的法律材料加以分类、划分、区分、解释、归纳、综合以及协调的努力完全是格格不入的。用柏拉图的风格去假定正义、平等、连贯、程序规范化以及其他一般性原则的外部实在性,并试图从其中演绎出具体的法律规则与制度,将是一种徒劳无益的学术训练。这样一种抽象体系对于无论是宗教的抑或世俗的充满活力的政治组织而言将是没有用处的。

用得着的是希腊人的分类与概括的天才,但不包括认为分类与概括反映外部世界的实在性的信念——总之,不包括柏拉图式的自然主义。在法律方面,这种自然主义不会超越罗马法学家的决疑性规则。与此相反,唯名论者虽然与实在论者在深切关注建立一般原则和证明一般概念的有效性方面有共同之处,但他们却否认这些原则和概念**本身的**(*as such*)存在。唯名论者相信共相是由人的头脑,由理性和意志制造出来的,因而也可以通过理性和意志加以修改,但是与此同时,它们在本质上存在于由它们赋予性质的殊相之中,并且因此而能够由殊相加以检验。极端的唯名论会否认"整体大于其各部分之和",但是像阿伯拉尔这样的较为温和的唯名论者却坚持整体存在于部分**之中**(the whole *in* the parts),整体将部分聚合在一起,这样彼此孤立的各部分(并非组成整体的部分)便不如互相联系的各部分那么大了。因此,严格地说,部分并不是从整体中推导(用演绎法)出来,整体严格地说也不是从部分中推导(用归纳法)出来,应当说,整体是相互作用的各部分。这样,像阿伯拉尔这样的唯名论者便与法律的系统化和综合化具有一种亲和关系了;因为在法律中,无法存在像实在论哲学所固有的那种分离,即整体与部分、一般与个别、形式与实体、目的与手段的分离。

在结合共相与殊相过程中所蕴含的悖论是与在结合必然推理与辩证推理过程中所蕴含的悖论密切关联的。而上述两者又与对信仰和理性进行经院主义的综合所蕴含的悖论密切关联。经院主义的辩证法绝不只是一种推理的方法,也绝不只是组织思想的一种方法。它的尺度既是道德的,也是知识的;它是一种检验正义而不只是真理的方法。因此,经院主义的对立不仅包括一般对特殊、客体对主体、论辩与应答,也包括严格法律对例外案件中的豁免、命令对劝告、绝对规则对相对规则、正义对怜悯、神法对人法。这 143
些以及其他类似的"对立"不仅被作为在逻辑上协调权威文本中的矛盾的手段来使用,它们也被用来通过展示可选择的价值而塑造教会以及世俗社会的法律制度。因为上帝本身也被设想为一位既公正又仁慈,既发布严格法律,又规定衡平规则的上帝。神圣正义中的各种悖论第一次系统地用于人法。因而,经院主义不仅仅是一种方法,而且是一种法理学和一种神学。

经院主义辩证法在法律科学中的应用

在西方法律科学的形成过程中,经院主义辩证法所发挥作用的最为引人注目的一个例子也许就是博洛尼亚的僧侣格拉提安的那本伟大著作,该书写于大约 1140 年,书名极富特色:《歧异教规之协调》。[48] 这部在一个近代版本[49] 中篇幅超过 1400 个印刷页的著作,是西方历史或许也是人类历史上的第一部全面的和系统的法律论著——如果“全面的”意味着试图实质性地包括一个特定政治体中的全部法律,如果“系统的”意味着明显地努力将法律作为一个单一的整体,其中所有的部分都被视作构成整体而呈互动关系的话。

在上一个世纪(11 世纪)之前,没有人试图将教会的所有法律汇集到一本或若干本书之中,对现存法律(典型地是称为 *canones*,即“教规”)的部分汇编则是按编年体编辑。不过,到了 1012 年,沃尔姆斯主教伯查德搞了一部庞大的汇编,这部名为《教令集》——在一个印刷版本中它有大约 500 页——的作品并不是以编年体形式汇编,而是依据各种类别进行编排,其中包括主教权力、任圣职的人、教会、洗礼、圣餐、杀人、乱伦、修士和修女、巫术、开除教籍、伪证、斋戒、酗酒、俗人、起诉者与证人、私通、病人探视、苦行以及默祷(依照原书顺序)。[50]伯查德并没有将法律从神学中区分出来,也没有试图提出任何一种或多种关于法律的明确的理论。他将《圣经》的有关原文、全基督教的和地方的宗教会议制定的教规、教皇的敕谕、各种悔罪手册中包含的规则以及其他一些材料排列起来,并不加注释。此后,在 1095 年,沙特尔主教伊沃作出了另一部这类汇编,名字也叫《教令集》,不多年以后他又编了另一种,名为 *Panormia*。这两本书都包括比此前更多的注释,其涵盖范围也更为广泛,包括有关盗窃、某些类型的任意性法律行为、占有、审判
144 以及一系列其他事务的大量规则。[51]在他的《教令集》序言中,伊沃指出他试图将教会法统一到“一个整体之中”。他是第一个将权威渊源中冲突的段落列举出来并提出某些使它们得以协调的标准的人。他说,告诫应当让位于法律的宣示,免罪行为不应当获得一般法律规则的效力。此外,还应当考虑某项具体的教规是可撤销

的还是不可撤销的，以及是否表明在特定的情况下可以免予该条文所规定的处罚。

格拉提安在伊沃成绩的基础上建立自己的体系。[52]此外，他还有罗马法的注释学家的成果，尤其是他的同城公民伊尔内留斯的成果可资借鉴。到了格拉提安时代，伊尔内留斯及其在博洛尼亚法学院的追随者们已经耗时数十年编制罗马法文本的互见索引和对文本加以注释，并系统地阐述了解释它们的一般原则。不过，格拉提安却在寻求一种与其前人不同的系统化方法。与罗马法学者们不同，他没有一种预先确定的文本，不得不亲自从许多书面渊源中发掘他希望予以系统化的教规。他收集和分析了将近 3800 条教会法条文，其中许多来自早期教会史。但是他并没有依据方便的类别对它们加以归类，这些方便的类别或者是早先的教会法汇编的分类法（圣职授任、婚姻、苦行等），或者是罗马法上的分类法（人、物权、债权、继承、犯罪等）。

他的分类法一方面是全面的：他的著作的第一部分分为 101 类（*distinctiones*），其中开始的 20 类分析和综合了有关法律的性质、法律的各种渊源以及不同种类法律之间关系的权威性陈述，此后的 81 类涉及教会中各种官署的管辖权，以及其他关于神职人员的规则。在另一方面，格拉提安的分类比起此前法律作品中所使用的分类具有更好的功能特点。在他的著作的第二部分中，他列举了 36 个特定的复杂案件（*causae*），对于每一个案件他都从中提出一些困难的问题（*quaestiones*）。对这些问题他通过这样的方式加以分析，即列举早期教会领袖、宗教会议以及教皇等方面的赞成或反对的权威依据，对于矛盾，如果可能便予以调和，否则便搁置存疑，提出概括性命题，有时还对这些概括性命题予以协调。[53]第三部分又回到划分的形式；此外，在第二部分中，格拉提安还插入了另外一节讨论划分的形式。这种变化虽然影响到这部著作布局的匀称,但却并不影响作为对法律的一种重述的根本的完整性。

表明他的更为全面的分析和综合方法的最好的例子可以在该书的头 20 类中发现,在这里各种不同的法律被加以鉴别(神法、自然法、人法、教会法、君主法、制定法、习惯法),它们之间的关系也
145 被加以界定。自然,并不是格拉提安发明了这样的分类:罗马的法学家就曾将亚里士多德关于自然法与实在法、万民法与民族法、习惯法与制定法的划分搬来为自己所用;另外,在教会中从来就存在着神法与人法之间的划分。但是,格拉提安却是系统地探索这些划分的法律含义,并将各种法律渊源置于一种等级次序中的第一人。他首先把自然法概念插入神法与人法概念之间。神法是在启示中,尤其是《圣经》的启示录中所反映的上帝的意志。自然法也反映着上帝的意志;不过它既存在于神圣的启示中,也存在于人的理性和良心中。从这一点出发,格拉提安能够得出结论说"君主的[也就是说,世俗当局的]法律(*leges*)不应高于自然法(*jus naturale*)"。[54]同样,教会当局的"法律"也不应与自然"法"相抵触。[55]他写道,"法(*Ius*)是种,法律(*lex*)是它的一个属"。[56]

格拉提安还总结说,作为自然法的一个要求,"君主要受到他们的法律的拘束并依据其法律而生活"。[57]伊沃和伯查德也曾宣称过这个原则。不过,就其严格的形式而言——国王们要受到他们的法律的"拘束"——它并不是古代罗马法和日耳曼法的一部分。在那些古代的法律文本里存在一些大意是一个优秀的君主应当遵守他自己的法律的段落,但这只是一个道德上的要求,在法律上,一般规定他免于法律的约束。[58]相反,根据这种新的理论,虽然立法者可以以合法的方式改变旧的法律,但是他却不能够随意地合法地无视它们。

不仅如此，依据格拉提安的学说，君主的法律（*leges*）和法令（*constitutiones*）要从属于教会当局的法律和法令。[59]另外，他还写道，习惯（*consuetudines*）不仅要让位于自然法，而且还要让位于制定法，无论这种制定法是世俗当局的还是宗教当局的。[60]

习惯必须让位于自然法的理论乃是教会法学家最伟大的成就之一。当格拉提安在世的时候，西方的大部分法律是习惯法；就是说，大多数法律规范之所以有拘束力，并不是因为它们是由宗教的或世俗的政治当局所颁布，而是因为它们是被它们所通行的社会共同体接受的具有拘束力的惯例。制定法相对数量极少，而且，就多数情况而言，制定法只是作为对已经存在的习惯的重述而具有正当性。格拉提安及其同时代的教会法学家们的理论为剔除与理性和良心不相符合的习惯法提供了一种依据。精心阐述的标准被发展出来以确定一项习惯的有效性：它的持续时间，它的普遍性，它在适用上的一致性，它的合理性——这类检验在 20 世纪仍然在使用。这意味着习惯失去了它的神圣性；一项习惯可以是拘束性的，也可以不是。

这样，用勒·布拉的话说，教会法律家便“与那种认为法律的 146
各种可变因素均具有永恒效力的原则划清了界线。这些因素与时间、地域以及人等特定环境相联系，在其他的条件下实施它们，便可能导致不合理。这就是说承认了法律规则的相对性，并提供了一种调和矛盾的技术方法”。[61]用格拉提安在《歧异教规之协调》一书的序言中的话来说，两条矛盾的规则可能都是真实的，假如它们所涉及的一项法律是“可变的”，而那个矛盾是由于在一个特别的案件中给予的豁免所引起的。

格拉提安对于自然法以及理性的重视，部分地来自希腊哲学，尤其是斯多葛哲学。此外，新发现的查士丁尼的罗马法中包括许多对于自然法与衡平的参照和评论,但它却没有将这些观念发展为任何一种体系。法律的渊源虽然被加以分类,但是却没有把它们组织到一个等级序列或模式之中。罗马的法律家不是哲学家,希腊哲学家并非法律家;但是到了12世纪,西欧的教会法学家和罗马法学家却将希腊人的哲学智能与罗马人的法学智能结合了起来。不仅如此,他们还通过将与仁慈和爱心相关联的犹太教和基督教的良心概念融入理性和衡平之中,从而深化了这些先前的概念。

另外,他们又特别辨析了实在法与自然法之间的区别,将二者的区别作为法律(*lex*)即制定法与法(*jus*)或者说正义和权利的体系之间的区别来看待。不仅君主和其他世俗当局,而且宗教当局(包括教皇、地方宗教会议、主教)也颁布一些具体的法律与制度。但是,无论是罗马法大全(*corpus juris Romani*,如当时逐渐被称呼的那样),还是新的教会法大全(*corpus juris canonici*,这一名称在一个世纪以后逐渐流行),都一样是神圣的;制定法的有效性取决于它与作为一种整体的人法之间的一致性,而人法又应该与自然法和神法相一致。

实在法对自然法的从属由于世俗法与教会法的二元性以及相互冲突的世俗权威的并存而得到了强化。教会宣称与教会的法律相矛盾的世俗法律无效。君主们并不总是接受这种主张。然而,他们自己也针对与之竞争的世俗当局(诸如封建领主或城市会议)的法律声称类似的主张,这种主张偶尔也针对与之竞争的宗教当局的法律。由于多重法律制度的存在,不公正法律的受害者便可以为求得以理性和良心为名义的宽免而从一个管辖范围跑到另一个管辖范围之中。

147 教会的法律本身也要受到它们是否与自然法相一致的检验。

格拉提安写道："就制定法而言，无论是宗教的，还是世俗的，如果它们被证明与自然法相矛盾，就必须全部被排斥不用。"[62]不过，处在能够权威性地判定某项教会法律与自然法相矛盾的地位的人毕竟太少，因为教皇不仅是教会中的最高立法者，而且也是基督在尘世间的代理人和代表。至少在12世纪和13世纪，充任国主和皇帝的官员、法官以及顾问的大多数人是僧侣，他们的忠诚最低要有一半归于教皇。但是，世俗当局有时却会以与自然法相矛盾的理由对教会的制定法提出挑战。

因此，法律规则的相对性理论部分地基于各种政治体的多重竞争性法律制度。但是，它也部分地基于经院主义的辩证法，后者提供了一种将习惯法和制定法两种制度均置于法律的性质和渊源的更大的理论框架之中。

格拉提安进行系统化的第二种基本方法，即在他的著作的第二部分中所使用的方法，明确地说，就是对于在某一个具体法律"问题"上的冲突解决方案所进行的分析和综合——的一个好例子是他对于教士是否应当阅读异教文字的讨论。[63]在摆出这个问题之后，格拉提安引述了宗教会议、教父们以及其他方面的论述，并且还引述了从《圣经》以及教会史中找出的例子，所有这些都倾向于表明教士不应当阅读异教文字，接着他又引述了表示相反倾向的类似的权威性论述和例证。在举出对立双方的论述与例证之后，格拉提安作出了他自己的解释。他从迦太基宗教会议的声称，即"主教不得阅读异教书籍"出发，在所作的注释中提到，本次宗教会议并没有提及是否可以阅读异端的著作，它们可以"因为必要或由于某些特殊的理由而仔细地"阅读。他进一步对"必要"一词进行评论，解释说它意为教士可以"为了使他们能够知道如何正确地表达"而阅读异端者的著作。附在对该问题所作陈述之后的一个更有意义的注释本身,便概括了对所有的反对阅读异教文字的权威性论述的解释:“单纯为享乐而阅读看来是不允许的。”最后,格拉提安提出了他的结论,指出任何人(不仅仅是教士)都应该学习异教的知识,不是为了享乐,而是为了指导,为了从中发现能够为神圣的知识所用的东西,从而“解决了这一矛盾”。这样,格拉提安运用一般原则和一般概念综合对立的学说,不仅是确定两种对立学说中哪一种是错误的,而且还得出超越冲突之外的新的、第三种学说。[64]

还可以举出其他许多例证表明经院主义的方法是如何被应用
148 于具体的法律问题,以便调和权威性文本中的矛盾,并从它们中得出新的学说。下面的例子不仅出自格拉提安,而且也出自12世纪和13世纪的其他教会法学家和罗马法学家,它表明了经院派法学家的法律技术与近代法律技术之间的相似性。无论是《旧约全书》还是《新约全书》都禁止杀人;但是二者都存在一些容许使用武力的例子。与此相反,罗马法虽然并不试图制定道德准则,但是却包含着这样的规则:*Vim vi repellere licet*(武力可以被用来抵抗武力)。如同通常的罗马法规则一样,这并不意味着它包含着一个一般原则或概念,它只限于它得以确立的特定情形,尤其是《阿奎利亚法》里的那项规则,即一个人可以使用有形的武力保护他的财产免于被侵夺。12世纪和13世纪欧洲的法学家将这项罗马法规则转变为一项一般原则,将它与所谓耶稣的和平主义言论(“连左脸也转过来”*)相并列,并从这些相对立的准则中发展出因正当理由可以有限使用武力这样的一般概念,此概念适用于一种有相互联

---

* 源自耶稣在“登山宝训”中的一段教导:“你们听见有话说:‘以眼还眼,以牙还牙。’只是我告诉你们,不要与恶人作对。有人打你的右脸,连左脸也转过来由他打。”见《马太福音》5:38—39。——译者注

系的系列范畴。系统地陈述就是：为执行法律、为自卫、为保护他人、为保护自己的财产、为保护他人的财产，如必要可以使用武力，这些原则不仅适用于民法与刑法，而且也适用于有关一场“正义战争”的政治和神学问题。[65]

以下的这个过程是说明经院主义技术的一个相当简明的例证：首先是提出一个与某一权威文本中矛盾的论述有关的问题（*quaestio*），接着提出表明赞成其中一种立场的权威与理由的一个命题（*propositio*），然后又提出一个表示相反观点的权威与理由的反驳（*oppositio*），最后是一个结论（*solutio*，或 *conclusio*），它或者表明反驳中所提出的理由并不真实，或者表明命题必须根据反驳加以限定或放弃。在通常情况下，提出“争议问题”的经院主义方法要更为复杂。[66]教师或作者常常不是提出一个，而是一个接着一个地提出一系列相互关联的问题。下一步是分为对立的方面展开辩论，仿佛在法律诉讼中的原告与被告之间的辩论。赞成者与反对者都“摆出双方战斗的姿态”。[67]法律的规则被引用来支持辩论；有时仅仅为支持一次这样的赞成与反对之间的辩论，便要引证数十条这类言词（*allegationes*）。正如赫尔曼·坎托罗维奇所表明的那样，辩论中大多数典型术语均来自有关希腊辩证法的可用的著作，或来自查士丁尼的罗马法文本，或二者兼有。[68]当这一方法在12世纪的第二个25年中被法学家首先发明的时候，[69]全新的东西是将所有这些术语在一种类似于法庭中困难案件的书面抗辩和辩论一样的高度复杂的结构中构成一个整体。这种类似性并非偶然；坎托罗维奇相信这种文体首先是在诉讼中发展出来，然后才是在 149
教室中或在文字作品中的模仿——正好像1280年至1535年英格兰的《年鉴》的文体或许是来自于学生对于王室法院中审理案件所作的笔记。[70]但是，有一个问题仍然存在，那就是为什么在法庭中的辩论采取了具有一整套赞成与反对立场以及多方面的引证、错综的规则和复杂的综合的形式。毫无疑问,此问题答案的重要内容是“争议问题(*quaestiones disputatae*)乃是查士丁尼的成文法律与它在当时法庭中的适用之间的主要联系纽带。这样便产生了那种进行大胆的类比、运用相距遥远的衡平原则以及通过直觉与想象填补法律空白(*lacunae*)的勇气。因此,这些问题作为一种能动的因素在导致罗马法适应已经变化了的或正在发生激变的观点和条件方面的历史重要性堪称巨大”。[71]同样的勇气以及同样的技术也被用于使《圣经》的、教父的以及教会法的原则适应新的生活条件。

除了精心阐述能够为适用于具体案件的规则提供基础的一般法律原则外,12 世纪和 13 世纪的法学家,无论是教会法学家还是罗马法学家,还对一般概念加以界定,诸如代理的概念、公司的概念以及管辖权的概念。这里同样是,尽管查士丁尼的罗马法提供了基本的术语体系,柏拉图和亚里士多德的希腊辩证法提供了基本的方法,但是对于二者的结合——在一个完全不同的社会环境中——却产生了某些崭新的事物。例如,罗马的法学家曾制定了各种规则,据此一个奴隶可以作为其主人的代理人,代表主人从事某些行为,主人须对此行为负责,但是他们却没有提供一个代理或代表的一般概念。同样,尽管他们论述了一组人可以被作为诸如一个 *societas*(合伙)这样的集合单位的各种情况,但是却没有提出集团或法人的一般概念,他们也没有发展出有限责任的观念。查士丁尼的罗马法甚至缺少一个关于契约的一般概念;它虽然规定了某些具体的契约类型,但是这些类型并不从属于一个关于拘束性承诺的一般概念,因此在法律所列举的契约类型之外的协议在事实上便不是一项契约。[72]

但是,如果说查士丁尼时代及其以前的罗马法中不存在一般概念将是全然不确的；相反，罗马的法学家热切地讨论在哪些情况下一项契约将由于“错误”而无效，在哪些情况下一项不正规的债根据“诚实信用”将必须履行，另外还有其他法律后果涉及依据某些概念的种种情况。的确，从很早的时代起，罗马法就充满了诸如所有权、占有权、不法行为、诈欺、盗窃以及其他许许多多这类概 150
念。这正是它的一个伟大的优点。但是，这些概念并没有被作为渗透到规则之中并决定着它们的可适用性的观念来对待。它们并没有被从哲学的角度加以考虑。罗马法上的概念，如同它的数量众多的法律规则一样，是与具体类型的实际情况相联系的。罗马法由一种复杂的法律规则网络组成；但是它们并不表现为一种智识的体系，而宁可说是由解决具体法律问题的实际方案组成的一份精致的拼嵌物。因此我们可以说，尽管罗马法中存在着概念，但是却不存在有关某个概念的概念。

与此相反。在11世纪和12世纪复兴了对罗马法的研究的欧洲法学家们，却开始依据一般原则和一般概念对庞大的罗马法律规则网络予以系统化和协调化，他们使用着与他们神学方面的同事在系统整理和协调《圣经》旧约与新约、教父著述以及其他神圣文本时所使用的同样的方法。这些法学家们将法律概念的概念和原则化了的法律的原则作为出发点。

这就是说绝不仅仅是在罗马法律文本的较为实际的风格之上添加了某种哲学的成分；它从根本上改变了诸如“如果我的债务人不偿还债务，我有什么样的权利？”这类日常法律问题的真正的意义。罗马法的规则可能依然被引用，但是它们却要服从根据人们所理解的它们的宗旨以及它们与整个制度其他部分的关系所进行的解释。例如，即使一个债务人有正当的反诉，罗马法也可能要求他作出偿付，而允许他通过另一项诉讼要求债权人对他予以赔偿，但是欧洲的罗马法学家和教会法学家则会适用最终建立在诚实信用原则之上的契约之债的相互关系概念。

如同对于法律规则背后的一般原则的系统阐述一样,一般法律术语的概念化不仅与人们对于希腊哲学复活了的兴趣密切关联,而且也与神学的发展息息相关;而无论是哲学方面,还是神学方面,又都与推进了教皇革命的政治、经济以及社会生活的巨大变化紧密相关。最关键的是,正是教会和世俗两方面新兴的和中央集权的政治体的并存与竞争,才使得明确地表达这些原则变得重要起来。因而,在 11 世纪,教会是第一个自称为一个社团(*universitas*)的集体。从前,主教和教士的权威仅仅来源于授予圣职的仪式,这时被认为也来自管辖权:他们第一次要经过教皇的同意而任命("根据上帝和教皇的恩典"),并且只能由教皇加以免职。主教被视为社团式教会的"官员"。他的"管辖权"包括根据一种普
151 遍的程序与实体法律体系而在他的法院中审理案件的权力和职责,在这里,受到损失的当事人拥有向罗马教廷上诉的当然权利。

在各种世俗法律体系的发展中,发生了类似的概念化过程。大多来自罗马法的同样的术语被用于对一般原则的明确的表达,并最终用于形成一般概念。这些原则和概念在当时是被用于对新的应用作出推论的基础。这个发展过程导致法律科学发生了一场革命。它意味着可以通过揭示一项法律规则与作为整体的法律制度的原则与概念之间的有机的统一而对它加以验证,对它的有效性加以证明。

作为西方科学原型之一的法律

经院派法学家创造了一种法律"科学",这种科学是近代西方

意义上的,而不是柏拉图或亚里士多德意义上的。对于柏拉图来说,科学是通过从一般到具体的演绎推理而获得的真理的知识。亚里士多德虽然强调观察和假设的方法,但重点仍在于发现产生某种物质或结论的真正原因或必然性;在他看来,科学的最终模式是几何学。依照近代西方人的看法,数学的真正的确定性,也就是说它基于其固有的内在逻辑而不是易出差错的人的观察这一事实,使得它更像一种语言或一种哲学而不是一种科学。与亚里士多德的科学不同,近代西方科学注重对假设进行系统的阐述,这些假设可以作为研究时间领域的现象,并进而能够研究盖然性和预见性而非确定性和必然性领域现象的基础。经院主义法学家的科学正是这样一种科学。它使用了一种在论断中将一般与个别相联系而确立一般法律原则的辩证模式。不消说,它并不是像近代物理学或化学那样的"精密的"科学;它也不是可以被作为许多(虽然不是全部)自然科学特征的某种实验室实验加以验证的科学,虽然它也使用其特殊种类的实验。此外,它通过观察**社会**(*social*)现象——法律制度——而不是观察物质世界的现象参与一项制度的构建;然而,如同循着前面的脉络发展的自然科学一样,新的法律科学结合了经验的和理论的两种方法。

一门科学,用近代西方赋予这个词的意义来说,可以依据三类标准予以定义:方法论标准,价值标准,以及社会学标准。用所有这三类标准来衡量,12 世纪西欧法学家的法律科学乃是近代西方科学的先驱。

法律科学的方法论特征

近代西方意义上的一门科学可以用方法论术语定义为:(1)一 152
种完整的知识体;(2)在其中各种具体的现象被予以系统的解释;

(3)这种解释要依据一般原则或真理("定律");(4)这里的知识(包括现象与一般原则两方面的知识)是通过将观察、假设、证明以及尽最大限度的实验等相结合而获得的;(5)虽然有这些共同的特征,但是,调查与系统化的科学方法并不是对于所有的科学都是一样的,它们必须与每一种具体的科学所调查的现象事件(occurrences of phenomena)的具体性质相适应。这一定义否定了目前在许多地方,尤其是在美国和英国颇为流行的一种观点,这种观点认为只有适用于自然科学,尤其是适用于物理学和化学的方法才能被恰当地称之为科学的方法。

依据上述所有的5种标准,11世纪晚期以及12、13世纪意大利、法兰西、英格兰、日耳曼以及其他地方的法学家们(既包括教会法学家,也包括罗马法学家)的学术研究与著述构成了一种法律科学。他们所研究的现象是宗教会议、教皇、主教和皇帝、国王、公爵,城市行政官以及其他世俗统治者所制定和颁布的判决、规则、习惯、法令以及其他法律文件,另外,还包括在《圣经》、查士丁尼的罗马法文本以及其他书面渊源中发现的相关材料。法学家们将这些法律文件作为需要依据真理的一般原则和一般概念予以观察、分类和系统地解释的材料来对待。这种解释要得到逻辑的和经验的两方面的证明。就它们所适用的实在例子被提出、效果被加以衡量而言,这里也包含了某种实验。

12世纪的法学家们对于科学思想所作贡献的独创性在于他们对于与证据相一致的一般原则的构建,也在于他们将这些原则用于解释证据和从证据中推出新知。他们是第一批发现和发展不仅对一般原则的有效性进行经验的证明,而且对这些原则予以经验的应用的西方学者。他们用以检验的经验材料乃是现存的法律、习惯和判决这一事实丝毫不会减少人们对他们所取得成就的惊异程度。法学家们所选择的可用的方法——它是从当时所理解的柏拉图的思想中获取的——是运用一般原则(理想形式)证实神学的、宇宙的和政治的学说。但是,由于柏拉图的方法中所要求排除不符合理想形式的证据,因而它并不适合于对现存法律、习惯以及判决的协调。

举个具体的例子,当时的法学家们观察到了在所考查的各种 153
法律制度中都存在着一个问题,即一个被用武力剥夺了对其动产的占有权的人是否有权用武力将它们夺回。通过对查士丁尼的罗马法文本的解释人们得到了一个结论,在罗马法中,罗马的执政官曾发布命令,规定如果一个人被用武力剥夺了对土地(并没有提及动产)的占有权,在过了特定的时间之后,可以用武力收回。12 世纪的法学家们作出结论说,这项规则同样适用于动产,因为在这两类案件中所涉及的目的是同样的。再进一步,某些宗教会议和一些个别的宗教案例又规定如果一名主教被武力逐出主教管区,他却绝对不得为恢复其权利而诉诸武力。12 世纪的法学家们注意到,主教管区不仅包括土地权利,也包括有关动产的权利以及因特权所享有的权利——权利中的权利("无体动产权"*)。这样的例子不仅导致了类推,而且也导致了假设。它显示出在各种规则的背后存在一项基本的法律原则——并非由法律加以规定,而是由这个时候的法律科学家在解释法律时所阐述;显示出权利受到侵犯者须通过法律诉讼而不是"将法律掌握在自己的手里"去维护自己。这项假设由这样一个命题从逻辑上予以证明,即提供一种替代武力解决争端的途径乃是法律的一个基本的目的。进一步,它又由经验予以证明,这经验中包括导致这项规则出现的环境,即当

* 原文"Choees-in-action",指虽然尚未实际占有,但是却可以通过法律程序获得占有的一种法律权利。——译者注

有关土地、动产以及无体动产的争端是通过一系列暴力的剥夺行为,先是此方剥夺彼方,再是彼方剥夺此方来解决时所造成的混乱和不公正局面。当法学家们能够对于不同类型的法律规则以及法律规则发生变化的后果进行比较的时候,这样的经验便可以达到实验的水平。那些不尽如人意的规则有时要加以修订;有时要宣布无效,有时则搁置不用。人们感到满意的规则通常则继续有效。这样的"实验"缺少实验室实验的精确性;不过它们却是一种社会实验,一座"历史的实验室"——也就是近代科学家称之为"自然实验"的东西。用近代的术语来说,包括适用规则与具体案件的经验在内的经验,是被视为对于规则以及人们认为是规则基础的一般原则与概念的有效性予以不断反馈的一种过程。

当然,法律科学是受到政治的支配的:立法者可以并且经常不理睬法学家的研究成果。在现实中,逻辑和经验常常成为权力、偏见和贪欲的牺牲品。不过,这是不同的一个问题,而且并不减损12世纪法律学术研究的科学性质。

154 逻辑和经验对于一般法律原则所进行的检验构成了处于最高智识层次的法律科学;不过,12世纪的法律科学家如同今天的法律科学家一样,通常从事的是很晚以后被称之为"法律教条学"(legal dogmatics)的工作,即系统地阐述法律规则的细节以及它们的相互关联、它们对于具体类型的情况的适用。再回到武力剥夺占有权的那个例子:一旦禁止诉诸武力收回动产的原则得到确立,有关对于被武力剥夺动产占有权者的救济方面的棘手问题便会提出。如果此前他的占有权也是通过武力取得,甚至用武力剥夺他的占有权的那个人正是动产真正的所有者,他是否仍应当被恢复占有?在救济方面,动产权受到侵犯是否应与土地权利一样?是否有一个时间的限制,在这个期限内占有权受到侵犯的受害人可以合法地使用武力保护他的权利（“紧急追击”*）？法学家们在审视这些问题时，首先不是将它们作为道德的或政治的问题，而是作为法律问题；也就是说，它们是需要在对各种法律权威——判决、规则、习惯、法令、《圣经》文字权威地予以规定的内容——的解释的基础上加以解决的问题。这些权威性的文本被作为客观存在；虽然人们可以力图表明它们与理智相矛盾、它们没有用处或者它们受到历史条件的局限，从而暗中降低它们的权威性，但是如果它们经受住了这类挑战，人们便不得不接受它们。它们是“事实”，法学家的任务便是对它们予以组织，并探索其中的意义。法学家们做这些工作所使用的方法与后来自然科学家在探索和综合其他种类材料时所使用的方法并无实质性区别。[73]

除了由法律科学为了发现和证明隐含在判决、规则、概念以及其他法律材料中的原则而发展起来的方法外，另一个方法是为了发现和证明法律诉讼过程中的事实而发展出来。法庭中的事实证明是与修辞学研究的新发展密切相关的。那时修辞学尚未成为靠诉诸情感以及言词上的修饰的说服艺术；它仍然保持着旧的、亚里士多德式的内涵，也就是说是诉诸理性的说服之术。在 12 世纪，强调的重点放在证明的方法上。修辞学家们提出了假设的概念以补充关于论题（*quaestio*）的辩证概念。假设的证明被认为需要提出证据，这里相应地就包含着盖然性真理的概念。这就导致了盖然性比率的发展，在此，推定起着像逻辑形式一样的一种重要作用。另外，它还引出了为避免在证据的展示和评价过程中的曲解和错误而制定的规则。与法律相类似的事物得到了强调：12 世纪的一篇著名论文《宗教修辞学》（*Rhetorica Eclesiastica*）指出“修辞

---

* 原文“hot pursuit”，指财产权受到侵犯的人可以在侵犯行为发生之后立即使用合理的武力收回其财产。——译者注

学与法律二者有着共同的程序”。该论文将一桩案件(*causa*)定义为一起“有关某人的某项特定陈述或某个行为的民事纠纷”。[74]这
155 样,法律上关于一桩案件的概念便与修辞学上关于假设的概念联系起来了。同一篇论文又指出,要发现一起争议事件中的真理需要有4个人物:1名法官,1名证人,1名控告人和1名辩护人。法官的职责是保障辩论的规则尤其是相关性和实质性的规则不被违反。到了13世纪早期,一系列排除规则已经被发展出来,为的是防止引入多余的证据(有关的事实已经查清)、无关的证据(对于本案事实没有证明效果)、含混和不确定的证据(从中无法作出明晰的推论)、过于笼统的证据(它们会导致模糊不清)以及与事物的本性相矛盾的证据(它们令人无法相信)。[75]阿勒山德罗·朱利阿尼已经表明这种法律的“人为理性”(artificial reason)到了15世纪末以后在欧洲的大多数国家都已被抛弃,而由强调数理逻辑的“自然理性”(natural reason)取而代之,但是,由于爱德华·科克、马休·黑尔以及他们的继承者的努力,人为理性却在英国普通法中得以保存,尽管有托马斯·霍布斯等人相反的努力。[76]

法律推理与科学推理之间的比较以及法律推理是近代西方科学推理的原型的断言,要依赖并未被广泛接受的当代科学观点。通常的观点认为近代科学大约开始于5个世纪之后的伽利略时代。不仅如此,伽利略、开普勒、笛卡儿、莱布尼茨、牛顿以及其他今天被称为近代科学的古典时期中的领先人物即使在其他方面并无共同之处,但对“中世纪的经院主义”却有着共同的反感。不过,他们的反感并不是直接针对经院主义本身,而是针对经院派学者们在发展一种解释数学框架方面的失败。如亚历山大·科伊尔所指出的那样,伽利略以及17世纪的其他重要思想家们将数学作为所有真正的科学解释的范例。[77]如同古代柏拉图的形式,数学及其

定律构成了近代科学的理想语言。在 19 世纪,经院主义方法又受到来自其他方向的攻击:它对于所研究的有关事项的目的的强调以及对于研究成果的预言性价值的忽视都受到了批评。尽管如此,如果没有由 12 世纪法学家首先发展出来的科学方法,无论是 17 世纪的科学还是 19 世纪的科学都是不可能产生的。[78]

法律科学的价值前提

虽然在近代西方的意义上,科学通常只在方法论的角度上予以定义,但是,越来越多的人承认,它还须根据那些从事科学事业的人的态度、信念以及根本的目标来加以定义。的确,人们可以提 156
出一套科学的价值准则[79],它包括:(1)科学家有义务以客观与诚实指导其科学研究,并且将科学价值的一般标准作为评价他们自己或其他人工作的唯一依据;(2)要求科学家采取一种怀疑的和"有机的怀疑论"的立场对待他们自己或他人的前提与结论的精确性,对于新观点直到被反证之前要宽容,要有公开承认错误的意愿;以及(3)一种内在的假设,即认为科学是一种"开放的系统",它寻求"对真理的愈来愈接近的认识,而不是提出最终的答案",又认为"科学不能被冻结于一套正统的概念体系之中……它是一种由具有不同程度可能性的观念所组成的一个总是处在变化之中的体系"。[80]

许多人会怀疑一位"法律家"是否会,甚至是否可能符合这三项准则。他的客观性、诚实性以及普遍性看来是成问题的,因为他是应政治的或私人的争议者的请求而去履行增进他们的利益和为这种利益提供法律依据的职责的。不仅如此,如果他对于自己的结论抱怀疑主义的态度,便可能在人们对于这些结论的接受方面设置困难,而说服人们接受它们经常是他的职业责任的组成部分。

同样的困难也妨害了作为不断变化观念体系的法律科学的概念:社会本身似乎要求“法律”成为比那更多的某种东西。最后,在不仅教皇的权威与权力而且其教条独断论也处于顶峰状态的时期里,法律家——即使他们是法律学者而不是实际从业者(事实上,他们中的许多人是一身二任的)——或者甚至可以说其他任何追求知识的人,要首先具有作为近代西方科学价值准则的基础的无所偏私和开放观念,那似乎是不可信的。

这类疑问引出了有关自由的根本性问题,它们不仅表现在12世纪的法律科学中,也表现在任何社会的任何科学中。[81]科学的价值准则总是处在不稳定的状态中;它必须时刻抗击来自外部的以及科学家自身偏见与宗派观念的政治压力或意识形态压力。在12世纪前后最为引人注目的乃是在教会内部集中权威与权力的运动达到最高潮的时候,在教条本身开始走向法律化,异端被依据刑事性质的不服从而予以定义的特殊时刻[82],出现了这样一种信仰,即认为科学的进步依赖于科学家们在科学的真理方面具有采纳相反观点的自由。人们假定这种来自对立立场的辩证推理会导致一种综合,而这种综合会与对真实信仰的权威性陈述相符合;虽然如
157 此,人们又假定辩证推理必须科学地进行,否则便是毫无意义的。因此,在非正统的学说被法律所禁止,坚持“不服从”的异端分子要被处死的同时,科学的客观性、无所偏私、有机的怀疑论、对错误的宽容以及对新的科学真理的开放性不仅被声言,而且还以当时出现的新科学的形式加以表达。两种相反的运动——走向权威和走向理性——事实上密切关联。

对于法律家追随科学价值的能力的怀疑来源于若干错觉。当然,当一位法律家是作为一方当事人或一起诉讼的辩护律师时,他必须支持一派而不是一位科学家那样行为,这是确确实实的。不

过,这种作用乃是法律程序的一个实质性组成部分,在这个程序里,对立的观点要提供给受命作出判决的法庭。确实,在某种意义上,法律程序本身便是科学的,因为法庭辩论的目的就在于将所有相关的事项都提交给法庭。在审判中,人们所要求法庭的是在各派当事人提出的“证据”的基础上,“客观地”判决案件。但是,即使在这种理想得到实现的那些例证中,一次审判,或立法争论,或任何其他这类法律程序都具有其他一些十分不科学的特征。单以其中一种特征而言,法庭的行动必定受到既定的时间限制,而科学家却可以无限制地等待,直到可以得出结论。不仅如此,法庭还是一个政治组织;它与社会共同体的偏见和压力相距太近,以致无法保持科学家所要求的那种“距离”。

不过,被要求追随科学的价值准则的,既非法律实业者,亦非法庭(无论它是作为一种司法性的、立法性的抑或是行政性的组织),而是法律教师或法律学者。他要做到这一点也会面临困难,或许要比那些较为远离日常政治、经济与社会生活领域中的学者面临的困难更大。但是,由于同样的原因,他可能对加诸他的外在压力以及他自己的情感和偏见所产生的内在压力有着更清楚的认识,因而可以比其他人更好地抵制它们,或者至少可以对他自己的科学自由的不确定性更为敏感。

包括法律科学在内的科学的价值前提是蕴含在11世纪和12世纪由经院派法学家所创造的对法律问题进行分析和综合的辩证法之中的。对于法律中的矛盾和辩证问题的强烈关注,以及对运用普遍性不断提高的法律原则与概念去协调这些矛盾的不懈努力,作为一种方法,只有通过坚持那些规定了科学本身性格的真正的价值才能获得成功,这些价值是:客观性、真诚、普遍性、怀疑主义、容忍错误、谦逊、对新的真理的开放态度以及人们应增加的一

158 种价值,即与矛盾因素的并存相联系的一种特殊的时间感。由于人们相信全部法律都是由一种共同的目的,一种理性所引导,因此,各种自相矛盾最终将被解决便是顺理成章的事情;与此同时,法学家团体便要耐心地处理由各种自相矛盾的规定所导致的不确定性。

在谈及科学的“价值前提”时,人们不能忽略这样的事实,至少在科学比起任何其他文化都更为繁荣[确实,有些人会说它过于(*too*)繁荣了]的西方文明中,客观性、怀疑论、开放性以及理性主义的一般精神等赋予科学研究以性格的价值是来源于神圣与世俗之间的复杂关系的。一方面,诸如存在于日耳曼诸民族以及东方基督教中的那种认为所有事物都具有神圣性或潜在的神圣性的信仰不允许客观的、怀疑的、开放的和理性的探索。因此,最早的西方科学出现于宗教政治体与世俗政治体走向分离的时候便不足为怪了。另一方面,严格地说,它们首先是在宗教领域而不是世俗领域——在教会法和神学本身中出现的。11 世纪和 12 世纪的西方神学家——安塞姆、阿伯拉尔以及其他人——毫不犹豫地将神的奇迹的证据交由系统的、理性的甚至是怀疑论的检验。安塞姆寻求“仅凭理性”而不借助信仰或启示,不仅去证明上帝的存在,而且也要证明上帝化身为基督的必要性。阿伯拉尔列举了神圣著作中的种种自相矛盾之处——这是走向对《圣经》进行科学批评的第一步。与此相似,教会法律家自由地检查教会法律中的矛盾。由于对现行法律进行的客观分析,他们得出了这样的结论:即使是身为基督代理人的教皇,如果被发现是异端分子,或犯下了玷污教会的罪行,也要受到废黜。

导致科学价值出现的原因并不是要开拓新的生活的空间,即世俗的、现实的和物质的生活空间(对于这类问题的探讨不会涉及宗教信仰上的风险)，而是要确立对神圣事物本身的一种新态度，这个结论看来是不可避免的。教会虽然仍被理解为“基督的神秘的躯体”，但同时也被视为具有一种有形的、法律的和社团的身份和一种改造这个世界的世俗使命。强调的重点已从来世意义上的神圣性转移到神圣事物的具体化，这意味着神圣事物在本时代的政治、经济以及社会生活中的展现。接下来，对神圣事物或精神事物以科学的价值前提加以检验便成为必要。只有当人们作出了客观地研究上帝以及上帝的法律的努力，才会出现客观地研究世俗生活、世俗法律并最终研究自然和自然法的尝试。

虽然如此，在教会神学以及教会法中仍然存在宗教与世俗之 159
间明显的紧张关系，这样的紧张关系也存在于其他学术领域，它不可避免地要对科学的价值前提加上严厉的限制。这里无须回顾针对背离官方教条的科学家所采取的种种镇压性措施。具有原创精神的思想家、勇于创新者要冒开除教籍的可怕风险；异端要被处以极刑。正是这种导致此类镇压的紧张关系也使得西方科学的最初成长成为可能，了解这一点虽然极少令人宽慰，但却是重要的。

法律科学的社会学标准

一门科学，就这个词在近代西方的意义上说，除了它的方法论和它的价值前提之外，还必须依据社会学的标准加以定义。某些特定的社会性先决条件不仅对于它的存在不可或缺，而且对于它性格的形成也有所帮助。这些先决条件包括：(1)科学共同体的形成，通常还伴随着各种学科的扩展，每一个共同体对于研究活动、新生训练、科学知识的分享以及本学科内外的科学成果的鉴定负有共同的责任[83]；(2)各种科学学科在更大的学术共同体内尤其是在大学中的联系，其成员对于学术的推进以及对于青年人的教育具有的共同关心,并且具有一种固有的共同假定,即认为知识的所有分支最终都建立在同样的基础之上;以及(3)科学家共同体享有特权的社会地位,包括教学与研究的高度自由。这种自由又是与他们服务于科学事业本身的高度责任、它的方法、它的价值以及它的功能相关联的。

西方的法律学术在12世纪是,现在仍是一种集体性的事业,法律学者从当时直到现在一直组成一种具有共同的利益与事业的共同体,这一点很少引起真正的争议。另外,在个人成员具有普遍的责任和保证将他们学科的进步置于他们个人私利或利益之上这个意义上,法律学者在过去和现在都构成了一种职业,这一点或许也可以说是显而易见的。这类西方历史经验中的老生常谈可能也适用于无论何时何地存在的所有科学。但是,自12世纪以来的西方科学,包括法律科学所独具的特征却是它与大学组织之间的密切的历史联系;科学在大学中诞生,大学则将教学与研究的不稳固的自由这种遗产赠与给了科学。

160 这里是解答近代西方科学概念与科学方法为什么在11世纪和12世纪早期出现这一问题的另一个关键所在。大学出现于那个时候。这似乎只是把问题推后了一步,但情况不仅如此:大学的出现将这个问题从观念史的范围转到了共同体史的范围。赋予近代西方意义上的科学以性格的科学方法与价值不能根据类似柏拉图或黑格尔式的观念的展现而予以解释,它们是对社会需要的社会回应。在1150年的北意大利城市博洛尼亚居然有来自欧洲各地的一万名学生学习法律科学,单单用持续地翻译亚里士多德的著作来解释这一现象是不够的。[84]他们在那里是因为社会使他们的聚合成为可能——简直可以说是急需;不仅如此,在决定他们当时所学习的法律科学的性质方面,同样的社会条件不可避免地起到了一种关键性作用。

经院主义的辩证法以及随之而来的近代科学,包括法律科学,是由11世纪晚期和12世纪西欧社会的历史境况的矛盾而产生的,也是由解决这些矛盾以及锻造出一种新的综合这种压倒一切的努力而产生的。最为重要的:它们是由分离了教会与世俗管辖权并由此导致在社会生活的各个层面上将二者之间的矛盾加以调和成为一种急需的那种革命性剧变所产生的。在西欧,出现了一个受过学术训练的法学家职业阶层——最初主要是在教会之中,最终则存在于各种层次上,在各城市与王国中形成——以适应调和那些普遍存在的冲突的需要,这些冲突存在于教会之中,存在于教会当局与世俗当局之间,也存在于各种世俗政治体之间和之中。法律科学产生于最初形成于大学之中的法律职业阶层中;也就是说,法学家们构成了一种社会共同体,在其中,法律科学乃是这个共同体对于存在事物的理性的表达。通过它的科学,通过解决西欧的社会与历史境况与此前存在的法律权威之间的矛盾,法律职业阶层对于解决存在于那种境况中的种种矛盾提供了帮助。法律科学最初乃是解决权威法律文本中各种冲突的程序的组织化。

在基督教世界中,犹太教和伊斯兰教这两个重要的文化孤岛的出现,对于满足对矛盾进行分析和综合的辩证方法的需要以及对社会冲突进行法律解决的需要也作出了贡献。不过,令人惊奇的是,西方法律制度在其形成期,即在11世纪晚期和12世纪的发展过程中,看起来并没有在实质上受到当时的犹太教或伊斯兰教的直接影响。人们确信,甚至在早期,天文学、数学、艺术,或许还 161
包括某些具体的政府制度与惯例(尤其是在西西里的诺曼王国)便受到了阿拉伯文化的重要的直接影响,而犹太文化也曾对《圣经》研究和神学有过重要的直接影响;当然,犹太教对于基督教的历史影响也是巨大的,因为基督教教会声称亚伯拉罕是它的创立者,犹太教《圣经》是它的遗产。但是从学者迄今所揭示的情况来看,无论是《塔木德》还是《古兰经》,对于西方的第一批伟大的立法者和法学家似乎都没有产生任何影响。[85]

西方法律科学在其形成时期的主要社会特征,尤其是作为受到大学影响时的特征可以归纳如下:

第一点,大学帮助西方法律科学成就了一种跨国家的特征:正如戴维·诺勒斯所说:"在1050年到1350年的300年间,尤其是在1070年至1170年的100年间,全部受过教育的欧洲人组成了一个单一的和无差别的文化单位。在爱丁堡和巴勒莫之间、美因茨或隆德和托莱多之间的地方,任何城市或乡村的任何一个人都可以到任何一所学校中接受教育,并且可以成为任何教会、法院或大学[只要它们存在]的一名高级教士或官员,无论它们是在北方还是南方,东方还是西方。这是帕维亚、贝奇以及坎特伯雷的兰弗朗克的时代(兰弗朗克是征服者威廉的首席顾问和坎特伯雷大主教);是奥斯塔、贝奇以及坎特伯雷的安塞姆的时代(在征服者威廉的继任者治下,安塞姆继承了他从前的老师兰弗朗克的职位);是伦巴第、坎特伯雷、牛津和约克的瓦卡里乌斯(一位著名的罗马法教授)的时代;是索尔兹伯里、巴黎、贝内文托、坎特伯雷以及沙特尔的约翰(他是国王、大主教和教皇们亲密的朋友和顾问,'他那个时代里最有成就的学者和文体家')的时代……是圣奥尔本斯、法兰西、斯堪的纳维亚以及罗马的尼古拉斯·布雷克斯皮尔(其父母为英格兰人,成为教皇哈德里安四世)的时代;是阿奎那、科隆、巴黎以及那不勒斯的托马斯的时代……在这个时期里,很大一部分最著名的著作家、思想家以及行政官员在远离他们出生和度过童年的地方取得了他们最大的声望和毕生最重要的成就。不仅如此,在他们中许多人的著述里，不存在一种单一的语言、文体或思想的特征，从而使我们知道他们出身何处。当然，我们所说的只是一个很小的受过教育的阶层，而一般土地贵族、许多君主，甚至一些主教都不属于这个阶层。教会与国家的世界常因为宗教对立和战争而分裂，而人口中的大多数却牢固地扎根于土地之中，除了他们狭小角落中的田野和森林之外不知道其他什么东西。但是，在文字与思想的层次上，却有一系列同一族系的词汇、形式以及思想供所有的人平等地汲取和分享。如果我们拥有当时的著作而不知道它们的作者的姓名，我们将难以判定它们该归属于哪个国家或 162
民族。”〔86〕

诺勒斯关于这个时期的一般学术情况所作的描述同样适用于教会法和罗马法领域里的法律学术。这是一些没有国家疆域的学科。它们在大学中被向来自欧洲的所有国家的学生们讲授。当然，他们都操拉丁语，拉丁语不仅在法律方面，而且在教育与学术以及宗教崇拜和神学方面都是西方的通用语言。

第二点，除了赋予法律学问一种跨国界的性格之外，欧洲大学还有助于使法律本身具有一种超国家的术语和方法，大学法学院的学生毕业之后返回他们自己国家，或到其他国家，在那些地方他们充任宗教当局、王室当局以及城市当局的宗教的或世俗的法官、开业律师和法律顾问，另外还充任各种类型的行政官员。在涉及教会法的范围内，他们直接运用在大学中获得的训练；在与世俗法有关的范围内，他们便将他们所学过的罗马法和教会法的术语与方法运用到其中。

第三点，在欧洲大学中所讲授的法律方法是一种能够在此前存在的分歧的和矛盾的习惯和法律之外建立各种法律体系的方法。协调矛盾的技术，连同对一种理想法律体系或一种法律原则的完整结构的信仰,使人们可能在首先对教会法加以综合之后,再综合封建法、城市法、商法以及皇家法。

第四点,大学提高了学者——也就是科学家——在塑造法律中的作用。法律最初是在古代文献中发现的,因此便需要一个能够对那些希望探索其中奥秘的人们解释这些文本的学者阶层。博士,即法律教师,便成为"真正的规则"的解说者。这也赋予法律科学以一种有助于克服法律中的矛盾的普遍性。

第五点,法律与其他大学学科——尤其是神学、医学以及文科——的并置也有助于拓宽法律研究,否则,这样的广度是不会有的。经院主义的方法被用之于所有学科;此外,所有学科的讲授对象均有部分重合。因此,法律学生不难知道他的专业乃是他的时代的知识生活的组成部分。

第六点,虽然法律与大学其他学科有联系,但同时也与它们相分离、相区别;它不再像大学兴起之前那样,或者是修辞学的一个
163 分支,或者是伦理学和政治学的一个分支。在罗马帝国时期,法律思想的自治是由实际从业者,尤其是执政官和职业法律顾问们维护的,而在西欧,这种自治则是由大学维护的。

第七点,法律被作为一门大学学科讲授这一事实不可避免地引出这样的结果,即各种法律学说应当根据一般真理而予以批评和估价,而不仅仅作为一种工艺或技术来加以学习。即使在大学之外,教会长期以来就教导人们所有的人法都需要经过神法和道德法的检验和裁判;但是,大学的法学家却增添了理想的人法的概念,这理想的人法便是查士丁尼汇编中的罗马法,它与《圣经》、教父著述、宗教会议和教皇的法令以及其他神圣文献一起,提供了批评与估价现存法律规则与制度的基本的法律原则和标准。正是这些过去的能够激发人的灵感的作品,而不是任何立法者的言行,提

供了合法性的最终标准。

第八点，将法律制度概念化，将法律系统化，使其成为融合的知识体系，在这样的体系中，法律规则的有效性可以通过它们与整个制度的一致性而展现出来，通过这样的过程，西方大学将法律分析提高到一门科学——依照 12 世纪至 15 世纪人们对这个词所理解的含义——的水平。

第九点，大学产生出一个职业法律家阶层，这些法律家由于共同的训练，由于引导教会的法律活动和帝国、王国、城市、庄园、商人行会以及其他行会的世俗领域的法律活动的共同任务而联系在一起。法律学生本身，至少在最初是组成一种社团、一种行会的，虽然毕业之后他们分散到许多国家，但是由于共同的训练和共同的任务，他们仍然非正式地联系在一起。

的确，在 14 世纪的英格兰，在牛津与剑桥的大学法学院的一旁，律师公会中发展出一种不同的法律教育模式。不过，无论是在英格兰，还是在欧洲其他国家，12 世纪所确立的大学法律教育制度对于法律思想都有着巨大的影响。同样真实的是，近代民族主义的兴起损害了西方法学教育的跨国特征，法律与大学其他学科之间的联系也受到了实质性的削弱。但是，博洛尼亚传统中的某些东西，经院主义辩证法中的某些东西，却在 9 个世纪后复活了——甚至在美国的法学院中也出现了这种现象。的确，它们已传播到整个世界。只是在 20 世纪后半期，它们才逐渐受到严峻的挑战。

这种出现于 11 世纪晚期和 12 世纪的西方的新的法律方法——它的逻辑、它的论题、它的推理类型、它的一般化层次、它的 164
联系个别与一般及案件与概念的技术——乃是将法律作为一门自主科学而对之进行有意识地系统化过程的一个实质组成部分。它也是自主的法律体系在其创造中的实质组成部分，这种法律体系服务于在教皇革命中出现的新的政治体:新的教会国家、正在兴起的世俗王国、自治城镇、新近整合的封建主和庄园主的关系以及商人的跨地区社团。对于冲突、权威法律文献以及通过一般原则和概念而对冲突的调和的强调是一种创造性的知识回应,它满足了协调社会结构之中并存的和竞争性的相互激烈冲突的因素的需要。要承认矛盾因素的每一方面(宗教的和世俗的、皇家的和封建的、封建的和城市的、城市的和行会的)均具有合法性,但是又要确认整个社会的结构性统一体(欧洲、西方、西方基督教世界)——对于这类统一体来说,种种冲突因素都是它的组成部分——的合法性,又要寻找一种真正的综合,也就是说,在不破坏各种组成因素的自主性的前提下,对于含混与冲突加以解决——这是那个时代的革命性挑战。这也是注释法学家和教会法学家在法律科学中所面临的挑战,是在法律科学的帮助下所创造的新的法律体系在其发展过程中所面临的挑战。[87]

不过,由于同样的原因,新的西方法律科学远远不只是一种智识成就——它不仅仅是一种推理方法或一种组织思想的方法。它的准则既是知识的,也是价值的。形式表达着实体价值与政策。[88]对于对立的法律规则的调和是企图调和严格法与衡平、正义与仁慈、平等与自由的更广泛过程的部分。

最重要的是,在 11 世纪和 12 世纪里,结合这些冲突范畴和价值的努力是被视为一种更为艰巨的调和的一部分,那就是上帝与人之间的调和。正是这种对自身终极命运的新视野,而不是其他任何东西,第一次让西方人具有了对于法律科学的信仰。

第四章　西方法律传统的神学渊源

假如不去探讨西方法律传统的宗教方面的话，要理解这一传统的革命性质是不可能的。有这样的说法，说前天的隐喻便是昨天的类推和今天的概念。据此，我们可以说 11 世纪的法律隐喻便是 12 世纪的法律类推和 13 世纪的法律概念。为法律类推和法律概念奠定基础的法律隐喻首先是宗教性质的。它们是最后审判和炼狱的隐喻，基督因亚当的堕落而赎罪的隐喻，在圣餐礼中饼酒变体的隐喻，在补赎礼中罪过得到赦免的隐喻，教士的“捆绑和释放”——即施加或减免永罚——的权柄的隐喻。其他一些法律隐喻主要是封建性质的，虽然它们具有宗教意味——它们是荣誉、对损害荣誉的赔偿、信仰誓言、服务与保护的双方互利契约等隐喻。所有这些隐喻都是礼仪与神话的统一结构中的组成部分。（此处的“神话”一词并非用它的“寓言” 165

的旧含义,而是相反,它意味着“神圣的真理”,这种新含义已广为接受。)[1]

这样的探讨表明,西方法律体系的基本制度、概念和价值都有其11世纪和12世纪的宗教仪式、圣礼以及学说方面的渊源,反映着对于死亡、罪、惩罚、宽恕和拯救的新的态度,以及关于神与人、信仰与理性之间关系的新设想。在经历了若干世纪之后,这类宗教态度和设想已经发生了根本性的变化,今天,它们的神学渊源似乎已走向枯竭。但是,从它们中衍生出来的法律制度、概念以及价值却仍然得以保存,并且大体上没有发生变化。西方法律科学是一种世俗的神学,它之所以经常被认为没有意义,是因为它的神学前提已不再被人们所接受。

166 有一个不同寻常的例子可以表明失去了与它的神学渊源之间联系的一种法律传统所面临的自相矛盾。如果一个神志正常的人被判定犯有谋杀罪并被判处死刑,在死刑执行之前他发生了精神错乱,这时他的死刑便要延迟,直到他的神志得到恢复。一般而言,这是西方国家和许多非西方国家的法律规定。为什么?在西方,历史的回答是,如果一个人在精神错乱的时候被执行死刑,那么他将没有机会坦白地忏悔他的罪过和参加圣餐礼。必须允许他在死前恢复神志,这样他的灵魂便不致被判在永久的地狱之火中受到折磨,而且有机会在炼狱直至在最后审判中赎回他的罪过,得以进入天国。但是在不信仰这些的地方,为什么也要等待神志错乱的人恢复神志之后再处死他呢?

这个例子本身或许只有很小的重要性;但是它却表明,所有西方国家以及所有处在西方法律影响之下的非西方国家的法律制度都是宗教态度与设想的一种世俗遗留。历史地看,这类态度与设想先是表现在教会的仪式、圣礼以及学说之中,后来则表现在法律的制度、概念和价值中。当这些历史根源不为人们所理解的时候，法律的许多内容便显得缺乏基本的有效性资源。

最后审判和炼狱

基督教从犹太教那里继承了对这样一位上帝的信仰，他既是慈爱的父亲，又是正义的法官——一位自相矛盾的上帝，他将仁慈与正义结合起来。一方面，上帝惩恶赏善，人要为自己的行为对上帝负责。另一方面，上帝又怜悯人的弱点，并赦免由于人的不服从而应受到的全部惩罚。上帝“所愿并非罪人之死，而是他应厌恶他的邪恶并活下去”。[2]

基督教也从犹太教那里继承了这样的信仰，即相信在历史终结之时，上帝将对世界上所有民族，包括所有曾在这个世界上存活过的人们的灵魂进行审判。在《旧约全书》中，最后审判是被快乐地等待着的：的确，许多人将受到惩罚，但救世主的和平、正义与爱的时代会同时到来。[3]与此相似，基督教的教义声称，在末日到来之时，基督将复活，“审判生者与死者”，并声称这将开创他在这个世界上的和平、正义与爱的统治。[4]不过，在《新约全书》中，永罚的威胁以及相应的对悔罪与宽恕的强调比《旧约全书》更重些。耶稣宣布，当末日到来的时候，“当人子在他的荣耀里降临的时候”，“万民都要聚集在他的面前”，他要将所有的人分为两部分：那些在人 167
世间曾对耶稣的饥渴、疾病、衣着、行旅和被监禁时给予照料的人将被给予永生，而那些未做这些事情的人们则要投入“永久的狱火”和“永罚”之中。[5]

相信上帝是一位公正的法官，基督将降临作为一位法官，这种信仰对于东西方教会的法律价值的发展都起到了重要的作用。在早期的几个世纪中,当教会基本上是由隐蔽的信徒的大量小团体所组成的时候,法律价值大多散布于道德价值和宗教价值之中。高尚的行为准则被公布,也设置了一些非正规的程序以解决基督徒之间的争端,但是却未见有创造新的基督教法律制度的努力。关于法律与基督教信仰之间的关系主要是根据基督徒对于犹太教法和罗马法应当采取怎样的态度而加以考虑的。早期的教会不认为犹太教法对于不信犹太教的基督徒具有拘束力,遵守这种法律也不被认为是一条获救之路;虽然教会被认为是犹太民族的一种历史延续,但是它同样接受具有各自法律的其他民族。不过,《圣经》的法律(尽管不是犹太教法)却是有拘束力的,这是在另外的一个意义上,即把它作为上帝为人类所订立的道德准则的一种启示。圣保罗在写给罗马教会的信中说:"律法是圣洁的,诫命也是圣洁、公义、良善的。"(《罗马人书》7:12)这意味着基督徒应将《圣经》的法律内化,应当从心底信仰其中所包含的真理,并应当由于信仰、希望和爱而不是因为法律的诫命或惩罚而行善。

与此类似,最初三个世纪的教会虽然尊重罗马法,却拒绝它的绝对权威。一方面,人们相信"凡掌权的都是上帝所命的。"(《罗马人书》13:1)在另一方面,一项不道德的法律在良心上并不认为具有拘束力,而且可能不服从它乃是一项绝对的义务。事实上,在早期教会的经历中,非暴力反抗原则是固有的,因为基督教信仰本身是非法的。

因此,犹太—基督教关于上帝是一位法官——并且也是一位立法者,因为《圣经》对于神的裁判采取了"能动主义的"立场——的信仰最初在教会看来几乎仅仅与下面这类终极性关怀相联系,诸如人的本性与命运、在他灵魂中光明的力量与黑暗的力量之间的斗争、对于人类苦难的解释以及生与死的意义。改革国家的法律以使之与神法相一致，这样的努力没有作出，也没有机会作出。

公元313年君士坦丁皇帝皈依基督教以及基督教作为帝国官方宗教地位的确立再明白不过地提出了这样的问题：基督教中是否存在着任何积极的东西，从而能够对统治者作为他统治范围内 168
的最高法官和最高立法者的地位有所裨益？由于将皇帝视为教会的首领和基督在尘世的代理人的信仰，这个问题变得愈发尖锐。当时对于这个问题的答案与在5、6、7世纪时由于日耳曼诸王的皈依所引出类似问题的答案并无实质性区别。基督教是被作为启示性的信仰而非社会性的纲领被接受的。但是，它的确包含着社会改革的某些因素，这是它的追随者的最强烈的来世观念也无法回避的。拜占庭的基督教皇帝们认为“循着更大仁慈的方向”（如他们所说）修订法律乃是他们作为基督徒的责任。[6]在基督教的影响下，同时也在为基督教哲学所接受的斯多葛派和新柏拉图派观念的影响下，出现了这样一些变化：(1)在家庭法中，给予妻子在法律上更为平等的地位，将配偶双方的合意作为婚姻有效性的前提条件，使离婚更为困难（在当时，这是走向妇女解放的一步）以及废除父亲对其子女生杀予夺的权力[*patria potestas*（家父权）]；(2)在奴隶制法方面，如果主人滥用权力，奴隶则有权向行政官提出起诉，如果主人残酷地行使他的权力，在某些情况下，奴隶有要求获得自由的权利，规定了解放奴隶的多样化的方式，允许奴隶由于与自由人之间的亲属关系而获得权利；(3)在严格法与衡平之间关系方面，强化衡平的概念，缓和一般法令的严厉性；最后，(4)查士丁尼皇帝及其继位者们在6、7和8世纪所进行的伟大的法律汇编实践部分也是由于这样的信仰的启发，即基督教要求将法律的系统化作为法律人道化的一个必要步骤。

无论是在东方还是在西方,由于基督教伦理所要求的是怎样的一种法律秩序没有全面的描绘,因而从法律中消除与基督教伦理不相容因素的努力受到了损害。在西方,迄至12世纪,这一缺陷又与不存在一个有意识系统化了的法律体系的缺陷结合起来了:这里没有职业的律师和法官阶层,不存在法律学校,没有法律著作,极少有立法文件。总的说来,西方法律是由习惯性规范与程序构成,而它们通常又分散在政治、经济以及社会制度之中。在拜占庭,情况恰好相反,那里有建立在希腊的自然理性至高无上的概念与罗马的秩序观念之上的独特的法律遗产。那里有律师与法官,有法律作品,有法律学校,有发达的立法和行政体系。但是在拜占庭历史的大部分时间里,罗马法律制度是处在衰落之中的;"循着更大仁慈的方向"而改革它的运动失去了使其成为有效法律的必要推动力。法律学校转瞬即逝。一位皇帝所进行的改革到了
169 下一位皇帝时便予以废除。几乎不存在有组织的发展。公元2世纪和3世纪的古典法学家的法律分析水平在他们的基督教后继者那里从来没有达到过。查士丁尼曾禁止对他的法律汇编的注释;具有讽刺意味的是,在他死后不久,当帝国的官方语言由拉丁语变为希腊语时,它已或多或少被废而不用。除了对于法律所具有的一般的人道化影响之外,总体而言,东方基督教确实最终对于拜占庭法律科学施加了消极的影响,因为它剥夺了罗马法的终极的意义,却没有提供一套在这个世界上可以替代罗马法的正义体系。

只要最后的审判只是被理解为在另一个马上到来或已经呈现的世界里神圣统治的开始,它便不可能激励人们为着尘世的过渡期而创造并行的法律制度。这种看法本质上是启示性的,而不是预言性的。这是纪元后第一个一千年中教会的特征,无论是东方还是西方皆是如此。最能够代表基督教信仰的便是修道院生活,

那里的男女们“对于这个世界而言已经死去”,他们寻求在天国里的完美的生活。对于现实,教会通常并不采取批判的或改革的态度:对正在衰败的“世俗之城”中世俗生活的根本绝望已被接受,人们耐心地和虔诚地等待着弥赛亚降临,“审判生者与死者”。

不过,到了11世纪早期,在西方,对最后审判的信仰通过一种并行信仰的发展而获得了一种新的意义,这种后起的信仰认为单个的灵魂在死亡的时刻要受到一次中间审判,并且在单个基督徒死亡与神圣法官最终来到之间存在着一个“涤罪”的中间时期。最后的审判仍然被认为是这样的一个时刻,即所有活过的灵魂都将被复活,经过审判之后,或者一道进入上帝之国,或者与魔鬼一起接受永久的惩罚。但是,炼狱却被作为对**单个**(*individulal*)基督徒灵魂的**暂罚**(*temporal condition of punishment*):由于经过洗礼,他们都免于背负“原”罪(或天然之罪)之债;不过正义却要求他们为着活在尘世间时没有完全赎清的“个人的”(或实际的)罪而在死后受到惩罚。除了极个别的情况外,在世间的无论怎样的赎罪都不足以使一个灵魂免于在死后继续赎罪的责任。赎罪意味着对一笔价款的偿付,而不是逐渐的改过自新:直到所有价款付清之前,灵魂一直是有罪的(处于负债状态的)。

在东方教会中,无论是过去还是现在都没有普遍地接受灵魂死亡之后和审判日到来之前需要为赎罪而受难的学说,尽管过去有现在仍然有对于死者的祷告。[7]在西方也是如此,虽然炼狱的观念早在5世纪便已出现,又经过修道院赎罪手册的强化,但是在11 170
世纪以前,终究没有获得它后来才获得的那种教义的意义。它不是基督教信仰的必要的内容,也没有被清楚地表述或定义。

1000年之后不久,在西方创立了一个新的节日,名为万灵节(All Souls' Day),时至今日,每年11月2日,即万圣节(All Saints'

Day)的后一天,罗马天主教徒们仍要庆祝这个节日(万圣节无论东方还是西方都庆祝,而万灵节只在西方并且主要是在罗马天主教会中庆祝)。克吕尼修道院院长奥迪罗构想了这个节日,并且正是由于克吕尼修道院的努力才使这个节日得到了普遍的接受。这是庆祝所有曾活过或将活过的灵魂将在末日法官面前战栗地显形的灵魂们相聚的日子。同时,在尘世间的和在炼狱中的基督徒的灵魂通过祈求宽恕而期望着这一天的到来。罗森斯托克-胡塞很有说服力地指出这个节日是联结西方基督教世界的一种共同具有的死亡想象。"对于万灵节,圣礼读物强调人是彻底的虚无。人如约伯,如青草,如一道光影。但是上帝却极为重视他,上帝的眼睛注视着他并召唤他接受审判……末日审判的观念……揭示了人的尊严,他的要求并非如一根荒草被投入火中,而是受到裁判……基督徒士兵的军团怀着不可抗拒的信仰在耶稣基督面前行进,过去耶稣基督是他们的同志,现在是他们的法官。在万灵节为死者举行的弥撒中的胜利的呐喊是:'我知道我的救赎主依然活着,我将在末日升天'。"[8] 伟大的赞美诗 *Dies irae*[Day of Wrath(《天罚之日》)]在13世纪写出,用来表达万灵节的思想与情感。贯穿诗篇的主题是正义与仁慈之间的冲突,以及在末日的神圣裁判中它们的最终协调。

不过,在末日审判之前,基督徒的灵魂却依然在炼狱之中,直至通过苦难而全部涤清罪过。所有基督徒都要受到炼狱的惩罚,除了极少数在天堂者(圣徒)和在地狱者(执迷不悟的人),并且,每个在炼狱中的人都要根据其罪过受到惩罚,而不管其地位高下。由于末日审判被设想成为一种伟大的普世民主,因而炼狱就被构想为一种伟大的基督教民主。在但丁(1265~1321)生动的描绘里,教皇和皇帝与农奴和土匪们在一起受难。区别人们命运的唯一原则是依据个人罪过的严重程度所给予的不同惩罚。

末日审判的观点假定生命不仅仅是流(flux),它有其目的——不仅如此,人还负有实现这一目的的责任。一个人在尘世中的整个一生是一种将在末日审判中加以清算的东西。但是这种清算并 171
不必要依据一种精心设计的规则与标准体系来进行。与此相反,炼狱的观念却假设清算需要依据精心设计的规则与标准体系来进行。每个人的罪过都被加以称量,炼狱里的惩罚便是根据每一桩罪过的严重程度而科处的。此外,人们认为教会,更具体地说是教皇对于炼狱享有管辖权。教皇执掌着所谓善功圣库(Treasury of Merits);他可以在炼狱中分配与在尘世中赎清受罚人罪过所需要的补赎期相当的善功——不过,假如悔罪人的灵魂是处于倘若他完成规定的补赎即可达到者相同的状态,便可以减免暂罚。这意味着实际上,在炼狱中所要渡过的时间是可以由宗教决议予以减少的。[9]随着 11 世纪末教皇君主体制走向顶峰,教皇乌尔班二世主持下的克莱蒙宗教会议宣布第一次"大赦"(plenary indulgence),解除所有参加第一次十字军的人们在他们加入神圣的十字军之前所犯罪过的炼狱惩罚责任。

万灵节的圣礼和炼狱学说为西方基督教世界的神学与法学之间提供了重要的联系。在过去,罪被理解为是一种异化状态,是对人的存在的一种减损;现在,它被认定为法律术语上的具体的错误行为、欲望或思想,对此须通过此生或来世的一定时期的苦难予以惩罚。将罪孽作为分离上帝和世人之物这种更为根本的见解反而只起到次要的作用。哪些具体的有罪行为,欲望或思想应当受到惩罚、应当科以什么种类或程度的现时苦难则基本上是由道德法予以确定的,这种道德法首先是来自《圣经》中上帝的启示(神法),其次是来自人的心灵与思想中的上帝启示(自然法);但是,它还要进一步地由教会的实在法加以界定。教会法来源于神法,并要受到神法的检验。

这样,可以说,生命在死亡之后的法律化最终导致了末日审判本身的意义的实质性降低。得出的逻辑的含义便是所有在炼狱中的人事实上都要涤清其罪过;只要偿付全部价款,他们便会自动地进入天国。因此人们设想法律的维护必然有一个欢乐的结局。但是,由于同样的特征,那些选择居于此制度之外的人们——包括冥顽不化的基督徒以及那些自觉地抗拒基督教的异教徒——从死亡的时刻起便被判入永罚之中。这样,在末日审判中,上帝便成为一个管理性的角色,至少对于所有那些在基督第二次降临之前死去
172 者的灵魂来说是这样。人开始占据舞台的中心。他的选择自由成为他走向拯救过程中的决定性因素。航线由惩罚与奖赏制度指引,这种制度从现实及于来世,直至到达最终的目标。

补赎的圣礼

对于11、12世纪以及此后的西方宗教想象产生了如此强烈影响的是关于炼狱的新见解,这种见解又与另一种发展相伴随,那就是有关补赎圣礼方面的礼仪上的发展。在11世纪以前,无论是在西方,还是在东方,补赎实质上是由赎罪行为构成的,这些补赎行为导致了赎罪者与上帝、与信仰者的群体以及与他或她所冒犯的人之间的和解。[10]它只是在偶然的情况下才被称为圣礼。不过,在11世纪和12世纪的西方,补赎开始经常地被称为圣礼,与此同时,其圣礼性质的焦点已从和解行为上转移出来。对于赎罪者来说,以真诚的悔悟向一名教士忏悔其罪过,从而获得赦免在地狱中的

永罚便已足够,在地狱里,每一个基督徒都要对其未加坦白和忏悔的不可饶恕的大罪在死后承担责任。教士通常还要坚持要求赎罪者同意在今后履行补赎的义务。这些将有助于抵偿在此生以及死后在炼狱中所经受的暂罚,每一个基督徒都要为其已经坦白和忏悔的小罪和不可饶恕的大罪而受到这种惩罚。

虽然这种圣礼依旧被称为“补赎”(*Poenitentia*),但是被延缓了的并且达到与悔悟、忏悔以及赦免相分离程度的赎罪行为却第一次明确地等同于对以前有罪行为的“惩罚”(*poena*)。在 11 世纪关于这个问题的最重要的并对后来的神学与法学著述具有强烈影响的小册子,《论真实与虚假的补赎》一书便将补赎与接受惩罚等同起来,“去经受惩罚”。[11]作者指出:“恰当地说,惩罚(*poena*)乃是对一个人所犯罪过进行惩处和报复(*vindicat*)的伤害(*laesio*)……因而补赎(*poenitentia*)是一种总是个人对其所懊悔行为进行自我惩罚的报复(*vindicat*)。”[12]从前,补赎意味着标志离开罪孽,走向上帝和世人的悔悟行为,着重点离开这种含义,便是一个重要的转变。

据说,教士的赦免权来源于基督将“天国的钥匙”连同“捆绑和释放的权柄”移交给圣彼得(《马太福音》16:19)。最初这仅仅被理解为施加或赦免永罚的权力。不过到了 11 世纪和 12 世纪,施加以赎罪行为为表现形式的惩罚的权力也被说成是来自于同样的渊 173
源:通过忏悔,永罚可以转换成暂罚。[13]这与东方的“神奇的”补赎连同它对治疗性的和精神上的规劝的强调大不相同;[14]同时,它与从 6 世纪至 11 世纪实行于西方修道院(也扩展到修道院以外)的悔罪戒律也相距甚远,因为早期的戒律很少正规化并很大程度地保留了“东方”特点。另外,在早期,悔罪戒律完全是地方化的,各地之间都存在着差异。最后,虽然在东方,如同在早期的西方,教士可以恳求神的宽恕,但是他本身却不能够宣布罪人得到赦免,而在教皇革命之后,一种新的惯用语在西方出现了:Egote abgolvo("我赦免你")。最初,这被解释成为教士对上帝行为的一种证明,这种行为是由悔悟和忏悔而导致的。但是,到了12世纪,它却被解释成为具有一种表演性的,也就是说,一种圣礼性的和宣告性的效力。[15]

圣餐礼

在11世纪和12世纪,圣餐或最后的晚餐的纪念也被予以严格的界定和系统化;与此同时,它的重要性被提高了,成为首要的基督教圣礼和教会成员的主要标志。

在11世纪的50和60年代,当兰弗朗克(当时他是诺曼底贝奇修道院的院长,后来成为征服者威廉治下的坎特伯雷大主教)对与之相竞争的一家修道院学校的校长,图尔的贝朗瑞所提出的解释提出挑战时,圣餐的含义这一问题开始被激烈地争辩。贝朗瑞的声望主要基于他在约30年的时间里,顽固地捍卫他的观点,不仅对抗兰弗朗克,而且对抗整个教皇派,包括教皇格列高利七世。贝朗瑞坚持圣餐的效力,它的宽恕授予力并不依赖于饼的转化;他争辩道,饼依旧是饼,但是当它被人们以适当的方式提供和接受的时候,它也是基督的"外表"和"肖像"。兰弗朗克使用亚里士多德的实质与偶性(substance and accidents)的范畴,说服第一次拉特兰宗教会议谴责贝朗瑞的观点,并断言在这种圣礼中,当饼被作为献祭品的时候,它的实质就奇迹般地转化为基督的"真正的"肉体。[16]从神学的角度来说,除了教士外,其他人是不需要参与的。在此后的一个世纪里,兰弗朗克的理论——后来被称为“变体论”——通过引入圣体奉举礼而以圣礼的方式予以表现:在拿起圣饼之前,诵圣礼辞,“这是我的身体”,便实现了这种转化。〔17〕

也是在12世纪,从前只是偶然的或少见的由俗人参与的圣餐 174
礼变成了一种他们至少每年要举行一次的普遍要求,它在复活节季节举行,在前面要加上补赎圣礼。到了1215年,第四次拉特兰宗教会议将这个要求普遍适用于所有基督徒。圣餐成了作为一个联合体的教会的成员的标志;开除教籍,也就是剥夺领受圣餐的权利,已成为开除成员资格的首要手段。

在圣礼学说和礼仪上所发生的这些变化与教皇革命以及教士的新特权之间的关系是显而易见的。〔18〕这方面,考虑一下东方教会的圣礼同样也是有所裨益的。在今天的东方教会,如同在11世纪晚期和12世纪之前的西方一样,最重要的圣礼不是圣餐而是洗礼。〔19〕洗礼被视为伟大的基督教奇迹,通过洗礼,一个人便一次性地弃绝了魔鬼,直到他死去,并作为天国的一名公民而再生。首先是因为洗礼,才使人们得以从恶魔的控制以及死亡中得到拯救。在18世纪及此后,“变体论”和“真在论”被许多东方神学家所接受,但是在东方思想中,它们却从来没有扮演一个中心的角色。此外,在东方教会,如同11世纪和12世纪以前的西方一样,圣餐礼并不是与一个可见的、联合的教会中的成员资格相联系,而是与和复活了的基督之间的共有的伙伴关系相联系的。〔20〕

还是在11世纪和12世纪,圣餐庆典在西方首先走向高度仪式化。此外,在此前未加限制的圣事的数量被减少到七项,每一项都要服从其特有的圣礼规则。〔21〕这些发展同样与教会的法人性法律结构的确立相关联。除非演示正确,圣事便是无效的,而它们的正确演示通常需要教会机构体系内的专门机关。(但迄至16世纪,婚姻是一个例外)据说,如果通过一个权威的人而正确地演示,那么一项圣事便会 *ex proprio vigore*(因其自身力量)而有效。因此,就圣餐礼而言,人们认为通过献祭的言辞和行为使基督的显身作为恩典之源而见效,而无须如在东方教会的过去或今天那样,诉诸对圣灵的祈祷。

新神学:安塞姆的救赎学说

凭着这些隐喻和类推,概念被建立起来了,先是在神学领域,后来是在法律领域。

正是在同一个决定性的教皇革命的世纪里,即 1050 年至 1150
175 年,对基督教教义加以系统化整理的人们,亦即近代意义上的神学家在西欧首次出现:圣安塞姆(1033 ~ 1109),他是兰弗朗克在贝奇和坎特伯雷两个地方的伟大继承人;彼得 · 阿伯拉尔(1079 ~ 1142);彼得 · 伦巴德(1100 ~ 1160);以及其他许多人。确实,就是"神学"这个词本身也是首先由阿伯拉尔用来指对神的证据和性质所进行的系统化研究的。

当然,这些人的成就也是建立在从前的思想家的著作,包括教父尤其是圣奥古斯丁(345 ~ 430)以及中间某些时期的少数杰出的西方作家的著作之上的。然而,他们却从根本上改变了这些著作所表达的见解。[22] 对于包括圣奥古斯丁在内的过去的思想家来说,"神学"意味着神的智慧,是对《圣经》意义的虔诚的沉思,或者更确切地说,是对上帝及其属性的神秘的直觉;在一个更为狭小的意义上,它指的是对宗教会议以及主教所发布的命令,尤其是关于圣事的命令所作的解释。新的意义上的神学,也就是说,作为对信仰的教条以及它们有效性的证据进行理性与客观地分析和综合的神学开始于圣安塞姆，尤其是他对上帝的存在所进行的本体论上的论证(大约写于1078年)以及他对道成肉身的必要性所进行的“仅凭理性”的证明(大约写于1097年)。一代人之后，新神学从阿伯拉尔对于辩证方法的使用中获得了重要的推动，阿伯拉尔使用这种方法去调和权威文本中的矛盾；这就使得以既信服理性又与启示相一致的方式解释基督教信仰中的自相矛盾成为可能。最后，大约在1150年，曾是阿伯拉尔的学生的彼得·伦巴德写下了题为*Libri Sententiarum*(《教父名言集》)的著作，这是系统化神学的第一部全面的论著；甚至当圣托马斯·阿奎那过了一个多世纪写出他的《神学大全》(*Summa Theologica*)之后，它仍然是西方主要的神学教科书。

与法律科学上的革命相伴随的神学上的革命依赖于在理性与信仰之间所进行的分解辨析，尤其依赖于这样的信念，即对于通过神启所发现的东西可以仅仅使用理性而予以证明。这便是圣安塞姆对上帝存在所作证明的前提，他的著作题为*Proslogion*(《宣讲》)，副标题为*fides quaerens intellectum*(寻求理解的信仰)，在书中，他宣告了他的时代最伟大的格言：*Credo ut intelligam*(为了理解，我信仰)。[23]对于安塞姆来说，“理解”意味着用智识去理解、知其原委并且能够加以证明。理性地证明被认为是重要的，它的重要性既是对它自身，也被作为说服不信仰者的手段，但是最为重要的还是维护基督教教条的一致性，因而也是有效性的手段。

曾有人，例如卡尔·巴思，争辩说安塞姆的理性证明特指对于信仰对象的证明；因此，信仰者理性地向不信仰者说教便是将他们 176
作为具有同样神学信仰的人而说教。这个解释忽略了一个事实，那就是安塞姆将同样的证明标准用于证明上帝的存在，或者他化身为基督的必要性,同时安塞姆以及其他人在当时也把这种标准用于证明其他经验现象。实际上,安塞姆用于证明神圣玄义的**理由**(*ratio*)并非仅仅适应于这类玄义。它也是强调荣誉之满足的封建法律概念的理性和强调对犯罪的惩罚的教会法律概念的理性。这些概念是作为客观真理而提出的,无论是不信仰者,还是信仰者,只要具有理性的头脑,都是可以理解的。

可以说,在科学地处理到那时为止一直被认为是神圣玄义,只有当理智与直觉、经验以及信仰完全融为一体时方能了解的事物方面,11 世纪和 12 世纪的"理性主义者"被引上了将思想的一般范畴加以客观化的道路。这不仅是唯实论者(他们相信真理、公正、人性、正义、罪孽以及其他共相具有的一种独立的存在)的时代,也是唯名论者的时代,他们虽然坚持共相只存在于人的头脑之中,不过辩论的实在的措辞却使他们不得不将它们视为**仿佛**(*as if*)具有客观实在性那样来讨论。例如,对于唯名论者来说,公正与罪孽乃是心灵所创造的范畴,它们仅仅是观念,没有外在的实在性;但是它们却可以通过同样的合理性(在这个意义上也就是客观性)而由心灵予以研究,如同其他现象一样。唯名论者并不像东方教会和 11 世纪以前的西方教会那样说公正和罪孽根本不能理解为共相,而是说它们是上帝与魔鬼之间为了每一个人的灵魂所做斗争的表现。在东方,罪孽是人格化的,而不是概念化的。同样,虽然早期的西方神学曾追随柏拉图的理念客观存在的观点,但是却没有能够从它以之为基础的具体犯罪人那里分离出普遍的罪孽——人格化的情况除外。罪孽并不被认为是一种实体,而是人与上帝的一种关系。而且,用大写字母"M"所表示的人——亚当——并未被视为可以与具体的男人或女人相分离。无论是人性还是罪孽,都不被视为可以脱离具体形式而存在的客观的普遍实在。

与此相反。安塞姆在他的著作中关注的却是将基督教信仰中的玄义转化为对于宗教上中立的才智之士是可以理解和令人信服的逻辑。他的关于上帝存在的证据实质上是假定一种至善存在于人的真实思想过程的证据。他后来的也是更为大胆的证明道成肉身之必然性的努力走得更远:它试图通过逻辑证明人的真正的命 177
运乃是宇宙的道德与法律结构的一种反映。

在《上帝何以化身为人》(*Cur Deus Homo*)一书中,安塞姆试图离开启示——将基督搁在一旁(*Christo remoto*)——“借助必然理性”并且“仅仅通过理性”来证明上帝之子的献身乃是人类之罪孽得以救赎的唯一可能的手段。[24]用最简洁的语句表述,这种论证是这样的:上帝为了永恒的荣耀而创造了人。这种荣耀要求人坦白地将其意志服从上帝。不过,人却选择了不服从上帝的做法,并且这种不服从之罪孽通过遗传而给予每个人。正义要求或者依据人的罪孽而对他加以惩罚,或者他应该因损害上帝荣耀的行为而进行补偿。就惩罚而言,任何惩罚都是不充分的;不管怎样,人必将丧失他所得以创造的荣耀,而这种结果将只能是再一次阻挠上帝的目的。说到补偿,人为上帝所做的任何事情都不具有足以恢复上帝荣耀的价值。因而,人不能够对他的罪孽进行救赎,虽然他应该这样做;而上帝却能够(因为他可以做任何事情),但是他又不应该这样做。由于只有上帝能够而只有人应该做出构成补偿的献祭,因此便必须由一位神—人(God - Man)来完成这一使命。这样,那位神—人,即耶稣基督便是必要的了,他能够并应该牺牲自己,从而偿付罪价。使人神和好,并使人的创造恢复其本来的目的。

安塞姆的救赎理论虽然从来没有得到教会的官方认可,但是却成为西方的主导观点,这种主导地位不仅表现在12世纪到15世纪,同时(经过修改)也表现在后来的时代,不仅在罗马天主教思想中如此,同时(经过修改)在新教思想中也是如此。不仅如此,正是这种理论赋予西方神学以独具的特征以及神学与西方法学的独特联系。

无论是否有意如此,这种理论在事实上乃是对当时圣礼发展的一种解说:把圣餐礼抬高为基督教的首要圣礼,以及把圣餐解释为对于钉死在十字架上的基督真实降临的一种体验。

这种新的救赎理论又一次可以与东方基督教的教义与圣礼形成对照,后者在实质上与教皇革命之前流行于西方的教义和圣礼相似。对于东方教会来说,耶稣被钉死于十字架上除了耶稣复活之外并无其他意义,过去如此,今日仍然如此。救赎被视为道成肉身—钉死于十字架—复活这样一种持续过程的部分:从圣礼的角度说,复活乃是中心的部分,即使对于对最后的晚餐的庆典来说也是如此。基督徒“与基督一道死去和复活”。基督首先被视为对死
178 亡的征服者。与之不同,在圣安塞姆的罗马天主教神学中以及在11世纪和12世纪罗马天主教的圣礼中,赎罪主要等同于基督被钉死于十字架。[25]复活被解释为钉死之后的必然持续。基督首先是被视为罪孽的征服者。

关于基督使命的这些密切关联概念的明显差别表现在宗教艺术上。自从11世纪和12世纪以后,罗马天主教艺术着力描绘基督被钉死在十字架上的情景以及14幅耶稣受难像。与此相反,东方教会的典型圣像却展现复活了的基督“将魔鬼和他的军队踏在脚下,唤醒了亚当与夏娃,并将长老从奴役中解救出来”。[26]11世纪以前西方的基督画像也与此相似,即使表现他被钉在十字架上的时候,也几乎总是把他描绘成一个胜利者的形象,一个天国的统治者和一个救世主。[27]

不仅如此，东方基督教艺术既反映了东方教会的神学，同时在强调超越（或者如在西方所称的所谓“来世”）方面也反映了6世纪至10世纪的西方神学。这是一种以天国、以人“向着无限的攀登”、以人的神化为中心的神学。重心在圣父，即造物主。基督向人类展示了走向他的路径。宗教画像反映了这一点。但是，11和12世纪的西方神学的重心却转移到三位一体中的第二人，也就是上帝在这个世界中的化体，即救世主。基督身上所体现的上帝的人性在这个阶段居于中心地位。这一点反映在教皇通过宣称圣灵不仅“来自圣父”而且也“来自圣子”（*filioque*）而对尼西亚信经所进行的修改上。[28]代表着所有造物、宇宙秩序的圣父化体的乃是代表人类的圣子。通过“和子句”（*filiogue clause*），在尼西亚信经中被等同于教会的圣灵的来源便不仅包括三位一体中的第一人，也包括第二人——不仅源于造物，而且源于化体和救赎。

这样，教会便越来越不被视为天国中圣者的联合体，而更多地被视为尘世间罪人的共同体。理性主义本身便是用人类的概念和理论对神圣玄义的化体信仰的表达。上帝不仅被视为超越宇宙的，而且也是存在于宇宙万物之中的。这种信条体现在关于神圣家族（Holy Family）的更为“现实主义”的绘画以及哥特式建筑之中，后者是西方新时代的伟大艺术标志。

与西方法律与法制的合理化和系统化相联系的并不是这样的超越宇宙的上帝，也不是这样的存在于宇宙万物之中的上帝，而是道成肉身，后者被理解为从超越到内在的过程。基督教、犹太教以 179
及伊斯兰教这三种宗教都假定，神与人之间既有着根本的分离，也有根本的联系；另一方面又假定上帝是一位法官和立法者，人是处在神法的统治之下的，这种现象并非偶然。无论如何，出现于11世纪和12世纪的西方关于人法的概念的独有特征——不只是与犹太教和伊斯兰教的概念相对比,也与东方基督教相对比——是与西方将道成肉身作为宇宙的核心实在的更大的强调相关联的。这为世界的救赎注入了巨大的能量;不过它却同时将法律从宗教,将政治从观念形态中分离出来。

对于新神学来说,安塞姆的救赎概念是一个完美的神话。它的重点在于上帝之子的人性,他为赎罪而死去,因而使上帝的宽恕成为正当,与此同时也赋予人接受宽恕并进而获得拯救的能力。

救赎学说的法律含义

安塞姆的理论也为新的法学奠定了基础。基础是通过回答这样的问题而奠定的,即为什么补偿与惩罚都是需要的,为什么仁慈的上帝不能够作为一项恩典而自动地宽恕人的罪孽。答案是如果这样做将使由于罪孽而扰乱的宇宙秩序得不到恢复,由此产生的混乱将造成正义的缺乏。宇宙的正当秩序、上帝的正义(*iustitia*)或公正要求价款得到偿付。安塞姆指出,仁慈是正义的女儿;它是从正义生出,并且不能与正义作对。[29]正是上帝的仁慈使人生存,并实在地给予他赎罪的机会,虽然人曾执意地辜负了乐园中的神圣信任。但是,上帝却不能任意地行事;他的仁慈要服从他的正义,正如他的正义要服从他的正道(*rectitudo*),他的“正当的秩序”。

将这种语言与《论真实与虚假的补赎》这本小册子的语言加以比较是饶有趣味的,这本小册子写于《上帝何以化身为人》之前40至50年,安塞姆对此书是十分熟悉的。较早的这本著作仍然坚持着古老的神学和道德传统(也是东方基督教的传统),这种传统拒绝使上帝的仁慈从属于他的正义，或将他的正义从属于他的仁慈。那位作者写道：“因为上帝是仁慈的和正义的，所以便寓仁慈于正义之中，也寓正义于仁慈之中。”“法官应当是公正的和仁慈的。”“他应当怀有带着正义的仁慈……并在仁慈中包含正义。”[30]但是在对惩罚进行分析时，作者却在正义与仁慈之间进行了区分。“只是因为正义而宣判有罪”，他这样写道。[31]又进一步抨击“那些未经补赎而擅自给予宽恕者的错误”，未经补赎便是未经惩罚，之所以要抨击是因为他们这样做在实际上是为罪恶辩护和给了一项“犯罪许可”。[32]上帝的恩典不得以这样的方式降低价格。这样， 180
“真实与虚假的补赎”的新理论便为安塞姆关于宇宙的合理秩序要求罪总须受到惩罚的论证铺平了道路。[33]

安塞姆经常受到这样的指责，说他在救赎问题上采纳了“法律的”或“墨守法律的”观点。他也曾抵制这样的指责，理由是他的正义(*iustitia*)标准实质上是道德标准而不是法律标准。[34]所有这些观点都是很不充分的。的确，在与关于罪与补赎或犯罪与惩罚的一种神法的专门事项相关的意义上，安塞姆不是墨守法律的。对于他来说，如同他的前辈一样，正义(*iustitia*)是一个用来表示《圣经》术语的词，《圣经》术语是译作“公正性”(righteousness)的。安塞姆力图探究上帝的公正性的基本特征。

不过，他同样关注上帝的正义或公正性通过具体的行为和规范得以自我表现的方式。他不愿意将源于正义的一项具体的判决或规则牺牲于一种自相矛盾的原则的祭坛之上，无论这具有怎样的吸引力。在《上帝何以化身为人》一书中，安塞姆的学生说：“如果上帝运用正义的方法，那么无耻之徒便无计可逃；上帝的仁慈似乎就会消亡。”安塞姆回答道：“你曾寻求理性，现在就接受理性。”[35]无论安塞姆给正义赋予怎样宽泛的含义，理性却要求他在恩典的边界上止步。上帝受到他自己正义的束缚。如果一个人为他的罪孽付出价款是神圣正义的要求,那么上帝要减免这样的价款便是非正义的,因而也是不可能的。在《上帝何以化身为人》一书中,安塞姆的神学是一种法律的神学。[36]

在安塞姆之前的时代(在东方教会中至今如此)以这样的方式分析上帝的正义将会被认为是错误的。首先,人们会说这类终极玄义不能够适应于人类智识的概念;理性不可以从信仰中分离出来——二者中并非一个是另一个的奴仆,而是不可分离的;法律神学的整个运用乃是术语上的自相矛盾。其次,人们会说确立我们与上帝关系的不只是也不主要是神的正义,而主要是他的恩典和仁慈;正是这种恩典和仁慈,而不只是他的正义,阐明了基督被钉死于十字架这一事实,由于基督之死使人类得以从魔鬼和死亡的恶魔的势力中赎出——正是这一势力先是将耶稣杀死,但最终其自身由于耶稣的复活而被征服。

事实上,东正教从来就没有发展出有关善功、补偿、炼狱以及余功(supererogatory works)的理论。这样的理论在东方是以墨守法律的方式加以考虑的。永远罚入地狱的学说也被拒绝。罪主要被视为一个人灵魂的堕落状态,而不是作为违反神法的行为。类似的观念也流行于教皇革命之前的日耳曼基督教区域。

181 因此,从一个更早的视角(今天则是从东方的视角)观察,安塞姆的理论,就其使用正义与正当秩序的单一结构来解释人的苦难与神的宽恕这个意义而言,是一种法律的理论。人的苦难被视为人不顺从上帝所付出的代价。从更为根本的意义上说,尽管人对上帝犯下了弥天大错,但是,通过与罪相当的唯一可能的牺牲,上帝便可以正当地和合乎法律地对永罚予以赦免。这样,赎罪便在实质上使用一项法律交易的语言而加以解释了。

西方刑事法律的神学渊源

安塞姆的由于人损害了上帝的荣耀因而要求补偿的理论反映的是当时已经存在的法律概念,而不是很快加诸其上的新的法律概念。安塞姆援用当农奴破坏了领主的荣耀时,为平息后者的愤怒而自我降低身份这个例子作为比照,构想出补偿的性质。基督的自我献身并没有像后来,尤其是宗教改革之后那样,被表述为对犯罪的惩罚(基督乃是替身),而是解说成从前意义上的补赎,也就是导致受害者与犯罪者之间和解的悔悟行为。[37]由于基督作为人的代表为赎人的罪牺牲了自己,上帝的荣耀便得到了恢复,他便能够与人和解。这表达了 11 世纪之前和该世纪中欧洲人刑法上的一个主导旋律。一项犯罪一般并不作为直接针对政治秩序或针对一般社会的侵犯,而是认作直接针对受害人及其同类——他的亲属、他的本地社会或他的封建阶层——的侵犯行为。它也是针对上帝的一项侵犯行为——一项罪。对于这种侵犯行为的一种正常的社会回应便是受害人或他的亲属(或其他)集团的复仇。与此同时,6~11 世纪的部落法、地方法和封建法也都将更大的重心放在补赎、荣誉恢复以及和解方面,以作为对复仇的替代。此外,这段较早时期的王室法律和帝国法律也是建立在相似的概念基础之上的,并且大多是由习惯法规则和程序组成的,这些规则和程序保护着王室或皇家成员以及处在它的保护之下的人们的权利。偶尔地,国王们也会颁布“法典”,对习惯法予以重述和修订,但是整个说来,王室或皇家对于犯罪的管辖权是极其有限的。一种普遍适用的刑法的相对缺乏——以及地方习惯的主导地位——只是强化了这样的事实,即犯罪在大多数情况下仅被视为针对其他人的侵犯行为——同时也是针对上帝的侵犯行为——而不是针对某个包容广泛的政治单位(无论是国家还是教会)的侵犯行为。

182 修道院方面的情况也是如此,这些修道院的悔罪手册——关于罪和补赎的法典——构成了12世纪新的教会刑法的重要渊源。僧侣所犯罪行必须经过秘密的忏悔和惩罚之后,犯罪人才能重新回到本地的修道社团。在大多数地方,每个修道院都有各自的悔罪规则。在9、10和11世纪里,这些规则也非常广泛地在俗人中适用。

补赎、恢复荣誉以及和解:这就是对于犯罪(crime)或罪孽(sin)的救赎所必须经历的几个阶段。可以替代它们的则是血亲复仇、放逐法外或开除教籍。

这样,安塞姆所展现的救赎便是一种补赎("奉献")和和解的行为,在这一行为中,神—人献出自己作为一种牺牲。然而,这种论证最终要取决于另一个没有得到充分的明确表达的前提,那就是惩罚(不只是一项悔罪性补偿)是由神的正义所要求的,它并非针对原罪,或"自然之罪"(如安塞姆喜欢称呼的),而是针对由受过洗礼的基督徒所犯下的"本罪"(实际之罪)。由于洗礼圣事,他们拥有了基督救赎性献身所带来的恩惠——因为他们的原罪而带来的无限大的债已经偿付;不过,他们此后所犯罪孽的责任却没有解除,这里暗示出他们必须通过经受惩罚而自己承担这种责任。

上述暗示来源于对下述两个方面所作的显著区分:(1)在由于洗礼而得到涤除的普遍的原罪(original *sin*)和在此后由基督徒个人所犯的"实际的"罪("actual" *sins*)之间所作的区分;(2)在作为足以恢复受害者荣耀的一项支付的补偿和作为与犯罪严重程度相当的一项支付的惩罚之间所作的区分。安塞姆明确拒绝了用惩罚替代对原罪的适当制裁的可能性，照他的说法，这是因为要与对上帝的这项冒犯行为相当，那么将需要人的全部毁灭。对于上帝来说，他“所做事情中最有价值者莫过于能够使他感到愉悦的一种理性的造物”，因此不欲使人被彻底毁灭，便允许通过他的儿子的自我献身而使他的荣耀得到恢复。[38]这样，上帝便宽恕了人类罪孽深重的现状：人类从其贪婪、傲慢、强权以及其他形式的蔑视上帝的遗传而来的倾向造成的后果中获得赦免。上帝接受了人的现状。但是这种赦免却对每个人增加了一项责任，即不能故意去做禁止做的事情。如果他做出了这样的选择，便要为此而受到惩罚——不是被毁灭，也不是被憎恶，而是付出与犯罪也就是与违反律法行为相当的代价。与人类的（亚当的）原罪相反，单个的、受过洗礼的和悔过的基督徒们无须为了与违反律法的行为相抵而承受毁灭；它们可以通过此生和在炼狱中的暂罚而得到抵偿。甚至那些被归 183
入永罚之列的人也不能被完全毁灭。

对于建立在救赎学说基础上的关于罪与罚的新概念的证明既非将救赎作为复仇替代物的日耳曼术语上的和解，也非柏拉图术语上的威慑和恢复名誉，又非《旧约》术语上的上帝与以色列之间所立之约——尽管所有这三种理论的要素都被提出来了。在西方神学里，安塞姆及其后继者们所提出的主要的证明理由是正义概念本身。正义要求每一项罪孽（犯罪）都要通过有期限的苦难而偿付；要求该苦难，亦即该刑罚与罪行相当；要求被违反的特定的法律得到恢复（“复仇”）。正如圣托马斯·阿奎那在安塞姆时代过去几乎两个世纪之后所说，无论是刑事违法行为，还是民事违法行为，都需要对受害人付出赔偿；但是，因为与民事侵权相反，刑事犯罪是对法律本身的一项蔑视，所以不能仅仅作出赔偿，而必须科以刑罚，**以作为违反法律的代价**（*as the price for the violation* *of the law*)。[39]

这种学说通常被称为正义的"报应"理论,因为它基于这样的前提,那就是必须付出一份"贡献",也就是一份代价,以"报偿"法律。在美国,报应理论常常与对受害人的报偿而不是与对法律的报偿相联系——这完全是另一码事。我将称前者为"具体报应",称后者为"一般报应"。历史地看,紧接着教皇革命,西方人便经历了一般报应(法律的报偿)取代具体报应(受害人荣誉的报偿)作为刑法的正当性基础的过程。然而"一般报应"一词并没有详尽地表达出变化的深度。救赎的学说为贡献与报偿的观念增加了新的层面。一方面,违反律法的罪人确实不仅仅是一个罪人,还是一个刑事罪犯,一个法律的破坏者,因此不仅要悔过,而且还要因为对法律的破坏而付出一份代价;但是另一方面,法律的破坏者,亦即刑事罪犯,也是一个罪人,他的罪过不只是由他破坏法律的事实构成,更重要的是,由他故意地选择作恶这样的事实所构成。这样,便存在一种对于他的行为的道德(或更确切地说,是不道德)性质的着力强调,也就是对当他犯罪时心灵的罪过状态的强调。

与此同时,犯罪与罪孽、惩罚与救赎之间的联系却给了罪犯或罪人以特定的尊严去面对他的控告人、法官以及其他基督徒。他们同样是罪人;他们同样是要在炼狱中受到未知的折磨以及最终被接纳入天国的候选人。这一点降低了通常伴随正义的报应理论
184 的道德至上因素。例如,刽子手被要求在执行死刑的最后一刻跪在被判死刑者面前,并要求后者宽恕他将要做的事情。这样,尽管犯罪与罪孽之间的联系造成了罪犯方面对于上帝的无限责任,然而包括守法者在内的所有社会成员共同具有的罪的属性却起到了降低自以为是的义愤作为刑法组成部分重要性的作用。[40]所有基督徒都拥有一种共同的、罪孽的人性。

对于司法程序的所有参与者在道德上具有平等性的信念为对被告人的心理状态进行科学研究奠定了基础。在《论真实和虚假的补赎》这本小册子里，作者发展出了那种引人注目的理论，即一名对一个人进行审查的法官，应当将自己置于被审判人的位置上，以便觉察他所了解的情况和通过巧妙地提问，从被审者那里获悉他本想隐瞒甚至他自己都不知道的东西。

> 判断他人者……宣判他自己。让他因此而认识自己，并将他所见侵犯他人之罪从自身中洗清……让无罪的人投出第一块石头(《约翰福音》8:7)……因为就所有人都曾犯罪这一不言自明的道理而言，没有人是没有罪孽的……让精神的[即教会的]法官谨防疏于以学问充实自己并因此而犯不公正之罪。他应知道如何辨析他所判决者，这是适当的。因此，勤勉的审讯者，敏锐的调查者便可以机智地并且几乎是狡黠地讯问犯罪人，以获知或许他自己尚不知晓，或因害怕羞耻而欲掩盖的东西。[41]

最后，通过将法院因法律遭到破坏而科处的刑罚与人的本性与命运、他对拯救的寻求、他的道德自由以及他在尘世间创造一个体现上帝意志的社会的使命相联系，救赎学说赋予人间正义以普遍意义。这里存在与犹太教的上帝与其选民间订立圣约观念之间引人注目的相似性。正是从该圣约中衍生出《摩西十诫》以及建立在此基础上的数量众多的《圣经》法。这些法律中的每一条都是神圣的；每一个违反行为都是对这一契约的背弃。依照西方的救赎观，上帝又与全人类订立了一项新圣约，人类的代表者是一位兼具人性与神性的人，即神—人。不过，根据新的圣约，《圣经》法被废除了:人的罪孽由于基督的献身而得到涤清。从此后受过洗礼的基督徒们便可以过一种不需法律的正当生活。但是,尽管有这种新确立的恩典,人们却故意选择了作恶。这样,一种新型法律便需要了,这就是人法,它虽然受到了《摩西十诫》以及《圣经》其他内容的启发,但是却并非在旧的意义上被神圣化。人法将裁判尘世间的人们,而将对他们永存的灵魂的判决留给上帝的神圣的正义。但是,为着人的永生而帮助对他们的灵魂予以训练也是人法的使
185 命。作为上帝在尘世间的代表,教士尤其负有这样的任务:不仅通过执掌包括补赎在内的圣事而对灵魂进行照管,并且还要颁布和实施教会法律规则,另外还要协助世俗法律规则的颁布和实施;这些教会法和世俗法虽然属于人法而非神法,但却力图反映神的意志,因而具有根本的效力。这样——为维护这种根本的效力——违法行为必须受到惩罚。“法律必须恪守其允诺。”[42]

教会法的犯罪法

新神学反映在由 11 世纪和 12 世纪的教会法学家们所创造的新的刑法制度之中,这种法律根本不同于“上帝的法律”,即从前盛行于西方教会的赎罪法,也不同于“世俗的法律”(或称“人的法律”),后者以前与赎罪法并存,盛行于部落的、地方的、封建的以及王室或皇家的法律秩序之中。

在早期,“犯罪”与“罪孽”两词可以互换使用。一般而言,不仅所有犯罪都是罪孽,而且所有罪孽都是犯罪。在要通过教会的补赎而赎清的违法行为与要通过亲属协商(或血亲复仇)、地方的或封建的会议或王室或皇家秩序而处理的违法行为之间,并没有明

显的区别。杀人、抢劫以及其他违反人法的主要犯罪同时也被视为对上帝法律的违反；另一方面，两性之间的和婚姻方面的违法行为、巫术和魔法、渎神等违反上帝法律的主要犯罪同时也被视为是对人的法律的违反。教士在“世俗的”判决中起着首要的作用，王室的或皇家的最高当局本身被认为具有一种神圣的或祭司式的性质。不过在教会中，却不存在教皇革命之后所发展出来的那种对犯罪加以审判的正规制度；教会的补赎主要由地方教士和僧侣执掌，他们的目的不是为了惩罚，而是照管灵魂、革新道德生活以及恢复与上帝的正当关系。与此相似，世俗制裁的首要目的也不是惩罚，而是荣誉的补偿、和解以及和平的恢复。

到了11 世纪晚期和12 世纪，在罪孽与犯罪之间第一次进行了明显的程序上的区别。之所以发生这样的情况部分地是因为教会成功地从世俗当局那里收回了对于罪孽的管辖权——并由此赋予“世俗”一词以新的含义。从那时起，王室的或其他“世俗的”官员所能够惩罚的任何行为都是作为对世俗法律的违反而予以惩罚， 186
而不是作为一项罪孽，也就是说，不是作为对上帝法律的违反。例如，当世俗当局惩罚抢劫犯罪的时候，它所惩罚的是对和平的破坏，是为了对财产加以保护，是针对破坏社会秩序的犯罪。人们开始说，在这个世界中，只有教会对于罪孽具有管辖权——这样又顺带赋予了“教会”一词以新的含义，与此相关的这类术语还有“僧侣统治”“在这个世界中”“管辖权”“对罪孽的惩罚”。

不过，对于宗教与世俗管辖权进行区分这种原则的显著例外体现在适用于异端的法律之中。在12 ~ 13 世纪，从前只是被视为精神犯罪、仅用革除教籍的手段予以惩罚的异端也开始成为具有法律性质的犯罪，可以作为叛逆加以惩罚。纠问式的诉讼程序第一次被用来对它进行揭露，死刑第一次被用来对它进行惩罚。该犯罪的要点在于对于教会的教条持异议态度。如果被告愿意宣誓遵循上述教条,便可以被宣判无罪。如他的宣誓是在刑讯或其他胁迫之下作出的,他仍然要进行苦行赎罪。如果他坚持异端学说,便要在宗教法庭上受到控告,再转交世俗当局处死。这样,教会通过间接地管理这方面事务而克服了它对于流血的厌恶。这是一种"非常规现象",在此基础之上最终——在16世纪——整个"模式"才得以确立。

教会将它对于罪孽的管辖机构分为两个部分:(1)在教会的"内部法庭",也就是由一名教士根据他的**授任**(*ordination*)权威而加以审判的罪孽,尤其是作为补赎圣事一部分所进行的审判;(2)由教会的"外部法庭",也就是由一名教会法官根据他的**管辖**(*jurisdiction*)权威而审判的罪孽。后者被12世纪的教会法律家称之为刑事罪孽,或教会法上的犯罪,或简称为犯罪。刑事罪孽是对于教会法的违反。

一种刑事罪孽便是对于教会法的违反,这一原则必然带来这样的原则,即不是对于教会法的违反便不能够在教会法院中进行诉讼。这一原则在12世纪由彼得·伦巴德以下列方式予以表达:"若非已有禁令,罪孽亦不存在"(There is no sin if there was no prohibition)。[43]过去时态"was"的使用引人注目。这里是西方法律传统中的一条漫长而曲折的法学之路的开端,它以启蒙时代的18世纪以及法国革命的《人和公民的权利宣言》所表达的一项原则而告结束:*Nullum crimen, nulla poena sine lege*——"法无明文规定不为罪,亦不得施加惩罚",法无明文指的是没有在行为之前颁布一项制定法定义犯罪并规定惩罚。

187 但是,从每一种刑事罪孽都是对于教会法的违反这一原则并不能必然地推导出对教会法的每一个违反都是刑事罪孽。罪孽是针对上帝的犯罪。只有在一个所有法律均为神圣法的社会中，每一个违法行为才可以说都具有罪孽的性质。在摩西法律统治之下的古以色列，情况便是如此。11 世纪以前西欧的日耳曼各民族也是如此。针对血亲集团、地方共同体或封建关系的犯罪同时也是针对上帝（或在皈依基督教之前的诸神）的犯罪。这一点由下述事实而证明：对犯罪的审判的正规方式是诉诸超自然力——通常是通过仪式宣誓或神明裁判。僧侣参与其中；在祈求神的裁判之前须完成圣事。无论是在“世俗的法律”中，还是在“神的法律”中，“罪孽”与“犯罪”两词是可以交换使用的。但是到了 11 世纪晚期和 12 世纪，西欧的神学家和法学家却对罪孽作了区分，他们认为有些罪孽是仅仅针对上帝的犯罪，也只能由上帝进行审判——例如，思想或欲望里的隐秘罪孽，另外有些罪孽则是针对教会的犯罪，对此，被视为一个社团实体以及一个政治法律机构的教会拥有通过它的法院进行审判的管辖权。刑事罪孽有别于其他罪孽之处在于它们的罪孽程度，即它们对于上帝的冒犯程度是由根据其管辖权威而进行审判的教会法官所适用的教会法准则来衡量的，而不是由上帝本身通过根据其授任权威进行审判的教士所适用的神法准则来衡量的。

教会法上关于犯罪的新法律的神学基础是由阿伯拉尔在其《伦理学》一书中奠定的，数十年之后，教会法律科学伟大的奠基者格拉提安对它进行了更为详尽的法律阐述。[44] 阿伯拉尔提出了在教会法院中使一项罪孽得以确认的三个要件：

第一，它必须是一项严重的罪孽。确定它的严重程度的出发点是传统的两分法，一种是不赦之罪（mortal sins，从字面上讲，是涉及死亡的罪孽，即宗教上的死罪）；另一种是小罪（venial sin，可宽恕的罪孽，轻罪）。12 世纪的教会法学家们追随着阿伯拉尔，指出只有不赦之罪能够构成犯罪,又进一步指出并非所有不赦之罪均能构成犯罪,只有那些根据犯罪情节足以严重到应受宗教法院命令所规定的惩罚的不赦之罪才能构成犯罪。例如,贪婪是一种不赦之罪;但是在特定案件中,只有贪婪超过了普通的程度,犯罪指控才是正当的。

第二,罪孽必须表现为一种外在的行为。有罪的思想和欲望只可以由上帝加以惩罚,由教会的"天国法庭"(如阿伯拉尔所称的那样)在包括忏悔的补赎圣事中加以确认;但它们却不能由教会的
188 "人间法庭",即教会法院进行惩罚。阿伯拉尔提出这一点的理由是只有上帝才能看透一个人的思想、内心和灵魂,而人间法官只能知道外部表现出来的行为。"教会对隐秘的事物不予裁决"逐渐为人们所普遍接受。这又引出了教会法的一项规则——它最终也成为西方世俗法律制度的一项规则——即仅仅是犯罪准备(即使到了装配犯罪工具的地步)尚不能受到惩罚;至少要有犯罪的企图,即开始犯罪行为过程的外在行为。对于这项规则有两个显著的例外:叛逆和异端。

教会法学家们还界定了故意的种类以及因果关系的种类,这些都是确定一种外在行为为犯罪行为所需要的。他们区分了"直接故意"(明知行为将产生违反法律的特定后果——例如杀人——并具有产生此后果的希望)和"间接故意"(明知非法的后果会发生,但并没有完成这一后果的希望——例如,为了逃跑而不得不杀死看守)。他们又对故意(包括上述两种)和过失(即行为人不知道后果会发生,但如果他给予注意便能够知道)进行了区分。关于因果关系,他们区分了远因(*causae remotae*)和近因(*causae proximae*)。他们讨论了关于介入原因的复杂案例——包括实际发生的和虚构的。例如,一名教士扔出一块石头,想以此吓唬他的同

伴；为躲避石头，同伴撞在一块岩石上受到重伤；后来由于受伤者的父亲和一名医生的过失，他死去了。扔出那块石头是不是死亡的近因？这样的例子不计其数。学习现代西方法律体系中无论哪个国家法律的学生都会熟悉这种通过区分故意与过失、不同种类的故意以及不同种类的因果关系而对犯罪行为进行分析的方式。

第三，依照阿伯拉尔的观点（在这方面他的追随者也是如此），行为必须是对教会产生滋扰后果者。它必须是对教会组织的一件“丑闻”。除非同时损害了其法律正在适用的这个共同体，那么即使是道德上的罪恶行为，法律也不应该予以惩罚。这一点看起来也完全是近代性的。[45]因此，教会法学家们决定，类似于违背一项简单承诺这样的行为，虽然在道德上是应受指责的，但却并未对教会产生足够的滋扰，从而使施加刑事制裁成为正当。

教会关于犯罪的新法律中不具近代性质的方面在于它不仅将外在指标用于确定近代意义上的犯罪，（该行为是否构成犯罪？是否被告人犯了罪？）而且还将它们用于衡量被告人的罪孽程度。在力图排除罪孽程度问题上，阿伯拉尔比起他的后继者们走得更远：他争辩说罪孽的严重性应当从外在指标中**推定**（*presumed*）出来。189
换言之，依照阿伯拉尔的观点，教会法院不应当对被告人的态度、动机因素以及性格进行专门调查，除非这种调查对于确定他对教会法的违反是必要的，也就是说，对于确定下述情况是必要的：他的行为对教会的不道德和有害程度是否足以构成一项宗教犯罪、他是否具有必要的犯罪故意、是否存在必要的因果关系以及法律上的犯罪构成要件是否都已确立。上帝能够直接知道他罪孽的思想（态度）、内心（动机因素）以及灵魂（性格），而教会法院只有通过外在行为才能了解；因此，阿伯拉尔指出，只有外在行为才是宗教法院应当予以审查的东西。斯蒂芬·库特纳指出，这样的推理可以引导阿伯拉尔得出一个彻底摆脱罪孽和彻底摆脱神学(*theologiefrei*)的犯罪概念,但是,阿伯拉尔却没有迈出获得这一概念的最后一步。[46]相反,他使用了一个结论性的假设,也就是一个虚构去弥合犯罪与罪孽之间的差距。他假定,人间法官所适用的检验方法虽然有它们的局限性,却能够得出近似于上帝所能够达到的结果——试图寻求比此种近似更多的东西是徒劳的。

教会拒绝了阿伯拉尔的罪孽可以被假设,并且只能被假设,因此应置之不理的观点。[47]教会法律家最热衷的是裁量对上帝的冒犯行为。他们将“外在指标”视为上帝为此目的而作的设计,但他们又超越了这些指标,去对被告人的思想、内心以及灵魂进行专门的探究。他们承认教会法律适用于教会在人间的法庭,而不是天国法庭,因而它的程序必须符合客观性和一般性的准则;然而,他们并不认为在这类准则与上帝的正义准则之间存在实质性的冲突,相反,认为它们之间基本上是和谐的。循着他们对上帝自己的程序的概念,他们**既**(*both*)热衷于确定被告人是否故意地犯下了一项违反法律的从道德与社会的角度看系犯罪的行为,**也**(*and*)热衷于确定他因此在多大程度上暴露出一种堕落的思想、内心和灵魂。

事实上,两种类型的查问并不是分离的。为了对行为进行估价,便有必要分析行为者的意图。这导致了对人的意志自由的审查。教会法学家们发展出这样的规则——现在所有的西方法律体系都包含这样的规则——即如果一个人是在精神不健全、熟睡、醉酒或认识错误的状态下做了违反法律的事情,便可以免予刑事责任,但必须以下述两点为条件:(1)作为他的状态的后果,他不能知道他正在进行的行为是错误的,和(2)他并没有错误地将自己置于这种状态之中(例如故意醉酒)。很清楚,探究被告人的意志自由,
190 会引导我们考察他是否错误地将自己置于一种他本该知道会犯下

具有道德罪恶和社会危害的违法行为的状态,这一探究倘若不会导致对一个人的全部人格进行审查,也至少是与这种审查相一致的。对意志自由的探讨将几乎是不可避免地把意图与知识的问题转变为态度、动机以及性格的问题。从教会法学家的观点来看,这是非常具有吸引力的,因为正是行为者本身的罪孽性,而不是行为的犯罪性,从根本上表明了在世俗刑法与教会刑法之间有了分别之后,教会法院对犯罪性罪孽行使管辖权的正当性。

教会法中犯罪与罪孽之间的密切关联在有关其他类型的犯罪行为的正当性和宽恕规则中也是十分明显的,这些规则是在12世纪首先系统地发展起来的。一个故意对他人予以攻击者可以由于是自卫或保护另外的人而被认为是正当的,或因为他是在行使惩戒性权威而获得宽恕,或由于他年幼或其他无责任能力的情况而免予承担刑事责任。在这里,教会法学家(部分地依赖于查士丁尼的法律)又一次创造了近代刑法,但却不是基于近代的缘由。他们首先关注的并非犯罪而是罪孽。[48]对于行为的正当和宽恕的评价又一次与对动机、态度以及性格的评价结合起来。

一起在12~13世纪曾被广泛讨论的案件可以表明这类考虑。若干盗贼闯入一家修道院,打倒了两名修道士并偷取了他们的衣服。修道士苏醒过来,制服了盗贼们并将他们捆绑起来。一位修道士去通知教士会首领,留下另一位看守盗贼。这时盗贼们开始解开捆绑他们的绳子。于是,为了不被盗贼们杀死,留下的这位修道士便杀死了盗贼们。案件被提交给亚历山大三世,这位12世纪著名的法学家教皇宣布捆绑盗贼和杀死他们都属于刑事罪孽。那两位修道士违反了他们作为僧侣所应有的逆来顺受,也违反了教会的纪律。他们忽视了耶稣的告诫,如果一个人拿走了你的外套,也让他拿走你的斗篷。库特纳叙述说:“许多教会法学家引述这项教令,作为反对教士有权杀死盗贼、反对教士为保护财产而享有进行武力反抗的权利以及一般地反对任何为达到合乎福音的完美而努力的人们(如僧侣)为了自卫而使用武力的证据。然而,或许可以根据该案的具体环境,依循自卫的一般学说,不将它作为杀死盗贼[的正当性]的问题来对待,从而更准确地解释亚历山大的判决;
191 对于对盗贼进行了攻击的第二位修道士来说,他并不是为了财产,而是为保护他的生命……[不过,]这种自卫的情势乃是由此前对盗贼的捆绑所创造的,而那已经是不能接受的了,因为在那时之前,第一次攻击已经被避开,修道士们可以用另一种途径逃掉。因而捆绑可以被视作……自卫性杀人的 *culpa praecedens*(居前犯罪);因而亚历山大的判决是与自卫(特权)的一般理论相一致的。"〔49〕

这个案件是一个表明在教会法中犯罪与罪孽之间——也就是,针对教会的法律秩序的违法行为与针对上帝的违法行为之间——存在密切关系的例证。作为一个不涉及罪孽的刑法问题,人们可以认为,许可一个人为避免被他人杀死而杀死他人的规则是正当的。与此相似,人们也可以认为,不许可一个人为了使自己的财产免予被盗而杀死他人,相反如他杀了人,则要承担刑事责任的规则是正当的。但是,亚历山大三世的判决却引入了两个附加的因素。

第一,杀人者是一名教士,而且实实在在是一名修道士。一名犯了一桩罪行的教士较诸具有同样犯罪行为的俗人乃是犯下了更大的罪孽。况且修道士不同于普通教士,他是"对于这个世界已经死亡",过着一种完美生活的人。因此,他要保持更高的标准。

第二,为使自己的生命得到必要的保护而杀人便是正当的这一普通规则要受到由教会法学家所引入的一个重要条件的限制:

从事自卫的人绝不能错误地制造使他得以寻求通过暴力手段而摆脱的危险。在法律上，这被视为是“居前犯罪”，但是法律上的拟制是显而易见的，因为所指称的犯罪并非错误地创造了一次随后攻击的危险，而是超越了正当自卫限度的杀人。可从下述规则中作出一项类推，即一个酒喝得烂醉的人将别人杀死却不能免予杀人之责，因为他不能由于故意醉酒而得到宽恕。依据外在指标进行裁判，此人之所以要承担责任并不是因为故意杀人，而是因为故意饮酒并知道他可能喝醉并杀死某些人。然而，如果通过一项拟制，他被判有故意杀人罪——虽然他并没有杀人的故意——那么人们可以恰当地说，“真正的犯罪”乃是酗酒的罪孽（*sin*）。

教会法律家发明了一个词，以便将法律上的罪孽的特性与法律上的犯罪，也就是与包含在对犯罪所进行的法律审查内容（诸如犯罪行为的严重程度、犯罪意图、近因）中的犯罪区分开来。他们使用罗马法律术语 *culpa* 作为“犯罪”一词。但是在描述一个犯下一桩刑事罪孽的人的罪孽特性时，他们却使用了一个新词，即 *contemptus*，该词尽管从未被人下过定义，但用于表示蔑视、藐视、 192
挑衅、顽固、傲慢，或者从相对的角度，表示骄傲和自高自大。因此亚当的罪孽就是自大，它本身表现在对上帝律法的蔑视性挑衅中。[50]

在对刑事责任的主观因素加以强调的过程中，教会法学家使用了早先罗马法律科学已经作出的区分，但是他们将这些区分发展成为复杂的和精心构筑的各种概念。诸如 *imputabilitas*（可归罪性）、*culpa*（犯罪或过错）以及 *dolus*（恶意、故意）都依据行为人意识的确切状态（主观方面）以及行为的具体环境（客观方面）予以系统的分析。与此相反，罗马刑法，尤其是早期同时也包括查士丁尼时的刑法，对于具体犯罪行为的道德特性就没有给予很大的关注;它更为关注的东西用今天的术语表达,便是利益的保护和政策的实施。罗马刑法中的许多内容都是通过将财产、契约以及侵权行为方面的规则加以类推而构筑的。在后古典时期,随着皇帝权力的加强,适用帝国处罚的不端行为的种类也增加了,刑事制裁也趋向更为严厉。但是,这种发展并没有伴随着对于不道德行为(罪孽)的处罚的强化。道德义愤和道德改革是在西方修道院的悔罪手册中才成为**法律的**(*legal*)中心问题的,正是在修道院对"罪孽环境进行的精确和详尽的分析……[和]对在任何既定案件中的意图……和行为的外部环境进行准确的调查"的实践基础之上,11世纪晚期和12世纪的教会法学家们建立了他们关于犯罪的主观方面与客观方面的学说。[51]

新的教会犯罪法无论是在统一性方面还是在复杂性方面都是引人注目的。一方面,这里存在一种一体化的刑法理论,它支持和解释了教会管束其僧侣团和维持俗人间的道德和意识准则。另一方面,这里又具有一些复杂的划分,其中有神法(包括神的刑法)与人法之分;人法中又分为教会法和世俗法;在教会法中又对每一桩刑事罪孽中的罪孽与犯罪进行区分。除此之外,无论是从理论的观点还是从实践的观点来看,所有划分中最重要的是教会管束其僧侣团的作用与它维持俗人间的道德和意识准则的作用之间的划分。教士无论犯有何种罪行,都须在教会法院中接受审判。杀人、盗窃、纵火、殴打——的确,任何世俗当局,无论是部落的、地方的、封建的,抑或是王室的或皇家的,所规定的任何犯罪,如果由一名教士所犯,均可以归入教会法院的管辖权限之内。假如完全排除
193 竞合管辖权的技术问题,那么每一桩对和平的破坏行为,只要是由教士阶层的成员所为,便既可以是世俗法上的犯罪,也可以是教会法上的犯罪。毫无疑问,这一点要以政治的原因来解释:作为一

个政治—法律实体的教会要寻求保持对其成员的控制。同时也可以以神学的和伦理的，或者如后来的时代所称的以意识形态的原因作出解释：教士阶层是社会精英，对于俗人来说可能只是一种破坏和平的行为，对于一名教士便可能构成对一种更高义务的违反。

但是，不管接受哪种解释，对于教会来说仍面临着严重的法律实践问题：是将由教士所犯“世俗的”犯罪——杀人、盗窃、纵火以及诸如此类的犯罪——的**定义**（*definition*）问题留给世俗当局，还是由教会提出自己对于这类犯罪的定义？对于这个问题的回答为分析犯罪与罪孽关系增加了另一个视角。教会没有试图对具体的世俗犯罪下定义。但是，它却对某些条件做了规定，在这些条件下，一名教士所从事的世俗犯罪便成为刑事罪孽；例如，它们具有道德上足够的严重性，或足以使教会感到棘手，它们是故意犯罪，它们即将导致为教会所禁止的后果，它们不能够用自卫或其他正当理由中的一种来辩护，它们不被官方认可或其他各种特权之一所宽恕，**以及它们表明了被告人的蔑视态度**（*and when they manifested the contemptus of the accused*）。

如果人们记起教会法院对教士所判处的主要制裁是贬黜（即永久地剥夺所有教会职位和权利）、罢免特定的教会职位、暂停参加圣事仪式、施舍、向受到伤害的人赔款、从事某些虔敬活动（如斋戒和朝圣）以及对于最严重犯罪者的开除教籍，那么，探究罪孽的实质性和实体性就更为明了了。开除教籍可以使用不同的形式，从禁止参与圣事到完全排斥于教会之外（相当于彻底放逐）。但是，如果犯罪人以各种不同的方式修补他所造成的损害——包括对受害人提供赔偿、向穷人赠礼或到圣地朝圣，教会法院就可以据此而中止执行开除教籍之刑罚。

因此，如果人们只考虑教会对于教士的司法管辖权，那么更为引人注目的就是教会关于犯罪的法律的“犯罪”方面而不是“罪孽”方面。

就教会刑法管辖权的另一方面即对俗人的管辖权而言,作为其既定政策的一项内容(并且不是作为它自身方面的任何缺乏信
194 心的结果),教会只宣称拥有有限度的管辖权。一般而言,俗人之间发生的暴力要适用世俗刑法;那也是世俗当局首要关注的问题。俗人在教会法院中所要承担刑事责任的只是那些可以粗略地归入下述类型的行为:异端、渎圣、巫术、施行魔法、放高利贷、诽谤、某些性以及婚姻方面的违法行为(同性恋、通奸等),以盗窃或其他行为亵渎宗教场所以及殴打教士。换言之,教会坚持对俗人的涉及较强烈道德和意识形态因素并且(通常)不存在暴力的某些类型犯罪以及针对教会财产和教士的暴力犯罪行使管辖权。在这里,违法行为的罪孽性又一次成为教会主张对其具有管辖权的重要基础。

另一方面,教会对于俗人的制裁更多的是道德的和经济的而非肉体的:施舍、赔偿、斋戒、勤奋劳作以及最终的开除教籍,开除教籍的处罚也可以被中止,条件是违法者要对受害人提供赔偿、履行慈善行为或从事虔敬工作等。的确,赔偿原则促使教会对罪孽性原则做出一些妥协:经济赔偿责任有时被加诸与犯罪者有关联的无辜的第三者——如继承人、家庭、社团以及联合体,尤其是在教会的经济利益受到了犯罪性侵犯的案件中更是如此。

西方关于犯罪的法律来自于这样的信仰,即正义自身或正义在其本质上要求对法律的违反使用刑罚来补偿,要求刑罚应与违反程度相适应。由各种违法行为所应付出的各种价款所组成的体系——这在所有的社会中都存在——的正当性被认为是不证自明的;它就是正义——它正是上帝的正义。这种观念不仅反映在刑法中,也反映在自12世纪开始的新教会法的所有法律部门中,在

同一时期开始发展的新世俗法的各分支中,它也得到了越来越多的反映。那时,人们说契约必须恪守,否则,便一定要为它们的被违反而付出代价。侵权行为必须由与损害行为相当的赔偿来救济。财产权必须由侵犯者予以恢复。上述以及与此类似的原则如此深深地植根于西方社会的意识——实际上是神圣的价值之中,以致很难想象一种法律秩序可以建立在不同类型的原则和价值基础之上。但是,当代的非西方文化确实拥有基于不同种类的原则与价值的法律秩序,正如11世纪和12世纪以前的欧洲文化一样。在某些法律秩序中,命运与荣誉以及复仇与和解的观念盛行;在其他一些法律秩序中,则是盟约与共同体的观念占主导地位;另外还 195
有一些法律秩序以威慑与复原为主导观念。

西方法律概念在它们的起源上,因而也就是在它们的性质上,与西方关于救赎和圣事的独特的神学与圣礼概念紧密地联系在一起。在11世纪新确立的教会节日万灵节,标志着西方人将末日审判视为共同的"法律节"的看法,在这个节日里,所有曾生活在这个世界里的灵魂都来到法官基督面前,由基督对他们的罪孽予以清算,并永久性地宣判有罪或罪已涤清。在这个基础之上,建立了关于炼狱的新概念:经过忏悔之后而死去的受洗基督徒可以确保他们对罪孽的自然嗜好已经得到宽恕,而他们实际所犯罪孽将在末日到来之前通过此生以及来世所受的相当惩罚得以完全涤除。在这样的概念中,基督不再首先被视为一位法官,而是一位以自己在十字架上的牺牲换来神人和合的神圣兄弟。接下来,对救赎的新的强调又与圣餐礼庆典上新的象征主义联系在一起:教士履行某些行为和诵读某些言词被认为能够完成擘饼向基督圣体的转化。这样,与神圣宽恕和神圣惩罚的自相矛盾的后果相伴随的救赎,便在信徒们的生活里不断重演、重现。如此理解了神圣的正义,创立一种与之并行的人间的正义,似乎就是一个自然的步骤了。如同上帝通过法律而统治一样,由上帝所委任的宗教和世俗当局也宣布法律原则,并对违反这些原则的行为判处适当的制裁和救济。它们不能像上帝那样直接看到人的灵魂,但它们却可以找到接近上帝判决的途径。

但是,上述分析要服从于一个重要的限定。西方法学从 11 和 12 世纪神学中衍生出来的步骤并不像参与其中者看来的那么自然而然。从安塞姆到阿伯拉尔再到格拉提安,运动的每个阶段都不仅仅是理性的产物,而是理性的与信仰的、科学的与神秘主义的以及法律的和梦幻的诸因素间张力的结果。安塞姆本人对理性的信仰便伴随着对上帝恩典的极度虔敬和富于诗意的认识。他说过理性只能证明信仰所已知道的东西,又说他的"只凭理性"的分析旨在智识的"欢悦"。同样,怀疑主义的经院派学者阿伯拉尔同时又是虔诚的信徒阿伯拉尔以及热烈的情人和欧洲的通俗爱情歌曲作家阿伯拉尔。格拉提安伟大的法律著作本身便充满着为了协调冲突——为了上帝的正义和更大的荣耀——而提出的最富于想象力的虚构设计。

196 当人们想到 12 世纪乃是构造法律制度与概念的伟大世纪的时候,他们也必须想到明谷的圣伯纳德(St. Bernard of Clairvaux),他是阿伯拉尔的主要论敌,其圣徒行迹在整个西方基督教世界如同阿伯拉尔的冒险一样著名。在 1129 年由教皇英诺森二世主持的兰斯宗教会议上,伯纳德谴责了对罗马法的研究——在当时罗马法是唯一得到系统研究的法律,因为格拉提安的著作(它将教会法引入了大学课程)还要再过十多年方问世,这次会议禁止僧侣对罗马法进行研究。(虽然这道禁令在 1130 年的克莱蒙宗教会议和 1163 年的图尔宗教会议上仍被重申,但罗马法仍在非僧侣中间甚至在某些僧侣中间广泛讲授。)伯纳德也谴责了教皇法院的律法主义,并呼吁回归灵性。近代东正教神学家在西方神学的主导声音敌视他们信仰的时候,便将伯纳德视为盟友。

离开伯纳德就无法理解阿伯拉尔,同样,离开阿伯拉尔也无法理解伯纳德。如果人们未曾认识到 11 世纪晚期和 12 世纪发生在西方的神学与法学上的根本变化也从那个时代更为神秘与浪漫的趋向中获取其部分特征的话,他们便不能够理解这种变化。上述趋向不仅以圣伯纳德之类人物的生平与教导为标志,也以对圣母玛丽亚(最重要的是,她将代表罪人们为着仁慈而向最高审判者求情)的崇拜[52]以及骑士制度和优雅爱情的兴起[53]为标志。在法律本身,仁慈维护着一种在希腊—罗马名称中称为 *aequitas*(衡平)的原则。由于"教会法上的衡平",在一些需要善意、诚实、良心或仁慈的例外案件中,严格法律的刻板僵硬得到了缓和。[54]

以理性的、科学的以及形式主义的态度为一方面,神秘的、富于诗意的以及崇尚超凡力量的态度为另一方面,两方面的斗争和紧张关系有助于说明为什么新的法学用了三代人的时间才得以确立,用了数世纪的时间才走上正常发展的轨道,以及为什么最终它要受到后来的革命的一一挑战。

在上述竞争态度的背后,出现了将西方社会划分为两个政治领地,即教会的和世俗的领地以及将世俗领地进一步划分为王室的、封建的、自治城市的以及其他政治体的领地的革命性划分。认为正义的上帝经管着一个具有法律秩序的宇宙,依照善恶比例原则进行赏罚,并在例外情况下对严格的法律加以仁慈地缓和,这种信仰是与下述信仰相适应的,这种信仰认为在基督教世界这个复杂的社会统一体中,调整互动的统治领地与政治体的辩证法的乃
是同一种基于法律的正义和基于正义的法律,以及在例外情况下 197

发挥作用的仁慈。不仅如此,在空间上复杂的辩证的统一体背后尚有时间上的历史辩证法——即古代与近代之间的革命性断裂以及近代的渐进式发展。正如每个人都要从此生进入炼狱,从炼狱走向末日审判,根据他在善与恶之间的选择而得到赏罚报应,他所生活其中的各种社会也要随着时间的推移而完成它们各自的命运。它们的发展也是与法律息息相关的。的确,这正是神学上的隐喻和推论得以诞生的西方法律传统的根本概念——一个社会拥有通过将神法和自然法迅速而持续地注入教会法律制度和世俗法律制度之中而转化为自身的力量的概念。

在16世纪及该世纪以后,罗马天主教会的律法主义受到了来自各种形式的新教的猛烈攻击。马丁·路德谴责了那种通过律法而联合的实体社团性教会的概念;他焚烧了教会法书籍,部分的目的在于表明他对真正的教会的信仰,但无论如何,那是一种不具法律性质的教会,是信徒的一种内心交流。

尽管如此,路德又是一个对法律价值的热情的信奉者,这种法律是君主的世俗法,国家的法律,他简单地将它设想为一位基督教君主的法律。这样,将神法和自然法注入法律制度之中的罗马天主教信念便由路德教坚持下来,但只是注入世俗法律制度之中,而非教会法律制度之中。自此以后,教会便是作为与具体的世俗秩序并存的纯粹精神共同体而出现,这与11~15世纪许多世俗的法律秩序在*una sancta ecclesia*(教会戒律)之中并存和相互作用的情况相反。但是,对于新教来说,无论是路德教还是加尔文教,上帝依旧是一位正义的上帝,而“中世纪”欧洲(如在16世纪它逐渐被称呼的那样)的教会法和世俗法体系在很大程度上被转入“近代”国家的法律之中。

随着基本的立法和司法功能转入民族国家的单一管辖权之

下,将法学从神学中分离出来并最终实现法律思想的完全世俗化的基础已经奠定。这并不是一蹴而就的,因为整个西方占主导地位的信仰体系仍然是基督教的。一直到 20 世纪,西方法律的基督教基础才差不多完全被抛弃。

这种 20 世纪的发展是西方关于神学本身可以独立于启示而被研究这种信仰的历史性后果,安塞姆正是这种信仰的第一位阐述者。安塞姆无意通过贬损信仰而弘扬理性。不过一旦可以为着分析的目的将理性从信仰中分离出来,那么为了其他目的而分离二者的尝试也就开始了。最后,理性能够自主地发挥功能被人们视为当然,这在最终意味着无须任何宗教信仰基础而发挥功能。

由于同样的原因,人们最终也把这一点视为当然,即作为理性产物的法律也可以作为世俗权力的工具,在不与终极价值和目标发生关联的情况下而发挥功能;不仅仅是宗教信仰,而且所有的热情信念都被视为每个个人的私人事务。因而,不只是法律思想,而且西方法律制度的特定的结构也已经离开了它们的宗教基础,而这些基础本身也逐渐失却了曾支撑它们的结构。

第五章　教会法：第一个西方近代法律体系

断言教会法的**体系**(*system*)是在1050年至1200年的一个半世纪里第一次被创造出来——或者用另一种说法，教会法律走向系统化——并不否认有一种法律**秩序**(*order*)从教会建立的早期起便存在于其中。《新约圣经》本身，尤其圣保罗的书信和《使徒行传》所提供的证据表明，在基督教共同体的内部，存在依照法律确立的权威当局，它们宣告和实施有关教义、崇拜、道德、纪律以及教会结构等方面的事务的规则。[1]同时，从很早的时候起，长老(主教)便曾裁判基督徒之间的纠纷，并对他们所做的违法行为加以制裁。公元1世纪的*Didache*(《十二使徒遗训》)，3世纪的*Didascalia Apostolorum*(《使徒遗训》)以及4世纪的*Constitutiones Apostolorum*(《使徒体制》)都包含着用于调整信徒行为并作为教会裁判基础的许多教会规则。[2]也是在3~4世纪，在北部非洲和阿尔勒(*Arles*)多次召开的地方宗教会议(synods)颁布了若干法律,公元 325 年,在尼西亚举行了第一次全基督教宗教会议并通过了许多法律。[3] 当时,希腊语中"*kanon*"一词(它本意为直杆,后来指测量用的木棍,最后用来指规则或规范)开始获得了一种专门的法律含义,指的是地方宗教会议、全基督教宗教会议甚或是某位主教个人所颁布的一项法律。("Canon"一词又逐渐被用来指组成《圣经》的权威性或"教规性"书目,也指法律上认可的或"使之神圣的"人,如圣徒。"canons"一词还有一个意思是指由地方主教授权的大教堂教士会执事。)

若干世纪以后,由地方宗教会议、全基督教宗教会议以及一些主教所颁布的教规已成倍增加,它们有时被收集到一些非官方的汇编之中,这些汇编也包括《圣经》、教父著作以及长老、教皇、主教具有立法意义的个人信函,还有罗马皇帝和其他统治者有关教会 200
的敕令和法令。[4] 所有这些汇编都没有反映出一种具有自觉意识的法律体系的存在。没有哪一种汇编追求完备性和普遍性。早期的汇编在内容编排上依据的是编年顺序;最后有一些是按不同的主题,包括某些法律性质的主题而松散地编排的。所有这些汇编都是将法律规范与道德戒律、神学教义以及圣礼程式结合在一起。尽管如此,无论是否在法律性标题之下,其中仍有许多规则涉及诸如以下一些法律问题:(1)教会财政与财产——例如,农产品什一税、慈善性遗赠、教会的土地和建筑物的占有、使用以及处分的权利;(2)教会的权限——例如,任命教会职位的权力、解决教士间纠纷的程序、违纪处罚;(3)教会当局与世俗当局的关系——例如,在某些类型的案件中,教士不受世俗法院审判;(4)犯罪——例如,对包括杀人和伪证在内的各种类型犯罪所应科处的补赎的列举;以及(5)婚姻与家庭关系——例如,婚姻障碍、子女的合法化以及婚姻关系的解除。

这些教会法,无论是在西方还是在东方,都受到了罗马法的深刻影响。古典时期和后古典时期的罗马法的大量概念和规则被接受过来,尤其是在财产、继承以及契约等事务方面。此外,在东方,查士丁尼及其继承人所进行的汇编包括了大量有关圣礼、神学以及教会权限的帝国法规。[5]在西方也是如此,宗教性法规也经常由国王和皇帝们予以颁布;法兰克的皇帝们声称他们继承了罗马皇帝对于教会的权力的衣钵。不仅如此,在西欧的氏族统治型的文化里,教会被认为是罗马法的传承者,在8世纪里普利安的法兰克的“法典”,即《里普利安法》中有这样的条文:*Ecclesia vivit jure Romano*(教会靠罗马法而生存)。这意味着每一个人将他的氏族法律作为属人法,无论他走到哪里,均须按此法裁判,在这个意义上,教会的属人法便是罗马法。

此外,在教会历史的头1000年里,教会的法律也受到了《圣经》尤其是《旧约全书》的强烈影响。从《圣经》中,教会引申出了《摩西十诫》以及其他许多被表述为神圣诫命的道德原则的权威。上述之外,《圣经》又传递了一种对上帝统治宇宙秩序的信仰,在这里,上帝既是最高立法者,又是最高审判者。作为以色列传统的继
201 承者,教会认真地看待法律的神秘特征以及它在宇宙的神圣秩序中无所不在的特性。还有,包含在《旧约全书》和《新约全书》中的许多具体的行为规则,以及《圣经》中的范例和隐喻也被引入了教会法规之中。

当然,从5世纪到10世纪盛行于西方教会中的法律概念和规则不仅受到罗马法和《圣经》法的影响,它尤其受到了日耳曼民族的民俗法的影响,包括后者对荣誉,誓言、报复、和解以及集团责任的强调。

调整教会内部以及教会与世俗当局之间各种类型关系的大量教会法在11世纪以前的存在,使得许多学者对德国伟大的法律史学家鲁道夫·索姆的观点产生怀疑,索姆认为,他所称的“旧的天主教的”教会法就其性质而言,实质上是圣事的、精神的和神学的,只是到了格拉提安的著作出现之后,教会法才真正成为近代意义上的“法律性”的。[6]索姆说,在12世纪以前,教会实质上是一个精神的和圣事的共同体,而不是一个法律的共同体。但是,正如斯蒂芬·库特纳所指出的那样:“‘精神的’和‘物质的’两种因素的交错、教会的社团的一面,如同教会本身一样古老,并且……是建立在教会既是一个精神的联合体,同时又是一个社团性的共同体这样的二元性质之上的……索姆未能看到在早期教会法中‘法律性’因素的运作,部分的原因是他否认基本的二元主义,也就是否认在原始和古代教会的法律中,圣事的因素与法律的因素的并存。”[7]

尽管有这种限定,但是索姆论点中的真实的和重要的方面或许应受到重视。人们公认,在11世纪晚期以前,教会物质的和社团的方面比后来更大的程度上融入了它的精神的和圣事的方面。库特纳教授或许也会同意,在教皇格列高利七世统治之后的世纪里变得如此引人注目的“基本的二元主义”(如库特纳所称),在此前的时期里并未被**感到**(*felt*)是基本的——至少没有接近同样的程度。神圣事务与世俗事务之间的区别更是未加宣告。教会法的管辖权因素被视为圣事因素的组成部分,它不仅包括如洗礼、婚姻、圣职授任这样的圣礼事项,而且也包括多种多样的道德的和精神的行为和礼仪。这是与前格列高利时代基督教世界中教会的高度异质性和强烈的地方特征相联系的。

特别是,教会法与圣礼以及神学的“交错”(用库特纳的术语)

是如此强烈,以致任何人都不会试图将法律的方面分离出来,并将
202 它们转化为一种体系。确实,在 11 世纪晚期以前所完成的教会法汇编中,法律规则完全与有关崇拜和信仰的规则(以及非规则)相混合。在 12 世纪以前,“教会法”(*jus canonicum*)这一术语并没有得到规范的使用,而“教会事务法”(*jus ecclesiasticum*)一词则用来指帝国、王室或封建法律中管理宗教关系的那部分内容。在教会内部确实存在着教会**法律**(*laws*),即一种法律**秩序**(*order*),但并非教会**法律**的**体系**(but no *system* of ecclesiastical *law*),也就是说,不存在与圣礼和神学清楚地区分开来的独立、完整并处在发展状态的教会法律原则和程序的体系。

11 世纪晚期和 12 世纪教会法律的系统化在所有方面都与教皇革命密切相关。早在 1050 年,即改革运动发端之际,一部教规和其他文献的汇编《74 章教规集》(*Collection of 74 Titles*)便出版了,它溯及早期教皇和罗马宗教会议的教令,以便为教皇在教会内的至高无上地位以及教会独立于世俗权威奠定法律基础。随后又出现了其他类似的汇编——包括卢卡的安塞姆、红衣主教狄乌迪弟以及其他重要改革家所进行的汇编。在教皇格列高利七世死后到格拉提安之前的这个时期里,许多新的汇编出现了。在 11 世纪 90 年代,沙特尔的伊沃第一次在其著作中以一种紧凑连贯的形式描述教会的全部法律,他将他的著作称为 *Pannormia*(全部法)。法律学术的这种突飞猛进不仅表明了一个联系紧密的教会法律家集团的出现,而且也表明了教皇革命的领袖们对于教会法所给予的重视。这一发展是与教廷对它的立法权的宣告密切相关的。格列高利七世第一次主张教皇具有“根据时势需要而创制新法律”的权力。[8]他以及他的继任者们所颁布的称为教令的新法律并非被简单地视为在既存教规之上增添的东西,而是某种新东西。这样,一

种革命性的分期法便引入教会法的历史之中,并且,以此分期法为基础对法律加以概括也成为可能。这种概括运动于1140年在格拉提安伟大的著作中达到高峰,这部著作立即被承认为既是对所谓旧法(*jus antiquum*)的一项权威性概括,又是旧法与所谓新法(*jus novum*)的一次融合。"旧法"和"新法"这种措辞的出现通常被归于格拉提安之后的时期,实际上却是包含在他对教会法律渊源所进行的区分之中的,这种渊源划分为两部分,即(旧的)宗教会议教规和(新的)教皇教令。格拉提安的学生休古西奥发展了"教令效力高于教规"的学说,因为教皇颁布的教令是"来自于特定知识并依据法律"。[9]因此,格拉提安所构想的教会法律体系是基于这样的前提,即一个法律体系并非一具僵尸,而是一个活体,它植根于往昔而伸枝于未来。与有时人们所假定的情形相反,法律进化论 203
的概念并不是爱德蒙·伯克、弗里德里希·冯·萨维尼以及18、19世纪的"历史法学派"的一项发明;[10]它从11世纪晚期和12世纪开始,就先后成为教会领域和世俗领域的西方法学家——以及非法学家——的一项基本的前提。

这些相互关联的因素——(1)旧法与新法的历史分期法;(2)作为一种统一结构的两种法律的概括与融合;以及(3)整个法律体系随着时间推移,在一种不断发展的过程中进步的概念——乃是西方法律传统的典型特色。

格拉提安的书被视为法律本身不断发展过程中的一部分,它一问世便几乎立即被公认为对教会法的一种权威论述。它除了与罗马法文本并列成为欧洲各大学法学院的主要研究对象之外,又被教皇、宗教会议以及教会法院作为权威依据而引用。它组织相对松散,结构开放,为的是再加以注释和概括;而且不久之后,有关它的注释、评注、论文以及专题著作便大量涌现出来。

在格拉提安所奠定的基础之上,不仅学术性注释和概括的大厦,而且司法判决和立法的大厦都可能建筑了。教皇亚历山大三世(1159~1181)是一位著名法学家(那时他的名字是罗兰都斯·班迪内利)和格兰提安的前弟子,他曾发布了700件教令,这些教令都保存了下来,此外尚有失传的教令。实际上,它们中的许多是已判决案件的裁定,也就是说,是司法判决中所必然包含的法律规则。教皇亚历山大三世召开了1179年的第三次拉特兰宗教会议,教皇英诺森三世(他是一名同样优秀的法学家)召开了1215年的第四次拉特兰宗教会议;从这些会议中产生了数以百计的新法律。(这两次会议在罗马的拉特兰宫举行,这座宫殿也被作为大教堂来使用。)在12世纪最后的10年和13世纪最初的数十年中,5部主要的教会汇编陆续编定。最后,在教皇格列高利九世治下的1234年,出现了一部综合性的教令汇编,它约有2000个条文,将几乎一个世纪里的作品予以概括和系统化;它连同格拉提安的《教令集》、格列高利九世的《教令集》一起成为罗马天主教会教会法的主体内容,这种情况一直持续到1918年《教会法典》通过为止。[11]

这些汇编均由法律学者予以注释、评论以及概括;确实,教皇们是以官方形式将这些汇编直接发送到诸大学。在这些方面——表现法律学术与法律实践之间的密切联系以及在对权威文本的注
204 释和概括方面表现出的法律学术研究的辩证性质——教会法律体系的新发展同样对西方关于法律体系性质的概念产生了构成性的影响。

不过,教会法的系统化并不只是一种智识性事务。旧法与新法之间,整体与部分之间或者理论与实践之间的张力仅凭书本与讲义是不能达到协调的,虽然法律科学在这个协调过程中起着极为重要的作用。同样,教会法律体系的完整性也不是单靠神学,或

靠神学与法学的联合便可以维系的。将协调的诸方面因素构建成为实体法本身也是必要的。

教会法与罗马法的关系

过去某些时候有人曾说新的教会法律体系乃是查士丁尼的罗马法的一个“后代”,[12]也有人说“起草《教法大全》(*Corpus Juris Canonici*)的伟大编纂是以《民法大全》(*Corpus Juris Civilis*)的编纂为模式的”。[13]即使在最低限度上,这类论断也要作这样的修正:教会法必须追溯的根源并非6世纪拜占庭的罗马法,而是11～12世纪基督教世界里复兴后的并经过改造的**罗马法学家**(*Romanist*)的法律。但是,即使有这样的修正,教会法曾在某种程度上以罗马法为蓝本的观念仍会引起严重的错觉。教会法学家大量地使用罗马法——这是指他们那个时代所理解的罗马法——正如他们使用《圣经》法,也正如他们使用日耳曼法;他们将所有这些法律均用作渊源。因此,在一个限定的意义上,人们可以说存在“罗马—教规式”的法律体系。此外,教会法学家与他们同时代的罗马法学家在法律的性质和功能方面具有同样的基本理论,对于对立事物进行分析和综合方面,也具有同样的基本方法——在这类理论与方法方面,罗马法学家与教会法学家相互借鉴,程度相似。的确,不仅是理论和方法,便是教会法律新科学的许多具体的法律概念和制度也同样被同时代的罗马法科学所采纳。[14]

对于11世纪晚期以及12、13世纪的罗马法与教会法之间的比较由于以下事实而存在混乱:教会法是教会的实在法,但罗马法却不是西方任何政治体的实在法。自然,罗马法是拜占庭的罗马帝国的实在法;但是,那并不是西方罗马法学家所理解的罗马法——并非《罗马法大全》(*Corpus Juris Romani*)。在西方,查士丁尼的罗马法被视为一种理想法,是理性的文字体现,即书面理性(*ratio scripta*),它的原则应当支配任何地方的所有法规,无论是教会的法律,还是世俗政治体的法律。法学家将查士丁尼的文本作为实在
205 法的渊源如同他们将摩西法律以及后来将亚里士多德的学说作为实在法的渊源一样。从查理曼时代起,西方的皇帝们确实声称他们是古代罗马皇帝权威的继承者;随着查士丁尼文本的发现,西方的皇帝们如教皇们一样,都从其中寻求支持。但是,“日耳曼民族的神圣罗马帝国”[15]是由西方皇帝们所制定的法律来统治的,这种法律被置于部落(氏族)的、地方的、封建的、自治城市的、商人的、教会的以及其他具体的法律之上。只有通过立法或法学家解释而明确地融入实在法之中,罗马法的规则和概念才能成为西方帝国的实在法,如同只有这样它们才能成为西方教会的实在法一样。罗马法被称为“教会法的一个侍女”:它同样可以被称为帝国法律的一个侍女以及正在兴起的世俗王国和城市国家实在法的一个侍女。无论如何,它总是一个侍女;那些认为西方法学家相信查士丁尼的东罗马帝国在某种程度上继续作为一个政治实在存在于西方的学者们在这一点上是错误的。[16]

罗马法与教会法之间最重要的差异或许是这样的一个事实:除了极有限的例外,罗马法被视为已经完成的、不可改变的,是只能重新解释而不能予以变化的东西。[17]与之相反,教会法虽然也是从往昔继承下来的,但它并没有完成,它可以继续加以再造。它具有一种随着时代推移而有机发展、自觉成长的特性。这一点赋予它某种杂乱无序的特征,从而有可能使它在作为一门学科时吸引力要少于罗马法[18],但是,从道德与政治的观点来看,这又确实是

更有意义的。因为它作为一门科学的“无序性”正是它作为一种体系的能动性——它的从过去走向未来的运动——的必然内容所在。这样一种时间维度的存在乃是近代西方各种法律体系的一种本质属性。

教会法体系的宪法性基础

教会法有助于使它成为一种独立、完整以及居于发展状态的体系的协调性或结构性要素部分地来源于教会的宪法,这是指 11 世纪晚期和 12 世纪所理解的那种宪法。在这里,“宪法”一词取它的近代意义,即指的是主权的归属及限度,选择统治者的程序,立法、行政和司法权力的分配,政府权威的范围以及臣民或公民的基本权利与义务。这种用法似乎有些时代错误的倾向,因为教会不仅在 11 世纪和 12 世纪缺少一部正式的宪法,而且至今仍不曾将它的宪法性法律系统化。那个时代的教会法学家在教会法体系内部 206
最接近于创造一种次级宪法制度的实践便是他们对一种社团法律的发展以及将社团法适用于教会组织。尽管如此,某些基本的宪法性原则是得到公认的,这些原则成为作为整体的教会新法律体系的基础。

以格列高利改革尤其是 1075 年格列高利的《教令集》为基础,12 世纪晚期和 13 世纪的教会法学家将教会内部的最高统治权(*imperium*)归诸教皇。教皇是教会的首脑;所有其他基督徒都是教会的肢体和它的成员。教皇具有完整的权威(*plenitudo auctoritatis*)和完整的权力(*plenitudo potestatis*)。[19]尽管在实践中他的权力受到限制——这种限制的增多是逐渐的,尤其是在 13 ~

14 世纪中——然而在法律上,从格列高利七世的时代起,教皇便是最高的立法者、最高的行政官以及最高的法官。他可以制定法律、课征赋税、惩罚犯罪。他可以设立和撤销主教管区。他可以安排教会的薪俸事务并对教会所有财产的取得、管理以及转让具有最终的权威。有关教会官员或机构的全部诉讼和决定——例如,教会法院的判决,或者关于有争议的主教职位的选任——都可以向他提起上诉。此外,他还是一位可以在任何地方行使权力的第一审级法官;任何基督徒的任何需要司法解决的事务都可以诉请于他,对于所谓重大案件,即诸如涉及对主教的罢免,或关于信仰条款的争议案件,他享有排他性裁判权。在开除那些违抗教会者教籍方面,他具有最高权威。他个人便可以召集全基督教会议,只有经他批准,会议的决议才能生效。最后,他还是教会中最高的教师,在界定教会教义和确定圣礼规则以及其他崇拜事务规则方面拥有决定性的发言权。也是在 12 世纪,教皇获得了敕封圣徒的独享权力。

给予教皇这些权力并非因为他是罗马的主教,相反,授予罗马主教这些权力是因为他是教皇;也就是说,他获得这些权力并非由于他的被授圣职的性质(*potestate ordinis*),而是由于他的管辖权的性质(*potestate jurisdictionis*)。的确,副主教希尔德布兰德虽然并不曾被任命为教士(更不必说主教),但仍被选为教皇,成为格列高利七世。一旦他成为教皇,他对于那些提交给**作为教皇的**(*as pope*)他的问题所发表的观点,用格拉提安的措辞来说,便要优先于像圣奥古斯丁和圣杰罗姆这些可尊敬的神学家的意见。但是,格拉提安又指出,在涉及《圣经》解释的事务方面,圣奥古斯丁或圣杰罗姆的意见要优先于教皇的意见。格拉提安说,教皇毕竟有可能是一名异端。[20]他的决断教义争论的权力并非来自更高的精神
207 品质,而只是来自于他作为教会中最高官员的管辖权。[21]

在11世纪晚期和12世纪第一次作出的圣职权与管辖权之间的明显区分乃是罗马教会基本的宪法性原则之一。圣职权是一项圣事,也就是神的恩典的一个神圣标志。通过圣职权,每一名教士都从上帝那里得到了做弥撒、主持圣餐礼、听取忏悔、管理补赎事务以及举行其他圣事性的或教士可以主持的仪式;通过圣职权,一名主教还可以任命教士和使其他人成为主教。相反,管辖权是作为社团性法律实体的教会所授予的一项权力。它是依照法律而统治——在法律确定的限度内"宣布法律"(*jus dicere*)——的权力。通过管辖权,每一位主教在他的管区之内具有从属于教皇的最高的立法、行政和司法权威,正如教皇通过管辖权而在整个教会内部拥有最高的立法、行政和司法权威一样。来自于管辖权的这种权威可以由经过合法授权的任何人来行使。例如,教皇可以任命一名助祭作为裁判主教之间争议的法官。在教皇革命之前,这项权力并不存在。

因此,教皇的最高统治权、完整的权威或完整的权力虽然是最高的和完整的,但是也被认同于他的管辖权,这意味着它们在性质上都是法律的。同时又意味着对于它们的行使存在着法律上的限制。

这类法律上的限制暗含在教皇以及下级的主教、修道院院长和其他教会职位的选任方式之中。在教皇革命之前,教皇、主教和修道院院长的任命权实质上是操纵在皇帝、国王、诸侯或封建领主手中的。导致教皇革命的第一批事件之一是教皇尼古拉二世于1059年在罗马召集的一次宗教会议上所通过的一项命令,该命令规定了罗马枢机主教——他们是罗马邻近教区的主教和教士,也在罗马的各大巴西里卡* 履行一些圣礼性的以及其他方面的职

---

* 巴西里卡(basilica),又译为长方形会堂。古罗马时代的一种公共建筑物,用作市场、法院或会议大厅。——译者注

能——在选举教皇方面应承担的主要职责。[22]一个世纪之后，教皇亚历山大的一项命令给予枢机主教们在选举新教皇方面的排他性权力，1179 年第三次拉特兰宗教会议规定必要的选票数量是三分之二多数。(根据尼古拉二世的命令，简单多数票即可通过，但这是一种有限制的多数，即是指选举人中“更显赫的和更健全的部分”的多数。)一经选出，教皇便终身执政(除非他辞职，如一位教皇所做的那样)；但是在出现空缺的时候，在选举一位继任者的过程中，不仅政治，而且法律也起着重要的作用，这无疑应归因于教皇对
208 于教会的责任的概念。教皇的选举经常出现激烈的争夺。有时甚至会出现并立的教皇。事实上，从 1100 年到 1378 年的 279 年中，除了 82 年外，其他时间合法选出的教皇都被迫生活在罗马城之外。[23]

枢机主教无疑是由教皇任命的；不过，随着时间的推移，他们也获得了某些独立。他们在教皇空位时期统治教会，教会中显赫的职位也要保留给他们。教皇在创建一个新的主教区、将一名主教从此主教区调任彼主教区、任命修道院院长以及处理其他一些重要事务方面要征得作为一个机构的枢机主教团的同意，这已成为一项习惯法。当枢机主教团寻求扩大它的权力，而教皇则抵制这种企图的时候，二者的紧张关系便会加剧。[24]

如同教皇由枢机主教选出，主教则是由大教堂教士会，也就是由教士会成员以及生活和工作在该主教管区首府的其他僧侣选举产生；修道院院长是由该修道院的修士选出。教皇能够听取来自关于主教和修道院院长的有争议选举中落选的候选人的上诉乃是教皇具有监督权的一个标志。但是，至少在理论上，只有选举人疏于职守，或者出现了一种分裂的选举，或者由于其他一些原因导致正当的程序遭到破坏，才能使教皇采取行动。实践中，大教堂教士会的教士们，或者修道院的修士们通常起着重要的作用。在这里，

选举原则——在 14 ~ 15 世纪它逐渐衰落和完全消失之前——也有助于保持教皇君主制以及权威的等级链条的宪法性特征。

对于教皇专制主义予以实质性限制的不只是选举原则以及广泛地容纳枢机主教、主教和教士的必要性,而且还包括教会政府体系的极端复杂性。虽然立法是教皇们的排他性特权,但是到了 12 和 13 世纪,他们还是感觉到了需要定期召集全基督教宗教会议以便在法律创制过程中得到帮助。这是欧洲最早的立法机构。在行政方面情况亦复如此,教廷发展出了由各个领域专家组成的具有高度效率的官僚体系(见图表 1)。教皇文秘署负责起草和发布文件,包括开始司法程序的令状,还负责保存对教皇政府的命令、法规以及判决的记录;文秘署署长(chancellor)是教皇之玺的保存者。称为使徒厅的教皇财政署的功能既是教皇岁入的金库,又是财政部;此外,该厅还有自己的法庭,用来处理与税收以及其他财政事务有关的民事和刑事案件。教皇法院具有初审与上诉两方面的普遍管辖权,在 12 世纪被称为教议会上院(consistory):教皇本人主持该法院。随着教皇司法管辖权的扩张,教皇开始任命司法审查 209
官(枢机主教、主教或普通牧师),他们的判决经教皇批准具有拘束力。到了 13 世纪,司法审查官们逐渐组成为一个常设法院,称为圣堂审查院(Audience of the Holy Palace),它被构建成一个整体(经常分为若干分庭),在这个世纪末,又设立了一个分立的上诉法院,以受理民刑事案件。[在 14 世纪,又设立了一所最高法院,最后定名为罗马圣轮法庭(Rota)。]此外,教皇宫内还设有一个"特赦法院",作为一个"内部的"法庭,用来审理罪孽案件,它们不是以刑事或民事案件的方式来审理,而是用忏悔和补赎的方式来处理。特赦法院院长(Grand Penitentiary)负责受理来自对主教所管束的补赎不服而提起的上诉,他还负责行使保留给教皇的申斥和赦免的职权。

在地区和地方的层次上,教皇政府还通过教皇使节以及其他受委托人和下属而行使其职能。从很早的时候起,教皇们便偶尔任命使节代表他们处理某些事务,但只有到教皇革命之后,这种使节才成为教皇政府的常规工具。[25]教廷使节分为三种:根据一般或特殊委任,派到某个地方或地区"全权"代替教皇行事者为教廷特使;在具体案件中,行使教廷司法权者为司法专使;截至16世纪,在代表教皇方面只享有诸如传递信件、收集情报以及就某些特定事务协商和订立协议等有限权力者为教廷大使(nuncio)。三者之中,教廷特使权力最大;有时他被授权在宗教会议上充任主教们的主持人,并且可以作出罢黜他们的处罚决定。不过,教皇使节的上述各种类型的决定都可以被上诉到教皇本人。

教皇也通过其他官员行使其权力,尤其是(税赋方面的)教廷收税官和教廷金融官(他负责筹集借款)。

此外,大主教、主教以及处在教皇权威之下的主要宗教团体和单个修道院的负责人在某种意义上也是教皇的官员。从11世纪末开始,他们在就职时都须宣誓效忠教皇。他们的任命须得到教皇的批准,他们的所有决定均须接受教皇的复审。

但是,无论是在理论上,还是在实践上,主教都不单纯是教皇的官员。每一位主教在他自身权威的层次上都是至高无上的。即使是在教皇革命之后,每一位主教在他自己的教区之内仍然是最高的法官、立法者和行政官——除非受到教皇干预。因此,教皇通
212 过主教团统治整个教会的说法只有一半的真实性;实际情况的另一半是主教统治着从属于教皇的各自的教区。他们同样拥有最高统治权以及管辖的权威和权力——虽然不具备同样的完整性。教皇必须认真地对待他们;他不能只对他们发号施令。

与此同时,主教的周围又围绕着所辖教区里的各种官员,在实践中,他们对主教起到了相当大的制约作用。主教是由大教堂教士会成员选举的,如同枢机主教选举教皇。教士会成员又选举一位教长,由教长主持大教堂教士会议。教士会还享有对其成员的违反戒律行为在它自己的法院中加以审判的权力。主教的若干行为——例如转让教会财产——必须得到教士会的同意。大教堂教士会的特权在不同教区之间有所差异;在许多地方,教士会与主教之间的紧张关系导致这一方或那一方向罗马教廷上诉。

在11世纪末,主教公署内的官员如同罗马教廷内的官员一样成倍增加。副主教获得了作为首席行政官的更大的权力;他通常由主教选任,负责处理教区的日常事务。又出现了文秘局局长一职,其职责是负责保管主教印章以及处理教区的通信和对外事务。受过法律训练的"法务官"(*officialis*)则代替主教行使法官职权。在主教法院中,出现了司法掌印人、公证人、书记员、辩护人、控告人、执行法院命令的代理人、陪审人以及其他类型的司法官员或准司法官员,这就如同出现了大司祭(archpriests)、助理主教(coadjutors)以及其他类型的神职人员以协助主教行使圣礼职能一样。

如同教皇具有为统治各教区而设的中间代理人一样,主教为着统治各自的教区也拥有他的中间代理人。在较大的教区,主教(会同副主教)选任助祭(deacons),每位助祭均拥有规模较小的文秘局、文书以及司法官员,以监管财产、保存书籍,在需要时帮助教士以及报告神职人员的严重犯罪。另外,教区内教士们的集会——地方宗教会议——也经常召集,主教被要求每一年对教区进行一次视察。正如主教在任职时要向教皇宣誓效忠一样,教士也被要求向主教宣誓效忠。主教们也可以派出特使对教区的情况进行核查或传递命令。

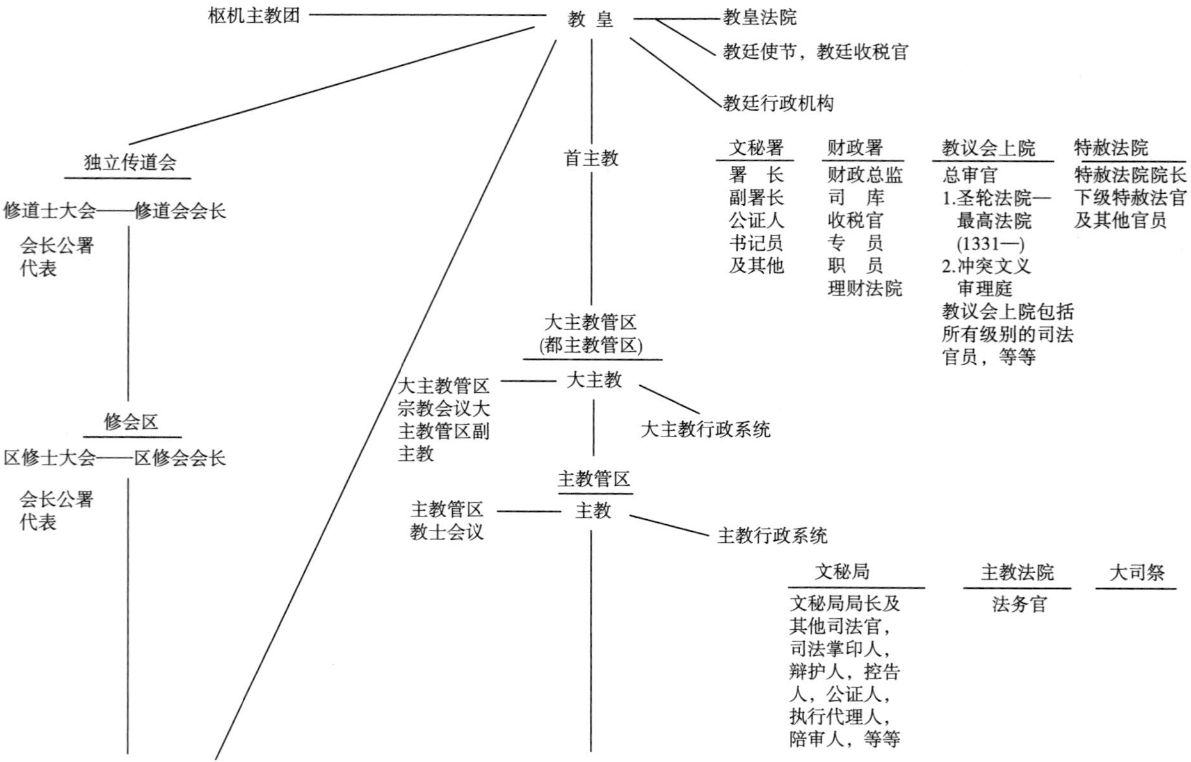
教 皇
枢机主教团
教皇法院
教廷使节，教廷收税官
教廷行政机构
文秘署
署 长
副署长
公证人
书记员
及其他
财政署
财政总监
司 库
收税官
专 员
职 员
理财法院
教议会上院
总审官
1.圣轮法院—
最高法院
(1331—)
2.冲突文义
审理庭
教议会上院包括
所有级别的司法
官员，等等
特赦法院
特赦法院院长
下级特赦法官
及其他官员
独立传道会
修道士大会——修道会会长
会长公署
代表
修会区
区修士大会——区修会会长
会长公署
代表
首主教
大主教管区
(都主教管区)
大主教
大主教管区
宗教会议大
主教管区副
主教
大主教行政系统
主教管区
主教
主教管区
教士会议
主教行政系统
文秘局
文秘局局长及
其他司法官，
司法掌印人，
辩护人，控告
人，公证人，
执行代理人，
陪审人，等等
主教法院
法务官
大司祭

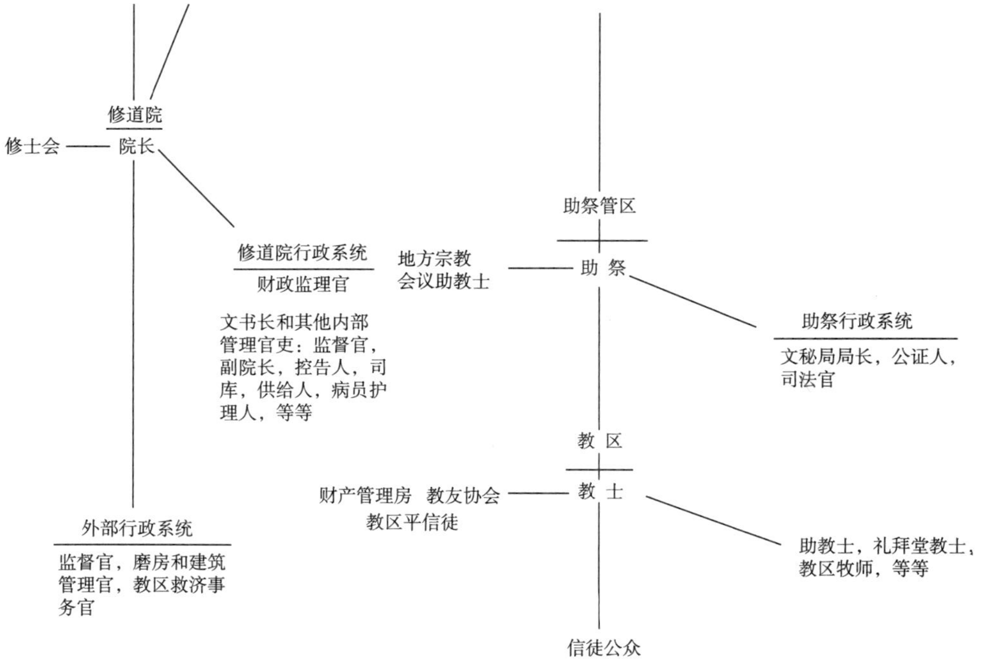

图表1 1100～1500年西方教会国家结构。权威等级和宗教生活以水平线标示，线上为机构名称，线下为机构首脑名称。

注：代表机构或同意机构在首脑名称的左侧。行政机构则在每一级首脑右侧。机构的成员通常标注在机构名称之下。

在教区这一级,同样存在职能的划分和对行使专断权力的制约体系。教区教士既对教区的精神事务负责,又对教区财产的管理负责。教士对于他的上司——他的主教以及教皇——负有缴纳
213 教会税的义务。此外,教会法还要求他在他的教区内保持持续居住。与此同时,教士,尤其是较大教区的教士周围又围绕着神职的和世俗的助手,这些助手们的需要和希望他不能置若罔闻。助教士(suffragan priests)对他提供帮助,尤其是在有关圣礼事务方面。礼拜堂教士(他可能是一名神职人员,也可能只是一名教区居民)监管教区的慈善事业,并经常负责对儿童的教育。教区内基督教信徒们的"教友协会"(confraternities)致力于礼拜、施舍和悔罪等事业;勒·布拉称它们为"虔城基督徒的基层组织……大教区里的小教区"。[26]通常它们每年集会一次。在12世纪还出现了由俗人组成的旨在帮助管理教区财产的"财产管理房"(*fabricae*);它们常常受到来自教区教士和主教两方面的敌视。[27]

这样,尽管教会内所有的政府权力都最终集于教皇手中,但是,教皇的专制统治却受到了处于顶端的官僚体系的职能划分以及整个教会政府的等级制的,或曰金字塔式的特征的限制。这种限制自然比不上三权分立和联邦主义的近代概念[28];但是它们却构成了对于专制主义的重要制约,至少培育了教皇在大多数情况下不愿意破坏的政府习惯与传统。一种形式化的、法律上的官僚结构被创造出来,这在日耳曼人的欧洲是一种全新的发明。政府从个人对领主的效忠中分离出来了。这里所发展起来的复杂的组织间关系不仅与部落的组织制度,而且也与封建的甚至早期帝国的组织制度(无论是拜占庭的还是法兰克的)形成了鲜明的对比。官僚结构的这种复杂性和专门性是宪法原则的一个渊源。"对于一个如中世纪教会那样精心构筑而又过分扩张的政府来说,追求

一律绝对是关键的。”[29]

教会政府的宪政首先是由对教会权威的范围本身的限制加以推进的。这类限制部分地来自于宗教权威和世俗权威二元主义的理论，部分地来自于世俗权威抗拒教会滥用权力以及越权的实践。的确，尤其是在13世纪和14世纪早期，曾有一些教皇和一些教会法学家提出了教会具有无限制立法权的过分主张，这里的立法对象不仅包括有关信仰、教义、礼拜、圣事、教会职务以及神职人员戒律，而且也包括契约、财产、各种犯罪，甚至世俗政治体的事务。但是在1122年的《沃尔姆斯协约》之后，就整体而言，教会逐渐在理论与实践两方面接受了对其权威的范围的实质性限制。教会权威与世俗权威相互分离是一个具有头等重要意义的宪法原则，它渗 214
透到了整个教会法律体系之中。

此外，在教会自身内部，作为与各种世俗政治体相分离的一种政治体，无论是教皇还是主教，其独断权力都受到来自理论与实践两方面的限制。首先，人们普遍认为教会作为一个有形的组织已经由基督本人建立起来，他以及使徒，还有前面7个世纪中的教父和全基督教宗教会议已经为它规定了确定的和不变的信仰与行为规范。甚至在教皇权力如日中天之际，一部标准的教会法学家的注释还指出“将我们的信仰委之于单个人的意志将是危险的”。[30]人们认为无论是教皇，还是全基督教宗教会议都不得改变教会教义，或任意引入新的教条。“新教义要受到现存教条的检验，不仅如此，只有那些已经暗含在现存教会教义宝藏中的学说和能够作为现存信仰基础的有机发展而展现出来的学说才能够予以宣告。”[31]

更具体地说，教皇、全基督教宗教会议以及主教和地方宗教会议在其权威范围方面受到神法与自然法两方面的限制。的确，没有任何人具有推翻或否决一项违反神法或自然法的教皇法令的权威。唯一可以求助的便是政治行动或非暴力反抗。然而,教会法学家却为这种抵抗奠定了法律基础。格拉提安写道:“没有人可以裁判教皇,除非他被发现正在背弃信仰。”[32]正如布里安·蒂尔尼所说,这设下了一条通向以异端为理由而废黜教皇的理论的道路。[33]后来的教会法学家又增加了其他理由,包括挥霍教会财产,到了12世纪末,休古西奥发展了这样一种理论,一位教皇可以由于通奸、抢劫、渎圣以及其他严重损害教会声誉的劣迹昭彰的犯罪而受到审判和废黜。[34]

不只如此,12～13世纪的教会法学家还指出,教皇不得从事与整个教会的“地位”(*status*)相反的行为,他不得颁布以损害教会的“一般地位”(*generalis status ecclesiae*)为目的的法律,包括损害教会的特性、一般利益或公共秩序,或者后来世纪里所谓的宪法性法律。[35]甚至崇尚权力主义的教皇之一英诺森四世(1243～1254)也承认在下述情况下不服从教皇的可能性:假如他命令去做一件将会损害教会地位的不公正事情,例如,他的命令中包含着异端内容。[36]

对教皇专制主义的宪法性限制的理论由于缺乏一种可以向教
215 皇挑战的有效的法庭而被削弱了。在15世纪初,康斯坦茨宗教会议废黜了两位并立教皇并认可第三位教皇的辞职之前,没有一位教皇受到审判或废黜。但是,即使是在教皇权力达到最高峰的时候,这种限制权力的理论在社会的、经济的和政治的环境中仍有其坚实的基础,它极大地推进了地方自治的发展。用蒂尔尼的话来说:“尽管有教皇集权化的持续的趋势,整个教会在某种意义上仍然是一种半自治单位组成的联邦,是无数大大小小的社团组织的联合,这一点并不比世俗国家逊色。”蒂尔尼提到,主教管区、修道院、僧侣团、附属小教堂、慈善团体、宗教团体、教徒会议以及教友协会,所有这些“都行使着自治政府的实质性权利”。[37]

因此,教会法学家将统治权与管辖权之间的认同便相当于教会政治体的活的宪法。教会是一个法治国(Rechtsstaat),一个以法律为基础的国家。与此同时,对于教会权威所进行的限制,尤其是来自世俗政治体的限制,以及教会内部尤其是教会政府的特殊结构对于教皇权威的限制,培育出了某种超过法治国意义上依法而治的东西,这些东西更接近后来英国人所称的“法的统治”(rule of law)。

作为教会宪法的社团法

对于权力和权威的管辖权限制原则是奠定 11 世纪晚期和 12 世纪新的教会法体系基础的根本性宪法原则。但是,对于管辖权原则得以适用的途径的分析需要考察的却不是这样的宪法,而是社团法。依照教会法学家的观点,教会是作为一个社团性法律实体才被授予对于单个教会官员(教皇、主教、修道院院长等)的管辖权的,正是关于社团的法律确定了所授予的管辖权的性质和限度。

“社团”(*universitas*,另外也作 *corpus* 或 *collegium*)一词来源于罗马法,其他许多用来定义它的术语以及许多适用于它的规则也来源于罗马法。但是,罗马人的社团法与 12 世纪西欧法学家的社团法之间却存在着实质性差异。

依照查士丁尼时代的罗马法,[38]当时的国家(依旧称为 *populus Romanus*)便被视为一个社团,但是它的权利和义务是用行政手段而不是在法院中予以调整的,它也不受市民法的管辖;不

过,帝国国库却具有所有权和其他民事权利和义务,并且能够在普
216 通法院中起诉和应诉。另外,市政府也是社团,具有拥有财产、订立契约、接受赠与和遗赠以及在一般情况下通过代理人履行法律行为的权利。与此相似,许多私人联合,包括维持宗教礼拜的组织、丧葬团体、政治团体以及工匠或商人行会等都被作为社团,虽然它们权利的范围取决于皇帝所授予的特权和自由。当公元313年基督教成为帝国的官方宗教的时候——在某种程度上比这个时间要早——教会和修道院也被列入社团名单,这些社团有能力接受赠与和遗赠,拥有一般的财产权和契约权,也有权作为法人通过代表而从事法律行为。此外,查士丁尼的立法还确认慈善机构如医院、救济院、孤儿院、穷人收容院、老人收容院具有为特定目的而接受赠与和遗赠的法律能力,对此,教区主教保留一般监督权。(在11世纪晚期以前,无论是东方还是西方,作为法律实体的社团的概念并没有适用于整个教会,即普世教会。)

出于对定义和理论的强烈厌恶,罗马法学家并没有使用一般性的术语讲述社团与它的成员集合体之间的关系。《学说汇纂》使用警句式的语言陈述道:"社团之物不属组成社团之个人。"又说道:"设若某物属某一社团所有,则它不为个人所有;个人不能具有社团所有之物。"不过,许多问题——诸如一个社团的存在和权力是来自某个公共权威的授权呢,还是来自创建人的意志,抑或自它作为一种联合体所固有的性质,它的官员们应行使什么权力,哪些事情未经成员们同意他们便不能去做,官员们如何遴选以及在怎样的情况下和为什么要将他们免职——罗马的法学家并没有加以讨论。甚至像"法人""法律人格"这样的术语他们也极少使用,更从未加以分析。只有通过追溯,人们才能够辨认出罗马社团法中所暗含的原则,这些原则在12世纪社团法第一次被系统化时的西

方法律思想中变得明晰起来。其中的两个原则是:第一,一个社团具有通过代表为一定行为的法律能力的原则;第二,社团的权利和义务有别于其官员的权利和义务的原则。

罗马的社团法律规则通过教会而引进到西欧的日耳曼人的各个社会共同体之中。但是,它们却不得不与基督教关于各个教会共同体的社团性质的概念以及日耳曼人关于团体的社团性质的概念广泛地进行竞争。圣保罗曾称教会是基督的身体(《哥林多前书》12:27),因而在写给加拉太人的信中,他说:“因为你们在基督耶稣里,都成为一了。”(《加拉太书》3:28)基督教对于教会的其他 217
隐喻则是“妻子”“配偶”“母亲”。所有这些拟人化的含义都是用来指信仰者的伙伴关系、“圣徒的会聚”、“信仰者的集合”。虽然人们普遍相信在各处的所有基督徒都构成了一种属灵之体,但是主要强调的仍在于单个教会和单个教区之间灵的联合。在这一点上,进而又强调每一个教会的高级教士——教区教士、主教或其他某些神职人员——在一种精神上的婚姻中与他的教会结合在一起。正如人们相信基督已与普世教会结婚,人们也相信主教或教士与他的地方教会缔结了婚约。他代表了教会,如同头代表着身体的其余部分。这种基督教概念与根据罗马法的规定将教会作为社团对待所隐含的观点完全相反。这并不是说,在罗马帝国统治下或在日耳曼皇帝们或国王们的统治下,教会反对给予单个教会罗马法上的社团身份。相反,它急切地寻求保护这种地位。但是,在罗马法之下,那些组成教会社团的基督徒们对于高级教士以社团名义以及为了它的利益而实施的行为不承担责任,这种情况至少是违反常规的;高级教士本身被认为只是作为代理人,而不是如作为社团内的组成人员或合伙者而实施行为的情况则更是违反常规的。

日耳曼的团体概念与基督教将教会作为“一个人”，一个*corpus mysticum*(神秘之体)的概念具有某些相似之处。如研究德国法律史的伟大史学家奥托·冯·吉尔克所强调的那样，日耳曼人的家庭、武士团、氏族或者村庄都被认为具有一种所有成员均分享的集团人格；它的财产是他们的共同财产，对它的债他们承担共同的责任。不过，按照吉尔克的观点，这种*Genossenschaft*(伙伴关系)的联合与宗旨并非来自一种或神或人的更高权威，而是仅仅来自它自身内部，也就是说，仅仅来自于成员们为达到他们自己所设定的目标而自愿的结合。[39]

在发展一种适用于教会的社团法律新制度的过程中，12世纪的教会法学家利用了此前罗马的、日耳曼的以及基督教的社团概念。在某种程度上，他们协调了三种相互竞争的概念体系。不过，他们这样做并不是作为法律推理的一种抽象训练，而是旨在获得解决在教皇革命之后接踵而来的现实法律冲突的实践性方案：包括教会与各种世俗政治体之间的法律冲突，也包括教会内部的法律冲突。同时，他们又着眼于这些法律冲突的相互关系并寻求基
218 本原则的系统化，正是通过这类基本原则才使法律冲突获得解决。

下面的这些不同种类的问题是从12世纪的诉讼中引发出来的。

社团首脑(如主教)在作出到法院控诉或应诉的决定之前，是否需要征求社团成员(教士会)的意见？是不是他不仅要征求意见，而且必须获得他们的同意？假如是一项转让财产的决定，或授予各种类型特权的决定，情况又是怎样呢？

教士会对于主教未经它同意与对方当事人达成的解决方案能否予以推翻？

教士会的同意如何表达？

在社团首脑空缺时期,即首脑死亡、辞职或被解职时,由谁来行使他的权力?

假如主教由于患病或年老而丧失行为能力,教士会神职人员可以代表他们的主教而从事行为,那么如果主教疏于职守时,他们是否也可以这样做?

社团能否犯罪?它能否为侵权行为?如果它的官员犯了罪或有侵权行为,它是否应对此负责?

教会社团是否可以在不经教皇许可的情况下而成立?

假如一个社团失去了所有成员,它是否继续存在?如果不复存在的话,它能否由于一个或多个符合成员资格的申请人的申请而恢复?

不再存在的社团的财产如何处置?

社团能否制定适用于它的成员的法律?它是否可以选出一名官员以它的名义行使立法权?它是否可以选出一名法官以它的名义判决案件?

一个已经将财产用于特定目的的社团可否合法地决定将此财产用于其他目的?

最后一个问题:假如这里所说的社团不是某个主教管区、某个修道院或其他某种地方组织,而是以基督在尘世中唯一的代理人为首脑的整个罗马教会,对上述问题的回答是否会有所不同?

一旦西方教会声称自己是一个独立于皇帝、国王以及封建领主的社团性法律实体(*universitas*),这些实践性法律问题便提出来了。对于这些问题,最引人注目的方面,一是它们在法律上的系统阐述;二是它们之间高度自觉的相互关系;三是(与第二相联系)最终提供的答案的系统化特征,也就是为获得一系列满意的解决方案而诉诸社团法的有意识的系统化。

11世纪晚期至13世纪,罗马天主教会内所发展出来的社团法律体系可以被定性为整个教会法律体系的一种次级体系。它与建
219 立在查士丁尼文本基础之上的罗马人的社团法根本不同。首先,教会拒绝接受罗马法上的这种观点,即除了公共社团(国库、城市、教会等)之外,只有帝国当局确认为社团的团体才享有社团的特权和自由。与此相反,根据教会法,任何具有必要的机构和目的的人的集团——例如,一所救济院、一所医院、一个学生组织或者一个主教管区乃至整个教会——都构成一个社团,无须一个更高的权威的特别许可。[40]第二,教会又拒绝了罗马法的另一个观念,即只有公共社团才能创制适用于它的成员的法律,或者对成员行使司法权威。与之相对立,教会法规定任何一个社团对它的成员均有立法和司法"管辖权"。第三,教会还拒绝了罗马法上的社团只能通过其代表而不能通过其成员整体而行为的观念。在许多情况下,教会法要求成员的同意。第四,"属于社团者并不属于其成员"这一罗马法格言也被教会拒绝。依照教会法,社团的财产是其成员的共同财产,如果社团没有其他方法偿还债务,便可以向它的成员征税。[41]

教会法上的这类以及其他各种规则和概念看起来是反映了日耳曼的将社团视为具有一种集团人格和集团意志的伙伴关系的观念,它与将社团视为一种其身份由一个更高政治权威所创造的"机构"的罗马观念形成了鲜明对比。[42]不过,教会法上的其他规则和概念似乎反映了将社团视为一种"机构"的观念。正因如此,每一个社团才必须有一个首脑人物(在宗教社团里通常称为教区长或修院长,世俗社团则称为社长或总裁),他被授权履行社团本身不能完成的行为(诸如财产的管理、纠纷的裁判),并拥有与社团所拥有的权利相区分的各种权利。社团的首脑以及其他官员被视为一

种类型的保护人或监护人,社团乃是一种类似于被保护人或未成年人的东西。[43]与罗马法规则不同,当社团多数成员同意做某种不法行为时,教会法规定社团要承担民事或刑事责任,同时又与日耳曼法不同,社团官员的不法行为不能归责于社团本身。[44]因此,一个城市可能由于它的市民的犯罪而受到教会禁令的制裁,但是在理论上,它却不必为其官员的犯罪而承担责任。

以上所述似乎支持了吉尔克所提出的观点,即中世纪教会的社团法在将社团视为一种集团人格的日耳曼概念与将社团作为拟 220
制机构(*Anstalt*)的罗马法概念之间摇摆不定。吉尔克继而认为在14世纪罗马法概念取得了胜利,这给欧洲带来了灾难性的后果,因为专制主义理论最终是建立在这种概念的基础上的。[45]很清楚,中世纪的教会法学家自身并没有意识到两种概念的任何一种,这一事实削弱了吉尔克的立论。[46]更为严重的损害则来自于两种概念均被过分夸张这一事实。法律意义上的社团人格能够仅仅从一个集团的内部生出,这是大可怀疑的;它的存在总是要部分地取决于居于其外者的承认——换言之,它只是其中一部分的更大社会的承认。而在具有共同利益以及作为一个单位而行为的人的集团没有提前存在时,仅凭社会或国家的行为就能强加一种法律意义上的社团人格,这同样是值得怀疑的。

蒂尔尼强调,直到13和14世纪(也就是教会社团法开始系统化的两个世纪之后),教会法学家才发展出"社团法的连贯一致的理论",但即使在这个时候,他们"对于一个社团的本质方面的哲学问题仍没有兴趣"。[47]这两点有助于明确社团法律体系——以及最后的"连贯一致的理论"——是对于教会所面临的实际形势以及实际问题的一种法律回应,而不是对这类形势和问题以某种方式加以适应的预先的学术构筑。不过,如果认为新的教会社团法从一开始便不依赖于哲学上的先决条件,那也是错误的。在大多数情况下,教会法学家们接受了适中的唯名论立场,认为一个集团不能够具有一种与其成员拥有者相区分的人格和意志。[48]这种哲学立场既不同于吉尔克的言过其实的理论,也有别于吉尔克所反对的实证主义理论。此外,它又是一种特别适合构筑社团法律体系的哲学立场,因为它为提出有关社团官员与成员之间权力分配的严峻问题提供了一种中立的哲学基础。

因此,如果一个社团被理解为是**作为组成部分**(*taken as parts*)的它的各部分的总和,那么便容易考虑成员作为成员的权利和义务。首脑作为首脑的权利和义务,以及这两套权利义务之间的关系。这样的处理方式隐含在11世纪晚期和12世纪早期的立法之中,格拉提安对此立法予以概括,他指出,一名主教,作为他的教区教会的首脑,在授予有俸圣职和特权时,在转让教会财产时以及在
221 判决案件时,需要教会的成员们(也就是教士会)的合作。[49]数十年之后,教皇亚历山大三世确认并扩大了这些规则,规定在各类情况下,教士会的"建议"和"同意"是必要的。[50]"教士会"被认为是由神职人员组成的。在进一步阐述建议和同意的含义时,后来的教会法学家们区别了三方面的不同权利:主要属于社团自身的权利,主要属于作为个人成员或官员的个人成员或官员的权利,以及社团与个人成员或官员共同拥有的权利。因此,据说如果要任命一名法律委托人或其他代理人处理主要涉及大主教、主教以及修道院院长等高级圣职人员的事务,那么他应由高级圣职人员任命,并得到教士会同意;但是如果要处理的事务主要涉及教士会,那么他应当根据高级圣职人员的建议由教士会任命;如果事情涉及两方面,他应当(如第一种情况那样)在教士会同意的情况下由高级圣职人员任命。[51]一位后来的教会法学家对这些规则作了更为普

遍的解释:只要诉讼涉及作为整体的社团组织,教士会的同意便是必要的,因为是主教和教士会共同组成了这个组织。[52]这里使用了基督教的隐喻:主教已与他的教会缔结了婚姻,如同作为基督的代理人的教皇已与普世教会缔结了婚姻。不过,作为社团实体的教会在法律上被等同于神职人员;需要得到的是教士会,而不是"信徒的会众"(congregation of the faithful)的同意。[53]

在12~13世纪,对于宗教社团尤其是大教堂教士会(主教管区)的首脑和成员权力的分析,导致了对宗教和世俗统治者不经他们顾问和主要下属的建议和同意便独自行事的权力进行限制的法律理论的发展。在这里,罗马法上的一句格言被加以利用和改造,并提到一项宪法原则的高度:"有关每个人的事务应得到每个人的考虑和同意。"[54]

对教会管辖权的限制

11世纪晚期以前的教会管辖权——在广义上包括立法、行政以及司法方面的权限——缺少明确的界限。在宗教当局与世俗当局的权限方面存在大量的交叉。即使是在教会内部,对于一名教士或主教而言,在他以其作为忏悔教父和悔罪补偿施行者的权限所处理的事务和他以其作为教会行政官或法官的权限所处理的事务之间也不存在清楚的划分。他做的每一件事情都被认为是来自他的圣职授权;是圣职授权而不是管辖权给予他以权威。与此同时,作为一名被授圣职的教士或主教,他的不加划分的权威在许多方面都从属于皇帝、国王以及贵族们的权威。皇帝、国王和贵族任命、统治并且经常是压制着教皇、主教以及教士。正是教皇革命连 222

同它将神职人员从世俗控制中解放出来的努力以及它对宗教从世俗中分离出来的强调,使得对于教会管辖权加以限制并进而对之系统化成为必要和可能。

典型地说(这里法律科学阐述了实在法),这种管辖权分为两类:对于特定种类的人的管辖权(*ratione personarum*,“因为人的缘故”)和对于特定种类的行为或关系的管辖权(*ratione materiae*,“因为事的缘故”)。教会主张“人的管辖权”包括如下几类人:(1)神职人员及其随从和家庭成员;(2)学生;(3)十字军参加者;(4)“不幸的人”(*personae miserabiles*),包括穷人、寡妇、孤儿;(5)在与基督徒发生纠纷的案件中的犹太人;以及(6)旅行者,包括商人和水手(当为着他们的和平与安全而必要的时候)。这就是著名的——或曰声名狼藉的——*privilegium fori*(“法院特权”或“神职人员利益”),对于它们,世俗统治者奋力斗争,并且经常取得某些成功。

教会法禁止神职人员放弃教会管辖方面的特权;不过实际上在某些类型的犯罪和某些类型的民事诉讼方面,他们还是要服从世俗审判。在教会对于十字军参加者和学生的管辖权上也存在某些公认的例外;他们只要愿意,便可以放弃这样的管辖权。在教皇革命前曾被作为受皇帝和国王保护的“不幸的人”,在此后也要受到教会的管辖,这主要是在那些世俗当局没有对他们提供充分保护的案件方面。涉及犹太人和旅行者(包括商人和水手)时情况也是如此:对于帝国或王室对他们的管辖权,教会并不企图排除,而只是加以补充。

教会对于人的管辖权基本上扩展到了涉及上述六类人的所有案件,尽管有时这一原则要被迫屈从世俗当局与教会相冲突的利益。与此相对应,教会的“对事的管辖权”基本上扩展到了特定类型案件中的所有的人,既包括俗人,也包括神职人员,当然,这里同样存在限制和例外。教会主张具有管辖权的主要案件类型是所谓精神案件和涉及精神案件的案件。精神案件是指从下列事项中引出的案件:(1)圣事的管理;(2)遗嘱;(3)有俸圣职,包括教会财产的管理、教会官职的授任以及以什一税方式征收的教会税;(4)宣誓,包括信仰宣誓;和(5)应受教会指责的罪孽。正是在这种管辖权的基础之上,12 世纪的法律科学开始演进出各种实体法律分支,包括 223
家庭法(以对于婚姻圣事的管辖权为基础)、继承法(以对于遗嘱的管辖权为基础)、财产法(以对教会有俸圣职的管辖权为基础)、契约法(以对信仰宣誓的管辖权为基础)以及刑法和侵权行为法(以对罪孽的管辖权为基础)。先决条件是教会对其自身管辖范围的管辖权;在这个基础上,它构造了社团法律体系。

教会还通过向那些愿意选择教会司法的人提供司法救济而将管辖权扩展到其他类型的案件中。这样做是通过一种称为展延(prorogation)的程序进行的,据此,任何民事纠纷的当事人都可以依照订立的协议将纠纷提交到教会法院或诉诸教会仲裁。这种协议可以采取这样一种形式,即在契约中订立一个条款,预先规定如果将来该契约发生纠纷,则放弃世俗法院管辖权而诉诸教会法院或教会仲裁。由于 12～13 世纪大多数世俗诉讼程序的原始特征,民事契约的当事人经常写下这样的放弃条款。

此外,根据教会法的规定,任何人都可以以“世俗审判的缺陷”为理由,在教会法院提起一项诉讼,或者将案件从世俗法院移送到教会法院,甚至可以不顾另一方当事人的反对而这样做。因此,教会最终将它的管辖权以及它的法律授给了任何类型案件中的任何人,但是,这只是在例外的情况下,也就是说,司法本身在构成要素的意义上出现问题的时候才这样做。人们知道,在正常的情况下,存在两种不同的管辖权,即教会的(精神的)和非教会的(世俗的)管辖权。的确,如果**所有的**(*all*)问题均正式地落入教会管辖权之中,那么谈论管辖权便毫无意义;因为没有任何东西与它形成比照。假如所有的**法律**(legal)问题都落入教会的——或者其他任何单一的——管辖权之中,那么它也只是在谈及法律权限(什么事务要接受法律调整,什么事务不属法律调整范围)而不是管辖权的其他方面时才有意义。正是因为宗教当局以及世俗当局有意识地将各自的管辖权限制于某些阶层的人和某些类型的案件,才使得对管辖权加以界定以及给予它以教会法体系中一种基本的结构要素的地位成为必要和可能。

事实上,正是由于加诸西方基督教世界每一个政治体(包括教会政治体)的管辖权之上的限制,才使得每一种政治体既有必要,又有可能不仅发展各种法律,而且还发展各种法律的**体系**(*System*),甚至发展出一种**经过整合了的法律**的体系(not only laws but also a *system* of laws, and more than that, a system of *law*)。一个
224 拥有无限管辖权的统治者可能根据各种法律进行统治,但是他不大可能具有将他的各种法律归入一种连贯而整合的智识体系之中的意愿以及想象力,这种体系具有一种复杂的原则(包括为调整原则对于具体类型案件的适用的原则)结构。在西方,并行的有限度的管辖权之间的竞争与合作不仅要求每一种管辖权将其法律系统化,而且还分别为其提供这样做的基础。这种基础一部分是由将所有单独的法律体系统摄起来(无论多么松散)的一以贯之的辩证统一所提供,一部分则来自每一个拥有这种体系的社会共同体的不同利益与资源。

并行而有限度的管辖权之间的竞争与合作不仅使法律的系统化成为必要和可能,而且也导致了对当时一些最尖锐的政治和道

德问题提供法律上的处理方案和处理结果。阿列克斯·德·托克维尔曾认为将政治问题和道德问题转化为法律问题的趋势是 19 世纪早期美国的一个特征,在较低的程度上,这样的趋势也存在于 11 世纪晚期和 12 世纪之后的整个西方社会之中。这是由于同许多其他文明相比较,西方存在过多的法制主义;也归因于西方在从政治和道德的暴政那里获得自由方面的相对成功。

第六章　教会法律体系的结构要素

11～12 世纪所创造的新的教会法体系只包
225 括那些居于作为一个社团法律实体的教会的管
辖权之内的法律关系。其他法律关系则归入各
种世俗政治体各自的和交错的管辖权之中，这些
世俗政治体包括王国、封建领地和自治城镇。西
方基督教世界中的每个人都生活在教会法和一
种或多种世俗法律体系的多重管辖之下。在一
个共同的法律秩序之中的多种法律体系并存乃
是每一种体系的一个实质性结构要素。

因为并存的法律体系中没有一种可以主张包罗一切或享有全权，所以每一种体系都必须发展出关于下列事项的宪法准则，它们是主权的设置和限制、在这种主权范围内对政府权力的分配以及成员的基本权利和义务的确定。在教会法律体系中，这类宪法准则首先是以社团法的术语加以表达，包括对于特定阶层的人和特定类别的

事的社团管辖权的法律。

从教会宪法体系中,又逐渐发展出各种属于法律其他领域相对连贯的实体法律规则体系。从教会对圣事的管辖权中逐渐地发展出一种关于婚姻的法律体系;从教会对于遗嘱的管辖权中逐渐发展出一种关于继承的法律体系;从教会对于教会有薪圣职的管辖权中逐渐发展出一种关于财产的法律体系;从教会对誓言的管辖权中逐渐发展出一种关于契约的法律体系;从教会对于罪孽的管辖权中逐渐发展出一种关于犯罪和侵权行为的法律体系。同时,与这五种管辖权相关联,又发展出司法程序方面的规则体系。这些法律体系并没有如后来世纪里的独立存在的部门法律那样走向概念化;12～13 世纪的教会法学家并没有试图将每一个法律部门——财产、契约、犯罪以及诸如此类——组织成为一种自我统摄 226
的规则体系,这些规则源于各种原则和学说,而原则和学说又源于财产的一般理论、契约的一般理论、犯罪与刑罚的一般理论,等等。12～13 世纪的教会法缺乏抽象,也很少"逻辑化"。它的范畴生成于教会法院的管辖权,生成于教会法院所面临的法律问题,而不是来自学究气法学家的纯理论推理。如同同一个时期发展中的英国王室法一样,教会法也倾向于以程序规则而不是实体规则为基础实现系统化。但是格拉提安以后的教会法同时也是大学里的一门课程,这一点与英国王室法不同;教授们将案件的规则、原则以及理论带进课室,并在其论著中对它们加以收集、分析和协调。因此法律的次级体系也出现了,尽管还不具备后来所发展出来的那般高度的自主性和学说上的一致性。

每一个次级体系或法律部门都展现了其自身的结构要素,并且每一个也都以不同的方式展现了整个体系的结构要素。例如,教会犯罪法便是以罪孽的概念为基础的,而罪孽的概念又影响到教会法的所有其他部门。在其他法律部门中,人们也可以辨析出有助于确定教会法作为一种近代法律体系的统贯全体的种种特征。

教会婚姻法

从最早的时代起,教会便在婚姻与家庭方面有过大量论述。[1]在多配偶制、包办婚姻(arranged marriages)以及妇女受压迫等占主导地位的异教文化时代,教会便倡导由配偶双方自由同意的一夫一妻制婚姻。在西方,这种观念还不得不与根深蒂固的部落、村社以及封建的习惯作斗争。直到10世纪,地方宗教会议还要颁布有关婚姻契约、通奸、子女合法化以及其他相关事务的法令;然而,小孩依旧尚在摇篮之中便结了婚,家庭关系仍然受到日耳曼人、凯尔特人以及西欧其他民族的传统民俗和习惯的统治。如同古典时期的罗马法一样,欧洲各民族的民俗法也禁止不同阶级的人之间(例如,自由人和奴隶、市民与外国人)缔结婚姻。离婚可以由配偶任何一方的意愿而定——在实际上,这通常意味着听凭丈夫的意愿。离婚甚至不存在任何形式要件。父亲的同意对于有效婚姻来说是必要的。配偶间的义务极少使用法律术语予以表达。

227 正是以教皇革命为标志的发生于11世纪晚期和12世纪的伟大剧变使得在实体程度上实现教会有关婚姻和家庭的政策成为可能。社会因素和经济因素——对于这些因素而言,教皇革命既是一种原因,也是一种结果——起到了重要的作用:人口的迁移、城市的兴起以及庄园制度的迅速蔓延都有助于打破早先的社会构成。政治变化也具有重要的地位:一个单一的、分离的和以教皇为首脑的教会国家的形成赋予神职人员一种此前他们从没有过的政治权力,此外,普遍的教士独身制也有助于减少他们与部落亲族关系的个人纠葛。同样重要的是法律变化,正是通过这种变化,有关家庭关系的教会政策才得以实行,因为如果没有教会法的系统化,将不可能有效地传播这种政策,不可能确保对它的忠诚,也不可能使它产生作用。

只要教会有关婚姻和家庭的法律在很大程度上只是劝告性质的,那么它们便既不精确,又不完整。而在它们具有完全的约束力之后,这两者就都是必需的。由于此后全部家庭关系不仅在理论上而且在法律实践中都要建立在婚姻圣事的基础之上,确定这项圣事的精确的性质就是必要的了。教会曾长期坚持完成一项婚姻无须形式要件的主张;当事人双方自己便是"婚姻圣事的执行人"(一位教士的出席是在16世纪才第一次被规定为必需的要件;事实上,英国法和美国法上的普通法婚姻乃是特兰特宗教会议之前所存在的教会法婚姻的一种遗存)。但是形式要件的缺少使得婚姻以怎样的方式和在什么时候算是严格地缔结了这一问题难于确定。某些早期的文献表明它是缔结于交换承诺的时刻。而另外一些文献却表明,直到婚姻由性生活完成才算缔结。格拉提安论证说,人类的婚姻与基督和教会之间神秘的婚姻之间的传统类比要求在圣事完成之前存在一种肉体的联合,即一种 *copula carnalis*(肉体的结合)。虽然如此,他又强调不受强迫的同意(包括对肉体结合的同意)的重要性。最后,教会在以下几个方面作了区分:(1)交换将在未来结婚的承诺,这种交换构成了一项婚约的契约,在特定情况下,它可以由任何一方当事人废除,并且在任何情况下都可以通过双方合意而解除;(2)交换在近期内结婚的承诺,这构成一项婚姻契约;以及(3)同意随结婚而来的性生活,这构成婚姻的实现。尽管人们相信婚姻契约可以靠“表达的言词”而缔结,但是在它被实现之前,仍是较为容易被解除的。

228 有关同意结婚的规则已延伸到契约法的整个体系之中。同意必须由某种自由意志所作出。有关另一方当事人认定方面的错误以及有关另一方当事人的某些实质性的和区别性的品质的错误都会妨碍这种同意并进而使婚姻无效。由于胁迫是对同意自由的干涉,因而亦导致婚姻无效。另外,又规定一项婚姻不能在恐惧或诈欺的影响之下而有效地订立。

这些不仅仅是近代婚姻法的基础,而且也是近代契约法的一些基本要素,那就是自由意志的概念以及与之相关的错误、胁迫以及诈欺的概念。尤其是,教会法学家能够发现对有关错误的问题的解决方法(《学说汇纂》中所引述的罗马法学家们曾为此大伤脑筋),这种发现是通过集中考虑假如蒙受错误的当事人已经知道真相是否还会缔结该婚姻这一问题而获得的。

教会法还确定了除了同意之外的其他决定婚姻有效的必要条件。12～13世纪,罗马法对于结婚年龄的规定通常仍得到遵循,但是如果当事人能够生育儿女并理解他们正在从事的行为的性质,依据地方习惯一些例外情况也得到许可。不过,结婚时的阳痿却是婚姻无效的一个原因。此外,一名基督徒和一名异教徒所订立的婚姻也是无效的,因为受过洗礼是参与任何圣事的必要条件。但是,教会却承认一名天主教徒与一名异端或一个受到开除教籍惩罚者之间婚姻的有效性。它也承认两个奴隶或一个自由人和一个奴隶或农奴之间婚姻的有效性。

12～13世纪的教会法简化和放松了早期以血亲关系和姻亲关系为基础的有关婚姻障碍的规则。同时诸如通奸和诱拐这类刑事上的障碍也被放松:通奸者可以通过结婚而矫正他们的犯罪,诱拐者只要释放他所诱拐的人便可以结婚。不过，依照早期教会法曾是有效的教士的婚姻这时被声称无效。

假如双方当事人在不知道存在婚姻障碍的情况下善意地缔结了婚姻，教会法学家主张婚生子女是合法的，婚姻本身在被宣布无效之前也是有效的。不仅如此，一项婚姻未经法律诉讼便不能宣布无效，而且，那些能够提起这样一场诉讼的人受到了各种限制：如果没有近亲属，那么优先权便要给予具有为人谨慎声誉的人。但是，当时并不存在一项法规去规定对那些支配婚姻无效诉讼的限制，因而寻求宣布婚姻无效的当事人并没有仅仅因为此前曾提起过一次诉讼并且已在诉讼中败诉而被禁止再次提起诉讼。

除了以缺乏同意或结婚障碍为理由的婚姻无效外，教会还许 229
可以通奸、背教或严重的残酷行为为理由的司法分居（称为 *divortium*）。不过，近代意义上的离婚却是不许可的；这种圣事性契约一旦有效地订立，便被认为不能够解除，一直持续到一方配偶死去。这里存在着两个例外：第一，未实现的婚姻可以通过一方当事人成为神职人员而得到解除，另外也可以在任何情况下由教皇解除；第二，在特定情况下，一方当事人皈依基督教可以与仍为异教徒的对方配偶离婚。

最后，教会法对于婚姻中的女性一方提供了相当多的保护，这一点与它首先发展出这些保护措施时所处社会中的民俗法形成了对照。“在上帝面前婚姻双方当事人平等，这种平等学说首先是由基督教教导的。在实践中，它首先意味着婚姻义务尤其是忠诚的义务是相互的。不过，丈夫是家庭的首脑，由于他自身的地位，他可以选择住所地，可以合理地纠正他的妻子，可以要求她履行与她的社会地位相符合的家庭义务”。[2]虽然教会在多数情况下接受了世俗法对于妇女的财产权（以及她们的一般民事权利）的苛刻限制,但是为了保护寡妇,它坚持如果不规定一笔扶养寡妇财产,也就是说不确立一项在婚姻存续期间不得减少其价值的资产,任何婚姻契约均不得订立。

作为教会法的一个次级体系,教会的婚姻法部分地依赖于以下两种婚姻概念之间的紧张关系:一种是作为在上帝面前两个人自愿结合的婚姻圣事概念,一种是作为在教会这一社团性实体的法律体系内的一种法律行为的婚姻圣事概念。一方面,存在对于婚姻当事人的内在意向以及他们的个人愿望和反应的强调;另一方面,又重视教会的制度权威以及婚姻与教会的和世俗的社会习俗和社会政策之间的协调。这种紧张关系反映在教会法院所必须回答的一些问题上,诸如一项婚姻是否因为错误、诈欺或胁迫而无效;丈夫能否抛弃与他人通奸的妻子;一个妻子以为她的第一个丈夫已经死去,而与另一个人结了婚,如果第一个丈夫又重新出现,妻子是否必须返回他身边;一项在没有第三人出席的情况下私下缔结的婚姻是否有效;等等。紧张关系也反映在教会法院对于这些问题的答案中。它清楚地显示在对于秘密婚姻有效性问题的解决方案之中。一方面,如格拉提安所说,“秘密缔结之婚姻为一切当局所禁止”,并且是非法的。另一方面,如果它们通过配偶双方
230 的忏悔而能够予以证明,这种婚姻又是有效的。但是如果一方当事人的意愿已发生变化,法官便不能对另一方当事人的忏悔给予信任。这样,关于社会性婚约和对外义务的强硬政策便得到了肯定,同时,圣事的同意的神圣性也得到了维护。然而这种依赖于证据法上的一种拟制的解决方案虽然是“系统的”,却并非完善。

家庭法的系统化之所以可能,是因为它把注意力集中在教会当局对于婚姻圣事的管辖权方面,这种管辖权最具结构要素意义的内容便是 *jus dicere*(宣告法律)。实体性家庭法的整个结构首先

是按照“婚姻案件”的构架组成的，它们包括婚姻的有效、婚姻的无效、婚姻的解除（divonium）、秘密婚姻、婚姻承诺、分居、子女的合法化以及婚姻财产。从对婚姻案件的管辖权中，发展出处于整个教会法体系中的由各种法律准则、原则、概念以及规则构成的一种相对完整的次级体系。例如，因为是婚姻而非血缘关系构成家庭的基础，因此，一项婚姻所收养的子女便与亲生子女具有平等的权利。但是，私生子女却“不具有合法地位”，没有法律上的权利能力，虽然他们可能通过后来的结婚而合法化。尽管家庭法这个次级体系具有它自己的结构特色，但它也具有整个教会法体系的结构特色。除了与契约法具有许多重要的共同因素以外，它又与封建法（以及圣职授任）具有一种相同的基本概念，那就是通过神圣的宣誓而自愿地进入一种终身关系之中的能力，这种关系的条件由法律予以规定，并且是不可解除的。用近代术语来说，就是通过契约而创造一种身份的权力。

教会继承法

欧洲的日耳曼各民族的民俗法并没有规定遗嘱继承。[3]死者的权利和义务向继承人的转移最初是由部落习惯，后来是由村社习惯、再后来又由封建习惯加以调整；关注的主要问题是家庭、家室或采邑应当在其个别成员尤其是它的首领死后继续存在。根据早期日耳曼法的规定，一个人只有在没有继承人的时候，才可以经部落会议或部落首领的同意指定一个继承人。大多数财产属于家庭或部落，不能在一个成员死亡时加以分配。死者个人所有的财产除了保留给死者自己的作为殡葬权的一部分的财产要与尸体一道埋葬或焚烧之外,其余分配给活着的配偶和子女。

随着基督教的传入,死者的保留份不再与尸体一道埋葬或焚
231 烧;它被用于虔奉宗教的善行,为的是死者灵魂的利益。虽然整个欧洲习惯各异,但是典型的做法是将要分配的财产划分为三份:三分之一归部落首领或国王,三分之一归继承人,三分之一作为"上帝的保留份"。

当然,神职人员对于上帝的保留份具有很大的兴趣。特别是,当某个教士获悉某人将死的消息后,便会赶去提醒他对其罪孽的救赎义务,提醒他将他的财产留作宗教或慈善事业之用,例如建筑教堂或救济穷人。一个将死之人的"临终之语"无论是否写成文字都具有法律效力,这一规则已传入整个欧洲。一个拉丁短语被附会到这一实践上:*donatio causa mortis*(死因赠与)。这并非严格意义上的遗嘱,尽管在大多数情况下效果并无二致。在极少见的情况下,将死之人又康复了,赠与便失去了它的效用。

另一种在死亡时生效的赠与形式是"死后赠与"(post obit gift):当涉及一定的土地,便称为"遗书土地"(bookland),在起草的一份"遗书"中,土地所有者陈明,"在我死后我将此土地给予……"正如梅特兰所说,这并非近代意义上的遗嘱,因为:(1)它是不可撤销的;(2)它是不可变更的,也就是说,它不适用于赠与生效时赠与人可能拥有的财产;(3)它并没有规定赠与人死亡时的任何代表或其他用于他的财产管理的任何程序。[4]

12世纪教会法学家创造的新的遗嘱法有两方面基础,一是日耳曼基督徒的死因赠与,一是古典时期罗马的遗嘱继承法,对于后者,教会从早期起便熟知并使用了。罗马人曾有一种无遗嘱继承法,这与日耳曼民俗法相似,其首要目的便是规定家父(*pater familias*)的继承人。不过,罗马法对于继承的各种法律问题进行了

详尽得多的阐明。遗产本身被称作一种“法之集合物”(*universitas juris*),一种单独的法律复合单位;它由家(*familia*)本身及其传承下来的特权与债务、财产、奴隶以及死者所有的权利与义务组成。所有这一切,在死者死亡时便立即转移给了继承人。不过,从《十二表法》的时代起,罗马法又规定继承人对于死者法律人格的“概括继承”可以选择性地由遗嘱进行调整。最初,遗嘱的目的是在无遗嘱继承规则不适合具体家庭状况的时候对这些规则予以中和;换言之,推进罗马遗嘱在法律中确立的基本目的与推进无遗嘱继承规则,也就是通过将死者的法律人格传给他的继承人(或共同继承 232
人)而保持家父制得以延续的规则的基本目的是同样的。首要的目的并非给予个人在死后实现他们意志的权力;首要的目的是保护社会单位。

随着数百年岁月的流逝,罗马的遗嘱也改变了它的特征。早期的极端复杂的形式——一次虚构的家产出卖,其中要有铜币、天平以及仪式化的程式——让位于七位证人的签字和盖章以及遗嘱人的亲笔签名。在某些情况下,口头遗嘱也可以成为有效遗嘱。此外,继承人还被给予放弃继承权的权利,因为如果被继承人负债大于其财产的话,继承人就很可能要那么做。最为重要的是,有利于个别受益人的特别遗赠和更改遗嘱的附件大大增多,这种倾向削弱了继承人的地位(因为他承担了遗嘱人的债务);因而各种各样的替代措施和违约诉因得以引入。这些向着遗嘱自由的发展也有利于罗马帝国中的教会。到了查士丁尼的时候,有关给予天使和圣徒的遗赠以及给予穷人或其他虔敬事业的遗赠事务授权给适当的教会或主教负责管理。[5]

虽然罗马的遗嘱达到了梅特兰所列举的近代遗嘱的三个检验标准,但是仍然缺少第四种特性,这种特性是 11 世纪晚期和 12 世纪在西方紧随教皇革命而发展起来的遗嘱法律的基本特性。这种新特性就是由于遗嘱人的希望与他灵魂的保存相联系而使这种希望具有神圣性:“遗嘱”变成了“意志”,但它却是一种宗教的意志。

教会法学家将遗嘱的制作作为一种宗教行为来对待,又将遗嘱本身视为一种宗教文件。通常它是以圣父、圣子和圣灵的名义制作的。用梅特兰的话说:“遗嘱人首先想到的并非遗产的转移,而是他不死的灵魂和终有一死的肉体未来的幸福。他将灵魂遗赠给上帝、圣母和圣徒;他的肉体则遗赠给某个教会。在他的停尸之所,他将……把他拥有的最好物品之一用来伴随他的肉体;如果他是一位骑士,这物品常常是他的战马……时常有一些对于丧葬事务的精心指导;包括围绕着棺材架点燃的蜡烛以及葬礼筵席……接下来便是金钱遗赠和特别遗赠。许多将用于虔敬事业;一个富有的遗嘱人很少会忘记四大修道士团;为着修桥而作的遗赠被视为虔敬的和值得嘉许的遗赠;解放农奴极其少见,但是时有免除他们的地租或归还他们的物品的情况。中世纪的遗嘱是以其特别遗赠的数量众多为特征的。马匹一匹一匹地送走;宝石如此;木床棉被、锅碗瓢盆也是如此。民法学家或教会法学家会遗赠他珍贵的书籍;珍藏的法令抄本则送给会爱惜它的人……另一方面,遗嘱人
233 却没有股票、存款以及债券需要处分;他根本不提或很少提及别人欠他的债款,同时他对欠别人的钱也保持缄默,或者只是希望它们得到偿还。”[6]

在12世纪,教会法学家建立了一种确定遗嘱有效性以及解释和执行遗嘱的规则体系。与罗马法不同,遗嘱的程式化已经降低。不仅临终前对忏悔神父所讲的“遗言”被作为正式的遗嘱,而且口头遗嘱一般也被认为是有效的。罗马法上七名合格证人签字盖章的要求也让位于教皇亚历山大三世在致奥斯蒂亚地方主教的一封

具有教令性质的信件中所陈明的规则："我们颁令宣布你的教区居民在其教士以及三名或两名其他适当人士出席时所制作的遗嘱永远有效。"[7]此外，依照亚历山大三世的另一项法令，如果有两名或三名人士作证，个人对于虔敬事业的遗赠也是有效的。因此，在罗马法规定的两种免于通常法律要件的遗嘱（即正在服务的军人和水手的遗嘱，以及父母所立的给予那些若无遗嘱将会得到财产的后代以利益的遗嘱）之外，教会法又增加了慈善遗赠。

教会法学家又强化了对活着的配偶以及子女的保护，以使他们免于被遗嘱人剥夺继承权。罗马法也曾规定，继承人的"法定份额"不得被剥夺；这一份额的数量最初规定为如果遗嘱人无遗嘱而死亡继承人所应得财产的四分之一，后来提高到三分之一（或一半，如果遗嘱人留下五个或更多子女的话）。不过，有资格获得份额的是子女和孙子女，如果没有，则是父母，而不是妻子。教会法增加了份额，并将妻子而不是死者的孙子女或父母置于法律保护之内。如果遗嘱人既有妻子，又有子女，那么可以由遗嘱处分财产的三分之一以上便不得用遗嘱予以剥夺；如果只有妻子或只有子女，她或他们便应得到遗产的一半。

比起罗马遗嘱法中实体法的改变更为重要的是教会法学家在遗产管理方面所进行的变革。在12世纪，他们创造了一种新的遗嘱执行人制度。在遗嘱人死后，不是由继承人马上继承遗产，而是由遗嘱中所任命的一位执行人占有待分配的所有财产，并依照遗嘱对遗产进行处理。行使遗嘱人权利和承担他的债务的不是继承人，而是执行人。他可以在世俗法院中起诉遗嘱人的债务人；但是，遗嘱受益人针对执行人的诉讼主张只能向教会法院提出。由 234
于执行人而使妻子和子女的法定份额得不到保障的问题也要由教会法院予以处理。

将遗嘱的订立作为一种宗教行为的事实也解释了何以教会对于无遗嘱继承同样具有管辖权。实际上,教会认为无遗嘱死亡具有罪孽的性质。如果一个人无遗嘱而死去,便如同他没有忏悔就死去。不仅如此,无遗嘱死者的财产应当被分配用于他的灵魂的幸福。因此,无遗嘱死者的财产要由教会法官,也就是主教或他的称为"教会法院推事"的代理人加以处分。主教可能会委托无遗嘱死者的近亲属们按照他们认为对于死者灵魂最好的方式加以处理,但是他们却没有权利主张继承超出其"法定份额"之外的遗产。按照新的教会法的规定,不得用遗嘱从妻子和子女那里剥夺的份额也就是无遗嘱死亡时他们应当继承的份额;至于其他亲属,除非有遗嘱指定,则根本没有继承权。因此,教会主张对于无遗嘱继承的管辖权不只是为了保护死者的寡妻和遗孤,而且也是为了他的灵魂的好处而将他遗产中剩余的部分用于各种慈善的目的。

教会法院又及时发展出任命一名管理人负责分配无遗嘱死亡者的财产的惯例。管理人的职能与遗嘱执行人的职能类似。中世纪教会法上的死者遗产由执行人和管理人予以管理的制度在英美法中得以存留,而在欧洲大陆,16 世纪及此后却回归到古代罗马法的概念,根据这一概念,无论死者是否立下遗嘱,遗产都转移给继承人,并且在司法机关的监督之下,由他们加以管理。

教士阶层的体制性角色是居于中心地位的。教士聆听"遗言",证明遗嘱,充任执行人和管理人,并作为教会组织以及执掌慈善功业的受托人而接受遗赠。

教会法院——主教或他的代理人——也是体制上的主要角色。执行人和管理人要向教会法院呈递有关账目。为了宗教的或慈善的目的接受遗赠的受托人要受到教会法院的监督。所有有关遗产继承的争议都属于这种法院的管辖范围之内(虽然它们中有些也受到世俗法院的管辖）。

教会的遗产继承法构成了教会对封建的经济、政治关系的一种直接干预。世俗当局对此进行了顽强的抵制，尤其是对于教会对土地遗赠的管辖权主张更是如此。例如，在英格兰和诺曼底，世俗法院就谴责过土地的死后赠与和死因赠与。对于后者，格兰维 235
尔的著作（1187）论述说："可以相信，一个人在大病将死之际开始做的那种在他身体健康时不可能做的事情，即分配他的土地，是由他的极度痛苦而非清醒审慎的头脑所推动的。"[8]但是，这或许并非是这个问题最重要的方面，因为动产的死因赠与并没有受到谴责，而根据封建法律（虽然自治城市法并非如此），一般的土地遗赠（无论是通过"遗言"，还是通过考虑周密的而不是在极度痛苦之下立下的书面遗嘱）一律被禁止——不只在英格兰，而且在整个西方均是如此。实际上，封建法就是反对土地遗赠，无论它是为了慈善的目的还是非慈善的目的。

在向教会的遗赠方面，想要这样做的遗嘱人——在教会的帮助下——找到了各种规避禁令的方式。一种方式是在赠与者方面保留一份终身财产的情况下将土地赠与一个教会社团。在形式上，这是一种生前赠与，在当时是允许的，不过在效果上它与遗嘱是相同的。世俗当局终于对此作出回应，制定了永久产业（"死手"）法，禁止对宗教团体的一切土地赠与。此后，人们又尝试另外的计谋。土地所有者并不赠与，而只是将土地弃给教会社团，后者作为封建领主拥有土地，转让者继续作为附庸而占有土地；在他死后，除了教会社团外，便没有任何人可以占有这块土地或对它主张所有权了。另一种方式是土地所有人将土地租借给教会社团1000年，但是保留留在土地上的权利直到他死去。这类遗赠最终也还是被废除了。最后，教会想到了信托（"受益权"）遗赠。土地所有权被转移给一位俗人,后者以受托人身份为教会社团占有该土地,在赠与人死后,教会社团将拥有该土地的受益权以及所有孳息利益的权利;教会还对继承死去的受托人地位的新受托人进行了规定。自 12 世纪以来,这种"受益权"曾被广泛地用于增进不得"拥有"财产的宗教团体的利益。最后,它们不仅成为在土地所有人生存期间为了慈善目的而转让土地的一种手段,而且也成为确立在实际上就是一种慈善遗赠的手段。

慈善信托法的早期发展史告诉人们有关西方法律传统的形成的许多东西。比起家庭法方面的情况甚至更为明显的是,教会继承法受到了这样一种需要的影响,即由于世俗法律强调土地占有的政治意义,迫使教会集中心力于有关动产的遗嘱继承法并寻求获得不同的土地赠与方法。至少在英格兰,教会法院确立了对于动产继承(无论是遗嘱继承还是无遗嘱继承)在实质上的排他性管辖权;这种状况甚至在英国宗教改革之后仍然得以持续,它赋予英美继承法以一种不同于欧洲大陆继承法的特征。不过,在所有西
236 方国家,包括英格兰,教会对于土地继承的管辖权还是从属于世俗管辖权的。在为土地赠与而斗争的过程中,教会使用了新的法律概念和新的法律手段。这些概念和手段包括近代的信托概念和手段,它通过大法官的衡平法管辖权而进入英格兰的世俗法中,但是就整个都属于教会管辖权而言,它是 12 世纪至 15 世纪所有欧洲国家法律的一部分。无论是动产的慈善性遗赠,还是为了宗教团体的受益权而进行的永久性土地赠与,都涉及执行人或受托人实现赠与人在受益人利益方面的愿望的义务。另外,它们都涉及教会法院对于这种义务的实施和监督。

产生于教会法院对于遗产继承的管辖权的法律不仅有其自身的结构要素,而且也具有作为整体的教会法的一些结构要素。遗

嘱人的愿望是神圣的,因为在制作遗嘱时他是在履行一项宗教性行为;不过基于同样的理由,当这些愿望被教会当局加以解释的时候,它们要服从教会的道德准则。为着不道德目的的遗赠——例如对于一个异端的遗赠——是无效的。但是,通常由于模糊不清而无效的遗赠——例如,受益人、遗产数量、遗嘱人的目的或者执行其愿望的手段等方面的不确定——却可以由于它是一项慈善遗赠而得以执行。"为了穷人""为了崇拜上帝"或者仅仅陈明"为了慈善事业"所进行的遗赠都是有效的。如果没有指定受托人,那么教会法院将任命一个。如果一个非社团团体或一个不能够拥有财产的社团被指定为受遗赠人,那么法院便任命一位受托人代表它对遗赠财产进行管理。这至今仍是美国信托法律的规则。

当遗嘱人的愿望或者由于实质上的不可能(例如,受遗赠人已经死去),或者由于不合法(例如,假如受遗赠人是一个异端,或者根据世俗法此项遗赠为非法)而无法达到时,教会法院将"尽可能接近"地执行遗嘱人的意图(在诺曼法语里,"尽可能接近"为 cy pres)。法院会找到一个与原指定者相似的受遗赠人。"尽可能接近"原则仍然在美国广泛实行。

教会遗嘱法是建立在教会以及教会法院对于制作遗嘱这一宗教行为的管辖权的基础之上的。遗嘱自由实质上被设想为将遗产献给宗教事业或慈善事业的自由,虽然它不可避免地要同时涉及一个人将其财产遗赠给亲戚和朋友的自由。在每项遗赠中,死者 237
灵魂的幸福都是至关重要的问题。此外,遗赠受益人的利益也是至关重要的,这在宗教遗赠和慈善遗赠的情况下就更是如此。不过,教会的无遗嘱继承法虽然部分基础是教会和教会法院对于死者灵魂的幸福的管辖权,但部分基础也是它们对于寡妇和遗孤的管辖权。在这两种管辖权的基础之上,教会法将当时存在的日耳曼法律制度和罗马法律制度融为一体,形成一种新的继承法体系。在遗嘱继承法(它只是部分地承袭了罗马法)与无遗嘱继承法(它只是部分地承袭了日耳曼民俗法)之间存在一种辩证的张力,这种张力一直保持至今。

因此,说教会继承法是整个教会法律体系之内的一个次级体系,就是要承认,它在结构上的统一性如同整个教会法在结构上的统一性一样,是建立在对于不协调因素进行有意识地协调的基础之上的。

教会财产法

在财产关系方面,教会法院不可能主张如同它们在家庭关系以及遗产继承领域所行使的那样广泛的管辖权。[9]但是它们对于财产事务的管辖权却绝非贫乏无力,从这种管辖权中,产生了实体性的法律体系。教会通过赠与和税收以及它自己的农业、制造业和商业实体获得了巨大的财富。确实,据称它拥有西欧四分之一到三分之一之间的土地。不仅教会法学者,而且教会法院和教会立法者也都对有关这种财富的占有、使用、处分的权利义务予以较多的论述和规定,这一点并不令人惊异。此外,教会法也对有关世俗财产的权利义务作出了一些规定。

确实,比起教会的家庭关系法来,教会的财产法受到了当时世俗法的更大程度的影响。姑且举一例,从来没有人提出财产——即便是教会财产——具有一种圣事的性质。教会的物质来源总是被作为它的"现世的"权力内容来看待。不仅如此,在封建土地占有关系方面,教会财产权经常与世俗财产权发生密切关联。例如,一个教区可以“占有”“属于”主教管区或大修道院的土地和建筑（从12世纪起，修道院拥有对教区教堂的所有权的制度在整个欧洲广泛流行），而该主教管区或大修道院又可以“占有”“属于”一名男爵的这同一块土地。有关教区应向主教管区或大修道院缴纳地租方面的争议通常由教会法院管辖，并且依据教会法加以解决， 238
而有关主教管区或大修道院应向男爵缴纳税款和提供劳务方面的争议则通常由世俗法院管辖，并且依据世俗法解决——虽然后一种情况的管辖权可能成为教会法院与世俗法院之间竞争的事项。对于当时的封建经济秩序来说，教会既处在其中，又居于其外。它的财产法必然具有部分的封建性质。与此相似，对于盛行于11～13世纪欧洲的数以千计的自治城镇的城市经济秩序而言，教会也是既处在其中，又居于其外，因此，它的财产法也必然具有部分的城市性质。但是，教会的财产关系法也有部分的非封建和非城市性质；即它的部分内容是建立在教会特殊的见解以及整个教会法的原则基础之上的。当时的教会法学家不仅仅第一次对于财产法进行了系统化；他们又引入了财产法上的一些全新的概念和规则——这是一些对于西方法律传统产生过重大而持久影响的概念和规则。

在11世纪晚期到15世纪这一段时间里，教会的大多数土地和建筑是通过一种在英语中称为“free alms”（自由施舍土地保有，在诺曼法语中称为*frankalmoign*，拉丁文称*libera elemosina*）的保有制度而持有的。一个赠与人（或若干联合赠与人）通常要作出对上帝和一个指定的教会社团及其官员、成员的一项赠与：例如，“献给上帝，献给邓弗里斯大修道院的圣威尔夫雷德修道院和邓肯修道院院长以及圣威尔夫雷德的修士们”。如果赠与的目的是建设一座教会、一所医院或一所教育机构，那么赠与可能不仅包括土地，也包括建造和维护建筑物以及未来对其加以操作使用所需的财源。但是赠与人经常为他本人和他的继承人保留在其中的权利。特别是他常常会保留为建造在该土地上的教堂“举荐”一名新教士(无论教士职位是否空缺)的权利:这种圣职授任权(*advocatio*)是一种很有价值的财富——它授予赠与人任命某个人(可能是他的亲戚)担任一项有利可图的官职的权力。赠与人还可能为他本人或他的继承人保留地租、封建款项、军事服役以及其他因为所赠土地的保有权所固有的权利。不过,有时一位赠与人可能希望不仅给予一项慈善事业以一块土地的保有权,而且还给予附属于该土地保有权之上的其他所有权利。在这种情况下,便要从赠与者的上级封建主那里获得对赠与这些权利的同意和特许。因此,不承担任何封建义务的教会土地便与同时代世俗土地持有的负担沉重的封建财产特征大不相同。事实上,自由施舍土地保有制度中的很大一部分土地逐渐被解除了封建义务的束缚。

239 教会财产之所以能与封建财产形成鲜明的对照,不仅仅是由于在许多情况下它不受封建义务的束缚,而且也由于它的教会社团的特征;也就是说,它总是某个教会社团的财产,而从来不是某个个人的财产。不仅如此,它总是服务于该社团的目的。它是德语中所谓的 *Zweckvermögen*(为着一种目的的财产)。依照教会法,它须用于它所赖以取得的目的;在这个意义上,它给人的感觉是一项信托。拥有该财产的教会社团——不管它是一所大修道院,还是一个主教管区、一个教区、一所大学或一所医院,或就此事而言,一个大主教管区或教廷本身——的官员都是受托人,教会法要求他们为着此项财产赠与者所要求的利益而谨慎地使用该财产。

将 12 世纪的教会财产说成是一种“信托”(trust)多少有些随

意地使用了一个在4个世纪之后的英国法上取得了特殊意义的词汇。但是从历史的角度说,英国的信托概念来源于"受益权"概念,后者从12世纪起在整个欧洲为人们所熟知和使用,而在英格兰,它是由大法官法院在14～15世纪发展起来的。土地和其他财产为了单个教会、修道院或其他教会组织的"受益权"而被给予某些人。随着13世纪各种方济各会的建立,这种实践开始广泛传播,因为方济各会自己的规则禁止占有超出自己日常需要的财产。接受财产的人"拥有"该财产,但是教会法——在英格兰,最终也包括大法官法院——却要求他为具有所规定的"受益权"人的利益而管理它。

"受益权"(如同后来英格兰的"信托")要有三方面当事人:一名赠与人,一名受赠人和一名受益人。受赠人作为受托人为了受益人而占有赠与的财产。不过,正式地说,给予一个教会社团的财产为该社团所有;它是受赠人。但是,它又是受益人。如果它的官员具有对社团财产进行占有、使用和处分的权力,那么法律就要求他们以它的"受托人"的身份行使这些权力。这仍然是英国公司法以及美国社团法上的一项规则。无论是过去,还是现在,它也是罗马天主教会的教会法上的一项规则。

教会法学家还发展出了称为"基金"或与"人的社团"(*universitas personarum*)相对照的"财产的社团"(*universitas bonorum*)的一种法律设置。这种设置在古代罗马法和日耳曼法中毫无踪迹。虽然在后来英格兰的世俗法中并没有与之确切相同的设置,然而其他欧洲国家的世俗法律制度却容纳了这种设置(在德语中它被称为*Stiftung*,在法语中为*fondation*)。它是由财产、金钱、土地以及无形 240
权利得以献出的目的的人格化所组成。因此,一项教会有俸圣职本身——与宗教职位有关的财产权利和义务、与该职位相联系的经济活动的收入以及它的所有其他特权收入——被作为一个法人来对待,具有通过担任该职的官员处理它作为一个单一实体的经济与法律事务的权力。一所医院、救济院、教育机构,或者一个主教管区或修道院都可以不仅被视为一种人的社团,而且被视为一种财产的社团。

除了发展出近代的社团所有权、信托以及基金的概念之外,教会法学家还发展出了近代的占有权救济的概念。尤其是,他们在12 世纪发展出了一种恢复土地、财产以及无形权利的法律诉讼,通过它,被使用暴力手段或欺诈手段剥夺了占有权的一个先前的占有人,可以仅仅通过对不法剥夺所有权行为的证明而无须证明自己具有一种更有利的权利,便从现时占有人那里收回占有权。

占有权救济是需要的,因为几个同时声称拥有权利的人对土地的武力争夺极为盛行。当两个人均主张对同一个主教管区或大修道院拥有权利,但占有的一方被他的对手的武装支持者驱逐出去之时,教会便受到直接的影响。争议者可能是教会中的人,如主教或修道院院长自己,也可能是主张拥有主教或修道院院长的举荐权利的世俗领主。对占有人的武力驱逐被称为 *spoliatio*(“抢夺”或“掠夺”)。为了处理这个问题,12 世纪之前各个时期的宗教会议和主教、教皇以及其他当局不时发布命令,规定在当事人的最终权利问题确定之前,先前占有者的占有权应该得到恢复。

格拉提安在他的《教令集》(最初题为《歧异教规之协调》)的第二篇和第三篇中结合两个相当复杂的案例对抢夺问题进行了阐述,两个案例均涉及一个由于被指称的犯罪而被武力剥夺占有权的主教。这一分析的两个重要的部分是对第二篇第二个问题和第三篇第一个问题的答案。两个答案都非常简短。

第一个题为“许多权威都确认被抢夺占有权者不得受到审

判”。随后引用了三位教皇的话,大意是:“诉讼开始之前占有人的每一件财产都必须得到返还。”他引用了尤西比厄斯主教(Bishop Eusebius)致亚历山大和埃及僧侣的一封信:“在你们的信中我们获悉你们国家的某些主教受到了他们自己信徒们的控告……其中有些财物被抢夺,有些被逐出他们的教区。你们知道,在依照法律将从他们那里抢走的所有东西悉数返还给他们之前,无论是省宗教会议,还是全体宗教会议都不得传唤他们……也不得在其他地方对他们进行审判。”两封其他教皇的信件接着也被引用以表示类似 241
的意思。

第三篇第一个问题题为“是否不管何人遭到抢夺都须恢复原状”。格拉提安又一次引用两封教皇书信,其中说到,受到抢夺或驱逐的主教在被指控的犯罪审理之前,他们的所有东西均须恢复原状(*redintegranda*,“恢复完整”)。有一封教皇的信中指出:“只要他们的教会、财产或权力仍遭剥夺,他们的上司或下属中的任何人就都不得提起对他们的任何控告。”[10]

接下来,格拉提安从这两封针对具体案件而写的教皇信件中归纳出一条具有极广涵盖面的规则。任何人都有权通过一项恢复原状的司法命令要求返还从他手中夺走的包括无形权利和权力在内的所有财产,无论这种夺取是使用武力还是使用诈欺;此外,这种救济不仅可以针对原始违法人,而且也可以针对第三人。

在12世纪后半叶和13世纪前半叶“注释了”格拉提安的《教令集》的法学家们利用了这项规则的宽泛特点。约翰内斯·特顿尼库斯在1215年撰写的《常规注释》(也就是公认的解释)中这样注释第二篇第二个问题:“这个问题与第三篇的第一个问题之间的区别在于,在前一种情况下,恢复原状是通过一种抗辩(*exceptio*)的方法(即对于一项刑事指控所作的肯定性辩护)而实现的,但是在后一种情况下,它是通过一种诉讼的方法(即一种独立的诉因)而实现的。”约翰·法温蒂努斯的注释说:“第三篇,第一个问题:注意,有关被抢夺占有权的主教所谈的规则通常被理解为是扩展适用于所有神职人员的。”(事实上,格拉提安是把它扩大适用于一切人的。)另外,休古西奥写道:“第三篇,第一个问题,教规 3:无论何人由于武力、威胁或他的对手的诈欺以及任何欺骗行为而丧失了对财产的占有权,都必须得到恢复。”[11]

格拉提安的规则称为“恢复原状规则”(*canon redintegranda*)。格拉提安之后不久,教会法学家们便创造了一种新的诉讼,它被称为“恢复原状规则之诉”(*condictio ex canone redintegranda*),后来称为“恢复原状之诉”(*actio redintegranda*),再以后称为“抢夺之诉”(*actio spolii*)。[12]抢夺之诉适用于各种类型的抢夺(包括使用诈欺手段的抢夺);它可以被用于恢复对无形权利以及动产与不动产的占有权;它可以用来起诉第三人,包括不占有诉讼请求物的人;这种诉讼并不要求原告证明他对于自己所主张的土地、财产或权利拥有所有权。最后,这种诉讼甚至可以由本身便是不法占有的人提起。举一个极端的例子,如果甲武力剥夺了乙的占有权,作为报复,乙又武力剥夺了甲的占有权,甲将有权要求一项司法命令以恢复他的占有权。这项原则就是,一个被剥夺占有权的人,只要
242 他能够证明他是被用武力或诈欺手段剥夺了占有权,那么在与此事相关的任何事情被考虑之前,他便应当得到恢复原状的初步的司法救济,他不能通过自己实施法律而得到好处。

对于占有权的保护在一个今天称为所有权的那种东西通常要在若干人中分割的封建社会中是最为重要的。封建佃农持有的土地是他的上级领主的,而上级领主持有的这块土地可能又属于国王:领主可以为着特定的目的而合法地占有该土地,并且他对于该

土地的产品也可以拥有权利;佃农并不拥有此土地,但是他却需要法律保护,以防止第三者对他的占有权的干预。这样,教会法学家对于一个财产占有权遭到抢夺的人所具有的只要证明“抢夺”便可恢复占有的权利所做的分析便具有了普遍意义。

在12～13世纪的欧洲,王室法律发展的主要动力之一是对于一个能够在贵族之间维持和平的比较强有力的中央权威的需要。在这方面,教会法学家的规则也不赞成自救行为(self-help),即使是具有更正当的权利、具有更多可以嘉许的理由这样做的一方当事人,也不能够进行自救行为。

与之相反,查士丁尼文本里的罗马法对于解决占有权的保护与自救行为的抑制这样一对问题极少提供解决手段。在《法典》《学说汇纂》以及《法学阶梯》中,这个问题只得到简略的论述。

在《法典》中,提供了在戴克里先、马克西米安以及几位恺撒皇帝统治时期通过执政官禁令而调整的三个例子。[13](禁令是一种直接发给当事人,陈述他们提交给执政官的案件所适用法律规则的命令。)涉及的一种禁令称为“何处可以用武力”(*unde vi*)。查士丁尼的三个例子适用于三种不同的实际情况。第一种情况,执政官陈明:“一个人如果具有合法的占有权,他对占有物的权利不存在瑕疵,那么他便有权使用适当的武力击退旨在剥夺他的占有权的任何暴力。”这种情况似乎只是授予为使财产免受正在进行中的侵犯而予以自卫的权利,对于教会法学家来说,这是一件与引出“恢复原状规则”和“抢夺之诉”的问题毫不相干的事情。还应注意到,受到这项规则保护的不只是占有权,也包括所有权。“何处可以使用武力”禁令的第二个例子紧接着第一种情况:“通过禁令的使用,如果有效年度尚未满期,一个被武力剥夺了财产的人可以收回财产,继承人们也要对他们同时得到的数额负责。”这种情况与自救行为问题看来同样极少关联。另外,此处也没有表明为了恢复占有权,原告是否必须证明他对财产的权利。第三个例子极少或根本没有给第二个例子增添新的东西。

243 《学说汇纂》对于这个问题的解说多少要更细致些。在题为"关于暴力和武力禁令"的一节中,有两个相关段落,一段来自乌尔比安,另一段来自庞博尼厄斯。乌尔比安引用了一个与《法典》所规定者略微不同的关于该禁令的说法:"执政官说:'如果你或你的奴隶强行剥夺了任何人当时所拥有的财产,我将给予一项仅以一年为限的诉权;但是在一年期限过后,我将参考以强力剥夺诉请人者所获得的东西而给予一项诉权。'"随后乌尔比安评论道:"设立这项禁令是为了被强力剥夺了占有权的人的利益;因为在这种情势下解除他的痛苦是完全正当的。这种禁令就是为了使他能够恢复占有权而设置的。"由于在罗马法中所有权与占有权判断有别,因此就所有权的维护而言人们仍处在不确定状态。真正的所有人能够使用强力从一个错误地声称自己拥有所有权的人手中夺回他的财产吗?对此,乌尔比安未置一辞。不过,他却对这种禁令的适用范围进行了极为实质性的限制,他说:"这种禁令并非适用于一切类型的暴力,它只是针对被剥夺了占有权的人而发布。它只涉及残酷的暴力以及当事人被剥夺了对于土地的占有权的场合;例如一片土地,一座建筑的占有权,并不涉及其他方面……"庞博尼厄斯加上了一条简短的说明:"不过,如果你被武力剥夺了占有权,那么你将有权收回被剥夺的土地,即使你最初对它的占有权是通过武力、秘密交易或基于一种不确定的权利而获得的也是如此。"注意这里所说的,真正所有人的占有权可以是通过武力、秘密交易或基于一种不确定的权利而获得的。[14]

最后,在《法学阶梯》中有一节论及"何处可以用暴力"禁令,这一节密切地追随着罗马伟大的法学家盖尤士(他生活于公元2世纪后半叶)的《法学阶梯》中的一节,它澄清了某些问题,但又使得其他问题甚至更为含糊不清。首先,它指出这种禁令(仅适用于土地和建筑物)给予了一项对抗强占者的救济手段,即使被逐者本人的占有权是"通过暴力、秘密交易或获准占有"(*vi*,*clam*,*precario*)而取得的。其次,它又指出"如果一个人通过强力占有某物,而该物本属他所有的财产,那么他便被剥夺对该物的所有权……"但是这里并不清楚它将成为何人的财产。最后,该节又提到《犹里法》中有关公暴力和私暴力的规定,指出如果一个人没有使用武器而强行剥夺他人的占有权便负私暴力之责,但是如果他使用了武器将他人逐出其所占有的财产之外。便要负公暴力之责。"武器不仅指盾、剑和甲胄而言,而且还包括棍棒石头在内。"[15]

将查士丁尼的法律与格拉提安的《教令集》中对于有关不法剥夺他人占有权的救济手段所作论述加以比较最有启发意义。在某些方面,教皇书信对于格拉提安的作用类似于执政官的禁令对于 244
乌尔比安、庞博尼厄斯和盖尤士所起的作用。不过,罗马文献中引用的罗马法学家的评论是更为恪守禁令的字句。他们倾向于将自己束缚于权威性规则的术语之内,而不是从这些术语中推论出新的东西,当然他们可能加上这些术语所涵盖的一些实例。一般他们都遵循权威性规则中所阐明或暗含的区分。因而,如果禁令说"土地",罗马法学家在对它进行注释时便喜欢说它意为"土地,而非物品"。然而,在格拉提安这方面,趋向却是挖掘权威性规则之下的原则。如果规定的是土地,那么为什么物品不是如此?如果规定的是土地和物品,为什么不包括权利?权威规则说"主教",格拉提安便增添修道院院长或任何教士,最终干脆扩展到所有的人,因为对于他来说原则是相同的。因此,尽管罗马文献只规定了一整套构想极为狭窄并难以合理化的具体规则,格拉提安却从他对于抢夺的分析中得出了一个能够适用于各种不同情况的富有包容性的原则。

从上文所引述的罗马文献中抽象出一项有关被不法剥夺财产占有权者权利的连贯一致的原则,乃是12~13世纪罗马法学家的法律科学的一种风气。罗马法学家成就此事靠的是把与格拉提安用之于早期教皇决定以及后来的教会法评注家用之于格拉提安著作的相同的逻辑应用于"何处可以用暴力"的禁令和"暴力与武装"的禁令,应用于乌尔比安、庞博尼厄斯以及盖尤士的评注。在教会法学家和罗马法学家的法律科学的影响下,欧洲的许多世俗统治者颁布了他们自己的法律,规定即使是正当的所有人也无权通过强力或诈欺将占有人逐出,并规定通过非法剥夺他人占有权而获得其地位的占有人须放弃占有权,虽然如果该财产本归他所有,他可以通过另一种诉讼而最终重新拥有它。

不管怎样的政策推动着这些世俗当局,教会法学家设计恢复原状规则和抢夺之诉的主要目的并不是保护占有权本身,而是惩罚自救行为和恶意。从教会法学家的另一项创新,即对于只要占有权系合法取得便可以通过时效而获得土地所有权这一罗马法原则的修正我们可以清楚地看出这一点。例如,一个人善意地购买了一块土地,但后来发现他的卖主对该土地并无所有权,在这种情况下,最终他可以"通过时效取得"而获得完全的所有权。但是,在教会法学家看来,如果占有人知道该土地并非正当地属他所有,如果他知道它正当地属于何人,那么他继续保持占有便是一种恶意和一种罪孽。在12世纪,格拉提安的著作问世不久,一位匿名作者将这种占有归入盗窃之类,此后教皇英诺森三世发布谕令规定,主张时效取得的人必须在任何时候都不知道他所占有的财产属于

他人。这项教会法规定与欧洲大部分地区的世俗法剧烈冲突。 245
尽管如此,它却代表了教会财产法律体系中的一种基本的结构要素。

教会契约法

对于12世纪的教会来说,仅仅为了调整各教会社团之间难以计数的经济交往,便需要一种发达的契约法体系。[16]除此之外,教会法院还寻求并获得了对于俗人之间经济契约的广泛的管辖权,这种俗人间契约的当事人在他们的协议中包括了一项"信义保证"——在这方面,很重要的一点是教会契约法应得到遵守。另外,教会婚姻法中也包含着契约法的重要因素。

较之于财产法,教会法学家在契约法领域内甚至能够更多地结合由同时代注释法学家从重新发现的查士丁尼文本中发展出来的大量概念和规则。这样做的原因有两个方面:第一,古代罗马法(尤其是万民法)在契约领域已经达到了高度完备的水平,在此领域中它的大多数词汇以及它对具体问题的许多解决方案都可以适用于12世纪西方新兴的商业生活;第二,12世纪的罗马法律注释者们尤其精于对古代罗马契约法的重新解释与转化,这在某种程度上正是因为他们那个时代快速变化的经济的要求。

尤其是,古代罗马法规定了形成契约的各种方式的名称以及可以归入这些形式之内的各种类型契约的名称。盖尤士便曾写道:第一种类型的契约是通过遵循既定的口头程式而订立,第二种类型的契约是通过正式记入某种账簿之中而成立,第三种是通过契约所规定的标的物的交付而成立,第四种则只需非正式表示的合意便可以成立。关于第三种类型,即通过交付而成立的契约,他列举了金钱或用于消费的可替代物品的借贷、可用种类物归还的物品的租借、寄存(若有要求即须归还)以及抵押(为保证某项债的履行)。关于第四种类型,即由非正式表示的合意所成立的契约,他列举了买卖、租赁、合伙以及委托(一种代理形式)。后来的罗马法学家又增添了其他若干种契约类型;最重要的是无名("没有命名的")契约,包括如下四种类型:以某物交换某物(*do ut des*),以某物交换某事(*do ut facias*),以某事交换某物(*facio ut des*)和以某事交换某事(*facio ut facias*)。只有在一方当事人履行了他的承诺之后,无名契约方可用诉讼的形式加以保护。

246 除了细致地划分契约种类以外,查士丁尼的法律文本中还包括数以百计的分散的规则——体现在法学家的意见、已决案件的判决、皇帝的敕令等之中——涉及契约的具体操作。不过,这些法律并不包含着对于这种划分或这些规则所依据理由的系统解释。

在尝试进行这样一种系统解释的过程中,11 世纪晚期和 12 世纪的注释法学家们利用了《学说汇纂》中含义模糊的一节文字,这段文字说:如果存在着原因(*causa*),那么无名契约亦可导致债的发生,虽然无此原因则无债的发生;"因此一项赤裸的(naked)协议并不导致诉权的发生"。[17]作者的意思可能只是说,除非一方当事人履行了义务,否则无名契约将不引起诉权的发生。到了注释法学家那里,情况就发生了变化。就如詹姆斯·戈德莱所说:"注释法学家们让那位作者具有了更多的意思。他们拈出并转化成一项普遍原则的那个词是'赤裸的';若要产生一项诉权,协议必须成为'穿着衣服的'。'原因'便被定义为'衣服'的存在。阿库修斯将'原因'定义为'给一项协议穿衣服而提供某物或做某事'。"[18]因此,注释法学家们是将"原因"一词用来作为能够涵盖何以各种类型的契约具有(或应当具有)法律约束力的各种理由的一个一般术语。该词本身具有各种不同的含义:根据、理由、目的、原因以及其他。戈德莱指出,注释法学家们区别了两种不同的原因,其中一种是他们援用亚里士多德的术语"终极原因"(*causa finalis*)来表示的订立契约的目的,另一种是他们援用"驱动原因"(*causa impulsiva*)表示的促使当事人订立契约的动机,通过这种区分,他们找到了一种确定争议案件中契约的有效性的语言。但是,直到两个世纪以后,即亚里士多德的《形而上学》和《伦理学》译本问世以及托马斯·阿奎那将亚里士多德哲学系统地应用于基督教神学之后,后注释法学家们(postglossators)——尤其是 14 世纪意大利法学家巴尔托鲁和巴尔都斯——才能够更进一步,不只是对罗马契约法进行综合,而且构筑出今天可以称之为契约的一般理论的学说。他们之所以能够做到这一点,靠得是以亚里士多德的分配的正义和交换的正义概念为出发点,并运用亚里士多德的实体与事件的范畴以及关于终极原因、形式原因、实体原因以及有效原因等权威定义。[19]

不过,14 世纪的后注释法学派所发展出来的契约理论,不仅是以通过亚里士多德的概念、范畴以及定义而审视的 12 ~ 13 世纪罗马法学家的法律科学为基础,而且也是建立在 12 ~ 13 世纪教会法学家的法律科学尤其是法律**体系**(*system*)的基础之上的。教会法学家加诸罗马法学家的法律科学之上的东西首先是这样的原则, 247
即承诺作为一个良心问题本身便是具有拘束力的,而不管它们是否"穿了衣服";其次,构成契约的基础并赋予它以效力的原因(如果这是一个正当原因的话),要根据使当事人可以正当地订立具体契约的、当事人预先所有的道德义务而加以定义。

教会法学家从赎罪戒律的原则出发,认为每一项承诺无论其形式如何,都具有约束力:*pacta sunt servanda*(协议必须恪守)。这并不是对于契约没有以书面形式订立或未发誓而订立的契约诉权的一种维护。他们说,在上帝看来,发誓和未经发誓的承诺是同等的;不履行契约义务无异于撒谎。

但是,这并不意味着所有的承诺都有约束力。只有能够得到适当原因——在正当的意义上——支持的协议才被认为是具有法律约束力的。“如果承诺者具有一种期待中的明确的结果,此结果或者是某种具体的法律行为,或者是诸如和平这类更为广泛的目的,那么就存在着‘原因’。因而为了使道德性得以维护,承诺人不仅应有一种目的,而且这种目的应当是合理的和平等的。”〔20〕

在契约法上,“合理”和“平等”要求双方收益和损失的均衡,这一点是12世纪的教会法学家和罗马法学家的共同观点。它被称为“正当价格”原则。该术语本身,即 *pretium iustum*,是取自《学说汇纂》中的一节,该节规定如果一项地产(*fundus*)的卖主收到他可以向买主索取的“正当价格”不足一半的价款,那么他仍可以保留对免于履行契约义务的方法的选择(假定或者通过付清余款,或者通过解除契约)。〔21〕这项规则(从它的表面上看像是对于没有得到价款的卖主的救济)第一次在西欧重新出现是在12世纪早期的一本罗马法教科书《罗马法纲要》(*Brachylogus*)中,在那里,它被有代表性地扩大适用于各种买卖契约。〔22〕教会法学家应用了同一原则。〔23〕通过进一步的精心阐述,正当价格学说被发展成为一种检验任何契约有效与否的首要原则。

当然,问题在于确定什么是正当的。无论是罗马法学家,还是教会法学家都以这样的原则为基点,即正常地说,正当价格是普遍估价,也就是市场价格。〔24〕它并不被认为是一种固定的价格:它要根据时间和地方的差异而有所变化。如果是土地买卖,便可能难于确定一种市场价格，这时，正当价格可能通过考察土地收益而确定，也可能通过比较邻近土地出售价格而确定，如果这些方法都失败了，还可以通过询问对地方价格极为熟悉的人们的意见而确定。

罗马法学家将偏离正当价格视为一种事实的误传或错误；也 248
就是说，他们断定如果买主付出了比市场价格多的价款，或卖者只得到少于市场价格的价款，这是因为他不了解市场价格，为此他们依据错误的情报是否系对方当事人蓄意传递而设计了各种不同的对受害人的救济手段。他们还适用了教会法学家用于处理在存在着某种事实错误的情况下所缔结婚姻的案件的一项规则，即如果发生错误的此方或彼方当事人事先知道真实情况仍会缔结该婚姻契约，那么该错误便不是实体性的，契约也不必宣布无效。

然而，除了正当价格之外，教会法学家也关心买卖的另一个问题，即契约一方当事人所得到的超额利润问题。12 世纪的教会法并不谴责获取利润本身，这一点是与许多现代作者的看法相反的。在许多情况下，以低价买进，再以高价卖出被认为是正当的。如果某人的财产从买进之后价值上涨，他以上涨了的价格卖出并不存在错误。假如一个手艺人通过他的手艺而提高了一件物品的价值，他就有权以高于他买进该物品时的价格出卖。不过即使没有提高其价值，例如一个商人以重新卖出获利为目的而购买商品，只要动机不是贪婪财富，而是维持他本人和靠他抚养者的生计，教会法学家也认为这种利润是完全正当的。[25] 教会法所谴责的是追逐“无耻的”利润（*turpe lucrum*，“不义之财”），这被认为是贪得无厌的商业手法。这种行为的确定也是部分地根据它们是否背离正常的商业惯例。因此，对于教会法学家来说，正当价格学说在实质上变为两项规则，一项是直接针对压迫性交易的违反良心规则，另一项是直接针对违反市场规范行为的不公平竞争规则。

与上述学说并行的还有教会法的另一项原则,那就是禁止高利贷。《旧约全书》与《新约全书》都对高利贷加以谴责,教会从早期开始也一直进行谴责。[26]不过,高利贷的定义却从来没有清楚的界说,并且总处于变化之中。有时似乎是任何从放贷中取利的行为都是高利贷,而不论其目的或形式。在农业社会里,土地的耕作者必须度过收获以及出售产品之前的饥饿时期,那些为利息而放贷者既为人所需要,又遭人憎恶,既求之不得,又恨其不去。在9~11世纪早期(商业大复兴之前)的西欧,当借钱的目的几乎总是为了消费而不是为了生产与投资的时候,教会宣布了许多禁止高利
249 贷罪孽的普遍适用的禁令。但是,到了11世纪晚期和12世纪早期,经济形势开始出现了剧烈变化。从此以后,人们为了正当地为大规模的经济事业筹措资金需要金钱。教会本身的大规模军事事业也需要筹措资金。与此同时,正如约翰·诺南指出的那样:"许多教会和修道院接受了大量捐款,因而承受着为它们的资金寻找适当的投资机会的持续压力。事实上,修道院乃是那些参加十字军的贵族们的主要借贷人。教会以及慈善机构的年金收益规模巨大……教廷本身便经常有数额巨大的闲置款项存在银行中。"[27]

在这样的情况下,教会法律家第一次开始对高利贷法律进行系统化。他们开始于早先的那个广泛的和一般的概念——高利贷的罪孽是由以获利为目的的放贷构成的。格拉提安对它的定义是"任何要求超过本金之外金钱的借贷",并指出如同盗窃犯一样,高利贷者也必须归还他所索取的超过借款之外的金钱。[28]不仅如此,12世纪的教会法还把高利贷的范围扩大到索价高于现款买卖价格的赊销买卖。但是与此同时,数量众多的各种筹款机制和信贷设置(目的在于获利)却被宣布为不属高利贷。如果借款人是一个敌手、一个诸侯或一个不正当占有人,便可以对其收取利息。如果利

息是作为对由于借款而导致债权人损失的赔偿，也是可以收取的；此外，如果借款人未能按照协议规定时间偿还借款，便要付出违约金，当事人之间订立的这样的协议也是有效的。此外，一个持有抵押物的贷款人可以从抵押物的收益中减去他为管理此物的花费。到了13世纪后半期，最终确立了这样的规则，即如果借贷的结果使贷款人遭受了损失或失去了假如不借贷他便可以获得的利益，那么赊销买卖便可以要求较之现款买卖更高的价格。确实，是教会法学家第一次援用了罗马法上的“利息”(*interesse*)一词来表示贷款人可以索要的合法收益，以区别于高利贷罪孽。

另外，教会法还承认了在11世纪晚期和12世纪开始大量出现的各种类型商业契约的有效性，在这种契约之下，为了获利必须预付一笔风险金。其中包括以合伙形式的合营、所谓岁入制度(*census*，指从收益产出型财产中缴纳一笔年度利润的义务)以及债权人以低于票面的价格将债务出卖给第三人。最后，罗马的“保证金”也转化为一种以投资为目的并具有选择性利率的金钱借贷。

这样，教会的高利贷法便发展成作为对于高利贷禁令的例外的一种制度。如同正当价格学说一样，高利贷学说也是一项既对抗违反良心行为又对抗不公平竞争行为的规则。约翰·吉尔克里 250
斯特的下列论断无疑是正确的：对于12世纪西欧急剧扩张的商业和经济活动，教会法的原则奠定了一种重要基础。[29]通过对非要式契约(“人之言辞即其契约”)的强制执行，通过将预先存在的道德义务(*causa*)作为确定契约有效的关键因素，通过关于以不正当价格和高利贷为表现形式的违反良心行为和不公平竞争行为学说，加之罗马法学家的法律科学的帮助，教会法学家便能够在整个教会法律体系之内创造一种契约法律的次级体系。

诉讼程序

教会法学家从古代罗马法和当时的日耳曼习惯法中借鉴甚多。但是,他们却使二者发生了意想不到的转折(仅仅通过结合它们二者),并且引出了与二者均有极大差异的整合体。

就这种情况而言,没有哪个方面比教会法院的诉讼程序来得更明显了。[30] (1)教会诉讼程序是书面的,这一点既不同于罗马法,又不同于日耳曼的诉讼制度。一项民事或刑事诉讼只有通过包含着对事实的简要陈述的书面诉请或控告方能开始。被告人也要以书面的形式回答原告人或控告人所提出的要点。到了13世纪早期,对于诉讼过程的书面记录也成为必须。判决也必须是书面的,尽管法官不必以书面形式表述其判决理由。当事人询问证人以及互相询问也要以书面询问的方式进行。(2)无论是书面证据,还是口头证据,都需要在宣誓之后提出,并且对于伪证要处以重罚。宣誓本身是日耳曼人的一种制度,但是教会法学家却第一次将它作为近代意义上的证据设置而系统地予以使用。按照日耳曼的共誓涤罪(宣誓帮助)制度,一个当事人要通过宣誓"涤清"对他的控告,另外一些人则通过作出同样的宣誓而对他进行支持,与这种制度相反,教会法学家要求当事人或证人在如实回答向他提出的适当问题之前便进行宣誓。(3)教会诉讼程序允许当事人由代理人加以代表,代理人在法庭上根据证据所揭示的事实而对法律问题进行辩论。在早先的时候,无论是在古典罗马法中,还是在日耳曼法中,为他人做事者都要承担他人的权利和义务;他是一个代替者而非代表者。法律代理的概念由教会法学家首倡,并与神学概念和教会利益密切关联。(4)教会法学家还发明了一种二元程序体系,一为庄重的和正式的,一为简易的和衡平的。简易程序适用于某些类型的民事案件,包括那些涉及穷人或遭受压迫者的案件和那些常规法律救济不适合的案件。它无需法律代理人以及 251
书面辩论和书面询问。(5)最后,在刑事程序方面,与罗马制度和日耳曼制度相反,教会法发展出一门对于案件事实进行司法调查的科学,这门科学要求法官依据理性和良心原则对当事人和证人进行询问。而这类原则之一便是法官必须发自内心地确信他所作出的判决。程序制度被说成是"为了告诉法官的良心"而设计,"为了告诉法官的良心"这句话也被用于后来英国大法官法院的衡平法诉讼程序中。第二个原则是法官须将自己置于接受法庭审判者的地位,以明察那个人所了解的情况,并通过敏锐的提问,引导他说出"罪犯本人或许都不知道,或由于羞耻而试图隐瞒的情况"。[31]

对于司法调查的强调不仅与获得证据的更为合理的程序有关,而且也与概然真理的概念以及关联性与实质性原则的发展相关。各种规则被精心设计出来,以阻止多余证据(已经确定了的问题)、无关证据(与案件无关的问题)、含糊和不确定的证据(无法得出清晰的参照意见的问题)、过泛的证据(会引起含混的问题)以及与事物性质相反的证据(不可能予以相信的问题)的引入。[32]

12 世纪教会法的更为近代、更为合理和更为系统化的诉讼程序与早先流行于日耳曼审判程序中的较为原始、程式化以及多变的法律制度形成了鲜明的对照。教会法学家倡导理性和良心原则正是将它们作为抵制日耳曼法的形式主义和魔法巫术的武器。这方面最为引人注目的例子是 1215 年第四次拉特兰宗教会议禁止教士参与神明裁判的法令。这项法律有效地终止了通行西方基督教世界的神明裁判,并由此而迫使世俗当局在审理刑事案件时接受新的审判程序。在大多数国家里,世俗法院所采纳的程序与教会法院中所使用者相类似。在英格兰,王室法院以宣誓审讯团(后来称为陪审团)取代了神明裁判,宣誓审讯在英格兰王室法院的多种民事案件中的使用到这时已超过50年,但在刑事案件中却没有获得使用;不过,在14～15世纪,英格兰的大法官们在处理提交给他们审理的案件(后来称为衡平案件)的过程中还是采纳了教会诉讼程序的许多特色。[33]

但是,虽然教会法相当复杂精致,虽然有其对理性和良心的强调,它却仍包含着它自己的迷信因素。这些因素虽然在整个程序中都是明显的,但最为引人注目的还是体现在与简易("简单的")
252 程序相对照的庄重的("常规的")程序上。首先,对书面程序的强调如此夸张,以至于表现出一种强烈的迷信因素。如同毛罗·卡佩莱蒂所说:"没有得到记录的程序行为是无效的……法官须将他的判决完全建立在书面记录的基础之上。"[34]结果,在大多数正式的常规诉讼程序中,法官本人并不亲自审讯当事人和证人。而只是研究法院中下级官吏对他们进行审讯的书面记录。当然,这种情况破坏了司法调查的原始宗旨,它原本是要使法官对于争议问题的真实性建立起一种"内心的确信"。

与对书面程序的神圣化或迷信态度相伴随的是为评估证据而精心设计的一整套形式化规则,它们是与关联性和实质性的合理化规则同时并存的。要确定一项事实必须要有两名神谕证人或耳闻证人(虽然对于行迹昭彰的事实可以靠审判知识去确定)。一名女子的证言的效力只能算作男子的一半,并且必须由至少一名男子的证言加以补充。贵族证言的效力要高于平民证言,教士的证言高于俗人,基督徒的证言高于犹太人。随着法官逐渐远离对证人的讯问以及除了书面记录之外并不依据其他东西，人为规定的证据分量——完全证据、折半证据、四分之一证据甚至八分之一证据——具有了不断增大的重要性。

形式的和理性的两方面证据的刻板僵硬经常使得在刑事案件中确定定罪依据变得十分困难。[35]正是由于这个原因而不是其他什么原因，最终导致了广泛地使用刑讯手段获取证据。尤其是获取"证据之王"——口供。在需要判断的是被告人的思想状态的案件中——异端案件是这方面的一个主要例证——最有资格对思想状态作出证明的莫过于被告人自己，而能够保证被告人供认他的思想处于犯罪状态的有效方式又莫过于诉诸刑讯。

在民事案件方面，不只是证据的刻板僵硬，尤为重要的是在法官不参与的情况下通过书面询问而取证的复杂性不可避免地导致了法律家拖延之术的广泛使用。为了抵制这种拖延术，人们逐渐确立了诉讼程序的一系列强制性阶段，每个阶段都由该阶段法官分别作出裁决。然而，这种制度却无法抵御由于许可对各个阶段的裁决提起上诉，并要求当事人冒着放弃反对下一阶段裁决的权利的风险而提起这类上诉所带来的压力。某些案件的审判持续数年乃至数十年一点也不奇怪。

罗马—教会诉讼程序上的这些缺陷在世俗法院中比教会法院
表现得更为典型，因为教会法院法官的参与更为广泛，司法裁量权 253
范围更为宽大。另外，这些缺陷在该程序后来的发展过程中较之该程序在12世纪和13世纪早期的运用过程中表现得也更为典型。似乎可以说，对于书面证据、评估证据的形式化规则以及在刑事案件中对口供不断增强的依赖都反映了宣誓的衰落，而这种增强本身又可以说是悖论性地反映了对于法律中的合理性的增大了的强调。

教会法的系统化特征

在11世纪晚期至13世纪早期,出现了一种教会法体系,在12世纪中期,它被称为jus canonicum(教会法),在13世纪被称为corpus juris canonici(教会法大全)。的确,这是一种自觉创造的产物,虽然不是一役毕全功,不是向壁虚构,而是渐次出现,并且是将既存的各种性质不同的因素予以重新组合和重新构造而成的。将它分解为社团法、刑法、婚姻法、继承法、财产法、契约法以及诉讼程序,就使得它有了一种较之教会法学家当时所赋予者更具逻辑连贯性的外观:他们撰写有关诉讼程序的论著,但通常并不对实体法的具体部门法律制度进行分析;分析文体只是在数世纪以后才成为时尚。但是部门法律制度在那时确实被加以分析过。

对教会法的分析性整合,也就是对它所进行的明确的逻辑系统化开始于这样一种信念,即繁芜庞杂的法律规则和程序之下存在一整套基本的法律原则,法学家的任务是去鉴别这些原则,并帮助塑造法律以使其与这些原则相一致。法学家依据原则而思想。他们根据这些原则构筑各种法律体系,像神学家一样,他们将精心阐述这种法律体系的书名为*summae*,它既意为"最高",也意为"最全"。

不仅如此,人们还相信这些根本的法律原则不但有其服从理性的逻辑方面,而且也有其服从良心的道德方面。因此,不仅需要以法律内的一致性为目标的分析性系统化或逻辑性系统化,而且也需要道德上的系统化。此外,人们又相信法律的根本原则有着今天所谓的政治方面:一方面,它们是已经包含在法律之中的原则；另一方面，它们又是人们据以对具体的现存法律进行评判、修正，在必要时甚至可以予以废除的一种纲领、一种标准。这样，在教会法的系统化中，不仅有关于理智的逻辑因素和关于良心的道德因素，而且还有关于改革、发展或进步的政治因素。

基本法律原则的逻辑的、道德的和政治的方面都是根据自然 254
法的概念加以归纳的。这种自然法是一种根本不同于希腊人和罗马人所主张的那种概念。早期的自然法被界定为每个人——如查士丁尼《学说汇纂》第一节所定义的那样——接受他应得的东西的权利；自然法是正义、平等以及正当的准则；它是一种理想的法律，不是国家的而是自然本身的法律，对于这种法律，国家的法律可以与之相符，也可以不与之相符。它缺少后来欧洲的罗马法学家和教会法学家的自然法所具有的那种纲领性特征。对于教会法学家而言，自然法首先是一种教会向世俗统治者所提出的标准，其次也是对教会的法律进行解释和塑造的标准。自然法并非居于现存法律之外的一种理想法，而是本身即居于现存法律之内的法律的道德准则。它是一种宪法原则，或曰 *Grundgesetz*（基本法则），一种"正当程序条款"。正是因为法律尤其是其中称为自然法的内容所代表的纲领性或政治性特征，才驱使数以千计的年轻人每年来到各大学学习法律——如同今日美国的情况那样——以便为他们自己的政治生涯做准备。他们是欧洲年轻人中最具智力和雄心的一批人。他们被传授实在法以及应用实在法的技术，但他们也被传授自然法，即未来的法律。注释法学自有其政治功能。

这里所称的教会法的政治方面，它的自觉发展、成长和改革的原则具体表现在自 11 世纪晚期以来由教廷以及教廷所召集的宗教会议所进行的一连串立法之中。它也表现在随着教规、注释、教令以及其他渊源得到汇编、论著陆续写作而带来的法律学术的持续性上。最后,或许也是最重要的,它又表现在随着后来数代法律家们受训练于大学、应用其所学于宗教和世俗的官署和法院而带来的法律职业的持续性上。

逻辑的、道德的以及政治的因素的结合有助于产生一种系统化特征,这种系统化与仅仅是对法律规则进行学理的和教条的分析大不相同,无论这种分析多么复杂和多么连贯。教会法是一种绝不仅仅是规则的体系;它是一种过程,一种将规则适应新形势的辩证过程。单是因为对教会管辖权所施加的限制以及随之而来它所面临的来自与它并存的各种世俗法律体系的竞争,便已经使这种发展无可避免了。

第七章　贝克特对亨利二世：并行管辖权之争

诺曼征服英格兰发生于1066年，即教皇格列高利七世《教令》发布的前9年。这一征服部分地凭借将英国教会从地方和封建的压迫下解放出来并把宗教权威集中于国王之手而改革英国教会的名义。征服者威廉曾受托于教皇亚历山大二世，这次征讨被看作带有克吕尼改革的精神。在著名的1067年法令里，威廉宣称，国王（而非地方领主）有权决定诺曼底和英格兰教会是否承认教皇；国王通过宗教会议制定教会法；国王有权否决施于其诸侯和官吏的宗教处罚。 255

不过，8年之后，教皇格列高利七世宣称，作为教皇的他，而非皇帝或国王，是教会的首脑；唯教皇有权废黜主教——其实也包括废黜皇帝和国王；由教皇，而非由皇帝或国王，来判断宗教会议所采取的行动是否合乎教规。

威廉和他的两位继承者（其子威廉二世，

1087～1100,亨利一世,1100～1135)成功地抵制了教皇对其辖地的教会享有至上权力的要求,尽管亨利一世在《贝奇条约》里作出了某些实质性的让步。不过,在斯蒂芬统治时期(该时期因以内乱昭著而被历史学家称作“斯蒂芬乱世”),教皇党(papal party)在声望和权力方面获得重大进展。[1]效忠教皇的新的修士团体得以成立;它们获得了强大的民众支持,这尤其要归因于它们为内乱的受害者们提供宽慰和福利。世俗审判(civil justice)经常中止,当此之时,宗教会议仍继续召开,法律得以在主教法庭里施行。教会法吸引着教俗追随者们:格拉提安 1140 年的著作不久被具有学术素养
256 的英国人研究和讨论,这本书无疑以其对几乎所有不成文的世俗法律及其神明裁判、决斗裁判和共誓涤罪的形式主义程序的卓越智识给他们留下了极深的印象。[2]每逢危难之时,罗马教会便成为秩序和正义的主要支柱。1154 年,和平终于来临,新王朝登临宝座,这部分地是教皇权力至高无上论的支持者们在政治斗争中作出调和的一个结果。

尽管如此,新国王亨利二世(1154～1189)仍然重申王室对教会的至上权威。1162 年,他任命契友托马斯·贝克特担任坎特伯雷大主教,此前,贝克特已经担任御前大臣这个在王国里接近于王位的最高官职。亨利期望托马斯在任大主教的同时,继续担任御前大臣,以便更有效地贯彻扼制教皇要求的政策。可是,贝克特辞去御前大臣一职,作为大主教,他成为教会独立于国王控制的一位热烈的支持者。1164 年,亨利二世颁布《克拉伦登宪章》,恢复了国王对教会所享有的大多数权力,托马斯则将该项新法律斥为篡权。两人之间剧烈的政治争斗持续了 6 年,欧洲许多地方灵俗两界的显要人物也卷入其中。最后,1170 年,作为对亨利二世“无人能使我摆脱这个瘟疫般的神父吗”一语的回应,国王的 4 名役从在坎特

伯雷大教堂谋杀了这位大主教。可是,这一行动震惊了英格兰乃至整个基督教世界,以至亨利以裸足步行到坎特伯雷的苦行来表示赎罪(其实,他只是从城郊开始步行),更重要的是,1172 年,他在阿夫朗什高地屈从教皇的使节,并在大教堂前公开放弃《克拉伦登宪章》里的那些“侵犯性”的部分。

《克拉伦登宪章》

该宪章是由一些法令或条例组成的,于 1164 年在克拉伦登颁布,号称是亨利二世祖父(亨利一世)时的 16 种“习惯、特许权和特权”的记录,得到了显要神职人员和贵族的认可。该宪章开篇(第 1 条)规定,凡涉及教职(称作 advowson)授予权的争议皆得交由王室法庭裁决,即使该争议发生在俗人和教士之间甚至发生在两个教士之间。将这一习惯归诸亨利一世的重要意义在于,在斯蒂芬统治时期,这类争议通常是由教会法院受理的。另一规定(第 9 条)设立了王室对特定的土地是否属于教会财产(*frankalmoign*,“自由施舍”)问题的管辖权和陪审权。对这一习惯来讲,也是古有的权威比更晚近的习惯要好些,因为在斯蒂芬统治下,教会法院主 257
张自己在裁决对教会财产的司法管辖中享有至上权威。其他一些规定是,未经国王批准,大主教、主教和其他教士不得离开王国(第 4 条);设立王室法院管辖对大主教法院的上诉(第 8 条);为在教会法院受到指控的俗人加设程序性的保护措施(第 6 条);未经国王批准,不得革除国王的大领主(直接掌管其领地,与封臣有别)或王室家臣的教籍(第 7 条);重申 1107 年《贝奇条约》的效力,即主教和其他领薪教士的选举“须经王国教士同意于国王陛下的教堂举行……当选的牧师不再像就任圣职之前那样臣服和效忠国王陛下”(第 12 条);授权王室法院管辖信义保证的债权之诉(第 15 条);以及,未经其出生地的领主同意,农奴之子不得就任圣职(第 16 条)。

这 9 条规定(第 1、4、6、7、8、9、12、15、16 条),除了一条关于授予圣职的规定(第 12 条)之外,都与流行的教会法相抵触。[3]

使该宪章恶名远播达于极致的是它的第 3 条。该条实际上规定,任何被控犯有重罪(谋杀、放火、抢劫、强奸、杀伤和某些其他严重罪行)的教士须由王室法院送交教会法院审判,若确认有罪,须送回王室法院判处。实际上,这意味着,要以剜眼或剁去手足而处死或使之残废。一个王室官员可以参与教会法院的程序,“去看看那儿的案子是怎样判的”。

英国法的历史学家们大都从亨利和贝克特关于第 3 条的不同立场的角度来分析两人之间的巨大冲突。实际上,宪章的其他规定更有意义。第 8 条就让国王而非教皇成为英国教会法的最高裁断者。

历史学家们还颇为强调冲突的心理因素。他们通常认为,假如这两个冤家对头都少一些固执,悲剧性结局就可以避免。的确,双方都曾在坚持极端要求上举棋不定,又拙于相机提出和解的动议。一位评论者争辩道:在某种方面,亨利“显然”准备“放弃”《克拉伦登宪章》,并且几乎给予“贝克特所力争的一切”。[4]倘若真是这样,那么,争执未曾得到解决,就只能归咎于贝克特的个性了。进言之,这意味着,他的殉难(正如其谋杀者之一在 T. S. 艾略特的
258 戏剧《大教堂谋杀》里所争辩的那样),实在是他自己的错,是一种自杀(一位当代的历史学家称贝克特有“一种冥顽不灵的格列高利式的对牺牲的执着”)。[5]不过,即使设想亨利把宪章作为一个文件

放弃了，但他是否会放弃他在其领土内控制教会的野心，这仍然是成问题的。实际上，亨利**并未**(*not*)对贝克特之死负责，仿佛这位大主教是自取灭亡。当然，亨利的反应至少可以部分地用暗杀引起的巨大反响来解释。但是，用贝克特之死的非常反响和随之而来的政治的、历史的回荡来对双方冲突作纯粹心理学上的解释，似乎并不充分。这两个人所代表的不只是他们自己，而是西方历史上两种相匹敌的势力，即灵界与俗界。

还有一个问题——孰合正义？这对于理解西方法律传统尤为重要。近乎一个世纪之前，梅特兰论证说，亨利是正义的，因为他所主张的习惯实际上是其祖父亨利一世时的习惯。梅特兰把贝克特的一个论点，即"基督说，'吾即真理'，而非'吾即习俗'"，作为对亨利行为合法的一个默许。事实上，同样的论点被特尔图良(Tertullian，155～220)提出过，并在一个世纪前，被教皇格列高利七世在回答皇帝亨利四世时所援用；格拉提安仅在约 30 年前就重复过这一观点，作为推翻非理性习惯的根据。贝克特的论点实际上是参照教会的历史先例和教会法的权威。不过，即使假定(世俗的)习惯具有高于(宗教的)真理的法律效力，梅特兰的评论还是忽略了亨利一世的习惯在所谓斯蒂芬乱世被更改的可能性。在这一点上，梅特兰只是说："出于法律上的考虑，斯蒂芬统治时期略去不论……因为这是一个战乱和'非法'的时代。60 年后，这项原则依旧盛行；一个诉讼当事人不可能以斯蒂芬统治时期发生的事情为凭据；因为它不是一个和平的时期。"[6]

把革命当作纯粹的空白期，这是英国法律史家的特征：他们对克伦威尔统治时的清教徒革命也同样看待。不过，假如斯蒂芬统治是教皇革命最终主张自己在英格兰的正当性的时期，那么，亨利二世要求恢复其祖父时的习惯是否就该被看作反对革命呢？从这种观点来讲,贝克特是在为一项已经赢得的事业而战。就国王对教会的至上权威而论,亨利一方面至少晚了一代,另一方面,又早了三个半世纪。[7]

两种权力之间的特定平衡必定被打破,无疑存在一方对另一
259 方的简单的至上权威,此种看法不断受到怀疑。这里,贝克特殉难的独特环境使事情有点不同寻常。

僧侣权益和双重危境

设若《克拉伦登宪章》第3条违背了反对双重危险原则,那么,贝克特是正义的吗?"上帝不对同一罪行处罚两次"(*ne bis in idem*)。贝克特援用的这句话出自一部翻译有误的圣经(《那鸿书》1:9),在12世纪,它有时被教会法学者援用,作为在教会法院排除双重危险的权威根据。贝克特可能是用这句话来论证僧侣(因某些罪行)享有只在教会法庭接受处罚的特权的第一人。[8]但僧侣对世俗司法管辖的整个豁免权却不曾被要求过。事实上,在拜占庭和法兰克帝国,主教——尽管不是低于他们的人——一般来说只由与他们教职同等的人来审判和处罚。[9]不过,在早期,教会法庭与世俗法庭并无明显区分,两者皆有僧侣坐堂问案。不管怎样,在教会诉讼中受到判罪、革职或其他惩戒的僧侣要移送到地方的、封建的或王室的法庭,就同一行为进行审理和判决,这在12世纪以前的英国,正如在其他地方一样,是相当普遍的。只是随着11世纪后期和12世纪早期新的教会司法管辖制度的建立,僧侣的权益才成为一个至为紧要的问题。

反对贝克特立场的见解在梅特兰那里得到有力的论述。贝克

特的教条,即国家不得根据僧侣已经因之被革职或降级的罪行来处罚一名犯罪的僧侣,“既不为国家所容忍,也不被教会视为神圣不可侵犯”。教会法学者不赞成贝克特倡行的这一规则,该规则在欧洲其他地方并非法律;梅特兰指出,假如它被遵循,“未被革职或降级的僧侣本该作为教皇训令的异端者或伪造者而被送交世俗权力(来处死)”。进而,梅特兰评论道,在贝克特反抗期间,教会法院的刑事案件审判“已经变得不比滑稽戏好多少了”。在那时,教会对重罪案的审判程序是共誓涤罪。梅特兰指出:“索尔兹伯里的约瑟林(Jocelin of Salisbury)主教用四五个共誓人来洗刷自己在贝克特谋杀案中的共谋行为。位居大主教的胡伯特·沃尔特(Hubert Walter)禁止所要求的共誓人超过教会法规定的 12 名。”不仅如此,即或未能成功地得到誓证并被定罪,教会的处罚也是相对轻微的:主教“可能从他的教阶降为执事,同时,作为附加刑,将他幽闭于修道院或终身监禁。可能施加鞭笞……但这是对犯重罪的僧侣的惩罚;恐怕他们中很少有人领教过”。僧侣权益是“一种令人生厌的 260
恶作剧式的豁免”。[10]

梅特兰这番激烈地议论曾被乔治·格里纳韦、W. L. 沃伦和其他人所援用。宗教裁判比世俗法院里的决斗裁判和神明裁判更滑稽可笑吗?王室法院里的制裁,如绞死或残肢,对于初犯来讲,是不是一种比禁闭于修道院或监狱更为恰当的惩罚呢?梅特兰忽略了宗教刑罚的最精巧之处:主教可以下令采取赔偿受害人或其家属、从事慈善工作和其他善良行为的方式来以苦行赎罪,违者逐出教门。而且,革除教籍的刑罚本身可能是非常严重的,因为按其极端的形式,它实际上是从教会中放逐,涉及事实上的流放。

格里纳韦指出,《克拉伦登宪章》并未违反双重危险原则,因为亨利无意设想第二次审判,他只要一种制裁。[11]这是一个强有力的论点,但无法解释所有的问题。是什么使双重危险令人厌恶?是否仅仅是双重审判的事实,抑或还包括由两重司法管辖权进行判决的事实?不仅如此,难道第二个法庭实际上可以在不经某种审判或至少没有确定某种犯罪特征时,就科以处罚吗?在王室法院可能属于夜盗并被处以死刑的行为,如果看动机,例如出于急需并随后自首且交还所盗物品,那么,在教会法院就可能是一种轻微的犯罪。

当代法律制度在准许控告某人贪污方面并无困难,即使他已经因违法行为而被雇主开除,因为开除不是被看做官方的处罚,而是被看做一种国家内私人机构的行为。然而,在贝克特那里,这是成问题的:究竟教会是国家之内的一个机构,还是国家是教会内的一个机构?〔12〕

英格兰的教会司法管辖权

贝克特与亨利之间的冲突在实质上是一种关于教会司法管辖权范围的冲突;它因而成为教皇革命的一个范例,这一革命在整个西方建立了两种相匹敌的政治法律权威类型,即精神的权威和世俗的权威。这种二元主义的一个后果是增强了国王在俗界的政治法律权威;另一后果则是造成了国王与教皇之间在司法管辖界线上的某种紧张关系。这种紧张关系在不同的王国以不同的方式来解决。在英格兰,它们的解决受到贝克特殉难氛围的强烈影响。

261 在12世纪的英格兰,正如在欧洲所常见的那样,教会法院主张对以下事项享有司法管辖权(尽管它们并非总是得到它):(1)所有涉及僧侣的民事和刑事案件,包括一切涉及教会财产的案件;

(2)所有的婚姻案件;(3)所有的遗嘱案件;(4)某些刑事案件,诸如,异端、渎圣、巫术、高利贷、诽谤、私通、同性恋、通奸、损害宗教场所和袭击僧侣;以及(5)含有违反信义保证(称“假誓”,即违背誓言)的契约、财产和其他民事案件。就教会法而言,任何涉及这些事项的案件都能够通过在相应的副主教或主教法院登记控诉而开始审理,败诉方可以上诉至相应的大主教法院,最后上诉至罗马教皇。事实上,在13世纪,罗马教皇法院所受理的上诉案件,来自英格兰的要比来自其他国家的多。教皇还行使一种普遍的初审管辖权:原告人可以从法庭恳求(设法得到)一种指明由教皇使节去地方审判任何案件的令状。的确,在涉及巨额金钱案件和当事人双方分属不同的大主教辖区的案件中,这种情形是相当普遍的。因为主要的西方国家都不只包含一种教会司法管辖权(例如,约克大主教的判决就不能上诉到坎特伯雷大主教法院)。

与此同时,教会的司法管辖权要求遭到世俗法院的挑战——通常是成功的挑战。正如梅特兰所指出:

> 在英格兰,国家从未把教会党徒恣意谋求的无限地盘整个地拱手让给教会法院,任何其他的国家或许也是这样。在每个地方,我们都看到,由战而和,由和而战,并且,至少在13世纪末期以后,国家常常在每一场争斗中渐占上风。试图勾勒出“精神的”和“俗世的”事务之间的固定不易的界线,是徒劳无望的。倘若所谓的“精神法庭”要在现世行使权力,情景就总会如此。在任何特定场合和特定国家所划出的教会法域与世俗法域的边界,都是粗糙的、不科学的,以致此域彼疆之得失难以觉察……只须想想“遗嘱案件”“婚姻案件”之类的用语无可救药的含糊不清,我们就会明白,那些不曾兵戎相

见、既无胜之欢呼亦无败之哀恸的接二连三的蚕食何以轻而易举。正因此故,教会的统治者们不得不容忍许多他们所不能准许的、或者无论如何也不能以教会的名义准许的事物。他们可以予夺舍取,而不牺牲首要原则(first principles)。无疑,是有一些他们本该效法圣托马斯誓愿为之献身的原则;不
262 过,他们并未被召唤去为一种复杂的、无法穷尽的法理学上的细枝末节而抛洒热血。教皇,并且是毫不怯弱的教皇,用箴言和范例教导他们说,当我们一旦操掌世俗权力,我们就会世俗化。[13]

然而,这里存在极不和谐的情形:两套法院——一是教会的,二是王室的——都要求管辖同一案件。这些相匹敌的要求该怎样解决呢?一方面,国王乃基督教徒,故为教皇臣民;人们可能以为,教皇或其部下坎特伯雷大主教,本来只须告诫英格兰国王,他若不屈从神圣教会的司法管辖权要求,就会被罚入地狱。另一方面,教会自己是双重权威、两把剑、宗教与世俗、灵界与俗界这类概念的始作俑者。可是,按教会自己的定义,教会法院为其司法管辖权所提出的要求,又多系世俗的。正如梅特兰所指出,诸如"婚姻案件"之类的词句所包含的不仅仅有家庭关系的内在精神问题,而且有通常与国王对其负有责任的经济和政治秩序有很大关系的财产关系问题。

除了概念和理论外,还有权力问题。自己不拥有军队的教会为了对不顺从者实现其愿望,要仰仗世俗的军队;此外,未得到世俗的支持,教皇和大主教一般不会得以任职。不过,教会拥有一种不是武备却威力无比的政治军团,这就是僧侣,僧侣可以施行某种强有力的精神制裁,其中包括革除教职和褫夺教权。

革除教籍意味着剥夺接受圣礼(包括最后的礼拜和随后的基督徒的葬礼)的权利,在极端的场合下,同时还根据逐出教门(一种实质上的流放)令,从教会驱逐出去。褫夺教权是部分地或全部地中止公共事务和圣礼;它可能针对一人或多人,也可能针对整个地方或王国。1208 年,教皇英诺森三世将全英格兰置于褫夺教权禁令之下并将国王约翰革除教籍,还威胁说要废黜他,把他的王位给法兰西的腓力·奥古斯都。原因是约翰拒绝接受教皇所任命的人为坎特伯雷大主教。英格兰曾经在褫夺教权禁令的重压下呻吟。教堂关闭达数年之久。国王约翰通过在教会官员里安插亲信来进行反击,但他最终还是屈服了;实际上,他把英格兰送给教皇,然后作为封地接收回来,同时,宣誓效忠并同意每年向罗马纳贡。1215 年,国王约翰在《大宪章》最开头的规定中宣称 *quod ecclesia* 263
Anglicana libera sit——"英吉利教会自由",当然,这意味着在教皇统治下摆脱国王或诸侯控制的自由。

这样一来,运用法律手段来解决兼备神学武器和现实武器的激烈的权力争执,就该是颇值期许的——尤其是,既然双方在解决冲突中都极为推崇法律的角色,而且,特定的冲突本身就是一种法律冲突,即关于司法管辖权的冲突。

关于英格兰被控犯有严重罪行(重罪)僧侣的案件的管辖似乎随着贝克特殉难而得到解决:世俗的司法管辖权,不仅是审判权,而且是处罚权,均遭废止。尽管如此,王室法院最终还是采取了在调查被告是否有僧侣身份之前就进行审判的程序性措施,被告若被认定有罪,能够请求僧侣的权益并被送回教会法院受审。而且,僧侣对轻于重罪的犯罪的世俗责任问题以及民事违法问题,都未曾由贝克特提出来;在任何场合下,英格兰都保留了对此类案件中僧侣的世俗司法管辖权。法兰西却相反。僧侣可以免予轻罪的世俗指控,但诸如蓄意谋杀、致人残废、拦路抢劫以及累犯("不思悔改者")之类的大多数严重犯罪,则不能免予世俗的指控,"王室案件",包括谋反和其他触犯王国及其官员尊严的犯罪,以及公共安全的犯罪,诸如举行明令禁止的集会、教唆偶像崇拜、无神论和其他受禁止的教条,也不能免予世俗的指控。此类"王室案件",不论犯罪的是僧侣还是俗人,都处在世俗的司法管辖权之内。

正如《克拉伦登宪章》所规定的其他事项那样,亨利二世撤销了那些"触犯"教皇统治的规定,但是,何种行为归入这一范畴,并未详加说明。事实上,在两种司法管辖权之间的边界或多或少地被确定之前,王室和教会于 13 世纪发生了严重的冲突。

关于纯粹的教会事务,亨利二世在《克拉伦登宪章》里所主张的司法管辖权直至 16 世纪英国革命才被重新提及。在亨利八世之前,国王没有获得对大主教法院判决的上诉管辖权(第 8 条)。僧侣还坚持其不经国王批准而离开王国的权利(第 4 条),尽管实际上国王常常限制他们。国王保留在其官员被革除教籍之前进行协商的权利(第 7 条),但在这里,教皇占着上风,他可以把国王本人革除教籍。

关于婚姻和遗嘱案件——《克拉伦登宪章》未曾涉及,英格兰
264 教会法院享有几乎专属的司法管辖权。不过,"不动产"不能由遗嘱继承,并且在 13 世纪,王室法院主张其对所有的不动产的专属管辖权。

关于僧侣之间有关向教会捐赠(第 1 条)的讼争和俗人之间有关信义保证之债的讼争(第 15 条),教会法院和王室法院均主张各自的管辖权。在这两种类型的讼争里,教会法院行使一种非常重要的自愿管辖权。

比较一下在英格兰和法兰西教会的和世俗的司法管辖权之间

的界线,可以看到,法兰西教会所拥有的特权地位低于英格兰。(1)关于婚姻案件,法兰西的世俗法学家区分民事婚姻契约和婚姻圣事;关于前者的争执由世俗法院解决(例如,关于配偶双方是否自愿同意该婚姻)。(2)法兰西的遗嘱案件在12~13世纪由教会法院和世俗法院双重管辖,此后则专由世俗法院管辖。(3)关于僧侣权益,在14~15世纪的法兰西,区分占有权和所有权,前者由王室法院裁定,后者由教会管辖。在英格兰,王室法院把圣俸授予权看作不动产的一种类型并因而归于其专属的管辖权之下,但教会法院有时成功地向这一观念挑战。(4)在英格兰,而不是在法兰西,农产品什一税的取得,教会税款,教堂和教堂墓地的改建税,均处在教会法院的单一管辖权之下,对给予高级僧侣或神圣殿堂的虔诚捐赠与税款的管理也是如此,这种状况一直延续到英国大法官在14~15世纪将其并行的管辖权扩展到包括由另一管辖权的“使用”所造成的转让。(5)只是对违反基于宣誓或信义保证(假誓)的契约的案件,法兰西教会司法管辖权超过英格兰;在法兰西,这些案件显然不由世俗权威来主张管辖。(6)法兰西王室法庭对“意识形态”犯罪的刑事司法管辖权比英格兰王室法庭要大得多。

禁止令状

在英格兰,王室法庭和教会法庭冲突的范围通过禁止令状这一法律手段来限定。该令状是一种由大法官以国王的名义发布的、因案件被告人就教会对争讼事件的裁判权能提出质疑而禁止
教会法院继续审理此案的禁令。尔后,教会法院或者中止此案的 265
审理或者与国王的法官协商。假如协商后国王的法官裁定该案适

合由教会法院审理,那么,他们将通过“协商令状”授权继续审理,而不管从前的禁止。假如教会法院不顾禁止令状或无视协商中的不利结论而坚持开庭,那么,国王的法庭就发布逮捕令,通知地方司法长官将教会的法官带到国王或其法官面前,“看看他们为什么把持基督法庭里的诉讼……而对抗我们的禁令”。

王室禁令可能是一种有力的武器,它偶尔对于遏制教会法院起到很大的作用。不过,在主要方面,它是烦琐而笨拙的,相对说来,它难于获得,易于规避。

要提出禁令要求的是教会法院里的被告。假如当事人双方都同意教会的司法管辖权,王室法院就不得干预。这肯定是在两种法院体系的斗争中王室所作出的一个巨大的让步。[14]它意味着僧侣之间的几乎所有的争执都有效地脱离了世俗的司法管辖权。它还意味着,相互约定摒弃世俗司法管辖权的俗人就没有可能获得禁止令状,尽管王室法庭会严格审读契约条款。[15]

要获得禁止令状,教会诉讼中的被告必须抗议他作为被告被传讯到某某教会法官面前,声称某一方(出具姓名)控告他所涉及的事项属于王室法院的管辖范围。典型的事项是关于教会场所、教堂大院和公共墓地(“一般信徒的份地”,lay fee)之外的不动产讼争;关于圣俸授予权的讼争;关于动产和债务(除了那些来自婚姻或遗嘱的、那些诸如什一税、捐赠等属于教会的以及那些从僧侣那里没收的财物)的讼争;关于僧侣侵占私人土地的讼争;还有与王室法院所审理的案件相关的诽谤性陈述。

一般来说,王室法院是根据被告在教会案件中的单纯的申辩而发布禁止令状的,只要该申辩表面上理由充足。不过,如果后来弄清争执的事项与禁止令状里所主张的事项性质不同,那么,该禁令就不得实施,而且,被告可能会因制造虚假主张而被王室法官课处罚金。

被告须将令状送交教会法官和原告两方，他们便去王室法官那里为教会的司法管辖权作辩护。令状的目的，正如 G. B. 弗拉伊夫所指出，是“为了张扬和推行国王的两点重要主张：第一，唯有他 266
和他的法院对各种禁止令状里所标明的各种事项（如俗地、圣俸授予权、俗人动产等）享有司法管辖权；第二，唯王室有权决定何种司法权在疑难案件中拥有权能”。[16]这个问题涉及法院裁定自身权能的权能。

可是，教会法院也主张相同的权能。1147 年，教皇尤金三世命令“主教、修道院长、大主教和其他的教会高级僧侣皆不得让教会事务服从俗人的裁决，也不得因俗人的禁止令而中止施行教会的正义”。[17]英国教会会议也发布了同样的命令，它进一步表示，国王无权对那些不过是继续履行其审理宗教案件职能的教会法官以怒相向。

教会法院也不乏抵制禁止令的现实力量源泉。第一，教会法——与当时的英国王室法相反——允许法院在被告缺席时（甚至在对人之诉中），听取证言、进行判决。第二，经三次传讯仍不到庭的被告得革除教籍。第三，“教会权威还可以再进一步。它们还可以对他提起一项新的诉讼并将他传唤到庭，要他对凭藉世俗权力不正当地禁止教会诉讼这一触犯教规的行为作出交代。”[18]当然，如果被告对此事仍不肯罢休，这种新的诉讼还是要受制于王室的禁止令状。

因请求禁止令状而被革除教籍，这引发了世俗权力是否该在实施革除教籍令中予以合作的问题。在通常的革除教籍案中，倘若被革除教籍者在 50 天内不请求赦免，主教即可通知国王，国王便命令地方司法长官去把罪人逮捕入狱直到他愿意顺从。而且，被革除教籍者不得在国王法院里提起控诉。弗拉伊夫举了教会法官在实施因请求禁止令状而革除教籍时玩弄花招的几个有趣的例子。[19]但总体来说,王室权威是不尊重那些直接针对其自身正当的司法管辖权的革除教籍令的。

在英格兰,教会和王室之间有关禁止令状的冲突在 1286 年王室法规或令状,即《你当谨慎行事》(*Circumspecte Agatis*)中获得了某种程度的解决。从前在力求将教会法院对俗人的财产管辖权限于婚姻和遗嘱案件方面不大成功的国王,最后承认了这些法院享
267 有如下权力:对私通、通奸和其他罪孽科以罚金刑;要求教区居民分担支付教堂和公墓的保养费;审理教会里的教区长因教会各种习惯税收(丧葬税、供献税、什一税)的给付而指控其教区居民的案件;受理教区长对另一教区长因什一税不足教会估价的四分之一而提起的诉讼,这会使圣俸授予权成为问题;在侵犯神职人员、诽谤和违反信义保证的案件里,若涉及罪过的矫正,有权科处赔偿。不仅如此,在诽谤或侵犯神职人员的案件中,假如一个被教会法院判处身体刑的人希望以金钱给付来代替该刑罚,教会法院可不受王室禁令的制约而予以同意。

在法兰西,对滥用权力的上诉(*appel comme d'abus*)代替了禁止令状。它不仅允许被害方而且允许任何人(世俗的或教会的)直接诉至世俗法院,继而直接诉至国王,以阻止教会司法权的"滥用"。在限制教会司法权方面,它似乎比它在英国的同类制度更富有成效。

教会的司法权,是每一场伟大的欧洲民族革命,包括 16 世纪德国的清教改革、17 世纪的英国革命、18 世纪的法国大革命以及 20 世纪的俄国革命,所攻击的主要目标之一。16 世纪,在大多数路德教和加尔文教的国家,教会法院被宗教法庭或宗教会议所取

代,后者的司法管辖权一般限于僧侣和其他教会职员的纪律;国家接管了先前教会对俗人在刑事和民事案件中的大部分管辖权。英格兰却相反,宗教改革仅仅把教皇权威转移到国王之手,国王继续维护(甚至扩展)先前的教会司法管辖权。不过,在 17 世纪,清教革命和王政复辟将许多民事和刑事案件从教会法院转移到普通法法院(以及衡平法院)。尽管这样,直到 19 世纪,在法国革命所激发的大规模世俗化觉醒的推动下,英国才通过一系列制定法将英国国教教会的司法管辖权削减到管辖僧侣纪律、关于某些类型的性违法的俗人禁规以及有关礼拜事务的各种轻微案件。在罗马天主教国家里,法国大革命中颁布的一项宣告钳制一切教会司法权的法律(1790 年 9 月)在 19 世纪逐步实施。除了西班牙和葡萄牙外,罗马天主教教会法院对俗人的司法管辖权完全变成了一种良心问题,它们的判决不具有现世的法律后果。在实践中,这些法院 268
一般将其对俗人的司法管辖权限于结婚、订婚以及子女的合法性问题。

历史学家们无疑还会对贝克特与亨利之间的冲突作出不尽相同的解释。不管怎样,通过把这一冲突看作教皇革命和西方法律传统形成的一个部分,我们或许会获得一种新的见识。

从这一观点来看,与冲突相关的最有意义的事实是,教会权威和王室权威之间的异乎寻常的紧张关系,以及这种紧张通过法律上的协调而获致最终的解决。

在主张教会对精神案件的司法管辖权时,12 世纪的拥护教皇派将“精神的”解释为包括含有信义保证的俗人契约、僧侣所犯罪行以及许多其他的被世俗权威必然看作在本质上属于世俗的事项。同样,在主张王室对世俗案件的司法管辖权时,各个国家的拥护王室派将“世俗的”解释为包括主教之间有关推荐僧侣担任有利可图的教会官职的权利的争执、对大主教法院判决的上诉以及其他一些被教会权威必然看作在本质上属于宗教的事项。双方最终都一致认为,应该有两种互不相同的司法管辖权,一种是教会的,另一种是王室的。但是,它们却不能就彼此的边界达成一致。至多,它们只能在这一点上形成共识,即彼此的边界应当依靠法律而不得凭藉暴力来确定。

亨利和贝克特都很重视他们各自的司法管辖权在法律上的界定。他们从一开始就抱着这样一个被后人几乎普遍分享的期望,即能够寻找到解决教俗竞相控制包含激烈的利益冲突的事项这一问题的法律方法。亨利的人诉诸暴力是对这一期望的公然亵渎;它导致了几乎普遍的反感,继而迫使英格兰王室放弃其大多数极端的要求。

诚然,在英格兰和在欧洲的其他地方一样,世俗司法管辖权以牺牲教会司法管辖权为代价而进行扩展,乃是时势所然。但是,权力平衡中的这一趋势的实现却是以法律上的抗争和协调为背景的。

教会法院和世俗法院之间的抗争对西方法律传统具有深远的影响。复合的司法管辖权和复合的法律体系成为西方法制的一个标志。布莱克斯通写道,18 世纪的英国法由自然法、神法、国际法、
269 教会法、罗马法、商法、地方习惯、普通法、制定法以及衡平法构成,此时,还存在实施这些不同种类法律的几种不同的法院——教会法院、大学法院(university courts)、海事法院、普通法法院以及衡平法院——尽管国会和普通法法院在当时已占居主导。甚至在今日美国,联邦法院和州法院之间还存在某种竞争,并且在各自内部,还存在联邦法律和州法律之间的某种竞争。国际法和国内法以及

普通法和衡平法之间的重大区分也得到承认。即使在这些法律体系由同一法院来适用时,诉诸一种法律而反对另一种法律的机会也增进着自由。

从12世纪到16世纪,教会法院与王室法院抗争之根由,在于限制各方的司法管辖权:教皇和国王均未完全赢得任何臣民的完全效忠。贝克特是为这样一个原则而死的,即王室的司法管辖权不能不受限期(国王未曾否认),而且世俗权威不能自行决定其应有的界限(他的暗杀者予以否认)。三个半世纪以来,欧洲各地成千上万的朝圣者每年前往坎特伯雷,纪念这个人物的坚贞,赞成他抵抗王权的信念。

当教会在俗人心目中最终变成一国之内而非一国之上并与国家相抗衡的团体时,西方各国的复合司法管辖权都被国家的司法管辖权所吞没,复合的法律体系也日渐被国家的法律体系所吸收。不过,贝克特的传统却遗留至今。在大多数西方国家,不仅司法管辖权之间及法律之间还存在冲突,而且,对国家控制精神价值的权力设立了宪法限制。贝克特反抗王室统辖僧侣的立场在当代反抗由法律控制信仰和道德的斗争中得以再现。还有对立法机关和法院干预纯粹宗教事务和处罚纯粹道德行为的权力所施加的限制。确定这些事务和活动的法律界线尚有诸多困难。仍然存在或直到现在还存在这样的信念:如果国家确立的法律界线与一种更高级的法律相冲突,那么,就有一种去违反它们的权利和义务。

第二部分

世俗法律体系的形成

第八章　世俗法的概念

教皇革命使一个独立的、自主的教会国家和一个独立的、自主的教会法体系首次形成。与此同时，它也使各种不具有教会职能的政治实体和各种非教会的法律秩序首次形成。教皇党把这些非教会的政治实体及其法律称作“现世的”（受时间束缚的）和“世俗的”（尘世的）。 273

世俗政府神圣性的降低是与这样一种观念相连接的，即非教会的政治体及其法律秩序是许多不同的存在，而非单一的存在。正如新的教会政治体是单一的一样，新的教会法也是单一的；但是，世俗政治体有帝国的、王室的、封建的、庄园的、商业的和城市的，与不同类型的世俗政治体相对应，世俗法也多种多样。仅仅因为这些新型的世俗政治体的宗教职能或“精神的”方面已经落入一个普遍存在、其首脑在罗马的独立自主的组织之手，它们也要求新型的法律。

用“精神的”一词刻画教会法律的特性，是

意图表明其神圣的一面,而这一面是非教会范围的那种受时间束缚的或尘世的法律所没有的。然而,包括世俗法在内的世俗秩序不再被人们认为基本上是混乱不堪或毫无目的的东西。它的缺点仍然存在,但是,它是可以改善的。它能够获得新生。人们认为,世俗法同教会法一样是对自然法、最终则是对神法的反映,尽管它的反映并不完美。世俗法服从于理性和良心。它植根于神的启示。实际上,划分教会和世俗的先决条件在于教会改造世界的使命,以及随之而来的所有基督徒(尤其是那些担任圣职的基督徒)促使不完善的世俗法遵从其正义和真理的最终目标的使命。

274 世俗法被期待去模仿教会法。只是因为教会法有更高程度的发展并可以加以模仿,所有各种世俗法体系——封建的、庄园的、商业的、城市的、王室的——才使教会法的许多基本概念和技术成为适合于它们自己使用的东西。这一点是不可避免的,因为在12和13世纪,绝大多数的法律家、法官以及世俗法律制度中的其他专职顾问和官员都是僧侣,他们或者受训于教会法,或者在总体上熟悉教会法的基本特征。与此同时,世俗当局也抵制教会当局侵犯世俗管辖权;因此,它们也寻求使世俗法取得像教会法那样的内聚性和精致性。

每一种不同类型世俗法的发展,部分在于对教会法的模仿,部分在于同教会法的抗争。它最终都被人们看作——虽然是在广泛不同的程度上——是一种法律体系。也就是说,看作一种完整的、有机发展的法律制度和法律概念的体系。然而,较之于教会法,各种新的世俗法律体系更少直接与时代重大的政治思想事件和运动相联系,而更多直接与四处扩散的社会经济变化相联系。封建法和庄园法植根于习惯的分量最大,商法和城市法次之,王室法又次之。由于它们植根于习惯,它们的产生比教会法就要缓慢。封建贵族的阶级意识的发展和它与农民的关系的合法化,在进度上比僧侣的阶级意识的发展和它与世俗当局的关系的合法化要缓慢和不显眼得多。另外,像商业市场和城市自治这样的“制度”的出现,在性质上是不同于像大学和教会法院那样的“制度”的出现的。这种不同在某种意义上与直接受这些“制度”影响的人们的种类和数量有关。世俗法是“当场”产生的,它较少是有计划的。部分是因为这种原因,它的发展才极少有清晰的标志。等到受过大学专门训练的法学家开始“概括”封建法、城市法或王室法时,它已然是既成事实。

实际上,第一批世俗法律体系并不需要在教科书中获得描述,或在大学课程中获得讲授,以便被人们接受为完整的、不断发展的和自主的法律体系。有关世俗法的不同部门的学术书籍的确是有用的,而且唾手可得,尽管它们在数量和质量上都有别于教会法学家和罗马法学家所编著的法律作品。另外,虽然各种类型的世俗法都没有获得在大学的课程表中作为一门独立科目被讲授的殊荣,但在它们中产生的各种问题则经常被大学的法律课程所涉及。275
相比之下,法律学问则为创造近代的教会法体系所必不可少;假如没有教科书和有关课程,那是不可想象的。因为一种获得明确表达的理论是近代教会法体系的有关内容的一个必要的组成部分,而一种学术性的职业训练则为它的实践所必需。

所以,在 11 世纪晚期和 12 世纪发展起来的世俗法概念,是一种有关各种正在出现的法律体系的概念。每一种法律体系在范围上都限于特定种类的现世事务,它产生于习惯,虽不完美无缺,却为神所指导,并按照理性和良心获得纠正。

世俗政府和世俗法的新理论的出现

近代西方政治科学,其中包括近代西方的国家理论和法律理论,植根于教皇革命中对抗势力之间的斗争。这是本章的论点。这种观点与传统的看法——尽管有关 11 ~ 12 世纪事件的专门的学术作品提出了相反的证据,但它仍然为人们所坚持——背道而驰。后者认为,近代西方政治科学首先发源于古希腊的思想,尤其是柏拉图和亚里士多德的思想;其次是发源于在所谓的文艺复兴期间——15 ~ 16 世纪,当时(据说)首次出现了世俗国家——的古希腊思想的复兴。

按照传统的看法,在古代至 15 世纪,政治思想中居支配地位的是斯多葛派和早期教父的理论,这种理论得到中世纪神学的修正;而无论是斯多葛派、早期教父的政治理论,还是中世纪的神学,都被认为过多地涉及基督教教义,因而不具备"近代的"资格。的确,在 13 世纪晚期,尤其是随着亚里士多德的《政治学》的第一个拉丁文译本的出现(1260),近代政治科学的产生有了某些预兆(据说),尽管当时的政治思想仍然基本上是神学的和"经院式的"。只是在 14 世纪,才有了被人们认为是近代分析政治学的观念和方法的重要先驱的少数几个作家。特别要指出的是,帕多瓦的马西略(约 1275 ~ 1342)强调了民众同意的原则。以此作为所有合法政府——无论是世俗的还是教会的——的基础。他还由此得出结论,认为世俗统治者可以高于教会(教皇只是由社会共同体建立的一个执行性的教会职位)。然而,第一个真正的近代政治思想家通
276 常据说是尼科罗·马基雅维里(1469 ~ 1527),因为人们认为他不

仅首先用“国家”(state)一词去指世俗政治体,而且还创立了建立在对政治制度的经验考察和理性分析基础上的近代政治科学。

传统看法认为,任何有关国家的理论或科学在15世纪晚期或16世纪以前都无法得到发展,因为在那以前还不存在近代意义上的、充分发展了的国家,虽然某些个别的近代国家属性可能已经在13世纪晚期和14世纪出现。它进而认为,与“中世纪”水火不容的正是近代意义上的国家概念,因为这种概念违背那时存在的教皇在整个基督教世界至高无上的现实或要求,违背政治权力分散的封建体系,还违背基督教关于国王应该处于上帝和自然法之下的观念。

然而,在这一点上我们已经说明,西方第一个国家是11世纪晚期和12世纪罗马教皇以教会形式建立的国家。当然,这无法克服反对的理由——由于某种原因而没有完全表达出来——即讨论应限于世俗国家的范围。但是,即使我们接受这种限制,也不难发现各种实例,说明近代欧洲世俗国家的最先形成,是在教皇权力的鼎盛期,是在封建统治的鼎盛期,而且也是在关于神和自然的法律至高无上的信念最为盛行的时期。罗杰二世统治(1112~1154)下的西西里诺曼王国、亨利二世统治(1154~1189)下的英格兰、菲利普·奥古斯都统治(1180~1223)下的法兰西、菲利普伯爵统治(1169~1191)下的佛兰德以及红胡子弗雷德里克一世统治(1152~1190)时期的士瓦本和巴伐利亚,都具备国家的合格的条件,就像许多早在12世纪中叶就拥有精心构筑的世俗法律和政府体系的独立的城市国家——这种城市如热那亚、比萨、弗赖堡、科隆、根特、布鲁日,以及其他几十个城市——也具备那种条件一样。它们每一个都处于一个有权组建军队、进行战争并制定和执行法律的最高统治者的权威之下,是这种权威下的一种统一的、独立的、地域性的政治体。从这种意义上讲,它们每一个都是一个国家。而且,在12和13世纪期间,世俗政府的理论和世俗法律的理论就被政治法律思想家们发展用来解释上述那些国家的存在,并证明其存在的合理性。

索尔兹伯里的约翰:西方政治科学的创立者

西方第一部超出斯多葛派思想和早期教父理论模式的有关政府的专著,是索尔兹伯里的约翰于1159年撰写的《论政府原理》。[1]此著在整个欧洲立即引起了轰动。把它与较早的一部著作——即1100年的名为《匿名的诺曼人》的著作,[2]这部著作也许是从前西方(即近代以前)最后一部论述政府的重要专著——相比较,就能很好地说明它的意义。

277 《匿名的诺曼人》写于教皇革命的鼎盛时期,它所呈现的情况有利于神圣的王权而不利于教皇党的要求。作者坚决主张基督的王权和教权都通过加冕的圣礼直接转让给了国王。国王作为基督的代理人,他本身就是神圣的,并且也是他的人民的教父。他甚至可以执行圣礼;在他加冕之后——按照拜占庭、法兰克和盎格鲁-撒克逊的传统——皇帝或国王将走入圣殿,并为他自己的圣餐提供面包和葡萄酒。[3]国王还是他的人民的抚慰者和大救星;因此他可以宽恕罪孽。

按照《匿名的诺曼人》的说法,基督的教权通过圣彼得也转让给了所有的主教。作者批评了教皇篡夺主教们所拥有的控制他们自己管区内的修道院的权利。他争辩说,罗马的唯我独尊只存在于她古老的政治和军事力量中;圣彼得给予罗马的荣誉并不比耶路撒冷和安提阿多一丝一毫。教会法学家的墨守成规也受到非难:认为必须始终按照《新约全书》的精神解释教会法。僧侣结婚则获得了辩护:并不要求所有的教士都过独身生活。俗人在教会中充当高级角色也获得了辩护。对于包括圣餐在内的所有其他圣礼而言,洗礼的圣礼被说成是至关重要的。在所有这些问题上,《匿名的诺曼人》体现了一种旧秩序,即可以回溯到加洛林帝国和更早时代的一种革命前的秩序。

饶有趣味的是争论的风格。《匿名的诺曼人》不是就可供选择的立场对正反两个方面进行认真的评估;而是一种带有武断和预言特性的充满激情的抗辩。它的主要结论——王权拥有被基督作为核心的地位——依靠的不是实践经验,而是基督教经义中的象征手法;不是一种有关目的和手段的逻辑,而是礼拜的仪式;不是法律的正当理由和类推,而是教会传统。

从很大程度上说,在《匿名的诺曼人》中所发现的那种分析的方法和风格特性,非常适合于作者所坚持的基本的政治—教会立场。然而,在 11 世纪晚期和 12 世纪早期这一期间的教皇党的许多论战作品中,人们也可以发现类似的风格特征和方法论特征。只是随着声势浩大的斗争的结束,并在对立双方已经作出了重大的妥协之后,新的分析风格和分析方法才得以产生;一种有关政府本质的新的科学也才最终得以出现。这门科学的开端可以在 11 世纪晚期和 12 世纪早期的法学家——教会法学家和罗马法学家——的作品中发现。然而,第一部系统的专著却是索尔兹伯里的约翰的《论政府原理》。此著建立在较早的法学家的作品的基础上,但同时也超出了那些作品的范围。

《论政府原理》当然不是用近代西方学术的风格,甚或用约翰·洛克式或托马斯·霍布斯式的风格写成的。霍布斯对经院哲学进 278

行了普遍的谴责,因而他不会容忍索尔兹伯里的约翰的分析的散漫特征,不会容忍他从一个主题一下跳到另一个主题,也不会容忍他大量地使用《圣经》上的例子和从道德上解释各种倾向的做法,更不会容忍他明显的自相矛盾。许多截然不同的政府理论都获得了采纳,这种采纳有时几乎是随意的。而且,西方政治学近几个世纪以来占支配地位的理论——(用约翰·迪金森的话说)“社会共同体为了实现它的各种共同目的,可以通过创设用于包容各种观念的制度和协调它的成员的各种目的去组织它自己”——却完全没有得到体现。[4]

尽管如此,《论政府原理》“还是不加区分地揭示了一些独立的思想系列,这些思想系列的分离将在相继而来的许多个世纪中构成各种主要的对抗学说思潮”。[5]格列高利改革以前,这些思想系列在很大程度上继续处于混合状态;改革以后则分离开来,而且正是这种分离使改革后的政治思想完全区别于改革前的政治思想。例如,索尔兹伯里的约翰直接从上帝那里引申出统治者的称号,预示着 16 世纪国王神权理论的产生,同时,它的家长式的君主制理论则预示着 17 世纪个人专制主义理论的出现;他在其有关约束统治者的某种更高的法律的概念中,预示了后来由爱德华·科克勋爵提出的司法至上学说。另外,他还提出这样的学说,即就人们不受罪孽的影响并能凭借恩赐独自生活而言,他们不需要先有任何政府(迪金森特别提到此说),这种学说预示着新教改革激进派的基督教共产主义的产生,也预示着近代哲学无政府主义学说的形成。所以,在《论政府原理》中,索尔兹伯里的约翰“揭示了多少是混淆的一堆矛盾的观念。在这一过程中,[后来的各种政治理论]最先得到了体现,而这一堆矛盾的观念则受到了限制和纠正”。[6]从上述意义上来说,《论政府原理》这本书乍一看来就像是搞折衷和调和的读物——一种迷人的大杂烩,但是,更贴近的研究越来越清楚地表明:处于混淆状况的恰恰不是索尔兹伯里的约翰的观念;复杂的和矛盾的倒正是他所处时代的各种政治状况。而他的功德就在于描述那些政治状况的复杂的结构,并合理地说明它们的矛盾。这就是使《论政府原理》成为一部科学著作而不仅仅是某种乌托邦或程式化作品的原因。古典政治思想把各种类型的政治权威(君主制、贵族制和民主制)看作互相排斥的选择,与此形成对比的是,西方政治思想——发端于索尔兹伯里的约翰——把它们看作是相互结合的共存现象。

在一个多世纪里,《论政府原理》在整个西方被认为是有关政府本质问题的最权威的著作。直到托马斯·阿奎那依靠亚里士多德的《政治学》发表了他的《论王权》(*De Regimine Principum*)一 279
书,《论政府原理》的最高地位才受到了挑战。[7]然而,甚至在那时,人们也公认阿奎那不仅依靠亚里士多德,而且还有赖于索尔兹伯里的约翰。

虽然《政治学》在索尔兹伯里的约翰撰写《论政府原理》那时的西欧由于未翻译过来而利用不上,但《论政府原理》具有强烈的亚里士多德式的一面,这在某种程度上应归因于作者通晓亚里士多德那些已被翻译过来的著作(其中一些甚至刚译出不久)。[8]《论政府原理》也具有非亚里士多德式的一些方面。斯多葛派和早期教父理论对作者的影响也很强烈,这些影响由于作者参考了查士丁尼法律文献中的自然法、正义、公平和理性而获得进一步的加强。另外,《论政府原理》还从《旧约》和《新约》中、从教会和罗马帝国——包括与它匹敌的拜占庭帝国和法兰克—德意志帝国——的历史中获取大量的东西。然而,在这些渊源和影响中没有一个是决定性的;决定性的东西是它们全部被放在一起的方式,这种方式是教皇革命后西方思想的一个特征。

这最后一点需要详尽地阐述,因为历史学家倾向于通过探寻新事物在过去的渊源去解释新事物——因而也就是倾向于解释关于新事物的除了新以外的一切东西。一些历史学家宣称,中世纪的政治思想,包括索尔兹伯里的约翰的政治思想,基本上属于由斯多葛派和早期教父创立并由罗马法律家加以补充的学说传统;在阿奎那的著作出现以前,亚里士多德的影响极小或者说根本没有;甚至在阿奎那的著作问世之后,亚里士多德的学说在政治理论方面也没有得到十分重视。[9]另一些历史学说则持相反的意见,认为包括政治思想在内的所有中世纪的思想都是一种翻译亚里士多德的著作的历史,索尔兹伯里的约翰的政治理论在本质上是把亚里士多德的逻辑运用于他所处时代的政治现实的结果。[10]还有一些历史学家声称,《论政府原理》所表达的政府理论在本质上是柏拉图式的理论。[11]而最后还有学者宣称,《论政府原理》只是论述世俗权力与教会之间关系的基督教著作的漫长传统的进一步延伸,只是把教皇基拉西乌斯一世的"两剑说"运用于新的形势。基拉西乌斯一世在5世纪曾告诫皇帝阿纳斯泰希厄斯,让他把自己限于行使王权的范围,而把行使神权的责任留给教士。[12]

然而,人们也声称索尔兹伯里的约翰的《论政府原理》是某种新的东西——它"包含的政治理论第一次放弃了中世纪早期的概念,并导向一个新的纪元,这时,对君王的权利义务的讨论代替了古老的两剑理论"。[13]

首先,包含于《论政府原理》的新的东西是作者努力用一种包罗万象的方式把来自极其多样和矛盾的渊源——柏拉图、亚里士
280 多德、西塞罗、塞尼克、维吉尔、奥维德、《旧约》、《新约》、教父们、研究由索尔兹伯里的约翰自己同时代人所注释的查士丁尼法律原文

的罗马法法律家、教会法法律家,以及其他渊源——的理论、原文和例子汇集在一起,并企图综合它们。在一种意义上来讲,所有那些渊源都是权威性的;但在另一种意义上来讲,它们中的每一种按照别种渊源看来都要受到批判。这是第一次把那种人们已经使用的方法(后来被冠之以“经院的”一词)运用于政治学。这种方法曾经更加严格地由伊尔内留斯及其继承者运用于罗马法,由阿伯拉尔(索尔兹伯里的约翰曾在他的门下学习)运用于神学,并由格拉提安(索尔兹伯里的约翰熟谙他的《教令集》)运用于教会法。

其次,索尔兹伯里的约翰除了作出综合的努力以外,还发现了一种通过使用概念去实现综合的方法,这些概念通过抽象出矛盾的规范的共性而把它们结合在一起。在这一点上,也许最重要的例子就是他不是把拉丁文中的 *princeps*(君王,the prince)一词用来指某个特定的统治者或某个特定的职位,而是用来指任何统治者,即一般意义上的统治者。在古典和后古典时期的罗马作品中,君王一直被用来指罗马皇帝。任何统治者甚至一个以上的统治者都不是君王,只有皇帝职位的拥有者才是君王。在以后的世纪中,法兰克皇帝篡夺了这一称号,再晚一些时候篡夺这一称号的是其他国王,最终则是罗马教皇。尽管如此,这一称号还总是被用来指单独的一个人或一个职位;换言之,君王指的是某个特定政治体的最高统治者或最高统治者的职位。因为这个原因,在教皇和皇帝之间的斗争中,各自一方占用君王这一称号和罗马法中与之相伴随的条文,就至关重要。另外,君王的政治体——在教皇革命以前——不被认为是地域性质的,而是格哈特·拉德纳所说的功能性质的;[14]也就是说,考察君王的权力和职责,依照的是一个领主与他的封臣、一个主子与他的仆人,或一个教士与他管辖的教徒的关系——或者基督与他的信徒的关系——而不考虑其政治体作为附属于一定的地域、一定的国家的人们的共同体的特性。与此不同的是,索尔兹伯里的约翰开始对一个地域体系中统治者和他的臣属之间的政治法律关系的一般问题进行分析。君王可以是皇帝、国王、公爵、伯爵或某个其他统治者。君王的臣属在君王统治的地域范围内组成一个 *res publica*[一个"共和国"(republic)或"联合体"(commonwealth)]。因此,在《论政府原理》中,君王这一术语意味着某种非常类似于以后一些世纪的学者称为国家的东西,尽管它们两者还不能完全等同。它意味着"一种公共权力的形式……这种权力在某一界定的地域内构成最高的政治权威"。[15]实际上,在《论政府原理》中,君王被明确界定为"公共权力"。[16]与国家这一术语在 16 世纪开始具有含义不同的是,它还不具有"**一种与统治者和被统治者相分离的**(*separate from the ruler and the ruled*)公共权力形式"的含义。[17]在《论政府原理》中,君王虽然是一个一般概念,但它还没有成为一种抽象概念:作为公共权力的君
281 王依然被看作一个"首脑",其任务应该是维护联合体"国家"(*status*)——被看做是一种"躯体"。16 世纪在语言上的重大变化,就是把统治者迄今有职责加以指引和提供服务的那种"联合体国家",同一于最高政治权威,也即公共权力形式本身。[18]

由于索尔兹伯里的约翰把君王这一术语转变为一个一般的概念,他就能够发展出一种建立在区分两种一般类型的君王的基础上的政府理论。这两种一般类型的君王虽然各自都属于同一种类型,但它们相互间则是对立的。第一种类型的君王按照法律、公平和"共同福利的原则"进行统治。第二种类型的君王用暴力进行统治,为的是他们自己邪恶的目的;他们是"暴君……[他们]使法律化为泡影,使人民沦为奴隶"。[19]

在教父们的著作和古希腊的政治思想中,也可以发现类似于

暴君和守法的国王的区分。但是,索尔兹伯里的约翰的理论比早先的那些理论复杂得多,因为它既承认了两种类型统治权的统一性质,又承认了它们的矛盾性质,并由此作出结论。由于“所有的权力都来自上帝”,暴君也像守法的国王一样握有来自上帝的权力。“[当统治者的]意志转为残酷虐待他的臣民时……对他们的惩罚或惩戒也是上帝出于善良的意愿所作的安排……因此,甚至当权力作为一种灾难降临到上帝选民的身上时,善良的人也会把权力当做是值得尊重的东西”。[20]人们必须服从暴君的法律。即使它们是邪恶的法律,上帝的意志也仍然通过它们实现。上帝“为了他自己的善良目的而利用我们的邪恶。因此,甚至是暴君的统治也是好的,尽管没有什么东西会比暴政更坏的了”。[21]

但是,这种多少是属于传统的论点,逐渐有了转变。一个邪恶的统治者据说也像一个邪恶之徒一样无法逃脱上帝的审判;如果他的人民有耐心,并且能够悔悟他们自己的罪恶,那么上帝最终将使他们摆脱压迫者。压迫的历史表明,邪恶的统治者总是要受到惩罚。但是,还不限于此,如果某个暴君命令他的一个臣属违背信念行事,那么这个臣属必须加以拒绝。“有些事是……那么的可恶,以至于任何命令都不可能证明它们为正当,或者使它们被允许。”[22]例如,如果一个军事指挥官命令一个士兵否认上帝,或者进行通奸,那么这个士兵必须加以拒绝。[23]更一般地说,“如果[君王]抗拒和反对神的戒律,并希望我在他反对上帝的战争中出力,那么我必须响亮地回答说:上帝必须优先于尘世上的任何人”。[24]

因此,读者面临两种矛盾的规范:必须服从暴君的法律,因为
暴君按照上帝的意志进行统治;然而,当暴君的法律与上帝的法律 282
冲突时,必须拒绝服从暴君的法律。初看起来,第二种规范表现为第一种规范的一个例外,只适用于最邪恶的命令的情况。然而,可

能与上帝的法律发生冲突的正是暴政本身。矛盾不断地加深,最终读者将会面对一个惊人的结论:一个人不仅可以有权利甚至有义务拒绝服从一个暴君,而且还可以有权利甚至有义务诛杀他——这就是著名的诛戮暴君的权利和义务。索尔兹伯里的约翰是第一个把这种权利和义务作为一种学说详加阐述,并以深思熟虑的论点为其辩护的西方学者。他的分析从消极的抵抗开始:"如果君王逐渐脱离正确之途,那么这时立即彻底地推翻他们并不恰当。更好的做法是以耐心的责备对他们的不义进行谴责,直到最终表明他们顽固地作恶为止。"[25]然而,他在最后的分析中认为,每个人都有义务通过诛杀一个把自己置于法律之外的暴君而实施法律:

> 诛杀一个暴君不仅是合法的,而且也是正确的和正义的,因为动用武力的人都注定要毁之于武力,而任何人如果为所欲为地动用武力,如果他那么做又不曾从上帝那里获得相应的权力,那么他就被认为是在动用武力。因此,对于践踏法律的人,法律应当拿起武器反对他,对于努力使公共权力形同虚设的人,公共权力将狂猛地反对他。虽然有许多行为是对君王的大不敬,但其中无一是比反对正义本身更严重的犯罪。因此暴政不只是一种对公众的犯罪,而且还是一种更有甚于此的犯罪——假如能有这样一种犯罪的话。如果在大不敬的犯罪中允许所有的人都成为原告,那么在践踏甚至应该统治皇帝的法律的犯罪中,在多大程度上更应该如此呢?的确没有人会替一个公众的敌人报仇,相反,谁试图使他不受到惩罚,谁就是对自己和整个人类共同体的犯罪。[26]

约翰承认两种矛盾规范在根本上的一致性——依法治理和依靠暴力治理都是出于神的意志。这为后来西方的各种政治学理论充当了基础。约翰所假定的矛盾规范,是他所处时代矛盾的政治现实的反映,这一事实使后来的那些理论更为复杂和更具有现代性。然而,约翰从没有对他的时代的那些现实情况加以专门地鉴别,他也未曾论及它们。尽管——或者更可能是因为——他对当时包括教皇和自称的教皇、国王和暴君在内的头面人物非常熟悉,但他避免指名道姓,而是留待读者把他的分析运用于那个时代的英雄和恶魔。假如他不那样做,那么在政治上无疑是冒险的,而且 283
还会分散他的主要目的,即探讨新出现的世俗国家所面临的有关权力和正义的基本理论困境。但是,怎么有可能现实地分析政治性和构成性规范而又不提供实际情况呢?

在《论政府原理》中,这个问题是用一种代表12世纪新科学方法的方式加以解决的。书中包容了大量的实际事例,但它们取自古希腊和古罗马的历史,取自《旧约》,还取自罗马帝国的历史,等等。然而,确定选择这些事例的问题,不是曾经困扰过古希腊人、古罗马人、希伯来人或约翰的其他先辈的问题,也不是困扰他同时代的问题,而是12世纪基本的政治问题。这些问题在各大学中被争论,在教廷中被争论,也在英格兰、诺曼底、南意大利、伦巴第、萨克森、士瓦本、法兰西、佛兰德、匈牙利、波兰、西班牙和欧洲其他地方的政治文化生活中心中被争论。许多事例——经常是相当详细地获得分析的实际境况——无疑是在早先文明的书面记载中找到的。但是,这一点绝不会像它初看起来那样无法令人满意。这些事例即使披上了《圣经》的、希腊—罗马的或者其他来自较古老的时代的外衣,也还是引入了一种经验—归纳的特性、一种对实际经验的关切或一种决疑法。结果是形成了这样一本书:一方面,它不是对某种乌托邦或理想共和国的描绘;另一方面,它也不是一种衰败时代的编年史,尽管它包含两个方面的某些因素。经验—归纳特性和伦理—规范特性的混合,事实上构成了由《论政府原理》引进的风格和方法的第三种创新。

在《论政府原理》中,伦理—规范的方法和经验—归纳的方法得以结合的方式的一个例子,就是在一个王位空缺时处理选择新王这一根本问题。一般说来,部落、封建和帝国的传统都强调两种基本的继位原则:世袭和选举。理想的解决方法是由领导人选举去世统治者的长子继位。但是,如果长子在领导人中没有获得充分的支持,就会有麻烦。其中的一些领导人可能拥护另一个王子,或者拥护去世统治者的某个兄弟、堂表兄弟或另一个亲属。如果不是存在某种反对整个王朝的暴动,那么按照血缘或婚姻,与去世国王的关系越近的候选人,就越容易从有权选举的人那里获得支持。

在教皇革命以前,教会领袖们在选择继承人方面的作用并不倾向于根本区别于世俗权贵的作用。主教和其他教会领导人本身就是皇室和王室的顾问,就是封建领主甚至氏族或王朝的权贵。
284 然而,随着对僧侣的控制权集中于罗马教皇之手,随着教会权威与世俗权威的分离,教会在影响王位继承人的选举方面开始发挥一种独特而独立的作用。因此,又一种错综复杂的因素添加到了那种经常缠绕着王位继承问题的巨大的不确定性上。

1159 年,当索尔兹伯里的约翰撰写《论政府原理》时,一位强有力的君主刚刚在诺曼人的英格兰建立了一个新王朝。这个君主非常渴望保证他的后代的继承权。(1170 年,亨利二世让他的长子亨利预先加冕;1172 年,他再次让亨利携着妻子加冕)。约翰完全熟悉在包括诺曼人的西西里(南意大利)和卡佩家族统治下的法兰西在内的国家中强化世袭原则的类似倾向。他也知道与皇帝选举相连接的那些问题：尤其是自 1125 年以来，有一种制度一直在发展，据此，皇位的继承主要由一定数量的各个（多半是德国的）公国的诸侯表决决定；选举人的数额最终固定为 7 位，其中包括美因茨、科隆和特里尔的三位大主教。然而，选举通常受到有利于当政皇朝的强烈的影响；事实上，皇帝的桂冠倾向于传给长子或去世皇帝的其他某个近亲属。

在 12 世纪及此后，法律家们——罗马法学家和教会法学家一样——就这些问题大量地发表意见。他们倾向于按照各种相当狭窄的论题分析它们，如，经由父系和母系的世袭继承规则；选举一个国王或皇帝的权力渊源问题；选举程序的有效性；以及教皇所作出的开除教籍处罚对统治者的合法性的影响。法学家们讨论这样一些问题所依据的是各种权威性典籍和法律学说，是习惯和法令，以及历史上的实例。[27]

《论政府原理》并没有深入探讨王位继承的法律方面的问题；而是寻求确立一种在理论上解决世袭原则和选举原则之间冲突的方法，并证明教会干预的正当性。选来作为例证或佐证的"事例"并非取自欧洲的历史。书中讨论了《圣经》上有关选择约书亚继承摩西的故事："摩西为了约书亚在人们面前可以被选中为王而把所有犹太教徒召集在一起。这样日后就没有人可以继续玷污约书亚的称号了。"另一方面，告诉摩西指名约书亚为王的正是上帝本人。约翰评论道："这里显然没有人们的欢呼，没有建立在血缘关系上的理由或称号，也没有依照家庭关系的考虑。"[28]此后书中提到了取自《圣经》的另一个故事：萨尔费特（Salphaat）的女儿们到摩西面前要求继承她们父亲的遗产。她们的请求"是正当的，因为一个人 285
遗留的土地和财产应该留给他的亲属，而且在可能的范围内，他所担任的公职也一样如此。但是,对人们的统治权应该移交给上帝选中的人,移交给那种带有上帝的圣灵的智者……[这个人已经]按照上帝的判断行事”。[29]

因此,索尔兹伯里的约翰得出结论说,一个人要成为一个君王就必须被上帝选中——这意味着他必须拥有教会权威的批准。由于君王要服从上帝,他也就要服从“在尘世上代表上帝”的教士。[30]他是“教权的使节”,是教权把世俗之剑或“带血的剑”移交给了他,因为教士职位本身太纯洁了,无法直接挥舞这把剑。[31]

无可否认,世袭在王权继承中是一种重要的因素。约翰说:“神的允诺和家庭的权利使君王们有权让他们自己的孩子继承他们,因此,忽视君王血统而拥立新人是不对的。”[32]选举在王权的继承中也是一种重要因素。约翰引用了查士丁尼《学说汇纂》中一段有关由罗马人民把权力移交给皇帝的著名的话,并且论证说,君王因而是人民的“代表”或“代理人”。[33]然而,他反对把这两个原则的任何一个作为绝对的东西。世袭造成了对王位的一种可推定的要求,这种要求必须由选举加以肯定,但是,在实行这种要求会践踏教会的利益时,教士——也就是罗马教皇——拥有一种决定性的发言权。这么说是基于这样一种理论:王权来自上帝,它的获得要么是通过世袭,要么是通过选举,或者是通过上帝在一定情况下选择使用的其他方法。[34]

这个例子阐明了12世纪学术思想的那种综合各对立面的特征。尤其要指出的是,它以实例说明了伦理—规范推理和经验—归纳推理的结合。伦理—规范的一面是显而易见的:首先,君王应当遵循上帝的判断,并努力服从神的戒律;其次,教皇负有解释神的意志的最高责任,如果教皇认定一个王位候选人是异端、分裂教会者或其他与教会为敌者,那么这样一个候选人尽管根据世袭或选举可能享有各种权利,他也将没有资格继承王位。经验—归纳的方面虽然不那么明显,但也存在。首先,整个探讨涉及的都是12世纪和此后决定欧洲王位继承的现实问题:世袭、选举和教皇干预。[35]其次,约翰从《圣经》和古希腊罗马的文献中寻找具体的例子,这为《论政府原理》从中得出结论提供了广泛的经验基础。由于当时欧洲的事例过于接近现实,作者无法按照政治理论客观地分析它们;它们只能按照**法律**(*legal*)理论加以客观地分析,因为那样分析的项目比较狭窄,并且最终要受条文典据的限制。当时的事例也过于错综复杂;也就是说,人们对它们知道得太多了,因此,要简化它们极其艰难。对索尔兹伯里的约翰和他的同时代人来说,来自古代的实例就像近代政治理论家所使用的来自其他文化的实例。它们提供了一种普遍的人类学联系。 286

索尔兹伯里的约翰首先用于研究世俗政治制度的经院方法的第四种创新,与(1)运用符合经验现实的,(2)普遍概念,(3)努力综合对立面的规范紧密联系,那就是:努力把握整个主题,将其作为一种单一的整体、一种完整的体系来考虑,并且表现出这样一种特色,即,力图用有机体的术语把整体描绘为一个躯体。

《论政府原理》第一次把一种有关世俗政治秩序的有机体理论输入了欧洲的思想领域:它是欧洲第一部详细阐述下面这种比喻性说法的著作,即以某个统治者为首脑的每个封邑、或者说每个地域政治体,都是一个躯体。君王比作大脑,立法机构比作心脏,法官和地方统治者比作眼睛、耳朵和舌头,士兵比作手,土地的耕作者比作脚。这种类比甚至还把财政官员和国库的管理人比做胃和肠,"如果它们由于过分贪婪而变得消化不良,并且继续非常固执地不加疏通,那么它们就会产生无数的不治之症,以致整个躯体也会由于它们的失调而遭受毁坏的威胁"。[36]类似的比喻性说法也可以在古希腊的政治思想中找到,而索尔兹伯里的约翰至少熟悉普卢塔克对它们的运用,并利用了后者的做法;不过,《论政府原理》中的有机体比喻具有独特的意味。有机体理论使人想起现代的系统论,后者的概念有流量、从属、层次、反馈、控制器和程序等。

有机体比喻所蕴含的意思是:政府,或者说政治统治,对于人来说是自然的。它不是需要用武力强加给社会的东西,也不是发源于某种契约或协定的东西。这两种方案——强制论和契约论——已经得到斯多葛派和教父们的详尽阐述,并且一直支配着11、12世纪以前的西方政治理论[37]两者都依靠对人性的某种在本质上是静态的看法。斯多葛派和早期教父的思想的出发点是:人最初生活在一种善的状态中,或者是在极乐世界,或者是在家长、摩西和士师领导下的古以色列。然而,由于人固有的罪孽,他失去了博爱或更高层次的法律统治。实在的控制由强制性的君主政体
287 以武力强加给了人;否则内乱也会致使人通过某种社会契约心甘情愿地同意建立君主政体。不论各种政治控制是由武力引入还是由契约引入,它们都被看作是对人的恶性的反映,而不是对人要求生活在安宁祥和的环境中的基本愿望的反映。

在《论政府原理》中看到的政治统治的有机体概念和自然性概念,更近似于亚里士多德的思想而不是斯多葛派或早期教父的思想。虽然索尔兹伯里的约翰当时无法利用亚里士多德的《政治学》,但他与亚里士多德都认为政治共同体要服从作为理性的自然法,并且认为自然或理性要求国王按照正义和公平进行统治。这种看法在《论政府原理》中显而易见;它也蕴含在"政治体"(body politic)的比喻之中。

这种政治体的比喻也支持了对政治共同体的一种地域性的看法。而这种看法也类似于古希腊人有关有机统一体的概念和有关

统治者与被统治者之间自然的劳动分工的概念。随着西方社会迅速从部落、地方、封建和神圣帝国的秩序模式发展到拥有相当强大的中央政府的庞大而巩固的地域政治形态,这样一类概念变得更加贴切。

然而,如果猜想亚里士多德和其他古希腊人的概念对索尔兹伯里的约翰及其同时代人也像对古希腊人一样,意味着同样的东西,那就是一个错误。亚里士多德政治理论的整个前提在《政治学》第一段中获得了表达:人类生活的最高目的就是政治共同体共同的福祉。[38]这一前提只有经过一系列的重新解释,才能为中世纪的基督教思想所接受;而那些解释即使对亚里士多德本人来说也会显得非常陌生。在《论政府原理》中被认为理所当然的是:政治共同体服从于在上帝裁判下对人类灵魂的拯救。亚里士多德的"自然"被索尔兹伯里的约翰理解为神意的一种工具。亚里士多德的"理性"被约翰用做证明神的启示的一种方式。只是在相当艰难的情况下,在很高的抽象水平上,这样一些看法才能与亚里士多德的思想相一致。在约翰之后的一个多世纪,托马斯·阿奎那就力图表明,世俗的自然主义和宗教的自然主义——就它们都涉及**人**(*human*)性、尤其是涉及人的**伦理**(*moral*)和**理性**(*rational*)的本质而言——都是从不同的出发点导向类似的结论。但是,出发点上的不同绝不能被抹杀,它总是要返回去对论点纠缠不休的。

索尔兹伯里的约翰的理论的另一方面不仅很难与古希腊人的思想相一致,而且还与它水火不容,这就是:上帝在同一个时间和地点的两种对立的社会共同体中显现;每个基督徒都生活在两种社会共同体中——现世权威统治的社会共同体和教士统治的社会 288
共同体。这就是两种不同的政治共同体。然而,现世的共同体——君王及其所有臣民——也是教士共同体或教会的成员,并处于它的权威之下。而且,教会在具有不属于这个世界的一种精神共同体的特性的同时,也具有一种政治方面的特性:它也是由某个首脑或君王(教皇)统治的一个实体,而且它在追求其精神利益的过程中,不可避免地要介入现世或世俗的事务。

因此,古希腊人关于政治体的比喻和亚里士多德关于政府在自然和理性中的渊源的概念,被索尔兹伯里的约翰运用于一种完全是非希腊人和非亚里士多德的历史条件下。对亚里士多德来说意味着特定地方人民的整个社会生活的政治共同体,分裂为两个实体:一个是教会;一个是世俗政治体——不论是王国、公国、城市还是帝国。实际上,只有在教皇革命把西方区分为教会政治体和世俗政治体之后,西方的思想家们才有可能把世俗共同体想象为一种实体。[39]在那以前,由神圣的皇帝和国王领导的政治共同体与教会完全合为一体;它们两者都不是一种古希腊意义上的实体,只有两者一道作为基督教共同体,才能在象征的意义上被称为一种实体——基督的精神实体。因此,对圣奥古斯丁来说,教士和主教也像其他圣徒和那些罪孽者一样,生活在同样的双城——天国和地国——之中,并且双城都不是一种有机的政治统一体。仅仅是伴随着西方基督教世界在11世纪晚期和12世纪分裂为教会的政治体和世俗的政治体,古希腊的有机体理论才第一次能够被运用于西方的政治生活——但范围只限于这种政治生活的一半,即世俗的那一半。

事实上,索尔兹伯里的约翰及其同时代的其他学者把古希腊人的思想方式运用于其中的条件,完全不同于那些思想方式得以从中产生的条件,因此,如果约翰和其他人能够完全地运用它们,那是令人惊讶的。约翰关心的是解释——和影响——一种亚里士多德完全陌生的局面:在一个集中的教会国家中,共存着许多王国、公国、封建领地、城市和其他自治的世俗政治体。约翰的创造力就在于创立一种理论——部分来自亚里士多德,部分来自斯多葛派,部分来自属于其他的(古罗马人的、希伯来人的、早期教父的、拜占庭帝国的、法兰克帝国的)成分——以便用规范性和经验性的术语解释那种局面。

罗马法法律家和教会法法律家的理论

索尔兹伯里的约翰深受其同时代的罗马法法律家和教会法法律家的影响。这些法律家也致力于同样艰辛的努力,以便系统地 289
提出这样一种政府和法律理论:一方面,它将与他们时代的现实相符合;但另一方面,它又将对统治者专横地行使权力予以限制。然而,法律家的工作比约翰的工作更贴近于权威性条文,而且他们倾向于更密切地注视能够实际解决的问题。

罗马法学家纳入他们研究领域的是古典时期和后古典时期的罗马法。它包含在重新发现的查士丁尼的作品之中,并由那些来源于教会法、新出现的封建法体系、城市法体系和王室法体系,以及神学和哲学的新概念加以充实丰富。罗马法的条文本身几乎没有展现任何种类的政治理论或法律理论,所存在的一星半点的东西也只是分散地论及理性、正义或公平以及皇帝和下属地方官的权力。在个别情况下,非常宽泛的原则只是获得极其简略的讨论,如,"正义是给予每一个人他所应得的"这一原则,或者"君王喜欢的东西具有法律效力"的原则,就是如此。更常见的情况是,这种宽泛论及的东西与具体的法律规则相连接;例如,罗马法引用盖尤士的话说,自然理性使每个人保护自己不受侵略性攻击的损害成为合法。罗马法有待12世纪、13世纪研究这些条文的学者——注释法学家——把它们用某种方式汇集在一起，以此形成关于政治权力的设置、特性和限制的一般概念体系。

同时期的教会法学家也从事完全相同的工作，但是，他们较少受他们权威性典籍的渊源的限制。虽然他们毫不犹豫地使用查士丁尼的条文，但他们倾向于首先在其他地方寻找理论问题，这些地方包括：12世纪、13世纪的教会会议颁布的许多教规，出自当时罗马教廷的丰富的立法资料和审判资料，由格拉提安加以系统化的古代习惯法(*jus antiquum*)，阿伯拉尔、彼得·伦巴第和那个时代的其他神学家的著作，教父们的著作，以及《旧约》和《新约》。教会法学家可以像罗马法学家一样有技巧性，罗马法学家也可以像教会法学家一样具有哲理性；但是，从整体上看，教会法学家倾向于比罗马法学家更粗放地绘制他们的思想蓝图。另外，在分析教会权力和世俗权力之间的关系时，教会法学家倾向于比罗马法学家更一贯地支持教会的要求，尽管在两个群体的内部很少有对任何争论的问题取得全体看法一致的时候。

那个时代最伟大的罗马法学家阿佐(1150～1230)用来把罗马法关于管辖权(*jurisdictio*)和统治权(*imperium*)的条文发展成为一种主权概念的方法，是把罗马法运用于政治理论的一个极好的例子。[40]

《学说汇纂》规定："管辖权是一种非常宽泛的职能：它能够
290 提供对物品的占有权，转移占有权，为没有监护人的孤儿指派监护人，为诉讼当事人指定法官。"这是查士丁尼的罗马法对管辖权所作出的最接近于定义的规定。其他条文提供了它在各种条件下存在的例子，而且有一些条文还指明它在那些条件下为什么存在的原因。例如，罗马法规定，裁判当事人之间某种纠纷的人，只有他主持某个法庭或握有类似的管辖权,才拥有管辖权。换言之,当事人双方私下的协议不产生管辖权。在另一个条款中规定,拥有管辖权的人不应对他的家庭成员或他的同事行使管辖权。还有一个条文规定,地方总督拥有"最充分的管辖权"(*plenissima jurisdictio*),并由此在他管辖的地方拥有"最大统治权"(*maius imperium*)。这种统治权适合于达到所有的目的,并且只有皇帝的统治权才能超过它。[41]

"统治权"(*Imperium*)在查士丁尼的法律文本中也处于未界定状态。所提供的是行使统治权的种种例子,在这些例子中,统治权和管辖权有时好像可以交换使用,有时又好像应该相互区分。统治权据说有三种:(1)"最大统治权"(*maius imperium*):它的持有者可以在他拥有管辖权的任何问题上作出一个最终判决;(2)"纯粹统治权"(*merum imperium*):它的例子是在死罪案中作出处死判决的权力;(3)"混合统治权"(*mixtum imperium*):它的例子是涉及民事案件管辖权的统治权。所有的管辖权据说至少都包括适当的强制性。死罪的管辖权在一处被等同于统治权。[42]

面对这种混乱不堪的局面,阿佐引用了罗马法学家的法律研究的创立者、他的前辈伊尔内留斯(1060～1125)的著作,首先指出,《学说汇纂》的有关条款没有界定管辖权,而只是提供了有关管辖权的种种例子。随后他提出一个能包容所有那些例子的定义:他说,"管辖权就是宣告判决和伸张正义的、公开设立的权力和职责。他在某种程度上是从词源上得出他的定义的:他指出,*ditio*(*dictio*)意指权力(*potestas*)(即,表达的权力);*jus*、*juris* 意指正当或权利,因此"应该说 *jurisdictio* 就是合法的权力"。[43]

阿佐进而把罗马法中使用管辖权的各种情况划分为四种情形。在这里他利用各种渊源施展了一种手法——如果人们假定这些渊源为一般概念体系的发展奠定了基础,或者更具体地说,这些渊源为某种政治权力理论奠定了基础,那么这种手段好像是完全合理的。这种手段就是把统治归属于管辖权的一种。因此,阿佐对管辖权的第一种划分是“最充分的”(*plenissima*)管辖权和“次充分的”(*minus plena*)管辖权的划分,前者由君王一人行使,后者由
291 余下的地方官行使;一些地方官相对于低于他们的其他地方官而言也拥有最充分的管辖权。阿佐对管辖权的第二种划分是自愿的管辖权和有争议的管辖权。第三种划分把一般管辖权(“普通的”管辖权)区分于特殊管辖权,后者如受托处理单一类型案件的一个使节的管辖权。阿佐最后列为管辖权的第四种划分的是纯粹的统治权和混合的统治权。

约翰·佩林说过,“不能过分强调这一[分类]的意义……管辖权并不是那种既属于纯粹统治权又属于混合统治权的东西。相反,命令权的这些组成部分,统治权的这些等级,才是管辖权的划分。管辖权在实质上包括它们”。[44]这一分类的直接意义有三:

第一,“纯粹的统治权”就是使用剑的权力、惩罚肉体的权力或剥夺生命的权力,在阿佐的理论中,它的行使被限于拥有管辖权的那些人,而这种管辖权又被界定为宣告判决和伸张正义的合法权力。(阿佐还把纯粹的统治权扩展到一般意义上的刑事程序,包括讯问嫌疑犯,并且表明,这种纯粹指的是任何不存在金钱要求的案子。)

第二,虽然统治者立法的权利和权力后来逐渐被人们认为是主权的实质,但蕴含在阿佐的分类中的看法则是把它看作统治者裁判的权利和权力的一个方面。的确,使用剑的权力从属于裁判的权力这种看法,提出了一种主权概念,在这种概念中,甚至连统治者进行战争的权利和权力也来自他进行裁判和实现正义的权利和权力。

第三,由于使用剑的权力是管辖权的一种,因而如果说它只能由拥有最充分管辖权的官员——皇帝——行使,就未必正确。阿佐论证说,拥有次充分管辖权的官员也可以行使它。换言之,阿佐把皇帝的权力区别于其他统治者的权力,所依据的不是统治权而是最充分和次充分的管辖权。虽然皇帝拥有最大统治权和最充分的管辖权,但其他官员可以拥有纯粹的统治权,包括使用剑的权力和次充分管辖权。

在阿佐的分析中包含这样一种认识:国王、诸侯、市政府首脑和其他地方官员的管辖权和统治权——后一代人将称之为主权——不是来自皇帝的管辖权和统治权。他们拥有他们自己的管辖权和统治权,虽然这种管辖权和统治权在量上可以说不如皇帝的管辖权和统治权大,但仍然独立于后者。这一点被有分析地反映在对各种统治权的分类之中,也即反映在管辖权种类四种划分的第一种的后半部分上:一些地方官相对于低于他们的其他地方官而言也拥有最充分的管辖权。

作为这种新的法律分类后盾的当然是一种关于主权渊源的更 292
基本的概念。阿佐说,所有的统治者都因为拥有管辖权、拥有在他们各自的国家中制定法律的权力而具有统治权。但是,这种立法权力的渊源是什么呢?阿佐答道,这种渊源存在于主体、整体或共同体之中。管辖权不是从皇帝自上而下的东西,而是从社会共同体自下而上的东西。

法治

世俗国家的观念自始就蕴含于教皇革命之中;世俗国家的现

实则产生于教会势力和世俗势力之间的历史斗争,这种斗争构成了教皇革命。从本质上来讲,世俗国家的观念和现实也就是法律统治的国家或“法治国”(*Rechtsstaat*)的观念和现实。[45]首先,这意味着每一个教会团体和世俗团体各自的首脑都应当采用和维护他们自己的法律体系,即应当经常制定法律,建立司法制度,组织政府部门,并实行普遍的依法而治(rule *by* law)。其次,它意味着每一个教会团体和世俗团体各自的首脑都应当受到他们自己制定的法律的约束;虽然他们可以合法地改变法律,但在法律改变前他们必须服从法律——他们必须在法律之下统治(rule *under* law)。(这蕴含于君主的立法权从属于他的司法权之中。)第三,每一种管辖权就其他管辖权的法律也是合法的而言,也都要受到其他管辖权的法律的约束;每一个国家都存在于一个多种管辖权的体系之中。这最后一点的意思强化了其他两点的含义。如果教会应当具有各种不可侵犯的法律权利,那么国家就必须把这些权利作为对它自己的最高权力的一种合法限制来接受。同样,国家的各种权利也构成了对教会最高权力的一种合法限制。两种权力只有通过对法治(rule of law)的共同承认,承认法律高于它们两者,才能和平共存。

法律至高无上于国家这种概念所面临的各种困难在那时和现在一样显而易见。如果一个君王(或国家)的合法权力从属于其他主权拥有者的意志,那么这个君王又怎么能拥有统治权呢?(或者如我们今天所说,这个国家又怎么能拥有主权呢?)这是最具有学术色彩的一种“矛盾”。甚至更重要的是,如果没有人被允许向一定政治体的首脑——无论是教会中的教皇还是王国中的国王——提出挑战,又怎么能在这种政治体中论及法治或法律至上呢?

格拉提安及其追随者们认为,如果教皇违反法律,那么就应该废黜他，但是，没有人比教皇的地位更高，从而能有权威地说教皇违法，或者废黜教皇。与此相似，像布拉克顿这样的王室法学家也认为，国王有义务服从法律；国王处于“上帝和法律之下”；不是国 293
王创制法律而是法律造就国王。然而，他们也说，任何法官都不得怀疑国王的行为；不能针对国王颁发令状；国王虽然“应当”服从他自己的法律，但无法在法律上要求他那么做。[46]

然而，大约在布拉克顿时代的13世纪早期写成的《萨克森明镜》(*Sachsenspiegel*)规定：“如果一个人的国王和法官做不正当行为，那么他必须加以抵制，而且他必须对国王和法官的每次不当行为加以阻止，即使后者是他的亲戚或封建领主也一样。因而他并不因此违背他的忠诚。”[47]阿拉贡的一项著名的法律准则也规定，只要国王履行其职责，臣民就要服从他，“否则的话就不然”。[48]

这种因一个由神任命的专制君主违反基本法而不服从他的权利和义务，是基于以下这种信念：基本法本身是由神所制定的。虽然教皇和国王制定法律，但他们是作为上帝的代理人那么做的；“所有的法律都渊源于上帝”而不是渊源于教皇和国王自己。

因此，法治的概念既得到盛行的宗教意识形态的支持；又得到统治者流行的政治经济缺陷以及多元的权威和管辖权的支持；最后还得到在12世纪、13世纪逐渐盛行于整个欧洲的高水平的法律意识和法律复杂性的支持。人们完全理解，维护法治不仅需要有关正义、公平、良心和理性的抽象准则，而且还需要诸如那些体现在1215年英格兰的《大宪章》中和1222年匈牙利的《金玺诏书》中的特定的原则和规则。在许多这样类型的文献中——包括由国王和封建领主发给市镇和城市的特许状，都规定了各种民事、政治、经济和社会的权利。

在《大宪章》中，贵族和教会强迫国王所承担的义务包括：除去三项公认的封建贡金以外,不经“我们王国的地方全体会议”(国王的直接租户们)的同意,国王不得征收任何兵役免除税或贡金;“民事诉讼……应当在指定地点受理”;“不得凭借某种没有确凿可信证据的指控使任何人受审”;“任何自由民都不受逮捕、监禁、没收财产、褫夺公权、放逐或任何方式的伤害……除非那么做是按照与他地位相等的人的合法判决或按照国家法律”;“在权利或审判上,不得偏袒任何人,也不得拒绝或拖延任何人”;“商人可以安全地出入英格兰,但在战时属于敌国的商人除外,在这种情况下,如果我们的商人获得安全的待遇,那么他们及其商品也应得到同样的对待”;“所有人都可以自由地离开和进入英格兰,但战时除外,国内
294 被褫夺公权的那些人和与我们交战的人除外”;“只有通晓法律的人才能任命为法官、治安长官、郡长或执行吏”,等等。[49]

与此相类似,匈牙利国王安德鲁二世在《金玺诏书》中也接受了有利于“高层低级贵族”(自由民)的对王权的各种特殊限制,使他自己和他的继承者承担以下义务:每年在某个固定的时间和地方召开议会;“任何贵族非经依法传唤和判罪,不得因任何强权者的意愿而被逮捕,或受伤害”;“不得征税、颁发货币或未经邀请而去巡视贵族的地产、房屋或村庄”;“未经议会同意,不得把官职授予进入王国的任何外国人”;对官员“不能按照他的职位的尊严行事或者对他统治下的人们大肆掠夺的”,应当降级、撤职,并令他返还所夺之物。进一步的义务还有:不得授予世袭官职;不得在短于12个月的间隔内发行新的货币;如果任何一个人依法被宣判有罪,那么任何强权者的袒护都不能使他不受惩罚。《金玺诏书》最后说:“我们还规定,如果我们或我们的任何一位继承者在任何时候违反了这项法规的条款,那么,我们王国中的所有主教和高层低级贵族,现在和将来的每个人,都将因此拥有不受控制的、通过言语

和行动的反抗权利。这种权利是永恒的,它并不招致叛国的指控。”[50]

许多世纪以后,法治的概念逐渐被人们等同于立法权、行政权和司法权的分立。[51]这种法治概念与较早的概念有两个共同特征:其一,虽然在较早的时期里权力的“制衡”主要是由同一地域内各种并存的政治体所提供,而不是由同一政治体的各个并存的部门所提供,但权力得到了划分。其二,法律来自于和植根于某种超越现行政治权力结构的现实。在以后的时代中,这种超验的现实是从人权、民主的价值和其他相关的信念中发现的。在从前的时代中,这种超验的现实则存在于神和自然的正义之中。

第九章　封建法

295 “封建主义”这一术语在18世纪才被发明出来。在那以前——事实上甚至是自12世纪以来——人们所说所写的不是封建主义或“封建社会”，而是“封建法”，主要指的是与领主—封臣关系和依附性土地占有权相联系的权利义务关系。然而，在18世纪启蒙运动期间，这些领主—封臣关系和土地占有权在其中曾得以存在的整个社会秩序，第一次被称为封建社会，而且这种社会的首要特征被界定为一种享有特权的贵族和一种处于从属地位的农民。这种定义相当广泛，它也足以包括18世纪欧洲社会的许多方面。

“封建主义”这一术语最终逐渐与“中世纪”这一可以溯源到宗教改革时代的古老的用语相联系。封建主义据说是在中世纪期间存在于西方的一种社会类型；而且，它据说也是在非西方文明历史的“中古”时期存在过的一种社会类型。这种习惯用语隐藏着一种种族中心主义的设想，即属于西方的社会经济历史的一定特征,也被拿去界定其他社会的社会—经济秩序。另外,19 世纪、20 世纪的许多历史学家无视信仰体系,无视教会权威和世俗权威之间的关系,甚至还无视与西方封建经济相伴随的法律制度和法律概念,他们对西方和其他地方的所谓的封建主义的动力,提出了一种歪曲的看法。尤其是马克思主义历史学家们,他们把生产方式和生产关系当作封建社会的基础结构和基础,把政治、意识形态和法律当作封建社会的上层建筑。他们无法说明,为什么西方的封建主义所产生的那种上层建筑根本不同于像日本或俄国的封建主义所产生的上层建筑。 296

同时,否定马克思的基础和上层建筑范畴的其他许多历史学家,也无法以系统的方式说明西方在政治、意识形态和法律方面的各种制度和概念与诸如依附性土地占有权、领主—封臣关系和农奴制这样的社会经济制度的相互作用。但是,如果不是像马克思主张的那样,认为前者只是后者的反映和工具,那么它们两者之间是什么关系呢?能够与马克思主义的理论背道而驰,说明“意识”决定“存在”吗?或者说,如果这些范畴本身是错误的,那么应当用什么范畴取而代之呢?

社会经济因素和政治意识形态因素这两方面的关系可以从四项方法论上的假定出发来加以澄清。

第一,应该把法律制度看作交叉于社会—经济因素和政治—意识形态因素的分界线两边的因素。必须把法律既当做西方社会的物质结构(“生产方式和生产关系”)的一个本质部分,又当做它的精神生活(“政治社会意识”)的一个本质部分——它既是“基础”,又是“上层建筑”。

第二,应该作出分析的不是封建主义,而是调整我们所考虑的这个时期各种社会经济关系的不同种类的法律。这种分析不仅必须包括专门意义上的**封建法**(*federal law*),而且还必须包括专门意义上的**庄园法**(*manorial law*);封建法调整封建占有关系(采邑)和领主—封臣关系(忠诚),庄园法则调整领主—农民关系以及农业生产和一般的庄园生活。将封建法和庄园法并列有助于克服一些社会经济史学家的反对意见。尽管他们正确地指责某些政治法律史学家忽视了封建制度的一个主要特征,即存在被束缚于土地的处于从属地位的农民,但是,他们的指责过于宽泛(并会由此而造成含混不清)。对此,只要坚持在两种调整类型——一种是对采邑和忠诚的调整;另一种是对庄园关系的调整——之间的重要的技术性区别,就可以加以避免。虽然封建法和庄园法在社会学上和历史上密切相关,但它们是两个不同的法律部门,就像公司法和劳动法在今日的西方是两个不同的法律部门一样。

第三,通过考察自教皇革命时期以来在封建庄园法中所发生的变化,就使得对西方封建主义的研究增加了一种动态因素。因为伴随所谓的格列高利改革和授职权之争而来的欧洲社会的巨大
297 震动,使生产方式和生产关系的法律调整不能不受影响,而且,将西方封建主义划分阶段也确实得到最主要的社会经济史学家们的支持。[1]马克·布洛赫把西方封建主义划分为两个阶段:从 8 世纪到 11 世纪中为“第一阶段的封建时期”;从 11 世纪中到 15 世纪为“第二阶段的封建时期”。他写道:“总之,有两个前后相继的封建时期,它们彼此在本质特征上截然不同。”与此相类似,乔治斯·达比认为 11 世纪是西方封建制度产生的关键时期,并称 1070 年到 1180 年这一个多世纪为“取得重大进步的世纪”,在这一个多世纪中,封建主义作为一种制度在整个欧洲得以建立。

第四,应当承认:在 11 世纪中叶以前,领主—封臣关系和土地占有权与领主—农民关系和庄园生活这两个方面都不受系统的法

律调整;虽然它们在法律上受到习惯(包括习惯法)的调整,但封建习惯和庄园习惯在很大程度上还处于初创阶段,并且分散在一般的社会经济习惯之中;11 世纪、12 世纪所发生的决定性变化的一个最重要的方面,就是封建法和庄园法两者都被挖掘了出来,并大体上获得了系统化。已故的历史学家乔治·威那德斯基说过:俄国的封建主义是"没有封建法的封建主义"。如果他的说法正确,那么人们也可以说,11 世纪以前的西方封建主义是"没有封建法的封建主义"。当然,这么说言过其实:因为在那时的俄国和法兰克帝国都存在着某种封建法(和某种庄园法),只不过它在很大程度上是分散的和未经系统化的而已。在 1050 年到 1150 年这一个世纪里,封建主义在西方得以合法化,因为封建法和庄园法在这时第一次被想象为与属于它们自己的一种生活相结合的法律体系,通过它们,封建关系和庄园关系的所有方面都获得了自觉的调控。

11 世纪以前西方的封建习惯

在 11 世纪晚期和 12 世纪早期的大变动中,欧洲各民族在政治上被组织成一种松散、复杂和相互交叉的结构。这种结构包含:(1)地方单位;(2)领主单位;(3)部落(氏族)单位;(4)诸如公国或侯国这样巨大的地域单位,它们可能包括若干个部落(氏族);(5)王国,其中的法兰克王国从 800 年开始又被称为帝国。王国不是被当作地域单位,而是被当作处于某个国王(皇帝)统治下的、信基督教的人们的共同体,在这里,国王(皇帝)被看作基督的代理人以及教会、贵族、氏族和军队的最高首脑。教会本身不是被当作一种政治单位,而是主要被当作一种精神共同体;虽说它最终

由国王或皇帝领导,但处于中层领导地位的则是主教,其中,罗马
298 的主教按传统说最为重要。

在这种一般分类的内部,地方之间、领主单位之间、部落单位之间以及其他单位之间存在极其广泛的差异。欧洲经济在11世纪以前很大程度上是属于地方农业经济。那时似乎没有相互间的交往;除了修士和其他一些僧侣以及少量的商人以外,如不是进行军事战役,那就只有高层贵族和国王进行旅行。在地方实际上没有中央当局的常设代表。安插代表的努力一般也总是受挫。不仅权力相当分散,而且文化也极其分散。一个地方的习惯可能在实质上不同于50里外的另一个地方的习惯。

尽管如此,在6～11世纪这一时期欧洲各民族的政治组织中,展现了一种共同的发展模式。

最小的地方政治实体一般被称为*Villae*(村庄或vills);这些村庄被归入*centenarii*(百户区)之中,而百户区又转而被归入*comitatus*(郡)之中。这些地方单位最先产生于来自西亚的游牧部落吞并了西罗马帝国的残余部分、并在4、5、6世纪最终定居下来的时候。

第二种类型的单位即领主单位在此后不久产生。随着定居者"把自己托庇于"他们中处于领导地位的显贵,并答应提供各种服务以回报这些显贵所给予的食品、衣物和免受敌人侵害的保护,领主实体的数量不断增加。托庇于显贵的人变成了领主的"人"。他可能生活在领主的家庭中,也可能由领主向他提供土地,让他自己为自己耕作。

处于领导地位的显贵,尤其是氏族首领和国王,施与某种恩惠(*beneficium*,"好处"):即土地、其他财产、某种官职或其他特权;而接受者则以各种服务作为回报,这时也就产生了领主单位。"恩

惠”一词起初意指佃户在比较宽容的条件下接受授予物，它最终则主要被限于授予一个教堂的东西；在 8 世纪晚期和 9 世纪，它在很大程度上被日耳曼语的 *feod* 一词所取代。*Feod* 转译为拉丁文是 *feudum*（因而英语单词为 feudalism，法语单词为 *féodalité*），它的原意是指牛（正如德语中的同源词 *Vieh* 的意思仍然为“母牛”“cow”一样）；后来它逐渐用于表示有价值的、可移动的财产（相当于来自“牛”“cattle”这个单词的英语单词“动产”“chattels”）；最终它逐渐意味着某种形式的土地占有权，用诺曼底人的英语说就是“fief”或“fee”，含义为“采邑”或“封地”。（因此，说一个律师或医生的“fee”，将使那种既授予某种形式的占有权，又要承担提供各种服务的义务的概念永久化。）

19 世纪，许多历史学家把由庇护制构成的第一种领主单位的
起源追溯到遥远的日耳曼部落的“侍从”（*Gefolgschaft*），即围着军 299
事首领的一帮亲信士兵。其他历史学家则把由采邑授予构成的第二种领主单位的起源追溯到遥远的罗马帝国晚期的 *patrocinium*（庇护地产），即由庇护人分配给受庇护人的土地，后者拥有这种土地在某种程度上不受国家权力的管辖。关于“封建主义”起源于日耳曼还是起源于古罗马这两种对立观点的争论，带有极其强烈的感情色彩，因为 19 世纪各种重要的政治利益正处于危急之中。日耳曼起源论者属于民族主义者和浪漫主义者，罗马帝国起源论者则属于世界主义者和个人主义者。他们双方都相信从最早的时代开始的法律进化是直线式的，因而都抑制对教皇革命的记忆。

现在人们普遍认为：Gefolgschaft 和 patrocinium 甚至在法兰克帝国时期就都已不复存在，更不要说教皇革命时期了。而在 8 世纪晚期和 9 世纪，庇护制和采邑授予常常是混合的。另外，在 9 世纪，这种伴随有提供服务的义务的采邑常常遗留给佃户——当时

常用凯尔特语的“封臣”(vassal)一词来称呼之——的继承人,其前提是重申他们的庇护誓言。

这种誓言是某种庄严仪式的一部分。做这种仪式时,封臣脱去帽子,卸下武器,然后跪下来,把两手合拢(向上指)放在领主的两手之间,并承认自己是领主的“人”(*homme*,*homo*)。到了10世纪,封臣和领主在那之后互相再亲亲嘴成了一种普遍的做法。通过这种效忠仪式,封臣就变成了领主“嘴上和手中的人”。但是,这种仪式又增加了与庇护制和土地占有权相联系的第二个部分,即由封臣做出宗教性忠诚(fealty)宣誓。封臣把手放在《圣经》或圣物上,保证他对他的领主的忠诚(*fides*,*fidelitas*)。领主常常随后对封臣做出某种象征性的封地仪式。他把某种诸如一面旗、一个十字架或一把钥匙的东西递交给封臣,以此象征授予采邑。终于,每个封臣都要宣誓效忠。

通过效忠宣誓把封臣身份与采邑相联系,这成了法兰克封建习惯的特征。尽管这种习惯在时间上和空间上都存在广泛的变化。法兰克的国王们把这种“采邑—封臣式的”(近代历史学家如此称呼)习惯推行到他们的领土的所有部分,包括北意大利(一直到罗马)、西班牙、匈牙利和波兰。只有斯堪的纳维亚、弗里斯兰群岛和与北海相接的尼德兰的一部分仍然未受影响。在英格兰,封建习惯的发展沿着不同但却并行的路线:虽然人们也了解封臣制
300 度和采邑制度,但这种了解较少系统性,在两种制度之间也没有形成同样的联系。然而,在10世纪初就定居于法兰克帝国西部并吸取了法兰克封建习惯的北欧人,于1066年把那种习惯一同带到了英格兰,又于11世纪70～80年代把它带到了西西里和南意大利。1099年,十字军把它推行到巴勒斯坦,并最终在那里建立了诺曼人的耶路撒冷王国。该王国的《耶路撒冷法令》创立了一种由农奴

制、骑士制度、领主制和采邑制度所组成的典型体系。[2]

封建领主单位和地方政治单位(村庄、百户区、郡)可以是也经常是并存的。村庄、百户区和郡各自都拥有自己的管理机构,即由自由民集会构成的法庭(英格兰称为 moot)。每一个自由民集会隔一定的时间召集一次会议,以处理村庄、百户区或郡的公共事务,包括(但绝不限于)解决人们今天称为刑事纠纷和民事纠纷的案件。领主单位在 10 世纪一般采取庄园的形式,每一个庄园都有自己的法庭;这种法庭由所有自由民、庄园的农民而不包括奴隶的定期集会所构成。庄园法庭也解决刑事纠纷和民事纠纷。

法兰克帝国西部的地方行政管理在 10 世纪、11 世纪很大程度上已由封建庄园所承担,但是,在帝国的东部和南部(尤其是德国和意大利)却并非如此。在英格兰,虽然也存在庄园管理机构,但占支配地位的仍然是百户区和郡(shire)的管理机构;这种状况一直延续到诺曼征服时为止,那时,大多数百户区法庭被并入由征服者分配的封建庄园,郡法庭在很大程度上也成了王室权威的工具。

庄园和百户区或郡以上层次的行政管理,在 11 世纪后期以前那个阶段由于交通困难而受到极大妨碍。领主的领主——氏族首领、公爵、君王和其他处于领导地位的贵族——不仅是地方性经济的牺牲品,而且是 6 ~ 11 世纪早期欧洲极其分散的居住状况的牺牲品;这个时期人口数量的普遍固定不变或下降则加剧了这种状况。罗马帝国时期的城市实际上已经消失;只存在少数重要的城镇,而且其中几乎没有一个居民人数超过几千人。旅行是困难的;如果一个贵族携侍从巡视他的封臣的地产,那么每天行 20 ~ 25 英里就算是正常速度。贵族需要进行这样的巡视,这不仅是为了监督对他的产业的管理,而且也是为了维持自身和供养家庭。食物不得不在当地消费;因为把食物运到某个集中地费用太昂贵。由

于同样的原因,可以说耐用消费品也不得不在当地获得:或者由某
301 人带上,或者贮存起来。像这样存在的商人主要是货郎,即 *pieds poudreux*(脚上沾满尘土的人),因为一般情况下在一个地方并没有聚集着那么多的消费者,以致需要由地方代理人销售。

国王和皇帝也靠旅行来生活。例如,皇帝康拉德二世 1033 年的行程是:从勃艮第旅行到波兰边境,然后返回,穿过欧洲到达香槟,最后回到他的本土萨克森——直线距离竟达 1500 英里左右![3]

帝国以及帝国之外的那些王国(如盎格鲁–撒克逊王国)实际上没有中央行政管理机关,没有中央支配的财政系统,没有中央司法机构,也没有任何派往地方的代表;当皇帝和国王"巡视"他们管辖的领土时,他们一般总是带着他们的政府,但采用的是皇室或王室的形式。

由于固定不变的农业人口生活在分散坐落的村庄和庄园里,就使得到处游历的皇帝或国王总是不停地移动,使绝大多数到处游历的公爵、伯爵、亲王和其他高级贵族在大部分时间也要不停地移动。对这种情况的叙述,几乎就可以为分析封建习惯在 11 世纪、12 世纪转变为封建法律体系奠定基础。所缺少的是军事这一点,而这一点在某些方面是最重要的。

事实上,在 11 世纪以前的整个时期,战争一直是皇帝、国王和贵族日常关心的首要问题。北欧人、萨拉森人和马扎尔人不断地进攻欧洲的周边地区,并随时准备突入中部地区。[4]在欧洲本土的内部,氏族之间也频繁地进行战争。加洛林王朝的国王们试图劝使各氏族和地域实体的首领们派送步兵以组成一支"民众的"也即帝国的军队,并取得了某种成功。与此相类似,盎格鲁–撒克逊的国王们依靠的是普遍的征兵制(*fyrd*)。然而,这些并不是常设的军

队,而是用于应付共同的危急情况的后备军。终于有那么一天,数量巨大的多数人越来越觉得自己是农民而不是士兵,于是,他们抵制征募,并最终在这方面取得教会的支持;10 世纪、11 世纪的克吕尼改革宣布了“上帝和平”,凭借着它僧侣和农民将免受军事攻击。问题的另一方面则是这样一个事实:随着步兵让位给全副武装的骑兵,农民的军事价值日益减小。

对于法兰克军事史上出现了武装的骑兵这一重大事件,人们作出了各种解释。8 世纪在西班牙和法兰西南部进行的各次战争中阿拉伯敌人所作出的榜样就是一个因素。从东部的欧亚部落进 302
口马镫和马蹄铁看来也起到了某种重要作用。当然,还存在其他各种社会自然的原因。这些因素所造成的结果对于封建习惯来说无论如何都是重大的。造就一名骑兵的费用是极其昂贵的,更不要说还要配备一匹马了。由于几乎所有的士兵都一直不得不为他们自己提供装备,因而不仅需要一个非常富裕的人为他自己提供武器盔甲和一匹战马,而且还需要一个有闲暇时间的人去从事使用它们的必要训练。在公元 1000 年,单单一名骑士的盔甲的价钱就可以买一大块农田。[5]

渐渐地,在 8、9 和 10 世纪,一个被称为骑士(拉丁文为 *milites*;法语为 *chevaliers*,来源于 *cheval*,也即“马”这个词;德语为 *Ritter*,即“骑手”)的武士阶级出现于法兰克帝国,他们的唯一职业就是在战斗中为他们的领主服务。而农民虽然需要向骑士提供给养和为马提供饲料,但他们逐渐变得只是在很少的情况下才被用于作战——主要是在紧急情况下的防御战。在 10 世纪,骑士普遍由他们的领主所供养。领主居住在木头结构的两层的城堡中;这种城堡逐渐被建造在高地上,四周环绕着护城河,为的是防御掳掠者——同时也是进行掳掠的堡垒。

因此,在欧洲的许多地方——虽然不是每个地方——骑士逐渐拥有了实际垄断军事艺术的地位。同时,通过封臣制的习惯做法,骑士被纳入(1)土地占有权体系;和(2)政府管理体系。这一点在各个方面表现出来。发誓忠诚于某个领主的骑士可能被授予一处采邑,在这种情况下,他自己就成了一个领主;如果这块采邑包括一个庄园和许多农奴,那么他就既是地主又是统治者。更常见的情况是,骑士在其领主家中服役,随时准备战斗。他可能直接为他的领主作战,他的领主也可能把他派往自己的上级领主那里,以履行与自己的采邑相关联的提供兵役的封建义务。承担为一个骑士的家庭提供养护费义务的一处采邑就被称为一个骑士的封地。而如果一处采邑承担的义务是向某个上级领主提供一个或多个骑士,那么它就被认为是通过骑士服役而持有的。随着武装骑兵的军事意义在10世纪和11世纪期间的增大,整个欧洲越来越多的土地逐渐成为通过骑士服役而持有的东西。

在经济上,据计算,在11世纪一个骑士家庭拥有大约相当于15~30户农民家庭的财产;也就是说,要创造出为采办马匹盔甲和供养一名职业骑士及其家庭所需要的财富,就得耗费领主产业上这个数目的农民的劳动。因此,以下情况不是偶然的,即骑士身份
303 在整个欧洲的增多伴随有庄园产业的扩展。在庄园中,劳动力主要由农民构成,他们不仅在经济上被束缚于土地,而且在许多地方还在法律上把他们束缚于土地。

封建法体系的出现

从公元1000年到1200年这个时期——主要是在1050年至

1150 年这段——欧洲的各种封建设置经历了实质性变化。这些变化可以归结到以下几个标题:(1)客观性和普遍性;(2)领主权利和封臣权利的互惠性;(3)参与裁判制;(4)整体性;(5)发展性。

客观性和普遍性

从前的各种封建设置在含义上比较专断模糊,在地方操作中则表现出差异性和歧视性;而这个时期的各种封建设置在实质上变得更加客观准确,也更加统一和具有普遍性。[6]

例如,从 9 世纪后半期开始,尤其是在法兰西和意大利,一个封臣死后,他的后嗣常常继承他的地位。尽管如此,我们只有在非常模糊的意义上才能论及那时采邑的"可继承性"。然而,此后的**习俗**(*usage*)(行为模式)发展为,在一个封臣死后,如果他的后嗣愿意向领主表示效忠,那么领主就将对封臣的后嗣作出一种新的授权;这种习惯进而内化为一种行为**规范**(*norm*),以至于如果领主拒绝对后嗣作出这种授权的话,就会被认为是违反了习惯性规范(习惯法规范)。但是,这种习惯法规范并不是在所有的地方或在所有的情况下都存在。在整个 9、10 世纪,欧洲的封建习惯(包括行为模式和行为规范、作为习俗的习惯和作为习惯法的习惯)的确差异极大。绝不是所有的效忠仪式都伴随有采邑的授予,也绝不是所有的采邑都被授予"嘴上和手中的人"。许多采邑仍然是作为实物支付而不是服务的回报被授予的,而且授予人可以随意终止这种授予。这个时期也是骑士刚刚开始成为具有重大军事意义的角色的时期,其结果必然是新生的骑士阶级迫切要求得到承认——和迫切要求土地。

然而,在 11、12 世纪,军事形势和法律形势都更加有利于骑士阶级,因而也更加有利于封臣,因为领主有赖于他们去装备服兵役的骑士。所以,封臣能够坚决主张由他的后嗣继承他在采邑上的利益的权利。实际上,在 12 世纪晚期的英格兰和诺曼底,这种权利通过一种所谓“被占继承土地收回之诉”的特殊令状,逐渐在王室法院和公爵法院中分别获得了维护;在这种诉讼中,法院判决继承人拥有采邑的占有权,而非法闯入的领主则是侵犯土地者。[7]另
304 外,在大部分地方确立了长子继承权的习惯,据此,最年长的儿子得以继承整个采邑,从而使它不受瓜分——虽然可以留出部分采邑(appanages)补偿年纪较小的儿子。

因此,在 11、12 世纪,采邑的可继承性成了一种客观的和普遍的规范,它在含义上比较准确,而且在整个欧洲多少是统一的。[8]就封建习惯法的其他规范而言,如封臣转让采邑、用支付金钱代替各种封建人身义务和法院诉讼等,也都取得了一种类似的发展。

领主权利和封臣权利的互惠性

在这同一个时期,主要是在 1050 年至 1150 年这段时间,封臣对领主各种形式的人身依附转变为各种财产义务,同时,领主对封臣各种形式的直接的经济支配权转换为征税,这实质上是给封臣留下了更多的人身自由和经济自主。

在 9、10 世纪,封臣的人身依附采取的形式是:领主有权要求封臣服兵役,领主在某些情况下有权娶(或嫁)封臣的女儿,领主倘若需要有权得到封臣的人身帮助,以及其他各种像这样的领主权利。在 11、12 世纪,服兵役的义务一般由支付金钱代替(在英格兰和诺曼底是缴“兵役免除税”),娶嫁封臣女儿的权利一般以在封臣女儿结婚时一次性征税代替,获得人身帮助的权利一般也以征收各种捐税(aids)代替。

经济支配权从前在许多地方采取的形式是:领主有权力进入

采邑、监督采邑管理和提取采邑产品，封臣方面没有任何转让采邑的权利，以及领主有权力在封臣死后收回采邑。在11、12世纪，领主的这些权力受到了严格的法律限制。11世纪形成了“实际占有”（seisin）的概念，以刻画那些“持有”土地或物品但并不拥有它们的人的占有权；一个处于“实际占有”状态的人，任何人都不能强行剥夺他，他的动产也不能违背他的意愿合法地加以没收——甚至他的领主也一样不能如此。另外，与采邑可以由封臣的后嗣继承相伴随，封臣也可以转让采邑。这种转让有时采取分赐采邑的形式，即，将采邑授予一个次一级的封臣。倘若一处采邑转让给一个继承人、或者通过分赐采邑或其他形式作出了转让，那么就应该向领主缴纳某种税金。 305

这些朝着权利具体化方向发展的法律显然促进了封臣的经济自主性的增大。封臣对领主的义务越来越多的是以支付实物或金钱的方式来表示，而不是像从前那样是以人身服务的方式来表示。他对采邑的管理也越来越不受领主严格的亲自监督。

然而，对封臣日益增加的法律保护不应该解释为是一个经济阶级对另一个经济阶级的胜利。除了作为所有人臣服的领主即国王以外，每个领主也是其他某个人的封臣；除了最底层庄园主统治的不是封臣而是农奴和其他农民外，作为分赐采邑的结果，每个占有采邑的封臣也是其他某个人的领主。

正如马克·布洛赫写道：“在一个有那么多的个人都同时是受庇护人和主人的社会里，如果说其中一人作为封臣为自己弄到了某种利益，而作为领主却可以拒绝那些按照某种类似的依附形式受他个人约束的人获得这种利益，那是不会有人愿意承认的。从古老的加洛林王朝的教会法令集到作为英国人自由的古典基础的《大宪章》，这种特权上的平等性从最高等级平稳地降至最低等级，它应当仍然是封建习惯最丰富的渊源之一。”[9]布洛赫提及加洛林王朝时期似乎与我们这里把重点放在11、12世纪发生的变化相矛盾;但是,仅仅两页后布洛赫就作出了关键性的区分:“早在加洛林王朝时代,习惯就有利于[封臣]后代的继承要求……但只是在处处表明一种法律觉醒的第二阶段的封建时期[即11世纪中以后],它才成为法律。”[10]

这些朝着增大封臣的人身自由和经济自主性方向的发展,尤其表现在使领主—封臣关系中的互惠性因素合法化上。当然,某种程度的互惠性总是存在于相互关系之中;想成为一个领主的“人”总是需要该领主承认一种终身的相互关系,这种关系不仅包括这个人的忠诚,而且还包括该领主的忠诚,而当这种关系被加入封臣分赐采邑的情况时,一种互惠的地主—佃农关系也就随之确立。然而,这些松散形式的互惠的习惯做法,甚至于对有关互惠的某种有约束力的习惯规范的接受,离那种成熟的契约性互惠还相去甚远,因为这种契约性互惠在11世纪才开始与领主—封臣关系相联系。

306 这种“契约性互惠”的用语应受到一种限定:即封建契约(不论是效忠契约还是非效忠的忠诚契约)是一种获得某种身份的契约。在这种意义上来讲,它就像一种婚姻契约——事实上12世纪的法学家就把它比做婚姻契约。例如,与商业契约形成对比,领主—封臣契约的所有权利和义务实际上都是由(习惯)法确定的,而且不能按当事人双方的意志加以改变。其契约性的一面就是双方同意建立相互关系;但这种关系的法律内容则是既定的。另外,效忠契约(contract of homage)不能基于双方当事人的同意而解除,因为它建立在终身奉守的神圣誓言之上;相反,忠诚契约(contract of fealty)则可以基于双方当事人的同意而解除。但是,当事人一方基于另一方不履行其基本的义务,就可以解除忠诚契约和效忠契约。

研究封建主义的学者们有时认为,作为封臣效忠的酬报是授予一处采邑。这种意见混淆了效忠和忠诚。效忠上的互惠是由这样的事实构成的,即封臣变成了领主的人,而领主则成了封臣的领主;这是一种由接吻加以确证的终身关系,它相当于——大致——婚姻关系。[11]封臣保证对领主忠诚(fealty)则是另一回事,它的酬报是领主也保证对封臣忠诚,而且领主还常常授予封臣一处采邑。封臣的忠诚保证包括忠实地经营采邑的义务。领主的忠诚保证包括不逾越其法律权限的义务和在许多特定的方面帮助封臣的义务。封臣可以效忠和忠诚于一个以上的领主,就像他可以拥有不同领主的不同采邑一样。11 世纪中叶,在法国和其他地方产生了一种利甘替(*ligantia*)体系,在这种体系下,一个封臣对一个或更多的"受臣服的领主"保留有义务。在英格兰,从 12 世纪开始,国王总是一个受臣服的君主,因而在分赐采邑时封臣需要说:"我保留应归于国王的忠诚。"随着采邑在广泛的范围内成为可继承、可转让的东西,封臣的地位与效忠再次分离,并服从它自己的互惠规则。

封臣或领主有权基于足够严重的刺激因素而解除效忠或忠诚契约,这不仅从理论的观点看是至关重要的,而且在特殊情况下也具有实质性的实际重要性。如果一方违背其义务并由此给另一方造成严重损害,那么另一方就有权通过一种称为 *diffidatio*("撤回忠诚")的庄严的蔑视性表示解除相互关系。在第一部系统论述英格兰法的专著——写于 1187 年,被认为是格兰维尔所著——中,作者认为,除了尊敬这一点以外,一位封臣对他的领主并不比一位领主对他的封臣承担更多的义务;如果领主违背忠诚的义务,那么封 307
臣就得以免除服务的义务。撤回忠诚是从 11 世纪开始的西方封建关系的法律特性的一个关键。而且,正如弗里德里克·海尔写道:撤回忠诚“表明了在欧洲政治、社会和法律发展中的一个基本点。有关反抗权的整个观念就是这种存在于统治者和被统治者之间、高贵者和低贱者之间的契约概念所固有的”。[12]

参与裁判制

每个领主都有权主持法庭,即有权在法庭诉讼中统辖他的封臣——或统辖他的佃户而不管他们是否是封臣,这是那时整个西方的一项基本的裁判原则。这项原则反映了军事—经济关系与政治关系的合二为一:管理一处采邑的军事—经济事务同时也是统治附属于采邑上的人们共同体的政治事务。因此,管理所采取的形式主要是通过一种具有广义司法特征的程序行使管理权。

考察10、11世纪封建法院产生的一条途径,就是强调伴随着王室授予大土地所有者豁免权而来的那种集权的王室权威在9世纪的崩溃。然而,这一途径的考察必须由以下认识加以限制,即集权的王室权威从来没有获得稳固的确立,甚至在查理曼帝国时也是如此。查理曼及其继承者的确曾试图在他们领土的每一个地区设置一种常设性的“法律裁判者”(*scabini*)团体;这些人由中央委任,其任务是在由中央委任的地区总督(*Graf* 或 count)的主持下裁决案件。然而,这些非专业法庭通常由地方上知名的土地所有者组成,它们几乎无法为中央所控制。另外,地方裁判在很大程度上继续由公众集会来行使。正是这些公众集会以及继续存在的“法律裁判者”法庭,在10、11世纪的法兰克帝国大都被封建法院所取代。与此相类似,在诺曼人征服后的英格兰,由封建法院所取代的也正是地方的公众集会——百户区法院和郡法院,虽然在程度上不如法国。

因此,在11世纪晚期以前,团体裁判的传统是强有力的,而由经过法律训练的官员作出专职裁判的传统则难以存在。占主导地位的裁判程序概念是“法院诉讼”(suit of court):领主亲自主持或由他的管家主持,但作出裁判的则是“诉讼参与者们”(suitors),即封臣或佃户。一个被指控犯有某罪或应承担某种责任的人有资格获得他的同伴——地位相等者(*pares*,“peers”)——
的裁判。这一用语——一个人有权得到“与他地位相等的人的判 308
决”(*periudicium parium*)的裁判——在英格兰由于被纳入1215年的《大宪章》而著名;但它也可以在欧洲其他国家发布的类似的文献中找到。因此,皇帝康拉德二世在1037年颁布的一个宪章声明,“除了按照我们先辈的法律和与他地位相同的人的判决以外”,不得剥夺任何封臣管理的属于帝国或教会的采邑。[13]

封建法院不只是狭义的解决纠纷或实施法律的机构;它们也是就所有共同关心的问题进行协商和审议的集会。因此,人们可以请求领主法院确定为支持一场军事战役而应由封臣支付的援助金的数额,或者宣告有关使用公有田地或森林的规则,或者同意向一个新佃户分赐采邑或驱逐一个违约的佃户。同时,领主法院还可以行使在法国被称为“高级审判”(*haute justice*)的审判:即它们可以就死罪案件作出判决,这些犯罪包括谋杀、抢劫和其他重罪。终于,国王(或公爵)法院首先在西西里的诺曼王国和英格兰、随后又在诺曼底和法国取得了有关高级审判——又称“佩剑之诉”(pleas of the sword)——的一大部分管辖权。然而,甚至在英格兰,某些大领主也保留有这种管辖权,而在法国和德国,众多的领主继续行使高级审判权,直到16世纪为止。每个地方的领主法院都继续对轻微的犯罪和一定类型的民事诉讼拥有管辖权(*basse justice*,“低级审判”),并对它们所属领主拥有的土地上的正当秩序享有一般管辖权。(英格兰的领主法院对“hand-having thieves”——被当场抓获的窃贼——的死刑管辖权也保留了若干个世纪。)

整个西欧领主裁判的特点是:领主自己或他的管家主持封建法院,并由诉讼参与者作了判决;在刑事和民事案件中,证明一般是通过共誓涤罪或决斗作出的,在1215年废除神明裁判之前,它还可能通过神明裁判作出;常常委任陪审团就争议的问题作出裁决;诉讼程序是口头的和非正式的。

领主裁判的一个显著特征就是领主法院对一个领主针对一个封臣提出的诉讼要求拥有管辖权。领主通过他的法院去指控他的佃户拖欠应付的封建款项、或侵入他的领地、或犯有其他违反义务的行为。梅特兰写道:“那种认为领主既是法官又是当事人的反对意见并不正确,这是因为,领主不是法官;被告要由与他地位相同的人作出判决。”〔14〕当然,领主能够使那些在表决时反对他的人日子不好过。但是,封臣可以对他直属的领主的法院判决向该领主的上级的法院提起上诉。这种上诉权在特定的法律术语中获得明确表达。例如,法国法学家菲利普·德·博马努瓦尔——他虽然
309 在13世纪末从事写作,但描述了存在达100多年之久的博韦县法律政权——列举了以下理由,据此,一个骑士可以对他领主的法院的某个判决向更高一级的领主法院提起上诉:(1)拒绝受理;(2)错误的判决;(3)没有管辖权;(4)认可由伯爵或国王的令状所授权的上诉;(5)伯爵方面在案件中有直接的利害关系,比如,当该骑士声称他最近被不公正地侵占了自己完全保有的土地时,就是如此。〔15〕另外,虽然封臣不能在其领主自己的法院中指控他的领主,但如果该领主拒绝某种正义的要求,那么封臣就可以诉之于领主的领主的法院。

封臣为坚持他对其直属领主提出的某项要求而诉之于更高一级领主法院的权利,虽然不是经常被行使,但它生动地说明了封建法院体系的重要性以及领主和封臣之间权利的互惠原则的重要性。封建法使西方第一次有了延续几个世纪的、有关较高等级和较低等级人们之间相互的法律义务的体验。[16]的确,整个封建等级制度被看做是一个完整的法律结构;其上层阶级从骑士到男爵、伯爵、公爵、在领地内享有王权的伯爵甚至国王,都被认为是从属于共同的法律准则的。这种看法在部分意义上表现了合法性的理想,在部分意义上也反映了分赐采邑的实际做法——在这里,一位封臣的领主本身又是另一个领主的封臣。而不论是合法性理想,还是分赐采邑的实践,它们都有助于维持上层阶级的共同意识。这与许多非西方文化的封建结构形成了鲜明对比;在那些结构中,贵族内部、尤其是上层贵族和一般士绅之间,存在明显的划分。这样的划分在西方封建社会发展的后期也成了它的特征。但是,在西方法律传统的形成阶段,处于封建法之下的骑士阶级可以要求一种基本的**法律上的**(*legal*)平等,平等于封建等级制度中所有那些在政治上、经济上和社会地位上优于它的阶级。

封建法律义务相互性、封建特权平等性和封建管辖权的等级制得到了封建贵族方面极其好讼的习气的支持。而这种极其好讼是与骑士制度本身相连接的。海尔写道:“诉讼作为一种为贵族所喜好的冲突形式,它仅次于世代争斗和战争。”的确,正如他所指出的那样:“决斗裁判和法律裁判是两种单个的争战形式。‘上帝和我的权利’:在决斗和神明裁判中让上帝决定争端。”[17]上层阶级的好讼性也像领主和封臣之间权利的互惠概念一样,不仅构成了封建法律体系中的一个结构性要素,而且还表明了封建法对西方法律意识发展的一个重要贡献;这种法律意识由于牢固地附属于

310 作为一种解决纠纷方式的对权利的正式裁判而区别于许多非西方文化的法律意识。

整体性

“封建法律整体性”这一用语指的是西方法律意识的这样一种发展,这种发展使人们有可能也有必要把与领主—封臣关系相联系的各种权利和义务看作构成了一种相互结合的统一体的东西。人们逐渐认识到,各种有关的概念和制度形成了一种独特完整的法律体系;这些概念和制度包括效忠和忠诚、利甘替(ligantia)、所谓的封建负担(服兵役或兵役免除税、采邑继承税捐税、婚姻、监护和其他义务)、采邑的可继承性和可转让性土地转归领主规则、撤回忠诚、法院诉讼以及其他相关的概念和制度。

虽然这种法律体系在很大程度上仍然是一种习惯法体系而不是制定法体系,但它最终还是取得了成文的渊源。在11、12世纪,由领主发布了许多批准封臣分赐采邑的特许状,它们记载了各种特定的封建习惯。[18]各种城市法规,如1142年的比萨特许状,也同样如此。写于1068年的《巴塞罗那惯例》,大部分是对封建法律的重述。而最终结果是,不成文和成文的封建习惯都得到了博学的法学家的分析,他们试图明确表达这些习惯的基本原则。因此,在1095年和1130年之间的某个时候,昂伯托·德奥托这位米兰的领事写了一本名为《采邑习惯》(*Consuetudines Feudorum*)的书,这本后来称为《采邑手册》(*Libri Feudorum*)的书意图系统地陈述封建法。这本书在博洛尼亚被用做教科书,并得到了注释和扩充;它最后的版本是1220年的版本,这个版本又加上了《查士丁尼新律》。这本书既重述了封建习惯法,又重述了皇帝洛泰尔二世、弗雷德里克一世和亨利六世的特殊的法令。因此,它意欲分析的不只是伦巴第的封建法,而是一种更为普遍的习惯法。这种习惯法不同于教会法,也不同于王室法、城市法或商法,它为西方所共有,并可以普遍适用于封建关系。用戴维·赫里海的话说,昂伯托及追随他的法学家们认为"采邑的习惯法在逻辑上是连贯的,并完全经得起科学考察……[他们]设想的封建习惯的集合并不只是一堆无结构的局部性特产;更确切地说,封建习惯具有共同的原则,并由此构成一种真正的法律体系。但是,法学家们完全承认,这些习惯仍然只是构成社会据以统治的整个法律体系的一部分"。[19]

在西西里、英格兰、诺曼底、法国、德意志诸公国、佛兰德、西班牙和其他地方,封建土地占有权法与不断发展的王室(或公国)法体系相结合。1187 年,格兰维尔的有关英格兰法律和习惯的专著按照在先前几十年里被发布的各种王室司法令状的类型,将绝大 311
部分英格兰封建法的基本原则加以系统化。大约 1200 年,一本诺曼人的有关习惯的书《诺曼底古老习惯》(*Très ancien coutumier de Normandie*),包含了一种适用于诺曼底的非常类似的封建法体系。大约 1221 年,出现了由德国骑士艾克·冯瑞普高撰写的《萨克森明镜》(*Sachsenspiegel*);它包括两个部分:一部分是关于萨克森的 *Landrecht* 即普通法的;另一部分是关于萨克森的 *Lehnrecht* 即封建法的。(《萨克森明镜》是第一部撰写于德国的法律文献。它先前有一个拉丁文版本,现已丧失。)[20]

另外,12 世纪末期三位最伟大的西方君主——英格兰和诺曼底的亨利二世(1154 ~ 1189)、法兰西的菲利普·奥古斯都(1180 ~ 1223)和德国的红胡子弗雷德里克(1152 ~ 1190)——也颁布了处理各种封建问题的重要法律。

13、14 世纪,最主要的罗马法学家撰写了许多有关封建法的专著。许多记载地方习惯的文献也在丹麦、日德兰、诺曼底、佛蒙多斯、奥尔良、安茹和其他地方出现。有关英格兰法的最伟大的概括性著作由布拉克顿撰写于13世纪上半期,该书对封建法作了非常细致的分析;而跟随其后的是,1283年在法兰西出现了由博马努瓦尔撰写的著名的《博韦习惯》一书。

马克·布洛赫对1200年以后封建法在法国、德国和英格兰的法律结构中的位置作出了比较。在法国,采邑法和封臣法被纳入整个法律结构,以至于人们不可能在封建法和非封建法之间作出区分。在德国,封建法被当作一个单独的体系,它的规则仅仅可适用于一定的财产或一定的人身,并且要由专门的法院去实施;不仅在庄园层次上或在城镇中有许多类型的法律关系要由 *Landrecht*(*lex terrae*、"国家法")而不是 *Lehnrecht*("封建法")去支配,而且在乡村上层阶级中间的许多类型的法律关系也同样如此。英格兰与法国一样,不存在建立于封建阶级习惯之外的单独的封建法体系;国家法和封建法是合并的。然而,就像在德国一样,英格兰普通法中有相当一部分——有关土地权利的部分——可以被认同为封建法,尽管它是由王室法院实施并在严格的意义上讲属于普通法的一部分。[21]布洛赫的分析可以看作是对这里提出来的有关封建法在11、12世纪系统化论题的限定和澄清。这种系统化并不导致创立一种独立于其他法律体系之外而运作的法律体系。相反,所有的世俗法律体系——封建法、庄园法、商法、城市法和王室(普通)法——是相互交叉的。这一点甚至对存在着国家法和封建法
312 划分的德国也同样适用。不过,每一种法律体系还是带有它自身的特征、自身的逻辑:即使封建法律规范和非封建法律规范在法国的习惯法文献中和在布拉克顿对可适用于英格兰王室法院的法律的分析中交织在一起,封建法也仍然具有它自身的一贯原则。

封建法最重要的一体化因素之一就是政治权利与经济权利的

结合,也即管理的权利与使用处分土地的权利的结合。用来表达这种结合的术语是拉丁文的 *dominium*(领有权)一词,其含义一方面是指如同领主权的东西,另一方面是指如同所有权的东西。如果"领主权"一词的含义被理解为包括管辖权、即主持法庭和宣告法律的权利,那么它正是这里所使用的词。博马努瓦尔说:"采邑和审判——完全是一回事。"[22]如果"所有权"一词在 17 世纪开始被使用时不限于它原来具有的含义,那么它也正是这里所使用的词。所有权最初指的是对所拥有的东西的绝对的、不可分割的、排他的权利。与此形成鲜明对比的是,封建领有权在各个方面通常都是有限的、可分的和共同的。一个人可以在某块土地上享有有效对抗他的领主的一定权利,而这个领主也可以在同一块土地上享有有效对抗**他的**领主的一定权利,以及享有有效对抗领主的领主、甚至可能是国王的其他权利。冲突的权利是土地本身所固有的,土地被想象为一种法律实体:因此,在这样一种意义上,各种服务可以被要求从一块"从属的"土地转到一块"支配的"土地,可以说一块土地是"从属"于另一块土地的。事实上,土地不为任何人"所有";它只是在阶梯形的"占有权"结构中为由下至上直到国王或其他最高领主的上级所"持有"。["Tenure"(占有权)一词来自拉丁文 *tenere*——相当于"to hold"(持有),它本身意味着"某种持有"。]

可分财产权的概念或在同一块土地上多重权利享有者的概念,并不是一个西方独有的概念。然而,西方封建财产产权体系在其有关各种对抗的权利的相互关系的概念上却**是**(*was*)独一无二的。例如,一个骑士可以自己终身拥有对一块土地的领有权,而在他去世时,这种领有权就要归还给授予他这样一块"终身土地"的领主。这块土地也可能被授予骑士"和他自身的后代",在这种情况下,这些后代一出生就可能对这块土地享有某种"将来的利益"。这块土地还可能授予骑士 A 终身拥有;当骑士 A 去世时,如果他的兄弟骑士 B 还活着,那么这块土地可能再授予骑士 B,如果骑士 B 先骑士 A 而去世,则可能授予骑士 A 的亲戚骑士 C。这就使在这块土地上产生了骑士 B 和 C 的其他各种"将来利益"。这种计划在受赠人去世时归还给赠与人的土地(或其他财产)的赠与,以及存在于这块土地并在将来某个时间生效的各种可能的利益的产生,既不是来自罗马法,也不是来自日耳曼法。恰恰是这种按照各种财产权持续的时间衡量它们的概念,在很大程度上是西方 11 世
313 纪后期和 12 世纪的一个发明。这种概念在封建主义衰亡之后还持续了很长时间;它甚至还存留在今天英格兰和美国的土地法中。它所涉及的不只是在某人去世时实现财产转移的一整套技术,而且还包括在财产的占有、使用、处分和支配的权利上各种出生和未出生的人。这种在财产制度中有意识地把财产遗留给后代的做法,是西方法律传统在其发展的形成阶段的时间观念的一个典型例子。

按照持续的时间衡量在土地上的财产利益("地产")以及把这种地产分配给后代享用("后代的利益"),伴随有一种特殊的实际占有的法律概念。这一概念在 11 世纪晚期和 12 世纪流传到整个欧洲,并对西方的法律价值以及西方的法律制度、法律原则和法律规则作出了不朽的贡献。在有关封臣的法律自主性——一个"实际占有"土地的封臣对任何"侵占"他的土地的人,甚至他的领主都享有一种诉权——的发展中,以及在有关教会财产法、特别是关于已被任命的神职人员侵占尚未离任的前任神职人员薪俸的法律中,都已经提及实际占有这一概念。从西方法律传统整体发展的观点看,实际占有这一概念的重要性在于它使法律因素和事实

因素紧密结合。它并不简单地——甚至必然地——意味着对土地事实的占有或物质控制；在这一点上它不同于更古老的罗马法的占有概念。因此，一个人在离开土地去参加十字军东征或朝圣时，仍然可以保持对土地的实际占有。然而，实际占有也不是简单地——甚至必然地——意味着某种所有权。因此，如果继承人或被授予人还没有获得某块土地，那么他就仍然不享有对它的实际占有。实际占有实际上是一种继续处于某种实际境况中的法律权利，这种权利来自先前就处于那种实际境况中的事实。[23]它是一种独立于所有权和契约权的占有权——一种在日耳曼法或更古老的罗马法中都未曾有过的概念。这种“占有权”的观念——不是占有而是占有权——存留于西方当今所有的法律体系之中。在英格兰法和美国法中则更为牢固。

实际占有的概念部分意义上是有关可分所有权的封建概念的产物，部分意义上则是教会法学家有关法律的正当程序概念的产物，它与暴力和自助是不相容的。一个实际占有土地、动产或享有权利的人不能由暴力、甚至由合法的所有者加以剥夺。这一点也同样不仅构成了封建法律的结构性要素，而且对西方法律意识作出了一种重要的、不朽的贡献。

最后，表示封建法特征的还有作为破坏某种关系的侵权行为或不法行为的概念。从某一早期开始，就存在这样一种习惯性封建法规则，即如果一个封臣对他的领主“背信弃义”，那么采邑就要 314
归还（“转归”）领主，这就像在封臣去世时，或者在更晚的某个时期当没有继承人时，把采邑转归领主一样。诺曼语中表达这种背信弃义行为的单词是“重罪”（felony）。在诺曼人征服后的英格兰，最严重的犯罪逐渐被称为重罪，因为这些犯罪被认为是违反了所有的人对作为王国安宁的保卫者国王的忠诚。（然而，重罪犯的土地转归他的领主,只有他的动产才转归国王。)除了重罪以外,其他的刑事犯罪和民事不法行为——在英格兰称为"侵害"(属于与拉丁文 *transgressiones* 即"罪孽"一词相当的诺曼语)——一般也被想象为是对各种关系的破坏:如地主与佃农之间的关系、主仆关系、财产委托人与被委托人之间的关系。

发展性

315 封建法一旦在11、12世纪得以系统化,就迅速发展起来。它的规范的专门性日益增加;它的原则的统一性逐渐吞没了地方差异性;权利和义务的具体化日益克服了领主对封臣的人身支配,并且还赋予封臣越来越多的管理采邑的经济自主权;就像对纠纷的裁决变得越来越重要一样,权利和义务的相关性也变得日益重要。换言之,封建法的所有这些特征也变成了封建法的倾向性,变成了它最终具有的各种自主发展特性。

所以,封建法与11世纪晚期和12世纪新的教会法共有许多基本的法制特性,这些特性给处于形成阶段的西方法律传统打上了烙印。封建法是独特的西方意义上的一种自主的法律体系,其特征一方面表现在它自觉地使各种法律价值、法律制度、法律概念和法律规则相结合;另一方面表现在它及时形成、并在数代人和数个世纪间不断发展的自觉的倾向和能力。新的封建法体系的特征还表现在它特别强调权利和义务的普遍性和客观性、作为权利义务主体的人的自主性、在社会经济地位不平等的人们之间权利和义务的互惠性,以及权利和义务的主体对这种权利和义务在其中得以宣告的诉讼的广泛参与。在这些方面,封建法也与教会法相似。

然而,对此我必须再次立即补充说,较之于教会法,封建法在系统性、自觉意义上的完整性、专业性和精确性这四个方面都更为逊色。它在很大程度上是习惯法,并因此比教皇和国王制定的法律——更不要说格拉提安的《教令集》和对查士丁尼《学说汇纂》的注释这样一些学者造就的法律——遭到更多的批评和怀疑。另外,封建法是世俗法,是仍然处于缓慢而痛苦的被拯救过程的尘世的法律。它不是教会的宗教法。的确,教会法也要服从根据理性和良心所作的解释,但是,当封建法被发现违背正义时,它接受修正甚至否定要比教会法容易得多。

最后,与封建法形成对比的是,教会法被认为是一种完整的法律体系,它解决可能产生的每种法律问题。当然,严格地讲,教会法所支配的只是那些处于教会管辖权范围以内的问题;但是,在事实上这种管辖权只受罪孽概念的限制,而罪孽概念在某种程度上是按照教会的利益界定的。因此,甚至国王对他的贵族的权利和职责也可能落入教会的管辖范围——例如,1215 年英国国王约翰在拉尼末德接受《大宪章》的情况就是如此。这是一方面。另一方面,封建法被想象的要狭窄得多。它是有关采邑的法律,是调整领主—封臣关系的法律。它不仅是与教会的宗教法相对而言的世俗法,而且还只是若干个并列的世俗法体系的一个。

第十章　庄园法

316 像规定封臣与领主关系和独立的土地占有权的封建法一样，调整领主与农民关系和农业生产关系的庄园法也开始形成一种法律体系。当然，这两种体系是彼此紧密联系着的。它们两者也与同时代发展的商人法、城市法和王室（普通）法诸体系有着联系（但并不密切）。恰如所有这些世俗的法律体系与教会法体系密切联系一样，它们全部都是整个构造过程即西方法律传统的组成部分。

直到11世纪，庄园经济才在欧洲占据主导地位。11世纪前，在日耳曼部落定居西欧之后，没有一种农业经济关系类型占据主导地位。一方面，在部落和村社结构内部，有大量自由的——在他们不是耕种上级领主的土地（除非有时作为受雇的劳动者）和人身不受一位上级领主束缚的意义上——农户成员；另一方面，在那个时期欧洲农业中还有大量的奴隶。这些奴隶许多要么是战俘和日耳曼部落中被降为奴隶的人的后裔；要么他们本身是 11 世纪前所进行的多少连续的战争中被俘获的。其他则是罗马帝国后期奴隶的后裔。此外，当法兰克人的军队在东部地区将许多斯拉夫人俘获并降为奴隶时，在 8、9 和 10 世纪的欧洲似乎曾出现过奴隶制的浪潮。实际上，西方的“奴隶”（日耳曼语为 *Sklave*）这个词就是源于这种历史的经历[“法兰克”（Frank）这个词与前一个词形成对照，它开始意指“自由”]。许多奴隶在他们主人的家中服务，但是，大多数都是在田里劳动。

由于领主单位的出现，特别是由于 8、9 和 10 世纪封臣身份与 317
采邑的联结，既非自由农也非奴隶的第三个农民阶层日益变得重要。这些被称做“塞尔夫”（serfs）的农奴具有以下几个特征：(1) 与奴隶不同，他们并不为一个主人所拥有，也不得被买卖；(2) 与奴隶不同，他们能够订立合法的婚约；(3) 与大多数奴隶不同，他们可以衣食自给；(4) 与大多数奴隶不同，他们对房屋、土地和财物享有某些权利；(5) 与自由农不同，他们被束缚于土地之上，即未经主人许可不能离开土地，当土地转移时随土地一道转移；(6) 与大多数自由农不同，他们须在领主的领地上从事繁重的劳役；(7) 与大多数自由农不同，他们须对自己持有的土地向领主以实物和货币缴纳各种捐税；(8) 与大多数自由农不同，他们使用和处分土地的权利受到严格的限制，当他们死亡时，财产权归领主所有。

农奴在某些方面，与罗马帝国后期残存下来的另一个阶层即隶农（*coloni*）相类似，后者虽不是奴隶，但须在领主的土地上从事劳役。另外，还有其他程度不同地从属领主的各种农民。

在 8、9 和 10 世纪，包括自由农、奴隶和隶农等在内的各种农民都自愿或不自愿或半自愿地作为农奴而卷入领主的封建庄园，农奴的数量不断增加。农奴持有地（*mansi*）是从领主庄园的主地产中分得的。但农奴要对领主的庄园服劳役并履行其他义务,而领主则对他们所属的农奴行使经济、税收、治安和司法的权利。除了农奴外,许多自由农也作为领主的佃农(实际上是封臣)生活在庄园。欧洲农奴的数量是否曾经超过了整个农民人数的二分之一至三分之二,是存有疑问的。[1]不过,在这个时期,自由农却享有很大程度的自由。

从内部关系看,采邑采取的是自治的社会共同体的形式,它们在欧洲大部分地区称作"庄园"(*manerium*)。[2]被看作自治社会共同体的庄园的一个重要特征是庄园领主地位高贵和农奴的地位卑下。另一个重要特征是全体庄园成员在经济上和政治上彼此依赖,这些成员包括领主的家属、农奴、中间的骑士阶级、庄园官吏和生活在那里的其他自由人(包括自由农)。这两种特征之间存在某种紧张关系。

关于农奴的卑下地位,菲利普·德·博马努瓦尔在13世纪曾写道,"像这样不自由的""第三等人","某些要如此受领主的支
318 配,以至于领主可夺取他们所拥有的全部东西(无论是活物还是死物),随意监禁他们,除了上帝之外不对任何人负责"。博马努瓦尔将农奴的某些地位与他生活时代的大多数其他人的地位作了比较。[3]在11世纪之前,他的观点几乎适用于全部农奴。在更早的时期,庄园习惯甚至比当时的封建习惯更缺少客观性和普遍性(如第九章所阐述的),所以当时远比后期更为专断和易被滥用;也缺少后来西方法律制度的其他特性——上级与下级之间法律关系的互惠性、参与裁判制、系统的整体性和有机的发展。

不管怎样,农民和庄园主之间的互相依赖关系在某种程度上克服了农民们在法律上无保障的困境。具有特色的是,与许多非西方的领主统治方式不同,西方的领主不是一位不在地主

(absentee landlord)或只是一位收税人。相反,他生活在本地并对地产的管理予以监督。甚至当他通过一名(或数名)代理人管理他的一座(或数座)庄园时,他也完全依赖于庄园的收入,以履行对他的上级领主(无论是国王还是中间领主)的军事和经济义务。同等重要的是,他是整个庄园共同体的政治统治者,负责维持庄园的秩序,保护庄园免受外来的攻击,任命管理庄园的官吏和主持庄园集会。庄园生活的这些方面在 11 世纪之前也远比后来秩序松散和具有更大的地方与个人的离心力。

正如封建习惯在 11、12 世纪尤其是在 1050 年至 1150 年转变为封建的法律制度一样,庄园习惯也大约在同期转变为一种庄园法律制度。如同封建法的情形一样,庄园法的规范在该时期的客观性和普遍性也具有实质性的增加。农民与领主之间的法律关系中也发展出一种互惠成分,但是,这种成分因为农民与领主之间不具有效忠和忠诚关系以及农民与领主之间缺少终身缔约的概念而不像在封建法中那样明显;不过,农民为了获得更有利的劳动条件向领主施加集团压力,这在效果上类似于以效忠为条件作出的互惠让步。此外,庄园法通过一个由庄园成员组成的会议实施,成员中包括农奴,他参与由领主的官吏即管家主持的对纠纷的裁决。最后,11、12 世纪的庄园法,像封建法(但在更小程度上)一样,获得了整体的概念和诉讼程序体系的特性,并获得了一种不断发展的 319
体系的特性,这种体系有能力历经数代和数个世纪渐进发展。

不过,与封建法不同,11、12 世纪新的庄园法体系的出现是与经济方面的阶级斗争直接相联系的。封建法调整的主要是经济上属于同一个阶级即封建贵族之间的关系,而庄园法调整的主要是穷人与富人、统治者与被统治者和"管理"与"劳动"之间的关系。这并不意味着庄园法只是将义务强加于农民,相反,庄园法对于保护农民阶级的利益并非无足轻重。特别是在11和12世纪,经济条件的改善使他们有可能在经济上要求大大改善他们的劳动条件。不过,确保这些条件改善的新法律制度的发展,不仅依赖经济条件的变化,而且依赖法律条件的改变。新的法律概念和制度以及新的法律观念已经萌发并正在涌现,领主和农民都致力于求助于它们解决他们之间经济利益方面的冲突。

在11世纪后期和12世纪初期出现的巨大发展和繁荣的一个重要方面是由于来自北方、东方和南方军事进攻的最终停止。实际上,到11世纪末,西方已经积蓄了足够的经济实力发动对中东(第一次十字军东征,1095 ~ 1099)的军事侵略。繁荣发展的另一个方面是开垦荒地和殖民运动:在11和12世纪,欧洲人捣毁城堡,占取荒地,排出沼泽地中的积水,并填海拓田——这种情况发生于英格兰、德意志、佛兰德和其他地方。许多人移居到斯拉夫人和马扎尔人的土地上。这些活动是同人口的增长相联系的:先前的数个世纪,人口数量不是维持不变就是减少,随后,在11世纪中叶到14世纪初期这段时间,法国的人口从大约700万骤增至2000万,在同期,英格兰的人口从大约200万增至约350万。此外,在技术方面获得了重要的改进,这导致了11世纪以及其后农业生产的重大发展;商业也获得了发展;新的城镇在全西欧纷纷涌现。

这些因素大大加强了农民的经济地位。有人可能认为人口的增加会削弱农民个人劳动的价值,但是,有助于生产增加的经济因
320 素遏制了这种倾向,这些因素包括土地的有效使用,向扩展的城市和城镇迁徙的可能性和货币经济的开始。事实上,要做的工作缺少大量的劳动力。此外,人口的增加致使农民阶级意识逐渐形成,这本身就是他们为获得更好的工作和生活条件而斗争的一个重要因素。

教会在进行教皇革命中也寻求有利于农民的政策。通过向农奴授予圣职而为他们的解放提供了一个机会。[4]在发动十字军东征期间,这场战争又为农奴提供了一个通过参加圣战而获得解放的机会。[5]此外,教会作为欧洲最大的财产所有者可能拥有全部土地的四分之一或更多,它常常通过提供更有利的生活和工作条件来吸引其他土地上的农民。农奴(合法或非法地)逃到教会的庄园,这诱使农民逃到其他更多的同类性质的庄园或城市,从而迫使领主屈服于农民的不满。

此外,教会还常常解放自己领地上的奴隶,由此以及通过其他手段,推动了11、12世纪以及13世纪欧洲大部分地区农业奴隶的彻底解放(家庭奴隶在某些地区仍然残存),这便产生了第二个后果,即减轻了来自一个甚至更受压迫的阶级对农奴竞争的压力。这里又一次是经济的和思想意识的因素结合在一起。基督教的领袖们先前曾承认奴隶制是一种生活事实,同时主张应把奴隶作为人来对待,认为释放奴隶是一种虔敬和值得称赞的行为。作为教皇革命的一个结果,教会第一次在法律上系统阐述了它在奴隶制问题上的观点。它所采取的态度是,奴隶制本身是不合法的,基督徒拥有一个基督徒作为奴隶是一项罪孽。[6]例如,在英格兰,诺曼征服后不久而编集的《末日审判书》记录的人口中约有百分之十是奴隶,他们大多数是牧民和耕作者。在随后的两代或三代,他们大多数被作为农奴授予少量的土地持有权,实际上,英格兰的奴隶已经不存在了。[7]

11~12世纪,欧洲的农奴第一次强大到这样的程度:即能够冒险非法地逃离他们的领主而逃到为他们提供更好工作条件的其他领主那里。法兰西、德意志和英格兰农民起义的全面展开和大规模解放农奴的时代直到13世纪后期和14世纪才到来。不过,在意大利,有时是在法兰西、德意志和英格兰,12 世纪及 13 世纪初期农民起义时有发生,并有时授予农民自由特许权。除了这些大事件,
321 在 1050 ~ 1250 年,农奴的经济地位逐渐有所改善,并且甚至不止如此,他们的法律权利也得到了确立。事实上,农民起义和农奴解放都是由农奴的基本法律权利问题引起的。

11 和 12 世纪庄园习惯转变为一种庄园法律制度,对此我们可依据描述封建习惯转变为封建法律体系时曾使用的六个范畴予以更好地考察:(1)客观性;(2)普遍性;(3)互惠性;(4)参与裁判制;(5)整体性;(6)发展性。

客观性和普遍性

在先前的数个世纪中,农奴和其他农民的劳役和其他义务是极其繁重的,对此予以限制的习惯法规范较少。最重要的劳役包括耕种领主庄园的土地(可能还包括农民提供种子的义务),周工作制(每周在领主的土地上工作数日的义务),无偿奉献的劳役(额外的服务,理论上是自愿的,通常是与翻晒干草和收割有关),搬运劳役(将生活用品搬入或搬出领主家中),伐木,运送肥料和修路。领主也可以随意安排其他任务。

除了劳役,还有各种各样经济的和其他义务。所谓人头税(*capitagium*;法语为 *chevage*),虽然仅仅是一笔小数量的费用,但却是农民地位低下的一种重要标志。通常还要缴纳约定俗成的地租或赋税(*cens*)。领主还经常地和偶然地以统称为"领主向佃户征收的税务"("tallage",这个词来源于法语 *taille*,意思是在一块木头上割或凿,以便记录对税务的支付)的名义征收各种税务。在农奴死去

时，他的最好牲畜和财物（遗产税）要留给领主。还有大量其他费用、负担和义务，其方式因地和因时而多有差异，但它们都是奴役制的遗迹。未经领主的允许，农奴不能结婚；农奴也不得自愿地离开庄园。如果农奴死后无继承人，他所占有的土地便转归领主持有。

在11和12世纪，上述各种不同类型的劳役和义务开始规定得更具体。人们开始广泛地接受这样的观点：即应对领主有权要求的劳役的种类和每种劳役的数量予以限定。例如，对周工作制的每周工作的最多天数应予以限定，或规定以支付金钱代替劳役。人们也开始将这样确立的限度作为一般的基础，即不仅适用于个别庄园或个别地方，而且适用于特定地区甚至特定国家内的全部 322
庄园，在某些情况下，适用于整个（西方）基督教世界内的所有庄园。因此，关于农奴结婚须征得领主同意的要求，当农奴在领主的管区外结婚时，各地则以支付一笔税款（称作 *forismaritagium*）代替，如果在领主的管区内结婚，则以支付赎金（*mercheta mulierum*，即"在市场上购买妇女"）代替；出身微贱的教皇哈德里安四世曾宣布，一个农奴的婚姻无论是否得到领主的同意，都是有效的和不可解除的。

11和12世纪农民用规定的金钱支付代替劳役和其他义务，是全欧洲广泛流行的做法，这不仅反映了货币渗入庄园经济，而且反映出该时期庄园法趋于客观性和普遍性。不过，庄园法并没有获得近于封建法、城市法和王室法那样高程度的客观性和普遍性，更不用说与教会法相比了。原因之一可能是庄园内部阶级冲突的尖锐性；但领主的支配地位能够使他通过客观的和普遍的法律规范强行推行其意志。一个更有说服力的理由是，庄园生活按其性质来说需要的是非正式的、人们熟悉的和分散的规定而不是精确的、具体的、一般适用的和不加区别对待的规范。庄园在许多方面类似一个小氏族或村庄或一个大家族。所以,令人感到奇怪的并不是庄园法在何种程度上体现家族首领即领主及其亲信的意志和利益,而是它获得任何客观性和一般性的事实。领主或他的代理人(郡长、采邑管理人和"市长")是通过他的侍从运用法律或其他手段行使他的意志的。不过,农民要想约束领主专断地行使权力,就需要使他们与领主的关系法律化。因此,庄园法的强化一方面表明领主与他的侍从之间尖锐冲突利益的权力制衡;另一方面表明领主与全体庄园农户之间尖锐冲突利益的权力制衡。它也表明了庄园制度的特征在多大程度上受到当时社会、经济和政治大背景的影响,在这种关系中,合法性曾起到重要的作用。

领主权利与农民权利的互惠性

到12世纪,西方基督教世界包括农奴在内的全部农民都享有受法律保护的权利。其中包括按某些条件和要求持有领主土地的权利和接受领主保护和庇护的权利。所有农民还有使用包括牧
323 场、草地和森林在内的公共村社土地的传统权利。另外,在欧洲的大部分地区,农民对于自主地(alod 或 alodium)继续享有从早先就存在的事实上的所有权。

甚至农奴持有领主土地的权利也具有重要意义。庄园分为两部分:由管家管理和由农民耕作的领主的土地和农民自己持有的土地,农民在耕作领主土地的剩余时间耕作自己的土地。正如佩里·安德森所指出的:这种"庄园内的双重的农业体制"是"西方封建制度结构的特征"之一;它具有重要的经济后果,即为"直接生产者自然增长地改进生产力"留下了余地。[8]不仅如此,它还为农民

将自己的经济利益分离于领主的经济利益并追求自己的经济利益这种倾向提供了一种法律基础。

除了土地占有权,农民在对领主的有关租金、税务、劳役和其他义务方面也享有权利。原则上,这些义务不得增加,人们认为这是由习惯限定的。对于它们的性质和范围的争议,据认为应根据法律予以解决。这和领主与封臣的关系不同,领主与农民(包括农奴)权利和义务的互惠关系不是通过个人的信仰誓言或其他形式的契约性安排形成的;不过,可以理解为,对于农民的忠诚,领主的回报是愿意遵守他或他的前辈先前授予的特许权,并当需要时授予新的特许权,以及通常公正地对待他们。

当农民的权利受到领主的侵犯时,身为自由人的农民可越过他们庄园领主的直接首领向领主的封建上司或王室当局申诉冤情。罗德尼·希尔顿谈及下面一个案件:在英格兰的斯塔福德郡有三个佃农与其领主进行了长达35年(1272~1307)之久的争讼。由于佃农耕种的土地先前曾是王室土地的一部分,佃农根据一个世纪前亨利二世时期的习惯上诉到王室政府。他们宣称,他们只有义务每年支付5先令的固定租金,再加上某些须向领主缴纳的捐税;而领主宣称,他们应承担大量各类劳役,以实物支付税务,当佃农死亡时其家属承担繁重的遗产税(heriot),女儿结婚时承担"婚嫁费"(merchet)和当发现她不贞时支付"失贞费"(leywrite),以及承担其他义务。[9]

对农奴的法律救济是更有限的,因为除了庄园领主的法院外,他们无权诉诸任何法院,但他们在庄园法院并非不受保护。此外,他们还有对领主施加压力的其他方法,以便维持和改善劳动条件。他们也能集体地对领主提出要求,包括要求解放他们。虽然农奴 324
常常必须付出很高的代价,但这样的农奴解放变得越来越频繁。

农奴有时还能以罢耕来加强他们的压力。作为一种最后的手段,他们能够逃到另一个庄园。

这种集体施加压力的一个有说服力的早期例子是12世纪法国德雷岛全体居民由于不堪忍受领主的残暴而逃离。此后,领主为了保持足够的劳动力而作了实质性让步。领主为了对付这样的压力,经常彼此达成协议,互相协助捕拿逃亡的农奴。不过,领主彼此之间的竞争促使他们怂恿毗邻庄园的农奴逃亡,这可能也是同样经常发生的事。[10]

一个甚至更明显的通过阶级冲突和解决这种冲突的办法而形成的互惠关系的例子,是早在12世纪的农民起义之后意大利城市公社授予农奴特许权利状。这种特许权利状不仅包括保障固定的租金和劳役,而且包括确保防止未经法律的程序而监禁农奴。

最终,对领主的不忠开始变为对那些不愿意——或不能——让步或不遵守先前让步条件的领主的一种报复。这是一种非正式的和非官方的类似于封臣否认誓约和撤销臣服关系(*diffidatio*)权利的做法。在14和15世纪,农民逃离庄园的比例很高。[11]结果,各国颁布了法律,规定对不履行封建义务者处以监禁之刑,在前额烙上印记和处以其他严厉的刑罚。15世纪的英格兰法禁止任何附属庄园的人学手艺,并规定持有年产值少于20英镑土地的人不得让他的儿子学习经商。不过,这些措施是虚弱的。英格兰的庄园制度像欧洲许多其他地区的庄园制度一样,由于农民逃离庄园而告失败。[12]早期的互惠关系已经瓦解。

参与裁判制

在一个庄园内部,像在西方法律传统形成时期的西方其他政治单位内部一样，正式的管理是与裁判权紧密联系的：即立法和行政活动很大程度是与司法活动混合在一起的，并由一个称为法院的机构主持。使用“法院”一词而不是“立法机构”或“行政机构”等词语称谓这个机构，并不表明没有把法律的制定和实施作为重要的政府管理的职能。事实上，庄园法院像教皇法院和王室法院、封建领主法院、城市法院和商人法院一样，在它们各自的管辖区域内享有广泛的立法和行政权力。佩里·安德森正确地指出：“司法是政治权力的**中心**（*central*）形式”，但他却错误地认为这是封建制 325
度下的“主权分散化”所必需的，“在为实施法律而设立的国家常设行政机构的近代意义上，这种分散化的主权完全不包括任何‘行政机构’”，并且也没有为“后来类型的正规的‘立法机构’留下余地，因为封建秩序不存在通过新法律的创立来进行政治改革的一般概念”。[13]事实上，教会方面存在一种中央集权的国家机构，但它是由罗马教廷控制；教会通过教廷和宗教会议确实曾借助创立新法律进行了改革。在王室政府方面也有类似的发展。实际上，庄园法院不仅受理和裁决争讼，而且通过发达的行政机构实施法律，还随时制定新法律。12 世纪与 20 世纪政府概念之间的区别不在于那时缺少而现在存在立法和行政的职能，而首先在于那时这些职能混合在一起而现在它们已经彼此分离，其次在于那时立法和行政机构包含在审判机构之中。那时法律本身被看作一种审议和发现的过程；认为法律或真或假，或公正或不公正，所以法律的制定和执行并不明确区分于它们对争议案件的适用。

恰如王室的司法是国王的特权和教会的司法是教皇的特权一样，庄园的司法是庄园领主的特权。博马努瓦尔曾写道：“每个贵族都是其贵族领地的主权者”，而“国王是全国各地的主权者，通过他的法律捍卫他的王国”。[14]他还写道：“每个领主拥有对他的采邑内的全部司法权——高级的和低级的……采邑和司法合为一体。”[15]这种描述无疑是一种夸张,它只适用于大领主。大多数庄园领主只具有“低级”司法权,但庄园领主根据他的司法权对实际上构成他的家族的庄园官员和构成庄园基本人口的农民行使广泛的各种各样的权力。同时,庄园领主的司法权对领主权力的专断施加了一种实质性的限制,它也是维持领主与农民权利互惠关系的一种重要机制。

庄园管家通常是在有关庄园管理方面的事务上作为领主的代理人,他通常主持法庭。其他庄园官员——庄园管理人(作为一般的监督人)、作物管理人(监管领主的庄稼)、林木管理人(保护领主的林木)、收租人和其他各种人员——也参与庄园法庭的诉讼,常
326 常作为起诉人,对那些侵犯领主特权的人进行指控。

法庭本身由庄园全体成员组成,上至领主和管家,下至地位最低的农奴。他们全都是法官,被称作“诉讼参加人”(suitors),据说他们要为“法庭的诉讼支付费用”,实际上,出席法庭和参与判决是一项义务,作为这项义务的一部分,他们必须向领主支付费用。关于庄园法庭的表决方法所知很少,尚存的对庄园案件的记录有时表明存在某种裁决意见分歧,但裁决通常是以整个法庭的名义作出的。关于自由人与农奴参与裁判的权利和义务没有区别,当他们是争议的当事人时,对适用他们各自的诉讼程序也没有区别。

庄园司法的运作需要全体成员之间高度的合作。而这种合作也是11世纪后期和12世纪整个欧洲的农业体制所要求的。在这方面,许多历史学家关注的是领主与农民之间地位的不平等和特权,他们却忽略了具有同等重要性的生产方式和生产关系的其他方面。在开放田体制下,可耕地通常划分成长条田,广泛地分散于各个农民家庭。为了合理利用牲畜耕种属于不同租户相邻条田,

避免未来播种和收割时发生冲突,农民采取一致的耕作方法是必要的。对于共有的牧场、草地和林地的使用,也需要达成协议。此外,轮作制使可耕地周期性地转换为牧场,供庄园全部牲畜放牧和为土地施肥。[16]因此,开放田制本身要求很高程度的全体庄员之间的合作。正如希尔顿所指出的,事实上,常常把村庄(或庄园)称作“社会共同体”和成员的“邻居”,“不是一种情感的问题,而是一个事实。开放田耕作制意味着,对一个人的伤害便是对所有人的伤害,甚至是对领主的伤害”。希尔顿曾引证了这样一个案件,在该案中,7 人因未设立围栏而使修道院院长和“其他邻居”的谷物(麦子)受到损坏而被指控。“每个分得一块土地的租户当谷物生长时必须在开放田的周围建立这样的围栏,以便不仅防止牲畜进入他自己的田地,而且防止牲畜进入整块田地中所有他人的田地,因为该田地是开放的。[17]

这些和其他方面维持合作的规则和程序被认为构成了庄园的习惯。如果损害耕牛,如果未给可耕田施肥,如果某人在收割时不帮忙,那么,可以根据庄园习惯在庄园法院对违反者提出指控。相 327
似的,如果某人攻击或诽谤他人,或对所购买的物品拒绝付款,或不遵守为他人建立屋棚的诺言,或造谣中伤他人,受害人也能够向庄园法院提出控诉。因此,庄园经济公社制对农奴管理的复杂性引起了大量各类通过庄园司法活动解决的民、刑事事务。此外,对侵犯领主的权利者处以罚金,这包括诸如害他的土地,偷盗他的庄稼,不履行劳务或不付应付的税款等。[18]

所有这些事务都由庄园法院通过全体诉讼参加人的表决作出裁决。或许有人认为,领主及其官吏的权力可能会对他所希望的结果产生影响,但有许多不保护他的利益的案件却被记录下来。例如,有时农民在与领主就后者将土地租给他人的诉讼中胜诉。

在一个案件中,庄园领主试图剥夺一个农奴的某些土地,理由是该农奴持有的土地超过了他有权持有的数量;该农奴却争辩说,他与其他情况类似的租户"此前一直根据习惯持有几份地产,而无需特许状,也未受罚和受指控",他"准备通过租户(由庄园的全体租户)和其他必要的合法方法证实这一点"。这个案件记录的结果是:"将这个问题搁置起来,直到达成更充分的协商等。"[19]除了直接涉及领主财产权利的案件,还有许多这样的案件,即庄园法院抵制领主管家和官吏而给予租户以救济。不论这类案件的判决是由整个租户共同体作出的还是由一个调查团或陪审团作出的。[20]

庄园法院不仅对于争议的问题作出裁决和对违法者处以罚金,而且还发布管理庄园经济的规定和规则。在 11 和 12 世纪,这些规定和规则显然是不成文的。在英格兰,13 世纪的第二个 25 年之前找不到关于它们成文的记录。不过,从那时起,就有大量的"章程"(by-laws)和"法令"(ordinances)的记录,它们规定了公共田地和牧场的使用、粮食和其他作物的收获(包括穷人拾取剩下的颗粒)、建立围栏的门、拴系马匹和牲畜、按季节将土地从一种类型转用于另一种类型和影响公社经济的其他事务。这些规定由在庄园法院集体作为诉讼参加人的全体庄园成员定期发布。有特色的是,这些规定是以下列的词语通过的:"全体租户一致同意命令"或"自由
328 的和受奴役的全体租户命令"或"领主和租户命令"。它们突出强调保护领主的财产权,但主要强调的是庄园工作的组织,这包括保护全体租户(农奴和自由人)的权利,防止其他人的无理干预。[21]

整体性和发展性

庄园法中有许多内部互相关联的特征,这些特征有助于赋予

庄园法以一种具有整体化的规则和程序的特色，但是，庄园法缺少教会法当然也包括各大学讲授的罗马法那样高程度的逻辑一致性和自觉原则化的特征。实际上，庄园法是习惯法，即它大部分是不成文的(或准确地说，是非制定法)。甚至与大部分也是习惯法的封建法相比，庄园法也更少自觉的整体性，而更多特殊性和分散性。当时缺少关于庄园法的学术性著作，便反映出这一点。似乎没有几位专职法学家关心它的发展。

庄园法相对不够成熟也与以下事实有关，即它的部分特征取自对它构成冲击的其他法律体系。例如，当庄园法院判决诽谤案件时，通常(可能以很粗糙和不明确的方式)适用教会法；判决攻击、盗窃和侵害不动产或动产的案件时，它常常仿照所在地方或公爵领地或封邑的侵权行为法和刑法；它制定与农民持有土地有关的权利义务规则时，从封建(领主与封臣)法中借取了许多概念，此外，庄园法院的诉讼程序也深受地方法的影响。总之，人们不要指望在同时期已经由其他法律体系发展了的那部分法律中，发现庄园法院作了革新。

然而，庄园法也有某些独特的要素，人们根据原则和概念自觉地对这些要素在法律方面予以系统地阐述。在 11 和 12 世纪，农奴制的法律概念第一次得到系统的阐述。农奴被称做"束缚于土地上的人"(*glebae adscriptae*)。这意味着，除非根据某些条件，他们不能离开土地；这也意味着，除非根据某些条件，也不能将他们驱赶出去。佩里·安德森德曾指出，在 11 和 12 世纪，"束缚于土地上的人"这个术语的首次使用反映了对先前数个世纪一直存在的"经济与社会关系在法律上予以确认的"特别"滞后"。[22]但只要新的法律术语赋予既存的境况以新的法律特征，就会改变既存的境况。此后，对农奴的奴役是由法律加以限定的，这意味着农奴制变 329

成了一种属于权利和义务的问题,而不仅仅属于习惯、意志和讨价还价的权力问题。一方面,领主对先前曾有异议的许多事务享有了权利;另一方面,法律上根据具体的劳务、实物地租和约定俗成的捐税而划分的农奴的义务变得固定化,领主不能非法地增加或改变。

此外,农奴具有了赎买奴役的可能性。他能够通过合法的解放奴役的程序变成一个自由人。典型的是通过象征性的仪式或授予的书面特许状成为自由人,后者的条件是直接支付一笔金钱,或者永久性地履行(对他的继承人亦具有拘束力)支付某种费用或承担某些劳务的义务。

这并不是说,农奴并不贫穷和不受压迫,而仅仅是说,他已经根据一种法律体系取得了权利。由此他变成了人,庄园共同体的一名成员,"租户整体"的一部分。[23]他在庄园与自由农共存,与仅仅承担体面劳务、依各种形式的土地保有制持有土地的其他自由人共存,与庄园官吏、骑士、庄园领主以及他的家庭共存——全部根据地位而划分但又与庄园法院联合作为诉讼参加人的共同体成员,即庄园的公民。这种整体性是庄园法的基础,它是与开放田农业体制的生产方式相联系的。

这种庄园的整体性反映在居民有时能够集体地和有时能够个人地租用庄园土地并自由地处理它。在11世纪后期至14和15世纪期间,这种租用庄园土地的方式变得越来越普遍。这是农民通过要求、起义和逃亡对领主日益增加压力的一个突破口。

法律对农民义务的界定也具有重要的经济后果,因为这样做助长了由固定的现金支付取代劳务和实物地租的趋势。因为一个类似的趋势即以支付金钱的义务代替劳务是封臣与领主之间封建法律关系的特征,庄园领主得益于从租户那里征集足够现金收入以便履行他对上级领主的义务。早在13世纪,欧洲的许多(如果不是大部分)地区的庄园开始被认为是创收企业(income-producing enterprises),由任命的人员管理它们,这些人具有征收和支付必要收入的义务。这种生产单位称作*firma*或*feorm*,"农场"(farm)一词就来源于这个词。此外,负责收取固定利润的"农工"常常由专职的管理人代替,后者被希望最大限度地获取现金利润和提供年度利润。因此,农民逐渐地转变为承租人(或有选择地,转变为雇佣劳动者)是与庄园本身从一个社会共同体转变为一个企业相联系的。这两个过程与封建(领主与封臣)之间的权利义务和庄园的(领主与农民)之间的权利义务日益具体化相关联。 330

当然,这些发展在全欧洲并不是整齐划一的,尽管各地都有农民对庄园的一般吞食过程。不过,在法兰西和德意志的西部,贵族对生活在他们私人管辖权内的无论是否为租户的各阶级都成功地维持着准庄园的支配地位。这主要是通过许多的小额税和劳务[付税使用领主磨房和面包烤炉等的义务(banalités)、劳役(corvées)和其他义务]来实现的,其中单独的一项义务已经过于繁重,而将所有义务加在一起,则构成极度的压迫。这些义务包括:付税使用领主挤酒工具挤压葡萄、付税使用领主的面包烤炉和使用领主的磨房碾谷,所有这些工具都由领主垄断;承担修路架桥等劳役;支付道路、渡口和市场捐税和转让不动产与动产的税款以及其他各类苛捐杂税。

尽管这些和其他义务在不同的地区和国家有所不同,但庄园法在一般模式上于11~15世纪在整个西方却都经历了相同的发展。这一显著事实证明了西方庄园法的概念是一个整体的概念和程序体系,也证明了有关庄园法的概念是一个能够渐进发展的体系。像在封建法中一样,在庄园法中,体系具有的特征渐趋形成体系本身,这种趋向是自己形成的。人们曾确信的发展变得不可避免。庄园的法律概念和制度具有它们自己的某种成长过程,这种过程恰是“基本的”和恰与作为产品生产和分配经济学中基础结构的大部分相对应。即使这样,尽管各地的条件多种多样,庄园法在西欧各地实质上也明显一步一步地经历了同样的一般发展过程。

这种发展最重要的阶段可能是13、14和15世纪广泛传播的农奴解放运动,必须把它看作对11世纪后期和12世纪进行的对领主与农民关系大规模合法化的高潮的一部分。这方面,庄园法与封建法关系紧张,因为根据封建法,领主对农奴的解放只有通过更高级领主的同意才有效;没有这种同意,业已被领主解放了的农奴只能转归上级领主所有,准予这种解放的领主不得再对该农奴主张权利。[24]因此,赎买自由的农奴必须向他的直接领主和在封建链条
331 中所有更高级领主支付赎金。但最终,经济和法律环境都有利于农奴的解放。有许多地方,上级领主对农奴争取自由要求的抵制遭到了强有力的农奴集体解放运动的反抗。在意大利,最初由城市公社开始,其目的部分是增加自由纳税人的数量,部分是从农村吸引工人。早在1256～1257年,博洛尼亚就释放了其管辖区内的全部农奴。在法兰西,释放农奴始于王室本身,其目的部分是从支付的赎金中获得财政收入,部分出于平息农民的骚乱和阻止在法兰西以及英格兰、意大利、西班牙和别的地区流行的农民起义。因此,法兰西国王于1290年并再次于1310年后为获得赎金解放了在各类王室土地上的农奴。到1450年,几乎在西欧的所有地区都废除了农奴制,但是中欧和东欧却除外。

低估释放农奴在道德和法律方面的意义将是个大错误,因为13、14、15世纪欧洲农民起义原因不仅是由于农奴制在经济方面带来贫苦,而且还由于对农奴奴役的极端不公正。在以争取教会自

由特别是神职人员自由的名义而斗争的教皇革命后的时代,其他政治组织和其他阶级也提出自由的要求是不足为奇的。12 和 13 世纪对自由的一种革命性呼吁是城市的自由。同时出现了农民的自由呼声,这种呼声在 14 世纪进一步高涨。在这一点上,自由被认为是所有人的自然状态。因此,在 1256～1257 年博洛尼亚宣布解放农奴时,城市当局便宣布农奴制是人类堕落的结果,声称人类的自然状态是自由的。与此相似,在法兰西国王路易十世和高个子腓力于 1315 年和 1318 年宣布释放某些王室土地的农奴时,使用了将会在后来数个世纪产生反响的语言:

> 根据自然法,人皆生而自由,但因本王国所保存的伟大时代的惯例和习惯……也可能因为他们前辈的不端行为,我们普通人中的许多人已经陷入奴役的枷锁之中,并处于颇令我们不快的各种状态中,鉴于本王国称作自由人的王国……我们已经命令……应恢复这些受奴役者的自由,对于生而受奴役、长期受奴役和最近由于婚姻和居住或诸如此类而沦为奴役状态的人们,应以良好和方便的条件赋予他们以自由。[25]

即使有些人认为法兰西国王是伪君子,但他们也得求助于广 332
泛享有的理想和价值。农民定会一致认为农奴制是违背自然法的,根据自然法,“人皆生而自由”,自由是人的自然状态。毫无疑问,农民也希望通过废除农奴制改善经济生活,但即便表明这种希望是无根据的,他们也要求解放农奴。这是由全人类的道德秩序所要求的。

不过,这种确信并不仅仅是自然法理论的产品,它更多的是历史经验的产物,特别是在 11 世纪后期,12 世纪和 13 世纪早期这一期间庄园法发展经验的产物。庄园内赋予农奴以法律人格即承认他们是庄园共同体的"公民",具有在法院诉讼的权利和义务,其本身就是在任何旨在废除农奴制的运动出现很久以前对于这种制度的一种潜在的挑战。对于各种法律体系(包括庄园法体系)的整体性和发展性的信念以及有关的经验转而助长了这种挑战。对庄园法体系整体性的信念和经验要求要像对待自由农那样同等对待农奴。最后,对庄园法发展的信念和经验要求对这种平等在法律上赋予充分的表达。

因此,正是由于在法律意义上意识到农奴制的不公正即它的根本的不合法性,并伴有认为能够通过法律纠正这种不公正的信念,才把经济上剥削农奴的纯粹事实变成一种社会的和政治的事业,在这种事业中,各阶级的成员最终得以联合起来。

第十一章　商　法

正如封建庄园法的情况一样，11 世纪晚期和 12 世纪也是商法变化的关键时期。正是在那时，近代西方商法——*lex mercatoria*（商人法“the law merchant”）——的基本概念和制度才得以形成，更为重要的是，也正是在那时，商法在西方才第一次逐渐被人们看作一种完整的、不断发展的体系，看作一种法律体系。 333

商法方面的变化甚至比封建庄园法方面的变化还要显著：非正式的、习惯性的封建庄园关系虽然在 9、10 世纪还没有在法律上获得系统的表现，但已经普遍存在，而与此相反，自从西罗马帝国衰亡以来，商业关系只是在非常有限的规模上存在。当然，贸易并不会消失殆尽。行销商仍然出售一些农产品，同时他们也做点小奢侈品和地方手工艺品的买卖。集市和市场虽不普遍，但也存在；还有一些城镇，尤其是海港城市，从罗马帝国时代留存了下来。尽管如此，法兰克帝国与罗马帝国形成对比的是,它不是一种拥有发达的海上贸易的地中海文明,而是一种以土地为中心的经济,而且四周还被北欧人、阿拉伯人、马扎尔人和斯拉夫人团团围住——用亨利·皮雷纳的话说,它就像被堵塞在瓶子中。另外,与罗马帝国不同,6 世纪和 10 世纪间的西方经济不是建立在几千个城市的基础上,而或许是建立在十几万个村庄和庄园的基础上。在 1000 年,西欧只有约 24 个城镇居民超过几千人,可能只有威尼斯和伦敦有 1 万以上的居民。(与此形成对照的是,康斯坦丁堡拥有几十万甚至可能 100 万人口。)

在紧接着的 11、12 世纪中,农业生产迅速扩展,城市的规模和数量急剧地增大和增加。同时,还出现了一个新的职业商人阶级,
334 他们在乡村和城市从事大规模的商业交易。正是主要为了满足新的商人阶级的需要,才形成了一种新的商法体系。

虽然商业的繁荣和商法的产生是与城市的兴起和城市法的产生紧密相连的,但它们也有重要的非城市的一面。农村贸易的扩展最初是"农业革命"的结果而非"城市革命"的结果。农业本身的发展是城市发展的一个先决条件。这一事实对于社会经济理论具有重要意义,因为它驳斥了这样一种思想流派,这种流派假定农业关系本身必然是静态的,并假定商业的发展只能从外部被引入一个农业社会。同时,这一事实对于社会经济编年史也具有重要意义,因为它驳斥了那种假定西方的"资本主义时期"及时地接替了"封建时期"的思想流派。事实上,在 11、12 世纪,广泛的商业活动是与庄园的生产方式和封建的社会政治关系并存的。新出现的商法体系——它是典型的资本主义法——是与西方的封建法体系和庄园法体系同时产生的。

即使不论这些理论上和编年史上的蕴意,西方商法在 11、12 世

纪的发展也应该在农村贸易的场合下被看待，而不应该只是在城市贸易的前提下被看待。例如，英国商人住在农村，他们从庄园收购羊毛，然后出售给佛兰德商人；佛兰德商人则把羊毛分配给住在佛兰德农村的纺纱工和织布工，由他们在家里加工；最后佛兰德商人又转而在英国的国际商品交易会上出售佛兰德生产的布匹。这种贸易在11～15 世纪的北欧经济中发挥了非常重要的作用，而它又是由一种普遍的欧洲法体系加以调整的，这就是商法。商法还调整城市间的贸易和海外贸易——如将玻璃从科隆销售到巴黎，将皮革制品或熟铁从佛罗伦萨销售到巴里，通过热那亚商人共同的商业冒险而把东方的香料或摩洛哥的谷物销售到伦敦。商法不仅调控严格意义上的销售活动，而且还调控商业交易的其他方面，包括运输、保险和资金筹措等。[1]

商人阶级的出现是新商法发展的一个必要前提。11 世纪以前，商人在西欧处于一种相对隔离的状态。只是偶尔有犹太商人、叙利亚商人和希腊商人通过陆路和水路在东西方之间旅行。西欧
本地的商人在很大程度上都是巡回兜售的小贩(foot-men)，他们奔 335
忙于城镇之间、村庄之间、庄园之间，四处叫卖。从事贸易的也是一些非专业的人：庄园、修道院或村庄(如渔村)总是派代表到欧洲各地去推销它们的商品。

11、12 世纪农业的改造为商人阶级的迅速壮大创造了机会也提出了要求。这时有了大量的用于交换的剩余农产品。同时，人口也大幅度增加，从中可以吸收一些人经商。然而，封建庄园法的产生使封建领主或庄园成员兼职从事贸易成为非法，因为领主或农民——或管家或其他庄园官员——已经成为一种专门的、永久性的职业，成为一种身份。然而，农民大规模地离开庄园同样存在合法或非法的可能性。许多脱离庄园的农民变成了商贩，更多的

则涌入正在形成的城市,变成了工匠或商人。另外,小贵族的子孙也开始离开农村,进入城市从事制造业或商业。在意大利和欧洲的其他一些地方,甚至上层贵族有时也从农业生产转移到商业,尤其是转移到大规模的贸易和金融业。

要确定从农村向欧洲各城市移民的规模是困难的,而要确定城市内和城市外商人阶级发展的规模,就更为困难了。然而,我们可以估算,在 1050 年,西欧大约2000万的总人口中,约有几十万人生活在约几百个城镇中(这些城镇很少有居民超过几千人的),而截至 1200 年,大约4000万的总人口中,就约有几百万人生活在约几千个城镇和城市之中(它们中有许多人口超过 2 万,有一些甚至人口在 10 万以上)。总之,总人口大致翻了一番,城市人口可能从总人口的百分之一增加到百分之十。就商人的数量而言,我们可以估算,在 1050 年,西欧商人阶级数量达几千人,而截至 1200 年,它的数量竟达几十万人。[2]

在论及新的商法体系产生的社会经济背景时,存在一种危险,即把注意力集中于技术因素和人口统计因素,而忽视在所谓的"商业革命"中也发挥了重要作用的政治因素和宗教因素。[3]当然,政治因素和宗教因素与技术因素和人口统计因素紧密相关,它们相
336 互间也一样如此。十字军东征和殖民运动——构成了教皇革命对外的军事计划和经济计划——促进了远距离的海上贸易和陆上贸易。教皇还企图从海上或陆上向东扩展它的权威。同时,教皇党的新神学也强调教会改造和拯救世俗活动的使命。

还存在一种危险,这就是把法律总是作为社会经济变化的一种结果,而不是这种变化的一个组成部分和在这种意义上的原因。事实上,11 世纪晚期和 12 世纪新的法学为按照秩序和正义的新概念把各种商业关系制度化和系统化提供了一种构架。假如没有诸

如流通汇票和有限责任合伙这样一些新的法律设计,没有对已经陈旧过时的以往的商业习惯的改造,没有商事法院和商事立法,那么,要求变化的其他社会经济压力就找不到出路。因此,商业革命有助于造就商法,商法也有助于造就商业革命。实际上,所发生的不仅是商业的革命性转变,而且还是整个社会的变迁。在这种整体变迁中,商法也像封建法和庄园法一样,有它自身的各种渊源,并且像它们一样,从这种变迁中获取了自己的特性。

宗教和资本主义兴起

许多历史学家曾表明,西方商业资本主义并非像人们通常想象的那样发源于16、17世纪,而是发源于11、12世纪——庄园生产方式和封建阶级关系的全盛时期,尽管如此,这些历史学家中有许多仍然继续因袭以下这种观点,即宗教改革以前的基督教教诲基本上还是反对获利动机的。因此,法国伟大的社会经济史学家亨利·皮雷纳写道:“[12世纪商业资本主义]在其发展气势和相应的速度上可以毫不夸张地与19世纪的工业革命相比拟。”而他在同一段中评论说:“教会对商业的态度不只是消极的,而且是积极敌视的。”[4]在另一页上,皮雷纳引用了如下的论断作为中世纪晚期的特征:“商人很少能使上帝高兴,甚至永远都不能使上帝愉悦。”[5]皮雷纳和其他历史学家引证了教会不许投机和按利息出借(高利贷)的各种禁令以及有关公平价格的教义,以此具体说明所谓教会对资本主义兴起的反对立场。

因此,呈现于我们面前的是一个明显的悖论:这种由皮雷纳论 337
述的所谓的资本主义精神(*spiritus capitalisticus*),据说起源于这样一个时期,这时盛行的信仰体系首先强调的是生活中玄奥的和禁欲的方面,是来世的奖赏和惩罚。而且,这种盛行的信仰体系得到了一个全能的教会统治集团的整个道德法律权威的支持——而在事实上,商业却繁荣昌盛。

人们提出了有可能解决这种悖论的不同的解释。第一种解释是,教会坚持反商业的道德哲学反映了它自己作为一个封建大土地所有者的地位和它自己对保守的农业文明的认同。[6]第二种解释是(它不太在意这种矛盾),教会并不认真地试图把它有关罪孽的获利动机的教义付诸实施,相反,它接纳了各种各样的例外,要不就对各种违反行为视而不见。这使教会能够从它自身的商业活动中获利,因而它也证明了商人阶级许多做法的合理性。

这些解释和类似的解释所留下的问题是:怎么可能创造出一种其基本前提与盛行的意识形态相对抗的经济体系,同时,如果一种意识形态的基本前提与这种经济体系相冲突,那么它又怎么可能维持其支配地位达400年以上。这一问题还可以用另一种方式来提出,即如果一个社会的统治集团致力于使一种单一的、内部一致的信仰体系永久化,那么在这个社会中又怎么可能并存着两种相互冲突的经济体系——封建主义和资本主义。

然而,这些问题产生于一种有关基督教教义与商业资本主义发展的关系的见解,这种见解的基础不仅在于对11世纪晚期到15世纪的罗马天主教思想的曲解,而且还在于对16、17世纪的新教思想的曲解。人们错误地假定,罗马天主教思想基本上是属于来世的和禁欲主义的;而在事实上,罗马天主教的神学在11世纪晚期和12世纪背弃了占优势的有关来世和禁欲主义的理想,尽管这种理想在从前占支配地位,而且在许多东正教中仍然盛行。同时,人们还错误地暗示,路德和加尔文的“新教伦理”比罗马天主教的道德教义更加世俗、更加理性主义和个人主义,因而也就与资本主义事业更加一致。这种错误观念值得单独地加以审查。然而,应该注意的是,像马克斯·韦伯和R. H. 托尼这些强调资本主义和新教教义互相联系的作者,也设想资本主义和封建主义是互相矛盾的,认为资本主义终将代替封建主义,资本主义在西方起源于16 338
世纪。[7]

如果相反的见解——即,在11、12世纪(和此后相当长的时间里),资本主义和封建主义在本质上是相容的,因而在实际上是完全相互依赖的——是正确的,那么就可以重新审视天主教会从一种不同的观点出发所教诲的经济道德。在一个相信封建—农业价值同资本主义—商业价值根本对立的人看来可能是伪善的东西,在一个相信它们根本一致的人看来则可能是一种合法的妥协。

11世纪晚期和12世纪的天主教会——与东正教会形成对比,也与教皇革命以前包括东部和西部在内的整个教会形成对比——相信使商业活动与一种基督徒的生活相一致的可能性,就像它相信使农业活动与一种基督徒的生活相一致的可能性一样。它对待富裕商人的道德态度并非在实质上不同于它对待富裕地主的道德态度。它继续用圣保罗的话教诲人们:"贪财是万恶之根",(《提摩太前书》6:10);应该教导"那些今世富足的人,不要自高,也不要倚靠无定的钱财";进而言之,应该告诫这样的富人"在好事上富足,甘心施舍,乐意供给人"(《提摩太前书》6:17、18)。[8]禁欲的修道生活不仅摒弃财富,而且摒弃"这个世界"的一切价值,它仍然被认为是最接近于天国的生活。但时,除了一些说道之外,11世纪晚期和12世纪的天主教会不仅不谴责金钱或财富本身,而且确确实实地还鼓励追求金钱或财富,只要从事这种追求是为了一定的目的并按照一定的原则。那些从事商业的人的世俗活动应该用能把他们从贪婪的罪孽中拯救出来的方式加以组织。商人应该组成行会,这种行会将具有宗教功能,并在商业交易中维持道德标准。这是与教会开始强调实体化和强调在世俗生活中使精神生活具体化相一致的。因此,教会—国家为城市—国家树了一个榜样,教会法为城市法和商法树立了一个榜样。建立在高尚信念基础上的合法贸易有别于建立在贪婪基础上的非法贸易;建立在满足合法需求基础上的贸易有别于建立在纯粹自私自利或欺诈的基础上的贸易;合法地收取利息有别于高利贷;公平的价格有别于不公平的价格。[9]

皮雷纳正确地指出了12世纪新的城市居民的“断根”问题。[10]他们离开有高度组织的、根深蒂固的乡村和庄园生活,进入比较松
339 散和比较表面化的制造业关系和商业关系之中。然而,皮雷纳忽视了通过组成紧密联系的工匠行会和商人行会、以及建立一种适用于一般城市社会的比较紧密的道德法律构架以应付这个问题所要采取的步骤。

从盛行于西方商业制度形成时期的基督教社会理论的观点来看,商人的经济活动就像其他世俗活动一样,它们不再被认为必定是“对拯救的一种威胁”;相反,如果从事这些活动是按照教会制定的原则的话,那么它们就被认为是通往拯救的一条途径。这些原则在教会法中得以阐明。从教会的观点看,由商人们发展起来用以调整他们自己的相互关系的法律,即 lex mercatoria,应该反映教会法,而不是与教会法相矛盾。商人们并不总是同意这种观点。然而,他们也不否认这样一种看法,即拯救他们的灵魂有赖于使他们的做法符合一种以上帝的意志为基础的法律体系,而上帝的意志显现在理性和良心之中。

因此,商人的社会经济活动没有遗留在各种道德争议的范围

之外。一种声称要把商人的灵魂引向拯救的社会经济道德得以产生。这种道德体现在法律之中。法律是商业活动和灵魂拯救之间的一座桥梁。

新商法体系

说近代西方商法的基本概念和制度形成于11世纪晚期和12世纪,并非忽视这些概念和制度的创造者们得益于反映在新发现的查士丁尼法律文本中的罗马法。罗马法文献包含有适用于达成各种类型契约的一整套高度复杂的规则,这些契约包括金钱借贷、财物借贷、抵押、买卖、租赁、合伙和委任(代理的一种形式)。然而,关于这些契约的规则并没有被自觉地概念化;虽然人们对它们加以分类,但却没有按照一般原则使它们明确地相互联系并对它们进行分析。而且,在商业契约和非商业契约之间没有作出任何自觉的区分,所有的契约都被当作民事契约。

古罗马法学家也承认,许多契约不是由市民法支配,而是由包括万民法在内的习惯法所支配。万民法是适用于那些非罗马公民的属于诸民族的习惯法。的确,正是这种万民法支配着罗马帝国范围内绝大多数类型的商业交易,尤其是那些涉及远距离货物运输的商业交易。罗马帝国的商业习惯法包括通常被认为可以追溯到大约公元前300年的《罗德岛海洋法》,以及后来由东地中海商 340
人发展起来的海上贸易习惯。罗马帝国商业习惯法的一些规则和罗马帝国市民法的一些规则独立于查士丁尼的法律文本之外,但它们从5~11世纪一直存留于西方。例如,它们可以在伦巴第法律中发现,也可以在威尼斯——它在整个这个时期都是一个兴旺发达的贸易活动中心——的商人习惯中找到。

然而,无论是重新发现的罗马市民法,还是仅仅残存的罗马习惯法,包括万民法,都不足以应付在11世纪晚期和12世纪出现的各种国内和国际的商业问题。

人们可以想象,11世纪晚期、12世纪和13世纪欧洲各大学中博学的罗马法学家是能够从罗马法的文献中创立出一种新的商法体系的,就像他们从那些文献中创立出一种新的市民法体系一样。人们也可以想象,在那些大学中的教会法学家以及他们在教皇法庭和主教法庭中的同行们也可以完成同样的事情,尤其是考虑到各种教会社团已经大量地从事商业活动这一事实,就更是如此。然而,作为那个时期的特征,商法最初的发展在很大程度上——虽不是全部——是由商人自身完成的:他们组织国际集市和国际市场,组建商事法院,并像雨后春笋般出现于整个西欧的新的城市社区中建立商业事务所。

由商人发展起来的商法规则偶尔也得以汇集和传播。其中最早的例子之一就是大约在第一次十字军东征时(1095),由位于第勒尼安海的意大利海岸的阿马尔菲共和国采用的一个海商法汇集,这就是众所周知的《阿马尔菲表》,其权威逐渐被意大利所有的城市共和国所承认。大约1150年,一个以法国大西洋沿岸岛屿奥莱龙的法院所作的海事判决为内容的汇编,被大西洋和北海的各海港城镇——包括英国的各海港城镇——所采用。维斯比是波罗的海果特兰岛上的一个港口,《维斯比法》于1350年被采用。这些法律类似于、并有可能来自《奥莱龙法(或案卷)》,它们在周围的波罗的海国家中取得了广泛的权威。大约在同一时期,汇集了巴塞罗那领事法庭所遵行的海事习惯的《海事法典》,逐渐在地中海的各商业中心被接受为支配性法律。《海事法典》一部分是建立在更

早的汇集的基础上,一部分则是建立在意大利各城市的制定法和
法律汇编的基础上。所有上述汇集涉及的全是海商法,包括各种 341
海上货物运输契约。

同时,一种支配陆上贸易的庞大的法律体系也得以创立。虽然市场和集市从 7 世纪或 8 世纪以来就存在,但它们的规模比较小,也不具备一种高度发达的法律特性。然而,从 11、12 世纪开始,在全欧洲的许多城市和城镇中都定期举办规模巨大的国际集市。国际市场也四处可见,尤其在海港城镇中就更是如此。这些集市和市场具有复杂的组织形态,因而随着教会法体系和世俗法体系的发展,也形成了特定的商法概念。这种商法不仅包括集市和市场的习惯法,而且包括有关贸易的海事习惯,最后还包括城市和城镇本身的商法。意大利各城市在制定和系统汇集支配商事活动的习惯法规则方面居于领先地位。

因而,商法支配着在特定地方(集市、市场和海港)的特定的一群人(商人);它也支配城市和城镇中的各种商业关系。虽然它与城市法和教会法的联系特别紧密,但它有别于教会法、封建法、庄园法、城市法和王室法。

商法与当时其他主要的法律体系一样,也具有客观、普遍、互惠、参与裁判制、整体以及发展的特性。这六个特性不仅说明它与整个西方法律传统紧密相连,而且还为它自身的专门特征提供了一个索引。

客观性

正如封建法和庄园法的情况一样,在 1000 ~ 1200 年这一时期,尤其在 1050 年到 1150 年之间,商法中的各种权利和义务实际上也变得更加客观、准确,而较少任意、模糊。商法体系中存在一种从

习俗(行为模型)意义上的习惯到更为细致地加以界定的习惯法(行为规范)的运动。随着商法规范日益变为成文的东西——部分采取的是商事立法的形式,但首先采取的还是那种多少有点陈规旧习性质的成文商业文件的形式——它们的专门性也越发增强。另外,新商法体系的客观性还体现在大大加强了对公正裁决商事纠纷的强调,体现在新型商事法院的出现。

342 **普遍性**

11 世纪晚期以后,商法上的各种权利和义务在地方适用中变得更加统一、更加普遍,而较少差异、也较少歧视。这在某种程度上是由于那个时期的许多商业活动都具有世界性或国际性。规模巨大的国际集市每隔一定时间就在全欧洲各个指定的地点或者在云集了各国商人的永久性市场镇和市场城举行。各跨国贸易协会在欧洲各个主要的商业中心设立常驻代表。较之于地方贸易,跨国贸易常常占优势,并为一般的商业交易提供一种重要的模式。

商法在其形成阶段及此后所具有的普遍特性,为所有论及此问题的作者所强调。1473 年,英格兰大法官宣布,向他寻求救济的外国商人的讼案将"在大法官法庭中由自然法"来决定,"这里的自然法即一些人所称的商法,它是世界通用的法律"。[11]英格兰的第一部商法书名为 *Consuetudo vel Lex Mercatoria, or the Ancient Law Merchant*,即《古代商法》(1622)。在这本书中,作者杰勒德·马利内斯说:"我按照 Lex Mercatoria 这一古老的名称为此书题名……因为它是为所有王国和联合体的权威所认可的习惯法,而不是由任何君王的王权所确立的法律。"[12]因此布莱克斯通在 18 世纪中叶写道:"商业事务由商人自己称为商法或 Lex Mercatoria 的法律加以调整。所有的国家在商法上是一致的,并且都关注它。商法还特别被认为是英格兰法的一部分，它根据各种普遍规则决定商人的案件，这些规则应用在与国内贸易相关的所有商业问题上，如提款、承兑和汇票交付。”[13]

在12世纪的欧洲，商法的跨国特征对于外国人来说是一种重要的保护，它使他们不会因为在地方法中不享有资格以及因为地方法律和习惯的其他变化莫测的因素而蒙受损害。在英格兰，1275年《威斯敏斯特法》规定：“在任何城市、自治镇、集市或市场，如果一个处于本王国范围内的外国人不是某项债务的债务人或保证人，那么就不得因此项债务而扣押该外国人的财产。”然而，并不是所有其他国家都禁止因为外国人的同国公民的债务而扣押其财产；在北意大利，城市间的一系列条约“都是在逐渐而适时地为意大利人寻求这同一种保护”。[14]朝着这一方面和其他方面的统一的运动，是一个渐进的过程。然而就总体而言，在可适用于商业交易的法律和习惯中所存在的各国和各地的差别，是细节上的差别。正如威廉·米歇尔就此所说的：“每一个国家，甚至还可以说每一 343
个城镇，都有它自己的一种商法，但所有这些商法都不过是同一种类的各个分支而已。在每个地方，商法的主要原则和最重要的规则都是一样的，或者说是趋于同一的。”[15]

“异国商人”不得不担忧的不仅是在地方法律下所受到的歧视性待遇，而且还有沿途所受的海盗和强盗的劫掠，以及地方税务当局的敲诈勒索。为了保证旅途安全，海上贸易大部分要由海岸护航队保证进行；一个从事陆路贸易的商人通常则要全副武装地与其他商人结伴或组成商队而行。然而，却没有什么方法能使商人不受苛捐杂税之害，例如，在莱茵河上，这种捐税极其繁多而沉重，以至于人们将其刻画为 *furiosa Teutonicorum insania*（“条顿人的疯狂”）。[16]法国1431年的一项改革仍然保留了在卢瓦尔河及其支流上约130项捐税。[17]

外国人在地方法律下常常不享有权利,他们得不到地方统治者的保护,这一状况使得商人自己的法律的普遍化成为一个迫切需要解决的问题。终于,普遍的商法逐渐也得到了日益强大的中央政治当局的维护。关于这一点,最早的例子之一可以在《大宪章》(1215)中找到,它规定:"所有商人为了买卖的目的可以安全地出入、逗留以及由陆路和水路通过英格兰,按照古老公正的习惯,他们可免缴法律上的捐税。"[18]这种保护最终扩大为——在英格兰和其他地方——公共当局协助执行商事法院的诉讼程序。因此,在1292年才会发生以下一件事情:据说一位名叫卢卡斯的伦敦商人从一位德国商人那里买了31英镑的货物,他没有付钱就偷偷离开了里恩的集市,也没有按照商法到集市法庭去回应对他的指控,"在那以后,任何异国商人都不愿意在伦敦市民未付足货款的情况下就把东西卖给他们……这些商人称他们为弄虚作假的债务人。"卢卡斯从里恩逃到圣博托尔夫,然后又逃到林肯、赫尔,最后逃回伦敦,那个德国商人则一路追来。在担心名誉受损的伦敦商人们的提议下,卢卡斯被关进了伦敦塔,他的案件最终根据人身保护状由国王的政务会加以复审。[19]

世俗统治者还通过相互间的条约来保证商法的普遍性。至少从12世纪开始,意大利各城市就达成了各种双边条约,双方在条约中规定:对方的公民享有在己方境内定居的自由,享有拥有那里的财产的自由,享有从事工业和贸易的自由,以及享有诉诸法庭的
344 自由。[20]这些条约常常规定设立公正的商人法庭,以迅速裁决条约双方的公民之间的商事纠纷。裁决依据的是商事习惯,在没有支配有关问题的商事习惯时,则根据"良心"作出。[21]另外,12世纪在国王亨利二世和科隆城之间达成一项条约,该条约保证科隆公民

享有不低于英格兰商人所获得的优惠待遇——这也许是近代商事条约中保存下来的有关“国民待遇”条款的最早例子,同时也是有关最惠国待遇条款前身的最早例子。[22]

权利的互惠性

权利互惠性原则是 11 世纪晚期和 12 世纪出现的新商法体系的实质所在。当然,就相互的给和取的意义上说,互惠性本身在所有的文明中就是一切商业的实质所在,因为对于那些从事商业交易的人来说,一切商业都涉及负担或利益的交换。卖者交货,买者付钱;贷方预先付款,借方保证归还预付款及附加的款项;承运人承担货物运输,托运的卖者或买者负责支付运费。每一方都付出了代价,同时双方都希望结果会获益更大。然而,自 11 世纪晚期和 12 世纪以来,西方人所理解的权利互惠性原则,涉及的还不只是交换:在观念上,它还包含在进行交易的双方之间那种负担或利益**均等**(*equality*)的因素——公平交换的因素。这点依次有两个方面:一方面是程序上的,另一方面是实体上的。在程序上,必须公平地参与交换,即不存在强迫、欺诈或其他滥用任何一方意愿或认识的行为。在实体上,即使是自愿和故意参与的交换,也不得使任何一方承受与他所获得的利益极不相称的代价;这样的交换也不能不正当地损害第三方的利益或一般的社会利益。

无论是权利互惠性的程序方面还是实体方面,都蕴含在自 11 世纪晚期和 12 世纪以来西方人所理解的“权利”这个术语之中。权利必须被看作一个完整的法律体系的一部分。它们从这个体系的目的中获取自己的特性,而这些目的至少包括为在商业交换中免受某些种类的不公平之害而提供某种保护。

程序上的互惠原则在与教皇革命相伴随的法学中获得高度发

展。教会法特别强调契约形成的公平原则。信义保证使教会法院
345 对契约有了管辖权,诚信(*bona fides*)本身就成了对契约履行的神圣性的一种必要检验。在教会法中,有关欺诈、强迫和过错的概念被塑造为一种复杂的理论,这种理论一方面支持当事人自由地作出有约束力的承诺,但另一方面也保护他们免受各种不择手段的行为之害。最重要的是,那种曾支配日耳曼民俗法的宣誓的形式主义,要服从与一般原则相符合的各种影响。新的教会法既与日耳曼法形成对照,也与先前存在的罗马法形成对照,它得到了罗马法学家的新的法律科学的支持,不仅使非正式的口头协议得以实施,而且还拒绝执行绝大多数作为欺骗的结果,甚或作为订约者并没有责任的某种误解的结果而达成的正式协议(经宣誓的协议或加盖印信的书面协议)。这些原则经过某些修改而为商法所采用。它们反映了在契约形成中权利在程序上的互惠性原则。

权利在实体上的互惠性原则虽然没有获得那么高度的发展,但也反映在教会法学家关于高利贷和公正价格的学说之中。[23]为了使这些学说适应商业需要,许多细微的限定被纳入其中。合法的利息是允许的,一种合法的收益并非是不公正。尽管如此,商人们常常抵制教会法学家控制商业活动的企图,尤其是抵制他们关于教会在商事案件中拥有管辖权的主张。1369 年,热那亚城奥尔德曼的首席行政官和议会发布一项法令,这项法令虽然是一件晚些时候的事情,但它却具有 11 世纪晚期和 13 世纪初期之间这个时期的特征。根据这项法令,任何人以他所订立的某项商事契约——如保险契约或货币兑换契约——具有高利贷性质、违反了教会法或具有其他非法性为理由,而向教会法院或其他法院寻求救济的,都将被处以高额罚款。[24]

商人和教士之间就教会法适用于商事契约问题所发生的冲

突,并不反映他们在使契约自由服从各种道德考虑的见解上有什么根本分歧。商人们并不相信个人有权随意地发财致富。虽然他们不认为商业活动应该受修道生活的道德标准的约束,但他们也不否认它要服从公平价格的原则,服从反高利贷法以及防止压迫性协议或不道德协议的其他类似保护措施。他们并不争夺教会在道德问题上所拥有的至上地位。但是,他们坚持自己在商法问题上的有关自主权;而教会至少在理论上也没有否认他们享有这种自主权。因此,他们所作的各种表述可能不同于教会所作的表述,
正如他们的管辖权可能不同于教会的管辖权一样——因而每一种 346
不同的表述都可能是有效的,正如每一种管辖权都可能是有效的一样。这就是在诉讼中的学究式的辩证法。商人共同体有它自己的法律,即 lex mercatoria,这就像教会有它自己的法律即 jus canonicum 一样。当然,商人们是教会的成员,因而要服从教会法,但是,他们也是商人共同体的成员,因而也要服从商法。当两种法律体系发生冲突时,哪一种体系应该居于支配地位可能并不清楚,只有时间才能调和这种冲突。

因此,为商人和教士所祈求的权利在程序上和实体上的互惠性,必须被看做是在特定的社会共同体中得以阐明和实施的一项原则,而不是一项抽象的原则。商人们构成了一种自治的社会共同体,这种共同体被划分为宗教性兄弟会、行会和其他社团。新商法体系的所有特征,包括客观性、普遍性、权利互惠性、参与裁判制、整体性和发展性,都来自这一历史事实。

参与裁判制:商事法院

商事法院包括市场法院和集市法院、商人行会法院和城市法院。虽然行会法院和城市法院并非只是涉及商事案件,但它们所

拥有的极其广泛的商事管辖权使它们有理由被当作商事法院。

市场法院和集市法院就像领主法院和庄园法院一样，是非专业的社会共同体法院，法官由市场或集市的商人们从他们的成员中选出。行会法院也是非专业法院，这种法院一般只是由行会首脑或他的代表组成，但在商事案件中，他经常选择2~3名行会的商人成员担任陪审员。在个别情况下，一名专业法学家将与商人陪审员一道参与审判。专业公证人经常充当办理法律手续的书记员角色。[25]城市商事法院经常也是由商人们选举的同行组成。1154年，米兰的一项法律准许选举“商人领事”(consuls of merchants)以审理商事案件，这种商人领事法院制度随后扩散到意大利的许多城市。它允许外国商人从他们自己的本国公民中选择法官。在北意大利的城市共和国中，商人领事法院逐渐扩大到对城市范围内的所有商事案件行使管辖权。欧洲的其他城市要么采纳了意大利的商人领事制度，要么就建立各种由商人法官裁判商事案件的类似制度。在一些国家，虽然人们坚持王室对商人行会以及城镇的市场和集市行使权力，但甚至于那时，商法一般也仍由商人法官加以实施。

其他各种类型的商事法院终于也在西方各地逐渐发展出来。
347 在英格兰、威尔士和爱尔兰，所谓的贸易中心城镇法院在14个城镇中得以建立。这14个城镇是英国在某些“主要”产品——尤其是羊毛、皮革和铅——方面进行频繁贸易的渠道。佛兰德和德国的商人和银行家经营着大量的这种贸易。英国为在贸易中心城镇中的“异国商人”提供保护，按照1353年《贸易中心城镇法》的规定，每一个贸易中心城镇的商人及其仆人和家庭成员，“[在]所有涉及贸易中心城镇的事情上”都应该“由商法支配，而不是由国家的普通法支配，也不是由城市、自治城市或其他城镇的习俗支配”。他们要受到贸易中心城镇法院的管辖，而这种法院的首席法官将是该城镇的市长,他任期一年,“由商人共同体——其中也有作为居民的外国人”——选举产生。外国商人居然参与选举英国城镇的市长,这真是有趣的事!市长应该具有“商法知识”,并依据它进行审判。审理无论是涉及一个异国商人还是一个英国人,都需要有一个混合的陪审团,其组成一半是外国人,一半是英国臣民。上诉可以向大法官和国王的政务会提起。[26]

另一种类型的商事法院是港口城镇中的地方海事法院,它们对涉及海运货物的商事案件和海事案件拥有管辖权。这些法院——被称为 admiralty courts——“在潮汐之间”于海滨开庭。

所有各种类型的商事法院的程序都具有迅速和非正式的特性。时限幅度很窄:在集市法院中,审判应该在商人脚上的尘土未掉就完结;在海事法院中,审判应该“在潮汐之间”完结;在行会法院和城镇法院中,审判应该在“一天之内”完结。上诉常常是被禁止的。不仅专业法律家被排除在审理程序之外,而且专门的法律争论也引起反感。法庭应该“由衡平法支配……据此,每个人都将有机会去陈述他的事实……并尽其所能地表白”,以便为自己辩护。一个商业行会的一项有代表性的法规规定,商事案件“应该按照良心和公平原则(*ex aequo et bono*)去处理,在法律的细枝末节上争执是不适当的”。[27]这些程序上的特征使商法截然有别于城市法院和王室法院的形式主义程序,也使它截然不同于在普通案件中教会法的成文程序。然而,商事法院的程序与教会法院中的简易程序相联系(而与其普通程序形成对比)。1306 年,教皇的一项训令《“Saepe Contingit”教令》(“saepe contingit”这个词来自教令的开头语“It often happens”)准许在包括商事案件在内的特殊种类的案件中适用简易程序。这一训令是指教皇的以下一种做法:有时他把案件交由(教会的)法官审理,并作出指令说,审理程序“应

348 当简单明白,无须正式的争论和普通程序的正式规则”。为解释这些话,该训令规定:法官在这样一个案件中不必要求书面的诉状;他不应要求通常类型的答辩状;他甚至在闭庭期间也可以审理;他应当删除拖沓的各种例外;他应当拒绝造成延误的不必要的上诉,拒绝辩护人、控告人、当事人和不必要的证人的“喧嚷”。训令规定,在这样的案件中,法官“将应当事人请求,或者在衡平法要求的情况下主动地讯问当事人”。[28]这项教令的内容在晚些时候汇入了意大利有关设立各商事法院的法规之中;它也影响了德国、法国和英国的商事法院和海事法院,包括在行使衡平法管辖权方面的英国大法官法院。

在英格兰,布拉克顿强调了商事审判的迅速性。他写道:有一些阶层的人“理当享有快捷的审判,比如 Pepoudrous 法院对商人的审判”(Pepoudrous 法院就是设立在集市的法院,或称“泥足”法院)。[29]

当然,商事法院中迅速、非正式和公平的程序原则是商业需要的一种反应。然而,只是因为商事裁判具有公共的或参与的特性,这种反应才能作出。就像商法的其他特征——客观性、普遍性、权利互惠性、整体性和发展性——一样,商事裁判的公共特性(商人参与解决商事纠纷)也可以被看作一项抽象的正义原则,看作一种法律理想。从这种观点看,这一特征可以从正反两个方面加以估价,因为它有助于单个商事案件的公正解决,同时,它也有助于使商法与教会的、王室的甚至城市的控制相隔离,并维护商人的特权。但是,从历史的角度讲,商事案件的参与裁判制度也必须被看作是商人阶级的相对自主权、以及在西方法律传统形成时期商人阶级的法律的一个方面——这种自主权同贯穿于西方法律的统一性相关联,并与宗教权威和世俗权威相互作用,而在世俗内部,它又与封建的、庄园的、商业的、城市的和王室的法律体系相互作用。

商法的整体性

11 世纪晚期、12 世纪和 13 世纪早期,西方商法获得了作为一种结合了各种原则、概念、规则和程序的体系的特性。与商事关系相联系的各种权利和义务逐渐被自觉地看作一种完整的法律体系商法的组成部分。许多不同的商事法律制度,如票据、有担保的债权和联营,在那时得以创立,它们同那时重加塑造的许多较古老的 349
法律制度一道,被认为构成了一种独特、连贯的体系。

西方商法在这些世纪间形成了以下这些特征:

> 动产(chattels)法与不动产(土地和附属于土地的固定物)法截然分离;
>
> 承认诚信的动产买主的权利优先于真正的所有者的那些权利;[30]
>
> 更换了较古老的货物交付要求,以便用一种象征性方法转移所有权,即通过移交运输单据或其他单据来转移所有权(和损失或损害的风险);
>
> 创立了一种独立于所有权的动产占有权;[31]
>
> 承认非正式的动产买卖口头协议的有效性;一方面限制了对违反保证的权利要求,另一方面又形成了适当和适销(*marchandise loyale et marchande*)的默示保证学说;
>
> 引入一种以契约价格和市场价格之间的差价为基础的、对未交付货物的损害的客观估量标准,随之还引入对违反某些类型契约的定额罚款制度;
>
> 产生了诸如汇票和本票这样的商业票据,它们转变为所

谓的无因契约,在其中票据不只是一个附属契约的根据,而且其本身还包含或就是一种契约,并可以独立地提起诉求;

创立了汇票和本票的可转让性概念,据此,诚信的受让人有权从出票人或立据人那里获得支付,即使后者对原持票人作出了某些抗辩(如抗辩其欺诈)也如此;

创立了动产抵押权(chattel mortgage)、未获支付的卖主的留置权和其他保证财产利益的权利;

产生了一种破产法,它考虑的是一种复杂的商业信用体系的存在;

产生了提单和其他运输单据;

扩大了古希腊—罗马的海上借贷,并创立了以对货物的留置权或以船舶本身的股份作为担保的冒险借贷,以此作为资助和保证商人的海外买卖的手段;[32]

350 用比较集体主义的合伙概念取代了比较个人主义的希腊—罗马的合伙(*societas*)概念。在前一种合伙概念中存在共有权,财产由作为一个单元的全体合伙人支配,因而一个合伙人的权利和义务在另一个合伙人死后仍然存在。

产生了类似于一种股份公司的联营[(康美达)*commenda*],每一个投资者的责任限于他投资的数额;

创立了各种商标和专利;

以保证书和其他担保形式作担保的流动公共贷款;

产生了储蓄银行业务。[33]

因此,近代商法体系的结构性要素如果不是绝大多数形成于这个时期,那么至少也有许多是形成于这个时期。某些为当时所有的法律体系所共有,并适合于商人共同体特定需要的基本法律原则,蕴含于这些要素之中。这些原则包括诚信原则和共同人格原则,前者尤其表现在创立了各种新的信用手段,后者则特别表现在创立了各种新型的商业联合体。

信用手段 随着实物支付在12世纪成为例外,各种涉及使用信用手段的新的商业契约急剧增加。实际上,现金支付本身就是一种信用交易,因为那时不存在任何保证货币价值的主权国家,许多不同种类的货币都在流通之中。

卖方给予买方的主要信用形式是本票和汇票。买方签署一张票据给卖方,应允在将来的某个时间或在呈交该票据时,付给他一定数额的钱:要不然他就发一张付款通知单(汇票)给第三人("致X,付Y我的账……"),它也是在某个日子或在呈交时即可获得支付。商业票据在8世纪和10世纪期间的地中海贸易中就已经为阿拉伯人所使用,但它们在那时显然还不被当作"无因契约",即不被当做独立于导致它们的契约关系的契约。而当它们在11世纪晚期和12世纪通行于西方时,它们就不仅取得了像货币本身一样的、独立的契约属性,而且还取得了货币的另一特性,即可流通性。立据人(开票人)使票据可以向持票人支付或者可以"按他的汇单"支付。[34]这意味着,任何获得持票人转让的票据(无论是通过背书还是通过其他方法转让的票据)的人,都享有一种从立据人(或开票人)那里获得支付的无条件的权利,即使后者对原持票人作出了一种有效的抗辩(如抗辩其欺诈)也一样如此——只要受让人获得票据是诚信的并且不知道有欺诈或其他抗辩。因此,这种 351
票据的不断转手是意料之中的。与此相类似,用来向持票人"或持有人"支付的汇票,在任何无辜的持有者手中也都是有效的。

无论是可流通信用票据的概念还是做法,对于古罗马法或日耳曼法来说都是未知的,它在8世纪和10世纪之间地中海的穆斯林商人和其他商人中也不是一种发达的概念或做法。它由 11 世纪晚期和 12 世纪的西方商人创立,而这当然是对那时出现的发达商品市场的一种反应。然而,要作出这种反应,需要比经济的促进因素更多的东西。必须有一种信用本身的储备,因为假如没有信用,或者说假如不信任组成市场的人的共同体的将来,那么就既不会有信用票据,也不会有体现于其可流通性中的那种特别信用了。当然,信用意味着信奉、信任或信赖某人或某物。假如对所有债权人和债务人所属的社会共同体的完整性和持久性没有一种高度的信奉、信任或信赖,那么据债务人将来的义务从一个债权人转移到另一个债权人的制度就无法产生和维持了。的确,只有这种对商人共同体的将来的信奉,才可能使即刻支付的价值与晚些日子支付的价值相比量。

正如罗伯特 · S. 洛佩斯曾经写道:"无限制的信用是商业革命真正的润滑剂。它完全是一个新生事物……希腊—罗马的经济虽然被充分地提供了各种现金形式,但这类形式不适合较大规模的商业信用,并且……野蛮时代的经济在现金方面和信用方面都是欠缺的,它绝不会脱离土地太远。紧接而来的阶段的启动不仅是由于大规模引入现金形式的刺激,而且还是由于人们在使用信用手段中更密切合作的刺激。尽管德国新发现的银矿在 10 世纪和 12 世纪之间开始发生作用,但新阶段的开始不是发生在德国,而是发生在意大利,在那里,农业资本家和商人之间的差距得以缩小,[而且在那里]信用使小规模投放的硬币能够同时在一个以上的地方流通。"〔35〕

这个阶段的信用手段采取了许多形式,它不仅在意大利兴旺发达,而且在整个西欧极其兴盛。除去通过可流通的票据和其他手段由卖方给买方信用以外,买方也通过各种类型的购货契约给卖方以信用,因为这里买方购买的货物要在将来交付,或者要由卖方购得后转销,或者要有诸如此类的其他条件。同样,这种购货契约的前提不只是存在一种发达的市场,而且还要有对组成市场的社会共同体的将来的某种信念,以及把时间作为一个在商业交易中受重视的因素的某种概念。

由卖方给予买方信用或者由第三方(如一个银行家)给予买方 352
信用,比由买方给予卖方信用要常见得多,其结果是,人们寻求种种手段以保护贷与人不受拖欠之害。这类手段中最重要的是动产抵押(chattel mortgage),据此,给予信用的一方对动产保持有一种抵押权益,以便使这些动产直到他获得支付为止才可以被转卖或者被作出其他处理;假如他没有获得支付,那么他就可以占有这些动产,并转卖它们以清偿债务。无论是罗马法还是日耳曼法都不曾有过这样一种复杂的抵押手段。同样,存在一种同发达的商法体系紧密结合的商人共同体,也是这种动产抵押的确效性所必不可少的,因为有那么一种危险,即同样的动产可能欺诈性地被抵押给不止一个贷与人。在许多欧洲城市中,对付这种危险的办法是建立一种由政府官员负责的动产抵押登记制度,以便使潜在的贷与人能够发现任何先前存在的抵押权。[36]

发达的商业信用体系在11世纪晚期和12世纪的西方创立,对于它来说,一种破产法是必不可少的。这种破产法一方面要在保护债权人的过程中考虑各种抵押权益;另一方面对债务人来说又不能是毁灭性的。日耳曼法对拖欠的债务人特别严厉。他的债权人获取他拥有的所有财产,甚至可以住在他的屋里,使唤他的仆人,吃他的饭。而查士丁尼的罗马法则相反,它对拖欠的债务人非常宽容,却使债权人得不到好的保护。从12世纪开始的西方破产法在这两个极端之间作出了一种平衡。它允许限制债务人的责任,同时也给获得抵押担保的债权人以优先。用莱文·戈德施米特的话说,这个时期的破产法“构成了欧洲法律发展的一个独创性的、影响极大的阶段。”[37]

商业联合体的类型:联营 一种新型的商业经营方式——康美达——于 11 世纪晚期在意大利、英格兰和欧洲的其他地方逐渐获得使用。这种经营方式调动的资金一般用于长距离海上贸易,而不常用于陆上贸易。康美达最早的前身可能是穆斯林的一种商业惯例,这种惯例在 8 ~ 10 世纪传播到拜占庭,包括南意大利的港口城市。在北意大利和阿尔卑斯山的那一边,康美达可能是在 11 世纪作为一种借贷契约开始的,但它很快就发展成为一种用于单一经营——通常是来回航行于中东、非洲或西班牙之间——的合伙协议。一方合伙人被称为 *stans*,他提供资金但待在家里;另一方
353 合伙人被称为 *tractator*,他从事航行。作为完成艰难而危险的航行的报酬,从事航行的合伙人通常获得四分之一的利润,而冒资金风险的合伙人则获得其余四分之三的利润。洛佩斯评论道:“这种经营方式虽然好像是不公平的,但在 12、13 世纪,生命是廉价的,资金则非常短缺”。[38]

康美达的一个变化形式是 *societas maris*(海上合伙),在这里,从事航行的合伙人提供三分之一资金,不从事航行的合伙人提供三分之二资金,双方平分利润。

洛佩斯指出,不从事航行的合伙人不一定是不参与经营的合伙人。他可能是“一个年迈的商人,虽然他不再出海航行,但他仍然积极地从事经营,有时还承担销售其合伙人运回的货物的任务”。另外,一方面,一个康美达的从事航行的合伙人经常又是另一个互惠的康美达的不从事航行的出资人,因此,两种类型的合伙人并不是出资方和航行方,或者剥削者和被剥削者这样两个敌对

的团体。另一方面,存在“许许多多的情况,在其中,出资的合伙人是寡妇和孤儿、教士和修女、政府官员和公证人员、工匠或其他没有商业经验的人。”[39]

康美达和海上合伙所具有的极大好处就是合伙人的责任被限于他们最初投资的数额。在这方面它很像近代的股份公司。而且,投资者可以通过把他们的钱分散在几个不同的康美达中而不是完全投入一个康美达中以减少风险。但是,康美达一般是一种短期联营,在完成了它为此建立的特定航行后就解除了,在这一点上,康美达不同于近代的商业公司。

11 世纪晚期、12 世纪和 13 世纪早期,长期的陆上经营常常是在一种不同的合伙形式下进行的。这种合伙形式被称为 *compagnia*(陆上合伙)。它最初是同一个家庭的成员组成的一种联合体,他们一起工作以增加他们的家庭财富。这样的“伙伴”联合体常常涉足贸易。它们最终被外人加入,并成为一种商业实体、一种“公司”。与康美达形成对比的是,陆上合伙不具有有限责任,每一个合伙人就公司债务对第三方负完全责任。另外,陆上合伙在持续许多年的一段时间里通常是从事各种各样的贸易活动。它常常具有规模庞大、持久存在和行动灵活的属性,足以使它在各个不同的城市建立自己的分支。

持续时间短暂的康美达和责任无限制的陆上合伙,都要通过在它们各自据以形成的契约中插入特殊的条款的方式对其加以某种修正。另外,还存在用以形成其他类型商业联合体的其他种类的契约。[40]然而,康美达和陆上合伙却是主要的模式。

诚信的一般原则构成了处于形成时期的西方法律传统的所有 354
法律体系的基础,其特殊表现则存在于新的商法体系的各种信用手段之中。而无论是诚信的一般原则还是其特殊表现,都反映在康美达、陆上合伙以及合伙人在其中集中资源、分享利润和分担损失的其他不同形式的商业合伙之中。这些商业联合体有赖于每一个合伙人对其他合伙人会信守诺言的信心。然而,表现在不断发展的商业联合体法中的还有另一项基本的法律原则,即联合体成员的共同人格原则。虽然合伙只是根据协议建立的,但它构成了一种可以拥有财产、订立契约、起诉和应诉的法人。合伙人被授权以合伙的名义联合行事,因而他们对合伙的债务负连带责任。然而,除此之外,每一个合伙人独自的行为也可以约束合伙关系,因而他们各自也要分别对合伙的债务负责。一个主教管区或一个教区是一种社团,一所大学或一个行会是一个社团,在这种意义上说,合伙人也一同构成一种社团,即构成一种自治体、一种社会共同体。这种自治体或共同体的人格是超验的和内在的,也就是说,它既不同于其成员的人格,又与之相联系。

12 世纪商业合伙的形式,即康美达,与近代商业公司的形式十分相像。它是在一个短暂的期限里为了一种特定的目的而建立的。它是一种地地道道的"世俗"意义的联合体:完全是一种时间性的东西。然而,即使康美达是一种社会共同体,合伙人也不只是代理人,因为按照正在产生的商法体系,一个代理人不像一个合伙人,他无法在借贷和委托中约束一个隐名委托人(虽然他在买卖和租赁中可以约束之)。[41]

因此,这再次表明,新的商法体系的整体性,即它的各项原则、概念、规则和程序在结构上的一致性,首先来自它所属的商人共同体的整体性和在组织结构上的一致性。

商法的发展性

商法的整体性、它在结构上的统一性,同它的有机发展密切联系。它被想象为一种不断发展的体系。这种发展不仅在其形成时期相当迅速,而且在那之后的13、14和15世纪也相当迅速。就像教会法、封建法、庄园法和同时代其他法律体系一样,商法的客观性、它的规范的专门性以及它的概念的准确性也都与时俱增;它的普遍性和一般性、它的一致性日益克服各种地方差异;权利的互惠性随着契约机会的增多而变得日益重要;对商事纠纷的裁判也越来越规范化;它的整体性程度也不断提高。换言之,就像构成西方 355
法律传统的其他各种法律体系的情况一样,商法的各种特性最终也变成了它的各种有机发展的趋势。

决定商法发展的各种制度的存在,大大推动了商法体系的自觉发展。欧洲的统治者尤其是各主要商业城市的统治当局,通过编纂商事习惯以促进商法体系的发展。如1056年的《热那亚习惯》、1161年比萨的《法律与习惯》和1216年米兰的《习惯全书》。另外,把包括集市法院、城市法院和海事法院在内的商事法院的判决案卷保存下来,这也推动了商法体系的发展。

另外,一种详尽的公证人体系在11世纪晚期和12世纪的创立,使商事习惯自觉地适应新的情况成为不可避免。公证人不仅登记商业文件,而且还起草契约和其他公证文件。这些公证文件被当做是具有契约义务约束力的东西。因此,一个公证人可能制作一张本票、一张汇票或其他付款凭据,这些票据在此后将具有法律上的约束力。实际上,相互交换的公证契约似乎已是汇票的前身,而经公证的付款约定则可能是本票的前身。在北欧,虽然公证文件的使用不如南欧那么广泛,但由诸如伦敦市政厅这样的市政当局和行业权威加以证明的各种记录,具有一种类似的权威。

除去公证文件之外,银行的总账簿和船舶契据登记簿也具有法律约束力,甚至商人的账簿也可以作为接收的证据。因此,存在一种记录商业经营状况的庞大体系,这种体系无疑在某种程度上限制了变化,但与此同时,它也为变化开辟了道路,并使变化具有连续性和方向性。

无论造成发展的因素是什么,发展在事实上出现了则是不容置疑的。已经发展起来的海上借贷和已经发明出来的以船舶及其货物作抵押的借贷,在12世纪被用做给海外装运提供保险的间接手段。14世纪,出现了第一批海上保险文件,而截至15世纪,海上保险已成为一种兴旺的行业。[42]另外,在12、13世纪,商业银行家为他们的客户发保证书,内容是向客户未来的债权人作出保证,保证银行家将偿还由客户引起的债务。在14、15世纪,这种保证书发展成为商业信用证,在信用证中银行家向特定的卖主保证,他将
356 为客户希望购买的特定货物付款。[43]12世纪,订立商业契约的资格扩大到从前的农民和封建贵族;此后又逐渐扩及其他人,包括妇女和未成年人。这些都不只是变化,而且还是发展,不只是自动的发展,而且还是自觉地使先前存在的法律制度和法律概念适应新的情况——自觉地扩大它们的运用范围,以满足新的需要。[44]

因此,整个商法体系都处在一种演化的过程之中,这一过程表现为在数个世纪中不断地把过去展现于未来,表现为一种自主的发展。至少存在着一种错觉,即不仅错误地以为商人制定用来支配其活动的法律体系具有基本的统一性,而且错误地以为连续有几代商人为了这种法律体系的存在和发展进行了持续不断的合作。

第十二章　城市法

11 世纪晚期和 12 世纪，在北意大利、佛兰 357
德、法兰西、诺曼底、英格兰、德意志公爵领地、卡斯蒂尔、阿拉贡以及欧洲其他地方，涌现了数千个新的城市和城镇。事实上，新的城市和城镇在这些更广阔的地域各自成为一体化的政治单位之前就已经出现，而且，在某些方面，城市共同体相互之间比它们与各自所在的国家之间有着更多的共同之处。不论它们的特性如何多彩纷呈，它们都具有作为城市共同体的一种共同的自我意识，并且，它们都拥有相似的法律制度：都由一套城市法律体系来治理。

这些城市和城镇当然不是世界历史上的第一批城市，但与它们完全相像的城市在从前却不曾有过。从公元前 1 ~ 公元 4、5 世纪，罗马帝国建立过数千个城市，但这些城市主要是作为罗马帝国权威的行政控制中心，并由帝国官员来管理。古希腊的城市与之相反，它们是自治的独立的城邦。

与希腊、罗马形成对照,11、12 世纪在欧洲出现的这些城市和城镇既不是中央权力的行政中心,也不是自治的共和政体,它们介乎两者之间。

西罗马帝国于 5 世纪被日耳曼入侵者推翻之后,几乎所有西方的罗马城市都迅速衰败,到 9 世纪,这些城市实际上就完全消失了,即使北意大利也是这样。但是,在南意大利,却主要保留了受阿拉伯强烈影响的拜占庭、那不勒斯、萨勒诺、巴里、叙拉古、巴勒莫以及其他幸存下来的罗马城市。此外,在南意大利以外的一些重要的早期港口城镇,如威尼斯、亚德里亚海的杜佐拉以及地中海
358 沿岸后来属于法国和西班牙的几个港镇,也保留下来。某些内地商业中心,如科隆、米兰、伦敦,继续存在,但它们基本上成了贸易据点,亦即设防地带的商业区。

先前的罗马城市和 11、12 世纪最终出现的通常位于或接近罗马旧址的近代欧洲城市之间不存在任何政治上的连续性。这一现象罕有例外,包括罗马城本身在内。诚然,在那些主教管区所在地(主教管辖教区的总部)的城市存在教会权威的一种连续性,但甚至于它们也从规模庞大的都市中心衰败成小城镇,并大多并入乡村。虽然这种主教管区所在地继续保有"城市"(*civitas*)之名,但所有其他的城镇却有了各种各样的名称,这些名称或意指堡垒(*bourg*, boroush, *borgo*, 或 *burgus*;还有 *castellum*, *castrum*, *opidum*, *urbs*, *municipium*),或意指别的什么,但很少指商业中心(*portus*, port 或 *wik*)。在 1000 年,威尼斯西部或巴勒莫北部很少有超过几千居民的定居点(见边码第 81 页地图 1)。

不过,1000 年的西欧城市和城镇——这两个名称后来多少是可以互换使用的——与随后两个世纪里出现的近代城市和城镇的最显著的区别,并不在于其规模之小或数量之少,而是一方面在于其相对模糊的社会经济特征,另一方面在于其相对模糊的政治法

律特征。在社会和经济方面,1000 年以前的城镇主要是由以种田为生的人们构成。虽然也有生活在城镇贸易据点(通常就在城堡或其他堡垒的城墙外边)的商人以及生活在城堡土地上的骑士和贵族,但是,这些阶层往往只占城镇人口的少数,同时,工匠和手艺人只占一小部分。通常,一个城镇只不过是一个大村庄,其居民中有一些商人家庭和军人家庭。同样,在政治和法律方面,城镇也没有成为一个独立的单位,它的居民也不享有一种将他们本身与其在乡村的邻居区分开来的特殊身份或特殊权利。城镇是没有它自己的行政或司法机构的,除非它在地域上碰巧与一个百户区、一个庄园、或一个主教管区、或一座修道院或某个其他的政治单位相重合。就法律身份而言,城镇居民不是公民,而是骑士、自由农民、农奴、奴隶、僧侣和商人。如果他们持有土地,那么这种持有所依照的是与城镇外边盛行的同样的土地占有制度。正如亨利·皮雷纳曾经强调的那样,11 世纪以前欧洲的城镇缺少近代西方城市的两个基本属性:一个中间阶层的人口和一种市政机构。皮雷纳指出,倘若"城市"意指一种其居民不以种地而以贸易(他本该加上"和工业") 359
为生的地方,或者一个作为法律实体并拥有自己独特的法律和制度的共同体的话,那么,在 1000 年的西欧便不存在任何城市。[1]

近代城市兴起的原因

几种因素促成了近代城市的兴起:经济因素、社会因素、政治因素、宗教因素和法律因素。

经济因素

皮雷纳将 11、12 世纪近代欧洲城市的出现首先归因于商业的复兴。他强调以下事实，在 11 世纪，通常存在于城堡、主教宅邸或修道院的“郊区”(*faubourg*)的市场开始吞并重要的地区。正是这种郊区变成了新城市或城镇的中心。皮雷纳还把 11、12 世纪整个欧洲数以千计新城镇的建立主要归因于新兴商人阶层的压力。后来，有些学者对这一解释提出了恰当的批评，认为这种解释忽视了以下事实：是生产者而不是商人构成了那个时代大部分城市和城镇里的居民的绝大多数（大概占五分之四），而且，这些生产者——主要是工匠和手艺人——大多来自 11 世纪农业生产力迅速增长所造成的过剩农业人口。乡村的日益繁荣为城市提供食物和原材料以及为城市的产品提供市场的必要前提条件。因此，近代城市出现的经济原因不仅必须归结为商业扩展和商人阶层的兴起，而且必须归诸农业扩展和工匠、手艺人及其他工业生产者阶层的兴起。[2]城市提供了一种新的生产方式和一种新的分配方式。

社会因素

与城市化的经济原因密切相关的是广泛的社会原因。11、12 世纪是社会向外、向上大规模流动的时代。大批的农奴、自由农民和小贵族纷纷离开庄园，这是生命的更一般的搏动和扩展，是生活节奏的加快，是对新机遇的寻求。这些社会因素也是城市兴起的原因，而不仅仅是罗伯特·洛佩斯所谓的 11、12 世纪“商业革命”——但也可以称之为“工业革命”——的结果。用洛佩斯的话说，“新的机遇接踵而至……从一个阶层跻身于另一阶层……徒弟
360 变成了师傅，成功的工匠变成了企业家，新人在商业和金钱放贷中发财致富……持续不断地来自农村的移民也刺激了这种扩张……全部的村庄都逐渐失去其临近城镇的所有居民、农民和地主。”[3]虽然在欧洲大多数城市中，社会、经济和政治的权力最终越来越高

度集中在数目比较少的富商手中,但是,把城市作为在社会、经济的等级制度中向上流动的机缘宝地的初始观念,对城市的性质有着长久的影响。与1000年以前古希腊、罗马帝国的城市以及欧洲居民点的情况形成对比,11、12世纪及此后的北欧城市以及某些地中海城市几乎不存在奴隶制,这一点意味深长。

政治因素

皇帝、国王、公爵和较小的(庄园的)统治者,还有教皇和主教,时常能通过向那些将对来自农村的移民(主要是农民和小贵族)开放的城镇颁发特许状来增强自身的军事防御并聚敛财富。这样的城镇在军事上往往比城堡更为有效,因为市民通常被赋予和设定携带武器的权利和义务。在数个世纪里,农民没有这样的军事权利和义务(虽然在特定情况下他们可能被召集起来),骑士执行军事义务则必须给付报酬。公民们固然必须配备武器,但是,在城市防御中,他们得从事共同的军事服务。在许多地方,日耳曼时代的部落和村庄的民间武装已经消失,封建征募尚不稳定,因此,12世纪的封建君主、公爵、伯爵及其他大领主在很大程度上要靠城市武装力量承担保卫其领地的义务。例如,1181年英国《军事条令》规定:"全体市民及全体自由民公社"皆得配备某种武器[4]——从而使全体市民成为士兵,整个城市成为军事单位。

除了提供军事支持以外,新的城市和城镇还通过提供通行税、市场税、租金和工业产品,使领地统治者们的经济来源大为扩充。与此相关,许多城市和城镇拥有铸造钱币的权利,市民们须履行用金钱支付其土地费用的义务,这代表了一种摆脱大规模物物交换经济的伟大转变。欧洲王室的和封建的统治者与新兴商业阶级和工业阶级同样从这种转变中获得了好处。

当然,这种对统治者建立城市和城镇的刺激在早先的几个世纪就已经存在,至少是已经潜在地存在,只不过 11、12 世纪的政治
361 条件变得越来越有利于其成为现实。对欧洲的各种入侵停止了。亲属关系、村庄和庄园的联系正为更大的地域联系——王国、侯国、公爵领地的联系——所补充。这些地域里的统治者强大得足以在政治上容忍并转而关注他们统治领域里出现的新型政治实体。因而,农民和小贵族可以迁移到那里。

毫无疑问,社会、经济和政治因素的共同作用刺激了新兴城市和城镇的出现,倘若没有这些因素,人们就难以想象大约有 5000 个新兴城市和城镇会在相同的几个世纪里——始于 11 世纪,盛于 12 世纪,持续到 13、14、15 世纪——在整个欧洲出现。

然而,也存在朝相反方向起作用的社会、经济和政治的因素。封建领主,包括主教、修道院院长,为了维护其重大的经济利益,往往制止所属的农民离乡;他们也无意将政治权力拱手让给新的城市复合体。同样,给城市和城镇颁发特许状的皇帝、国王和其他统治者对在特许状里塞进保证其继续控制市民的条款,甚感兴趣。这些城市常常必须为独立而战,结果又常常失去独立。而且,人们也无法设想大多数农民和小贵族会热衷于离开庄园和村庄,因为这样做无疑要冒为某些新的而又未知的事物而失去传统纽带和价值的风险。

这里,人们面临着传统的社会理论在解释历史变化方面的局限。仅仅展示对最终发生的变革有利的基本的社会、经济和政治条件是不够的,好比土壤和种子独自不会结出果实一样,条件本身不会产生变革。而且,有利于变革的条件也可能有利于稳定。即使马克思的辩证唯物主义理论,也只是假设变革的力量“终究”会赢得胜利,而对变革发生的时间和环境留置未决。可是,一个人若不先了解一场伟大的历史变革**何时**(*when*)发生、**怎样**(*how*)发生,

就肯定不会知道它**为什么**(*why*)发生。

宗教因素和法律因素

倘若要更细致地考察欧洲近代城市和城镇出现的时间和环境,倘若要寻问究竟是什么恰恰在 11 世纪晚期和 12 世纪而不是在此之前导致了城市化,倘若想廓清城市运动发生和实现的**进程**(*process*)——那么,就必须重视常常为社会的、经济的和政治的历史学家所忽视的两个因素:宗教因素和法律因素。 362

在各自都依靠包括宗教宣誓在内的宗教价值和仪式结合起来这一意义上,11、12 世纪的新城市和城镇都是宗教的联合。它们中有许多是誓约公社(*Conjurationes*,"共谋集团"),而这些誓约公社又有相当数量是由起义组织建立起来的。那些起初由商人们建成的城市常常由商人行会管理,商人行会本身就是宗教团体,从事慈善和其他宗教事务并调整商业活动。那些由皇帝、国王、公爵、大主教(或其他宗教人士)主动建立起来的城市也被看做兄弟同盟并通过宣誓结合起来。

强调城市和城镇的宗教性质,并不是说它们是教会团体。它们完全脱离教会,在此意义上,可以说它们是欧洲第一批世俗的国家。不过,城市的许多精神和特性还是来源于教会。如若不然,那倒会令人惊讶,因为这些城市和城镇毕竟出现于教皇革命时代。

在各自都依靠共同的城市法律意识和各具特色的城市法律制度而结合起来这一意义上,11、12 世纪的欧洲新兴城市和城镇也是法律的联合。事实上,大多数欧洲城市和城镇正是通过一种法律行为(通常是授予特许状)而建立的,它们不是简单地出现而是被**设立**(*founded*)。而且,特许状几乎不可改变地确立了市民的基本"特许权",通常包括自治的各项实体权利。当然,欧洲新的城市和城镇的法律性质是与其宗教性质密切相连的。特许状得由宗教誓约来确认,并且,这些随官员的不断替换而更新的誓约首先包括宣誓维护城市法律。

宗教和法律因素对于西欧城市出现的重要性可以通过比照同一时代中东伊斯兰文明里的城市发展来评估。在那里,尽管有相同的经济和政治因素(繁荣的贸易、小规模的工业、一个中间阶级以及强大的中央集权的地域统治者),尽管凭藉许多罗马帝国城市提供的物质上的残留而先行起步,但城市文化是贫弱的。[5]无论在经济上还是在政治上,伊斯兰城市都缺乏社团联合体(corporate unity)和一种独立的特性,它们实质上是或多或少与农村结为一体的大村庄。与西方相比较,关键的区别在于,一方面,伊斯兰城市和城镇从来不是誓约公社,也从来不是由宗教行会或兄弟会构成的;另一方面,它们也不曾结成社团并获得规定了权利和特许权的
363 特许状。与来自教皇革命时代的西方文化相比照,伊斯兰教既缺乏改革和拯救世俗社会的热忱,又缺乏关于对抗性的复合政治体和法律体系可以用作从事此种改革与拯救之工具的观念。

欧洲城市在11世纪晚期和12世纪的兴起至少在很大程度上要归因于当时与教皇革命相关联的宗教和法律意识的转型,这就如同归因于商业—工业和政治—军事的转型(它们也与教皇革命相关联)一样。使城市化在当时而不是在以前、在此地而不是在彼地成为可能的,是新的宗教和法律的观念、制度和实践——新的宗教的、法律的热情和行动——与之关联的是公社的和其他种类的兄弟会、集体誓约、社团资格、规定了特许权的特许状、理性、客观的司法程序、权利平等、参与立法、代议制政府以及国家本身。这些相关的内容转而又与不仅为城市法所具备而且也为同一时代出现的其他法律体系所具备的西方法律传统的一些结构性特征发生联系。

如果没有城市法律意识和一种城市法律体系，那就根本无法想象欧洲城市和城镇的产生。即使它们产生了——也就是说，即使某些庞大的、人口密集的贸易和工业中心在城市法中没有根据而能够以某种方式在西方形成——那么，它们或者像古罗马城市那样，只是某个中央权威（或当局）的行政和军事的前沿阵地，或者像伊斯兰城市那样，只是一些大村庄，没有作为城市共同体所应具备的独立性、自治性和整体性，或者像其他别的什么；但是，它们绝不会是近代西方意义上的城市。它们不会拥有富于自我意识的社团联合体，不会具备赋予西方城市独特性质的有机发展能力。

西欧城市和城镇的起源

在14世纪早期的几十年里，即在1348～1350年爆发的黑死病夺走至少三分之一，也可能过半数的城市人口以前，西欧人口总数约计6000万，其中，约有600万人生活在城市和城镇。尽管我们不可能获得这一段历史的确切的统计资料，但已经有足够的证据支持一个富于学识的推测，即在12世纪晚期西欧的约4000万总人口中，城市居民约占400万。据某些专家估计，14世纪早期，有4个城市——威尼斯、佛罗伦萨、巴勒莫、巴黎——各自的人口超过10万人；有5个城市——米兰、热那亚、巴塞罗那、科隆、伦敦——各 364
自约有5万人。一大批城镇，包括博洛尼亚、帕多瓦、根特、布鲁日、斯特拉斯堡、纽伦堡、吕贝克、汉堡，各自约有2万～4万居民，更大一批城镇，包括约克、布里斯托、伊普尔、安特卫普、奥格斯堡、法兰克福、苏黎世、巴塞尔等，各自有6000人至2万人。[6] 另一些估计更高一些：一些专家相信米兰和威尼斯各自约有20万人，热那亚、那不勒斯(和佛罗伦萨、巴勒莫、巴黎一样)各自约有10万人。[7]还有一位作者认为,巴黎人口在12世纪晚期约有10万,到13世纪晚期约有24万人。[8]当然,当时还有数以千计的城镇居民不足6000人,其中有的仅数百人。(见地图3)

365

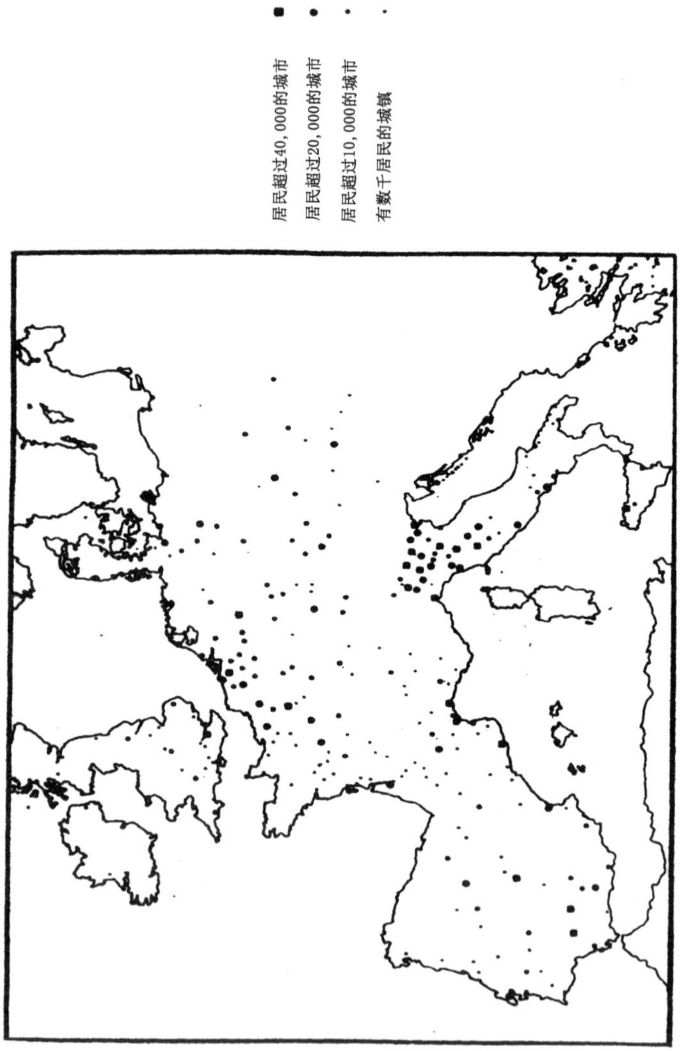

地图3: 1250年前后西欧的城市和城镇

这些规模极不相同的城市和城镇,以极不相同的方式、出于极不相同的原因而出现和发展。不过,也有一些共同的模式使之都称其为城市或城镇,正如有一些共同的模式使12世纪不同的民族国家都称其为民族国家那样。

发现那些共同模式的最好途径是描述欧洲各个地方多种多样的城市和城镇的起源与早期发展。让我们从法兰西说起,顺次论及诺曼底、佛兰德、德意志公爵领地和英格兰,最后谈意大利。

皮卡第(法兰西):康布雷、博韦和拉昂

康布雷是位于皮卡第(今法国最北部)的一座称作"Camaracum"的前罗马城市遗址,它曾受到马扎尔人和诺曼人的入侵。到10世纪,康布雷已经成了一座由全教统治的小城市,其城墙外有一个用栅栏围住的商人区(faubourg)。到1070年,郊外的商人已经兴旺和强大得足以要求将其商人区筑石围城。

1075年,在教皇格列高利七世宣告教会为政治法律实体并独立于帝国之后不久,康布雷人在拥护教皇的教士和富商巨贾们的率领下,奋起反抗皇帝及其主教的权威,并"宣誓成立公社"。这次起义很快被镇压下去。然而,两年后,当一位新主教离开主教管区赶赴接受皇帝授职的仪式时,第二次起义取得成功。市民们又一次在教皇格列高利的一位教士和富商们的率领下,宣誓效忠于公社并誓死保卫公社,抵抗主教权威的复辟。1106年,呈帝再次镇压了公社。直到授职权之争(1122)结束之后,康布雷才获得一种近代意义上的规定了特许权的特许状,迄今尚存的最早的特许状抄本上的日期为1184年。[9]

法兰西北部皮卡第的其他主教管辖城镇在11世纪晚期和12 366
世纪早期效仿康布雷,起来反抗皇家的权威,建立誓约公社。正如

在康布雷一样,以皇帝作为权力来源的主教通常(非总是)反对公社,教皇党则通常支持公社。[10]不仅在法兰西北部,而且在荷兰、北意大利,城市起义均与康布雷的情形相类似。

同样位于皮卡第的博韦由于在12世纪曾获得一份规定了强大的自治权力和广泛的市民(中产阶级)特许权的特许状,而享有特殊的权益。经过中产阶级与先后几任主教之间长达40年的激烈冲突,在11世纪最后几年,一个誓约公社在博韦诞生了。国王路易六世(1108~1137)最终颁发了一份承认公社权威的特许状。该特许状于1144年被路易七世确认,1182年被腓力·奥古斯都确认(有某些补充)。该特许状有17个条款,包括如下规定:

> 城里及城郊的一切人应该宣誓效忠公社;
>
> 人人都要以自己所认为的适宜的方式帮助他人;
>
> 若任何宣誓效忠公社者的权利遭受侵犯,并向公社的同等者(在法语里,"*pairs*"的字义是"相同的人",一般指市民贤达)提出权利主张,那么,除非侵权者遵循判决,提供补救,公社同等者就应对侵权者的人身或财产作出处理;若侵权者逃匿,公社同等者应设法从他的财产、他的人身或从他所逃往的人那里获取赔偿;
>
> 同样,若一个商人来博韦做交易,本城人侵犯了他的权利,并且该商人向公社同等者提出了权利主张,公社同等者就应授予该商人索赔的权利;
>
> 任何侵犯公社成员权利的人,若不遵循同等者的判决作出补救,皆不得获准入城;这类人若是由博韦主教带进城里,经同等者的提议,可以放弃这一规则;
>
> 公社成员皆不得信任公社的敌人,若无同等者准许,不得

与敌人交谈；

公社同等者应该宣誓秉公裁判，其他成员应当宣誓遵守和执行公社同等者作出的裁判。[11]

其他条款涉及磨坊管理、债的收取（任何人不得被用作债务抵押）、公社的食物保护、布匹的公平尺度，以及对仍然归主教享用的各种封建劳役的限制。

特许状并未规定公社的政府形式，仅规定公社同等者要从事裁判并保护其社员的生命和财产。实际上，特许状并未给至少在 367
10～20年以前就已经设立的东西添加什么，仅就最后一条声明，“我们（国王）赞同并确认公社同等者所主持的正义、所作出的裁判”。可以看出，特许状是一种对既成事实的认可。这一既成事实就是博韦中产阶级在教皇革命鼎盛期的崛起、由他们建立了誓约公社以及对主教的政治和经济权力进行限制（从前，主教不仅是宗教首领而且是当地的封建领主首领，全然卷入了地方的和家庭间的政治）。[12]虽然特许状本身极为简短，但它清楚地表明了君主权力在博韦城里要受到严格的限制。

关于“一切人”得向公社宣誓效忠并服从公社司法管辖权的规定无意包括僧侣或贵族，无论他们是否住在城里。事实上，欧洲新的城市共同体处在宗教权威和封建权威的对抗之中。在背后帮助调整这一竞争关系的，是中央的王室权威和教皇权威。

博韦算不上独一无二，但毕竟有些不同寻常，因为其主教的权威和封建的权威集于主教一身。博韦主教的封建法院把持着对全城的大部分世俗刑事和民事案件的管辖权，隶属于其封建领主权力的全体贵族（“自由人”）皆可出席审判。不过，总的说来，在12和13世纪里，主教所享有的上述特权和其他封建特权被削弱了，部分原因是法兰西王室对城镇反抗封建控制的斗争给予相当大的支持。主教的宗教管辖权则另当别论:在这里,公社当局为剪除教士对公社司法管辖权的豁免所作的努力在很大程度上未获成功——部分原因是在这种抗争中,不仅教皇而且国王通常都站在教会一边。1210 年,腓力·奥古斯都颁布一条法令,禁止法兰西城镇的治安官逮捕教士,除非他们在教士实施犯罪时当场将其抓获,而且,即使这样,教士也要被移送到教会法院,在大多数案件中,只有教会法院有权审判教士。最后,公社不得不向王室权威本身交出"高级审判"即对重大犯罪的管辖权,还交出了在"中级"和"低级"审判案件中的某些上诉管辖权。然而,尽管这些限制操掌于封建的、主教的、王室的权威之手,仍然存在公社对它所属成员的一种真正的自治的管辖权以及一种自治的、独特的公社法律的坚固体系。[13]

368 法兰西北部和南部以及欧洲其他许多地方一些新公社自称为"和平公社"(*communia pro pace*),拉昂就是其中之一。拉昂距博韦和康布雷不远,1128 年,路易六世在那里宣告一项《和平令》,承认该城市作为一个"一切人——不论其为自由人还是非自由人——的避难所。"[14]在这里,直接面临的政治问题也是主教与市民之间的冲突,这一冲突部分是教会内部的冲突,它涉及主教权威的性质和王室、教皇在要求主教忠诚上的竞争,部分是封建的经济、社会利益和价值与城市的经济、社会利益和价值之间的冲突。早期公社被镇压后出现了一段长时期的混乱。1112 年,主教果真被谋害了。《和平令》是一种有目的的妥协富有新近的《沃尔姆斯协约》(1122)的精神,该协约使授职权之争完全以妥协告终。拉昂主教所享有的优越的封建司法管辖权得到了确认,他继续任命执行官(échevins)。不过,市长和"陪审员"(jurati,jurés,或宣誓人,相当于博韦和其他公社的同等者)也享有实施城市习惯并且在主教审判不公时作补救裁判的司法管辖权。从外面来城里的农奴被给予特权,地方贵族的农权被解除了许多义务;领主的永久管业和违例婚姻税被废除了,土地税被削减为固定的支付并限于某些人。

在皮卡第,正如在欧洲其他地方一样,城市自治正逢天时。在保留了主教管区的受任者的地方,如在拉昂,这些治安官就成为城市的治安官。到12世纪末,治安官一般由陪审员选举产生。每个地方的行政机构都是由被市民贤达提名并通过全体民众选举产生的人所形成的小团体组成的。

法兰西:洛里斯、蒙托邦

路易六世授予皮卡第主教管区城市的非常广泛的特权可以与卡尔·斯蒂芬森所称的"初级特权"相比照,后者是路易六世授予位于巴黎地区及毗邻区域的王室领地上的一大批密集的城镇的特权。紧邻奥尔良的洛里斯,就是这样一个城镇,它接受了一项由路易六世所赐予并被作为许多类似地方之楷模的著名授权。这项授权确定了房屋和土地租金的最高限度,免除土地税(*taille*)和各种其他税收,将兵役减少到只需在邻近的地方服务一天;免除徭役(*corvées*),除了拥有马匹和马车的人须一年一次将国王的酒送至奥尔良;限定罚金和刑罚;限制通行税、关税和其他应付款项。它规定,任何人只要在城里平安生活一年零一天,便可获得自由,以前的主人不得对他提出任何权利主张。市民可以出售其占有物并迁居别处。市民不得在城外受到审判,关于城里审判的诉讼程序 369
的若干规则得以公布。不存在强制赊账,除了国王和王后为其支付两周的食物。

斯蒂芬森评论道:"洛里斯是一座享有独特的第二等特许权的

极小的城市。它没有自治权,所有政治权力仍在国王及大臣手中。但其居民的特许权状况却颇为可观……洛里斯人……在经济上、法律上是自由的。他远离领主剥削的专横统治。他的占有权和身份是典型的中产阶级的……通常持有的不是一块田地而是一块宅基。居民的特许权实质上是任何地方的商业居民的最低限度的要求。因此,在随后的几个世纪里,洛里斯的习惯极为流行。"[15]

如果说洛里斯的特许权较博韦的特许权更"初级"一些,那么,这无疑是因为洛里斯位于王室领地而博韦则位于路易的一位陪臣的领地。不仅国王,而且公爵、伯爵及其他地域统治者,都用强有力的刺激手段来鼓励人们在其领地的城镇里定居,于是,工匠、手工业者和商人趋之若鹜,货币地租从这里流出。然而,与此同时,领地统治者不得不勉强同意放弃他们对城市的政治控制。被授予的特许权的性质和范围取决于实力和利益的微妙平衡。1144 年,图卢兹的阿方索伯爵授予法兰西南部的蒙托邦的特许权许可状即为明证。伯爵把他自己的一块紧邻蒙托里欧古城的土地辟为新的定居点。在蒙托里欧,市民与修道院(蒙托里欧城依傍修道院院墙而建)院长之间的冲突旷日持久。伯爵为了从蒙托里欧吸引市民到新城来,不仅同意给予与国王路易六世以前给予洛里斯的相同的特许权,而且还同意就若干事项与"较好品类的市民"协商。可能正是由于这些市民的帮助,这座新城镇才秩序井然、财源茂盛。到 12 世纪末,蒙托邦已由它自己选举出来的官员来治理了。[16]

诺曼底:维尔纳叶

11、12 世纪的诺曼底城镇在特许权、政府和法律方面与法兰西城镇并无多大差别。诺曼底城镇特许状的经典范例是由亨利一世(诺曼底公爵、英格兰国王)于 1100 ~ 1135 年授予维尔纳叶的特许状。该特许状规定,每一个市民(中产阶级)若要接受3英亩土地和花园,得每年为之支付12个丹里尔(法国古银币),而不论他盖 370
多少间房屋。要成为一个市民,他须付7个古银币的启动费,加上每年为保养大钟付4个古银币。这些都是小数目。除了国王亲自征募军队,他不负担军事义务。除了为国王本人服务,他不得经营王室产业。他不能被要求扩大贷款,即使是为了国王自己的利益也一样。他在头3年内不负担所有的进口关税,并且永远不负担诸如满足个人生活需要的食品、衣物等的关税,国王可以在地方市场上征收销售税,包括家畜、酒、盐、谷物、鱼、皮革、布匹的销售。碾磨业、烘烤业、酿造业和制酒业若支付特定款项即可向市民开放。审判仍然受执行官的支配,但审判在城内进行,除非向国王个人提出诉求。用斯蒂芬森的话说,就是"详尽的法条限制[了][可能]在某些案件中施加的罚款和刑罚,规定[了]收集债款的方法,限制[了]诉诸决斗,并对为城市居民所重视的12种其他的司法事项[作出了]规定"。[17]随着时间的推移,维尔纳叶的特许权已经扩展到其他许多诺曼城市。

佛兰德:圣奥梅尔、布鲁日和根特

12世纪中叶,佛兰德主要因其纺织工业而成了欧洲第一流的工业区,布鲁日和根特是热那亚和米兰北部最繁荣的贸易城市。虽然佛兰德伯爵是法兰西国王的陪臣,但在整个11、12和13世纪里,他完全独立于国王而统治佛兰德。同时,佛兰德诸城市虽然在政治上隶属于强大的统治者,但在事实上却比它们的法兰西的同类获得了更大的独立性。某些佛兰德城市是作为革命公社起步的,但其中大多数似乎是在伯爵的鼓励下和平地取得了公社的地位,伯爵随意地授予了特许状,但在其中却着意保留了他自己的某些权利。

1127 年由威廉·克里托伯爵授予的圣奥梅尔特许状被用来作为后来授予佛兰德其他城市的特许状的榜样。该特许状表示,根据市民们(自由民)的恳求,威廉确认圣奥梅尔的法律和习惯以及市民们所宣誓效忠的公社的独立性。全体市民按照其执行官的公正裁决来保障和平和正义,他们"将享受依靠执行官而在全佛兰德土地上享有的任何最好的自由"。执行官负责裁判发生在城镇内
371 部("广场")的讼争,但是,伯爵的执行官和僧侣也对某些类型的讼争保有司法管辖权。[18]特许状确认市民古已有之的牧草权和免除军役权(为保卫佛兰德郡而服役除外)。市民还免除若干封建税和封建劳役,如骑士税和诉讼税,城堡驻军的非正当勒索、税金及封建人头税。[19]此外,特许状还确认城镇的商人行会,宣布行会成员免交若干种税,并且,伯爵许诺,如果可能的话,保证市民拥有与诺曼底、英格兰、布伦同等的特许权。最后,为了商人行会的利益,威廉伯爵把他的年价值 30 里弗尔的圣奥梅尔造币厂送给市民。这意味着圣奥梅尔要制造自己的钱币;它将从造币中牟取利益,而且,向伯爵缴纳的税金将不必再用从别处获取的钱币来支付了。[20]

圣奥梅尔的特许状并不意味着给予市民正式独立于领地统治者的地位。伯爵对城市保留了管辖权,执行官是由伯爵从市民中任命的,并作为他的法官来行动。不过,事实上,最初的执行官是终身任命的,并被赋予一定的独立性。后来,他们按照一种选举制度每年由市民选举产生。

在当时欧洲的 15 或 20 个主要城市中,布鲁日和根特比圣奥梅尔大得多。像圣奥梅尔一样,布鲁日和根特各有一个誓约公社、一个执行官委员会和一个商人行会。[21]腓力伯爵(1169 ~ 1191)授予布鲁日和其他的佛兰德城市所谓"keure"的特许状,为有限的自治

和市民的权利和特许权奠定了法律基础。

德意志:科隆、弗赖堡、吕贝克和马格德堡

位于莱茵河下游的繁荣的罗马城市科隆,在5世纪被法兰克人征服后,迅速衰败。虽然某些贸易和工业活动被保留了下来,主教管区和大教堂的存在提供了一种连续性要素;但是,在古罗马的意义上,科隆不复为一座城市,在近代欧洲的意义上,科隆也算不上一座城市。河港荒废成了沼泽;玻璃器皿的生产转移到乡村;人口缩小到与一个大村庄的规模无异;主要受大主教控制的政府并入周边地区——洛林的政府。[22]

953年,皇帝奥托三世任命其弟布鲁诺为洛林的公爵和科隆的大主教。布鲁诺关闭了城市设防区内商人在郊外的集市。他和他的后继者们在10世纪晚期和11世纪早期建立了市场、税收和造币厂。到1074年,商人和工匠们已经很强大,他们团结得足以起来反 372
抗大主教,不过,大主教还是能从外边调动军队镇压起义。1106年的又一次起义确认了一个独立的城市政府和一种城市法律体系的建立,实际上这种城市法在12世纪常常被称作"科隆法"(*jus coloniensis*),偶尔也被称为"城市法"(*jus civilis*)。

科隆大主教仍然是城市生活中的一个显要人物,他仍然是整个洛林公国的统治者,通常还是威斯特伐利亚公国的统治者。尽管这样,他在城市内所起的政治的和管理的作用在12世纪还是被大大削弱了,这时,科隆大主教的作用被一种由当选的官员在各种贵族团体内运作的政府制度所补充,并且在某种程度上被它所取代。

科隆在组建自治的、世俗的教区共同体(*Sondergemeinden*,有时称为公社)方面是独一无二的,科隆有12个教区共同体,它们各

设两名由教区共同体成员选举的(可能每年一次)治安官。卸任的、在任的和候选的行政司法长官组成一个联谊会或同业公会(*Amtleutegenossenschaft*,“官员伙伴”),公会在城市事务中起到重大作用。人们可以通过继承教区内的遗产并注册和交费而成为教区共同体的一员。教区成员有义务帮助、保护同伴成员以对付可能对他提出指控的任何人。教区内有关财产的主张和抗辩要由教区民事法院来受理,并伴随向教区司法行政官公会的全体会议提起上诉的权利。危害教区共同体的轻微违法犯罪由经选举产生的教区司法行政官公会的一个委员会调查犯罪指控,提起公诉,由教区刑事法院受理。如果一个教区成员对在教区法院里提出的针对他的公诉拒绝答复,那么他将被逐出该教区。任何企图破坏教区共同体规则的人都将受到魔鬼及其守护神所共同施与的永久的惩罚。

教区最重要的功能之一是办理土地转让与抵押的注册登记。教区登记的一项早期记录描述了海因里希·朗古斯从戈特弗里德那里购买一所房子的程序。买卖活动是在“市民和教区司法行政官面前以及法官和教区长面前完成的”。然后,海因里希按照习惯付给市民和法官为交易作证和注册登记的费用。任何对登记的事
373 实提出质疑的人,均被具体告知去查阅法官的注册簿(*Schrein*),在那里,他可查明事情的真相。最后,海因里希来到市政厅,在城市陪审法官(*scabini*,*Schoeffen*)在场的情况下,转给戈特弗里德的儿子和继承人三件标记,这样,就保证他本人及其继承人免予卖方继承人的任何索求。

不过,城市陪审法官的任务远远超出了为交易作证和保管其注册。陪审法官主要是做非职业法官,他既可以在高级法院(*Hochgericht*)作为一名成员与首席职业法官一起审案,又可以在

小案件中独自审案。在高级法院,他们受理初审案件以及来自教区司法行政官法院的民事和刑事的上诉案件。他们宣告法律,并作出由职业法官所予以执行的判决。毫不夸张地说,他们是在“发现”判决;他们被认为表述了习惯法的累积知识。当一个陪审法官独自审案时,他要把判决提交给其他陪审法官,以征得同意。

几乎每次审案都有 25 个陪审法官积极地工作。不过,卸任的和候选的陪审法官也包括在“兄弟会”(*fratres scabinorum*)之内,像教区司法行政官一样,陪审法官也组织了同业公会。虽然他们宣誓效忠于大主教,但他们也受宣告法律和公平而真实地发现判决这一誓言的约束。他们的案例报告既包括有违大主教利益的判决,也包括有违科隆商人利益的判决。因此,12 世纪有许多这样的案例,即通过其侍臣而活动的大主教,主张各教区共同体的各个成员皆为大主教的家室(*familia*)成员并因此由侍臣收集某种税款,陪审法官则决意抵制主教的侍臣。而且,根据留存下来的提到陪审法官的最早的文献记载,1103 年,在由列日和胡伊的商人对科隆商人提起的要求实施前科隆大主教所授予的特许权的讼案中,陪审法官作出了有利于外来商人的判决。

除了审判功能外,陪审法官还行使市政参议会的许多权力,在那种场合,他们常常不仅被称作陪审法官(*scabini*),而且还被称做长老(参议员 *senatores*)。科隆 12 世纪的档案表明,陪审法官或参议员计划并批准扩建城墙,为仁慈目的而捐赠城市土地,管理城市财产(诸如肉、鱼出售标准这类归城市而不归行会管理的事项),甚至在以上三种场合下与其他城市订约授予它们的商人以各种权利——所有这些无须得到大主教的确认。

除了教区行政司法长官和陪审法官或参议员以外,还有第三种公会统治科隆,这就是富豪公会(*Richerzeche*),它字面上的意思是“富豪的酒店”。富豪公会每年选举两名成员做“市长”(*Bürgermeister*),其中一个必须是陪审法官;而且,富豪公会本身由
374 卸任的、现任的和候任的市长组成。其主要任务是管理手工业行会和市场以及农产品、酒、啤酒的贸易条件(包括价格)。富豪公会(或市长)为了维护其条令的遵守,在三个主要市场设立了一个法院。富豪公会也受理对教区行政司法长官的民事法院判决的上诉。

在12世纪,科隆市政府纯属贵族式的。对贵族权威唯一的制约来自大主教。大主教任命两个首席官员:一个“城堡指挥官”(*Burggraf*),他在高级法院的诉讼程序中统率陪审法官,而且还是城市的军事头领,并对公共街区和场所拥有权力;另一个叫“镇长官”(*Stadtvogt*),他主持高级法院的某些一般性的审判。事实上,这两个官员的权力以及主教自身的权力受陪审法官公会、市长公会,以及教区行政司法长官公会的支配。13世纪,大主教的权力逐渐复兴,可是那个时候,科隆的法律已经获得了一种在某些方面(虽非全部)超然于政治权力结构之上的特性。

学者们争论过科隆城市政府的起源:它的最初起源究竟是和平运动,还是革命公社、地域共同体,或是商人行会?它可能是其中任何一种,也可能是上述几种的复合体,这并不影响科隆市政府和市法律与在科隆建立其政治、法律统一体的非常时期所发生的欧洲伟大转变之间的关系这个较大的问题。城市从环绕它的大主教管区和公国分离出来,世俗的城市制度的建立,尤其是形成城市自己的政治和法律历史——关于有机地发育和成长的历史意识或感觉——这一切都是基于以下事实而成为可能:教会自身宣告宗教权威和世俗权威的二元论,并且支持世俗权威的复合结构;通过法律逐步改革世界的观念在教界和俗界均成为一种主导观念和支

配性动力。人们的头脑与心灵上的这些革命性的转变,是11世纪晚期和12世纪遍及欧洲的政治、经济和社会生活里的革命变革的一个必不可少的部分。在科隆,正如在其他地方一样,自治城市和新型法律即城市法的建立,是这些变革的一个重要表现。

就皇帝和王侯颁布特许状这种在德意志公国形成城镇的通常 375
方式而言,科隆算是一个例外。有时皇帝颁布这样的特许状是为了安抚暴乱的市民;1073年,沃尔姆斯人民成立一个联合团体,反抗他们的主教,并由皇帝亨利六世授予特许权。1077年美因茨起而仿效。另一些特许状是由王侯们颁发的。这类特许状的一个最早的例子是1120年察灵根的康拉德公爵给弗堡颁发的特许状,康拉德公爵在与他的一个城堡相毗邻的荒地上建立了一个所谓的市场(城镇)。该市场起初是由从邻近地区吸引过来的商人们组成的。弗赖堡(free town,自由城市)这一奇特的名字揭示了它的特色。弗赖堡居民的自由在于他们避开了乡村的普通法律而受商业共同体的特殊法律支配。特许状规定:每一个市民(*burger*)必须有一块宽50英尺长100英尺的土地,他只需为此每年付一先令租金;公爵得保卫和平,保护全体居民;居民通过附带自由出卖和遗赠特权的继承权利来拥有土地;他们应被免除一切强制性的接待和公国的一切通行税以及除合法的军事征伐之外的一切人头税和资助;他们应分享牧场、森林、河流的自由使用;他们仅受商法特别是科隆的商人所享用的法律的支配;公爵未经商人们选举不得任命任何首席行政司法长官或教士。商人和公爵的官员宣誓维持并捍卫以上协议,公爵以一种庄严的握手礼发誓遵守这一约定。不久,一批选举出来的“市政委员”(*conju-ratores fori*,“当选者”)与首席行政司法长官联合执政;13世纪,他们开始被称作执政官(consuls)。[23]

弗赖堡的例子,像圣奥梅尔的例子一样,趋向于支持皮雷纳的理论,该理论也为斯蒂芬森所倡导,即商人在城市形成过程中起着主导作用。不过,即便是在这些城市和以同样方式形成的其他城市里,商人们也于不久就被要求与其他的阶级或显贵——与手工业行会、与贵族(包括主教),并且经常还与王侯、国王和皇帝一起分享他们的权力。

吕贝克是在 1143 年由霍尔斯坦的阿道夫伯爵二世建立的一个波罗的海的港口,阿道夫伯爵二世邀请威斯特伐利亚、佛兰德、弗里斯兰的居民前来定居。1158 年,这个城镇被萨克森的韦尔夫公爵、狮子亨利接管,亨利建立了一个造币厂,设立了各种通行税,并给予市民一些特殊的特许权,包括借用索斯特城镇的一种政府形式(亨利还建立了慕尼黑和不伦瑞克)。1181 年,红胡子弗雷德里克皇帝控制了吕贝克,晚些时候给予吕贝克一份规定了特许
376 权的特许状,其中包括某些有关自治和商人在整个萨克森公国完全免除通行税的权利。到 14 世纪中叶,吕贝克成为北部城市的首富。[24]

也许,城市法律体系在西方法律传统里诞生和成长的最富戏剧性例证是这样一种进程,在此进程中,12 个以上的主要德意志城市的法律被 12 ~ 14 世纪建立的数以百计的新城市正式接受了。例如,吕贝克的法律被 43 个城市所接受,法兰克福的法律被 49 个城市所接受,汉堡的法律被 4 个城市所接受,弗赖堡的法律被 19 个城市所接受,慕尼黑的法律被 13 个城市所接受,不来梅的法律被 2 个城市所接受,不伦瑞克的法律被 3 个城市所接受。然而,最重要的还是马格德堡(易北河畔的一个城市)法律的传播,它传播到 80 多个新城市。[25]马格德堡法律(Magdeburger Recht)成为中欧和东欧成文法的主要基础。

不过,在特定的“法律圈”(*Rechtskreis*)内,每一个新城市接受的并非原有的马格德堡法律或吕贝克法律(Lübecker Recht)或法兰克福法律(Frankfurter Recht),而是在它们接受之时所存在的“母城”(mother city)的法律。典型的方式是,新“子城”(daughter city)的领主准许接受“母城”的法律,如马格德堡法律,然后,城市当局派员前往马格德堡,马格德堡的主要司法官员、陪审法官(Schoeffen)便为来人准备好当时流行的马格德堡法律或其中所需要的部分(如关于城市政府、司法管理、行会、民事法律和刑事法律的那些部分)的最新版本。有些城市为获得最新法律而屡次派人前往。同时,“子城”法院还经常将个别案件交给“母城”的陪审法官,并接受其对适用于具体事实情况的规则的宣告。所以,人们从年轻城市的法律和判决之中,可以窥见原有的马格德堡法律、吕贝克法律或其他“母法”(*Mutterrecht*)的有机发展的轨迹。[26]

几个世纪以来,马格德堡一直是与斯拉夫人商业交往的一个中心。968 年,马格德堡成为大主教领地。后来,它被用做进攻斯拉夫人的一个重要的军事基地。直至 12 世纪初,马格德堡才发展出它自己的一套富有连续性的政治法律制度以及它自己的城市意识。1129 年爆发了一场市民反抗大主教的武装起义。大主教成功地镇压了起义;就在那一年,*maiores civitates*(市民贤达)这个术语第一次出现在马格德堡的一份文件里。12 世纪 60 年代的参考文献里出现了“马格德堡城市陪审官和法官”一语。在这一时期,行会也发挥了重要的作用;1183 年,行会的地位得到确认。同年,陪审法院在参考文献里首次出现。最后,1188 年,大主教威克曼(Wichmann)改革城市政府,保留了城堡指挥官和镇长官(*Schultheiss*),但另设了一个由 11 名终身陪审官和一名代理统治 377
者所组成的 12 人委员会。尽管城市在司法、税制和相关事宜的管理方面保有自治权,但统治整个大主教管区的大主教仍然绝对地控制着城市。陪审官的"席位"(*schoeffenbank*)通过任命显要家庭的成员来填补其自身人数上的空缺。

与1188年改革相联系,大主教威克曼颁布了马格德堡第一项记录在档的法规——一份由9个条款组成的文件。这些条款并不等于马格德堡的全部法律;它们更像是可能基于先前的司法判决、就一些重要的有争议的问题所作出的一项决议。例如,在某些类型案件的宣誓中,废除了传统程序里的繁文缛节。该法免除了父亲对其儿子伤害或杀害的人所负的责任,前提是能有6位受尊敬的人证明他不在现场或者在现场但未参与犯罪。这一规则扩展到父亲以外的其他人。有一条关于时限的,它规定在城内外发生的抢劫、伤害、杀人案件,必须在该时限内提出诉求。另一条允许因朝圣或紧急事务而外出的人延期在城堡指挥官或镇长官法院中提起诉讼。第7条规定,市民和外来人之间的诉讼,应即时审判,要在案件提起的同一天给予判决。第8条给予陪审官法院处理各种类型案例(包括市民和外来人)的一般管辖权,并附带规定,若陪审法官缺席,则由城堡指挥官或镇长官来审判。最后,第9条规定,"为使城市法律不受侵犯",任何以高声的或过分的或愚蠢的演讲扰乱市民集会的人,均应"受到市民们的严厉惩罚,以儆效尤"。[27]

众所周知,1188年的这九项条款是马格德堡法律规则的第一部成文汇集;它们是以大量不成文法的存在为先决条件的。实际上,在12世纪中叶,马格德堡习惯法就已经正式地被其他一些城市和城镇所采用。考察马格德堡陪审法官1261年送至布雷斯劳和1304年送至格尔利茨的几套法规,我们可以寻觅到马格德堡法律在后来一个半世纪里发展的踪迹。

布雷斯劳法有64条,格尔利茨法有140条。格尔利茨法在某些方面(如货物出售、所有权、继承)远比布雷斯劳法详细。有关刑事法律和证据方面的规定也颇为详尽。而且,马格德堡陪审官也不是简单地将64条布雷斯劳法律以其原有形式附上一些追加的或插入的条款送至格尔利茨;而是有意识地使早期法律汇集合理 378
化并加以修改。早期法律中相互分离的条款有时结合成为一个更宽泛的条款。某些排列不当的条款也得到重新组合。还有另一些条款得到了扩充。例如,格尔利茨法第8条虽然以重复布雷斯劳法第11条开头,规定了适用于在受伤的被害人呼叫和哭喊后被抓获者的刑罚;但接着又继续规定,若伤害系刀所致,且罪犯是当场被抓获的,就应该采取更严厉的措施。[28]这是根据经验对原来的条款加以扩充的一个例证。

1304年的格尔利茨法140个条款中的大多数或者来自作为增补的布雷斯劳法或者来自《萨克森明镜》。《萨克森明镜》是由一个萨克森法学家大约在1221年制作的一种法律规则体系,它均成了非严格意义上的所谓德意志普通法的一个重要部分(布雷斯劳法原有的64个条款中有10个条款也出自《萨克森明镜》)。格尔利茨法有25个条款是全新的:其中有6个条款散布于整个法律中,19个条款放在最后。

原有的1261年布雷斯劳法的64个条款自身被1283年从马格德堡接受的另外的24个条款以及1295年接受的另外23个条款所增补。这些增补条款似乎大部分是对先前规定的阐释。

这样一来,从马格德堡传播到布雷斯劳和格尔利茨以及勃兰登堡、西里西亚、波希米亚、波兰及中欧和东欧其他地区的另外80多个城市的法律,就经历了一种自觉的进化,一种有机的发展或成长。它的主要正式来源是马格德堡陪审法官的“言论”(*sprüche*),即他们就交由他们裁判的案件所作的判决。不过,这些陪审法官的言论(*schoeffensprüche*)并非孤立的特定判决,而是习惯法体系的一个组成部分,它们由人们回忆、记录下来,并在后来被作为抄本而汇集、传承。

法律的自觉发展是与其系统的或统一的特征密切相关的。布雷斯劳法最后在14世纪中期作为一种成体系的法律整体而被汇编成5册,包括一份有465个条款的表格。[29]第一册主要叙述市议员的选举和配置,市议员的权利和义务及其行为的公开性和有效性。第二册叙述司法组织和诉讼程序,包括陪审法官和其他法官的组织和程序、陪审法官和其他法官的选举、他们的报酬、开庭的时间和地点、各种法院的管辖权(特别是在刑事案件和继承案件
379 中),以及有关法院费用、扣押财物、财产授予、仲裁、决斗、法庭上的他人代理以及其他一些程序问题的规定。第三册叙述指控的类型:可以通过民事诉讼来补救的伤害与杀害;其他对权利的侵犯,其中包括侵吞财物、伪证、高利贷、诈骗以及伪造各种债务,包括继承人对死者债务的责任;支付劳役费;以及各种其他类型的诉讼。对各种不同类型诉讼所需的各种不同的证据都作了详细的说明。对各种金钱义务也做了规定,包括担保、抵押和宣誓债务;其救济方法包括扣押财产,逮捕逃匿的债务人以及最严重的放逐法外。第四册包含家庭法,其中包括与家庭成员在家庭遗产(*Erbgut*)方面的权利有关的法律的实体部分。该册的第一部分涉及嫁妆,婚姻契约和继承契约,家长、妻子和子女处置各类家庭财产的权利。第二部分涉及继承法和监护关系。第五册包括23个条款,它似乎是不宜放在前四册章节里的各种各样的重要的法律规则和判决的一个尚未完成的汇集。

与1304年的格尔利茨法相比较,“布雷斯劳－马格德堡系统的陪审官法”(“systematic assessors' law of Breslau-Magdeburg”,正

如这种 14 世纪中叶的法律体系开始被称呼的那样),不仅更为详尽,而且更为全面、更为系统。而 1304 年的格尔利茨法又比 1261 年第一部布雷斯劳法更为详尽、全面和系统。上述三种法律都来源于马格德堡法律体系本身的不断发展。附带说明一下,马格德堡法在布雷斯劳和格尔利茨的翻版像其他母城的子法一样,是由它们自己传送到另外的新城市和城镇的,这样一来,这些新城市和城镇就成了马格德堡的"孙代"城市("granddaughter" cities)。事实上,布雷斯劳法成了整个波希米亚王国的母法。

马格德堡法在广义的法和较特定的法之间作了一种基本的区别,前者是 Recht,被理解为法("权利")的总框架,后者则指一种制定的规则和具体的习惯,称为"*Willekor*"(该词来源于德语单词"意志"和"选择")。Recht 指由社会生活性质本身和最终由神意所赋予的一般原则或权利;它是习惯法(customary law)和自然法(natural law)的结合体。Willekor 既是市民当局制定的法令或法规,也是为市民所接受的一种地方习惯法;有时它被称作"市民法"(*buyrkor*),"市民法"从字面上意指既是"城市的选择",也是"市民的选择"。1261 年和一个世纪后的布雷斯劳法均是以同一规定开头:"根据 *Willekor*",马格德堡的 Recht 将运用于布雷斯劳。在后一部法律的另一条款(先前法律所无)承认了法与市民法发生冲突的可能性。该条规定,市政委员会(*Rat*)有权解决由市政委员 380
(councillors)授权在城市集会上发言的任何人所提出的问题,据称,(马格德堡)陪审法官"声明"这条法规"是一条市民法(*buyrkor*)而不是正义(*Recht*)[问题]"。

然而,正是广义上的法给予市政委员制定实在法的许多权力。例如,市政委员规定度量衡、调整食物和其他物品的售卖、确定价格以及设立对违反规定者所适用的刑罚的诸项权力,皆归因于广义上的法(*Recht*)。表示一种具体身份的近代德文单词——*Gesetz*——在马格德堡法律里没有出现,但是其动词形式 *gesetzt* 在马格德堡法律里被用来指城市当局在"设立"规章方面的活动。例如,市政委员会被授权处罚以高于城市当局的法规(*Willekor*)所设立(*gesetzt*)的价格出售物品的行为。

正如布雷斯劳版本所反映的那样,马格德堡法的重心在于财产法和商业法,这一点也很重要。法律规定,一个人可以抵押他的零售店、肉铺或其他营业所作为债务的担保。拥有这类商业场所的人被"视为一个可继承财产的所有者或一个(不动产)财产所有者"。他可以出售或通过遗嘱传继这份财产。此外,当商人(及朝圣者)离开城镇时,不能对他们起诉。特别有趣的是关于继承人对死者债务责任的一些规定:这些规定被说成是和格拉提安所陈述的法律相悖的。所以,马格德堡的城市法既不同于封建法,也不同于教会法。

英格兰:伦敦和伊普斯威奇

在盎格鲁-撒克逊时代的英格兰,正如在西欧其他地方一样,近代城市的出现是11世纪后期至12世纪初期的一种现象。正如斯蒂芬森所说,那个时代之前的盎格鲁-撒克逊城镇(borough),"不是一个由特权公民组成的共同体。其居民不享有(与自治城市)同样的市民特许权;他们不是通过市民所有权制度来拥有财产的;他们没有自治政府。1066年的典型城市实质上还是一个世纪以前的老样子——一个军事的和行政的中心。住在城墙里边的人主要[是]土地贵族阶层的成员[及其]附庸。除了城市可以是一个大区的行政首府这一事实外,其司法组织是一个乡村百户区的司法组织。"[30]

不过,11 世纪后三分之一时期——在诺曼人征服后,英格兰城镇的人口大量增长,它们的特征开始改变。正如在欧洲其他地方那样,商业区(市场)常常吞噬相邻的设防地区。膨胀的农业人口大批向城市迁移。称作“末日裁判书”的著名的英格兰经济调查清 381
册于 1086 年编成,它记述了 46 个自治城市:其中仅约克就有 1 万居民(无法解释的是,未记述伦敦和温切斯特),诺威奇和林肯有 5000 多居民,牛津、塞特福德及伊普斯威奇约有 4000 人口;另外 21 个自治城市各有 1000 ~ 3000 人口;余下的 16 个自治城市均不足 1000 人口,其中有些城市有几百人,有的仅数十人而已。12 世纪初期,自治城市的数目和城市规模引人注目地增长,到 12 世纪末,自治城市中的数百个已经有了庞大的人口。[31]更重要的是,几乎所有这些自治城市都持有特权的特许状,都具有各自不同的政府形式以及自己的法律制度。用斯蒂芬森的话说,“从亨利一世(1100 ~ 1135)时代起,自治城市……显得像一个城镇……市民权(Burgage)不仅仅是一种土地所有权(tenure)[不只是转让或遗赠城镇土地的权利]。它是一种市民身份和法律身份,是一种以共同体成员身份为依托的生活方式。”[32]在 12 世纪期间,盎格鲁 - 撒克逊时代的军事和财政上的城市(这种城市实质上是王室的防御工事,在政治上与乡村甚为相同)开始变为有自己的法律、自己的政府和自己的共同意识的“自由”联盟。

伦敦的历史展示了这一发展进程。虽然古罗马军团从公元后 1 ~ 5世纪曾占领伦敦,但是,除了残留的道路、建筑及大石头墙外,罗马人的东西很少在盎格鲁 - 撒克逊人的侵犯中幸存下来。在 7 世纪,随着基督教信仰的传入,主教在伦敦就职(官方授予其被称作一个“市”的资格)。死于 735 年的可敬者比德把伦敦描绘成一个许多来自土地和大海的人们聚会的场所。在一个多世纪以后,与国王阿尔弗烈德抗击丹麦人的战争有关的盎格鲁－撒克逊文献中再一次提到伦敦。考古学材料表明,伦敦在10世纪和11世纪是一座拥有1万多居民的庞大城市,仅次于欧洲最大城市——威尼斯。在诺曼征服时期,有20多个铸币人同时铸币。民众大会(Folkmoots)要求全体市民参加,每年召开3次。英格兰人和外国商人之间发生了贸易往来。然而,伦敦没有获得任何特许状,也很少享有12世纪意义上的"自由"。与其他盎格鲁－撒克逊城市和城镇一样,伦敦是一个有着发达贸易的军事和行政中心,而不是一个自治的"特权市民的共同体"。

诺曼征服后,威廉旋即发给伦敦一份特许状,在其后两代人的时间里,伦敦市民的权利以及伦敦作为一个城市的权利得以迅速的扩展。12世纪初,从前由国王任命的掌握统治权的两名"城镇长
382 官"(行政司法长官)从市民中选举产生,这项选举权于1129年通过亨利一世发布的一份特许状被永久地授予市民。在那时,伦敦被当做一个"公社",由一名市长领导。国王同意将该市应缴纳的年税从500英镑降低为300英镑(称为"ferm"或"farm"[包税])。城市通过全体市民每年聚集3次的民众大会和一个称作都市法院(husting)的小法庭来行使其司法管辖权。24名管理城市事务的高级市政官(alder men)宣誓履行"按国王陛下的法律属于他们在伦敦市的职责,保全本城的自由"。市民有权因贫困而出售他们的土地,而不管其继承人的利益。只有在找不到适当的抵押品时,监禁才可以作为债务要求的一种补充形式。外国商人的权利得到保护。每个高级市政官均有责任保证每家每户都备有武器和一匹马,以作防卫之用。木匠、石匠、瓦匠、泥水匠和挖沟者的报酬都是固定的。禁止用稻草和茅草盖屋,建立了防火的监视制度,要求每一所房屋前备一根水管,以作救急之用。[33]

亨利一世于1129年颁发的伦敦特许状规定："市民们……应从他们当中选择任何人任命为法官来受理王室诉讼和所发生的与他们相关的诉讼。不得对伦敦的同一个人另作(王室的)审判。市民们在任何诉讼中皆不得在城外申辩。他们得免除赋税(scot)、丹麦金(Danegeld)和谋杀罚金(murder-fine)。他们中任何人也不得被强迫进行决斗裁判。"特许状还进一步规定："任何人不得在城内宿营,无论是朕之家眷还是迫于其他人的压力。允许所有伦敦人及其财产避开和免除通行税、过路费、度量费以及整个英格兰和海港的所有其他关税。"[34]伦敦市民的这些特权和特许权在亨利二世所授予的特许状中得到进一步扩大。

伦敦的特许状成为诺威奇、林肯、北安普敦及另外一些城市的范本。同样,亨利二世国王发给约克的特许状则成为沃灵福德、安多弗、索尔兹伯里、威尔顿和朴次茅斯的样板;并且,授予这些城镇的某些特许状转而成为以后的特许城镇的样板。[35]

伊普斯威奇城(距伦敦东北约70英里)在1086年约有4000居民。该城由于其特许状及一份详细记述政府第一次组建过程的文献被保存下来,而特别能引起人们的兴趣。

这份特许状是1200年5月25日由国王约翰颁发的,它授权免 383
除伊普斯威奇市民的通行税、摆摊税(为市场和集市上的售货摊而缴纳)、度量费(市场和集市上为按度量买卖而缴纳)、通行费(由市场和集市的城外商人缴纳)、桥梁税(桥梁维修税),"以及我们整个陆地和海港的所有其他关税"。市民们还将免受伊普斯威奇境外所有诉讼案件的起诉,除非案件涉及外国人的所有权和涉及王室官员。此外,该城还被授予建立一个商人行会和一个同业公会(hansa)的权利。任何人不得在城内宿营或强行索取任何东西。在所有涉及城内土地或所有权的案件中,"审判应遵循伊普斯威奇自治城市的古代惯例和我们各个自由的自治城市的古代惯例来进行”,并且,所有涉及在伊普斯威奇发生的债务或进行的抵押的案件均须在伊普斯威奇审理。除非“依照我们自由城市的法律”,任何市民不得被判处支付罚款。该特许状又规定,市民们“应当通过本城公众会议选出两位恪守法律、谨慎持重的本城人,并把他们荐举给财政署的首席法官,他们应当完满而忠实地恪守前述伊普斯威奇城的督察官职位:只要在任上举止端正便不得被解职(*quamdiu se in baillia illa bene gessrint*),除非经过该城的公众会议”。此外,“经该城公众会议”,将选举 4 名“恪守法律、谨慎持重的”市民掌管王室诉讼以及其他与王室有涉的事务“并监督城市长官,使之公正地合法地对待穷人和富人”。[36]

特许状颁发一个多月后,1200 年 6 月 29 日,星期四,该城全体市民集合于伦敦塔(the Tower)的圣玛丽教堂大院。[37]他们进行选举,一致选出 2 名执行官,要他们宣誓就任督察官,选出 4 名王室财产管理官(coroners),要他们宣誓掌管王室诉讼、处理城内与王室有涉的其他事务“并监督前述的地方长官,使之公正地合法地对待穷人和富人”。同日,“通过该城公众会议”授予,还应该设立的 12 名宣誓的市民贤达(*capitales portmenni*,字面意思为“首要市民”,chief townsmen),“像在英格兰其他自由城市一样”,享有“管理和维持该城和它的所有特权,作出本城的判决以及规划和实施为该城地位和荣誉所必需的一切事务的全权”。下个星期天被指定为这 12 人的选举日。

7 月 2 日,星期天,经公众同意,执行官和王室财产管理官在该城每一个教区指定 4 名市民,由他们选举 12 名市民贤达。(可以
384 理解,2 名执行官和 4 名王室财产管理官在被选举者之列。)他们宣誓忠实地管理该城并维持该城的特权,公正地作出法庭判决,“不

论涉及何人”。而后,全体市民把手伸向“圣经”(the Gospels),一致庄严宣誓,以其身体和财产服从和协助执行官、王室财产管理官和12位市民贤达中的每一位,在任何场合下对任何人(王室权威除外)均应“按照他们的才能,就他们应该公正、合理地去行为的那样”,去捍卫该城市和它的新特许状以及新的特权与习惯。同一天,这份新的特许状交由两名可靠的守法市民负责保管,这两位市民真诚地宣誓保管特许状并在共同体需要时出示它。

7月13日,星期四,执行官、王室财产管理官和其他市民贤达聚会,作了如下规定:今后,本城关税应由执行官和本城的4名可靠的守法市民来征收,该项权利和习惯的包税应每年在国王财政署兑现;设立两名差役负责扣押财产和执行执行官、王室财产管理官和市民贤达的命令,其中一名差役为依执行官命令所逮捕的在押犯的看守人;应制作一枚公用印章,以便在涉及该城市共同体的重要事务中使用,并且由3~4名可靠的守法市民负责保管印章。

他们还命令,将这份新的特许状送往沙福克和诺福克的所有郡法院,公开宣读,以使其中所包含的特权布告巷隅,妇孺皆知。

9月10日,星期天,全体共同体成员再次集聚,倾听7月13日制定的所有的新规定。上述规定公开宣读后,全体一致赞同。然后,他们选举出下一年的2名执行官、4名协助他们征集本城关税的市民以及2名差役。

10月12日,星期四,又召开全体集会,展示公共印章,并选举3人保管,他们同时负责保管特许状。

同日,选举出5名市民贤达管理商人行会——1名高级市政官(alderman)和4名助手。他们宣誓将妥善而忠实地管理商人行会和所有与之相关的事项,并且善意地、合法地对待所有的行会兄弟。“兹后,高级市政官和他的4位同事当着全体市民宣告:享有

本城自由的一切人得于某日(时间及地点另行通知)前来高级市政
385 官及其同事面前,组建一个行会,并缴纳开办费。"报告还写道:

"是日,前述执行官、王室财产管理官、其他市民贤达以及全体共同体成员讨论维护上述商会的适当的手段、方式和所有相关事宜。执行官、王室财产管理官、其他市民贤达以及全体共同体成员一致同意并规定新近选出的高级市政官和以后将被选举出来的高级市政官为了行会的利益得掌管和从事下列商品之购买和出售:……[各种石头]和灰浆以及大理石的铺路石。高级市政官必须在该城市的执行官和王室财产管理官面前按其誓言逐年就上一年所得到的以及通过买卖所有上述的商品而获得的全部利润和增值作出精确而公正的清账。不仅如此,他们还一致赞同,无论上述城市居民还是在上述城市之内或其特许区域和城镇周边地区的本地人或外国人,皆不得拥有上述商品或从事其买卖,仅上述行会的高级市政官为了该行会的使用和利益而拥有或从事买卖者,不在此限。凡买卖上述商品者皆予以没收。"

同日,"全体共同体成员"将奥登霍姆牧草地授予 12 位市民贤达,以保全、喂养他们的马匹,作为他们为共同体劳动的酬报。全体共同体成员进而指令并同意将本城的法律和自由习俗载入一种被称为"末日裁判书"的档案,该档案由执行官保管,"以便他们能知道并认识到他们应该怎样履行职责"。商人行会的全部法令也被载入另一档案,"如同别的有商人行会的城市和自治市所做的那样",这一档案应不离高级市政官左右,"以便他们懂得如何履行职责"。[38]

总的说来,英国的城市和城镇没有达到欧洲许多其他地方的城市和城镇已经达到的不受王室或王侯控制的那种独立程度。很少看到对英国的自治市的自治政府的正式授权。某些特许状授予市民选举城市官员的权利:如1131年伦敦被授予选举其行政司法长官和一名首席政法官(justiciar)的权利,一个世纪之后,伦敦获得了选举一名市长的权利;北安普顿于1189年获得选举城镇长官以及随后选举王室财产管理官的权利;另一些城市逐渐获得了类似的权利。尽管这样,王室掌握着对包括城市司法和城市财政在内的城市政治生活的绝对控制权。

尽管王室拥有绝对控制权,不过,在11世纪末期、12世纪和13 386
世纪初期,英国自治市市民(burgesses)所享有的日常权利、特权、特许权以及豁免权,与欧洲其他地区的自治市市民(burghers)的权利相比,实质上并无二致。英国自治市市民是一种自由民;迁移到享有特权的自治城市里的农奴在英国正如在整个欧洲那样,居住一年零一天即可获得自由。城镇的市民资格含有携带武器、免除封建的和庄园的赋税和劳役以及自由继承附带买卖权利的世袭土地所有权的权利,含有免受神明裁判或决斗裁判而在自治城市法院接受审判的权利,以及限制王室的征税和罚款权力的权利。[39]不仅如此,虽然王室并未放弃它统治自治市的正式权力,但它的确承认了商人和手工业者行会操掌其成员的职业生计的权利;并且在事实上,英格兰的自治城市的官员正如在整个欧洲那样,负责检视公务,执行逮捕,发布文告,布置军队,征收地方税以及自行征收给王室的年税。

意大利的城市

在1050~1150年这100年里,没有哪个地方的城市像意大利的城市那样繁荣兴旺。在这一时期,数百个意大利城市中心建成为独立的自治的共同体。它们常常被称为公社(*communia*),也常常被称为全城公会(*universitates*),而且,还常常有其他的诸如“共同体”(*communitates*)之类的名号。这一运动在后一世纪里,尤其是在被称作“公社特权的大宪章”的《康斯坦茨和约》(Peace of Constance,1183)公布之后,突飞猛进地发展。

不过,在 11 世纪之前,人们不可能从意大利诸城市(罗马有可能除外)自身有机发展的角度来讲述它们。作为罗马帝国的城市,它们是帝国权力的分支,其命运完全维系于帝国的命运。米兰即为明证。[40]在公元第 3、4 世纪里,它是西罗马帝国的主要行政中心。因此,313 年,康士坦丁是在米兰宣布基督教为帝国宗教的。可是,米兰几乎没有它自己的历史——除了在圣安布罗斯(St. Ambrose,374 ~ 397 年任米兰大主教)使主教管区成为抵抗埃里厄斯派学说(Arianism)的一个堡垒之后的那个世纪里,(米兰)或许有一段教会史。

在 5 世纪的后半期,米兰和北意大利的其他地方首先是被阿提拉(Attila)率领的匈奴人侵犯,后遭到奥多亚塞(Odoacer)率领的黑鲁尔人的蹂躏,最后受到提奥多里克(Theodoric)率领的哥特人的侵扰。539 年,米兰遭到乌莱亚(Uraia)哥特人的实质性毁坏。30 年后,米兰被日耳曼的伦巴第人(*Langobardi*,“长须者”)征服。像先前的入侵者那样,伦巴第人将帕维亚作为他们的首都,米兰则
387 衰落了。774 年,查理曼将伦巴第并入法兰克帝国,这或许使米兰的命运有所改观。但是,直到一个世纪后加洛林帝国分崩离析,米兰城市的独立才初露端倪。原先是加洛林王室官员的米兰伯爵们失去了他们的权威,大主教开始兼管世俗事务和宗教事务。10 世纪初期,马扎尔人入侵的压力甚重,难民们涌入米兰,但到了该世纪末,形势好转了。乡村农业欣欣向荣,带动了米兰商业和工业的发展;同时,大主教将城市政治的和主教管区的边界成功地延伸至瑞士的阿尔卑斯山。1037 ~ 1039 年,大主教阿里伯特(Aribert)领

导自诩为米兰“平民”(“Plebeians” of Milan)——半宗教协会的成员——的人们成功地抵抗了皇帝康拉德二世授予小贵族的特权。所有这些对于编年史以及伦巴第历史和法兰克帝国历史都是重要的,但是却并不能为米兰城市的严肃的历史提供基础。

不仅如此,谈起“米兰城市”,人们必定会想到,米兰实质上是一个大村庄,颇似10世纪后期和11世纪初期所有的欧洲城镇。这个大主教府邸所在并且附带有在“郊外”的商人和手工业者的商店和住所的设防地区,不可能容纳比1000~2000更多的灵魂;更重要的是,这些并未构成一个独立的政治或经济单位,而只是城市位于其中的更广阔的疆域上的一个组成部分。在政治上,整个领土(包括城市),由大主教和贵族统治着,并不存在分立的城市政府。在经济上,商人和手工业者的家庭成员通常每天去城外的田地里劳作。

米兰的近代历史,即米兰近代城市的有机发展始于1057年,当时,由教皇改革的好战的拥护者们所领导的一场民众运动向由一位拥护皇帝的大主教所领导的一些贵族气派的高级教士发动进攻,最终将他们驱逐出去。此后,米兰的政体发生了根本变化,一个誓约公社得以建立。最迟到1094年,称作执政(consuls)的、有固定任期的公社行政司法长官(communal magistrates)由一个全体市民的定期集会选举出来。

米兰同其他伦巴第城市在地理上都处在皇帝权威和教皇权威冲突的中心。伦巴第城市成立自治的誓约公社通常是直接针对他们的由皇帝任命的主教的。这些城市中有14个终于结成了伦巴第同盟(Lombard League),该同盟成功地反抗了皇帝弗雷德里克一世。1180年,这14个城市——维罗纳、威尼斯、维琴察、贝加莫、 388
特雷维索、费拉拉、布雷西亚、克雷莫纳、米兰、洛迪、皮亚琴察、柏尔马、摩德纳和博洛尼亚——写信给教皇:“我们先要承受皇帝的攻击,以使他不致毁灭意大利和钳制教会的自由。为着意大利的荣誉和自由。为着教会的尊严,我们拒绝接受或服从皇帝。”[41]在这里第一次用了“意大利”这个名字来指一个政治实体,即从临近半岛的科木湖延伸到教皇辖地的自由城市的群岛。

当誓约的城市公社把矛头指向教皇或教皇的支持者的时候,皇帝又赞成建立誓约的城市公社。11 世纪 80 年代初,在皇帝亨利四世与教皇格列高利七世的冲突极其尖锐之时,亨利四世给托斯卡纳的卢卡和比萨市以自由和自治的特许状,以帮助他们摆脱格列高利的朋友和支持者——马蒂尔达女伯爵。

由民众集会选举出来的有固定任期的执政(如通常所称的那样)来进行公社自我管理的制度于 11 世纪后期和 12 世纪初期被引入北意大利的大多数城镇。在 1084 年的比萨、1093 年的阿斯提、1098 年的阿雷佐、1099 年的热那亚、1105 年的帕维亚、1123 年的博洛尼亚、1125 年的锡耶纳、1127 年的布雷西亚以及 1138 年的佛罗伦萨,均有这种执政的记录。[42]选举执政的市民大会称呼不一,有公社(*commune*)、讨论会(*colloquium*)、议会(*parlamento*)以及最常见的集会(*arengo*)。集会除了选举执政外,还制定法律、宣告和平和战争以及批准条约。

各城市执政的数目各不相同,一城之内不同年份的执政数目也会有所变化。1117 年,米兰有 18 名执政,1130 年有 23 名,1138 年有 4 名,1140 年有 8 名,1141 年有 6 名。绝大多数城市的执政数目通常介于 4 ~ 12 名之间。执政们管理公社,率领公社作战,审理公社成员之间的讼争。后来,许多城市任命了特殊的“司法执政”作为法官。

11 世纪后期和 12 世纪初期意大利城市最显著的政体创新是

采用政府官员的有限任期制。执政通常每年选举一次。这一个传播到欧洲大多数其他国家的原则,代表了政府观念在西方的一种根本的变化,在此之前,欧洲所有的政治领导人,无论是宗教的还是世俗的(王室、公爵、男爵),都是终身制的。城市行政职务的定期性在12世纪后10年更为突出,这个时候,在意大利,复合执政制逐渐让位给单一制,单一的统治者通常被叫作首席执政(*podestà*,权力者)。首席执政是军事首领、最高行政官和公社的首席法官,但他的任职期常常限于6个月,并且不得连选连任。 389

据发现,约在1169年的比萨、1177年的佩鲁贾、1186年的米兰、1188年的皮亚琴察、1193年的佛罗伦萨以及1199年的锡耶纳,已经设立了首席执政。13世纪初,首席执政制度几乎普及北意大利。"不久,从另外一个城镇(通常不是邻近的一个城镇)选择首席执政以确保他在本地讼争中不偏不倚的做法,已经习以为常。他携带家眷,在到达时宣誓效忠于公社……首席执政是一个贵族,他需要法律训练。他的职务成为一个得到承认的职业,其中,专门化的人才得以不断地变换职位。"[43]实际上,首席执政是职业的"城市管理者",任期终结时,他的政绩将由一个为此而被任命的专门委员会进行仔细的评估。

通过统治者的任期限制在固定的月份或年份内,意大利公社强调世俗统治者的"临时"性。与古代希腊或罗马城市的统治者相比,新的欧洲城市的统治者们不负责宗教事务(圣礼或信仰);那些事务留给教会,教皇革命已经使教会与后来被称作"国家"(the state)的事物相分离。事实上,欧洲新的城市政府是最早的纯粹的世俗政治实体,最早的近代世俗国家。它们的功能是在法律的意义上维持和平,主持正义。就此种关系而言,"首席执政"一词是意味深长的,因为它清楚地表明了政治功能从宗教功能里分离出来——“权力”(power)从“权威”(authority)里分离出来。[44]

首席执政的任期如此之短,以至于有必要将长期的政治职能划归另外的政治实体。最普遍的是用“大议会”接替集会(arengos),但它又常常庞大得不能有效地统治(在米兰,大议会有成员800名)。与此同时,发展出一种较小的“秘密议会”或“责任议会”(*consiglio della credenza*),其成员限额通常为24名(或者甚至16名),但偶尔数目多至100人。此外,还时常创设特别委员会在军事、财政或宪法方面的事务中行使特别权力。首席执政被要求就所有重大事项与市民议会协商。至少在理论上,该议会享有独自制定新法律的权力。

意大利诸城市不仅在创建新的政府形式方面而且在整理和改革法律方面居于领先地位。意大利城市法最早的系统化方式,是汇集执政官所宣誓的据以承担其义务的规则和汇集民众所宣誓的相应规则。誓言称作“条令”(*brevia*)。执政官条令规定执政官在
390 履行其职能时有义务遵循的详细规则。民众条令规定市民在与城市政府的关系中有义务遵循的基本规则。公务员(不是执政官)也被要求在就职时对他们所要遵循的规则宣誓。正如意大利历史学家弗朗西斯科·卡拉索所言:“显然,这些誓言联结起来便构成了调控公社的政治体制和行政生活的一套法律规范体系。”[45]

卡拉索进而指出,随之而来的权力集中于首席执政之手,“使首席执政曾发誓遵守和施行的,存在于用标题分别开来的单一规则体之中的各种誓言得以结合成为一个整体”。[46]这标示着意大利城市法律系统化的第二个阶段。通常,它与记录下来的公社习惯融合在一起。第三个阶段是编纂公社立法机构、民众集会或大议会的决议。这些决议通常被称为法规(*statuta*);有时,按罗马共和国的法律分类,它们被称作立法(*leges*)。在某些城市里,习惯法和

条规法融为一体；另一些城市则不然。例如，比萨有两部法典，一部由习惯法规则构成，称《基本习惯》（*constitutum usus*），一部由会议的决议构成，称《基本法》（*constitutum legis*）；还有两种法院，各自根据这两种法典中的一种来审判。[47]

像教会的政治学家和法学家们那样，意大利城市的政治学家和法学家们注意把来自不同渊源的法律资料系统化、综合化，以减少其中的矛盾并填补缺漏。为此，任命了专职的官员和专门的委员会。在柏尔马和皮斯托亚等城市里所采取的做法，是将编纂者禁闭在一座房子里直至他们完成使命，以免受外界的影响。另一些城市的做法却不然，负责编纂工作的人实际上被鼓励去亲自倾听人民的意见和建议。

行会和行会法

正如城市公社通常是作为一个宣誓的“共同谋求和平的集团”而开始的那样，公社里的行会也是从一种宣誓的兄弟会起步的。其成员受相互保护和服务的誓言的约束。11 世纪和 12 世纪的城镇的行会制度根源于早期的德意志行会，后者是一种“通过超凡的占有由死入生”[48]的军事和宗教的兄弟会。后来的行会还在很大程度上归因于 10 世纪和 11 世纪的部分地通过宣誓的兄弟会（通常称作“和平行会”）来运作的上帝和平运动。这些行会被用来作为相互保护的团体和自愿的法律实施组织。在 11 世纪最后 10 年 391
里，随着城市的兴起，商人行会、社区行会、手工业者行会以及其他的具有世俗性质的行会遍布各地；但是，这些行会仍然带有强烈的宗教色彩，一般说来，它们要为其成员的生活提供精神的而不仅仅是物质的方面。因此,行会通常通过处罚其成员渎神、赌博、放高利贷和类似的行为,寻求维持较高的道德标准。它为自己的守护圣徒,也为城镇的守护圣徒举行宗教礼仪。行会的规章(guild statutes)通常以列举行会所要给予的救济和所要进行的慈善工作开头。庆祝宗教节日是行会生活的一个重要部分。

凡有行会的地方(有些城镇,著名的如巴黎,并无行会),行会又是立法团体。城市或城镇里五花八门的商人和手工业者的行会,各自都有自己的法令(ordinances)。法令的内容依行会的种类(商人的、手工业者的、专业的、银行家的、海员的或其他的)而千差万别;如果是手工业者,要看是羊毛、蚕丝、皮革、银器还是其他产品的制造者;如果是专业的,则要看是法官、公证人、医生还是其他职业。在这些种类里,结合的形式是多种多样的,这反映为繁多的可以在此简单地翻译成"行会"的名称:*ars*, *universitas*, *corporatio*, *misterium*, *schola*, *colleguim*, *paraticum*, *curia*, *ordo*, *matricola*, *fraglia*,而且,商人行会的名称又分为 *hansa* 或 *mercandancia*。尽管如此,可能存在于城里的所有的几十个行会的法令还是有许多共同的特征,并且,这些共同特征存在于整个西方。因此,所有的行会都是兄弟般的联合(妇女因其参与的那些贸易偶尔也被正式地包括在内),其成员承担如下义务:帮助生病的、残疾的、贫困的或陷入法律困境中的伙伴成员,为死者举行葬礼并祭奠其在天之灵,为成员们的子女兴办学校,还有建设教堂、编排宗教戏剧以及为节日提供招待和欢宴。成员们定期宣读兄弟誓言,保证绝不叛离行会,忠实地遵守其规章。[49]

行会还是垄断的经济组织,它的法令规定诸如此类的事项:学徒身份和成员身份的条件、工作日与假日的日程表、工作质量标准、最低限度的价格、商店之间的距离、有关行会内部限制竞争和平等交易的售卖条件、禁止赊卖(行会内部除外)、限制进口、限制移民以及其他保护主义的措施。既然奴隶制实际上已在城市里被废除,劳动便以契约为根据;不过,劳动契约条款根据工作(*officia*)种类的不同严格地由行会和城市的习惯和法令来规定。罢工是一 392
种严重的犯罪。[50]

行会的政治形式典型地模仿城市或城镇的政府形式。位居要职的通常是两名或两名以上的代表,代表称为执政,每年或有时每半年选举一次,通常没有城市官员的参与。常常设有一个享有审议权的行会全体大会以及支持执政或其他主要行政官的小议会。行会的官员时常组成一个仲裁法庭,行会成员被要求在到法院打官司之前先去这个仲裁法庭。

通常,律师(公证人)不仅在为行会内的单个公司服务、起草契约和协议以及(作为辩护人)在司法和其他对抗性程序中充当代理人方面,而且在直接协助管理行会和市政府方面,都起着重要作用。当市政官员(商人执政、首席执政、市长、镇长)外出裁决讼争时,公证人常常随行前往。他们起草官员文件、拟定地方法规、布置选举、给邻近的城市或领主写信以及解释城市特许状。从城市作为自治实体而发展的最早阶段开始,律师就在城市的行政事务中扮演一个重要角色。

在许多欧洲城市里,行会的领导人成了公社的行政司法长官。1154 年,米兰的一项法律授权在其他人中任命“商人执政”来行使司法职能;北意大利诸城市里的商人执政法庭逐渐将其管辖权扩展到城内的所有的商事案件。另一些采用了意大利的商人执政制度的欧洲城市,也发展出相似的制度。在英格兰、威尔士和爱尔兰,14 个主要城镇的市长“由商人平民”选举出来,任期一年;像意大利的商人执政那样,英国的市长不仅行使行政职能,而且按照普遍的商人法行使司法职能。这样一来,在英格兰,就像在西方其他地方那样,商人法和城市法便相互交织在一起。

城市法的主要特点

早先被看作世俗法三种体系的封建法、庄园法和商人法,已经在客观性、普遍性、互惠性、参与裁判、一体化以及发展这些标题下作了分析。论及城市法,采用稍稍有别的分类似乎更恰当一些。这种法律制度将被从它的共有特征、世俗特征、宪法特征、发展能力以及它作为一种体系的完整性这些角度来进行分析。

共有特征

393 城市法律制度的首要特征在于其共有性。城市法是一种密切联合的、一体化的共同体的法律,该共同体通常在实际上被称作一个“公社”(commune)。共同体或明或暗的是以一种契约(*covenant*)为根据的。许多城市和城镇是依靠一种庄严的集体宣誓或一系列誓约而建立起来的,这些誓约是由全体公民为捍卫曾公开向他们宣读的特许状而作出的。在某种意义上,特许状是一种社会契约;实际上,它是近代政府契约理论产生的主要历史渊源之一。当然,城市特许状不是在双方当事人讨价还价、各方由此同意在特定期间提供周到行为这一近代意义上的契约。对城市特许状的接受毋宁说是同意某种永久关系的声明。像封建陪臣契约或婚姻契约那样,特许状是一种进入某种身份的协议,即进入一种其条件由法律规定并且不能由任何一方意志所更改的关系之中的协议。不过,按照流行的罗马—教会法关于社团是一种作为法律实体而分享普遍的法律功能和行为的人的团体的理论,在建立城市或城镇的场合下,所形成的这种身份就是一种社团(universitas)的身份。因此,在某种意义上,城市特许状的颁发与接受根本不是一种契约,而是一种圣礼;它既标志着也作用于共同体的形成和该共同体法律的建立。

城市法的共有特征不仅在于采取一种契约关系的形式,而且在于采取一种其成员之间参与(*participatory*)关系的形式。这种参与关系反映如下:关于公民之间相互帮助和相互保卫以对付外来人和敌人的法律要求;关于在同意新法律时举行公民参加的"公众会议"的规定;官员选举须经普遍同意的规定;关于由要求权利裁定者或要求反对他人已作出的权利裁定者的伙伴公民来进行正式裁定的制度;由城市当局稍加监督的民事讼争的非正式裁决制度;关于手工业者和商人的行会进行经济活动的严格规定;以及关于民众参与共同体生活的许多其他规定。

正如共同体的契约性的一面不应当从当代契约概念的角度来理解那样,其参与性的一面也不应当从当代民主观念的角度来理解。12 世纪的城市共同体通常由较小规模的参与者团体来治理。更为根本的是,它不是以所谓个人为根据而是以从属的诸社团为根据来建立的——它是"社团的共同体"(community of 394
communities)。法国社会史学家把这类社会结构称为"阶层社会"(*société des ordres*),德国社会史学家则称为"等级国家"(*ständestaat*),他们错误地把这类社会结构与 16 ~ 18 世纪的"后封建的"和"前民主的"欧洲简单地等同起来。在 12 世纪欧洲城市和城镇里,以个人作为成员的"阶层"或"等级"——或更简单地说,个人的阶级(不是马克思意义上的)——形成了权利义务的一个重要基础。因此,城市法虽然确认所有市民的某种法律上的平等(legal

equality),如富人和穷人**作为市民**(*as citizens*)在法律上平等,但并未一般地允许穷人参与领导人的选举。不仅如此,它还确认了与师傅和学徒之间鲜明不平等相伴随的各种手工业者和商人行会的不同的法律等级。它还规定了包括贵族、教士、大学生、犹太人和其他人在内的非公民的各个等级的不同种类的权利和义务。正如城市共同体是组成西方基督教世界整体的一个大型社团共同体(*communitas communitarum*)的一部分那样,它自身就构成一个小的社团共同体。个人除了作为整体中的一个或更多的从属社团的成员之外,并无法律上的存在,他的个人自由主要存在于他的流动性(mobility)之中,即他从一种从属社团移动到另一个从属社团,或者诉诸一个社团反对另一个社团的可能性。在某些情况下,例如犹太人,尽管无处不在,但其流动性极其有限。举个例子,犹太人可能并且经常诉诸王室或教皇,来反对城市政府用来对付他们的压迫措施。

由上可见,城市法的共有特征自身是由契约、参与和阶级这三面构成的。

世俗特征

除了其共有特征外,城市法还有一种世俗的特征。与远古的和帝国时期的希腊、罗马城市相对照,西方的城市和城镇不担负维护宗教信仰的责任。宗教崇拜和宗教信仰不是城市司法管辖的一部分,而是由西方各地从属于罗马主教的分离的教会来管辖。与城市或城镇里的宗教戒律和教义相关的法律不是城市法(或王室法),而是罗马教会的教会法。

这并不意味着城市共同体对宗教信仰来讲是中立的。相反,西欧所有的城市和城镇都是积极的基督教徒的城镇,到处都有教堂和圣殿。这些共同体自以为是因神赐而设置的。“我们把我们的城市法律和利益的发展归功于耶稣基督”，这表述了马赛公民同 395
尼斯公民于 1219 年建立和平所根据的一种共识。“统治我们的城市者惟有上帝本身。”〔52〕不过，这些共同体**作为城市**（*as cities*）的使命被解释为世俗的或尘世的，而不是神圣的或永恒的；其使命首要地是扼制暴力和调整政治、经济关系，即维护和平和主持正义。

城市把自己看作世俗的政治体，并不要求自己去适用宗教法律、举行圣礼或宣传宗教教义，而是把那些事务留给教会，这一事实是其作为西方意义上的城市所具有的一个本质特征。这并不只是件消极的事，它还具有建立现世的或世俗的目标的独立价值的积极意义。新的城市政府不仅仅在制度意义上独立于直接的教会权威，而且，它们所担负的维持和平和正义的任务也独立于教会维持基督教信仰的使命。并且，那些维持和平和正义的独立任务是它们自己所担负的虽然世俗但还是由上帝所委派的、值得无限虔敬的而且是上帝拯救人类计划的一个重要部分。这是“世俗之城”，但它比圣奥古斯丁的地上之城多了一些乐观的意义，尽管它与 12 世纪的许多世俗主义者的世俗之城相比，乐观的意义要少一些。〔53〕

城市法的世俗特征在如下事实里反映出来：每个城市都有它自己的各种各样的城市法，而且，城市法仅仅是包括王室法、封建法、庄园法和商人法在内的各种类型世俗法中的一种，各种类型的世俗法并存共处乃是其世俗特征所固有的。没有任何一种世俗法律制度要求统揽整个世俗的司法管辖权。每一种世俗法律制度都是管理那些受其管辖者生活的一部分的一种特定的地方制度，这也将 11、12 世纪及其后的欧洲城市的法律同古希腊、罗马帝国城市的法律区别开来。希腊城市是希腊市民所效忠的单一的政治体，它的法律是约束希腊市民的单一法律。罗马城市没有它自己的法律,罗马市民仅仅受罗马法的支配,非市民则仅仅由万民法即万国法来治理。西方基督教世界的法律所具有的独有特征是,每个个人都生活在一种复合的法律体系之下,其中,每一种法律都治理个人作为其中一名成员的交迭重合的次级共同体中的一个。

宪法特征

城市法律制度的第三个主要特点是它的宪法性特征。“立宪主义”一词创始于18世纪后期和19世纪初期,主要用来指美国的
396 成文宪法高于制定法的原理。然而,在这个词的完整的意义上,近代立宪主义的实际存在却首先出现于11、12世纪西欧的城市法律制度。一方面,这两个世纪的欧洲城市在它们享有包括征税、铸币、设立度量衡、招募军队、缔结同盟和发动战争的权力和权威在内的充分的立法、行政和司法权力和权威的意义上,是近代国家——正如这一时期的教会是近代国家一样;另一方面,城市的国家权力和权威,正如教会的国家权力和权威那样,要受到各种各样的宪法性约束。城市法的这种宪法性特征通过以下五种方式展现出来。

1. 城市法律在大多数场合是根据成文的特许状建立起来的,这些既是政府组织的特许状,又是市民权利和特权的特许状,在实效上,它们是最早的近代成文宪法。甚至没有成文的特许状的城市或城镇,也被认为具有一种设立其政府组织和其市民的基本权利与特权的基本法。

2. 通过特许状——或者不通过特许状——所建立的政府组织体系在某些重大方面与当代宪政体系相似:城市政府在权力上受到限制;它们通常被分为相互间进行某种制约的行政、立法和司法

部门;有官员的定期选举;在许多地方,法官若品行端正,即可任满任期,否则就被市民撤换;公布法律并颁布法律汇编。

3. 城市法所授予的市民权利的一大特色在于包括一种并非神明裁判或决斗裁判而是由同等公民裁判的理性的审判程序。未经法律程序,不得进行任意的逮捕和监禁。禁止因债务而进行人身拘禁。刑罚种类受到限制。在理论上,富人和穷人受到同样的审判。市民享有持有武器的权利,他们享有投票的权利,移民在居住一年零一天之后得被授予与市民相同的权利。外来商人得享有与市民商人平等的权利。

4. 典型的市民特许状在于免除许多封建劳役和赋税以及对其他许多劳役和赋税的严格限制。此外,它们还通常包含对王室特权的限制:例如,国王应该同意接受由城市或城镇所交付的固定税款并且被禁止征募强制贷款。最重要的是,普遍地确立了这样的原则,即市民的义务应该首先被详细规定下来,并且,市民能够保有他们所获得的不受此类特定义务支配的任何东西。 397

5. 关于市民权利和特权的宪法性法律包含与民众参与城市政府相关的权利和特权。这又是和一种从未被完全接受但也从未被完全拒绝的宪法理论相关联的,即政治权力最终属于市民全体。

尽管欧洲的城市政府形式在性质上颇多不同,但还是存在某些共同的模式。相当多的新兴城市和城镇是由全体市民参加的公众大会来治理的,在那里,官员的选举和新法律的采用,均须经过民众大会的同意。不过,在 12、13 世纪里,有一个遍及欧洲的强劲潮流,这就是用议会取代公众大会。某些意大利城市有两个议会,一个大议会和一个小议会。起初,城市议会通常是几年选举一次。后来,增选(co-optation)代替了选举。贵族政治形式代替了民主政治形式,尽管大型的公众大会有时仍然在幕后保留了行使否决或者至少不同意更改基本法的权力。

行政官员起初是被选举短期任职的,但是在许多地方,出现了行政权力走向集权的强大趋势。在一些意大利城市里,首席执政一职的任期从 6 个月或 1 年延至更长的期限,最后,在一些地方,该官职被终身授予。在另一些城市里,大商人的寡头政治开始把持行政。因此,在 12 世纪的威尼斯,行政官(Doge,督治)和由 6 位议员组成的小议会享有完全的行政权力;同时,行政官和由 26 位部门首脑组成的枢密院(Collegio)在具有 480 名成员的大会议中由 120 名成员组成的参议院里提出法案。不过,到了 13 世纪,行政官、小会议和枢密院皆沦为权贵(*Grandi*,"大人物")的傀儡,并且,曾经用来表示全体市民的誓约联盟的民众(*popolo*,"人民")一词,(在威尼斯和其他许多地方)开始用来指那些被排除在政府之外并且时常与之敌对的人们。

在 11 世纪后期和 12 世纪,民众对城市管理的参与也扩展到司法领域。某些市民——德意志称 Schoeffen、荷兰和北法兰西称 échevins、意大利称 consules——被选派或选举担任民众法官。在威尼斯,从大议会里挑选出 50 人组成 50 人会议或法庭,管理司法事务,但在另一些地方,法官由职业法学家担任。

在英格兰,尽管与意大利、德意志、佛兰德以及法兰西部分地区相比,公社运动较为微弱,并且,城市在政府组成上较多地依赖王室,较少民主,但是市政官员通常是经选举产生的。伦敦市民于
398 1131 年获得了选举其行政司法长官和政法官的权力,1231 年获得了选举市长的权力。

发展能力

城市法律体系的第四个特征是它的发展能力,即它不仅趋向

于变化,而且自觉地趋向于连续而有组织的发展。这种能力和趋势体现在不定期地将城市或城镇的习惯连同各类就职誓言加以汇编并使之系统化。它还体现在经常颁布、定期整理城市或城镇统治集团和城里各类行会所制定的法令和法律。除了这类自觉发展的固有渊源外,城市法还时常得益于罗马法和教会法的启示。一些城市明确地“采用了”罗马法。不过,这始终是大学里的理想的、能动的罗马法,而不是一套不可更易的规则。罗马法被看作一种能够从中吸取法律观念和原则以适应新的需要的资源;所以,它也是法律自觉发展的一种要素。

作为一种体系的完整性

城市法的发展能力和它走向发展的趋势是与它作为一种法律体系的特征相联系的,这一特征部分地受到罗马法和教会法都具有的系统化特征的启发。尤其是在意大利诸城市(其他地方在较小程度上也是这样),城市法首先被看作以习惯(*mos*, *consuetudo*, *usus*)为基础的,其次被看作以立法机构颁布的规则为基础的,规则又进而分为行会及其他团体的法规(*statuta*)和城市立法机构、国王或皇帝的法律(*leges*)。法规和法律具有一种赋予其特殊意义的成文品格。习惯虽然通过公共权威的命令记录下来,但这并不一定使它们丧失作为习惯法的品格。在城市法方面,正如那个时代的教会法和其他法律体系一样,如果法律渊源发生内部的相互冲突,那么习惯要服从法规,法规服从法律。行会法规经常要交由城市当局审查和批准,城市当局还常常要行会承担定期修订其法规的义务。

城市法的另一些特征是与城市或城镇里的社会和经济关系的特点相联系的。市民或镇民能够合法地通过称为租地权或城镇占

有(burgage tenure 或 town tenure)的占有形式来合法地获得土地和
399 房屋,这是城市法的一个特征。与氏族的和封建的占有形成鲜明对照的是,城镇占有包含遗赠、出卖、抵押、租赁财产的权利,并且,在一般的意义上,含有与在18世纪开始被称作"所有权"(*propriété*, *Eigentum*)的东西相似的权利。不过,既然早期的城市经济活动通常是一方面由习惯法,另一方面由行会规则来严格调控的,11世纪后期和12世纪里对土地和房屋的私人利用所作的限制,就要比18世纪后期和19世纪多得多。

作为一种历史共同体的城市

在最近数十年里,美国社会学家越来越关注城市的历史,这部分地是马克斯·韦伯论述城市的文字译成英文的一个结果。[54]韦伯掌握了在19世纪后期和20世纪初期收集起来的有关西方城市历史的二手资料,他把这类文献加以综合并与他自己的一般社会理论相融会。可是,韦伯的影响并非无可挑剔。他未能纠正他的前辈们造成的涉及城市历史的一些主要错误,并且,他的社会理论存在严重的缺陷,这些缺陷在其理论运用于研究城市共同体时尤为有害。

最重要的是,韦伯的城市理论虽然饰以历史术语,但它甚至没有提及、更少解释西欧城市所具有的最显著和独特的特征,这就是西欧城市的历史意识,即它的对自身历史发展的意识、对自身从过去朝向未来运动的信念以及对自身不断进化、发展的特性的感觉。韦伯的理论有一个重要的贡献,这就是他讲述了西方城市在一个特定时刻,即它在"中世纪后期"的历史起源时,作为一种共同体所进行的结构性整合(structural unity);然而,该理论的一个严重弱点在于它未能讲述西方城市发展的原动力——未能注意到,与罗马的、伊斯兰的和东方的城市相对比,西方城市相信其政治、经济和社会制度会世世代代有机地向前发展。

韦伯写道,尽管西方型城市的萌芽偶尔能在其他文化里(主要是近东)被发现,但是"完整的词义上的城市'社会'(community)仅仅出现于西方。""要构成一种充足的城市社会",他说:"一种定居点(settlement)必须代表一种与商业贸易关系相关的先决条件,并有整个展示下列特征的居民区:(1)一个城堡,(2)一个市场,(3)一个自己的法庭和一种至少部分自治的法律,(4)一种相关的社团形式,以及(5)至少部分自治和自主并因此又是由经市民参与的选举所产生的权力机构来管理的。"依韦伯之见,这种独特的实力体系(system of forces)只能出现于特定的条件和特定的时间,这就是中 400
世纪的欧洲。[55]

韦伯所归纳的西方"充足城市社会"的构成要素反映出它的结构性整合,但这些要素并不能说明它的原动力特征和它合乎时宜的发展。它们没有解释12世纪城市为什么或怎样发展成16世纪和20世纪的城市;16世纪和20世纪的城市有许多与12世纪的城市相同的、至少是相承续的特征,但其另一些特征却在程度上(倘若不是在种类上)有重大差异。一个典型的20世纪城市具有以下特征:(1)它是一个被赋予法律人格的社团,享有起诉应诉、拥有财产、订立契约、购置商品和公共设施、雇佣劳工以及借贷金钱的权能;(2)它是一个通常由一名市长或城市管理人和一个选举产生的议会一起治理的政治实体,可以雇佣官员、征税、行使永久主权以及履行其他的政府行为和职能;(3)它是一个经济单位,通常承担或控制水、气、电及交通的供给,并规划建筑、房屋的使用以及经济企业的场所;(4)它是推进包括教育、保健、济贫和公共娱乐在内的社会福利的一个代理机构。[56]12 世纪欧洲的城市像它们的 20 世纪的后代那样,也是社团性的、政治的、经济的和社会的实体;不过,它们在这每一种角色里的活动范围比今天的城市要受到更多的限制。今天的城市所做的事情有许多在当时是由城内的行会、教会以及大家族来完成的。而且,今天的城市更多地与近代民族国家这个在 12 世纪刚刚开始出现的实体同构而且更多地代表它。不过,尽管存在这些差异,今天的城市还是沿着从教皇革命时期所创建或恢复的城市和城镇开始的有机发展道路而发展的;并且,这一生长过程是它作为城市共同体的特征的一部分。

倘若不考察西方城市所具有的历史的自我意识、对自身的历史连续性与发展的感觉、对自己作为一个社会不断发展的特征的自觉,以及它从过去向着未来的运动,就不可能解释西方城市生长的进程。从历史上看,这首先是与教皇革命的宗教方面,尤其是与教会逐渐改革和拯救世俗秩序的使命相关联的。其次,它是与教皇革命的政治方面,尤其是与对多元的、自治世俗政治体并存共处的信念相关联的;正是这一信念,使市民们组建独立于王室的、封
401 建的、甚至教会的权威的城市公社——某种在教皇解除王权的神圣化之前本是无法想象的事物——成为可能和急需。第三,它还与教皇革命的法律方面,尤其是与这样一个信念相关联,即世俗秩序的改革与拯救必须通过法律制度的不断向前发展和法律的定期修订以克服无秩序和非正义的强力来进行。

令人诧异的是,韦伯在后面一章里的论述与他自己在前文对构成中世纪西方城市的独特性的东西的论述相抵触。他不顾这种前后矛盾,将他起初所说的“仅仅出现于西方的”“完整意义上的城市社会”所具有的 5 个特征又全部加给亚洲的和东方的城市。他

指出：后者也是一个要塞和一个市场。它还包含实行无军役租佃制（即非封建的土地占有），并且土地转让不受限制。不受妨碍或只承担交付固定地租义务的农场。它还有自己的“自治宪章”，该宪章大抵表示它自身的结合形式和至少部分的自治与自主。[57]韦伯说，在所有这些方面，中世纪西方城市和它在亚洲的同类物之间只有程度上的差异。他最后总结说，“绝对地”使西方城市独具特色的东西，是人的法律地位，即市民的自由。[58]他认为，涌往城市的农奴在逃避从前的领主所施加的军事的或其他的役务方面，具有一种共同利益。“城市居民因之攫取了违反领主类型法律的权利。与所有其他城市相对比，这是中世纪西方城市主要的革命性创造。”[59]韦伯继续说道，“割断与乡村贵族的身份联系”是和城市社团——法律上的自治公社——的形成相联系的。他补充说，“与之相似的城邦或公社宪章的初始阶段可能在亚洲和非洲重复出现。”（注意“初始”和“可能”这两个谨慎的用词。）“不过，[在亚洲或非洲]市民的法律身份无从知晓”。[60]

这样一来，韦伯最终承认了有某些与西方法律相关的东西在西方城市的兴起中是至关重要的。此外，西方宗教（韦伯也只是拐弯抹角地论及）的某些东西似乎也是至关重要的。他指出，在包括中国和印度在内的亚洲文化里，所有的城市居民共同组成一个同质的身份团体（a homogeneous status group）是不可能的。他写道，“与亚洲的相比，地中海城市居民享有独特自由的首要原因是，不存在神奇的、泛灵论的种姓和血缘束缚。这种阻碍城市居民融入一种同质团体的社会结构不尽相同。在中国，它是外源内宗的血族（exogamous and endophratric sib）；在印度……它始终是内源的种姓”。[61]这里，韦伯转向福斯泰尔·德·库朗日的著作，以展示古代 402
希腊、罗马城市未曾通过用城市祭膳取代家庭祭膳来创立市民身份的宗教基础。然而,韦伯没有提供对宗教因素和法律与政治因素的相互关系的任何解释;更别致的是,他未曾正视这一事实,即古代希腊、罗马城市是建立在奴隶制的基础之上的,并且缺乏不是作为所谓"地中海城市"而是作为11世纪后期和其后的西欧城市之特征的"城市居民的独特自由"。因此,韦伯谈到西方出现城市特权是一种革命性的**宗教的**(*religious*)变化时,便戛然打住;在这一变化中,一方面,教会政治体宣称它独立于一切世俗的政治体;另一方面,真正的世俗政治体概念头一次得以创立,而且,世俗政治体被说成是可以改造或拯救的。

为什么韦伯低估法律和宗教在西方城市的起源和发展中所起的作用?为什么他完全忽视西方的历史意识即西方人对宗教和法律制度世世代代有机发展的信念所起的作用?

马克思把包括宗教和法律意识在内的社会意识的变化归因于为满足经济需要(生产方式)的技术的变化和为控制那些技术(生产关系)的阶级斗争的变化。韦伯则相信除了决定社会意识的物质的经济力量之外,还存在物质的政治力量——换言之,即驾驭政治权力是一种独立的客观力量并且不(像马克思所想的那样)仅仅是驾驭经济权力的一个反映。因此,在韦伯看来,11世纪后期和12世纪初期西方城市的兴起不是仅仅由于新的生产方式(工匠和手工业)的发展(它从庄园招募了与其封建领主相对立的农奴),而且还由于新的政治关系的发展。韦伯可能看到,贵族也具有赞成城市的创立和发展的政治因由。但是,韦伯如同马克思一样地相信,意识,尤其是法律和宗教意识,在本质上是统治的工具。尤为特别的是,韦伯像马克思那样相信,创建城市的观念、城市内共有意识的成长,以及一方面表现城市意识,另一方面维护统治阶级的经济和政治权力的城市法律与宗教制度的发展——所有这些,都构成

一种非物质的(精神的、意识的)、建立在一个物质的(经济的和政 403
治的)“基础”之上的“上层建筑”。

把西方法律制度仅仅当作上层建筑或仅仅当作意识形态来解释,无论如何也不会圆满;实际上,任何基于物质的基础和意识的上层建筑之间的区分而对西方历史所作的解释,都未能充分地考虑到西方的法律传统。不过,这并不意味着价值、观念、信仰、概念和其他形式的社会意识占据主导地位,以至于认为它们“导致”了经济、政治生活——或者在这方面的法律制度的变化。西方的法律制度**既不能**(*neither*)单单作为先在概念的表现,用唯心主义的术语来解释,**也不能**(*nor*)单单作为运用经济或政治权力的工具,用唯物主义的术语来解释。只有运用兼含并且超越唯心主义和唯物主义的方法,才能对它们给予完满的解释。

传统的社会理论错在设想历史变化仅仅是由基本的社会、经济和政治条件独自变化所造成的。实际上,并不存在什么单纯的社会、经济和政治条件(或力量);它们从来就是某种理解和感觉背景的一部分。也不存在孤立的价值、观念和信仰;作为社会事物,它们从来就是和“物质利益”相互联系的。权力也是一种观念;正义也是一种力量。在**导因**(*causes*)一词的物理学意义上,没有哪一方是另一方的导因。

要知道一种巨大的历史变革**为什么**(*why*)会发生,一个人必须超越观念与物质条件之间的相互关系而进入时间和环境本身,不仅要描述它们,而且要揭示它们的历史意义、它们对于过去和未来的意蕴。诸如城市的社团性、城市财产的可让渡性,以及市民特权之类的法律制度,要部分地作为观念和价值的表现、部分地作为经济、政治权力的工具来理解,而且,它们还可以作为重大的历史事件和历史事件的一些重大后果来理解。它们不单是“表现”和工具;它们**曾经发生**(*happened*),懂得它们何时发生和怎样发生以及其中发生了什么大事件,有助于人们明白它们究竟**为什么**(*why*)会发生。只有这样,才能充分解释西方城市的法律制度,舍此别无他途。除了客观的唯物主义的“为什么”和主观的唯心主义的“为什么”之外,还有一个历史主义的“为什么”——一个为外求与内求两个方面增添过去与未来两种维度的“为什么”。

第十三章　王室法：西西里、英格兰、诺曼底和法兰西

教皇革命在西方基督教世界产生了一种新的王权概念。国王不再是教会的最高首脑了。“神圣王权”的时代逐渐结束。在称作“属灵”的事务方面，罗马主教是最高的权威——不仅对国王们是如此，而且对最重要的主权者即皇帝也是如此。人们第一次感受到皇帝和国王是“世俗的”统治者，他们的主要任务首先是维持各自王国的内部安宁即制止暴力行为，其次则是主持正义即在政治和经济领域中进行管理。而且即使在这些事务上，教会也起到一种重要的作用。 404

不过，王室在教会事务方面权威的减弱由它对有关其他世俗政治组织——部落、地方、封建和城市——方面权威的大大加强而得到补偿。用约瑟夫·斯特雷耶的话讲：“格列高利的教会概念接近于要求创造国家概念。”[1] 宗教与世俗

政治组织的划分致使地域性王权的概念占据了支配地位,据此,国王不再主要是氏族(或氏族联盟)的首领和封建等级结构中的贵族首领了。此前,国王直接统辖他的“智囊”和直属封臣,并只是通过他们间接地统辖地方首领、次一级的封臣臣民。此后,国王则通过他的官吏直接统治他的主权所辖领土上的所有人,至少是其中的全部自由人。这也是一个循序渐进的过程,南意大利、英格兰和诺曼底的诺曼统治者们曾用了几代时间,而在法国和德国又多用了几个世代。

在12、13世纪新的王权概念首先牵涉到对国王立法作用的承
405 认。欧洲国王第一次开始正规地制定法律,他们立法所基于的正当理由,不再是仅仅作为对古代习惯的记录或处理紧急情况的一种特殊办法,而是作为王权职能的一种正常行使,作为国王维持安宁和主持正义职责必不可少的一部分。王室立法逐渐区别于王室的行政管理、财政、军事活动和一般意义上的政治。

王室政府的行为也变得专业化、部门化和在这一意义上的官僚化。立法通过一般称作“国王政务会”的一个新的专业机构作为中介,国王政务会小于并不同于较古老的部落议事会和封建大议事会。同样,传统的王室司法职能也被专业化,中央王室法院从国王政务会中分离出来。“御前会议”(*curia regis*)从作为一个整体的王室手中转移到专门行使立法、行政和司法职能的王室官吏手中。负责王室事务的官吏变成了各部门的首脑——书记官变成了文秘署的首脑,财政官变成了财政署的首脑,等等。[2]

新的王权的法律概念更多得力于教皇权力的法律概念,这一概念最初是由教皇格列高利七世于1075年在他的《教皇敕令》(*Dictates of the Pope*)中宣布的。教皇是作为社团的教会的首脑,他根据自己通过立法和司法判决而形成的法律体系进行统治,同样,

国王也寻求借助于自己通过立法和司法判决所形成的法律体系统一他们各自的王国。国王像教皇一样，也借助于专门指派的受过专业培训的官吏进行立法和司法。

人们有时认为，国王作为立法者这个新概念的出现，是在11世纪最后几年发现查士丁尼罗马法文本和随后欧洲各大学中罗马法新科学发展的结果。关于这个问题真实的情况是，首先，王室立法权的支持者们确曾求助于罗马法文本来论证这种权力的合理性；其次，国王们确曾在罗马法的词汇中找到了许多可用于他们自己立法的词语。但是，教皇立法权和城市立法权的支持者们也是这样做的。人们一直所说的"来自罗马法的根据"主要不过是一种论据，一种证明，而不是一种动因和原因。实际上，不能把王室立法权发展的动因和原因归之于罗马法的发现，这一点从以下事实中显而易见，即王室的立法权在英格兰、诺曼底和西西里的诺曼王
国中的地位最突出，这些地区罗马法的复兴比法国等地弱一些，而 406
在罗马法复兴之势最盛的北意大利，皇帝的立法权却是残缺不全的，王权根本就不存在。

地域性的和法律的王权概念的结合，在欧洲的每个王国中产生了一种王室的法律体系。国王们建立了中央法院，管辖他所辖全部领土上的某些类型案件，他们颁布由这些法院予以适用的法律。王室法院除了适用国王颁布的法律之外，还根据新的法律科学适用那些被认为对其全部领土具有拘束力的——"地域法"——以及从习惯、理性和良心推演出来的法律原则、概念和规则。大学里的新罗马法和教会的新教会法为这种法律科学注入了活力。

在欧洲各国，国王的和国王法院的普通法逐渐取代了本国领土中彼此疏离的部落、地方以及区域性法律。例如，在英格兰，它取代了韦塞克斯人（Wessex）的法律、麦西阿人（Mercia）的法律和

适用丹麦法区域的法律(Danelaw),而在12世纪初英格兰法还存在着这样的划分。在西西里,希腊人的法律、阿拉伯人的法律、伦巴第人的法律和诺曼人的法律通过从1112～1154年在位的罗杰二世而被普通法所压倒。罗杰是12世纪欧洲第一位伟大的立法君主。12世纪后半叶仿效罗杰的有英格兰的亨利二世(1154～1189),德意志的红胡子弗雷德里克(1152～1190),法兰西的腓力·奥古斯都(1180～1223),佛兰德的腓力伯爵(1169～1190);在13世纪有西西里和德意志的弗雷德里克二世(1217～1223),英格兰的亨利三世(1216～1272)和爱德华一世(1272～1307),法兰西的路易九世(1226～1270),卡斯蒂利亚和莱昂的百态迪南三世(1217～1252)和阿方索十世(1252～1284)。同稍后的立法者们不同,这些国王们主要通过创立王室法院适用的诉讼程序和救济措施来立法;不过,欧洲的君主们在12世纪和13世纪颁布的一系列重要的立法法令给人们留下了深刻的印象(见边码第522页图表2)。

在11世纪晚期、12世纪早期之前,各王国不是通过王室官吏所施行的普通法而是通过国王本人及其对他的神圣性和魔术般权威的确信而使本王国统一起来——达到了完全统一的程度。早期的国王到处游历的特征强有力地说明了这一事实:国王必须不断地巡视全国,以便平息暴动和主持正义。在农村作为国王封臣的大领主不是作为他们的代理人或官吏而是作为自治的统治者进行
407 治理。当然,有某些例外——人们记得查理曼——但通常日耳曼时代的皇帝和国王们一方面主要代表了他们臣民的精神统一体(以现在的术语表示则是意识形态的统一体),另一方面主要代表了抵抗来自北方、东方和南方异教徒入侵者的军事统一体;而在经济上、政治上和主要是在法律上几乎没有任何统一体。11世纪晚

期和12世纪早期，这种情况大大改变了。对基督教统一体的最高监护变成了教皇的特权，而欧洲许多地区的国王相对于较小的世俗政治组织而言获得了大为增加的世俗权力——包括经济、政治和法律的权力。德国历史学家海因里希·米泰斯曾正确地指出："12世纪尚没有形成作为一个社团实体或'法人'的世俗国家这样一种抽象的概念。"他还正确地指出："授职权之争导致了一种较为宽泛的国家职能和权能的概念。"但是他下面的说法是相当不正确的："从非基督教的过去继承下来的和由中世纪早期教会所保持的对国王神圣性和他的权力魔力的信念，在授职权的竞争中保存了下来。"[3]如果将12世纪与后来如14世纪和其后的时期相比较，这种观点可能是正确的。但如果将12世纪与授职权之争前的几个世纪相比较，这种观点则是不正确的。人们只需回忆一下索尔兹伯里的约翰的《教会史》和《匿名的诺曼人》之间的差别就够了。米泰斯自己又说："的确，12世纪的统治者们对政治渐趋采取一种世俗的态度"，"负责王室事务的官吏们——特别是在法兰西和英格兰——倾向于变成一个由专门的、永久的行政官员组成的封闭的政务会"，这个事实反映了一种世俗国家的概念。[4]不仅如此，统治者君主本人也变成了一位宪法性人物，一位由法律限定的任职者，他的最高权力——如何佐所说——至少在理论上受到他的管辖权(*jurisdictio*)的限制。国王的权力也在宪法上受到臣民所享有的抵制国王错误命令的权利的限制，这种权利甚至扩展到诛戮暴君(*rex tyrannus*)的权利和义务。

当然，臣民们的这些宪法方面的权利，在作为个人的臣民往往太势单力薄而难于行使这些权利的意义上，大都是理论上的。但对王权也存在实质性的实际限制，这些限制部分是由于通信的实际困难，这种困难造成了拖延、争论和对国王只是象征性的虔敬；

部分是由个人臣民所从属的各种社会共同体所施加的——封建贵族、市民、商人、神职人员以及地方、区域和氏族社会团体都继续要
408 求各自的成员忠于本团体。在后来的几个世纪,各种各样的社会共同体最终要求出席对君主提供咨询意见并有时反对君主的议会(parliaments),除了政治的代表性之外,各阶层作为整体便构成了国王始终不得不认真对付的“社会阶层”或“社会团体”,甚至像在西西里的诺曼王国那样主张专制统治理论的地方,这种对王权的实际限制也是具有重要意义的。一位作者曾用下面的词语描述了在王权处于专制主义高峰时期的西西里政治:“一种由王室和共同体之间不断讨价还价所形成的君主与特权阶层之间能动的张力。”[5]这种描述甚至也适用于当时其他世俗领地的君主制。

西方基督教世界的大部分地区于11世纪晚期、12世纪和13世纪涌现出一种新型的政治共同体,即世俗领地王国,概括起来,它有以下9个重要特点:

1. 国王不再是他统治领土上最高的宗教领袖了,而是一位世俗的(或现世的)统治者,在宗教事务上要服从以教皇为首的罗马教会。

2. 国王不再仅仅是他的主要顾问和武士的最高首领及直属他的封臣的最高领主了,他还有权直接统治他领土范围内的全体臣民。

3. 国王作为他的全体臣民的世俗统治者,其主要任务是维持安宁和主持正义,实际上,这主要指防止暴动和调整土地占有中所出现的各种关系。

4. 国王在履行这些和其他职责时,是通过包括王室法官在内的专职王室官吏和通过作为专职王室仆役的职员来统治的,而不只是(像以前那样)通过权力世袭的自治的封建贵族阶层来统治。

5. 国王还首次主张立法即在某种程度上多少按照需要经常制定新法律的权利和义务。

6. 像以罗马主教为首的教会国家和以市长、执政官和其他官员为首的城市国家一样，王室国家借助于专职审判和立法，发展了它自己的法律体系。

7. 在政治和法律**理论**（*theory*）上，国王的权力受宪法的限制，包括对他的管辖权及在管辖权内如何行使权力的限制，这些限制甚至在理论上表现为赋予他的臣民以抵制错误的命令乃至诉诸暴力反抗暴君的权利和义务。

8. 在政治和法律**实践**（*practice*）中，国王的权力受王国内各种
各样社会共同体的限制，其中包括其权力超越王国疆界的神职人 409
员这个阶层。商人阶层的权力也具有一种国际的范围。

9. 国王们构成了国际的职业权贵阶层。他们常通过血缘相互联系，一位国王与欧洲王国王室家族成员以外的任何人结婚则是有点反常的。在王室家族网络内的这种相互联姻无疑加强了国王们关于王权实际上和理论上意味着什么这一点的共识。只要有在婚姻联盟的可能，他们就彼此等待时机。不仅如此，每位国王作为国王的资格，都需部分地得到其他国王对他的合法性的承认。这是近代欧洲国家制度发展的第一阶段，在这个阶段中，每个国家要获得作为国家的权能，就须参与欧洲各国体系和基于该体系所创立的界定国家主权的国际法体系。

11 世纪晚期、12 世纪和 13 世纪早期在西欧出现的这些新型王权的一般特征，在西方各国表现方式有所不同：西西里（包括北意大利）、英格兰、诺曼底、法兰西、德意志公爵领地、佛兰德、北西班牙王国、丹麦和匈牙利，这种排列本身就表明在这一大类中具有多种多样的属类。

西西里的诺曼王国

在11世纪的头几十年,诺曼骑士开始单个或成群结队地作为雇佣兵或为了发财而从诺曼底来到意大利。在他们中,有欧特维尔家族的名为坦克雷德的一位诺曼小贵族的11个儿子。他的儿子们带领数量不断增加的诺曼同胞同当地的雇佣军一道,成功地对阿普利亚、卡拉布里亚和卡普阿进行了军事袭击。到11世纪50年代,他们成为南意大利半岛大部分地区的统治者,并做好了进攻西西里的准备。

此前的数百年中,罗马的南意大利主要处于拜占庭帝国或伊斯兰教哈里发们或它们两者的统治之下,那里的人口中,最多的是希腊人和阿拉伯人,还有拉丁人和少量的犹太人。此外,某些地方处于伦巴第人的统治下。这就是诺曼人到来时这里的情况。不过,在11世纪50年代,教皇也关注南意大利,当时教皇正准备挣脱皇帝统治的束缚,甚至梦想领导征讨伊斯兰教的十字军东征以重新夺得圣墓。在1053年,教皇利奥九世匆忙率领一支由士瓦本人、伦巴第人和其他诺曼雇佣军组成的1000余人的军队与诺曼人开
410 战,想阻止这些强盗和掠夺者。教皇的军队惨败于那不勒斯东部的奇维特。[6]

此后,教皇采取了不同的策略:在反对皇帝的激烈斗争中,寻求诺曼首领作为同盟。在1059年于阿普利亚的梅尔菲举行的宗教会议上,教皇尼古拉二世将坦克雷德的两个儿子即罗伯特·圭斯卡德(克拉夫蒂的罗伯特)和他的兄弟理查德封为他自己的封臣——理查德被封为卡普阿的公爵,罗伯特被“以上帝和圣彼得的

恩典封为阿普利亚和卡拉布里亚的公爵；由于他们未来的帮助，又将其封为西西里的公爵”。为了报答教皇使他们建立王国的野心合法化，罗伯特和理查德宣誓保护教皇尼古拉的人身和地位，捍卫7个月前在罗马首次宣布的教皇选举自由，“并且支持各地的神圣罗马教会和反对全部占有和获取圣彼得领地的人”。由于教皇的支持——至少是慰抚，罗伯特·圭斯卡德的弟弟罗杰·德·欧特维尔在11世纪60年代征服西西里对穆斯林的战争中发挥了重要的作用，在1072年，罗伯特和罗杰一道夺得巴勒莫当时它是基督教世界中除君士坦丁堡以外的最大城市。罗伯特自称为西西里王，并将王国的大部分授予罗杰作为封建采邑。

罗杰自号西西里大公爵，直至1105年逝世，虽然通常把他称作罗杰一世，但他并不是严格意义上的国王。罗伯特(死于1085年)也只是一个自封的国王。不过，他们两人都有强烈的野心扮演属于11世纪国王的和在1100年的《匿名的诺曼人》一书中所描述的那样的角色：基督的代理人的角色，最高级神职人员，最高统治者和上帝授予的无限制的宗教和政治权威。在教皇号召整个基督教世界进行十字军东征以解放巴勒斯坦之前的40年，罗伯特和罗杰把他们的军事战役看作圣战。在与穆斯林军队作战时，他们鼓动其追随者们作为基督军队的战士而战。研究罗伯特的编年史家在描述他准备入侵西西里时，曾引述了他的话：“我的希望是从撒拉逊人手中解放天主教徒和基督教徒，成为上帝复仇的工具。”在随后发生的战争中，他被描述为，通过圣事增强斗志以鼓励他的下属投入战斗。“让他们信仰上帝而不是相信数量上的多数，依赖会使正义事业取得胜利的圣灵。”[7]这是罗伯特和罗杰的十字军东征而不是教皇的十字军东征，但是，教皇的祝福使他们感到愉悦。

罗伯特和罗杰除了领导他们的追随者在圣战中对抗异教徒的 411

撒拉逊人,并且偶尔也反对作为基督教徒的希腊人,他们还对其王国领地内的教会行使最高权力。他们承认被征服的国家和新形成的国家中已经确立的主教管区,任命自己的主教——诺曼人的主教或同情诺曼人的主教。罗杰说:“在征服西西里的过程中,我已经建立了西西里的主教管区。”[8]他和罗伯特都是狂热的教徒。他们都对强化教会法表示关注,创立了审判神职人员的独立的教会司法管辖权。但这种教会和教会法是**他们自己的**教会和**他们自己的**教会法(*their* church and *their* canon law)。他们在各自的领地内是教会司法管辖权的最高首脑。

也是因为这一点,他们能够确保得到教皇的支持。教皇“可能用未加斟酌的词语指责世俗当局争夺授职权,但他通常都无可奈何地确认在西西里由‘基督教信仰的拥护者好战者罗杰’——‘一个足智多谋、作战勇敢的人’——对主教职位所做的安排,‘他在行动计划上表现出色,在战争中勇敢过人’”。[9]事实上,在教皇乌尔班二世时,通过教皇训令实际上授予了罗杰公爵和他的继承人在卡拉布里亚和西西里享有世袭的教皇特使的权力。这个声名狼藉的训令(直到意大利统一前不久的1867年才废除)使教皇特使未经罗杰同意不能进入其领地。

为什么教皇在教皇革命的高峰时竟为了与西西里的诺曼统治者联盟而甘愿牺牲教皇革命为之奋斗的基本原则即教会自由呢?

首先,教皇需要诺曼军事力量的支持以使罗马城市与皇帝抗衡。在1084年当亨利四世长期围攻之后进入罗马城时,罗伯特曾指挥卡拉布里亚的大军和撒拉逊雇佣军逼近罗马,迫使亨利四世撤退。

其次,教皇为了合法地争取教会政治独立的斗争特别是为了合法地反抗皇帝对教皇的政治统治,需要与西西里的诺曼王国结盟。在1059年，当罗马的复活节会议宣布教皇选举自由时，从政治的观点看，教皇仍属帝国的一个组成部分，它缺少与其他任何机构发生独立政治关系的权能。诺曼政治体的存在为教皇不受皇帝和其他任何人控制地与另一个权力机构建立关系提供了机会。罗伯特及其兄弟们完全处于帝国之外，这个事实增加了教皇在处理外交关系权力方面的重要性。因此，与南方诺曼人的联盟，标志着教 412
皇统治系统向一个现代意义国家迈出了重要一步。

不过，教皇方面为采取这一步骤付出了巨大的代价。南意大利诺曼统治者们是残酷的暴君，他们及其追随者不仅统治他们领地内的教会，而且还表现出与他们对基督教的狂热信仰相悖的虐待狂式的残暴。例如，在1084年，罗伯特及其军队从皇帝亨利四世手中解放了罗马市三天之后，他们就因为一次暴动而放火和抢劫，并使公民沦为奴隶。教皇格列高利七世从他的首都逃入荒原——他的首都不仅受到他的帝国敌人的洗劫，也受到他的诺曼盟友和解救者的蹂躏。

转观事物的另一面，诺曼的统治者们何以为了与教皇结盟就甘愿冒险使他们的权力专制的理论和君权神授的观念受到可能的挑战？为什么为了结盟的缘故而情愿与皇帝开战？即便当时他们也没有其他理由这样做，并且在南方他们正集中相当的精力对付阿拉伯人和希腊人。

首先，罗伯特和罗杰自称国王需要教皇的同意，否则他们只有权力而无权威。至于日耳曼人的国王，根据传统其权威或基于世袭或基于选举。教皇党的理论为皇帝权威增添了第三个源泉：由教皇举行圣职授予仪式。诺曼的首领们并没有权利主张世袭统治南意大利。事实上，他们确是由其下属“选举的”并由自己的主教“祝圣”，但每个人都明白这种伎俩。只有罗马大主教才能使他们的权力和征服合法化并由此使它们永久化——正如只有他们才能使教皇在政治上独立于皇帝并使这种独立永久化一样。[10]教皇和西西里的诺曼统治者们通过互相承认合法性,在欧洲建立了最初的两个近代国家:一个是基督教国家;另一个是世俗国家。

其次,在教皇方面,罗马教皇赋予欧洲国王和王国一个新的使命,这种使命尤其与南方诺曼统治者们的利益相一致,那些统治者们狂热地信仰这种使命。这种使命部分是地缘政治学上的——联合西方以对抗撒拉逊人的世界,使西方在军事、政治和经济上转向南方和东方。这种使命部分是国家的——鼓励世俗的统治者们在各自领土内组建政治体并在交战的部落之间和交战的封建领主之间维持和平。这种使命部分是法律方面的——确立公正和利用法
413 律改造世界。南意大利的诺曼人热情地拥护教皇党的这些目标。他们在十字军东征中高兴地领导军队对抗撒拉逊人(和希腊人),并愿意在他们自己和邻近王国中讲数种语言的各民族间最终维持和平和进行贸易。他们像在诺曼底的诺曼同胞一样,也是伟大的行政管理者和法律家;他们开始分享教皇关于改革和恢复法律制度权威的信念。

他们与罗马的联系有助于诺曼人在南意大利不仅创造一种合法的国家权力,而且创造一种辉煌的文明——甚至是西方 12 世纪中叶最富有的、最强大的国家和艺术、科学与技术的中心。在罗杰二世统治时期(1112 ~ 1154),其首都巴勒莫是西方最大和最富于世界主义特色的城市。它的商业船队是欧洲最大的;它是北非的粮食产地和欧洲大陆最大的丝绸和丝织品的供应地;它在天文学、地理学和其他科学方面都处于领先的地位;它大大地吸收了穆斯林世界的知识源泉,并通过后者吸收了可能包括中国在内的东方知识源泉;萨莱诺大学的医学院是欧洲最好的;巴勒莫王室宫廷文

学和学问把阿拉伯、拉丁和希腊传统精华结合在一起；其所诵读的是法兰西和阿拉伯的诗歌，柏拉图、欧几里得和托勒密的作品被译成拉丁文；12 世纪西西里的宫殿和大教堂把诺曼人的罗马式建筑与拜占庭的镶嵌图案艺术结合起来，成为欧洲最大的艺术财富。

但是，诺曼人为了他们与教皇的联盟最终也付出了巨大的代价。当时存在以下冲突：他们信仰罗马教会但又完全控制他们自己领地内的神职人员；他们具有狂热的基督教信仰但本身却又野蛮残忍；他们文化中西方的、拜占庭的、穆斯林的、诺曼的、希腊的和阿拉伯的成分之间也存在冲突。这些冲突导致了他们的自我毁灭，这种自我毁灭始于罗杰二世的外孙弗雷德里克二世皇帝——他也是红胡子弗雷德里克之孙，他行使强权恢复帝国对教会的权威，不仅将南意大利和虽由他世袭统治但名义上属于德意志的领土纳入自己的领地，而且还将北意大利的城市纳入自己的领地。实际上，弗雷德里克可能是查理曼之后拿破仑之前欧洲历史上最英明的权力最大的君主，他没有驻足于意大利，而是不顾教皇开除教籍的威胁领导十字军东征，并自立为耶路撒冷之王。当他于1250 年死后，他的儿子曼弗雷迪继续奉行他征服北意大利城市的政策，直到教皇乌尔班四世找到了安茹的查理这位卫护者，教会许诺，如果他消灭曼弗雷迪，将把西西里的王位授予他。查理在 1266 414
年做到了这一点，但查理也因过分的野心、傲慢和残暴而毁灭。他在西西里岛垮台以前，就把这个岛交由法兰西人实行专制统治。西西里人民起来反抗并屠杀了法兰西的压迫者。这次称作“西西里的黄昏”的起义最终导致把法兰西人从西西里岛上赶走并使西西里的边界限于卡拉布里亚和阿普利亚，因此而称作那不勒斯王国。此后西西里本身由阿拉贡统治。后来称作“两个西西里”的这两个部分都受到导致它们分裂的战争的蹂躏和毁坏，并且都没有得到完全恢复。

诺曼国家制度

如果12世纪欧洲位居显要的王国即诺曼人的西西里王国曾有着类似于英格兰诺曼王国那样的未来,那么,12世纪在西西里所创立的政治和法律制度今天就会像12世纪英格兰的政治和法律制度那样被深入研究和广为人知。因为西西里王国构成了西方第一个近代的地域性国家,具有第一个近代的王室法律体系。

西西里的诺曼人像诺曼底和英格兰的同胞们一样表现出行政管理的天才。具有特色的是,他们并不试图消除先前存在的被征服民族的政治和法律制度,而是寻求在实行更为中央集权统治的同时更多地放权,以便在这种新的政治行政管理型的法律结构框架内最大限度地利用这些制度。

那些于911年在法兰克帝国(因下面的事件开始称作诺曼底)永久性定居下来的古代斯堪的纳维亚人也具有类似的特征,即一种保持旧制度并将其采纳到新制度中的意愿:他们尊重被征服的法兰克人的先进习俗并将其吸收和采纳到新的社会条件中。在一个半世纪之后占领英格兰的他们的后裔,也注重保留那些可行的盎格鲁-撒克逊人的政治和法律制度。因此,南意大利的统治者们接受了先前存在的各种政治和法律文化而为己所用,而在同时又把它们改造成一种新型国家和一种新型法律。

诺曼人在南意大利建立了一种先进的(虽然腐败的)政治体,它本身是许多要素的混合。它的一部分是由巴勒莫一个穆斯林的政府组成,其首脑称作"埃米尔",它通过许多政府部门实行独裁统治。诺曼统治者们从罗伯特开始保留了巴勒莫统治者的官制,甚至沿用了"运筹米尔"(emir)的头衔,以拉丁文称作"埃米拉图斯"

（*amiratus*）（现代海军军衔中的“海军将军”一词就是源于这个 415
词）；此外，在诺曼人统治的头 100 年中担任官职的大多数人具有希腊或阿拉伯的血统。“埃米拉图斯”像前任者们一样通过政府的各部门进行统治，也有受到早期行政管理理论和实践（在阿普利亚主要是拜占庭的，在西西里主要是阿拉伯的）培训的官吏任职。不过，诺曼人增加了对各阶层敞开大门的文官考试制度；这种改革可能是由于受到由阿拉伯和犹太的旅行者们所传说的中国做法的启发。

诺曼人除了利用既存的制度外，还创设了与王室法院密切关联的中央机构。其中之一是文秘署，它可能是以教皇的文秘署为样板。它的首脑开始时称作主任书记官，后来称作御前大臣，有权掌管御玺并负责以国王的名义颁发训令、公文、命令和各类令状。罗杰二世的御前大臣瓜林（Guarin）是他的心腹，当国王外出作战时，他代行政事。

另一个中央机构是财政署，它起初称作关税局（*dogana*），负责管理王室账目和实施极复杂的税收制度。财政署拥有先前阿拉伯人财政长官（*diwan*）一职和阿拉伯预算制度的某些特征。它可能更多地根源于 11 世纪晚期和 12 世纪早期罗马教廷所创立的高度发达的财政管理结构。

还有诺曼人创立的另一个新的官方机构，这就是专门的王室法院，它的管辖权包括最严重的犯罪和那些扰乱安宁和侵犯自由土地保有权的自由人之间的民事纠纷。在 1136 年，罗杰二世任命了一位首席法官，负责受理案件和领导王室的司法机构。从王室法院派出的巡回法官到各地主持巡回审判。最终，巡回法官永久性地固定下来，巴勒莫的高等法院负责受理最重要的案件。到 12 世纪末，封建领主法院和城市法院都直接从属于国王法院，后者对各种所谓“王室诉讼”“战争诉讼”“流血案件”和“高级审判”具有垄断的管辖权。而在拜占庭和穆斯林的实践中则没有类似这样的东西。[11]

12 世纪西西里的诺曼人还创立了王室执行官(*baiuli*)制度,它在名称和功能上类似于诺曼底公国的郡长(*ballivi*)。他们首先是王室执行官,被授权执行国王命令。后来他们取得了较为广泛的行政和司法权力。在 13 世纪弗雷德里克二世时,他们变成了领薪的和可以撤换的官吏。

416 通过如此复杂的政府管理制度,西西里的诺曼国王加强了他们与全体民众的联系,并因此加强了他们对封建和城市贵族的控制。国王不仅仅是直接从属他的封建领主的最高领主,还直接统治其领土上的全体人民——虽然不是在所有方面。如果他的封臣们试图行使抗拒他的封建权利,他便能号召全体人民在军事上支持他,并能对他们实行不仅是封建的而且是王室的刑事制裁,包括捣毁城堡、罚金、监禁和放逐法外。[12]

西西里的君主制对封建贵族的中央集权控制反映在军事服役制中,尤其反映在所发布的限定骑士服役义务的书面登记簿中,罗杰二世发布的《封臣明细表》(*Catalogus of Baronum*)限定了每位封臣向国王提供装备起来的骑士的数量。不过,这是最低的限额,如果需要,国王会向全国募集军队。似乎也有以支付金钱代替骑士服役的规定。[13]西西里的《封臣明细表》很可能是 1166 年和 1172 年英格兰和诺曼的骑士服役调查所仿效的样板,并也可能是法兰西腓力国王封地登录簿(*scripta de feodis*)所仿效的样板。

西西里君主制对封建贵族实行中央集权控制的另一个例子是,作为一种惯例,在封臣与领主之间所有的忠诚宣誓誓言中都保留了忠于国王等语。还有另一个例子,这就是国王保留了对其直属封臣和次级封臣婚姻的同意权——这种权力大都是作为一种税收措施间接行使的,但偶然也可作为一种政治措施直接行使。12世纪的英格兰也有类似这两个例子的东西,那里的国王通过文秘署、财政署、巡回法官、郡长、骑士服役和对全体人民的征兵备用权(*fyrd*)对封建贵族也实行了类似的控制。

但是,南意大利的诺曼国王们并没有被认为是服从法律的(在此意义上至少是立宪君主制的类型);相反,他们被视为专制君主甚至暴君,这与英格兰以及其他欧洲国家形成了鲜明的对照。在这方面,可能某种程度上归因于拜占庭和阿拉伯的模式。像拜占庭的皇帝一样,诺曼国王统治教会,成为王国的最高僧侣。巴勒莫马托拉那教堂的一幅镶嵌图案曾描述罗杰二世直接从基督那里接受王冠,而没有教皇或大主教作为中间人,蒙雷阿莱大教堂一幅类似的镶嵌图案描绘了他的儿子威廉二世也直接从基督的手中接过王冠。此外,西西里的诺曼王国内没有自由城市:城市均由国王任命的人管理,虽然存在城市特许权,但他们要服从国王的意志。最 417
后,国王不仅是封建等级中的最高贵族,而且是全部次级封臣甚至他领地内全体居民的直接领主。在所有这些方面,国王是一位专制君主(一位"独裁者"),他的管辖权没有限制。

此外,无论是在理论上还是实践中,对他独断专行的权力都没有法律方面的限制,在这个意义上,他是专制君主。他的权威是绝对的——在"绝对"一词的严格意义上;也就是说,他不受法律的"约束"。南意大利的诺曼王虽通常偏好运用法律统治,但在很大程度上是为了统治他们的臣民,被迫用法统治的,而他们认为自己在法律之上。事实上,他们在施行野蛮的暴政时毫无顾忌,不仅对反对他们的人是这样,而且对不反对他们的人也是这样。甚至在驱使支持者方面,他们不仅乐于使支持者感到敬畏,而且喜好诉诸恐怖。

西西里诺曼王国的经验对下面传统的观点提出了挑战,这种观点认为近代西方合法性的概念源于强有力君主的需要和政策与先前既存封建和地方政治共同体的传统和利益之间的妥协。与此相反,西西里的历史表明,一种从上到下渗透全国高度发展的王室法律体系可能与统治者的专制权力并行不悖。西西里和英格兰12世纪的王室法律体系具有显著的相似性:两者都是君主制使得整个国家联系起来,通过建构一种能够下达全体民众的中央法律体系,成功地限制了封建贵族的权益。但在英格兰,正如米泰斯所言:"王室的法律总是受到社会共同体法律意识的限制。"[14]而在南意大利,绝不存在像日耳曼人和法兰克人那样的顽固的部落(氏族)传统和地区习惯法。或许是因为社会共同体法律意识的淡漠才致使它的统治者们为所欲为;也或许是因为他们无限制的权力要求进一步削弱了这种法律意识。一种更简单但并非不相干的解释是,在英格兰像在除西西里以外的其他西方国家一样,罗马教会之强大足以对君主的权力和权威构成实质性的限制。

罗杰二世的性格

要想发现法律发展的原因,就应知道个人性格可能起到重要的作用,在法律急剧变化的时代尤其是这样,但通常很难极其肯定
418 地评估这种作用。是时势造英雄还是英雄造时势?罗杰二世显然是生逢其时的合适人物。他出生于1095年12月,其父伯爵罗杰一世于1105年死时他年仅9岁。其母阿德雷德(Adelaide)摄政,她是北意大利人,伯爵的第三个妻子,她主要依靠具有希腊或阿拉伯血统的西西里大臣们的辅佐。1112年,年至16岁半的罗杰被认为已经成熟,足以用自己的名义进行统治。他是在阿拉伯人口占多

数的巴勒莫市长大的。在那里,他周围接触的是穆斯林和希腊的私人教师、秘书和官吏,他受到了良好的教育,所学包括当时最先进的地理学、数学和科学,拜占庭及诺曼的艺术和音乐以及东方与西方的诗歌与哲学。

在摄政时期和他亲自统治的前10年,经常出现封臣的反叛。罗杰是一位果敢、成功而又冷酷的武士。他并未受到有关封建德行和价值方面的培养,而是受到先前拜占庭的罗马皇帝和他同时代的埃及苏丹行使的独裁权力的熏染。根据他同时代的编年史家们的记载,罗杰渴望权力和荣耀,但宁可更多地通过外交和谋略而不是通过战争获得和维持它们。他被描述成这样一个人物:聪明、狡猾、坚韧,时而残忍,时而宽恕,集开明的宽容与可怕的残暴于一身。他在报复反叛的封臣时,毫不犹豫地扫平城市,将城中剩下的男人、女人和孩子斩尽杀绝。而他却又颇好科学和哲学、音乐和艺术、宫廷生活的虚伪和炫耀,以及热衷戏乐于后宫之中。

在罗杰的性格中,是什么东西使他对法律发生兴趣呢?人们可能猜测他把法律看作通往权力和荣耀大门的钥匙和一种在他的多语种王国维持安宁的手段。他那像东罗马皇帝的野心无疑也使他在制定法律方面仿效他们。此外,在他之前曾有其他的样板——教皇的样板,后者在当时推动了新教会法体系的迅速发展,更早的样板是伦巴第王国,在它解体以前,曾有一部成文的习惯"法典",即《伦巴第法律集》。[15]罗马法和伦巴第法的某些特性在罗杰的王国保存下来,当然教会法在那里是可适用的,至少在理论上它当时在全欧洲都适用。此外,教会法的虚弱——首要的是缺少民族习惯法的强有力传统——使伦巴第法、罗马法和南意大利的其他法律加强了对新的王室法律体系的挑战。

创造一种法律体系的这些原因的存在与罗杰二世的品格并没

有关联。但是,无疑需要一位聪明多智、雄心勃勃、具有权威和具有类似品行的统治者回应这种需要。不过,罗杰所为不只是执行
419 先在的历史使命。他增加了一种较容易叙述但却不容易概括的新要素。他在法律的领域中开辟了一种独立的管辖权,即西西里国王对高级审判事务的管辖权,然后通过一套创设统一和发展的法律体系的相互关联的原则和规则界定这种管辖权。他提出了一系列确立和证明某种类型王室司法管辖权合理的相互联系的原则。而此前从来没有人这样做过。

《阿里亚诺法令》(*Assizes of Ariano*)(1140)所体现的罗杰的成就,是与他的品格和性格密切联系的,尤其是与他的诺曼的、拜占庭的和可能包括阿拉伯的混合性格相关联。马克斯·霍夫曼曾恰当地称罗杰为"第一位近代的君主",他"建立了西欧第一个近代专制君主制"。[16]但他不只这样,他还创立了第一个近代王室法律体系。他统一了具有极大差异的多语种的先前仅有最虚弱法律传统的人们,使他们处于一个统一的发展中的由国王法院予以适用的法律规则和诉讼程序的体系之下。他的立法不是适用于他的臣民的全面法律,甚至不是王室法律的全部;而是以系统的和原则的形式包括王室法律的重要部分。它并不试图从全部复杂的和混乱的生活中归纳出一个体系和一套原则,而是在复杂的和混乱的生活中开辟出一个特定的领域或管辖权,由此可带来一种明智的和一致的条理性,使人们能够对周围的混乱予以容忍。

诺曼法律制度

南意大利的诺曼国王们利用法律实现其统治,这对他们的权力及权威也施加了某种实际的限制。

早期的日耳曼国王是法官而不是立法者,12 世纪及后来的诺

曼国王则不同，他们把制定新法律看作国王职责的一部分。罗杰二世宣布国王是“法律的制定者”。实际上，罗杰颁布了西方历史上第一部近代的王室法典，即《阿里亚诺法令》。所以把它称作西方第一部近代王室法典，是因为它不只是意在对规则和原则予以汇编，而是旨在系统地表现那些被认为是法律制度的基本特征。此外，它作为实在法提出，由作为立法者的国王制定。当然，它吸收了习惯法、自然法、神法，并融合了来自拜占庭、穆斯林、伦巴第、诺曼和罗马—教会法法律传统的许多不同的特性，但它却以一种新的和全面的立法法令的形式重新铸造了上述渊源。

《阿里亚诺法令》包括一个序言和以条为顺序的 44 条独立 420
的规定，其中许多条包含数款。据称这些条文是由国王亲自起草的；其中没有提及在阿里亚诺通过该法令的高级官员的会议。序言声称，“因为上帝以其恩典……恢复了和平[并]将王国改造成整体……我们[国王]也必须改革我们认为被扭曲的正义和虔敬之路”。“这不是源于骄傲，似乎我们的祝祷仪式要求在颁布和解释法律方面比我们的祖先更公正和更适度，而是因为……虔敬本身曾教导我们说‘施予仁慈吧，正如你的父亲是仁慈的。’”这里其中重要的两点是：这部法律的颁布是为了改革正义和虔敬之路；扮演颁布和解释法律角色的是国王。

第 1 条（严格讲，这些条款称作“条令”）的题目是“关于法律的解释”。它规定：“我等命令，对于陛下新颁布的法律，所有人都应普遍遵守，并以虔敬之情宽缓它的极度严格性，有限度地增加它的灵活性，澄清它的模糊之处。”由此可认为这个法令的条文中包含不明确的规定并应予解释。

第 2 条的题目是“关于神圣教会的特权”，它规定国王将保护教会并使之免受破坏。其中有趣的是下面的事实：这个法令中“教会"一词从头至尾使用复数,而且丝毫没有提到基督教教会独立于王权或神职人员服从教皇的权威。在第5条到第16条中明确地阐明了教会的权利,这些条文规定了诸如买卖圣物,教会的庇护权,王室对侵害教会案件的司法管辖权,主教不作证的特权和神职人员不出庭宣誓的特权(某些类型案件除外),禁止非法秘密的宗教集会(宗教宗派的信仰),禁止买卖教职以及类似的事项。

第17条至第21条是关于对反对国王重要犯罪的处理规定,包括不服从国王判决的犯罪,谋反,伪造王室文件和伪造货币。第22条是关于对"弄虚作假"案件适用的纠问式诉讼程序,然后对这类案件予以界定,包括伪造文件的发布,担任假证人,干涉订立遗嘱,公共官吏和法官攫取公共基金以及过失或故意损失或攫取公物。

第27条涉及家庭法(婚姻仪式),第28条至第33条有关性犯罪(通奸、卖淫、为妓女拉客和强奸)。第34条规定了侮辱性案件
421 的构成,这只是作为私下解决的事务对待。根据第35条,依照受害人的地位对加害人进行惩罚。第36条规定,医生无国王签发的执照不得行医。(事实上曾采用了对医生的考试制度,这是欧洲此种制度的第一个例证)。第38条至第43条涉及绑架(卖为奴隶),自卫杀人,未成年人和精神病患者的责任免除,夜间贼盗杀人,纵火,诱发犯罪(其行为本身不受惩罚)和投毒。最后一条(第44条)规定,法官如欺骗性地或过失地作出一项错误的判决,应受惩罚。[17]

马克斯·霍夫曼曾对《阿里亚诺法令》"结构性的"(structured)特征与更古老的《伦巴第法律集》"决疑性的"(casuistic)特色作了比较。后者更长,约有1000个条目,旨在囊括全部法律。不过,用霍夫曼的话说,它"试图分别规定每一个事实情节而很少提出原则"。它是没有条理的,"到处是空隙和矛盾"。相比之下,《阿里亚诺法令》并不旨在囊括全部法律。但是,"只有注意规定之间的关系,这些

规定才是可想象的……而且……在这个法令覆盖的领域,它是十分全面的;其中的空隙能够通过对立法意向(*Zweckentsprechende*)的解释而得到填补”。

霍夫曼还指出:“恰好是这种法律适用前需作解释的必要性强化了国家权力的影响,因为这种解释不能简单地由每一个人进行,而在原则上是国王的权利。”[18]“司法变成了公共关心的事务,它由专门受过训练的官吏来操纵。”[19]

罗杰二世的法律明确地确立了王权对教会、封建贵族、城市公社和普通民众的最高权威。对异端的迫害之权也授予君主,他独立地而不是作为教会当局判决的执行者行使这项权力。国王严格地限制封建法院的司法管辖权。所有城市和城镇都未能成功地把自己组建成一个自由的城市和城镇;它们全部都由国王任命的王室官吏领导。全部民众都直接地服从王权,对于不仅是图谋反对国王而且图谋反对国王下属的任何领导者的行为都作为叛乱(*laesio maiestatis*)予以惩罚。

但是,王权的最高权威并不排除其属下相互之间的权利,这甚至包括(在限定范围内的)王权。就教会方面而论,对于大多数涉及神职人员的案件和世俗人士的宗教犯罪、家庭问题、遗嘱方面以及当事人双方同意提交教会法院解决的争议,诺曼国王通常承认根据教会法活动的教会法院的管辖权。教会法院本身无疑是国王之下的教皇特使。不过,国王一般都遵循教皇的判决和对法律的解释,如果不这样,教皇可能推翻他的判决。诺曼国王尽管推行世 422
俗统治者对基督教的事务行使最高权力的政策,仍在理论上不否认教皇在宗教事务方面的最高权威。甚至弗雷德里克二世皇帝在给博洛尼亚大学师生的一封著名的信中重申,教皇是上帝在尘世全部宗教事务的代理人,在这封信中,他声称皇帝是上帝在尘世全部世俗事务的代理人。[20]因此,尽管在西西里,在教会与国家的天平上后者的分量比别处更重,但教会和国家的二元制像在整个西方一样,在西西里王国也具有重要的宪法和法律的后果。

对于王室权力和权威,除了教会法院和世俗法院双重的司法管辖权所施加的限制外,在世俗领域内还有封建法院和王室法院这种双重司法管辖权所施加的法律限制。国王尤其通过王室法院插手世俗人士严重犯罪的案件和关于自由持有地许多的争议严厉地限制了封建的司法管辖权。不过,对于较轻微的犯罪和许多种类民事纠纷,每个封建领主都有自己的法院,他的租户向这种法院支付诉讼费用。这意味着,城市以外地方政府的大部分掌握在封建领主之手,后者主要根据庄园法进行治理。

领主与封臣之间的关系由封建法调整,这也对王权专制主义构成了一种扼制。在11世纪,南意大利的诺曼统治者们就把征服的土地作为采邑分给他们的诺曼同胞,逐走了先前的土地持有者并创设了一种新型贵族。最重要的新的土地持有者成为从国王那里直接持有地产的封建领主,并担负为军事服役提供一定数量的装备起来的骑士的义务。采邑的再分封是允许的,但次级租户须提供军事服役,服役者要么是别人要么是他们自己。这些关系的契约性质得到了突出的强调。租户向地主支付劳役的数量被认为是在一项采邑授地契约中预先明确规定的,对各种类型的封建义务作了详细的区分。封建领主法院有解决领主与封臣之间争议的权能。王室法院可作为一个封建法院,其由租户的头目作为诉讼人出庭。所有这一切,诺曼人的西西里都效仿明显类似于英格兰和诺曼底的诺曼统治者们所采用的模式。西西里的君主对直接隶属他的领主和这些领主的次级租户的控制在程度上要大于英格兰的君主;但是,西西里王国(尤其是在阿普利亚,那里的中央权力确

立更为缓慢,并且具有大量的小采邑)的封建制度,像英格兰、诺曼 423
底以及法兰西、德意志和西欧别处的封建制度一样,也兼具中央集权和地方分权的要素,这两种要素通过法律制度和法律程序联结在一起。

国王的司法权是由他的"王廷"(*magna curia*)直接行使的,该法庭由国王及其家室的主要官员与各种世俗及宗教的高级官吏一道组成。不过,早期也存在从拜占庭政府继承下来的专业法官。罗杰二世在城市使用了当地的专业法官(justiciars),并把专业法官采用于王室法庭。专业法官开始在国王的中央法院发挥主导的作用(在11世纪40年代之后发挥了突出的作用)。[21]罗杰二世在各省也任用了专业法官。在11世纪40年代,许多这样身为主教和大主教的专业法官,被安置到王国的所有主要分区。"明显地,一群法官被安置到一个特定的地区任职数年。"[22]他们对严重的犯罪具有管辖权,包括抢劫、为抢劫等侵入住宅、公路袭击、强奸、杀人、虐待、刑事诽谤和纵火(较轻的犯罪由较低级的王室官吏即郡长审理)。此外,各行省法官的管辖权能包括关于土地和农奴的争议和有关血统或王室官吏的诉讼(郡长对与封建土地保有权无关的民事案件具有审理权)。

查尔斯·哈斯金斯指出:"在王廷上提起的诉讼事务与提交给各行省法官的诉讼事务之间的区别无法分辨,从而它们似乎可能仅仅是同一种王室管辖权的两种形式;但控告似乎首先向王廷提出,各省法官根据王室令状正规地活动。"[23]

12世纪诺曼的意大利各种王室(中央、各省、地方和城市)的诉讼程序因案件的不同类型而有所差异。这也显示了包括诺曼、伦巴第、拜占庭和阿拉伯等许多不同传统的痕迹。在伦巴第的影响下,在某些类型案件中,利用外行人士作为向法官提出建议的顾问。日耳曼的火审和水审的神明裁判和由12位宣誓的帮助者共誓涤罪程序以及诺曼的决斗裁判也被使用。但是,在12世纪新罗马—教会程序法和新的经院式法律科学的影响下,罗杰二世也采用了一种纠问式诉讼程序,在这种程序中,法官询问证人(包括不是由当事人提出的证人)和审查书面证据。《阿里亚诺法令》第22条规定,"一项勤勉的审问应该审查论据、证人、书面证据和其他证明真实性的材料",并规定法官不仅应该尊重由控告人提出的证
424 据,而且也"应该在每个人之间居中,从而他只根据细心寻找出的全部充分的证据作出判决"。这是欧洲王室法院采用一种合理的证据制度很早的一个例子。在加洛林王朝时代,无疑已经使用讯问式或纠问式证据,但是那是以更为原始的形式并在范围有限的案件中用于证明事实,而且仅仅由国王法庭或教会法庭或专门指派的高级官吏们使用。对比之下,《阿里亚诺法令》规定了一种更为精致的诉讼程序,这种程序被扩展到各种重要的案件和对这些案件享有管辖权的所有法院;而且,这种程序不仅用于证明罪过构成的审判阶段,而且在刑事案件中还用于起诉阶段,以发现可能的罪犯。[24]

诺曼意大利王室法律的发展

在从国王罗杰二世1112年登基到其外孙弗雷德里克1250年去世这约一个半世纪,南意大利的统治者们一直是西欧最强有力、最富有和文化上最发达的世俗统治者。他们在这些方面的成功很大程度上是由于他们的政府和法律制度的特征。这种特征无疑是独裁的特征:国王在法律之上,不仅实践中是这样,甚至理论上也是这样。在诺曼的意大利没有类似于后来英格兰称作"法治"(the rule of law)和德国称作"法治国"(*Rechtsstaat*)的学说。不过,却有

着依法而治(rule *by* law)的牢固信念。此外,人们相信专制君主用于统治的法律不仅具有维护秩序的功能而且具有维护正义的功能;法律还被理解为一种连续发展的制度,它与时俱增。罗杰的后继者在他奠定的基础上进行建设,为适应新环境定期颁布新法律,而同时又使整个制度的基本原则维持不变。

弗雷德里克于1197年3岁时继承了西西里的王位,并于1208年14岁时开始亲政,他完成了他的外祖父罗杰曾经开始的国家权力中央集权化和官僚化的过程。(他的祖父是红胡子皇帝,他的父亲是亨利六世皇帝;他自己于1220年称作弗雷德里克二世皇帝。)弗雷德里克二世的改革包括:没收包括意大利岛和内陆在内的南意大利王国的全部城堡,把它们由私人堡垒和住宅变成了由防卫部门管理的和由小股驻军占据的政府堡垒。[25]他把所有政府官吏变为王室文官,从关税、税收和王室专利的收益中支付他们的薪金和其他王室政府的费用。他建立了那不勒斯大学,其明确的目的 425
是培训政府官吏。他制定了全面的法令,并扩展适用这种法律的司法权限的范围。

弗雷德里克二世被他同时代的欧洲人称作"世界的变革者"(*immutator mundi*)和"当世奇才"(*stupor mundi*)。他确实是一个精力过人和能力卓越的人,他可能是同时代最有才能的人之一。他除了作为一位杰出的军事统帅、政治家和立法者之外,还是一位有造诣的科学家,特别是在数学、解剖学和动物学方面;他还是一位思辨的思想家,一位建筑师,一位在但丁两代之前使用意大利方言写作爱情歌曲的诗人,以及《鹰猎的艺术》——据称它是关于鹰猎方面最权威的著述——一书的作者。他不仅通晓意大利语,还懂法语、德语、阿拉伯语、拉丁语和希腊语。不过,这些文明的品性与十足的残忍和野蛮——不仅对他的敌人而且对无辜的民众也是这样,有时仅仅是出于满足他科学上好奇心的缘故——结合在一起。弗雷德里克的残忍还表现在他对权力的追逐上和对自己将成为基督教世界绝对统治者这种命运的信念上。

他对西西里王国法律的编纂在某种程度上反映了许多这类矛盾的性格。他的一部法律编纂颁布于1231年,称作《奥古斯都法》(*leges augustales* 或 *constitutiones augustales*)。现代通常称作《奥古斯都法典》(*Liber Augustalis*),有时称作《梅尔菲宪章》(*Constitutions of Melfi*)。

与《阿里亚诺法令》相比,《奥古斯都法典》远不是一部全面和系统法典编纂。它包含253条(称作"题"),现代印行的译文约长达150页。[26]它分为一个序言和三"篇",第一篇主要是关于公共秩序问题,包括实体刑法、司法、民事预审程序;第二篇主要涉及民事和刑事诉讼程序;第三篇主要是关于包括王室和封建实体民法以及混合过错的规定。它在整体上试图成为一种"对全体内部人来说是一面完美的镜子,使之为每一位君侯所羡慕,成为每个王国仿效的样板"。[27]它也试图(实际上确实)根源于西西里王国的历史条件,并想满足政府的实际需要。

作为一种有机发展体系的西方法律的概念反映在以下事实上:《奥古斯都法典》有62条涉及弗雷德里克在西西里王位上的主要先王——罗杰二世、威廉一世和威廉二世。此外,它后来由弗雷德里克二世的一些新制定法所补充,它们被归到"新律"的题下。

426 《奥古斯都法典》建立在早期立法基础上的这方面的例子可以在它关于妇女法律地位的两条规定中发现。第1条规定是由国王罗杰订立的,它规定:"我们为已经受伤害的妇女在法律上主持公道,因为她们在性别上是弱者,兹令我们以及我们的官吏要尽力给予她们公正和必要的帮助。"(第二篇第41条)随后是弗雷德里克皇帝的一条更长的法律,它以下面的词语开始:“为了澄清法律的混乱,我们的外祖父神圣国王罗杰颁布了恢复妇女法律地位的法律,兹令……”然后新法律做了以下区分:一是妇女的监护人或律师犯有过失或欺诈对她们造成的伤害;二是妇女在被适当地代理条件下所遭受的损失——这种损失并不是由于她们自身的弱点。它还列举了一些具体类型的保护妇女不受非法行为结果损害的情况,这些非法行为是指“由于她们对法律的无知”或“对于她们性别上弱点原因的无知”所致(第一篇,第 44 条)。

连续性和发展的另一个例子是重申了国王罗杰的一项简单的法律,它禁止世俗和宗教贵族转让或削减王室财产和王室权力(第三篇,第 1 条),随后,弗雷德里克的法律规定:“为了增强对我们外祖父罗杰国王发布的关于禁止减少采邑和封建财产的法令的神圣记忆,兹规定任何国王旨在减少或改变采邑或封建财产的转让和契约都完全无效,除非得到我们殿下的特殊许可状的确认。”弗雷德里克的法律进一步指出,这类契约的全部誓言或惩罚性的规定都无效,由法官以外的任何人对这类事务基于和解或谈判所作出的判决也均无效。不过,关于男爵和骑士授予继承财产——只要古代习惯所确定的租金和义务未被减少——做了一项例外的规定(第三篇,第 5 条)。

《奥古斯都法典》中反映法律发展的第三个例子是关于医生执照的规定。罗杰时的法律规定,未经王室官吏和法官的审核,任何人不得成为医生,“以使我们王国的臣民不被没有经验的医生们拿去做试验”(第三篇,第 44 条)。弗雷德里克对这个规定加上了下面的要求:即想成为医生的人“须由萨莱诺[大学]教师召集的公开考试批准”,此外,他还必须提交从他的师傅或由国王所任命的人那里获得的证实他忠实可靠和具有足够知识的证明,而后他才能从国王那里或(在国王不在时)从摄政王那里取得一个“行医执照”。违反这项法律的刑罚是没收财产和监禁一年。

427 《奥古斯都法典》除了反映这样一种西方的法律概念,即法律作为一个不断增长的机体、一种不断发展的原则、规则、程序和制度的体系,还反映了另一种西方法律概念,即法律是以相互对立成分的综合与协调为基础构成的复杂整体。它是由曾受过博洛尼亚经院式法律科学训练的人起草的。其条文本身便提到了这样的事实:它所包含的法律是“由我们大法庭的法官卡普阿的彼得·德拉·维格那教长(Master Petrus della Vigna)所汇编的”,他曾在博洛尼亚学习并作为卡普阿大主教雅各布(Jacopo)(他本人是博洛尼亚的教师)的门徒并因此而闻名于世。它的许多法律术语和原则都是取自由同时代的法律学者注释和评论过的查士丁尼的法律条文。诚如詹姆斯·M. 鲍威尔所言:“把《奥古斯都法典》仅仅看作对查士丁尼法律的采纳仍将是一个严重的错误。事实上,编纂的风格表明完全不是这样。它的方法是从王国‘古时习俗’(*viri antiquores*)和法院的实践中寻找法律。像该法令所明确的那样,编纂者的任务是发现王国的共同法律并将它转变为王室的法律。”他补充说:“但是,如果不存在这样的全王国的法律——并且确实如此,那么,其任务就是创造一种这样的法律。”[28]

这个法典条文本身使用了“普通法”(common law)一词来指罗马法和伦巴第法两者。此外,如鲍威尔所强调的,诺曼法和教会法的传统为《奥古斯都法典》的编纂者提供了汲取的源泉。不过,编纂者首先“受到了经院哲学精神的影响,这种精神充盈于那个时代的智识生活以解决王国内现存法律传统中的差异并把编纂者及其助手(可能是法院的实务者们)的法律知识提炼成为一个统一的法律体系……形成这种汇编的积极力量来自实际的政治需要和西西里君主政体统治所面临的社会内部冲突”。[29]

西西里君主政体的一个主要的政治需要是将1231年以来君主权力的大大增强赋予法律的表达。《奥古斯都法典》脱离了把国王称作权力有限的人这种教皇革命的精神和理论。它的序言指出,“各国王侯”是“决定人的生杀的法官”,并“在某种方式上是神命的执行者”,他有权“决定……每个人的命运、财产和地位如何”。他还宣布:王侯保卫神圣的教会,对上帝“负责”——其含义是直接对上帝负责。弗雷德里克在法典的其他地方声称:“像上帝圣父是通过基督来体现的一样,正义是通过皇帝来体现的。基督已经建立了他的教会,同样,皇帝已经建立了他的帝国。”[30]这种观念下的教会,就可见的制度性的教会而言,是处在帝国之内,教会全部世俗方面的权力都服从皇帝。弗雷德里克不仅限定了教皇的世俗权力,还使用武力与教皇相抗争。在1228年,他违抗教皇的命令,自 428
行发起十字军东征,在占领了耶路撒冷之后,他回军击败了在他出征时侵入他的南意大利王国的教皇军队。在他作为皇帝的南意大利诸城市,他也与教皇的权威相抗争。1245年教皇英诺森四世正式宣布弗雷德里克是被“上帝所抛弃的人”,废黜他的皇帝权威,剥夺他的权利。

但是,尽管弗雷德里克主张绝对专制的王权,他的立法却承认封建法与教会法继续自治,不过,城市法除外。

关于封建法,《奥古斯都法典》规定:“为了使……伯爵、男爵和其他骑士阶层的人士充分保持适当的荣誉,我们仍主张他们由同等地位的人审判。”对伯爵和男爵的审判应“根据我们神圣的法律,在缺少这样法律时,根据王国认可的习惯。”(第一篇,第47条)非贵族对贵族的犯罪处以较重的刑罚,贵族在债务诉讼中的誓言更具有效力(第一篇,第101条)。此外,妻子的嫁妆权受到保护,使之不受封建等级中地位较高者的侵犯(第三篇,第 16 条)。当领主的女儿和姐妹结婚时,或当他获得须为国王或其军队服役作为回报的土地时,封臣须帮助领主缴纳赎金,帮助领主的儿子们服军役(第三篇,第 20 条)。对于在法律诉讼中不愿为领主担保作证或做解释的封臣,或者对领主及其妻子儿女犯有重罪者,领主有权强占封臣的财产;而“在相反的情况下,如果封臣在法庭上受到与国王陛下无关的刑事方面的指控,领主不愿为他担保作证,或者如果领主无理地殴打封臣,或者如果领主与封臣的妻子通奸,或者领主违反女儿的意志,领主将丧失封臣对他的从属关系,上述的人将直接属于我们的法院管辖”(第三篇,第 19 条)。

关于教会,《奥古斯都法典》保留了国王威廉二世制定的法律,为神职人员规定了广泛的权益。他规定,“如果本王国内的神职人员被指控公开地实施了任何应受审判和应受谴责的行为,他不应该受我们或我们法院的审判,而应该受教会和教会法院的审判……此外,应该根据教规和教会法对他进行谴责,除非某人被指控犯有叛国罪或犯有应属我们法院管辖的重罪”(第一篇,第 45 条)。对神职人员的民事诉讼,如与他们持有的教会土地有关,也同样只由教会法院审判;不过,如所涉及的不是教会持有的土地,则由对他持有的土地具有管辖权的法院审理(第一篇,第 68 条)。

保留在《奥古斯都法典》中关于国王威廉二世的另一项关于神职人员的法律规定是,只禁止那些人身受奴役的农奴成为神职人员,但“因持有土地或封地而服劳役的任何人想要成为神职人员,
429 在他们放弃了持有领主的土地之后,即便未经领主的许可,也可以成为神职人员”(第三篇,第 3 条)。

《奥古斯都法典》中仅很少几处涉及城市法,而且主要以否定的词语表述。根据习惯的权威或根据人们的选举而设立主要行政

官、市政长官和其他官吏的城市和城镇（公社）将“忍受永久的荒凉，该城市的全体人口被作为永久的强制劳动者……[并且]任何接受上述官职的人都应受到死刑的惩罚”（第一篇，第50条）。先前授予墨西拿、那不勒斯、阿韦尔萨和萨莱诺以及其他城市的特权和这些地方所遵循的习惯——根据这些习惯准许城市居民回避中央或地区王室法院的管辖权——也被宣布无效（第一篇，第106条）。此外，任何被起诉的公社都必须应诉，否则将以藐视法庭罪惩罚之（第一篇，第107条）。

在禁止成立自治市政府方面，《奥古斯都法典》宣布：“我们希望本王国的各地都只应有我们陛下或根据我们的命令任命的官吏：首席法官、高级法官、司库、地方郡长和法官。”（第一篇，第50条）在上述官吏中，除了司库全都是法官，不过，虽然司库主要是一位财政方面的官吏，但他也有某些司法的职责。事实上，在12和13世纪诺曼人的西西里及欧洲别的地方，中央集权的王室政府的确立是与司法官职的扩张以及中央财政机构的合理化密切联系的。在这方面，弗雷德里克所从事的正是罗杰所开创的和罗杰之后的统治者们所继续的事业。

《奥古斯都法典》第一篇主要是关于公共秩序，开篇（第1条）是关于对异端的检举，异端被归入相似于叛国罪的“公共犯罪”。由于某种原因，叛国罪没有专条规定，只提到它甚至“比[异端更]可怕，因为这意味着有人企图伤害神圣的陛下”。第4条作了进一步的比较，它规定，“对[国王]的……决定、行为、规章[和]计划提出质疑，尽管他是国王选中的要人”，也作为“等同于渎圣罪”的犯罪处理。（这是国王罗杰的法律，由他的后继者予以贯彻。）

第一篇涉及的其他犯罪是暴力犯罪和对王室官吏或由王室官 430
吏实施的犯罪。法典极力强调受害人应诉诸法院而不是自行解决。法律授予了自卫的权利,但这种权利必须直接行使,自卫必须与攻击相适应。还有,一个人在夜间闯入者对他发出"不许声张"的威吓时,可以将闯入者杀死。"由各族法所授予的"其他自卫的权利,由受害人或者公共权力机构通过法庭的起诉来行使。

法典禁止携带尖锐武器(法典所列举的)和披挂铠甲,但官吏可以携带这类武器出入国王法庭,骑士和市民因事到外地时可以佩剑。使用禁止的武器攻击他人要受到断手的惩罚。对谋杀犯罪处以死刑,如谋杀者是骑士或更高地位的人,则用剑处死;如谋杀者的地位低于骑士,则处以绞刑。未成年人和精神病患者免予处罚。强行侵占他人土地和其他不动产要课以相当于所侵占财产价值一倍半的罚金;如侵占的是动产,则处以该财产价值 4 倍的罚金。被侵占者可以对无过错的财产受让人提起诉讼。

因盗窃、欺诈和暴力而蒙受损失的人有权使他们的损失得到补偿;如果不能找到犯罪人,"像经常所发生的那样,如果罪犯被该地区的居民隐藏起来",便由"犯罪发生地的人们"负责赔偿。这项法律部分地旨在保护犹太人和撒拉逊人,以便"反对目前基督教徒对他们施行的极为严厉的迫害"。据称,在藏匿这类罪犯的情况下,可以采用刑讯作为获取实情的例外手段(第一篇,第 27 条)。(这是《奥古斯都法典》中仅有的提到刑讯的地方。)

对贪污公款的王室官吏或法官处以死刑;对公共财物管理不善、损害公共财物或使之减少的官吏,要依"国王的仁慈酌定"较轻的刑罚(第一篇,第 36 条,国王罗杰的法律)。

《奥古斯都法典》第一篇反映了西西里司法行政的以下重要特征。

1. 高级法官管辖的案件包括:抢劫、严重盗窃、损坏房屋、故意侮辱、纵火、砍伐果树和藤本植物、攻击妇女、决斗、叛乱罪、携带尖锐武器“和行为人通常可能被处以死刑和肢体刑的所有犯罪”。他们对拒绝接受司库和地方郡长或封建领主审判的民事案件也具有管辖权。不过，某些最重要的这类刑事和民事案件则由国王法院自身保留管辖权。（第 44 条）

2. 法官从国王法庭那里领取薪金，在诉讼期间，“除了为他们 431
自己或别人提供一次饮食之外”，诉讼人不向法官提供任何东西。但是，在案件判决或裁决之后，法官可从双方诉讼人那里获得案件所花费的诉讼费用或相当于诉讼标的财产价值三十分之一的诉讼费。在有些情况下，不是三十分之一，或者除了三十分之一，另收取百分之一或六十分之一。（第 73 条）

3. 只有经国王法院的法官和国王审查和批准的人才能作为律师在该法庭进行辩护，而且律师要经地区的高级法官予以考核和批准。（第 83 条）

4. 高级法官须作如下宣誓：“在上帝和正义面前，他们将诚实地为每一位原告主持正义，并且尽快地处理诉讼人的事务。”（第 46 条）司库和地方郡长须有更详细的誓言。（第 62 条）

5. 要求所有法院的律师（*advocati*）在被批准之前和从业后的每一年都要在高级法官面前进行以下宣誓：“他们应尽力帮助当事人，竭尽诚实和信用进行辩护，而不要任何花招。他们不应就案件事实指示当事人。他们在辩解时将不背离他们自己所知道的情况，他们不应接受那些无可挽回的案件。如果他们可能接受了由一方当事人的谎言所歪曲的案件，该案件在开始时似乎公正，而在判决过程中案件的事实或适用的法律在他们看来似乎不公正，他们应立即停止辩护……他们也发誓将不在审判期间增加辩护费用，也不订立关于诉讼当事人的协议。”对任何违反这些誓言的行为都要处以“三磅纯金的罚金”。（第 84 条）

第一篇最后是一些关于(特别是民事案件)法庭诉讼如何开始的规定。每一个审判,无论是民事的还是刑事的,都由一个称作传唤令的令状开始,它由高级法官或郡长对被告或被指控者发出。“这些证件应该包含诉讼在何人面前提起、由谁提起、为何提起以及属于什么种类。被传唤人到庭的期限应予明确,如系刑事案件,被传唤人须亲自到庭,如系民事案件,或者本人亲自到庭,或者由代理人到庭。应写明传唤的最后期限,至多为 30 天……如果被传讯人住在本王国之外,传唤应该有 60 天的期限。”(第 97 条)如果
432 不知道被告住在哪里或者难以接近被告,传唤令状可以送达被告的妻子或近亲的住所。“但如果该住所不接受传唤令状,此令在[公共人士或两三名]证人在场的情况下将传唤令状放在该住所的门槛处。”(第 98 条)然后是几条关于对藐视法庭和违抗法定到庭时限行为的处罚规定。

关于诉讼开始的规定所面临的问题是 12 世纪和 13 世纪新王室司法体系所面临的最重要问题。这些问题包括:如何将不愿意到庭的人传唤到庭,如何把对他的指控适当地通知他,允许双方当事人寻求使官方的审判程序有利于自己的余地有多大。1231 年《奥古斯都法典》所规定的有关解决办法特别明显是新式的。弗雷德里克所取得的成就远远超出了同时代欧洲其他国家。例如,关于强制被告出庭的传唤令状,在英格兰花了数百年才解决了拒绝出庭参加一项民事诉讼的辩解理由(essoins)的问题。关于陈述“出庭事由”和“诉讼种类”的传唤令状,在英国和美国直到 19 世纪和 20 世纪才摆脱了陈旧的“诉讼形式”的束缚。关于在被传讯人住所的门槛送达传唤令状的程序,这使人联想到当代大都市精明的诉讼手续送达人,机灵地把传唤令投到隐藏起来不愿意出庭的被告的门下。

询问证人和检查书面及其他证据构成了民事诉讼仅有的举证形式,在这些案件中废除了决斗裁判和神明裁判。新的询问或纠问式的审判形式明显地带来了一些问题,因而采用了一条专门防止“那些经常大喊大叫扰乱审判程序者”的规定。“兹规定,未来的诉讼人和其他参加审判者应该遵守审判秩序,尊重宣布法律的司法行政官,他们在获得主持审判的人允许之前不得擅自主张自己的权利或提出某些要求……当主辩护人在发言时,如果辅助的辩护人或主要当事人一方回忆某些事实或法律问题,应尽力小声谈论他的主张……但任何在规定时间内由郡长或法官警告 3 次以上仍不住声音……如果他是农民,应付给法庭 1 奥古斯塔尔金币;如果是市民应付 2 奥古斯塔尔金币;如果是骑士,应付 4 奥古斯塔尔金币;如果是男爵,应付 8 奥古斯塔尔金币;如果是伯爵,则须付 16 奥古斯塔尔金币。我们全体官吏都应知道,如果你们因偏向某些人而免除这种罚金,我们将毫不犹豫地从你们的财产中全数扣除 433
这笔罚金。”“尊重审判要求保持肃静。”(第 32 条)

因第一篇是以民事案件中的藐视法庭问题结尾,故第二篇以刑事案件的藐视法庭问题开头。接着进入起诉过程,起诉明显是由国王大法庭的首席法官或地区法院的高级法官的讯问开始的;当某些人被指控和被怀疑就要进行这样的讯问。在国王法院的案卷中把那些被革除教门、被流放和具有劣迹的人及其儿子的名字登录在案,从而为这种讯问提供了便利。(第 5 条)在称作诬告的法律行为中,欺骗或欺诈是一种受惩罚的犯罪;“法官……应该……对他们抓获的公然诬告的原告或控诉人判处被诬告人如果罪名成立时应处的刑罚”。(第 14 条)

如果某个问题同时涉及民事与刑事案件,原告或起诉人“应亲自到庭或通过他的律师或(在当日或至迟在第二天)以书面形式提供证据或提供有利于他的证据的全部情况……被告……应在同时……本人亲自或……以书面形式……或通过他的律师提出全部足以构成抗辩理由的事实”。(第24条)然后由法官讯问诉讼参与人,法官可自行决定讯问被讯问人,“被讯问人要对其誓言负神圣的责任,法官如何讯问,取决于被讯问人的社会等级或案件性质以及该人是否有撒谎嫌疑”。(第31条)

法典彻底废除了神明裁判。(第31条)除极少数案件外,明显的如叛国、盗窃谋杀和投毒,决斗裁判也予以废除。(第33条)证明对伯爵的刑事指控的证人数量取决于证人的等级——伯爵为2人,男爵为4人,骑士为8人,市民为16人;对男爵起诉——男爵需2人,骑士需4人,市民需8人,等等。(第33条)

第二篇的最后一个问题是“在上诉审中什么样的证据是可采用的”。第一句话是:“我们希望结束律师们的分歧。”这条规定的宗旨是,上诉审中不接受原审的证据,除非是上诉人在原审中未能提出的新证据。

第三篇开头是关于王室财产与封建财产关系的规定。不消说,王室对封建财产的限制是主要的。弗雷德里克禁止任何伯爵、男爵、骑士或作为王室直属租户而持有贵族领地或采邑的任何人未经许可而结婚,或决定拥有动产或不动产的任何子女的嫁娶,
434 “而不管本王国某些地区一直遵循与此相反的习惯”。(第23条)他还命令,“当一位伯爵或男爵死后,他们的子孙不得擅自接受人们[即死者的封臣]的效忠宣誓,除非他们的子孙根据习惯从我们陛下那里获得了接受这些效忠宣誓的许可证和授权令”——对违者处以没收包括全部动产与不动产在内的伯爵领地或男爵领地和封建采邑。(第24条)

《奥古斯都法典》最后50条涉及各种其他规定,其中许多规定

十分重要。

1. 为了保持空气清洁,法典规定,任何人不得在任何城市或附近城堡的一英里以内的水中浸泡亚麻或大麻,未装入缸瓮的死者应在一定的深度埋葬,人或动物尸体应扔于该地区 1/4 英里以外的地方或抛入海里或河里。(第 48 条)

2. 要求工匠生产符合特定用途的产品,禁止屠宰商和鱼贩子出售掺假的肉或鱼,禁止商店和客栈老板及卖酒者将掺水的酒假冒纯酒出售,任何人不得炼制每磅低于一定含纯金量和纯银量的金银。此外,还规定了揭发这类欺诈的程序,对累犯规定不同等级的刑罚,对初犯予以罚金(如果该工匠或商人太穷交不起罚金则以鞭笞代之),第二次犯罪斩断一只手,第三次犯罪则“钉死在十字架上”,对某些受影响或受贿而未能揭发这类欺诈行为的官吏处以同样的刑罚。(第 49 条)

3. 为整个王国的商人确立了统一的度量衡制度。(第 50 条、第 51 条)

4. 对出售劣质或被禁止商品的商人和缺斤短两出售商品的商人,当受骗者为外国人时,处以加倍的刑罚。(第 52 条)

5. 对于配制春药和制作有害食物者或不正当的为人驱妖者,如果致使受害人死亡或精神失常,可处以死刑;即使接受者没有受到损害也应对行为人处以没收财产和监禁一年的刑罚。弗雷德里克还增加了下面的规定:“人们的思想会受到饮食的影响以至于爱和恨,除了接受者的犯罪嫌疑诱发了这些情绪外,虽然这种观点对懂得事物真相和本质的人来说是无意义的……但我们不愿意放过简单的推测而不予惩罚,因为凭藉这一推测可以认定,他们即使不能实际损害别人,至少曾希望损害别人。”(第 73 条)

英格兰

在公元 911 年,古斯堪的纳维亚人罗洛(Rollo 或 Rolf)和他的下属停止了对法兰克海岸的袭击,经皇帝的允许,在塞纳河下游地
435 区定居下来。在不到一个世纪的时间内,他们便同化于法兰克的制度,包括法兰克的法律和语言,这些诺曼人开始表现出军事征服和政治联盟以及政府管理艺术的天才。在 1047 年,年仅 18 岁的诺曼底公爵威廉(罗洛的直系后裔)开始了使他成为欧洲两三位最强大统治者之一的军事和政治事业。在初期,他击溃了包括安茹公爵和法兰西国王在内的内外敌人。在此期间,威廉曾得力于英王忏悔者爱德华的支持,爱德华因无嗣而在 1051 年明确提名威廉为他的继承人。当爱德华于 1066 年驾崩时,威廉在诺曼底的权力已经巩固,并在他的领土上增加了布列塔尼和曼恩两郡,他率领包括约 1000 名训练有素的骑兵(许多具有坐骑)在内的近 7000 人的军队在英格兰的海岸登陆,并击败了王位的竞争对手戈德温之子哈罗德。

英格兰的诺曼征服与同时代的北意大利的诺曼征服没有关系。首先,诺曼人具有强烈的共同民族意识,无论什么时候,他们都绝不会忘记自己是诺曼人。据说在黑斯廷战役中威廉公爵曾用他们的同胞在阿普利亚、卡拉布里亚和西西里征服的例子来鼓励他的军队。更重要的可能是他们共同的使命感。在英格兰和意大利,诺曼人以十字军、真正的信仰者和自诩的"基督战士"的名义而来。威廉像罗伯特·圭斯卡德和罗杰公爵一样,是克吕尼改革的坚决支持者,因而反对教士结婚、买卖教会官职和神职人员对贵族

的控制。还有，他们也是神圣王权的支持者，皇帝或国王是神职人员的首领，他领导本王国内的教会。起初这并不使他们与教皇相冲突；反而使他们与教皇结成联盟，教皇曾支持克吕尼改革，那仅仅是转向神职人员摆脱“世俗的”控制新方向的开始。在 11 世纪 60 和 70 年代，教皇欢迎诺曼统治者们的改革热情，并且在同皇帝的斗争中利用了他们的政治支持。刚好像教皇尼古拉二世预先为理查和圭斯卡德在 1059 年的征服祝福一样，教皇亚历山大二世在 1066 年预先为威廉二世对英格兰的征服举行仪式祝福，他把这次征战称作改革腐败的英格兰教会的十字军远征。[31]

几年之后，教皇格列高利七世希望说服英格兰和南意大利的诺曼统治者接受 1075 年《教皇敕令》中宣布的教皇权力至上的主张。但是，这是他们在政治上所拒绝做的，而教皇又不能对他们过 436
于强迫。他们仍能够对各自王国内的神职人员予以控制。征服者威廉像圭斯卡德和罗杰一样，自行任命主教头衔，他事先不与罗马教皇协商便由诺曼出生或由诺曼人培养的人取代了英格兰的全部主教。（只有两位主教例外，一位是出生于意大利的有名望的坎特伯雷大主教兰弗朗克，另一位是安塞姆，他是兰弗朗克的著名继承人，但他们两人在被威廉一世及其子威廉二世分别召到英格兰之前，曾在诺曼底任要职达数十年。）另外，威廉还毫不犹豫地制定对英格兰和诺曼底的教会都有拘束力的教会法。

因此，英格兰的诺曼国王们对宗教界的独裁主义（Caesaropapist）倾向不同于南意大利的诺曼国王们。英格兰的威廉二世（红脸威廉）——征服者威廉死后诺曼底由他的兄长罗伯特统治——从 1087 年统治到 1100 年，他毫无顾忌地侵犯教会的权利，在 1098 年他若得不到安塞姆的支持，将会被教皇开除教籍。然而，专制的威廉二世甚至从未寻求被任命为教皇的特使，而罗杰公爵不仅寻求这样的任命,而且使他自己及其继承人永久地获得了这种地位。[32]英格兰和诺曼底的统治者们,虽然在征服后的头两代完全控制了王国内的教会,但必须应付这样的事实,即英格兰和诺曼底与西西里不同,前两者的人口中包括许多教皇党的支持者,国王有必要对"教会自由"作某些让步,以便维持诺曼头领们及盎格鲁-撒克逊的首领们对他的重要支持,这些首领不仅构成下层阶级的大多数,而且构成上层阶级的重要分子。

关于英格兰与诺曼底王权容许教会控制的限度的这种差异对未来具有重要的意义。它导致了征服者威廉的外孙斯蒂芬(1135~1154)统治期间世俗权威事实上的崩溃,并最终导致了斯蒂芬的继承人亨利二世(1154~1189)与大主教贝克特之间的决定性争执。

毫无疑问,一方面,英格兰与诺曼底在社会文化及政治方面存在差异;另一方面,它们又与南意大利存在差异,其中包括在南意大利的希腊、拜占庭和伊斯兰教居民区的历史背景。这有助于解释两个国家中教会状况的差异,特别有助于说明西西里的教会未能起来反抗公爵罗杰一世(卒于1105年)和国王罗杰二世(卒于1154年)及其继承人专制统治的原因。

437 不过,在1066年后不久,英格兰和诺曼底教会的法律地位便与诺曼的西西里王国教会的法律地位具有某些相似之处。威廉像罗杰一样,在本王国内任命了主教并控制了他们。他在1067年的一项法令中宣布,英格兰国王和诺曼底公爵有权决定英格兰和诺曼底的教会应否向教皇通报情况,在他王国内任何宗教会议未经他的许可都不得制定教会法律,对教会判处国王属下的贵族和官吏的刑罚,国王具有否决权。[33]威廉将教会法院与世俗法院分开;他在1072年下令,此后宗教诉讼应由主教和副主教在他们的法院

"根据教规和教区的法律"进行审判。[34]这种划分——在西西里也被罗杰采取——使教会法院进一步避开了地方势力的影响,但并没有避开国王的影响,他对教会法院保持了最高的权威。格列高利七世及其后继者曾主张教皇对英格兰和诺曼底的神职人员具有最高权威,征服者威廉及其子红脸威廉公然反对这种主张。红脸威廉允许在兰弗朗克死后将坎特伯雷大主教职位保持 4 年空缺,以便王国政府可以征集税收,通过这样的做法表明他对教会的蔑视。

但当红脸威廉的弟弟亨利一世登上王位时,教皇的地位强大到足以迫使国王亨利在教职的任命方面作出实质性的让步。亨利得到的回报是获得教皇的支持,重新从他兄长的手中获得了诺曼底。1107 年的《贝奇协约》先于 1122 年的《沃尔姆斯协约》将授予主教和大修道院院长权标的权力从国王手中转移到教皇手中,这些标志包括权戒、牧杖和讲"接受教会吧"这样的言词。国王亨利二世像 1122 年的皇帝一样,同意英格兰和诺曼底的主教和大修道院院长由教会自由选举产生,但他保留了出席这类选举会议的权利,事实上是当选举有争议时加以干预。而且,像后来的德意志一样,英格兰和诺曼底的主教和大修道院院长在由国王用节杖授予他们"王权标志"并接受他们作为回报的效忠之前,教会不能为他们举行就任圣职的仪式。[35]

关于主教和大修道院院长提名这类王权的让步,实质上并没有影响亨利二世对英格兰和诺曼底教会所行使的其他权力。只是在所谓斯蒂芬的乱世,教皇方面在英格兰和诺曼底的特权和权力才大大增加,只是在后来亨利二世的统治时期,尤其是在贝克特殉难之后,英格兰和诺曼底的教会才采取了摆脱王室和公爵控制的 438
实质性措施。当然它还不是教皇方面所期望的实质性措施,但这里的教会所获得的独立性比 12 世纪和 13 世纪欧洲大多数其他国家的教会都要大,当然比西西里教会的独立性更大得多。[36]

自相矛盾的是,英格兰和诺曼底的教会自由却促成了王室政府及其法律制度的发展。这部分是由于教会与世俗权力二元论的理论,根据这种理论,世俗君主们在各自王国内负责维持安宁和主持正义;部分是由于王权同教会国家的竞争和对教会国家的仿效。所以,以下事实并不是一种巧合:英格兰和诺曼底在 12 世纪后期和 13 世纪初期是欧洲范围内教会最不受王权控制和最大限度服从教皇权威的政治体,而这种政治体同时也是王室政府和王室法律体系高度发展(几乎像在西西里那样发达)的政治体。事实上,为近代英国王室法律体系(英国普通法)奠定基础的是在亨利二世时期,这种法律体系的存在和发展至少延续到 16 世纪和 17 世纪。

亨利二世的性格

安茹王朝的亨利如同他的诺曼同胞西西里的国王罗杰一样,具有符合他所处时代巨大挑战的伟人性格,包括特别适应强有力的王室法律体系发展的性格。[37]

虽然亨利成为英格兰国王时年仅 21 岁,但他已经具有极为成功的政治和军事经历。他的父亲是安茹公爵杰弗里(Geoffrey);他的母亲是征服者威廉的孙女、英格兰国王和诺曼底公爵亨利一世之女马蒂尔达(Matilda)皇后。亨利二世在其父于 1151 年天逝时便继承了安茹公爵、曼恩伯爵的职位并通过其母继承了诺曼底的爵位。下一年他便与法兰西国王路易七世离婚的妻子阿基坦的埃利诺(Eleanor)结婚,随后他不仅获得阿基坦,而且获得普瓦图。在 1153 年,他侵入英格兰并强迫他的亲戚斯蒂芬承认他是王位继承人。1154 年斯蒂芬恰好死去,将英国王位留给了亨利。

亨利二世是一位精力旺盛的人,他以酷爱锻炼身体而著名。同时代的编年史家沃尔特·麦普曾描述说:“他总是运动,进行难以忍受的长途旅行……他是犬猎和鹰猎的行家,最热衷于徒劳的消遣,永久地警觉和活动。当他被性欲的梦想所困扰时,便诅咒无论辛劳和禁欲都无法遏制或减弱这种欲望的身体。从那时起,我 439
们便习惯上认为他的博力不是因为情绪多变,而是因为他担心长得太胖。”[38]他也渴望国内外的政治权力。他制服了全英格兰和诺曼底的封建敌手,并进入爱尔兰和法兰西的部分地区,直到比利牛斯山;他不断获得新的封臣,铲平合法拥有的城堡,并作为最高封建主征集税收。

人们不知他何以对法律发生巨大的兴趣,但许多关于他的描述表明他在法律事务上不只是一位外行。据说他每天早上起来很早,同他的秘书审查当时的案件;他偏好干预他的法官所审理的案件,并且能够同他的助理大法官谈论财产转让方面的法律知识;他还不知疲劳地巡视全国,去审理各地的案件。麦普记载,亨利曾讲述以下故事:“一次,我听说一个简短而又公正的有利于穷人而不利于富人的判决,随后,我对法官拉努尔夫[格兰维尔]勋爵说,‘虽然穷人的判决可能会受到许多借口的阻碍,但他还是因为一项幸运和迅速的裁决而获得了它’,拉努尔夫回答说,‘当然,我们在这里判决案件比你的主教在他们的教会判决案件要快得多’,我说,‘的确,但如果你的国王像教皇远离你,我想你也会像他们那样慢’”。[39]

并不是所有的人都像麦普那样拥戴亨利。英格兰所以采纳王室法律制度部分是用作提高王室官吏地位和增强王室权力的一种手段,而这不仅以牺牲贵族和教会利益为代价,而且以牺牲普通民众的利益为代价。亨利的贬低者拉杜尔弗斯·尼格(Radulfus

Niger)曾指出,国王没有一年不用新法律搅扰国家。最不受欢迎的法律之一是他恢复实施严苛的森林法,目的在于维护他的体育锻炼的嗜好。

最后,还有一个问题,即亨利如何看待他作为立法者的角色。毫无疑问,他认为他并不是在改革,而是在保护过去的遗产以避免新的挑战。但是,像一个世纪以前的教皇格列高利七世一样,亨利懂得他在维持过去的同时也是在从根本上改变过去。先前曾作为例外或偶然使用的许多法律手段变成了一般性的和正常的,他对先前存在的法律制度进行重新估价和重新安排以便形成一个新的整体。像一位著名的英国法律史学家所指出的那样,那是一种"向前跃进","创立英国普通法"的车轮开始启动。[40]无论亨利二世的历史观念如何不同于现今所流行的各种观念,但他无疑知道他所做的是重要的、并且确实是划时代的伟业。

440

英格兰的国家制度

当亨利二世于1154年登基时,英格兰像在诺曼征服前一直所处的状态那样,政治上分成地方单位和封建单位。地方单位是村庄(称作 vills)、村庄集团(称作百户区)、郡(shires)和镇。每一百户区和每一郡由全体人民或全体自由人会议管理,这种会议称作百户法庭(hundred court)或郡法庭(shire court)。封建单位是以封建领主为首的庄园。在诺曼征服后,像半百户法庭(half of hundred court)之类的组织由封建领主控制取代,实际上变成了庄园法庭。

庄园主本身要服从更高的领主,并是后者的租户,上级领主可在其"庄园法庭"审判他们的封臣;高级领主要转而服从最大的领主即国王,并是国王的直属租户。实际上,征服者威廉将英格兰的全部土地出租给直属租户,其条件是租户须向他提供由大约5000名装备起来的骑士组成的军队;这些封建领主又转而将他们土地中的大部分租给次级租户,其条件是每一次级租户为他提供一定数量的骑士。每位骑士每年自己出资服役40天。提供骑士的义务与土地相关联,所以这种土地称作以服军役为条件持有的土地。这种土地保有权或封地保有权的转移不得损害上级封建领主获得军事服役的权利和其他封建"权益"("附属于以服军役为条件的土地所有权的权利")。[41]

不过,十分复杂的王权概念为封建制度增加了另一个方面。从1066年到1154年这段时间,御前会议(*curia regis*)不仅是直属国王的封建领主的一个封建会议,它还包括一群管理全国王室事务的王室官吏。国王任命一名所谓的首席法官(justiciar)或其他官吏在所有事务上代表他并在他不在时代行政事,实际上,绝大多数盎格鲁-诺曼王在诺曼底度过的时间常常要多于在英格兰度过的时间。首席法官之下是御前大臣(chancellor),负责国王的文秘事项。还任命了财政署的官吏帮助国王处理财政和法律事务。因为国王的职责包括维持王国的安宁,寻求主持正义,所以发展出许多行政性的措施,他们不仅解决国王与他的直属封建领主之间的争议,而且处理国王与臣民之间的一般纠纷。像在盎格鲁-撒克逊时代一样,国王授权地方权贵(地方官吏或郡长)主持郡法院。国王还以封印令状(sealed writs)的形式向地方权贵发布执行命令,通常是命令纠正他所关注的某些不法行为。

不过,在亨利二世统治之前,诸如财政署、文秘署(chancery)和 441
司法机构以及其他此类机构还处在雏形阶段。征服者威廉和他的后继者大大地加强了中央政府的权威,这种权威垂直地贯彻到封臣和次级封臣乃至及于村庄和庄园,但王室政府和王室法律制度基本上仍是依靠自己的人管理和以封建效忠为基础。财政署可能是个例外,此外,英格兰不存在像罗杰二世的意大利王国那样的自治的政府部门体系,没有独立的处理封建和地方问题的永久性行政、司法和立法机构。对于某些明显得不到受理的案件和某些涉及王室财产、叛国案件以及几种其他案件,国王的司法权可以下达任何人;但这是例外的审判,而不是由永久性法院进行的正规专门审判。

关于纠纷的裁定,亨利二世统治之前没有专门的法院审理由行政令状所处理的案件。在 12 世纪最初的几十年,亨利一世肯定选派过约 6 名高级法官到王国各地巡回主持审判,至少他们可能在正形成的教会法方面受过某种专业培训,甚至可能在博洛尼亚学习过罗马法。不过,他们作为高级法官的任务不仅处理司法方面的事务,而且还处理国王所关注的所有其他政府管理方面的事务。为了处理包括受理和解决纠纷在内的一般行政事务,国王把他们作为自己的代表不定期地派遣出去。此外,绝大多数刑事和民事事务从属地方和封建的管辖权,而不属于王室管辖;当案件直接涉及王室利益或当"案件得不到受理"——即地方的或封建的司法陷于停顿,当事人向国王提出上诉要求给予仁慈——时,王室政府才插手其间。

缺少正规、永久和专门的王室司法机构与缺少国王作为一个正规立法机构的概念相关联。国王只是偶尔发布法令,通常需得到主教、贵族和其他显要人物的同意。而从 1066 年到 1154 年头四位盎格鲁 - 诺曼国王的全部立法可能用寥寥数语便可概括。据我们所知,征服者威廉颁布的法律只有几项;其子红脸威廉统治时期没有任何法律保存下来;在亨利一世统治的 30 年中,仅仅有 5 项法律保存下来;而斯蒂芬统治的 19 年间没有留下王室立法的痕迹。

显然，亨利二世以前的国王都没有把按期制定新法律作为自己的一项职责。

斯蒂芬统治时的动荡无疑使人们认识到盎格鲁－诺曼的王权 442
要在英格兰长期维持安宁，就应有必要的法律制度。国家被暴力混乱特别是争夺土地权利的私战弄得四分五裂。在这种动乱的局势下，又加入了教皇属下神职人员为摆脱世俗权威而进行的斗争。在斯蒂芬之前，三位强有力的国王能够制服这些分离的力量。而这时，一位较为软弱的国王感到自己无法控制这种局势。但斯蒂芬的无能不仅仅由于他本人软弱，也由于盎格鲁－诺曼的政府管理制度存在缺陷，在这种政府管理制度下，国王或他的军队总指挥官不得不马不停蹄地巡视全国，以便维持他的直属租户和次级租户的安宁，还不得不尽可能地为地方民众提供保护，以防止地方封建领主压迫他们。

正是在这样的一般背景下和国内最混乱的时期，亨利二世登上王位，他不仅想要用法律和秩序来结束无政府和暴乱状态，而且也想通过政治和法律制度以及通过仅仅由他的英格兰和诺曼底的祖先们所兆示的观念来实现这一点。亨利及其顾问们无疑借助了这些兆示。他们以诺曼行政管理的传统精神，根据新的习惯和政策最大限度地保留了旧习惯。亨利的父亲，安茹的杰弗里虽不是诺曼人，但他以诺曼的精神教育他的儿子，明确地告诉他，切勿试图将安茹和诺曼底的习惯移植到英格兰或相反。[42]亨利寻找先前存在的盎格鲁－撒克逊和盎格鲁－诺曼的制度，而不论这样做是否有益处。不过，亨利统治的特征是对制度的改进，而不是对过去的沿袭。

此外，虽然亨利的改革植根于过去，但这种改革根源不仅可以在盎格鲁－撒克逊或盎格鲁－诺曼的经验（英格兰统治阶层的精英大部分是诺曼人,法院的用语是诺曼法语和拉丁语)中找到,而且也可以在当时其他政治体的经验中发现。12 世纪下半叶英格兰采用的新政府和法律制度及概念产生了一个独特的支系,它们类似于罗马教会国家和南意大利的诺曼国家两代以前所采用的那些制度和概念,也相似于法国和欧洲其他地方后几代所采用的那些制度和概念。它们与西方的(包括英格兰的)自由城市和城镇在 12 世纪晚期和 13 世纪早期所采用的政府和法律制度及概念在重要方面也具有一般相似性。

这并不是说亨利二世从别处全盘“照搬”了这些东西。凡伟大
443 的政治家很少(如果有过的话)照搬其他民族的法律。这只是说,亨利所做的,从大的轮廓讲,并不是为“英国”所独有,甚至不为诺曼人独有,而是 12 世纪欧洲一般历史发展的一部分。它是欧洲法律传统和西方类型国家形成过程的一部分,在这种意义上讲,它是西方所独有的。亨利充分了解教会和西西里诺曼王国以及在欧洲新的市镇所发展起来的关于政府和法律的新概念和形式。虽然他没有照搬它们,但无疑他曾感到它们对实现自己的目的具有启发。

亨利二世大量增加永久性的、专业的和中央集权的政府权力和职能,由此改造了英格兰和诺曼底公共行政管理制度。其中最重要的是负责税收和财政管理的财政署、负责司法的高等法院(普通诉讼法院)和指导与协调其他部门工作的文秘署。这大约相似于罗杰二世数十年前在西西里所做的工作,而后者又相似于大概第一次十字军东征(1095)后教皇在罗马所做的工作。

通过财政署处理英格兰和诺曼底的财政事务显然与西西里的经验有关。[43]英格兰和诺曼底王室政府所面临的重要财政问题在本质上与西西里王室政府所面临的财政问题相同:建立一种适合于中央集权的封建政治体(以维持次级封臣对君主效忠的分封制

为特征）的一般性税收制度，并配以适当的方法审计封建领主和其他纳税人向地方王室官吏所做的申报。英国这方面的做法很可能受到西西里的影响，也许这是因为托马斯·布朗这个明显的例子，此人于1130年至1154年曾任巴勒莫海关的官吏达数十年之久，随后，因在罗杰二世死后失宠而来到英格兰，在此，他于1054年至1090年作为财政署的官吏工作数十年。[44]也可能有来自其他地方的重要影响，因为英国的财政官们早在亨利一世时就审理地方关于王室财政预算方面的案件。

英格兰中央集权的王室法院的创立也相似于南意大利的发展过程。在这两个地方，这种过程都开始于王室偶然派遣法官到各地审理案件和处理其他王室事务。在英格兰，尽管财政署是个例外，这种做法的职业化和系统化在亨利二世统治时期才确立。从而巡回法官的司法职能首次开始明显地区别于他们在经济方面和 444
行政方面的职能（但他们继续行使后两种职能）。此外，亨利二世还首次为一批固定的法官设立了一套巡回审判制度。1176年每组由3名法官组成的6个组被派遣巡回全国，只要案件不超过限定的管辖数额（骑士减半），法官审理所有根据国王令状提出的案件。这种“巡回（eyre）法官”的数量最终增加到20人（eyre 发［air］音，是拉丁词“*iter*”［或“旅行”］的英文译名，“iter”是“itinerant”［“巡回”］一词的词根）。在1175年，亨利在他的家室法庭任命了3人作为法官；最终在1178年他“从他的家室”（*de sua familia*）中任命5人（两名教士和3名世俗人士）“在他的法庭受理民众的控告”。[45]到1180年，这种后来被称为普通诉讼法院（Court of Common Pleas）的新法院永久地设置在威斯敏斯特。国王在旅行时仍继续亲自审判案件。在13世纪早期，国王审判的任务委派给称作王座法院（Court of King's Bench）中的专职法官（最终，王座法院将它的管辖权限制于重罪案件和涉及王室人员的案件,而其他民事诉讼即“普通诉讼”则由普通诉讼法院审判)。这两个法院再加上具有司法职能的财政署,一道构成英格兰第一批和欧洲第二批(继西西里之后)常设的、中央集权的和专门的具有刑事和民事管辖权的王室法院。它们代表了王室审判职能的制度化,而先前的国王大都只是在特殊的场合“因要人和大案”才行使这种职能。[46]

财政署和普通诉讼法院是新型英格兰国家的两个支柱。它们得到了第三个机构文秘署的支持,它(像西西里和罗马教廷的对应机构一样)具有掌玺之权。这意味着,作为文秘署负责人的御前大臣能够以国王的名义发布命令。他的作用是通过这种命令指导和协调所有其他政府各部门的工作。文秘署通过令状和其他形式的文件不仅能够在财政署和王座法院提起诉讼,而且能够直接同贵族、主教和参与下级政府管理的其他人打交道。

文秘署在国家发展中的关键重要性(在英格兰像在欧洲别的地方一样)是由于它集职业的专门技能与对政府事务的总体指导和协调于一体。文秘署通过一群专家职员的活动而发挥作用,用斯特雷耶的话讲,这些职员“维持和发展了正规的行政日常活动,措辞慎重、前后一致地编制他们的文件。[47]这种意义上的政府是“官僚化的”。不过,这种新秘书机构的使命是使政府从狭隘的部
445 门主义中解脱出来——这一直未得到充分强调。任何新的政府机构甚至司法机构都不能不受上级部门的控制而自行其是,政府本身是通过它的秘书机构来活动的。

但这种秘书机构不是国王即王权的全部。它的实质是把政府的事务的管理变为一种与国王个人相分离的独立活动,并因此使政府事务也从那些与国王本人联系最密切的某些王室事务、其中

特别是军事和外交事务中分离出来。在亨利二世统治之前,英格兰国王(和诺曼底公爵)必须持续不断地在他的领土上巡视,不仅要保持对他的封臣军事和政治控制,而且旨在使他的政府维持运作。亨利二世之后,国王(公爵)不必为了使他的政府运作而事必躬亲。继亨利二世之后的狮心王理查在他最终统治英格兰的整个10年间不在英格兰,先是随十字军东征,然后被俘,而英格兰的政府仍正常运转。当然这不是由御前大臣领导,而是由另一种官员领导,这位官员称作首席法官(在这10年中有6年是由沃尔特担任此职,他是坎特伯雷大主教和教皇特使),而文秘署为首席法官提供了主要的行政职员。在后来的时间里,国王外出时,常常由御前大臣代行政事。更为重要的是,国王在位时,御前大臣行使指导和协调公共行政管理的大部分王室职能。

正在形成的国家概念依赖于像文秘署这样一个机构,它负责公共行政管理和政府事务,它既小于整个政治体(由君主本人所代表的),又大于作为单个政府官吏的集合,由此,这样一个机构将会十分敏锐地理解和解答整体政策,同时具备足够的专业知识管理各类特殊部门。这又是经院式辩证法起作用的一个例证。如斯特雷耶所指出的那样,教皇文秘署"是远远领先于并在某种程度上成为其他国家文秘署效仿的样板,但到亨利二世时……英国的文秘署并不落后很远……到13世纪几乎每个欧洲的政府都有一个有效能的文秘署"。[48]

英格兰王室法("普通法")

亨利二世使英格兰的法律制度实现了革命——主要是通过对先前地方和封建的司法管辖权行使王室司法管辖权以及通过对地方与封建的法律所调整的刑民事务适用王室法。他继续努力,不

446 仅创设了在王室文秘署控制下运作的王室司法系统,而且还提供了一种更为合理的法律并且组建了负责执行这种法律的机构。

亨利对程序和实体法的5项主要改革是彼此密切联系的。(1)旧的行政令状被“司法化”。新的令状要求被告在公正的法庭面前回答指控,而不是要求被告或地方的官吏为了原告的利益执行国王的命令。(2)召集当地公众参加,以邻居宣誓调查团(a sworn inquest of neighbors)的形式裁决因对自由持有地的争议而引起的民事纠纷。(3)召集当地公众参与审判,公众以邻居宣誓调查团的形式,出席国王法官对等同于重罪的严重破坏安宁的所有犯罪嫌疑人的审判。(4)通过新的司法令状,国王法院的诉讼形式得到发展,根据可适用于纠正各种不法行为的救济措施划分了各种不法行为。(5)关于和平地保护土地权利这个热烈争论的问题通过对自由持有地占有权(seisin)的法律学说得到解决,这个概念相似但不同于罗马法中的占有(possession)概念;通过武力或欺诈侵占(disseisin)军役持有地和其他自由持有地占有权的行为被纳入王室的司法管辖权之下,并逐渐创立了这方面的法律体系。

令状的司法化 只含有书写意思的“令状”(writ)这个词是拉丁词 *breve* 的英译,后者意思是“简短之物”,后引申为“信件”。简短的书面命令和通知叫作令状,它曾由教皇、国王和其他统治者颁发达数个世纪之久。在征服者威廉和他的后继者统治期间,王室行政管理的主要手段之一是颁发王室令状,命令伯爵、男爵、主教、修道院院长、郡长和其他人制止引起国王注意的某些不法行为:以便“将某庄园恢复给斯戴拉斯的约翰”,“尽快地将欠你的领主修道院院长的租金偿还”,授予某些人使用共有土地的权利,以及放还作为担保而扣押的牲畜。

这些执行令状在性质上种类很多,每一种都设计用来解决国王所干预的个案。它们常常以一方的主张为基础:“我们看到国王命令采取某些措施所根据的是‘向国王耳中灌输’或‘使国王相信’的某些人的主张”;有时“国王不得不撤销某种措施,因为原告的撒谎——并且可能……出钱雇人来证实他的谎言——已经暴露”。[49]这种做法也逐渐扩展到向郡长和其他地方官吏颁发王室令状的执行中,命令他们“全权处理”特殊的事务。这些做法也为“执行官吏的裁决留下了很大余地……由此为地方专制统治者的专断行为敞开了方便之门”。[50]

亨利二世的前辈曾偶尔特别是在涉及宗教诉讼请求时颁发过 447
令状,命令一位主教或其他领主处理某一案件,或命令郡长召集百户团裁决条件,但王室令状通常并不导致一项审判。在亨利二世之前,英国的国王并没有模仿12世纪初期教会法院发展起来的令状制度——原告须从罗马教皇文秘署那里获得一项授权主教法院或教皇特使审判庭审理他的诉讼请求的令状。(在英格兰教会法院提起诉讼所根据的这类教皇令状比欧洲其他国家更多。)

亨利二世把“如何如何做”之类的命令式的王室令状转变成以下形式:“传唤到我的法官面前审问以决定争议的问题——那里有此令状。”换言之,令状是设计用来(除非被告服从)引起一个司法诉讼程序的。原告须到威斯敏斯特的国王御前大臣处陈述他的诉讼请求;御前大臣对应负责该审判的当地郡长颁发一项令状,命令郡长提起哪一类诉讼程序,以便在国王所属法官主持的法院解决争议。

有两个例子可以说明旧的“行政令状”与较新的“司法令状’(有时称作“须返还令状”,因为必须把它交回法院)的区别。

1087~1091年这段时间的行政令状是这样的:

> 英王威廉向伊尔格之弟拉努尔夫问候。我命令并指定你把艾尔温镇长所持有的和沃尔特·德·博梅现在用武力所持有的索垂的土地的一半授予胡贝尔修道院院长,因为我已经用令状发出此令。当心,我不愿意进而受理因此提出的控告,因不履行而损害权利则处以罚金10镑。证明人:国王的神父拉努尔夫。[51]

下面的司法令状引自格兰威尔1087~1189年撰写的著述:

> 国王向郡长问候。甲向我控告乙自我上次航行去诺曼底期间,不公正地和未经判决地强占了他在某某村庄的自由持有地。因此,我命令你,如果甲保证他提起的权利请求真实可靠,你务使被从该土地上占取的动产得以返还,并以和平的方式将该土地和动产保持到复活节之后的星期天。同时你务使12名自由的和守法的邻人查看该地产,并将他们的名字签于此令状之上。由合适的传唤人将他们于复活节后的星期天传唤到我或我的法官面前,做好确认的准备。以抵押品和可靠的担保人作保证将乙或他所在小区的行政官(如果不能找到
> 448 他)传唤到那里,然后开始审理,确认事实。并应有传唤人、本令状和担保人的姓名,证人等。[52]

司法令状有三个方面的贡献:(1)它提出了一种严密的事实检验标准,以决定双方当事人哪一方有权立即占有某块土地,这也提出了谁享有所有权这个较为复杂的问题;(2)它把事实问题提交给一个邻人宣誓调查团(陪审团)决定;(3)它确立了王室对颁发令状和对陪审诉讼的管辖权。

陪审团　从公元8世纪起,法兰克皇帝和国王就曾经传唤邻居调查团,让他们回答一位巡回王室法官提出的问题——主要是关于当地习惯所确认的王室权力和违反王室命令的问题。诺曼人从法兰克人手中接过了这种方法,偶尔使用这种调查团。在诺曼征服后不久,威廉一世曾进行了一次规模庞大的逐个对邻居的调查,要求申报全部地产和税款,全部统计数字记录在《末日审判书》(1085~1086)中。

除了法兰克和诺曼王室官吏主持的宣誓调查团外,把争议交给一组邻居来决定的临时做法也是日耳曼地方法的一个特色。此外,12世纪的教会法院也偶尔将有罪或无罪的问题交给12人组成的团体裁决;亨利二世之父安茹公爵杰弗里曾在安茹和诺曼底在重要的民事案件审判中采用调查团。这样一来,当亨利二世登上王位时,这一观念,即传唤一伙人——12人被认为是合适的数目,甚至可能是一种魔法的数目——在庄严的宣誓程序下提供情况甚至对一个案件作出判决,就绝不是新的东西(尽管它没有被广泛地实行)。

亨利二世所创新的是把陪审调查团的使用与他的新"司法化的"令状制结合起来,由此全体公众可以在王室管辖范围内的某些类型民事案件中将陪审调查团作为正规的制度予以运用。1164年的《克拉伦登宪章》第9条授权使用陪审调查团("确认")确定某土地是由教会持有的特殊土地(*utrum*)还是俗人的保有地(assiz utrum)。1166年另一次也可能在克拉伦登举行的王室会议规定,如果原告占有的土地新近由被告侵占,原告因此而提出返还该土地的诉讼请求,这样的案件应由陪审调查团审理。制定法称作"assize"(条令)——新侵占条令——虽然"assiz"一词意思是"会议"(session),原本是指一个庄严的会议。[后来陪审调查团本

身——即宣誓回答所提出问题的陪审员——也开始被称作一个
449 “assize”;稍后,主持陪审调查团的法官称做“陪审法官”(justices of assize),而最终巡回法庭的会议被称作“the assizes”。]

其他问题也逐渐开始被认为适合于由陪审团来决定。在1176年,法律规定,土地持有人死亡时谁有权占有该土地应由陪审团来决定(收回被占继承土地之诉,the assize of mort d’ancestor)。后来,创设了确定最后推荐之诉(darrein presentment),以决定当教会领俸圣职出现空缺时诉讼双方哪一方最终有权推荐一个人担任圣职。在1179年,准许陪审团对根据“权利令状”——产生充分的权利而不仅仅是先占——的被告享有选择权,可选择通过决斗裁判。由此,确认权利(在类似于所有权的意义上)的程序与根据所谓占有之诉即新侵占之诉(disseisin)、收回被占继承土地之诉和最后推荐之诉确认占有(seisin)的程序相同。

这里,应该注意以下重要的四点。第一,在王室法官面前正式使用一个小型邻居团体来判决案件首次出现在英格兰法的民事案件中,而仅仅在两代之后刑事法律中也采用了这种做法。第二,陪审团并不审理证据,而只是基于审判前他们所知道的情况回答某个问题和事实。第三,因为陪审员是当事人的邻居,并且事先已经知道法官将会对他们提出什么问题,他们回答问题无须经过审判中询问证人的过程,因而有可能使数量很少的法官——普通诉讼法院的法官和巡回法官加在一起总共才25名——得以处理全国所有司法事务。第四,在王室法官的指导下,当地民众陪审团意见对案件的裁决比地方和封建会议裁决案件在政治上更受欢迎——这可能是仅有的一种在政治上较受欢迎的选择,地方和封建会议裁决案件的程序是更原始的,其权威是如此有限,以至于不能控制引起大多数麻烦的封建关系内部之间的各种纠纷。

起诉陪审团　无论是盎格鲁-撒克逊法还是法兰克法或是诺曼法都没有作民事案件与刑事案件的区分。今天我们所说的犯罪起诉当时通常是由受害人或他的近亲进行的。无论是对扰乱治安案件的审判还是确定财产权或其他权利的审判，都或者是采取神明裁判或者是采取共誓涤罪程序，诺曼人还另加上了决斗。在盎格鲁-撒克逊时期，有罪的一方必须对受害人或其亲属给予赔偿，但诺曼人在重罪的案件中改变了这种做法：如果被告败诉，他立即被处以绞刑或肢体刑（通常是剜眼），他的无继承人的土地转归他的封建领主，动产没收归国王所有。重罪（felony）的概念可能正是由诺曼人引入英格兰的。这个词起初是指民众与君主之间违反信 450
义。因此，不仅受害人的男性亲属有起诉权，而且领主或封臣也有权起诉，这种起诉称作“重罪上诉”（appeal of felony）。（这个词语中的“上诉”一词不同于今天“上诉”的含义。）

重罪上诉作为制止暴力行为的一种手段，它的一个明显弊端是提起这种诉讼需要很高的热心公益事业的精神。如果“上诉人”胜诉，他一无所得，如果他败诉甚至要被罚金。提起重罪上诉原初的动机是为某人的百户区或与之具有封建关系的人复仇，或迫使另一方给予金钱赔偿。如果采取决斗裁判，风险是很大的：当事人从早上决斗到晚上直到战死或一方求饶认输为止——武士用剑，较低的阶层使用粗重棍棒，如果棍棒折断，则用拳脚牙齿竭尽全力拼斗。如果采用神明裁判，结果是可以推测的：根据当时的描述，似乎大多数人都被宣判无罪。采用共誓涤罪（“宣誓断讼法”）的裁判也有各种各样的圈套：更多地取决于谁有证明人的帮助。

负责维持安宁的国王和试图制止国内暴力行为的亨利二世其人，未能有效地迫使人们采用重罪上诉程序。他的先辈留给他的一个制止犯罪的办法是“十户联保制”（frankpledge system）。在这种制度下,王室任命的郡长能够对十户联保的诸团体所没有报告的犯罪进行检查,并可处以罚金;但这并不能消除谋杀犯、强奸犯、抢劫犯和私夺以及抢劫村庄的其他犯罪。此外,亨利二世的外祖父亨利一世就曾要求犯重罪的人出席由郡或百户区代表主持的巡回审判,但这只是一种时断时续的做法。

应该记住,国王没有警察,很明显,他要创设这样一支队伍是不可能的。他所全部能够做的是从作为后备军人每年服役 40 天的骑士中组建一支军队。即便他能够负担一支警察队伍,他也无法控制它。他还必须将贵族转变为文官,就像教皇把主教转变为一种文官一样;但国王与贵族之间没有像教皇与主教之间的那种关系,国王没有权力任命、撤销和转变他们。

亨利二世采用的制止犯罪的办法还是使用宣誓的陪审团,以便向巡回法官检举重罪。1166 年的《克拉伦登法令》规定,在巡回法官到场时,宣誓的陪审员应对全部犯有谋杀、盗窃、抢劫罪的嫌疑人或窝藏犯有上述罪行的人以及犯有伪造货币和纵火罪的所有
451 嫌疑人提出指控。然后对所有这些嫌疑人立即通过冷水裁判法予以审判。这是对亨利一世时以及更早的盎格鲁-撒克逊的法兰克国王所作用的断断续续和很不固定做法的正规化和系统化。不过,在过去,由邻居控告的人能够通过共誓涤罪(宣誓的帮助者)程序来洗清自己,而这时他们必须在王室法官面前接受神明裁判。[53]

首先,应该注意到,法官必须接触由地方官吏所保存的记录,他们在选任的陪审员面前检查这种记录;然后针对这样记录下来的自从他们上次访问以来所出现的各种问题询问陪审员。第二,如果陪审员隐藏犯罪或作虚假陈述,法官可对他们处以罚金,陪审员的大部分成员在法官的每次巡回访问时都被召集在一起,每一百户区选 12 人,每一村庄选 4 人。第三,没有废除重罪上诉,但如

果由于某些原因重罪上诉因为技术的细节(有许多这样技术的细节)而失败,法官只需向被召集的陪审员询问是否怀疑被告,如果回答是肯定的,将对被告采用水审。1 名独审法官(或 3 名法官组成的审判庭)在几天内就能处理数以百计的案件。用道森的话讲,采用陪审团的方法"是极其有效的——一项伟大的创举"。另一方面,也像约翰·P. 道森所指出的:"它几乎不能使地方特权得到保障。"[54]对不出席审判或作虚假陈述的陪审员处罚很重,罚金数量很多。像在十户联保制中一样,这种制度旨在强迫人们相互检举。

值得注意的是,与使用陪审团**起诉**(*accusation*)相比,亨利二世没有把陪审团**审判**(*trial*)扩展到刑事案件,只是后来即在 1215 年第四次拉特兰宗教会议废除了神明裁判之后它才扩展到刑事案件中去。[55]他也没有废除重罪上诉,不过,由宣誓的陪审员所检举的人只能采用冷水法神明裁判;而对通过重罪上诉程序由私人起诉的人,不能采用火审(热铁或热水)的神明裁判、决斗断讼或共誓涤罪程序审判。

诉讼形式　在考虑亨利二世所实现的法律革命时,必须始终记住,在他统治之前,王室司法管辖权一直是非正式的司法管辖权——在"非正式"这个词严格和不严格的意义上。除了教会和城市法院之外,对**普通**法律事务的**一般**司法管辖权(*general* jurisdiction over *ordinary* legal matters)一直指定给地方和封建法院,后两种法院不是专门的法院,而是由邻居和庄园成员组成的会议。亨利二世所做的不是废除地方和封建的司法管辖权,而是为涉及特殊诉讼请求类型的普通案件——它们在数量上是很多的——创立了**并行**(*concurrent*)的王室司法管辖权,这些案件直接与国家安宁有关。因此,在 1166 年的《克拉伦登法令》中,亨利列 452
举了那些其严重性足以使他有正当理由直接予以干预的特殊重

罪。与此相似,他在财产事务方面通过颁发可以适用于请求者的令状,确认哪些特殊类型的诉讼可以在王室法院得到救济。关于财产的诉讼请求仍可以在封建法院提起。但王室法官第一次获得了审判整个一系列特定类型案件的权利。

王室司法管辖权其关键是与所涉及的诉讼请求类型有关,这种类型是指由邻居组成的陪审团向巡回法官指控的重罪类型或由国王文秘署向请求纠正民事不法行为的请求者授予令状的类型。换言之,国王并不预先明说他准备对任何受不法行为伤害的人给予司法救济,不管什么原因。相反,他只说他将对特定类型的案件给予特定的司法救济。在王室法院,根据这些法院将给予的救济而对可起诉的不法行为进行分类,是王室司法的独特特征,这一特征赋予英国普通法以独特的风格。

可供借鉴的是教会法的风格,后者提出了广义法律责任的理论。主教法院将审理所有被指控犯有罪孽的案件,而罪孽又被根据从罗马法综合出来的范畴予以详细分类——违约、对人身或财产的损害、妨碍他人财产和欺诈,等等。亨利二世至少一般了解教会法院实施的教会法,并且知晓各大学所讲授的罗马法。他或许希望确立一种像教会那样将触角伸向各个方面的王室司法管辖权。事实上他所做的(至少到1164年)是想宣布,如果发生了关于某块土地是否已经授予教会的争议,权利请求者可向国王的御前大臣申请令状,这种令状会指示郡长召集一定数量的邻居告诉国王的法官该土地是否已经授予教会;他在1166年宣布,如果某人宣称被授予的自由持有地被他人侵占,御前大臣将颁发一个令状,指示郡长从邻居中召集一定数量的人,告诉国王的法官原告是否在某时被授予该占有权和被告是否已经非法侵犯了他的权利;他还在另一些时候宣布,通过令状指示人们将特殊类型的问题呈交给由王室法官召集的陪审员，也可以使其他类型的权利请求在王室法院获得救济。

总之，令状界定了由原告提起诉讼的理论，确立了判决这种案件所根据的程序。不过，它的效力远远超出了个别案件。相似的案件应该授予相似的令状被认为是顺理成章的。当受害人向国王 453
文秘署提出一种新的诉讼请求时，御前大臣便以确定的原则即“有不法行为便有救济”原则创立一种新的令状，增加既定令状实质上等于披着司法程序的外衣进行立法活动。这样，在12世纪后期，除了对侵犯所有权和占有权（权利令状，新侵占之诉、收回被占继承土地之诉和确定最后推荐之诉）给予救济外，御前大臣还授予以下令状：就原告主张某项款项为其财产颁发债务令状（writs of debt），就原告主张某些动产是他的财产，颁发收回被非法占有动产诉讼令状（writs of detinue）；当债务已经偿付，原告请求返还作为债务担保而抵押的土地，则授予抵押令状（writs of gage）；当原告在义务已经履行之后要求返还作为抵押的动产，可授予收回非法扣留动产令状（writs of replevin）；对违反封印契约的控告者，可颁发违约之诉令状（writs of covenant）。在13世纪，又创设了其他类型的令状，其中最重要的是各类侵害令状（*transgressio*，“不法行为”），诸如用暴力侵入土地，用暴力侵犯动产，攻击和殴打侵犯人身等。从这种侵害令状中最终发展出近代英国和美国侵权行为法和契约法的大部分内容[56]。

到1300年，有数以百计的不同令状，实际上，其中每一个都既确认政策（保护某些权益避免受到侵害），又肯定王室司法管辖权。这种确认和肯定的原始基础即维护国王的安宁、反对使用暴力和武力，到此时已经让位于更复杂的考虑。业已开始的回应无政府状态和暴力行为的挑战，回应地方法院、封建法院以及教会法院竞争的挑战,已经成为整个政府构建的中心。

占有权原理 关于土地权利激烈的斗争不仅在于争夺财富,而且更重要的是争夺政治权力,因为对土地的权利与位于该土地之上行使土地权利的共同体政府联系在一起,也与上级封建权力机构的政治关系联系在一起。为建立一种能够和平地解决这种复杂经济和政治冲突的制度,亨利二世所需要的不仅仅是贯穿于专业法院、司法令状、王室陪审团和诉讼形式方面的新审判技术;还需要一种新的实体性的持有土地标准——一种澄清错综复杂经济和政治利益关系的标准。他在占有概念中发现了这种标准。

古典和后古典时期的罗马法都在所有权与占有之间作了明确的区分。一般说来,在罗马法中,所有权被看作一个统一的概念:一个人要么享有所有权,要么不享有所有权;如果该人享有所有
454 权,他就有占有、使用和处分的全权。这个概念——甚至连同对它的各种限制——不适合于描述封建的土地保有制,在这种土地保有制中,每一块土地都要受到封建等级中上级和下级权利的限制。授予某领主的土地以他提供服军役者为条件,并且在他死亡时如他的继承人不支付"继承税",他的上级领主有权收回占有,故该土地很难说是这位领主"拥有的"土地。在土地中有着可分的利益而没有绝对和不可分的所有权,此乃是封建法——至少是西方封建法——的实质。

古典和后古典时期的罗马法中占有的概念也不适用于封建的土地保有制。根据罗马法,脱离所有权的占有只受到有限的保护:如果占有土地的非所有人被以武力(*vi et armata*)剥夺该占有权,倘被告不是所有人本人,该占有人不是被暴力而是因欺诈被剥夺占有时,他也可以提起诉讼,但不能对后来的占有人提起诉讼。最后,古典和后古典时期的罗马法中的占有要求须事实占有和控制

有形财产即土地和财物：一个人不能“占有”非实体的权利，如对劳役的权利或对金钱债务的权利（choses in action），脱离统称为“所有权”的（占有权以外的）其他一系列权利，一个人就不能享有占有权。

教会很早就在相当不同于古典罗马法学说所假定的背景下把握了占有这个问题。数人同时主张是同一主教管区或修道院占有者的纠纷时有发生。如果一方用武力将另一方赶走，教会会议和教皇就下令宣布，在确定谁是合适的权利主张者的问题之前，先前该职位占有者有权恢复他的占有。与此相关联的，必须强调指出，主教管区或修道院是一种新型的法律实体，一种基础，它们不是土地或财物，但它们却涉及广泛的对土地和财物的权利、官职和公共服务的权利以及其他非实体的权利。

格拉提安 1140 年的著述中收集了有关这方面问题的早期教令并从中抽取出一个比先前所确认的原则更为宽泛的原则。格拉提安援引关于“夺回”（通过诉讼排除他人的占有权）的教令，把它作为在诉讼中对主教和修道院院长的确认性保护，随后，他举了一个具体案件，并根据“诸问题”分析这个案件。他的第一个问题是，“是否对任何被掠夺者都恢复占有”。他的回答是肯定的。在精心构筑这个原则时，他宣布任何人（不仅仅是主教或修道院院长）都
有权恢复他被掠夺的全部东西，包括权利和权力以及土地和财物，455
不管这种掠夺是通过武力还是通过欺诈，不仅要针对起初的不法行为者而且要针对其后的占有者安排救济。格拉提安的原则被称做“归还原则”（*canon redintegranda*）；后来的注释者们把“归还原则”解释为不仅适用于一项确认性的保护，而且也适用于一种独立的诉讼，即“夺回诉讼”（*actio spolii*）。[57]

亨利二世和他的法律家为英国法所做的正是格拉提安及其后

继者们为教会法所做的。他们发展出完全不依赖所有权的侵夺之诉,在这种诉讼中甚至被告自己的所有权也不能成为抗辩的理由。由此,一位封臣可受到保护,免受他的领主强行侵夺。同时,亨利及其法律家使这种诉讼不仅可适用于返还土地,而且还适用于返还动产和非实体的权利;不仅使之适用于返还通过武力侵夺的上述财物和权利,而且也适用于对抗通过欺诈行为的非法侵占者以及用于对抗后来的占有者。诉讼中,原告只需证明先前的占有成立和这种占有被非法侵夺。这是 1166 年制定法规定的新侵占之诉;在西欧每一个国家的法律中都有与此相类似的制度。

占有概念扩展了,它不限于指对土地和财物的占有,还包括权利的占有,对于非法侵占的救济也扩展了,甚至包括真正所有人对土地和财物的返还,这涉及占有概念一种细微的但却重要的转变。英格兰乃至全西欧都为这种转变的概念找到了一个新的名词,即 seisin(占有),拉丁词为 *saisina*。新的占有不仅仅是实际的占有或支配;它还是一种占有和支配的**权利**(*right*),一种"持有"土地、财物的权利或非实体的权利:一个人能够被授予占有一个官职或一项自由,或一项庇护权或接受各种封建服务的权利。权利的范围部分地由可适用于执行它的救济加以限定,这种救济即"占有"救济("possessory" remedies),是新侵占之诉的一种,实际上,它把财产问题转变为一种侵权问题。seisin 意味着不只是实际占有或支配某物,这一点明显地源于以下事实:曾去朝圣的原告能够通过新侵占之诉对抗他离开后非法占有他的土地的人,从而恢复他的占有。与"实体占有"(seisin *corpore*)形成对照,这被称作"精神占有"(seisin *animo*)。

在罗马法中,没有等同于欧洲 seisin 的概念。与之最相似的是 possesion,这种占有概念在罗马法中仅仅是指一种事实,一种行为,其本身除极少例外,均不产生权利。在罗马法中,土地和财物中的权利(包括对它们占有的权利)的源泉是所有权;没有所有权或从所有权派生出来的权利(如在租赁的情况下),possession 充其量也不过是一种中性的东西,在最坏的情况下则是非法的。但是,在欧洲,无论是在教会的还是在封建的财产关系中,具有特色的是,所有权是可以分割的,常常是在许多当事人之间分割。欧洲人发展 456
了 seisin 概念,用以满足未从所有权中取得占有权利的合法占有人的需要。在英格兰、诺曼底、西西里、法兰西和德意志公爵领地以及其他地方,新侵占之诉以某种形式赋予合法占有人并也赋予具有占有权利的人以一种重新占有的权利,以防止对他的不公正侵害。

新侵占之诉——布拉克顿约在 90 年之后的作品说它是"在许多不眠之夜设计和发明的"——是亨利二世从贵族领地法院那里夺取对土地纠纷管辖权的伟大设计之一。"土地所有权问题可能是封建法院管辖的事务,而国王亲自通过王室令状和邻居陪审团保护每一自由持有土地租户的占有"。[58]

亨利并未到此止步。他还下令宣布,在一个人向封建法院提出诉讼——根据所有权对另一个人的占有提出异议——时,被告可以把案件移交给国王法院接受由 12 名"当选的陪审员"组成的陪审团的审理——由此可以避开决斗式的封建审判,或通过所谓"收回土地之诉"的更庄重和更复杂的大陪审团的审判,后者用于解决与占有问题不同的所有权问题。

通过这些和其他法令,亨利二世确立了无王室令状则无须受理自由租户诉讼的原则。通过占有土地之诉,原告可以向国王法院提出占有问题;通过收回土地之诉,被宣称占有具有缺陷的被告能够向国王的法院提出权利问题。用著名的法国英国法律史学家的话说:“亨利二世利用占有和[所有权]权利的区分——一种罗马—教会法的区分——从贵族那里夺取权力。”[59]

因此,先前曾一直属于地方习惯调整的财产法和侵权行为法的重要部分变成了由王室法调整的事务,这恰如地方刑事法律的重要部分通过起诉陪审团的方式被纳入王室的管辖范围一样。亨利二世统治期间王室司法管辖权的历史性扩张标志着英国普通法的产生——虽然“英国普通法”(English common law)一词是后来才出现的。实际上,在12世纪和13世纪,“普通法”(*jus commune*)主要是教会法的一个概念:它是指在整个基督教世界教会法院中可适用的那部分(主要部分)教会法,与只适用于当地的地方教规习惯(*lex terrae*,“地域法”)相对。罗马法也称作“普通法”(*jus commune*),因为它被看作一种在各地都有效力的理论原则和规则
457 体系。但是,英国法缺少这个术语和后来它从教会法——也可能是从罗马或两者——中引入这个术语,这并不妨碍而是说明了以下至关重要的一点:亨利二世通过立法在王室法院中设置司法救济创造了英国普通法。

英格兰的普通法科学

亨利二世所力行的法律技术和法律实践的革命恰好由格兰维尔的《论英格兰王国的法律与习惯》(*Tractatus de Legibus et Consuetudinibus Regni Angliae*)所完成,这不只是一种偶然的巧合。这部专著是关于英格兰普通法的第一部系统论著,它实际上总结概括了亨利二世的法律改革。

这部著作通常被认为写作于1187年前后,差不多是在另一部关于英国法的重要著作(但较不系统)《财政署对话集》出版10年之后,这部专著显然不是格兰维尔撰写的,格兰维尔曾是斯蒂芬和

亨利二世统治期间的首席法官，此书可能出自他的侄子哈伯特·沃尔特的手笔，后者在1170年继托马斯·贝克特之后接任坎特伯雷大主教，并于1193~1198年在理查一世率军进行十字军东征时摄政治理英国。格兰维尔著作的作者是一位重要的教会人士，这种可能性将支持以下观点：英国法在它的形成时期曾受到基督教法律观念的强烈影响，沃尔特不仅是大主教，而且也是教皇特使。

但在同时，此书并未涉及教会法。本书的教会作者自己主要局限于概述英国王室法——法律不同于行政管理，王室的不同于地方的、封建的和教会的。这是一种不仅具有法律意义而且也具有很大政治意义的事实。该著作的开篇写道：

> 王权不仅当事武备，以镇压反对国王和王国的叛逆和民族，而且宜修法律，以治理臣民及和平之民族；如是，无论战时与平时，我们尊贵的国王皆可成功地履行其职责，以致假强力之具制服嚣张狂妄之徒，以公道之杖为谦恭怯懦之辈主持正义，俾使他于敌战无不胜，于臣民永昭公正。[60]

因此“格兰维尔”把国王的法律连同其军队作为其权威的基础。由此他为王室权力寻找合法根据。

本书还进一步重述亨利二世的法律，将其称作“国王在他的大臣建议影响下以其仁慈授予人民以王室权益”。由此国王的立法 458
权被证明是正当的，制定法被作为“英格兰的法律与习惯”赋予永久的效力。

在与此相关联的意义上讲，这部不同寻常的著作具有重要的意义。该书以书面形式阐述王室法律，从而使王室法律变得更有尊严，甚至可能使王室法律变得更加神圣。该书还赋予法律以一定的确定性,即一定的稳定性。此外,它为法律的进一步加工和此后的有机变化奠定了基础。布拉克顿在70年后写成的著作正是建立在格兰维尔著作的基础之上。

最后,格兰维尔的著作着重论述了程序尤其是令状。他甚至不像格拉提安那样注重学术或哲理。该书的开头只论及一些政治理论,然后作者很快就全力以赴地重述各种不同的令状,只有在说明它们的长处时才偶有理论论证。为什么会是这样?至少部分是因为国王的法律权威来源于他解决冲突的程序方面的命令,这种程序比地方法院和封建法院所适用的程序具有更高的发展程度、具有更成熟和更合理的特性。国王还无能力制定契约法、财产法、侵权行为法和刑法方面的实体规范,更不用说如家庭法和继承法这样专属教会管辖的事务了。然而,国王却第一次建立了由专业法官审理全国案件的中央法院,由他的御前大臣颁发令状开始诉讼。格兰维尔的著作通过对令状问题的集中探讨,使其在令状方面永垂史册;通过对特定类型不法行为确定特定类型的救济,使其开创了英国历史学家J. E. A. 乔利夫所说的"法律科学的一次革命"。[61]

对程序的强调具有重要意义,不仅因为它是对王室权力的体现,而且因为它也是对王室权力的一种限制。国王大大扩展了他的司法管辖权,以对抗封建和教会法院的司法管辖权;但主张王室司法管辖权的条件被明确界定的,因而这些条件便构成一种限制。救济类型的分类以及对请求这些救济程序的论述,界定了王室司法管辖权。因此,再引用乔利夫的话讲,作为限制权力手段的"界说的增加",适用于教会权力和封建权力,也适用于王室权力。

在亨利二世的立法和格兰维尔的著作中都找不到像在西西里国王罗杰二世的立法中可以发现的那种绝对王室权力或王权无所不能的主张。相反,格兰维尔在以令状界定王室司法管辖权的同时也限制了这种司法管辖权。用梅特兰的话讲:令状的统治即法的统治(the rule of writs is the rule of law)。当然,人们无法防止国王越出他自己确定的限度之外攫取权力;不过,如果他这样做,将 459
会削弱公众对合法性的信心,而他个人的合法性正是以这种合法性为基础的,因而便会增加他诉诸缺乏效能的武力维护权力的可能性。格兰维尔对王权双重性的分析暗示:为制伏叛乱和外敌,它需要军事武装;为了治理他的和平臣民,它需要公正的法律。在两代之后,格兰维尔的概念在布拉克顿的《论英格兰的法律和习惯》一书中得以发展。布拉克顿开始也说:"为行善治,国王需要两样东西,即武器和法律。"但他接着指出,国王的政权恰来源于法律——是法律(*lex*)使他成为国王(*rex*),一旦他只用武力统治,他就不再成其为国王了。

诺曼底

诺曼底公国为我们理解 11 世纪晚期和 12 世纪早期西方文明趋于统一提供了一把钥匙。

到诺曼人征服英格兰时,诺曼的诸公爵业已建立了欧洲大陆上第一个大规模的、中央集权的和以地域为特征的政治体。在这个巨大的公国——几乎像全部盎格鲁 - 撒克逊诸政治体加在一起那样大,而比法兰西国王所统治的领土大几倍——里未经公爵允许,任何领主不得建立或保持一个城堡。每个领主都须承担对公爵服军役的义务。公爵不仅对公国内的货币铸造具有垄断权,而且垄断着称作"子爵"(*vicomtes*,相当于英国郡长)的公国官吏网络,这个网络负责控制地方政府、指挥地方军队、保卫城堡、征集税收和主持法院。此外,公爵还是领地内各教会的统治者;他有权任命主教和修道院院长以及主持各地的宗教会议。正如早在12世纪最初几年的《匿名的诺曼人》中描写的:他是神圣的统治者,是基督的代理人。[62]

诺曼底公国的历史尤其是一种法律的历史,像西西里诺曼王国的历史一样,因为它在13世纪期间不再是一个独立的政治体而一直不为现代的历史学家们所重视。在具有民族主义倾向的历史编纂时代,那些最终"未形成民族国家"的国家要么被忘记(如诺曼人的西西里),要么被作为其他国家历史的一部分加以对待(如诺曼底,不是将它归入最终征服了它的法兰西,就是把它归入先前曾征服它的英格兰)。

不过,诺曼人的法律制度对英格兰法和法兰西法具有重要的影响。此外,诺曼人的法律制度和英格兰法律制度及与法兰西法律制度之间的互相影响证明欧洲各民族基本的法律概念、价值和程序基本上是一致的。

460 公元911年诺曼底建立之后,从罗洛开始的古斯堪的纳维亚的统治者采纳了法兰克人的政府管理制度,使自己成为第一流的行政管理者。诺曼人采用了法兰克邻人调查团(inquest)的法律程序,由中央政府任命的官吏向当地人调查,后者要发誓。官方询问者提出的问题可包括要求回答者提供经济或其他方面的资料,指出犯罪嫌疑人,或就对嫌疑人的指控是否真实发表意见。在征服英格兰后不久,诺曼的统治者便将各种这类调查引入英格兰的实践,最著名的是1086年的《末日审判书》对征税人口的统计。诺曼人还将他们派遣法官主持地方法庭的早期做法引入英格兰,他们在诺曼底和英格兰两个政治体中都确立了一种新的中央的财政机构体系。

在12世纪最后的三分之一时间，英格兰和诺曼底的法律制度都发生了根本性的转变。在这两个地方，巡回审判、司法令状、提供和询问陪审团以及占有土地诉讼都正趋成熟。在这两个地方，都作了王室的（或公国的）“高级审判”和封建与地方的“低级审判”的划分。在这两个国家，王室（或公爵的）法院中的民事诉讼都由从国王文秘署取得的信件（令状）开始。根据查尔斯·哈斯金斯（关于12世纪诺曼法与英格兰法著名的比较学者）的研究，这种运动主要是从诺曼底到英格兰，而不是相反。在亨利一世统治期间，权利令状在诺曼底和英格兰似乎同时发展。不过，亨利二世的占有令状取源于诺曼底，召集宣誓陪审团（小陪审团）回答令状中包含的问题也源于诺曼底。[63]

哈斯金斯还把亨利一世时期英格兰财政署的起源部分地归因于诺曼底的经验，尽管他未能指出英格兰财政署与诺曼底财政署在出现时间上孰先孰后。还有，亨利二世大约同时在这两个国家采用了类似的法官和郡长制度。不过，孰先孰后并不重要。正如哈斯金斯所指出的：“如果说1166年英格兰的军事调查先于1172年的统计书，那么《武装法令》和关于萨拉丁什一税的法令就是最先为国王的大陆领地所颁布的法律。这些法令可能是偶然的，对于像亨利二世这样性格的人来说，这些法令在哪里先行试验并不重要，但如果不利用在一个地方已经取得的经验以利于其他地区，他就不可能管理一个由他统治的大帝国”。[64]

一本引人注目的关于诺曼底诺曼法的读本《诺曼底古习惯法手册》（*Très ancien coutumier de Normandie*），大约写于公元1200年，它所描述的法律制度与10年前格兰维尔在《论英格兰的法律与习惯》中所描述的法律制度明显相似。[65]如果某人于1190年或1200年担任英格兰的律师，便可轻而易举地转到诺曼底开业，而无须取 461

得大量新的知识。托马斯·布朗曾在西西里任财政署的官吏达二三十年之久,然后又在英格兰财政署任职二三十年,他却能转移到诺曼底公国的财政署任职,竟没有遇到任何大的困难;相似的,一位诺曼底的法官能够从巴勒莫的法院转移到威斯敏斯特的法院或康城的法院,而不会遇到实质性的限制。

《诺曼底古习惯法手册》中的第 7 章指出,召集陪审团决定关于占有的争议,陪审团由与双方当事人都无关的 12 名自由邻人组成。第 73 章提供了一个关于新侵占令状的例子,它实质上是与 1166 年英格兰《克拉伦登法令》所授权的令状是一样的:"国王或他的执事向某地郡长问候。命令甲毫不拖延地重新恢复乙对该财产的占有……这地产是乙曾[在某时]占有的……而后来被非法地和未经审判地侵占。"

在《诺曼底古习惯法手册》写成几年之后,法兰西国王腓力二世便征服了诺曼底公国,并将其并入他所建立的法兰西帝国。在随后的 20 年里,腓力将诺曼的某些基本法律制度采用到法兰西的王室法律中去,包括诺曼人的行政管理和司法制度的重要特性。这样,诺曼底公国通过它对英格兰和法兰西的直接影响,在西方法律传统的形成中起到了一种主要的作用。

法兰西

《罗兰之歌》大约写作于第一次十字军东征时期(1099)。通过它对法兰西人的英雄主义和虔诚形象的描述和它对美好的法兰西(*La douce France*)的描述,激起了法国人(法兰西人)的爱国主义。但那时作为一个政治实体的法兰西几乎不存在,法兰西国王是该领土不足二十分之一部分的主人,该领土居住着勃艮第人、皮卡德人、诺曼人、布列塔尼人、加斯克尼人和普罗旺斯人以及许多构成缓慢形成的法兰西民族的其他主要大氏族("家系")。国王所统治的是法兰西的一部分,即围绕着主教统治的巴黎和奥尔良两市的地区,其大部分由世袭的王室领地构成。后来成为法兰西其余部分的地区被划分成公爵领地、伯爵领地、各种封建领主的领地和许多在理论上是由国王享有封建保有权但实际上却相当独立的采邑。6 位公爵中包括诺曼底公爵、阿基坦公爵、布列塔尼公爵和勃艮第公爵。在众多的伯爵中有佛兰德伯爵、安茹伯爵、图卢兹伯 462
爵、布卢瓦伯爵、芒什伯爵和巴塞罗那伯爵;他们中的某些人。例如,诺曼底公爵和佛兰德伯爵比法兰西国王具有更大的权力、更多的财富和领土。

在 100 多年前,即在公元 987 年,西法兰克人最后一位加洛林王朝的国王路易五世死去,于格·卡佩(Hugh Capet)继位("皇帝"的头衔已经转移到东法兰克人的统治者)。卡佩王朝所做的只不过是维持对王室领地封臣的控制。在 12 世纪头 10 年,情况开始好转。路易六世(1108 ~ 1137)和路易七世(1137 ~ 1180)采用了更成熟的政治和法律制度。他们还通过明智的联姻增加了领土,虽然其中最明智的联姻即路易七世与阿基坦的埃利诺的婚姻于 15 年后最终以离异告终,埃利诺却把她的阿基坦和吉耶讷的丰厚嫁妆带到另一位"法兰西人"诺曼底公爵、安茹和曼恩伯爵金雀花王室的亨利那里,他不久后成为英格兰国王亨利二世。

法兰西第一位伟大的国王、法兰西国家和王室法律的创立者是腓力二世(1180 ~ 1223),他的后辈们称他为奥古斯都·腓力。腓力通过联姻和征服,特别是通过 1214 年在布汶对英格兰约翰王、皇帝奥托四世和佛兰德的费兰德伯爵的胜利,事实上创立了法兰西帝国。王室领土即固有的法兰西领土扩大到包括(除法兰西的部分)香槟地区、卢瓦尔、勃艮第、讷韦尔并扩展到英吉利海峡的西北采邑,除此而外,腓力二世的司法管辖权还扩展到诺曼底、阿基坦、布列塔尼、安茹和图卢兹公爵领地和伯爵领地的全部或部分地区,这些领土主要是从英格兰国王理查(1189 ~ 1199)和约翰(1199 ~ 1216)手中夺得的。构建统一的政治和法律机构,使它们不仅适用于王室继承的属于他的领土而且适用于他通过军事和政治手段取得的领土,这是腓力的成就。腓力二世为法兰西所做的正是一代以前亨利二世为英格兰所做的和两代以前罗杰二世为南意大利所做的。

像亨利二世的英格兰"帝国"和罗杰二世的西西里"帝国"一样,腓力的"帝国"构成了一个联邦制国家。它们三者都有一个同各类公爵领地、伯爵领地和封建领地联结在一起的王国(法兰西、英格兰和西西里),而这些公爵领地、伯爵领地和封建领地严格意义上讲并不是王国的一部分。在这三个王国中,由各种成分构成的政治体——公爵领地、伯爵领地和封建领地——都保持了某种程度的自治。每个这样组成的政治体都有自己的首脑,不管这种首脑是国王本人担任还是由国王的一位世袭封臣担任或是由国王任命的官吏担任。每个这样的政治体都有自己的习惯法。但国王
463 对于在他的王国内的全部各类政治体也进行管理,并制定适用于它们的法律,国王的法院对所有这些政治体中发生的某些类型的案件享有司法管辖权。

当然,法兰西远不如英格兰和西西里那样统一,与亨利二世统治的整个领土或罗杰二世统治的整个领土相比更是如此。几个彼此相关联的因素可以解释这种现象。法兰西更大,它的人口可能是英格兰或南意大利人口的 5 倍。它的统一进程开始得较晚。一

方面,它缺少强有力的王权传统和盎格鲁-撒克逊人那样强烈的法律意识,另一方面,缺少诺曼人那种伟大的行政管理才能。它的国王可能也缺少诺曼统治者那种极度的残忍即他们对暴力的追逐。最后,在法兰西所通行的封建经济制度形式也有利于国家的政治割据——虽然这里像别处一样,何为原因与何为后果是难以说清楚的。

不过,从 12 世纪最后 20 年和 13 世纪最初 20 年开始,法兰西在政府和法律制度方面开始了类似于先前英格兰和西西里发生的那样迅速的发展。

腓力·奥古斯都二世的性格

腓力二世是路易七世的独子,他从一出生就被当做国王来培养。[66]他在 1180 年继承父位,当时年仅 15 岁。他在统治的最初几年里,挫败了贵族们反对他的阴谋,尤其是挫败了其母所属的香槟家族的那些阴谋。1180 年他与埃诺的鲍德温五世伯爵之女即佛兰德的腓力伯爵的侄女结婚,这使他的图谋者们转变了态度。腓力尽管很年轻,但通过外交和军事力量确立了他的统治地位。他已经显示出那个时代所有成功的统治者所必备的性格。

他统治的头 10 年主要忙于同佛兰德的腓力和英格兰亨利二世变幻不定的政治联盟和对抗。第二个 10 年与德皇(先是红胡子弗雷德里克,然后是亨利四世)结成了对抗英格兰理查一世的联盟,随后是 13 世纪最初的 10 年,腓力征服了作为英格兰领地的法兰西的大部分地区——诺曼底、曼恩、图赖讷、普瓦图和安茹。腓力伟大的军事才能和力量在布汶战役(1214)达到了顶点,在那里,法兰西的军队击溃了佛兰德、德意志和英格兰的军队。

腓力作为政治家和军事家的才能是与他作为行政管理者和立

法者的才能相配的。一些受过法律培训的人们不离他的左右,这些人为他提供咨询和作为他的代理人。由于诺曼底、英格兰和西西里诺曼人的组织天才给人以深刻的印象,他在全部的领土——
464 尤其是在 1203 ~ 1204 年征服诺曼底之后——采用了类似于盎格鲁 - 诺曼的巡回法官和郡长的各类制度。他不断地要求用金钱支付代替履行封建义务,以便用于雇佣军的开支。他宣称自己对贵族享有领主之权。他挑拨神职人员、封建领主和城市及城镇当局彼此对抗,并且支持城市和城镇,授予它们相当大的自治权,他还支持大商人,授予他们贸易特权和垄断权。

因为所有这些能力、趣味和政策,腓力与同时代其他伟大的王室立法者们相类似,尤其与西西里的罗杰二世、英格兰的亨利二世、德意志的红胡子弗雷德里克和佛兰德的腓力相类似。他在个人形象上也与他们相似:根据他同时代人的记载,他体力强健,喜好美食、美酒和美女,还是一位不知疲倦的猎手和剑手。他对朋友慷慨,对敌人残忍,集暴躁的性情和冷静的克制于一体。他是虔诚的天主教徒。虽然他因与英格兰的理查二世发生争吵而从第三次十字军东征中撤出来,他却极度残酷地镇压了阿尔比教派的异端。为了达到目的,他愿意并热衷于借用、吸取、试验和改革。海因里希 · 米泰斯所说的"冷静的自信和足智多谋"正是他的性格特征,正如它们是 12 世纪和 13 世纪初期其他伟大的君主们的性格特征一样。

他把法律作为一种权力工具的信念,是与他把法律作为一种正义工具的信念相一致的。他在死前嘱咐其子路易要"为上层和下层、穷人和富人主持正义"。[67]

法兰西的国家制度

腓力 · 奥古斯都继承了在精神和传统上基本是封建的王室法

院(*curia regis*)。[68]它由宗教界和世俗世袭权贵和封臣以及大多数选自贵族的王室官吏所组成。当国王召集时法院便开会。它集咨询、司法和立法的职能于一体。在路易六世和路易七世统治时期，圣丹尼斯修道院院长热絮(suger)，曾是出身低贱的神职人员，他作为国王的首席顾问，曾对王室官吏权力的增加和世袭贵族及王室封臣权力的减弱具有重要的影响。这个趋势正是腓力·奥古斯都所向往的。在他统治时期，王室法院的财政和司法职能分离开来，王室文秘署变成一个协调其他政府部分的机构。在这些方面，腓力为法兰西政府所做的或正在开始做的正是亨利二世为英格兰和诺曼底政府所已经做的和罗杰二世为西西里、卡拉布里亚和阿普利亚的政府所曾经做的，也正是自 11 世纪以来教皇为教会政府所 465
曾经做的。腓力所开始的工作由其子路易八世(1223～1226)特别是其孙路易九世(1226～1270)付诸实现。

在法兰西，直到王室政府的权力能够通过其委派的王室代表于国王管辖的地方领土上得以行使时，中央政府制度才得到确立。以授权原则为基础的一种中央和地方政府制度的结合是西方类型国家形成中的一个基本的要素。与第一个要素相关联的第二个基本要素是要有能够指导并约束王室代理人的法律制度。在腓力·奥古斯都之前，早期的法兰西王室无能力在阻止法兰西国家形成的地方确立这样一种指导性的法律、约束性的法律和代理的权力。那时，不仅法兰西的公爵和伯爵而且就连小小的男爵也不允许王室官吏进入他们的领地。此外，法兰西国王不能像英格兰国王那样有效地利用地方的村社和郡县制度，因为法兰克王国地方自治的传统并不像盎格鲁－撒克逊王国那样发达，因此这些地方机构较容易被封建贵族们接管。

在这种情况下，法兰西国王们所做的是想通过称作“邑吏”

(prévôts)的地方人士管理他们的领地,后者作为管理人和统治者驻留在王室土地上,负责征税,逮捕和审判违法者,以及召集骑士等。他们行使权利和权力时通常要向王室支付租金(forfeit),他们的土地称作“农庄”(*ferme*),作为一个采邑常常是世袭地持有。有时国王派遣督察官去检查邑吏。这种制度与11世纪和12世纪早期英格兰通行的制度是不同的。

腓力二世增加了督察官的数量,提高了他们的权威和威望,乃至设立一种新型的称作(像在亨利二世时诺曼底那样)邑长(*baili*)的官吏。

新的邑长制度的创立是由于腓力和他的顾问们受到了亨利二世时盎格鲁-诺曼人做法的启发:向各地委派执行公共权力的人或郡长。腓力通过有意识地使邑长具有盎格鲁-诺曼郡长的某些行政职能和盎格鲁-诺曼巡回法官的某些司法职能,采用并改变了这种制度。法兰西的邑长像盎格鲁-诺曼的郡长一样,能够在许多事务上代表国王;他接受国王的指导,监管国王的财务并向国王报告工作。法兰西的邑长像盎格鲁-诺曼的巡回法官一样,被授权审理国王法院的王室(*cas royaux*)诉讼,在这方面通常享有国
466 王的权利和特权。1190年的一项王室法令指示邑长每月巡回一次,在4名地方贤达(*legales homines*)的咨议下,审理权利请求(*clamores*)。最终,为每一位邑长指定了固定的管区,在此管区中他为王室施政和作为一名王室法官。在1226年之后,法兰西的某些地区还出现了一种与此相类似的官职,即执事(seneschal),他不同于邑长,主要因为他较为独立于王室。邑长和执事通常是从王室较低的贵族中募选出来的,他们通常都受过法律方面的培训;他们是领薪官吏,是王室及所属地区公爵和伯爵的仆役。

邑吏继续在他的地区从事管理,即执行国王的命令和以国王

的名义主持正义。他也在当地居民的帮助下主持法庭。对一个邑长管区内邑吏法庭的判决可上诉到邑长法庭。较为重要类型的案件留给邑长法庭进行初审。邑长在当地邑吏和地方贤达或“知名人士会议”[或在某些地方由非专业法官(*hommes jugeans*)]的协助下,定期主持巡回审判。来自这些案件的收入——从诉讼人那里获得的实际诉讼费和向与该审判有关社区征收的税务——上交王室或中间领主。

邑长制度的采用以中央集权、专门和王室司法机构的发展为先决条件。在腓力二世登基之前,国王法院审理的案件一直较少,从1137～1180年,据信只有85起,或者说平均每年还不到两起。[69]这些案件主要是对大封建领主提起的得不到受理或宣称判决错误的案件,或是宗教领主和国王已经授予自由特许状的城市公社之间争议的案件。国王通常亲自主持审判。法官由国王邀请参加审判的大领主和王室官吏担任。那时还没有负责适用和创造王室法律制度专门的中央王室法院。

这样的法院到13世纪才出现。首先,称作“巴列门”(*parlements*,意为“讨论”或“审议”)的国王法院一年定期举行数次司法会议。1250年之后,巴黎的高等法院(Parlement of Paris)最终成为一个常设的司法机构,有全日制的专业法官正规地主持民事和刑事案件的审判,有时是从事初审,但大多是受理对邑长法院判决的上诉,偶尔受理对公爵、伯爵和其他领主判决的上诉。国王很少亲自参加审判,最终完全不参加审判。巴黎高等法院作为法兰西王室最高法院一直存在到法国大革命时期。

法兰西中央王室法院的创立,像西西里、英格兰以及罗马教会 467
那里的情况一样,是近代西方类型国家发展的早期特征。它代表了政治权力与司法权力的结合与分离——在王权那里它们在政治上相结合,在国王会议和国王法院那里它们在法律上相分离。法兰西将王室司法权集中于一个专门法院的过程比英格兰和西西里要缓慢一些,正如它曾经较为缓慢地创立了一种地方分权的王室法官制度一样。不过,一个独立的、永久的王室法院制度的最终确立对于新的国家结构来说是至关重要的,这种新的国家结构的特征之一就是它大大依赖作为一种社会、经济和政治管理手段的司法审判。

王室对特殊当事人进行的司法活动表明了被适用的王室法律体系的存在,进而还可以知道这种法律体系时时要服从于国王的补充和改变。腓力·奥古斯都及其后继者与前辈相比,在他们被承认——并且他们自己也承认——具有权利和义务正规地制定新法律的意义上,他们是立法者。在 13 世纪,法兰西国王逐渐颁布法规(*établissements*)和法令(*ordonnances*)明确地改变了先前存在的法律。许多这些新的王室法律与新的司法制度有关系。最著名的例子可能是 1258 年路易九世废除决斗裁判并将巴黎高等法院变为上诉法院的法令。其他法律的颁行使王室铸造货币的权力扩展到整个王国,加强了对城市和城镇实行的控制,增加了王室政府的效率。王室法律有时以这样的方式陈述,即它们的颁布是“为了所有人的共同福利”,或是“为了王国的利益”。这也体现在教会法学家关于国王立法权合理性的论证中,这种理论在阿奎那著名的法律定义中被表述为“由一位主管社会的人为共同福利所颁布的规定”。[70]

法兰西王室的司法制度

法律史学家们常常认为法兰西王室司法制度的发展差不多落后于英格兰一个世纪。他们指出,12 世纪 70 年代的英格兰就有一个中央集权的王室法院,而在法兰西,直到13世纪50年代才确立一个中央集权的王室法院即巴黎高等法院。不过,这是拿两种不同的东西作比较。法兰西高等法院主要是一个上诉法院。它受理下属的邑吏和邑长主持的王室法院或下属的公爵、伯爵及其他领主法院一审判决的案件。对比之下,英格兰的王室法官,无论是巡回的还是坐落于威斯敏斯特的,通常都受理依原始令状所提起的 468
一审案件。所以,应该拿12世纪英格兰王室司法管辖权与12世纪各个法兰西公爵领地和伯爵领地(勃艮第、曼恩和图卢兹)的司法管辖权相比较,以及与王室领地的国王司法管辖权相比较。[在法兰西,"伯爵领地"(county)一词是指由一位伯爵所控制的政治体,而不是英格兰类型的郡。]人们也应该将英格兰的王室司法管辖权与法兰西于1190年腓力二世所设立的王室法官——邑长相比较:主要的区别是邑长既不是巡回的,也不是地方的,而是在独立的区域发挥作用,他们与国王和所在地区的公爵与伯爵具有双重的联合。另外,路易九世的巴黎高等法院还负责处理某些英格兰王室法院所不负责处理的事务:它正式地受理上诉。而那些认为在发展中英格兰"早熟"或法兰西"落后"的人们却忽视了这种差异。

如果某人不是将英格兰中央集权的司法与整个法兰西而是与一个法兰西大公爵领地中央集权的司法相比较,他就会发现两者在12世纪有着明显的相似性。一个显著的例子是诺曼底中央集权的司法,因为在12世纪,在诺曼底公爵领地法官对重要民事案件的审判基本上类似于英格兰王室法官对重要民事案件的审判,诺曼底公爵同英格兰国王是同一个人。在那时,无论是在诺曼底还是在英格兰,都没有对这样案件的上诉制度。一个世纪之后,当法兰西国王路易九世成为诺曼底的统治者时,在诺曼底公爵领地顶层法院审理的案件首次可以上诉到新的巴黎的王室法院。

确立一个等级制的法院制度,并配有一套从邑吏法院上诉到邑长法院和从邑长法院以及公爵领地、伯爵领地法院或其他领主法院上诉到巴黎中央王室法院的正规程序,在这方面,法兰西大大“领先于”而不是“落后于”英格兰。

当然,如果英格兰的国王试图实行一套上诉制度,那将是极不合适的,因为根据英格兰王室法院的程序,这种上诉应针对陪审团的裁决,而这种裁决基于陪审员们先前取得的知识,是由对王室法官提出的事实问题或交织在一起的事实与法律问题所做出的“是”或“不是”的回答组成的。最接近这种上诉的英格兰法是仅仅适用于民事案件审判后的诉讼程序(attaint),根据这种程序,召集24人组成的“大陪审团”审查一个先前陪审团的裁决;如果发现该裁决是错的,因不公正裁决而蒙受损失的受害人可获得相应的赔偿,原审陪审员将丧失他们的财产,本人将受到监禁,他们的妻子和孩子将被赶出家门,他们的房屋将被拆毁,他们的树木将被根除,他们的牧草将被犁起。

469 法兰西民事和刑事审判程序体系在起初即在12世纪和13世纪早期并非十分不同于英格兰。法官主持非法律职业者的法庭,当然这是在中央的公爵领地和伯爵领地法院,而不是在中央王室法院。法院的判决不是由主持审判的官吏作出,而是由外行的“陪审员”作出。把法庭划分为主持法官和陪审员,恰好像英格兰的陪审团一样,在时间上可以追溯到法兰克人的陪审团。腓力二世建立邑长法院的立法加强了对村民参与案件审判的依赖。“民众陪审团”(*enquête par turbe*)制度也被用于确认地方习惯:召集12人陈述习惯,由他们的发言人表达一致的意见。

法兰西的制度在13世纪及其后经历了巨大的变化。正如约翰·P. 道森所指出的:法兰西的诉讼程序变得越来越学理化和复杂化。[71]受过专门培训的法律家不仅出现在上诉法院，而且出现在邑吏和邑长法院以及公爵、伯爵法院甚至地位更低的领主法院。最终，在14世纪和15世纪，不仅巴黎高等法院而且下级法院的法官在审判中也都遵循类似于教会法程序的书面诉讼程序：当事人相互交换书面的起诉书与答辩书；采取秘密形式的书面讯问和证人宣誓证据制度；法院的判决表达在一个书面的裁定中和推理的意见中；当事人相互对问题提出异议；审查人的裁定被记录下来；审判充满了形式。以多卷的审判记录为基础宣称该判决有错误，可以从下级法院上诉到上级法院，最终上诉到巴黎高等法院。这正如道森所指出的，"在日益复杂的程序的阻碍和影响下"，逐渐地淘汰了下级法院的外行人员。[72]虽然"民众陪审团"仍然残存，但官方因素压倒了大众因素。

从后来发展的角度来看，人们有理由争辩说，早期法兰西国王对教会法诉讼程序的采纳和以巴黎中央王室法院为顶点的上诉等级制的创立，对后来法兰西法的历史产生了不良影响，而英格兰国王早期对法兰克传统陪审制的采纳，却对后来英格兰法的历史产生了有益的影响。但是，从12世纪和13世纪的视角来看，法兰西的法院体系和法院的诉讼程序却比当时英格兰的制度大为有利，这里的有利是指有利于公正对待诉讼人和有利于王室的社会秩序。

在有利于公正对待诉讼人方面，法兰西的诉讼程序像教会法院的诉讼程序一样，旨在允许揭露案件的全部事实和问题，而英格兰的诉讼程序却旨在把案件事实和问题的范围尽可能压缩到集中的一点或几点。英格兰的起诉和陪审团裁决——未经审判而作的裁决——制度只是较适合于某些类型的案件。恰恰是这种缺陷而不是别的东西，才使得英格兰的大法官在14世纪末和15世纪创立衡平法管辖权，用以保护贫困者和孤弱者，实施信托和信任关系， 470

以及提供禁令性和其他形式的特别救济(与“普通法”的金钱赔偿救济相对)。英格兰的大法官,几乎都是高级神职人员,他们:遵循教会法的诉讼程序——也是法兰西王室法院的诉讼程序,通过传票传唤证人,并在证人发誓后进行询问。

在强化社会秩序化方面,法兰西王室法律制度在本国的确不能像英格兰王室法律制度在英格兰那样富有效率,这部分是因为法兰西国王须控制四五倍于英格兰的人口,这些人口又划分成更多的彼此竞争的单位。应考虑的更敏感问题是,12 世纪和 13 世纪在法兰西国王下发展起来的王室法律制度是否很适合于最有效地制止骚乱,是否应向法兰西的国王建议发展一种像英格兰那样的王室法律制度。腓力·奥古斯都确实在他的邑长制度中部分模仿了英格兰的郡长和巡回法官制度,但是,在路易九世时,巴黎高等法院上诉管辖权的发展和与之相适应复杂和成熟的书面诉讼程序的发展,最终削弱了民众参与审判的作用,产生了一个有学问的特别的法学家阶层,他们最终变得越来越脱离民众和越来越腐败。但是,人们也不应该根据路易十四时期所发生的事情来判断路易九世的作为。关于 12 世纪和 13 世纪,得出以下结论似乎是公允的:在法兰西所流行的(相对于与英格兰所流行的)王室法律制度显然是一种使国家经济和社会生活有序化的有效工具,如果说它在镇压犯罪方面功效甚微,那可能是由于这样的事实,即刑事司法管辖权在法兰西比在英格兰更为分散——更多地控制在公爵、伯爵和其他领主以及城市公社的手中,而这未必是一件坏事。

13 世纪法兰西王室法律的功效基于它对地方习惯与法律学问
471 的巧妙综合,以及它将法律学问适用于地方习惯的较为精巧程序。将法律程序和法律学问适用于地方习惯创造了一种法兰西的习惯法体系,它作为一种强有力的统一和具有教育作用的力量而发挥作用。

“地方习惯”是指各地区、城镇、领主领地的各种习惯和伯爵领地、封建领地、公爵领地以及作为法兰西组成部分其他政治体的习惯。虽然有某些全法国通行的习惯,例如关于王位继承的中央习惯及诸如限制丈夫处置妻子财产权力(在他们婚姻生活期间)的共同地方习惯等,但是,全国性的习惯较少。此外,尽管法规(*éstablissements*)和法令(*ordonnances*)的数量增加,但全法国的实体性制定法并不多;法兰西的制定法绝大多数都是程序法。不过,法兰西王室法院经常以地方习惯为基础判决案件,这一事实并不意味着王室法院在改造习惯方面没有起到作用。与此相反,包括巴黎高等法院在内的王室法院和国王本人有时也行使废除全部“坏”习惯和认可那些“合理”习惯的权力。这同解释习惯以使习惯符合合理性的权威相联系。因此,人们可以说存在于全法兰西的共同**习惯法**(*customary law*),它是由王室法院解释和改造的流行在法兰西各地的多种习惯构成的。

说法兰西受普通习惯法支配并不否认法兰西有许多律师和法官曾受过罗马法的培训;也不否认,自前墨洛温王朝时期开始,法兰西某些地区特别是南部在某种程度上保存了罗马法。但是,这是两种不同的罗马法。第一种是律师和法官受到熏陶的罗马法,它是在各大学(包括法兰西12世纪建立的蒙彼利埃大学和13世纪建立的奥尔良大学)的博学的法学家们所重新组织、重新思考和重新评估过的查士丁尼法律。各大学的罗马法是一种理想法,而不是制定的法典或法规或某种其他形式的实在法。它是一种法律概念和原则的体系,通过这种体系可以审查和解释流行的习惯法和制定法规则。第二种罗马法——从前墨洛温王朝时期特别是在法兰西南部存活下来的——包括数个世纪保存在大众意识中分散的罗马法术语、规则和诉讼程序,其中某些这样的术语、规则和程序已经相继被纳入日耳曼人的法典(诸如西哥特人和伦巴第人的法典)中和被纳入统治者们其他的法令和法律中。这种罗马法通常被称做“粗俗的罗马法”(vulgar Roman law),它本身已经变成了习惯法。相反,学问型的罗马法更大程度是法律推理意义上的法律,而不是作为具有拘束力规则意义上的法律。

472 学问型的罗马法特别有助于判定哪些习惯是“合理的”或“不良的”。教会法在这方面也提供了重要的指导。是教会法首先教导人们明确关于区别合理习惯与不合理习惯的必要性。实际上,教会法也阐述了罗马法本身关于区别什么是可接受的和什么是不可接受的必要性。教会法解释习惯的原则一般被附加于罗马法的规则和概念之上。

在 13 世纪法兰西的王室法院中,根据法官的自由酌定,可以采用各种各样的方式证明习惯。法官能够证明他具有辨析习惯的个人知识,因为他自己曾在称作“先例”的先前相似案件中适用过它。〔73〕他可以同在法庭协助他的外行顾问磋商。他可以招请一伙知晓习惯的人,招请一些教士陈述一个教区或修道院的习惯,招请一些市民陈述城镇的习惯,招请一些水手陈述码头的习惯。最后,根据“民众陪审团”的程序,法官可以召集 12 名有知识的人要求他们通过一位发言人来报告某一特定的习惯或某些习惯是否存在。

在 13 世纪,国王本人有时作为“全国共同利益”(*bien commun de tous*)的代表参与主持专家对有争议习惯的讨论,并公布或记录他的裁决。用 13 世纪法兰西法学家菲利普·德·博马努瓦尔的话说,“国王应该保持和维护他的王国的习惯”。〔74〕不合理的习惯将被“推翻”。不过,同时,国王能够以衡平的方式即作为一种例外的方式背离和废除习惯,授予某些个人或团体以“特权”。例如,国王曾“不顾一般习惯”而将特权授予某些教会、某些城市和城镇、某些行会、十字军参加者和其他人。

最后，如果某个习惯适用于例外对待的特定个人或集团时或在更普遍适用时不能令人满意，从而需要改变，国王可以制定一项修改习惯的新法规或法令。亨利·梅因爵士关于在法律的历史上有一种从衡平法转向立法的理论可以在中世纪法兰西的实践中得到证实，这种理论本身来源于教会法学家的理论，教会法学家的理论允许用衡平法改变习惯并通过立法把衡平法普遍化。[75]

不过，实际上，在法兰西改变旧习惯的新法规或法令数量很少，那里也没有大量作为旧习惯的例外而授予的特权。大部分习惯是因为不能令王室法院满意而作为“坏”习惯加以废除，或者对 473
他们重新解释以使之“合理化”。事实上，一种合乎理性和良心的规则被嵌入习惯法之中。

因此，13 世纪法兰西王室法一方面就其具有数量更多博学的法官和律师而言，远比英格兰王室法更富有学理性[76]；另一方面，就其没有可适用于全法兰西统一的重要习惯体系而言，它是更为多样的；但是，就其由王室法院将共同的程序和概念体系适用于构成法兰西王国的多种政治体的各种不同习惯而言，法兰西也存在一个大的“普通法”体系。

法兰西王室的民事和刑事法律

虽然 12 世纪和 13 世纪法兰西王室法院所适用的法律大部分是因地而异的习惯法，但是它也有重要的共同特征。实际上，虽然习惯在细节上变化多端，而习惯法，即把习惯概念化的方式和解释它们所依据的基本原则却明显是统一的。

以下对法兰西王室法院适用的习惯法的描述主要是根据博马

努瓦尔著于1283年题为《博韦的习俗和惯例》(*Books of the Customs and Usages of Beauvaisians*)的这部伟大著作。[77]作者是博韦地区克莱蒙的邑长。此前曾任韦芒、图尔奈和桑利的邑长和普瓦图与圣通日的执事。他的领主克莱蒙伯爵是路易九世之子和国王腓力三世之弟。博马努瓦尔曾在大学学习过并受过罗马法和教会法的全面培训。他也熟悉巴黎高等法院的判例法。他除了是一位素养良好的法学家,还是一位有洞察力和思维敏锐的思想家。他的著作虽然风格简洁,但所表达的意思却是全面的。它的现代版本厚达1000余页。尽管出现的时间稍迟,但它主要集中于探讨法兰西地区的法律,它为探讨12世纪和13世纪全法兰西王室法院适用法律的主要特征提供了有用的原始资料。博马努瓦尔也分析了(尽管不够详细)博韦其他法院的司法管辖权和诉讼程序,这些法院包括伯爵法院、教会法院、地方领主法院、城市法院、商人法院和仲裁法院(对此他以一整章叙述)。所有这些法院都行使并行的司法管辖权。它们全都适用"博韦当地的习俗和惯例"。

474 全法兰西王室法院的诉讼程序多少是统一的,至少在1190年当腓力·奥古斯都建立邑长法院制度之后是这样。当然,邑长是他所在公爵领地或伯爵领地领主的仆役。但是,他最终要服从王权,并且在1250年之后,国王的中央法院即巴黎高等法院可以审查他的判决。正如博马努瓦尔所指出的:"每位贵族在其领地都有主权,[但]国王对全国拥有主权。"[78]博马努瓦尔所描述的克莱蒙邑长法院的诉讼程序,相似于同时代其他资料所描述的法兰西其他地方邑长法院的诉讼程序。

在邑长法院民事诉讼通常由邑长或其代理人口头地传唤被告本人或通知他的住所或通过邻居通知他而开始,有人认为隶属于邑长法院的邑吏法院也是这样。要求传唤人以一般措辞陈述控告的性质。但是,如果用语过于笼统或含糊,被告会以此为由进行抗辩或拖延时间,对这样的抗辩法院可以要求发誓。在审判中,邑长须详细陈述他的起诉(*demande*)理由,被告有权陈述他的抗辩(*barre*)。博马努瓦尔将这种程序与教会法院的程序作了比较:他说,在教会法院,原告的起诉书(*libellus*)和被告的答辩书(*exceptiones*)采取书面形式并使用拉丁文,而在邑长法院则采取口头形式并用法语陈述;此外,在教会法院可以作进一步的抗辩——原告对被告抗辩进行答辩,原被告进行第二轮辩论和第三轮辩论——而在邑长法院原告的起诉和被告的抗辩必须一次性完成。

当事人可由称作代理人(*procureurs*)的其他人——被授予代理权的亲属、朋友和其他代理人——代理出庭。他们也可以由向他们提供咨询和处理案件的律师代理——在这个词的另一种意义上。在博马努瓦尔时代,律师成为一种"官职"或职业,其活动由王室法令予以规定。[79]

博马努瓦尔列举并讨论了 8 种证据:(1)誓言,(2)书面文件,(3)司法决斗(在例外的案件仍然使用),(4)证人,(5)法庭记录,(6)对方供认,(7)法院通知,(8)推定。其中证人证据在那时是最进步的并对于未来具有最重要的意义。多种证人连同他们的证据被排除在外,包括神父和修道士、妇女、精神病患者、未成年人和外国人、犯过罪或作过假证的人、私生子、农奴和犹太人。当事人的家庭或家室成员不得为其作证。参加诉讼的代理人和律师不得就他们预先知道的情况作证。证人在发誓后回答当事人和法官提出的问题。[80]

这样,邑长法院的审判程序是口头的而不是书面的,这与教会 475
法的民事案件诉讼程序不同。但是,法庭要作书面记录,以便有可能向更高审级即巴黎高等法院提起上诉。

涉及所谓高级审判的严重刑事案件由包括最高领主即公爵和伯爵法院在内的领主法院审理。不过,如根据犯罪的性质和被告地役权的保有方式及条件某案应由国王管辖,那么,邑吏法院和邑长法院也可以审理有关方面的严重刑事案件;通过受害人或见证人或其他人的起诉也取得管辖权。显然,法兰西法院中没有采取类似于诸如英格兰那种通过大陪审团对重罪向巡回王室法官提起公诉的做法。因此,虽然法兰西法与较古老的法兰克法和日耳曼法不同,作了民事和刑事案件的区分,但它却在刑事案件中继续使用类似于民事案件那种"控告"式的起诉程序。

根据博马努瓦尔的记载,邑长法院受理案件的主要类型是以下争议:动产权利、继承、契约、赠与、未成年人监护、妨碍占有和对人身的犯罪。不过,博马努瓦尔也论述了其他类型的法律问题、法律关系和法律行为,包括家庭关系法的诸方面(嫁妆、婴儿、未成年人和非婚生子女)、继承、遗嘱、赠与、社团(商业冒险、公司、合作和公社)、运输、度量衡和劳役。

像英格兰和西西里的王室法一样,法兰西的王室法也采取了封建法关于不动产(land)和动产(chattels)的明确区分及占有(seisin)和所有权(ownership)("充分权利")的明确区分。这些区分基于以下事实,即封建法中不动产的权利产生政府管理的权力。另外的事实是,罗马法也作了"不动产"(immovables)和"动产"(movables)与"占有"(possession)和"所有权"(dominion)的明确区分,这就为法律家们提供了方便,因为这使他们有可能把罗马法的术语适用于封建的现实。不过,这有些使人产生错觉。因为罗马法的不动产与动产的区分不同于西方封建法中的不动产与动产的区分,罗马法中的占有也不同于后者的占有。西方的法学家并不为此过于费神,他们只是将罗马法加以转化,为己所用。

根据博马努瓦尔的评论，法兰西的邑长法院——即是说国王在公爵领地或伯爵领地或其他领主领地的法院——特别关心占有和妨碍占有问题。这并不是法兰西王室法区别于12世纪和13世纪欧洲其他国家王室法的特征。 476 凡中央政府的统治者较强大的地方，他们都通过宣布对侵权性的侵占具有管辖权而从封建领主手中夺取司法管辖权。法兰西国王迟至1277年才颁布了管辖“新侵占之诉”的法律，但事实上很久以来王室就与公爵和伯爵同时行使这种司法管辖权。

博马努瓦尔对占有的分析十分精致，这主要借助于教会法学家在这个法律领域的学问。他区分了各种控告形式，武力侵占、欺诈侵占和不使用武力的其他侵权行为以及实际侵占以外的妨碍占有权。[81]法兰西法像英格兰法和教会法一样，也像保护不动产占有一样保护动产占有和附属于占有的权利；不仅如此，当认为某人对他的不动产保持占有和与之相关联的管理权时，即使没有实际的占有相伴随，即使他离家参加十字军东征，他的占有也受保护。

法兰西的邑长法院与英格兰的王室法院不同，它所管辖的契约不仅仅限于封印契约。博马努瓦尔认为这种司法管辖权以教会法学家所宣布的诺言必须恪守（*pacta sunt servanda*）的道德原则为基础。博马努瓦尔写道：“全部契约必须信守，所有契约是书面的，‘契约胜过法律’，除非那些契约动机不纯，[例如]某人与他人订约愿出100里夫的价金雇其杀人。”[82]然后，博马努瓦尔复述了该时代罗马—教会的法律科学所普遍承认的其他契约原则：不得以暴力或强制手段迫使对方订立契约，契约的标的不得是不可能的或违反道德或违法的，赌博性债务和放高利贷的契约是不可履行的，契约可以明确规定放弃某些抗辩理由（例如，出售人可以放弃他已经取得的低于他的财产一半价值的起诉权）。这里有趣的是，这些罗马—教会法法律科学的原则已经变成为王室法院所适用的博韦和法兰西其他地方习惯法的组成部分。

刑法构成王室法院和公爵、伯爵以及小领主法院所适用的法兰西习惯法的重要部分。博马努瓦尔著作中最长的一章(114 个分节)是关于犯罪。[83]他将犯罪分为:(1)可处死刑的犯罪,由犯罪人财产所在地的领主没收行为人的私人财物;(2)可处罚金的犯罪,没收犯罪人的私人财物,长期监禁;(3)只处罚金的犯罪。第一类犯罪包括谋杀、叛国、暴力杀人、强奸、纵火、抢劫、异端、伪造货币、
477 越狱、投毒和企图自杀。死刑的执行方法通常是拖死和绞刑,不过,对异端处以火刑,伪造货币者先投入沸水中煮泡,然后再绞死。可处长期监禁刑罚的犯罪即第二类犯罪的一个例子是作假证,监禁期限由法官酌定。第三类犯罪包括伤害、不服从领主命令、侵害等。农民支付的罚金金额较少,贵族支付的罚金金额较多。

共谋破坏共同利益是博马努瓦尔所划分的可处以长期监禁的犯罪的另一个例子。它包括勾结商人或工匠图谋抬高物价,并对那些不加入者进行威胁的犯罪行为。这类共谋罪由有资格限定价格的领主管辖。在违法团伙共谋中还包括那些具有政治目的的谋反。博马努瓦尔指出,捕获这类阴谋团伙的领主应将参与者处以长期监禁并没收他们的财产,将组织者处以绞刑。他回忆了伦巴第各主要城市一个反对罗马皇帝团伙[1167 年反对红胡子弗雷德里克的伦巴第团(Lombard League)]:经过 5 年准备,在各地同一天举行暴动,阴谋者们屠杀了皇帝的官吏,“在他们占领的各城市订立了他们所喜好的法律与习惯”。

当犯罪人当场被抓获和逮捕,犯罪所在地的领主有权审判这类案件。如果犯罪侵犯了伯爵、公爵或国王的权利,那么,权利受到侵犯的人就享有对该案件的管辖权。不过,与英格兰不同,在法

兰西没有对严重犯罪("重罪")的一般或专属的管辖权,正如对严重的民事违法行为("侵害")没有一般的或专属的管辖权一样。法兰西王室刑事司法管辖权有些类似于美国联邦政府的刑事司法管辖权——一种对"联邦犯罪"的司法管辖权,许多这样的犯罪也能由作为法兰西王国组成部分的各政治体以"州犯罪"起诉。

法兰西与英格兰王室法的比较

在 13 世纪后期和 14 世纪,特别是在巴黎高等法院开始走向兴盛和英格兰司法机构在伦敦设立之后,法兰西国王法院的法律开始越来越明显地不同于英格兰国王法院的法律。最终,在大约一 478
个世纪或更长的时间之后,这两种制度形成了许多不同的特征。这种特征在 20 世纪仍然表明它们的特点。法兰西的制度开始倚重于书面程序,而英格兰的制度则倚重于口头程序;法兰西依赖于大量经过培训良好的专业法官,而英格兰则依赖于外行的陪审员和外行的治安法官以及为数很少的专业法官;在法兰西,由法官询问当事人和证人,被询问者要发誓,而在英格兰,对指控和对方当事人的抗辩,由陪审团裁决是否成立。关于实体法,法兰西王室法较为系统、较为富有学理色彩、较为罗马化和较为法典化,而英格兰王室法则较为个别化、较为注重实际、较为日耳曼式和较为倾向判例法。法兰西王室法包括的领域较多:民事债法(包括契约、不法行为和不当得利)、财产法、社团、信托、犯罪、公法和国际法。英格兰王室法受诉讼形式的限制包括的领域较少:权利令状、新侵占之诉、债务和收回被非法侵占动产之诉、违约之诉、侵害之诉、普通法上的重罪和特权令状,但在 14 世纪和 15 世纪,大法官法院也发展了一种十分灵活和不完善的救济体系并最终被逐渐称作衡平法的原则。

这些后来形成的差异不应抹杀下面的事实:即在 12 世纪和 13 世纪早期,英格兰和法兰西国王开始创立它们各自的王室法时,这两个国家的制度有许多共同之处。甚至后来它们之间的共同点也比民族主义的法律编年史所承认的要多一些:对于一个中国人来说,相对于它们的相似性而言,它们之间的差异似乎仍是极小的。但是,在它们的形成时期,各自本身都融合了后来使它们彼此区别开来的许多不同的特征。英格兰曾有陈述原告诉讼主张的书面传唤,而法兰西也曾有口头的传唤和口头的审判程序。在辩论阶段,英格兰依赖专业的案情陈述者、辩护人和法官,而法兰西则依赖职业法官——起诉人、陪审员和其他人——作出裁决。询问当事人和证人并令他们发誓只是法兰西王室法院的取证方法之一;而其他方法中则包括一些英格兰制度也有的做法。的确,英格兰要求陪审团预先确定事实和未经任何审判就作出一致性裁决的做法是独特的。不过,法兰西的陪审制其前提是民众陪审团在审理证据之前便知晓当地的习惯,陪审团就某一习惯是否存在发表一致的意见,这对于某些类型的案件来说无疑具有类似英格兰陪审团裁决的效果。

还有其他相似之处。在法兰西和英格兰,像在西西里一样,国
479 王(或公爵)的中央司法成功地同多重封建领主司法进行了对抗。像早期一样,国王继续对领主法院不受理的案件或作出错误判决的案件提供救助。为增加特殊的救助,在 12 世纪后期,先是在英格兰继则在法兰西,王室法院对初审案件的管辖范围大为扩展,主要是管辖那些涉及破坏安宁和对自由持有地占有发生争议的案件。此外,在这两个国家,王室司法比封建司法更为合理、更为专业化和更为客观一些。

王室司法更为合理,因为在绝大多数案件中它废除了司法决

斗裁判和共誓涤罪程序。

王室司法更为专业化,因为它是由专业上受过培训的法官施行的。

王室司法更为客观,这表现在两个方面。第一,法官们认为忠于法律和上帝甚至要胜过忠于他们的国王,更不必说忠于国王之下的封建领主了。正如布拉克顿的大作所指出的,政府不是在民众之下而是在上帝和法律之下:创设国王的正是法律。与此相似,博马努瓦尔指出,法官不应以服从他的领主为借口不服从上帝,假如法官执行领主的直接命令会使他"良心有愧",他甚至可以不受这种命令的约束。博马努瓦尔说,在这种情况下,法官必须将他对领主的义务置诸一旁,而不执行该命令以免违反他对上帝的义务。[84]这种观点反映在 12 世纪和 13 世纪法兰西王室法官就职时的宣誓誓言"尊重国家的善良风俗"中。[85]但是,在国王与领主互相争斗的时代,甚至在有学问的著述中,表达这样的观点仍不无受惩罚之虞。

第二,通过强调一致适用法律的必要性增强了王室法院司法判决的客观性,无论是在法兰西还是在英格兰,王室法院都坚持这样的原则,即对同类的案件应作同样的判决。这不是严格意义上的先例原则。先例原则是更晚些时出现的,它伴随着系统的判例汇编和案件的"判决理由"(holding)与"附带意见"(dictum 或 obiter dictum)的区分而形成,"判决理由"对未来的案件具有拘束力,而"附带意见"是法院陈述的对该判决不是必要的因而对未来类似案件没有拘束力的理由。在 12 世纪甚至直到 16 世纪和 17 世纪,也未形成这样的先例原则;而且,认为"举例"推理方法不如从原则出发的推理方法可靠。在 12 世纪像在 20 世纪一样,从相似的案件中推导出原则是一种占支配地位的方法。13 世纪英格兰的布

480 拉克顿和13世纪法兰西的博马努瓦尔两人,各自的著作都以他们一生审判经历中所熟悉的数以千计的案例为基础。[86]

对案例这种浓厚的兴趣是与法律面前平等的道德原则相联系的,而这个原则又以"同类案件同样判决"的格言作为基础。例如,博马努瓦尔曾指出,如果以前有一个(相似)的案件已被判决,"即便该判决是对不同的人作出的",仍不应该由法庭的诉讼参加者作出判决,而应该由邑长在先例的基础上直接作出判决,"因为对于同样的案件不应作出不同的判决"。[87]

在许多评论者的观念中,13世纪博马努瓦尔和布拉克顿著作,两者更多的是差异性而不是明显的相似性。对于12世纪格兰维尔的著作和其后不久在诺曼底和法兰西出现的关于习惯法的著作,他们也持这种观点。人们说,这两部英格兰的著作包含了对英格兰普通法(虽然"普通法"一词那时尚未出现)最初的学术阐述;即它们集中探讨了威斯敏斯特王室法院所适用的规则,这些规则像其名称所表示的那样,是"英格兰王国的法律与习惯"。对比之下,据说博马努瓦尔的《博韦的习俗和惯例》和更早的法兰西及诺曼的"习惯"(*coutumiers*)集中探讨的是因地而异的地方习惯。但是,作为由王室法院所解释、构建、合理化和适用的博韦习惯,却大体上颇似于王室法院筛选过的法兰西其他地区的习惯。虽然时效期不同,不出庭的理由不同,转移土地的必要形式不同以及许多其他事务不同;但是,地方的王室法院(实际上在博马努瓦尔时代是巴黎的最高法院)对这些细节的区别规定了允许的限度。此外,还有全法兰西的某些统一的习惯,这些习惯被明确看作"普通法"。最重要的是,一般原则是相同的。

除此之外,英格兰普通法通常被认为本身是一种习惯法,知道它的含义并不容易。英国普通法一般可溯源于《克拉伦登法令》和其他 12 世纪王室的制定法;这些法律构成了与习惯法相对的制定法。无疑,这其中的意蕴是,王室制定法为王室法院实施取源于习俗和惯例的规则、原则、准则以及概念确立了程序。所实施的规则、原则、准则和概念(如重罪概念和占有与侵占概念)取源于非正式、不成文和非制定法的行为规范和范式,这些行为规范和范式存 481
在于人们的头脑中,即存在于社会共同体的意识中。当然,在一般意义上,所有的法律最终都依赖于习俗和惯例。

如果人们想要更准确地确定"习惯法"一词的含义,就一定会发现,在用"习惯法"指英格兰王室法院所遵循的法律时,其含义不同于用它指法兰西王室法院所遵循的法律。但是,这个词必定包含某种相似的含义。有许多事例可以说明这种相似性。例如,在英格兰和法兰西,占有这个法律概念均源于习惯法;在这两个国家,王室法院都对新侵占之诉(法兰西称作 nouvelle disseisine)的案件予以管辖;在这两个国家,国王都使用习惯法的占有概念,通过体现在制定法中的新侵占之诉,从封建领主那里夺取对有关自由持有地权利的争议的司法管辖权。当然,在上述方面仍存在某些差异,但是,它们两者之间的相似性表明,这两个王国的习惯法与王室法是部分一致的。

第十四章　王室法：德意志、西班牙、佛兰德、匈牙利和丹麦

482　德意志

讲起德意志王室法的起源和早期发展，便会遇到没有西西里国王、英格兰国王或法兰西国王意义上的德意志国王这一事实。有的只是组成帝国的各个领地(*Länder*)里的公爵、君王和其他的王侯。实际上，每一领地本身即为一个王国。萨克森、士瓦本、巴伐利亚、弗兰科里亚和洛林是5个主要的德意志公爵领地，另外还有其他一些领地，诸如弗里斯兰和图林根；北意大利的伦巴第城；勃艮第的法兰克人的王国；波希米亚的斯拉夫人的王国；一些边境“接界区”(包括奥斯特边区，该地于1156年被提高到奥地利公国的地位)；以及各种各样的其他的政治体。1075年，萨克森或巴伐利亚之类的公国在规模、财富和权

力方面大体类似于法兰西王国（正如它当时那样）、诺曼底公国或英格兰王国。全德意志帝国之王统治着自己的领地，他还是帝国联盟的首脑。

因此，德意志的王室法可以用来指所谓帝国的法律（皇家法）或任何一个组成帝国的公国或其他公爵领地的法律（王公法）。事实上，在12、13世纪，曾经很不发达的皇家法已经扎下根来，且盛极一时，尽管它无法同西西里、英格兰或法兰西的王室法的发展相匹比；而王公法不仅扎根和兴旺，而且不断走向繁荣，颇似西西里、英格兰、法兰西和欧洲其他地方的王室法之盛况。

皇家法

查理曼（768～814）建立的帝国始于一种附加给一大批驳杂不纯的部落、地方和领地单位的普遍观念。它不是一个地域性的实 483
体，而是皇帝个人权威即统治权的疆域，皇帝代表着西方基督教世界的宗教统一和对斯堪的纳维亚人、阿拉伯人、斯拉夫人和马扎尔人进攻的军事抵抗。查理曼确立了自己对立法、行政和司法职能的某种集中控制，但这些控制是孱弱乏力的。帝国的法律制度稀疏地分布于整个帝国，并未扎下根来。查理曼帝国被称作“虚弱的巨人”，是颇为恰当的。查理曼死后，帝国很快走向崩溃，被他的继承者们所瓜分，“皇帝”名号则留给东法兰克人的头领们，东法兰克人居住在12个世纪后开始被称作德意志的地方。

在200年里，“德意志”帝国继续被称作法兰克人的帝国或基督教的帝国，但很少被称作罗马帝国。然而，11世纪初，形成了给皇帝的继承人授予“罗马王”名号以替代“法兰克王”名号的惯例；皇帝死后，其子将正式前往罗马由教皇加冕为“罗马皇帝”。首先，这标志着法兰克皇帝要求享有罗马皇帝康斯坦丁及其继承者作为教会首领所享有的神权权威。在12世纪,这个帝国第一次开始被称作罗马人的帝国;不过,到那时,教皇对教会的最高权威已经确立,帝国称号中的“罗马”一词象征着帝国的政治、法律统一和它在世俗领域里的权威。(只是在13世纪,它才开始被称作神圣罗马帝国,最后,在15世纪,被称做德意志民族神圣罗马帝国。)

鉴于教皇革命前皇家法的初始特性,人们肯定会想起这个帝国没有首都、没有官僚机构、没有职业的司法机关,甚至没有一个已经建立起来的财政权威。皇帝通过其家室进行统治,皇室跟随他在整个帝国不停地游移。御前大臣是帝国秘书。理财大臣负责皇帝家室的预算。皇帝的顾问不是常设的官员,而是随着事务的更迭而特别选定的。正如海因里希·米泰斯所说:“帝国只是在君主逗留的特定地方变得十分强大;他只能通过在帝国各地经常露面,才能够获得尊敬。这需要一种超凡的个人造化并过早地耗费了统治者的力量:他们的早逝不是一个单纯的令人遗憾的偶然事件,而是折磨人的政府制度的结果。”[1]

这并不意味着家室法之外没有皇家法。首先,存在帝国的审
484 判特权:皇帝每到一处,坐堂问案,适用地方的、部落的或封建的习惯法,并且还以基督的代理人和基督教徒的帝国(*imperium christianum*)最高首领的身份布施一种普遍的正义和仁慈。皇帝有权从任何法庭——无论是地方的、封建的、领地的还是教会的——“提审”(*jus evocandi*)案子。更为重要的是,他有权发布帝国“禁令”(ban),要求被告人服从帝国的“高级审判”,违则放逐法外。伯爵(拉丁文为*comes*,德文为*Graf*)通常也被授予发布皇家禁令的权力;伯爵是从加洛林时代留存下来的,那时,他们被皇帝指派以他的名义在地方(*Grafschaften*)行使司法和行政职能。不过,在后来的几个世纪里,官职的中央帝国性质大大地减弱了,在多数地

方,官职在很大程度上成了世袭的和地方的。

不仅如此,皇帝还对教会法的发展施加了实质性的影响。在那个时代(正如在罗马时代那样),教会法本身被看作皇家法的主要分支之一。在教皇革命前,当然由皇帝来任命修道院院长和主教(包括罗马主教),召集并主持教会会议,偶尔甚至还制定兼具神学和法律性质的教规。

皇帝无权对其臣民征税,他必须从自己分散于全帝国的产业里募集岁入,这一规则反映了帝国法在世俗方面的虚弱。皇帝通过没收封地而获得新土地的权利也受到了一些严格的限制。在11世纪,皇帝成功地通过赠予土地而豢养了一个皇家仆役(称作家臣)阶层;这些人受命管理皇家产业,他们被武装和编排起来,并配给马匹,成为皇家军队的一部分。不过,当土地因缺乏继承人而从封臣(王公和其他贵族)那里归还给皇帝时,他就得按照封建法律的要求将土地转交给其他的封臣。这种所谓的“强行授予封地”(*Leihezwang*),将皇家的封建法律同帝国内的公国和其他公爵领地的封建法律以及法兰西的、英格兰的、西西里的和其他一些体现西方基督教世界的世俗权威的封建法律明显地区分开来。

教皇革命极大地改变了帝国官职的性质和与之相伴随的皇家法的范围和特征。一方面,皇帝在教会里的宪法性作用被大大削弱:他成了一个纯粹的俗人,当然,他是一个强有力的俗人,因为主教和修道院院长虽不再由他授任,但仍然是他的封建陪臣。另一方面,他所享有的对各种组成帝国的领地上的统治者的宪法性地位也有所改变。王公实际上在最终解决授封争执上起着决定性的 485
作用;在导致1122年《沃尔姆斯协约》的审议中,用米泰斯的话说,他们是“作为皇家权利的保卫者”[2]而出现的,并斡旋于皇帝和教皇使节之间。在作为教皇革命里程碑的国内战争期间,12、13世纪的许多新的王公家族率先显赫起来,包括霍亨斯陶芬家族、维特尔斯巴赫家族和韦廷家族。到 12 世纪中期,再用米泰斯的话来说,帝国“不再由部落的领地(*Stammesländer*),而是由新型的、被认为参与帝国政治的公爵们统治着的领地组成的”。[3]

实际上,皇帝在其选举中已全然依靠公爵和帝国的其他王侯。1077 年,王公们在福希海姆举行会议(*Reichstag*),通过了一个由教皇格列高利七世批准的决议,要求皇帝由他们来选举;在 1125 年于美因茨举行的一个会议上,这一原则头一次兑现。当时,已故皇帝亨利五世的继承人、士瓦本公爵遭到一个王侯委员会的拒绝,他们代之以选举萨克森公爵洛泰尔为皇。1138 年,洛泰尔死后,王公们又无视皇帝的继承人而推选洛泰尔的敌对者、士瓦本的康拉德登基;1152 年,他们撇开康拉德之子而支持其侄子红胡子弗雷德里克(Frederick Barbarossa)继位。到 12 世纪后期,皇帝须经王公们组成的选举团选举产生遂成定规。在选举团里,美因茨、科隆和特里尔的大主教以及莱因兰的巴拉丁伯爵占据优势。

不仅如此,每逢皇帝要作出带根本性的重大决策时,还应该召集“域内王侯”(princes of the realm)。旧帝国由皇帝家室和部落的公爵领地(*Stammesherzogtümer*,“宗族的公爵领地”)所组成;新帝国则由皇帝自己的地域性领地(士瓦本、萨克森或别的什么)加上其他的由帝国的王公们(*Reichsfürsten*)所统治的领地所组成,后者逐渐丧失其作为宗族的公爵领地的大多数特征,主要成为地域性的政治组织。[4]

新的帝国生发出新的政治法律制度。帝王权力的世俗化迫使皇帝建立了一种极少依赖神职人员并与教会事务很少相干的文官机构。世俗事务,尤其是恰好凭藉教皇革命而留在皇帝的最高管辖权之内的维持和平与正义的事务,获得了与日俱增的重要性。

在西方基督教世界里,分成“教会”领域和“世俗”领域,两者边际的法律定界以及对教皇治下的教会领域的法律性质的突出强调,使得相应地强调皇帝治下的世俗领域的法律性质成为不可避免。皇 486
帝找到了强化政府和扼制暴力的新方式。这些新方式反映出一种向近代意义上的管理国家技能的转变,尽管尚未达到像西西里、英格兰、法兰西那样的程度。

皇帝保留了他作为帝国最高法官的地位并将其合法化。他受理对王公和贵族法庭以及城市法庭判决的上诉。这类案件的诉讼程序是传统的德意志集体判决程序,即皇帝作为主持者和通常擢自其廷臣的法官们一起听讼判案。在涉及封建法(*Lehnrecht*)的案件中,法官必须出自与被告身份同等(同一阶层)的人们;在涉及地方法律(*Landrecht*)的案件中,法官必须出自与被告同一族类的国民(*Stammesgenossen*)。这两类诉讼程序在1179~1180年对巴伐利亚和萨克森公爵狮子亨利的著名诉讼中鲜明地展现出来。被其敌手控告犯有包括对皇帝谋反在内的多种罪行的亨利,因违反地方法律而受到由士瓦本(因为他是士瓦本人)的审判人员所组成的法庭的审判,并因拒不出庭而被判藐视法庭罪。皇帝红胡子弗雷德里克还控告亨利违反了他作为封建领主应对其承担的封建义务,根据封建法律,亨利受到了与他身份同等的人即帝国的王公们的审判。对他藐视法庭的判决是将其放逐法外,但不是永久的,亨利在英格兰流放几年之后,获准返回他在不伦瑞克的城堡,并恢复了他对自主地产的占有。对他违反封建义务的判决则相当严厉——永久没收其包括巴伐利亚和萨克森在内的采邑;这些采邑返归给皇帝,按照强制授封土地的规则,皇帝将巴伐利亚分封给维特尔斯巴赫家族,萨克森则分归另外两个公国,由此结束了亨利所属的韦尔夫家族的领地权力。[5]

皇帝还有权召集包括作为大王公(皇帝直属租户)的教俗大领主在内的贵族、骑士乃至帝国城市的代表参加临时审议会。这些“帝国会议”或“集会”(来自拉丁文 *dies*,“日子”;德文为 *Tag*, *Reichstag*)在 13 世纪成为定期的,与现代英国议会相似。它们是国主用来保证教会的、封建的和城市的管理者——“三等级”(estastes)同意王室法律的手段。作为回报,该会议可以从最高统治者那里索求让步。米泰斯指出,和 13、14、15 世纪的英国议会相
487 比照,德意志的会议并未声称代表作为一个整体的王国(*the communitas regni*),而是代表每个王公以他自己的公国或至多以他自己的阶层为根据的想法。[6]同时,德意志皇帝对会议所享有的权力要比英国国王对议会所享有的权力小一些。在这两种场合,贵族的定期集会表示了一种政治结构,在这种结构里,权力由各种不同的等级或阶层——高级贵族、低级贵族、僧侣、商人以及工匠——来分享。会议或议会制度是君王与各等级相互关系的一种表现;它构成了西方宪法在形成期里的一个显著特色。

不仅如此,12、13 世纪的皇帝们大大改进了对自己帝国的地产(landed estates)的行政管理,他们通过扩大和强化家臣制度(system of ministeriales),从这种地产中得到大多数岁入。这些领主变得更像帝国的文官,而不大像封建陪臣。不过,在部门的设置方面尚不如家臣制度那样得到改善,尤其是财政署、司法部门和文秘署——这些部门在 12 世纪欧洲其他一些大的王国(包括德意志的某些公国)和罗马教会里标志着一种国家建构的特征。帝国设有一个文秘署,但它包含了帝国王室官员的全部职能,不是作为一个分离的协调部门而活动的。正如米泰斯所指出的,拿德意志领地与英格兰、法兰西、西西里相比较,可以看到,这个帝国未曾创立一种近代的皇家官僚机构。文秘署是落后的,“德意志没有什么东

西与英格兰的财政管理大致相仿”，而且没有专职的皇家中央司法机构。[7]

不过，如果认为 11 世纪后期、12 世纪以及 13 世纪初期的德意志皇帝未曾有效地参与在教皇革命震荡下遍及西方基督教世界的法律创制事业，那就错了。他们有此番作为，主要是通过经常在帝国会议上颁布立法，这些立法通常采取“和平条令”（*constitutio pacis*）的名称，但也称为“国土和平”或“领地和平”（*pax terrae*，*Landfriede*）。由皇帝宣布的这些法令意在包容新法律并创建了近代意义上德意志帝国立法的第一个样式。许多学者根据帝国本身尚无效能，缺乏充足的司法和行政机构去实施这些法律的情况而不赞同和平条令的立法重要性。诚然，皇家权力甚至在 12 世纪后期即当它处于巅峰状态时，也是相对软弱的，并在其后很快颓败乃至几乎分崩离析，但是，1150 年后制定的若干种类的皇家和平条令毕竟包含了许多在事实上按皇家标准去实施的新法律；更为重要 488
的是，它们包含了许多渗透于公国和其他公爵领地的领地法以及城市法的新法律。

对于这些皇家和平条令更多地负有责任的皇帝是红胡子弗雷德里克（1152 ~ 1190）。

红胡子弗雷德里克的个性与梦想　1152 年，在德意志王公和主教的一次会议上，时年 28 岁的弗雷德里克当选为“罗马王”（“King of the Romans”）。当时，罗杰二世（1112 ~ 1154）仍占据西西里的王位，亨利二世（1154 ~ 1189）不久就成为英格兰国王和诺曼底公爵；后来，在弗雷德里克统治期间，腓力・奥古斯都（1180 ~ 1223）成了法兰西的国王。这些人都是中央集权的地域性国家的缔造者。他们都具有许多个人的品性，这些个性是他们面对形形色色的村落、小镇和城市、驳杂不纯的氏族、五花八门的封邑、以及包括教士在内的名目繁多的等级而主张强大的政治、法律权威从而建造他们各自的王国所必不可少的。作为一个人,弗雷德里克尤其可以和亨利二世相类比。这一点从1165年两人讨论在未来某时合力进行一次十字军东征的计划——一个未曾实现的计划——里看得出来。

弗雷德里克显然是一个像亨利那样精力充沛、生气勃勃的人。他居无定所,可谓鞍上治国。比如说在执政的38年间,他马不停蹄,奔走于城堡与城市。正如亨利为了镇压对其权威的、现实的和潜在的威胁而不得不不停地走遍英格兰、爱尔兰、苏格兰、威尔士、诺曼底、安茹、阿基坦、普瓦图以及其"帝国"的其他部分,弗雷德里克也不得不走遍勃艮第、北意大利和德意志的许多领地。在12世纪,要成为一个成功的统治者,需要具备强壮的体格,坚韧不拔的毅力和近乎凶狠残暴的性格。缺乏这些品格的统治者便会受制于人,其领地将被人吞并。

弗雷德里克的目的不仅仅是征服,尽管如果没有征服,他的其他目的均无实现之可能。他的首要目的是,依靠法律缔造一个秩序井然的国家。当然,这个目的并非与征服无关,因为依靠法律统治要比依靠暴力统治有效得多:若法官已经屈服,则无须出动军队。法律也和税收密切相关:诉讼当事人所付的昂贵的费用流入欧洲正在涌现的领地统治者们的金库。不过,法律自身亦为目的:维护和平和主持正义是王室权威的两种主要理由和王室立法的两种主要根源,更是君王"成功"(用今人的话说)或"拯救"(用12世纪人的话说)的两种主要标准。诚然,12世纪欧洲的国王,尤其是
489 皇帝,不再像他们10世纪和11世纪的先辈们那样是神圣的统治者,但他们仍然仰仗"上帝的恩典"进行统治,况且,他们声称具备(并且被其他人确认为具备)重要的宗教特征和功能。弗雷德里克

本人在一次十字军东征中死于小亚细亚。

在同代人的印象里,弗雷德里克是一位极有个人能量的人,他相貌堂堂、体壮须赤、擅长辞令、睿智而温和,还虔信宗教。他既是一个一般说来愿意在其社会施加给他的传统约制之内而行动的人,又是一个可以勃然大怒并犯下令人毛骨悚然(尽管当时显然仅仅令很少一部分同代人震惊)的残酷暴行的人。他那中庸谦抑的好名声也是与他那极富想象力的、胆大妄为的政策、尤其是他把北意大利城市划归帝国权力之下的梦想不相符合的。1162 年,米兰被他的军队全部地、有计划地摧毁,这很难说是一个中庸谦抑的例证。

弗雷德里克当选为德意志皇帝,是斯陶芬家族和韦尔夫家族协商的结果,这两个家族都具有世袭的、政治的统治权利。在其父一方,弗雷德里克是皇帝康拉德三世(1137 ~ 1152)的侄子,属斯陶芬家族;在其母一方,他是韦尔夫六世的外甥和狮子亨利的表兄,他的使命是在他所经历的一个大混乱时期之后,为德意志谋求稳定——他的确做到了这一点。尽管他的童年和受教育状况几乎无从了解,但还是可以料想,他可能不是被培养做皇帝的;然而,他迅速地掌管政府权力,表明了他的杰出的治国禀赋。他作为公断人的美名四处传扬,许多人纷纷找他寻求正义。在他当选后的几个月内,他发布了第一个和平条令,宣称皇家对暴力犯罪和对有关占有的争执享有管辖权;翌年,他和教皇缔结一项条约,规定给他加冕并规定了对外政策的若干事项。1155 年,他在罗马一个由他精心策划的仪式上被加冕为皇帝,这象征着他独立于教皇的政治权力。

弗雷德里克很早就承认法律能够在维护他的权威中发挥重要的作用,他的权威不仅是他对教皇的权威,而且包括他对德意志的封地统治者们、德意志的诸城市(其中有许多是弗雷德里克自己建立的)、伦巴第诸城市以及他个人领地内封建主们所享有的权威。在第一次旅行罗马即1155年接受加冕为皇帝期间,他会见了博洛尼亚法学院的一些教授("博士")。在博洛尼亚,已有数万名学生为在欧洲各国的政府任职而接受训练。几年后,1158年,弗雷德里
490 克依靠博洛尼亚法学家中的佼佼者——"四博士":马蒂鲁斯(Martinus)、布尔加鲁斯(Bulgarus)、嘉科巴斯(Jacobus)以及胡果(Hugo),起草龙卡利亚会议(the Diet of Roncaglia)的重要立法。

弗雷德里克对法律的关心并非无利可图。他想把法律作为维持他的庞大帝国和强化其作为帝王的个人权力的工具。他因此而谋求维持各种领地里的若干习惯,并在同时采用必将增进中央权威的新的立法。与首要的目标即维护稳定尤为相关的是他所颁布的各种和平条令。与第二个目标即增进皇家权力和权威尤为相关的,是他所订立的各种其他的涉及皇家权力(称 *regalia*)、皇家对下级政府官员的控制以及税收的条令和通行的封建法律。

弗雷德里克招纳四博士,为我们了解他对法律的态度提供了某些重要的线索。他要求他们为他提供一份按照伦巴第(在独立城市兴起之前)的古代法、与帝王身份相符合的全部权利的一览表。他们谦谨地复命说,如不和来自所有城市的法官们商议,他们就无法提供这样的一览表。弗雷德里克便设立一个由每个主要城市的两名法官组成的委员会。其结果便是在龙卡利亚颁布皇家权力条令(definition),其中列举的皇家权力有:(1)管辖以下事项和从中所得收入:公共道路、可通航的河流、港口通行以及鱼塘和盐场、铸币、货币兑换、罚金和赔偿、无主财产、出自品行不端者的合法苛捐杂税、陷入乱伦婚姻者、被宣判有罪和放逐法外或犯了重大谋判罪者的个人财产、通过集体的或使用马车或船舶的体力劳动

所进行的服务、对王室军事征战的捐献以及已发现的珍宝；(2)任命行政司法长官主持审判的权力；以及(3)某些城市宫殿的保护。1158年，在龙卡利亚通过的另一个条令规定："一切管辖权力与一切司法权力皆属国王，法官皆须从国王那里接受官职并按法律的要求发誓。"第三个条令规定，国王可随其所愿在任何地方设立宫殿和法庭。第四个和最后一个条令规定了特定的人头税和特定的地产税。

尽管这四个条令参考了罗马法，并且在龙卡利亚颁布的其他立法里还可以进一步发现罗马法的痕迹，但事实上，列举特定的王室或皇家权力的观念，都是和查士丁尼法律(像它在11世纪前被理解的那样)全然不符的。创造"王权"(regalia)这个词汇的正是教皇革命。[8]不仅如此，龙卡利亚条令之要旨——即皇帝对来自某 491
些商业、司法和其他活动或情状的收入享有权利，以及对"管辖权力和司法权力"即高级审判(*bannus*)享有权利——起源于日耳曼和法兰克，并受到了教皇革命的强大推动。弗雷德里克则表明他自己是一位在自己的时代和文化里使用罗马法的某些语言来使他对皇家权力的主张合法化的人。[9]

弗雷德里克的龙卡利亚政策的最不寻常的一面，或许是它的徒劳无用。帝国不会在一朝一夕变成一个强大的中央集权的地域性国家；它过于庞大，过于分裂，过于涣散，并且缺乏必要的官僚机构。而弗雷德里克试图使它强大并集权化：部分地通过军事行动——这已被证明对于达到目的是无效的；部分地通过力图把他的不自由的行政官员的团体即皇室家臣从封臣转变为帝国文官——这也被证明对于达到更大的目的无甚效用；[10]部分地通过立法。关于税收的龙卡利亚法律提供了一个由对立法权的信念错误地导入歧途的良好例证。由于缺乏一种有效的财政管理，弗雷德里克不能有效地征集他所宣布的税收。

不过,弗雷德里克远未失败。事实上,皇家权力在弗雷德里克的驾驭之下的确获得实质性的增长,并且的确像他所期望的那样获得了某些地域性国家的性质。此外,还有另外一些甚至是他所梦想的更为重要的方面获得了更充分的实现。弗雷德里克深深思虑的,不仅仅是狭义上的帝国的未来,而且是构成其核心的德意志领地的未来。他期待并扶持德意志各构成部分的领地的政治法律的统一和系统化的发展。保持它们之间的和平是他的主要目标之一。在这些政策方面,他是成功的。实际上,他的皇家法,尤其是和平条令,有许多转化为正在成长的德意志诸领地的法律制度。这是12、13世纪德意志政治、法律发展的另一侧面:公国变成近代国家或近代国家的雏形,并在这方面超越了帝国。

在这里,红胡子的个性和梦想也起到了重要作用。在统治初期,他在奥地利、维尔茨堡和勃艮第建立了仅与帝国具有松散封建联系的独立自治的政治体。后来,他在巴伐利亚建立了一个新的王朝并且也鼓励那里的公爵领地去发展自己的政治、法律制度。他还扶持了德意志诸城市的自治。

最后,在1180年,弗雷德里克通过确立一种皇家王侯(*Reichsfürstenstand*)"秩序",用一种新的宪法关系将帝国和公国联系起来。为首的王公和主教在结构上成为皇帝世俗和精神的直属
492 封臣(tenants-in-chief)中的主体;他们在与皇帝的关系中,通过与之结盟而得到加强,同时,他们又分别在与自己的陪臣的关系中通过作为皇帝在各自领地上的唯一的封臣这一事实,加强了其作为领主的地位。王公变成了领地之王,而不像从前那样,是在他们的领地之内的王公。[11]

皇帝对维护帝国内诸公国王公的权威感兴趣的一个明显的例

证,是他于1156年创建奥地利公国。弗雷德里克把奥地利的地位从巴伐利亚的一个从属的边界领地(奥斯特边区或东马尔凯)抬高到一个自治的公国,在父系和母系方面均享有世袭的公爵权威。公爵只是被要求出席巴伐利亚会议并对邻近的领地提供军事服务——但是,他不对帝国承担义务。最重要的是,最终设立了一个公国的特许状即1160年米努斯特许状(The Privilegium Minus)规定,未经公爵许可,任何人不得在公国内行使审判权。因此,统治者仅仅根据他是领地的统治者,而不论其作为封建领主或氏族首领的身份,就享有控制该领地内诸法庭的绝对权利。同样,在1168年,皇帝颁布一份"特许状"(Diploma),创建了维尔茨堡公国,在那里,维尔茨堡的主教作为公爵接受对那些按传统的皇家授权本属地方领主行为权能范围的诸种事项的"全部管辖权力和充分的主持正义的权力"。此后,这种独一无二的管辖权力因而得以在新的公国内行使。在某种程度上,这确认了维尔茨堡主教先前所享有的权力,但它又加上了帝国对公爵权力资格及理论的承认。最重要的是,该理论是基于这样一个假设,即统治的权威——后来所谓主权——乃是根据对审判的控制。这一假设是尚处于形成时代的西方法律传统的核心。

为给德意志领地和德意志帝国的新秩序奠定基础,红胡子弗雷德里克不仅受政治理想的引导,而且受宗教理念的感召。他的目的在于"改造整个世界"(*reformatio totius orbis*),[12]他的舅舅,传记作家兼随行顾问弗赖辛格的主教奥托写了一部世界史,在书中,他把教皇格列高利七世的改革描绘成新的历史阶段的开始,认为它最终将在一方面引向十字军东征理想的大捷,另一方面则引向修道的、默祷理想的功就。这双重胜利将由最后一位帝王来完成,在他之后,末日审判将至,然后,便是非基督教的和终极的永劫的

后历史时代。正如彼得芒兹所说:“我们不能避免这样的结论:熟
493 谙古代预言的弗雷德里克坚执他将是最后一位帝王的信念。”[13]这一幻念带有这样的特性,即它为弗雷德里克从事新的十字军东征以把耶路撒冷和圣墓从异教徒手中解放出来的愿望作了铺陈;这一解放是天启梦想的至关紧要的部分。它还为弗雷德里克对通过法律达到和平和通过法律实现正义的重要性的强烈意识奠定了基础;皇帝保卫和平、主持正义的使命是他受命于上帝去实现拯救的神圣计划的标志,在由教皇格列高利七世所开创的新时代里,法律是世俗统治者可以利用的实现和平与正义的首要工具。最后,还存在料理帝国事务的实际需要,以便有时间、精力和资源来继续圣战:

> 在整个一生中,弗雷德里克意识到,基督教世界的帝王所担负的终极而又最艰难的使命,就是捍卫教会和使巴勒斯坦圣地免受异教徒的侵渎。这一绝对超越帝国政治目的的信念,为他放弃一个又一个政治计划提供了一种必要的超脱,并且把他的每一项政治功业都看做一种单纯的尝试,一种之于目的的手段。到1187年年底,当他感觉到新的十字军东征迫在眉睫时,他肯定认为自己是幸运的——倘若新近的尝试由于他庄严地抱有赶赴圣地的信念而获得完全成功的话。考虑到他的年龄和他对身体劳累的了解,最佳时辰指日可待,他想必不会对他生还欧洲的可能性抱存任何幻想。不过,他的出征并非他恰巧无所事事而沉迷放纵后的一种念头。它是他的统治功德圆满的一蹴,是他始终谋划着的一次行动,为此,他已经进行了一次又一次的尝试。最后,这些尝试中的一个既然可以表明相对地获得成功,他就要从中解脱出来,把心思用

到眼前的现实任务上。[14]

皇家的和平条令 “和平”一词在皇帝和公爵们于12、13世纪颁布的内容广泛的条令里的引人注目的使用(*constitutio pacis*,*pax terrae*,*Landfriede*),把那些条令和自10世纪后半期以来教会发起的上帝和平(the Peace of God)运动联系起来。第一批德意志上帝和平宣言分别于:1082年在卢第奇(Lüttich)主教管区,1083年在科隆主教管区,1084年在萨克森王公辖区,以及1085年在美因茨,向整个帝国发布。像法兰西南部、诺曼底和其他别的地方的早期上帝和平宣言那样,德意志人的每一部宣言都限于某些时间、地点和人群。他们无意制定新法律,而是通过强制要求全部的地方人口发誓维持和平并通过对违反行为施与附加的宗教处罚(尤其是开除教籍),来强化既存的法律。

由皇帝颁行的第一个世俗和平条令(*Landfriede*,“领地的和 494
平”)出现于1103年。此前,已经有两个由公爵和公爵领地的管理者共同颁布的世俗的和平条令(一个在1093年的士瓦本,一个在1094年的巴伐利亚)和一个也是于1094年在阿尔赛克由一个地方会议颁布的和平条令。紧随1103年皇家和平条令之后,至少有17个补充的皇家和平条令被分别颁行于1119年、1121年、1125年(2个)、1135年、1147年、1152年、1158年、1179年、1186年、1207年、1208年、1221年、1223年、1224年、1234年和1235年。在这一时期,至少有8个补充的领地和平条令在士瓦本、巴伐利亚、萨克森、布雷森、黑纳高和阿尔赛克颁行,其时间分别为1104年、1127年、1152年、1156年、1171年、1200年、1229年和1233年。[15]

12、13世纪的皇家和平条令源自早期的上帝和平运动,这不仅在于“和平”一词的许多内涵,而且首先在于强制要求人们发誓维持和平的做法。不过,在许多重要方面,它们还是与早期运动有所区别。它们意在约束处在颁布它们的统治者各自的管辖权之内的一切人,而不受时间的限制。自愿宣誓和平的观念也消失了;代之而起的是,统治者们通过请求其臣民同意放弃各种形式的暴力行为,要他们服从一系列将既存的法律秩序系统化并加以改革的新法律。此外,和平条令的范围和内容也逐渐扩展。它们不仅开始涉及防止暴力、血亲复仇和决斗,而且涉及保持整体意义上的公共秩序,包括带有经济和行政管理性质的某些事项。在这些联系中,它们的制裁扩展到包括各类重大的刑事处罚,还有某些民事和行政的处罚与补救。简言之,12、13 世纪的皇家和平条令逐渐发展为近代意义上内容广泛的立法法令。

将两个最早的和平条令——1094 年巴伐利亚条令和 1103 年第一个皇家和平条令——与红胡子弗雷德里克在 1152 年至 1186 年间颁行的皇家和平条令相比较,继而将红胡子的条令与他的孙子弗雷德里克二世于 1235 年在美因茨颁布的条令相比较,就可以揭示这个转变的过程了。

1094 年巴伐利亚的和平条令是在公爵的动议下通过的,但是,为了行之有效,它需要巴伐利亚的权贵们在会议(*Landtag*)上集体宣誓遵守;[16]还需要人民的宣誓。它包括 7 个极短的条文。第 1
495 条陈述公爵向所有的教会、教士和商人("那些在本王国外贩马者除外")誓愿和平,还向那些"就为此一和平而对我们发誓、已经发誓或愿意发誓的人们"誓愿和平。而且,"我们要从此恪守这一誓言直至圣诞节及其后两年"。也以宣誓确认的第 2 条规定,凡偷窃价值一先令的物品者"得受刑罚并双倍偿付"。第 3 条规定,因偷窃价值 5 先令的物品或强奸一名处女而破坏和平者,将失去他的两眼或手、足。第 4 条规定,若某人强奸一名处女并被围困在一个城堡里，那么，该城堡就得被摧毁，从而捕获逃犯。第5条规定，若誓言承诺者追捕一名破坏和平者，或者，若"我们的军队去某地维护和平，他们就可以获取仅为他们和他们的马所需要的物品，而不应多予滋扰"。第6条规定，在此类旅程中，可随意取用干草、麦草或用作建筑的未砍伐的木材。最后，在第7条，公爵保有对自己官员的涉及自主地产和采邑（教士有俸圣职）的争执的管辖权。

1103年于美因茨颁布的第一个皇家的世俗和平条令在风格、范围和内容上与1094年巴伐利亚和平条令大致相同。[17]它也要求权贵们和人民宣誓。其效力持续4年。它禁止侵犯或骚扰他人住宅、为金钱而扣押某人、伤害、殴打和杀害，并宣布这些犯罪要处以剜去双眼或斩断一只手的刑罚。通过一种修订形式，它重复了巴伐利亚和平条令中涉及偷窃的某些规定。此外，它还禁止进入他人住宅追捕自己的敌人。

半个世纪后，红胡子弗雷德里克颁布的皇家和平条令至少在8个方面有别于这两个早期的和平条令。

1. 其中未提到王国的权贵们（除了作为收件人）。1152年颁布的他的第一个和平条令开篇写道："弗雷德里克，上帝恩封、永享尊荣的罗马帝王，告谕接收该文件的主教、公爵、伯爵、侯爵及官员。"[18]

2. "和平"一词的含义有所改变；它不再指因宣誓而达成的状态，一种不相侵犯的社会契约，而是指独立于权贵和人民的同意而存在的事物。国家的和平实际上是国王的和平。它不受时间的限制。没有提及宣誓。

3. 首次出现了复杂的法律概念。1103年帝国和平条令里和所有的领地条令里所缺乏的"*Leges*"和"*jus*"之类的词，得到强调。弗雷德里克在1152年条令的序文里宣称："我们希望保有一切人的权利(jus)。”

496 4. 除了规定宣誓、恪守条令外,早期和平条令未曾讲到实施其规定的具体手段,而弗雷德里克的和平条令却反复强调执行条令规定的程序。1152 年条令的第 2 条规定,蓄意藐视法庭的破坏和平者的动产,得由法官(*Richter*)没收并由法官依人民的利益来分发,同时,他们的世袭财产得由伯爵(*Graf*)没收,并在某种条件下没收归国王所有;第 4 条规定,某些轻微犯罪的罚金得由法官来收集和发放;第 6 条规定,伯爵得追捕破坏和平者至领主的城堡。另一些条款分别规定了法官和伯爵各自在审判中应遵循的程序。[19]

5. 1152 年和平条令的范围和内容大大超出了早期条令。虽然控制暴力仍然是一个重要的主题,但是,其他种类的命令也包括在内了。例如,第 11 条规定,每个区域的伯爵得选定 7 名有良好声望的人来确定该年的谷物价格。第 17 条规定,凡不适当地履行其作为寺院基金的世俗资助人或作为教产管理人之义务者,凡受其领主警告但仍然肆意妄为并通过某种审判程序而被驱逐者,凡企图重新获得其圣职推荐权或有俸圣职者,皆得被视为破坏和平的人。这些规定代表着新的法律。另一些重要的创新是关于限制使用决斗,建立处罚和没收土地的财务保障制度,设立对破坏和平的教士和从事采邑事务的领主的仆役的皇家管辖权。

6. 创新还用于增强皇帝的经济和司法权力。它规定,从违法者那里没收的自主采邑得转为帝国的采邑。从强制授予封地即把因无继承人而返归皇家的封建土地授予他人的要求来看,这是尤其重要的。它还规定,有关同一领主的两个封臣之间的占有之争得由皇帝的法院借助一个宣誓陪审团来处理,尽管男爵法院对涉及所有权之诉而非占有之诉的少数案件保有管辖权。“这样一来”,正如米泰斯所说,“像英格兰的亨利二世那样,红胡子弗雷德里克企图在皇家的保护下设立占有之诉的巡回审判，该审判具有限制男爵裁判的效用”。[20]

7. 与早期条令形成对照，1152 年和平条令规定了适用于各类诉讼的诉讼程序。在伯爵法院里，若两人就同一封地发生争执，其中一人宣称其已经被授予该封地，伯爵得接受被授予封地者的证据（第 8 条）。但是，若数个人就同一封地发生争执并有多人声称 497
自己是被授予封地者，那么，该法院的法官就得根据居住在诉讼当事人所在地的两名有良好声望的人的宣誓来进行审问，以裁定孰为未使用暴力而占有封地者（第 9 条）。第 10 条规定了当不同领地的人被控告破坏和平时所需要的不同类型的证据；若一位骑士控告一位农夫，那么，该农夫就可以通过神明的或人类的审判（即通过神明裁判或誓证担保）来证明自己是清白的，要不就得依靠由法官选择的 7 名合适的证人；若 1 名骑士控告另 1 名骑士并向他挑起决斗，被挑战者可以通过证明他和他的双亲有合法的骑士血统而避免决斗。

8. 最后，1152 年和平条令虽然在风格上同样简明，但还是比巴伐利亚和平条令约长 7 倍，也可能比 1103 年帝国和平条令约长 7 倍。

很可能，1152 年弗雷德里克一世的和平条令受到他或他的顾问们关于罗杰二世的西西里立法知识这一因素的影响，或者至少受到弗雷德里克的和罗杰的顾问们的共同教育和经历的影响。从西西里来的流放者实际上坐到了弗雷德里克的法庭上。不论怎样，我们可以在弗雷德里克的和平条令对重罪的处理和 1129 年罗杰的和平条令对重罪的处理之间，以及在 1152 年和平条令里适用于骑士的律条和罗杰的 1140 年的《阿里亚诺法令》（Assizes of Ariano）里适用于骑士的律条之间，找到相似之处。

6 年后,即在 1158 年,在龙卡利亚会议上,弗雷德里克颁布了另一部和平条令以及其他 3 件相关的立法。

仅有 11 条的龙卡利亚和平条令开头和从前一样,“上帝恩封的罗马帝王、永享尊荣的弗雷德里克”,但这次强调的是“告谕帝国全体臣民”。它使用这样的词句开头:“藉此永行不衰之天赐大法,我等命令……”它继续陈述说,帝国全体臣民得保持真实的、永久的和平。从 18 岁到 60 岁的一切人应该以保持和平的誓言来约束自己,而且,这类誓言得于每 5 年更新一次(第 1 条)。从形式上看,这是对先前宣誓程序的重复,但它的实体内容却有了改变,因为宣誓甚至在理论上也不再是自愿的,同时,要保持的和平是一种没有时间限制的既存的法律程序。一个侵害和平的人因此当受处罚,即使他不曾发誓。

第 2 条包含对自助(self-help)的一般的禁止。它规定,“若某人相信他在诉案或交易中对另一人享有权利,就该诉诸司法权威,
498 并通过它谋求他所享有的适当权利”。第 3 条规定对“因某种轻率而鲁莽的行为擅自侵害前述和平者”施加较重的金钱处罚。这样,“和平”就存在于凭藉“司法权力”而非凭藉暴力的权利的实施之中。

第 4 条用宽泛的词句表述了对严重犯罪的一般的法律禁止:“侵犯权利与偷窃当受法律处罚。杀人、伤害和任何不法行为当受法律惩罚。”

第 5 条规定,法官和由皇帝及其下属任命的其他地方行政官对那些因他们疏忽主持正义和未能对危害和平的行为给予法律上的惩罚而使人们遭受的损失,应负责给予赔偿。在后果严重的案件中,还可能施与附加刑,那些因贫穷而无力偿付的地方行政官得遭受体罚,并被流放到离其居所 50 英里以外的地方 5 年。[21]

值得注意的是,以上这些规定和龙卡利亚和平条令的其他规定,基本上没有重复1152年和平条令的规定,而是含有在补充它们的同时延续其效力的意图。由此亦见,它们具有近代意义上的立法性质,而不是习惯法的一般的扼要重述。

除了和平条令之外,龙卡利亚议会上还颁布了几项其他的立法法令,包括一个关于领主和封臣双方权利义务的法令和另一个关于学者的权利义务的法令。关于封建义务的法令禁止封臣未经其领主的同意而转让封地,列举了领主可以驱逐封臣的各种条件,并规定了因分赐采邑(subinfeudation)所产生的各种问题的处理条款。该法令的一个条文是以这样的词句开头的:“我等坚决在意大利和德意志建立……”(“意大利”——*Italia*——源于组成伦巴第联盟的诸城市;“德意志”——*Alemannia*——源自士瓦本、巴伐利亚、萨克森和另一些德意志人的领地)。该法令的最后一条(第10条)规定:“我等复令,每一效忠誓言得于名义上排除皇帝。”有关学者的龙卡利亚法令甚至进一步表明它要成为立法而不仅仅是习惯法的一个重述,它用这样的训示结尾:“我等命令,该法[*lex*]以‘*Ne fillius pro patre,etc*’为题编入帝国法令(集)。”这一法令是参照罗马法制定的,但摒弃了罗马法关于家子对家长的债务承担责任的规定。同样,皇帝弗雷德里克的法也排除了旅居学者对其家乡人的债务的责任。[22] 红胡子的训示为当时的法学家所听从,他们将1158年的条令安插在他们的查士丁尼法书手写本中的一个适当的位置。

弗雷德里克一世于1152年、1158年颁布的条令和他颁布于1186年的关于纵火的条令[23]所体现的立法程序,在由其孙子弗雷德里克二世于1235年颁布的美因茨和平条令里得到完善,达到了一个高峰。[24] 当然,弗雷德里克二世的另一祖父国王罗杰二世于 499

1140 年颁布的《阿里亚诺法令》和他本人于 1231 年作为西西里国王颁布的《奥古斯都法典》是相同的。在统治他的庞大的帝国时,弗雷德里克二世专注于试图征服北意大利诸城市,大大地疏忽了他的德意志领地;实际上,到了他统治的末期,1250 年,帝国作为一个整体已经分裂、衰败得元气大伤。1235 年在美因茨颁布和平条令是作为在德意志恢复帝国统一的一种手段而进行的一种深思熟虑的法律改革,可是,在这方面,它未获成功,故而对皇家法律的未来发展并无多大意义。不过,它对于帝国境内各公国和另一些领地的法律发展,以及对于各城市(无论是皇家的、王公的,还是独立的)的法律发展,却有着极大的意义。

在 1235 年和平条令的序言里,弗雷德里克二世宣告:"兹鉴全德境内居民之诉讼与私人交易皆循陈旧习俗与不成文法则,复鉴若干益于帝国整体态势与安定之改革尚未着意引入,且审判相关之案件,全凭专断意见而非成文律法……故此,基于美因茨庄严会议上受人爱戴的灵俗诸王侯之建议与赞同,我等下令颁行某些法令。"下文有 29 条,这些条文在现代印刷版式里约占 500 行。

第 1 条指明教会的自由和权利应当自由地增长,它命令任何人不得"不公正地抵制"教会的司法管辖权。第 2 条规定,所有教会的保护人应勤勉地保卫教会并合理地管理它们的财产,"以使无人在我等面前提出这类控告"。第 3 条规定,处理违反两人握手立誓达成的保持和平的承诺,这类案件得由一名法官审理并通过两名证人的宣誓来证实。

第 4 条规定法官应由胜任的人来担任,"因审察他人之责任者,其生活风范当高出一筹"。它进而规定,王公或其他直接或间接地主持皇帝的法院的人应当"根据该领地之合理习俗,通过公正审判"来裁决案件,"不论谁有失公正,我等将予以严惩"。第 5 条继续这个主题:“地方行政官和诸种权利因之而设立,任何人不得因一己之苦痛而复仇,因为法律权威一旦中止,专横的暴行便会肆 500
行。有鉴于此,我等规定[*statuimus*——*statuta*,‘法规’即是从这个词演变而来的]任何人不得……在诉至法官并依法作出明确判决前自行复仇;除非为了保护其身体和物品,可当即以暴抗暴,此谓护卫[*Notwehr*,该词在现代德语里解释为‘正当的防卫’]。”

第 6 条规定,若某人诉至法官面前但法律未能随即施行(假设因被告拒不服从法院的命令),控诉人就享有“公然抵抗”(defy)其敌人的权利,即公然向他发出决斗的挑战。不过,在这样做时,他必须以恰当的方式来行事,否则,他就会被宣告为不体面或无权利。

第 7 条至第 10 条规定通行税和其他的旅行阻碍。凡未经皇帝批准而施加给水陆旅行者的通行税,皆得废止。对抵抗此类通行税的外国人的保护得到了强调。

第 11 条至第 13 条禁止某些违反皇家法的行为(伪造货币)、违反封建法的行为(未能“按封建法持有帝国通行许可证权利”的人进行通行许可证售卖)和违反城市法的行为(居住在城市外主张市民权利,或者居住在城内时要求封建领主的保护)。

第 14 条规定,未经法官许可任何人无权以他人作抵押,凡为此行为者皆被视为盗贼给予惩罚。

第 15 条至第 21 条是关于儿子冒犯父亲,尤其是弑父和将父亲逐出家园的规定。

第 22 条至第 27 条叙述刑罚,特别是放逐法外。被放逐法外者得以“公共犯罪”的罪名而受到指控并且不得被允许选择和解或忏悔。这样一来,在犯罪与民事侵权及道德罪孽之间就有了显著区分。被剥夺皇帝的法律保护就会被宣告为不体面或无权利。同样的刑罚也适用于重大的谋反、谋叛和“称作 *mord* 的杀人”。藏匿一名被放逐法外者得受到与施与该放逐法外者相同的刑罚,同时,“集体地和故意地”藏匿被放逐法外者的城市将遭受包括拆毁城墙在内的严重刑罚。而且,接收赃物者和藏匿窃贼者将受到与窃贼同样的处罚——与“市民法”如出一辙(参照被当时西方学者所解释的查士丁尼罗马法)。不过,作为初犯,受赃者和藏匿者得被要求加倍给付被盗物的钱款,只有作为第二次犯罪,他才被作为一名抢劫犯或窃贼来处罚。

501 第 28 条规定,皇帝若不能亲自主持审判,得指定一名高级法官主持皇帝所在地的皇家法庭。该法官应该是“一名享有信誉、诚实无欺……且有自由身份者,一名在此职位上至少一年期间且有良好举止者”。除礼拜日和主要假日外,高级法官得每天开庭,“为一切控诉者伸张权利,然涉及王公和其他高贵人士的人身权利、荣誉、封地、财产或继承的讼案除外,特大案件亦不在此列,我等将其调查与判决之权留给上级”。放逐法外或解除放逐法外的权力留给皇帝。

高级法官要“发誓不得出于爱或恨、偏爱或报答、畏惧或仁慈而作出判决,惟可根据一己之良知、无欺无误之良好信念及所知所信为正义者来审判”。高级法官应接受因解除放逐法外所付的费用,“它通常被称为 *Gewette*”,“以使他乐于审判且不愿从任何人那里收受礼物”。

最后,按照第 29 条,高级法官得有一名特别的公证人来接收和保留控诉的证据,记录审判程序,保存放逐法外及其解除的记录,录下皇帝的法院里主要案件的所有判决,尤其是当它们采取相互矛盾的判决形式的时候,这些判决通常被称为 *gesamint urteil*——在现代德语里为 *Gesamturteil* 或“汇编的判决”,即通过汇集法官们投票决定的事项而形成的汇编——“以便未来的类似案件得以蠲除模糊，并且，依其习俗作出判决的地方应被明确列名”。公证人应该是俗人，以便于他能够登录禁止教士去写的杀人判决，也便于他一旦失职，就能受到恰当的处罚。公证人得发誓他要“在公务中诚实地、合法地行为”，并且要“凭藉良知、以无欺无误之良好信念，不去记录和去做任何有悖权利和义务的事”。[25]

1235 年的美因茨和平条令意在适用于弗雷德里克二世帝国里的德意志人；实际上它是用拉丁文和德文颁布的第一部皇家法。这意味着它是德意志法，然而，它的作者，西西里的国王、阿普利亚的公爵和卡拉希里亚的伯爵，已于四年前颁布了内容广泛的称作《奥古斯都法典》的西西里人法典，该法典不仅在篇幅上而且在成熟程度上都令新的德意志条令相形见绌。同样的统治者怎么会在多少相同的时间里制定出如此不同的立法文件呢？

诚然，存在共同渊源的某些痕迹。这两个文件都是作为王室 502
立法出现的。一般来讲，两者都反对私人复仇、自助和暴力。两者都强调以司法裁判作为保持公共秩序的首要手段。两者都有着依靠法律治理社会的同样观念。美因茨的关于皇家高级法官和协助他的公证人的规定直接来源于西西里人的经验。这两个条令都包含着许多相同的基本法律概念和设置。某些实体性的法律规则，如在人身、财产的正当防卫中杀人的权利，在两部法律中是相同的。[26]

但差异更为显著。美因茨条令所规定的仅仅是若干规则的一个空疏的架构，其中有的是从皇帝的立场出发被假定为最重要规则的一个择要；《奥古斯都法典》则是一个内容宽泛的法典。例如，在叙述犯罪时，美因茨条令仅列举了一些，并且其关于刑罚的规定主要限于放逐法外，《奥古斯都法典》却列举了大量的犯罪，并且规定了与之相适应的各种刑罚。不仅如此,《奥古斯都法典》还论述了很多在美因茨条令里甚至还不曾料想过的非犯罪事项。为什么弗雷德里克不把他于1231年在巴勒莫已经颁布的庞大的法典简单地提交给1235年在美因茨召开的庄严的会议呢?

答案简单而明了:这两件立法各自的目的都在于起到将其所维护的政治体内现存的法律秩序予以扩展、合理化和系统化的作用。各自都建立在现实的基础之上。它们不是空中楼阁。在13世纪初期,西西里的诺曼王国所存在的王室法律秩序相当不同于存在于帝国的德意志部分的法律秩序。西西里——南意大利——拥有一套成熟的王室法律已达90年;它拥有有效的、中央集权的司法、行政和财政制度。与之相对照,在帝国的德意志部分,帝国的制度是贫弱的。大约50年来,在北部,几乎没有什么有效的帝国政府。甚至没有中央集权的皇家司法机构;皇帝在异地旅行途中设堂问案——并且在那些年里,他很少行至罗马的北部。从一种政治观点来看,美因茨和平条令可视为皇家权力在德意志诸领地上的回光返照。[27]

然而,在某些方面,美因茨和平条令比《奥古斯都法典》更有创新。西西里人的法典反复回顾"我等祖父罗杰二世和威廉一世、二世的立法",但美因茨条令刻意不提"我等祖父弗雷德里克一世"和他的1152年、1158年、1186年的和平条令。更重要的是,美因茨条令里对皇家高等法官和公证人的规定意味着皇家法院的判决头
503 一次要汇集起来并单独保存,以使皇家法律规范体系得以建立。[28]
但是,事实上,在相当长的时间里并没有收到此种功效:1235年之后,皇家权力迅速衰退,而且,几乎所有的皇家活动确实消失了。新的皇家高等法官不在固定的地点、固定的时间审理案件。当哈布斯堡王朝在13世纪最后10年获得皇家称号时,他们于1281年

确认美因茨和平条令，又于 1287 年加以确认并予以补充，1292 年再次确认。不过，皇家法律在 14、15 世纪再度衰落，仅在 1495 年才复兴起来。

像早期的皇家和平条令那样，美因茨和平条令尽管作为德意志"普通法"的一部分而保存下来，但严格地讲，在 12、13 世纪，并没有什么"德意志法"，只有皇家法、一些领地政治体的法以及城市法——正如严格地讲，今天没有什么"美国法"（American Law），而只有联邦法和一些州的法律。不过，在德意志，存在一个法律制度、概念、原则和规则的共同体系，它为皇家的、领地的和城市的政治体所普遍接受。美因茨和平条令及其后继条令的许多部分开辟了通向德意志法的共同体系的路径。

《萨克森明镜》　早期的和平条令得以纳入德意志普通法的一个重要途径，是一位萨克森人在 13 世纪初（可能是 1220 年）写成的一部名叫《萨克森明镜》的书。它的作者爱克·冯·瑞普高（Eike von Repgau，1180～1235）是一位受过良好教育（尽管未经大学训练）的骑士阶层的陪审官，他先用拉丁文写作该书，后来才译成德文。

《萨克森明镜》是法律规则和原则的系统汇编。它分为两个部分：一个称作 *Landrecht*，即"领地法"；另一个称作 *Lehnrecht*，即"采邑法"或"封建法"。每一部分又分为约数百个标出序号的节和小节。按某种现代的印刷版式估算，领地法约占 140 页，封建法约占 100 页。有关论题主要是：（1）首次记录和整理的萨克森习惯法，以及（2）适用于萨克森和其他地方的德意志帝国的习惯的和制定的皇家法。作者以突出的位置首先论列民事法律（尤其是财产与继承）、刑事法律、司法制度以及宪法的某些方面，在第二部分叙述领主与封臣的关系。城市法被略去。商法也被略去。提到了一些教

会法,特别是其中适用于教皇管辖权、家庭法和一些其他事项的部分。它完全没有提到罗马法。提到了少量的流行于德意志其他领
504 地——显著的如士瓦本(与萨克森不同)——的法律规则;但是作者似乎认为萨克森法大体上符合通行于全德领地的共同的法律规则和原则。

所叙述的法律规则和原则很少有概念分析和具体列举。例如,规定某人帮助另一人实施犯罪则应受处罚,但没有关于共谋的定义,也没有去区别共谋的各种形式。与此相似,虽然叙述了有关某人在正当防卫中损害他人的一些规则,但是没有界定或分析正当防卫概念。实际上,整本书在写作风格上是规则、学说、原则和箴言的简要概述,尽管这些内容中有一些是相当宽泛的。

《萨克森明镜》包含许多有关帝国宪法的规定。那些规定里暗含着三个基本的互有关联的概念,这三个概念可以直接追溯到11世纪末、12世纪初的教皇革命。

首先是帝国——实际上是社会本身——以法律为基础的概念。这隐含在作者序文的一段文字里:“上帝自身即是法律;故法律为上帝所钟爱”(God is himself law;therefore law is dear to him)。法治观念在《萨克森明镜》里在一定程度上发展到包括表达个人所享有的“抵抗其国王和法官的非法判决、而且帮助他人(倘若是其亲戚或领主)去这样做”的明确的权利。[29]

帝国宪法的第二个基本概念是宗教的和世俗的政治体即教会和帝国作为社会的政治实体二元对应的概念。这包含在“两剑”说的公式里。正文第一部分最前的条目陈述了这一公式:“上帝把两把剑留给世间以保护基督教世界。给教皇以精神之剑,给皇帝以世俗之剑……凡反对教皇的,且不能通过宗教裁决使之屈服的,皇帝要通过世俗判决来迫使他服从教皇。同样,世俗判决也会在需

要时得到宗教权力的帮助。”后面的一个条文进一步规定,教会在涉及异端(教义)、离婚(家庭法)和礼拜场所的安全(教会财产)等事项中对皇帝享有终极的管辖权。[30]尽管这样,还是规定,教会绝对必须通过帝国的权力来实现其意愿。[31]

与前两个概念相关联而形成帝国宪法之基础的第三个概念,是复合的、相互作用的世俗政治体概念。这一概念表达在有关领地的和皇家的各自管辖权和有关在适当的案件中通过行使皇家权力的法院适用领地法律的许多规定里。[32]它还表达在有关由各领 505
地政治体的王公和主教来选举国王的规定里。在这里,《萨克森明镜》是基于红胡子弗雷德里克所建立的王公的皇家秩序体系。的确,作者直接列举和排列了——尚属首次——3 名教会的选帝侯(特里尔、美因茨和科隆的主教)和 3 名世俗的选帝侯(莱因伯爵领地的伯爵、萨克森公爵以及勃兰登堡的侯爵)。根据《萨克森明镜》,这 6 位从那时以后得继续担任选帝侯。[33]

帝国宪法使皇家和平条令以及其他皇家立法里的许多规定不可避免地渗入领地政治体的法律之中。用来作为接受皇家法律的一个重要的媒介就是《萨克森明镜》本身。它的条目中有一条明确地提到“皇家权力经权贵之同意而为萨克森领地所确认的古老和平。[34]这参考了一种早期的皇家和平契约。依照那些契约的传统,《萨克森明镜》规定对神父及教士、妇女、犹太人、教会和教会财产、村庄的墓地和树篱、犁和磨坊,以及国王的公路和水路,给予永久保护。另一些条目则采用了已经在帝国和平条令里颁行的刑事和民事法律的具体规则。[35]这类规则中有一个这样的规则:任何杀死或伤害破坏和平者的人,若能证明其这样做时正处在危险之中或在追捕,则不负赔偿责任。[36]

很早的时候,《萨克森明镜》就被看作仿佛其自身拥有权威。

它的规定有许多被直接纳入城市法和其他的领地法。它被博学的法学家所注释。在数个世纪里,它被当作一种辅助法(a subsidiary law),得以用来补充流行的城市法、领地法或皇家法。[37]这在德意志具有重大的意义,因为它实际上为帝国所有的讲德语的地区创立了一种共同的德意志法律语言。[38]另一些"法鉴"——《士瓦本明镜》(*Schwabenspiegel*)、《德意志明镜》(*Deutschenspiegel*)和《法兰克明镜》(*Frankenspiegel*)——都是以它为蓝本的。[39]

公国法

12、13世纪及其后的德意志皇家法与西西里、英格兰和法兰西的王室法相比显得相对贫弱,这是与构成帝国北部的各个德意志领地的公爵领地和其他公国的法律的日益强大相对应的。当皇家的财政和司法制度还相对地处于初创之时,各公国的中央集权的财政和司法制度已经获得了实质性的发展。当皇家的官僚系统的成长落后于其他国家的王室官僚系统的时候,各公国的官僚系统
506 的成长已经给人以深刻的印象。当皇家施行其立法的权力按一般的欧洲标准还比较落后的时候,各公国的立法权力已经令人刮目相看了。一个大概以帝国制度的贫弱为根据的广泛流传的观点认为,在13世纪及其后的德意志,有一个政府和法律的总的分崩离析,这一观点是与公国的中央集权制度日渐强大的事实相矛盾的。在教皇革命后的两个世纪里,在各个领地(Länder),德意志部落和氏族("stems")经历了一个政治、法律制度的转型,即政府和法律的系统化和理性化。西方基督教世界的其他地方的若干王国里的部落和氏族也同时经历了这一嬗变。用研究该时期的一位主要的历史学家的话说,德意志和其他地方一样,都有"一个强烈得堪称宪法革命的重构过程"。[40]

在 11 世纪晚期和 12 世纪早期，德意志的地域性公国（territorial principalities）“朦胧但可以察觉地”开始兴起[41]，在 12 世纪中期和晚期即弗雷德里克一世（红胡子）统治时期，这一势头被给予了超乎寻常的动力。这是教皇革命的直接后果。在与教皇权力的抗争中和对后者的仿效中，在与教会权力和其他世俗权力的相互作用中，皇帝需要其德意志诸领地保持和平与稳定。他需要让皇家的王侯们在其各自的领土里控制自己的国民。不仅如此，他必须依靠的不仅是世俗王侯，而且还有作为主教而对教皇和皇帝尽职效忠的宗教王侯。在确立皇家王侯秩序时，弗雷德里克建立了他们对各自所在的领地的直接控制。世俗王侯（后来计有 16 个）和宗教王侯（后来计有 90 个）都是以皇帝的封臣的身份来掌握其领地的，但他们在各自领地的司法管辖权范围内却至高无上地统治全部人口。正如米泰斯所述，皇权与人民的联系被各个领地的贵族割断了。[42]当弗雷德里克设立奥地利作为享有独立权力的公国时，他明确宣布：“未经公爵同意或准许，任何人无论权势大小皆不得擅自于公爵领地进行任何审判。”[43]正如杰弗里·巴勒克拉夫所说，这一规定的要点是奥地利的各类权贵得服从公爵的权威。[44]尽管如此，皇帝也受到限制。弗雷德里克需要让下级贵族服从控制，而他自己未能做到这一点。他的孙子弗雷德里克二世将这一原则贯彻于 1220 年《与宗教王侯的条约》（the Treaty with the Ecclesiastical Princes）和 1232 年《王侯倾斜令》（the Statute in Favor of the Princes）之中。在这些条法里，他向宗教的和世俗的王侯们保证他们享有不受其领地内其他任何人干涉的权力。皇帝禁 507
止任何人干涉王侯们的“领地和管辖权”，并限制皇家官员对领地上的诸如通行税和铸币之类的地域性权利行使权力。[45]

德意志诸领地内王侯的权力表明它自身在政府的和法律的制

度方面与那些首先靠教会的王侯权力后来靠西西里、英格兰、诺曼底和法兰西世俗王国的权力已经发展起来的制度是相同的:一个财政署、一个司法机构、一个文秘署和其他政府部门;民事的、刑事的和其他的法律部门;审判、立法以及法律发展中的其他制度的建构过程。

在12世纪末和13世纪初,所有的德意志封邑里,巴伐利亚公国最为强大,并且在政府法律制度方面最为先进。1154～1180年,它为红胡子弗雷德里克的表兄和对手狮子亨利所统治(他同时还统治萨克森);亨利在巴伐利亚从一个部落的和封建的政治体向一个领地的政治体的转型中起到了主要作用。他在很大程度上是通过获得统治其领地诸郡的地方领主的司法权力和其他权力而发挥作用的。[46]伯爵通过皇帝的授予获得掌握高级审判(*Blutbann*,"流血审判")的权力。不过,伯爵并不直接对皇帝负责或不直接由皇帝委任。他拥有自己世袭的自主土地(*allods*)、对僧侣权益(教堂和修道院)的庇护以及世袭郡的司法权。在12、13世纪,巴伐利亚公爵(像其他德意志领地的王侯们那样)使用多种伎俩吞并了郡的司法管辖权。倘若一位伯爵无嗣而亡,他的财产就要返归公爵。公爵有时通过继承而获得一些郡,因为他的家庭与一些郡的家庭有亲属关系。此外,他时而还购买并因赠与而接收连同司法权在内的郡的财产。最后,倘若他们叛乱,他就会征服他们。在所有这些情况下,狮子亨利及其后继者们的一般做法是,指定其不自由的仆从(家臣)不是作为伯爵而是作为可由公爵随意撤换的长官来取代自由的伯爵。公爵还任命相似的官吏去统治市镇和城堡并且管理征收通行税的场所。当亨利于1157年至1158年建立慕尼黑城市时,他没有设立一个自治的城市政府,而是任命了一批公爵领地的官员(包括一名公爵的法官)去管理它。

在狮子亨利及其后继者们的统治下，巴伐利亚是作为一个地域性政治体而不是作为在政治上主要效忠于部落和封邑的个人和团体的一个联合体来治理的。[47] 在萨克森，亨利创立了德意志领地的第一个配有若干公证员的文秘署，同时，他还是第一个定期发布 508
法律文告并保存法律交易的系统档案的德意志王公；在巴伐利亚，文秘署在他被驱逐和被奥托·冯·维特尔斯巴赫家族取代后短时间内即创立起来。而且，在巴伐利亚和萨克森，亨利加强了公爵的法院，该法院开始对涉及土地占有的争执行使一种实质性的初审管辖权。他还召集各个等级的代表开会，和平条令和其他法律就是在这种会议上颁布的。在他的巴伐利亚的一个修道院的一份法律文件里，亨利被称作"领地的国王和法官"。

由狮子亨利建立的法律和政府制度在 13 世纪被他的后继者们进一步发展。狮子亨利创立的代理官职（*Viztum*，*vice-dominus*，"副领主"）于 1204 年被维特尔斯巴赫王朝制度化。代理官负责财政事务并代替公爵主持公爵法庭。最后，巴伐利亚被分为四个部分，每个部分有一位代理官。而且，该官职还被分为更小的部门（*Ämter*，"事务处"），至 1228 年，其中已有 35 个处；每个处设两个主要官员，一个是负责行政的管理人（curator），一个是兼理重要的和轻微的案件的法官。这些法官还得服从其部门的各种管区里的法官。代理官任命并监督本部门的管理人和法官。同时，公爵的传统家臣——宪兵司令（marshal）、管家、侍臣和伺酒人——成为遍布公国的官僚机构的头目。

新的、更集权化的行政管理制度是和对公爵立法的强调相关联的。分别于 1244 年、1256 年、1281 年、1293 年和 1300 年在巴伐利亚制定的五项和平条令扩充并改革了习惯法。武器的使用受到限制；生命、财产和荣誉被给予更多的保护；制定了继承和商业方面的补充规则。和大多数皇家立法不同,公爵的条令所指向的主要不是高级贵族,而是一般的骑士和土地主,包括农民和市民。[48]不仅如此,这些条令还是以一种解释和适用它们的官僚系统的存在为前提的。

尤为重要的是,巴伐利亚公爵的权威正如当时其他的德意志领地的王侯们的权威那样,有赖于他们对司法权的把握。"比占有和获取王室特权[凭特权所享有的经济、政治利益]更为重要的是在公爵整个权力体系里获得了对伯爵和[教会及修道院]保护人的司法管辖权这一事实。"[49]经皇帝至王公批准而授予其他人以司法
509 权力的王室特权,在德意志称作 *Bannleihe*。[50]巴伐利亚公爵主要通过其各个部门的代理官所任命的法官来统治公国。

各部门的法官对高级审判和低级审判均享有管辖权。不过,某些类型的案件主要因其极为重要或因其当事人身份很高而留给公爵法庭;还有一些类型的案件则主要因其无关紧要或因其地方特征而留给村落的或其他的地方法庭来审理。

在12、13世纪,巴伐利亚和其他的德意志领地内审判的中央集权化是通过司法程序的合理化来完成的。当庭出示的证据是较为可靠的凭证。由法官询问证人。民事案件尤其如此。在关于土地占有的讼争里,控诉人可以要求一种"出示"(showing),即在对案件作出审判的社会共同体代表到场时,双方当事人一起查验有争执的土地并各自确证其附属物品和边界。在另一类称作 *Kundschaft*(意即搜索、寻找或调查的)的程序里,邀请了解所讼之事并有良好声誉和极高名望的人作为官方证人,他们在发誓后接受询问;在更重要的一些案件里,由双方当事人共同选定的21个人参与调查,在宣誓之后有7人意见一致,才能作出判决。[51]这些新的"调查"程序渐趋取代旧的共誓涤罪和神明裁判程序。

在12、13世纪里,巴伐利亚公国法还在刑法的概念和目的方面经历了一个大的改变。从前,犯罪与侵权行为并无明显分际。高级审判涉及的主要是以金钱赔偿了结,即对违法者施加有利于受害人的金钱给付。“流血审判”——通常涉及绞死或断肢——主要限于在犯罪实施中被拿获的罪犯。在12世纪,刑事案件的高级审判主要成了对流血案件的审判,调解主要留给低级法院。因此,刑法有一个从部落制度向国家制度的转变,其中,在后一种制度里,犯罪被看作主要是对公共权威的侵犯。这一运动也是与可给予刑罚处置的犯罪类型和刑罚的严厉性的较大增加相联系的。1244年巴伐利亚和平条令增加了可以适用死刑处罚的杀人罪种类:在夜间、在公开的复仇中、在诱拐已婚妇女时、在强奸处女或有良好名声的妇女时,所实施的杀害。1281年和平条令又有所添加。而且,身体刑开始适用于自由人,而不仅仅适用于非自由人。夜间犯罪 510
可以受到与当场捉拿的罪犯案件相同的处罚。在“体面的”和“不体面的”犯罪之间作了新的区分:谋杀是体面的,而偷窃是不体面的,那些被发现犯有不体面罪行的人容易遭受更痛苦的死刑处决形式,而那些犯有体面罪行的人则享有避难权并有着将死刑判决转换为金钱赔偿了结的较大的可能性。[52]

最后,重要的是要看到,审判制度极为昂贵而又有利可图,而且,它依赖于一种比早期存在的更近代一些的税收制度的同步发展——一种比皇家权威更现代一些的制度确实能够随时发展起来。公爵领地里的全体居民不论自由的与非自由的、世俗的与宗教的,都要纳税;税收由公爵领地的一批官吏来管理。通过导入普遍的税收制度,“在领地王侯和领地居民之间建立了一种直接的等级联系。纳税义务是发展国家共同体的最有效的手段之一。它使每个人都能感受到国家的存在和权威”。[53]纳税的数量不是由公爵文秘署单方决定的,而是由税务官员根据应纳税财产的价值来确定。这要求税务官定期走访和调查。有时候,对村庄、城堡或城镇所征税款的数额是通过和这些地方的居民协商而确定的。

毫无疑问,巴伐利亚若不是德意志公爵领地中最先进的,也是最先进的之一。但是,它并非典型。在政治和法律结构上,它基本上相似于奥地利、勃兰登堡、不伦瑞克、黑塞、莱茵伯爵领地和诸如维尔茨堡、美因茨、特里尔之类的宗教政治体以及形形色色的宗教的和世俗的公爵领地。这些都不是严格意义上的王国(波希米亚和勃艮第除外),但是,它们被那些王公统治着,在与西西里、英格兰、法兰西的王侯是君主的相同的意义上,这些王公也是君主;实际上,德意志诸领地的王公在许多方面比德意志的帝王(King-emperor)本身更像那些异族的国王,因为他们拥有与他们相比更为发达的司法、行政和立法权力。特别是在13世纪,帝国衰落后,红胡子弗雷德里克皇帝梦寐以求的君主制统治的范型实际上已经在主要的德意志领地里的王公们那里开始运行了。

西班牙、佛兰德、匈牙利和丹麦

王室的(或王侯的)法律在教皇革命时期和其后的发展并不局限于那个时期或其后的一种"强权大国"(great powers);与封建
511 法、庄园法、商法和自治城市法的系统化和扩展相伴随的王室法的系统化和扩展发生于整个西方,无论是在罗马天主教教会宣称其独立于世俗权威的地方,还是王权在世俗领域里负责维护和平和主持正义的地方。因此,重要的是避免对王室法的发展作民族主义的解释。王室法的发展是一种西方的现象,而不仅仅是一个在各个国家重复自身的民族的现象。这一点由以下事实来证明,即王室法的发展几乎发生于每一个地方——在西方地理的周边,正如在其地理中心那样。

西班牙

在7世纪,摩尔人征服了整个伊比利亚半岛,最后,在732年,这一征服才被住在普瓦捷(离巴黎西南不足200里)的由查理·马特率领的法兰克人所中止。在此后的几个世纪里,法兰克的基督徒对北部西班牙领地进行了连续不断的再征服,其结果导致了加泰隆、纳瓦拉、阿拉贡、莱昂(加利西亚人的)、卡斯提尔乃至葡萄牙独立王国的建立。在11、12世纪,这些领地经历了同样的遍及基督教世界其他部分的革命运动。在法律领域,西班牙领地的教会开始受与其他地方相同的教会法基本原则和程序的支配。而且,封建法、庄园法和商法更为系统化。新的自治城市和村镇得以建立,它们各有自己的军队、自己的政府和自己的法律。巴塞罗那的大港镇位于巴塞罗那郡内,但它由阿拉贡国王的最高司法权来管辖,它是欧洲的主要城市之一。凡是王室权威坚持自己权利的地方,特别是在卡斯蒂尔、加泰隆和阿拉贡,就会出现或多或少与西西里、英格兰、诺曼底、法兰西以及德意志的王室法相类似的王室的(或王侯的)法律体系。

尽管那时并无"西班牙"一类的称谓,某些历史事件还是在所有的北部伊比利亚诸王国里发生了。首先是摩尔人的征服和法兰克人的再征服。其次是前摩尔人的西哥特人的法律勉强留存下来,该法律含有某些罗马法的因素,这尤其表现在西哥特国王雷克斯温斯(Reckesvinth)于7世纪末期颁布的一部法典,即《市镇法要》(Fuero Juzgo)或《判经》(Book of Judgments)。它也以西哥特王国的蛮族法而闻名于世。[54]不过,与罗马法研究的复兴和新的现代教会法律制度的发展相关联的11、12世纪的新的法律科学,掩盖了这些共同的地方性的历史因素。

加泰隆和阿拉贡 加泰隆由巴塞罗那的伯爵统治,它受到11
512 世纪初上帝和平运动的影响(1027年埃尔纳宗教会议)。[55]伯爵拉蒙·贝伦格尔一世(Ramon Berenguer I,1053~1071)在这场运动中起到了重要作用,他还颁布了《巴塞罗那惯例》——一种兼含西哥特人的和罗马人的、世俗的和宗教的、司法的和立法的等广泛多样的渊源的法律与习惯的汇编。在12世纪的加泰隆,继上帝和平运动而来的是一个世俗和平条令大发展的时期,阿拉贡也是这样;这些和平条令采取和德意志和平条令相似的风格获得发展。早期的和平条令模仿上帝和平宣言,后期的和平条令则比契约形式具有更多的立法性,并且涉及诉讼程序、婚姻、债务、公共犯罪的一些新领域,同时,还像德意志那样,扩大了王室官吏的作用。1192年由阿方索二世(Alfonso Ⅱ)颁布的、继而又由同时作为阿拉贡之王的巴塞罗那的伯爵们颁布的一部关于纵火的法令,与1186年皇帝红胡子弗雷德里克的关于纵火的法令相类似。

1173年,罗马法在加泰隆被正式承认为补充性的法律。当然,这是大学里的学问型的罗马法,人们可以诉诸于它,以填补当时加泰隆法律的缺漏。

1247年,统治阿拉贡达63年之久(从1213~1276)的国王海梅一世(Jaime I),为阿拉贡人颁布了一部法典,名为《韦斯卡法典》(Libro de Huesca),该法典尤其在继承、契约和证据方面采用了大量的教会法和罗马法的要素。[56]它由韦斯卡的主教起草,对法律进行了系统的介绍,分为8篇,主要叙述民法、刑法和诉讼程序。它意在由包括国王法庭在内的法院来适用。后来,它被海梅的后继者们所扩充,恰如《巴塞罗那惯例》被伯爵拉蒙·贝伦格尔一世的后继者们所扩充那样。

卡斯蒂尔和莱昂　在12世纪前半期和13世纪大部分时期,这两个王国联为一体。它们的法律发展在某种程度上迟于加泰隆和阿拉贡,但它们都同样渊源于上帝和平运动,并受到教会法的发展和罗马法研究复兴的极大推动。13世纪初期开办的萨拉曼卡大学不久成了研究罗马法和教会法的一个重要的中心。[57]不仅如此,王室法律的成长还极大地受到一批前后相承的伟大国王的影响:斐迪南三世(1217～1252),其母是一个聪慧能干的士瓦本公主;其子是博学者阿方索(1252～1284);其长孙是阿方索十一世(1311～1350)。这些国王颁布重要的立法并负责发布内容广泛的法律文本。其中包括《市镇特许令》(Fuero Real,1255)和《七部律》(Siete Partidas,约1265年)。[58]后者是一部系统的专著,分为7个部分,按主题组成,共500余条。实质上,它是多少适用于卡斯提尔人的罗 513
马法和教会法的一个简编。不过,它并未在现实生活中深深地扎下根来,而且,总的说来,13、14世纪的伟大的国王们为统一卡斯提尔的法律所作的努力是屈服于各个地方保持它们自己的习惯的压力的。

佛兰德

在11、12世纪,佛兰德的伯爵们拥有覆盖今日比利时、荷兰大部分面积的领地,除名义之外,他们是每件事情中的国王,在西方法律的革命性转变中,发挥了充分的作用。上帝和平运动在11世纪出现于佛兰德,最重要的和平宣言要数1034年和1099年发布的。第一个世俗的和平条令(Landfriede)宣布于1111年,当时,伯爵罗伯特二世(Robert Ⅱ)在临终前,召集他的贵族并要他们宣誓维护和平。这个文件对于佛兰德人的城市法和佛兰德人的普通法("邦法")的未来发展都具有重要意义。它于1111年、1119年、1138年被罗伯特的后继者们加以修订,并在此后屡加修订。它一直被称做"大多数古老的佛兰德法律规定的基石"。[59]

不过,堪称佛兰德人近代法律制度的创建者的,是伯爵腓力(Philip,1169~1191),他的统治时期与英格兰亨利二世和皇帝红胡子弗雷德里克的统治时期恰好相合,与法兰西腓力·奥古斯都的统治时期部分重合。腓力被称作"佛兰德的第一位立法者"。[60]他部分地通过和平条令来立法。他还授权包括布鲁日(它成了欧洲首要的商业中心)在内的许多城市制定它们自己的法律,这些法律称作"*keure*"。他通过维持一种王室法律执行官员(称执法官)制度来集中审判权力。1178年,他发布了一项涉及执法官权力的条令,其中包括这样一条规定:执法官可以逮捕任何未经陪审的违法者,并且可以对任何不理睬执法官所提出的给予帮助和配合的要求的人施用刑罚。[61]

由于腓力死后朝廷倾轧,黑纳高的伯爵鲍德温一世得以出山,统治佛兰德。在他自己的郡里,他已经作为一名立法者而闻名遐迩:在1200年,他为黑纳高颁布了两个条令,一个关于采邑,一个关于刑事法律和诉讼程序。和佛兰德不同,黑纳高还有一种习惯的汇集,称作 countume générale。当鲍德温去佛兰德时,他带上了博学的随从,去撰写关于佛兰德的法律、习惯和历史的著作。

尽管在鲍德温之后,佛兰德并无强有力的统治者,但是,制定法律的活动在13世纪却得以延续,佛兰德的伯爵们在将其行政权
514 力扩展到乡村并使其政府的和法律的机构合理化方面,取得了一些成就。"保留案件"原则被作为使多种犯罪摆脱地方的和封建的传统管辖而归属伯爵管辖的一种手段而获得进展。到13世纪末,

根据其职业法学家们的建议,伯爵们采用罗马法里的论点进一步为自己的目的服务。不过,他们推行中央集权的勃勃雄心最终还是为另一类型的政治联合体所挫败,该实体有自己的法律——一种由伯爵们授权制定的法律。这种实体就是佛兰德的城市。

匈牙利

匈牙利国王与欧洲的其他统治者联系密切并力图模仿他们,可是,他们的成功终不过像昙花一现,因为维系于传统方式的贵族权力过于强大;其人口主要是马扎尔人,不是德意志人,这一事实也是造成差异的缘由所在。[62]后来,在13世纪中期,蒙古人的入侵把朝着一个中央集权国家所取得的进展横扫殆尽。不过,在处于西方文明周边的匈牙利,还是可以依稀寻觅到法律转型的痕迹。

1074年,在国内战争中,国王盖扎(Geza)向教皇格列高利七世求援。格列高利想施展曾经在西西里和克罗地亚大获成功的同样的诡计,于是允诺接受盖扎的请求,但提出以承认教皇的宗主地位作为交换。盖扎拒绝了,而是用拜占庭送来的王冠自行加冕为王。

盖扎的后继者拉迪斯拉斯(Ladislas,1077~1095)及其子克洛曼(Koloman,1095~1114)是匈牙利最早的立法者。拉迪斯拉斯颁布了三批法律,规定对异端的刑事措施、王室的司法行政、对盗窃的刑罚、财产的保护以及其他一些事项。与西西里伯爵罗杰之女成亲的克洛曼发布了一个共84条的法律改革令,其中某些内容减缓了其父律法的苛严。他废除妖术断案、增加法庭的数量、禁止司法决斗、设立管辖限制和诉讼程序,而且,明确区分宗教戒律与世俗法纪。

直到1172年,才出现又一位对内政改革感兴趣的强有力的统治者,他就是贝洛三世(Bela Ⅲ,1172~1196)。贝洛三世与开贝特的玛格丽特成婚,此妇为法兰西国王路易七世之女,英格兰国王亨利二世之子小亨利的遗孀。在贝洛统治时期,许多匈牙利的知识分子赴巴黎学习。他们回国后在以西方为榜样建立的行政机构(包括文秘署)里任职。

515 然而,贝洛的后继者未能贯彻他的中央集权政策。1222 年,在对王室机构的一次反叛中,贵族和小土地占有者迫使国王安德鲁二世(Andrew Ⅱ)签订了《黄金诏书》(Golden Bull),该文件像 1215 年英国《大宪章》和 1232 年德意志的《王侯倾斜令》那样,是以当时流行的削弱王室权力的立法概念为根据的。该法 31 个条款中有一条规定,在进行适当的审理和判决之前监禁贵族属于非法。另一条规定,未通知国王,王室首席司法官不得审理涉及生命或财产的讼案。其他条款中规定了一些保护小土地所有者的权利并控制另一些政府权力的滥用的内容。贵族反抗国王非法行为的权利也被保留下来。部分地作为《黄金诏书》的一个后果,匈牙利的王室法律与 13 世纪初期的其他西方国家的王室法律相比较,仍然显得贫弱。而且,1241 年蒙古人的入侵使整个国家蒙受浩劫。

丹麦

丹麦王室法的发展姗姗来迟但令人瞩目。[63]在 13 世纪初期,国王克努特二世(Canute Ⅱ)曾试图发布税收、征集款项并在一般的意义上主张王室权威,可是,他被废黜并遭到暗杀。不过,在 1241 年,国王瓦尔德马二世(Valdemar Ⅱ)颁布了《日德兰法书》(Jutae Logh),该法是斯堪的纳维亚的第一部官方法律汇编。[64]此前有两部由民间个人编纂的著作,叙述斯堪尼亚与西兰岛的法律,也写于瓦尔德马二世统治时期。

《日德兰法书》分为三卷,共 242 章。对财产、民事和刑事法律作了极粗略的划分。法律的渊源主要是习惯法、先前统治者的命令以及石勒苏益格的城市法。从中看不出罗马法的直接影响,但教会法的影响显而易见。序言第一段说:

> 建邦当依法律。若每人对属己之物皆感满足且授予他人相同权利,本无需法律。邦土若无法律,各人必不择手段、穷极所欲。故此,法律当用于满足全体人的需求。捍卫法律、主持正义和拯救任何陷入危困者,诸如寡妇、无人监护的儿童、流浪者、外国人、穷人之类的经常蒙受侵害的人,乃本国国王及官长之要务。[65]

《日德兰法书》里的另一"近代"特征是用陪审审判代替共誓涤罪。

丹麦参与这一时期西方法律转型过程的另一些例证是创建了 516
文秘署,设立了王室官吏和地方官吏。贵族子弟常常被送往巴黎深造。[66]

1275 年挪威第一部法典的颁布很可能要归功于丹麦人的影响,该法典是由一位叫作"国王马格努斯·劳门德尔"(Magnus Lawmender)这一妙名的统治者发布的。

王室法与教会法

12、13 世纪在欧洲各王国和王侯领地发展起来的王室法律制度有许多共同特征,同时,它们都与盛行于整个基督教世界的教会法律制度有一种结构上的相似。在每个王国或王侯领地里,王室法和教会法是以这样一种方式来互补的,即它们被说成构成一个单一法律秩序的不可分割的部分。

1. 教会法和王室法皆行使有限的权能和有限的管辖。教会法主张享有处理那些出自罪孽和背信的刑事和民事案件的权能;王室法则主张享有处理那些出自非法占有自由持有地和破坏国王和平的刑事和民事案件的权能。教会法要求对教士、教会财产以及被控犯有罪孽和背信的俗人享有管辖权;王室法则要求对自由土地持有人、重罪以及与王权和王室财产直接有关的事项享有管辖权。这两类法的权能和管辖在某些方面重合交叉并发生冲突。不过,在一个相当长的时期里,它们多少还能和平共处。

2. 教会法和王室法皆植根于一种它们从中寻求客观性和普遍性的外在的法律渊源的权威。教会法和王室法都在神法和自然法(理性与良知)里找到了这样的来源,此外,教会法关注神圣经籍,包括由教皇和其他权威人士在宗教会议上发布的教规和教令,而王室法则通常关注王室的立法(它在总体上无论如何也远不如教会的立法那样精细)。这两种法都承认习惯作为法律的一个重要渊源,尽管王室法比教会法更多地依赖于习惯。在司法程序方面,教会法像许多王室法那样依赖发誓下的审讯所获得的证据。不过,英国王室法依靠经过发誓的邻居的证词,除了在 13 世纪受理案件的英国议会和 14、15 世纪的大法官法庭曾一度采用教会法的诉讼程序之外。而且,德意志的王室(或公爵)法庭还依靠由法律代言人(law speakers, *Schöffen*)所作的经过发誓的对流行习惯的宣告。

517 3. 教会法和王室法皆是成体系的。不过,教会法的系统化程度要高一些。它甚至比复兴的罗马法更为系统。罗马法是教会法的“侍女”(handmaiden),它虽然常常被称作“补充性的法律”，但并不是任何司法管辖中的实在法，并且，即便在它被说成占支配地位的地方，也绝不是占支配地位的法（governing law）的整体。

教会法（像罗马法那样）是大学里的一个学科，一门“科学”。王室法则更接近于习惯法。王室法不大容易纳入一种理性的架构。在英格兰，最初的王室法主要是在令状制度的范围内发展的，类推（*analogy*）在逐渐扩大司法补救方面起到主要作用。基于同样原因，归纳和综合（*generalization* and *synthesis*）的功用更为有限。即使在普通法开始在伦敦律师公会（Inns of Court）被研究和讲授，并着重强调其技术方面的14世纪，情景亦复如此。诚然，格兰维尔（Glanvill）于1187年写了一部关于英国王室法律的优秀著作，但这部著作基本上是采取教会法学者论教会法上控诉（*libelli*）形式的专论体裁写成的一部对令状的评注，而不是一种论文（*tractatus*）或综合性专著（summa）。紧接着一个世纪的布拉克顿所撰写的大作要充实得多，并且被称作综合性专著，可是，几代人后，它便被废弃不用，而且没有出现什么增补或替代它的作品。在西西里、诺曼底、法兰西、德意志公国和其他地方，正如在英格兰那样，王室法（或王侯法）远不如教会法系统化。有少量的论著，诸如博马努瓦尔的论著，《萨克森明镜》，它们分别概述法兰西“普通法”和德意志“普通法”，但是，这类专题并未作为大学训练科目，它们仅仅在（大学里）罗马法课程中和讨论习惯时，被作为一种法律渊源而提及。像世俗法的其他形式那样，王室法无需在教科书里予以描述，在大学里设坛讲习，以便人们把它作为一种完整的、发展的、自足的法律体系来接受。相反，对于创立教会法的现代体系来说，法律学问是必不可少的。

这两种类型的法在系统化的程度与特征方面的差异，应该部分地用精神秩序概念和世俗秩序概念的差异来解释。依照定义,世俗的秩序要比精神的(教会的)秩序更混乱、更松散、更无目的。世俗秩序更需要改造与拯救。在帮助满足这一需要的过程中,世俗的法律无疑要服从理性;它要力图成为科学的、系统的;它要接受正义与真理标准的检验。但是,它毕竟比教会法接近于习惯,并因此更接近于无秩序和混乱。同时,它又更易于拘泥于形式。由于这两方面原因——习惯的特性和形式主义的特征,它就更难于系统化了。

518 不过,倘若一个人将1200年西西里、英格兰、法兰西、德意志公国和其他地方的王室法律和1000年这些国家的王室法律作一番比较,就会为其所达到的高度系统化和摆脱习惯与形式主义的程度所震惊。

4. 除了受权能与有限管辖、依赖外在的权威来源以及有意识地系统化这三个原则的支配外,王室法和教会法还受一代又一代自觉成长原则的支配。两者都不仅被看作体系,而且被看作不断发展的体系。在教会法里,这种不断发展的特性表现在宗教会议和教皇颁布的立法以及教皇和其他教会法院所作司法判决的自觉的连续性里。它还表现为传授与学识的自觉的连续性。在名目繁多的王室法律制度里,自觉成长或连续发展原则同样表现在王室立法和司法的连续性以及传授与学识的连续性中。

5. 最后,王室法和教会法都证明了这样一种信念,即一切法律本身都含有某种与正义相一致的目的;这些内在的目的要指导法律规则和技术的解释和运用。因此,无论王室法还是教会法都没有主要地被看成一种规则体系,尽管若无规则,它们都不能发挥功能,并且,在两者中,规则在一种连贯一致的体系的意义上形成一种主体,这均已被承认。在诸如实现它们的正义的内在目的之类的方式上，这两种法律都被主要看作一种制定、解释和运用规则的过程。亚里士多德把公平解释成“法律因为它的普遍性而有缺陷时所作的矫正”。他说，公平是正义，但它优于某种正义，即那种“有必要普遍地去讲但不可能正确地去做的，[并且]法律是针对一般情况的，即使它较好地关注它的错失，也难免如此”。在这种情况下，“矫正缺陷就是正确的，若立法者在场，他就会自己这样做，或者，若他知道了这种情况，他就会进行立法”。[67]这种宽泛的公平概念遗传给斯多葛学派的思想和东西方的基督教世界。它通过诸如诚实信用、不当得到以及实质正义之类的平等原理在查士丁尼罗马法里表达出来。不过，在复兴的亚里士多德的哲学和罗马法里，11 世纪末 12 世纪初的教会给平等概念赋予了新的伦理的和文化的内容。尤其是，教会法和王室法都在早期的、更一般化的平等概念上加上了多种具体的基督教道德的要求：对穷人和寡助者（包 519
括寡妇和孤儿）的保护、信托和忠诚关系（包括用于慈善目的的捐赠）的维护以及其他一些要求。在 14、15 世纪的英格兰，当两个主要的王室法院限制它们在这类事项方面的权能时，国王的大法官（他几乎一成不变地是罗马教廷的一名高级官员）开始“为了良心”和“为了公平”而行使一种例外的管辖权。不过，在欧洲另一些王室法律制度和 12、13 世纪的英格兰，“平等”不被看作同“法律”分离的；相反，是被看作其不可分割的部分。正如在教会法里那样，王室法院的平等是法律的这样一个方面，即为了主持正义，赋予其将旧规则适用于新的（“特别的”）境况的权能。

在王室法和其他类型的世俗法律制度——封建法、庄园法、城市法及商人法之间，可以作相似的比较。王室法所包含的与其他世俗法律制度的关系类似于教会法所包含的与王室法的关系：与其他世俗法相比较，王室法更广博、更成熟、更进步一些，或者，至少在后来的几个世纪里会很快变得如此。当 16 世纪攻击基督教会的教会法时,充当反对教会法的领导角色的是国王和王侯的法律;庄园法几乎已经全部消失,封建法主要作为过去的残余而留存下来,城市法和商法则变得越发从属于王室法。

尾　论

西方历史上的第一次重大革命是反对皇帝、国王和领主控制神职人员的革命，是旨在使罗马 520
教会成为一个在教皇领导下的独立的、共同的、政治和法律实体的革命。教会（这时首先被看作神职人员）通过法律朝着正义与和平的方向为拯救俗人和改造世界而努力。不过，这只是教皇革命的一个方面。它的另外一些方面是，皇帝、国王和领主的世俗政治法律权威的增强，以及数以千计自主的和自治的城市的创设；经济活动范围的巨大扩展，尤其是在农业、商业和手工业领域；大学的建立和新的神学和法律科学的发展；以及其他。一言以蔽之，教皇革命具有全面变革的特性。它不仅构想了一个新天堂，而且也展示了一个新的尘世。授职权之争只是它的一部分，格列高利改革也只是它的一部分。

教皇革命至少经过了一代人的准备。教皇党在11世纪50年代和60年代第一次采取了公开的革命步骤。教皇尼古拉二世在1059年的罗马宗教会议上首次禁止世俗授职,并确立了通过枢机主教选举教皇的程序,由此取得了无须经过皇帝而任命教皇的权力。1075年,教皇格列高利在他的《教皇敕令》中提出了挑战。1076～1122年在欧洲各地发生了教皇权威及其纲领的支持者和反对者之间的战争。最后,达成了妥协,哪一方都没有取得完全的胜利。

521 正是这次全面的剧变产生了西方的法律传统。教会要维持它在教皇领导下新的、可见的和共同的法律统一,便需要一种法律体系;从神学和礼拜仪式中抽取出教会法并将其系统化和合理化,是中央集权的教会当局寻找合法性源泉和控制手段所需要的,也是作为独立的、共同的僧侣整体一致性的有效象征。对维持教会与各种各样的世俗权威的一套新型关系来说,新"教会法"(*jus canonicum*)也是必需的。各种各样世俗权威为了能使它们新发展起来的中央控制手段合法化和行之有效并在诸政治体新的竞争中维持自己的地位,也需要相对自治的和合理的法律体系。

不仅实际的政治方面需要这些法律体系,而且道德和智识方面也需要它们。人们逐渐把法律看作是信仰的精髓。大约1220年出现的德意志第一部法律著作《萨克森明镜》的作者曾经指出:"上帝即法律本身,故他珍爱法律。"这段话约出现于《沃尔姆斯协约》已经解决了授职权之争之后的一个世纪,但它毕竟是教皇革命哲学的一种直接表达。实际上,它也是《沃尔姆斯协约》精神的一种直接表达。在1075年之前,西方没有人这样讲过;而在1122年之后,它被以各种形式表达,已经成为一种老生常谈。法律被视为完成西方基督教世界使命的一种途径,这种使命是在尘世建立上帝的王国。

教皇革命导致了对500年前曾由教皇格列高利一世首倡的

“两剑说”的新的系统阐述。关于这种学说的较早阐述一直是探讨基督徒尘世生活与天国生活的关系。然而,对于教皇革命的理论家们来说,这个学说所涉及的主要问题仅仅是在尘世中教会与世俗当局之间的关系。挥舞精神之剑的,是作为可见的、共同的、政治和法律实体的教会;这把剑不仅要控制来世的生活,而且也控制大量的现世事务,包括管理教会财产、僧侣活动、家庭关系、商业道德等。实际上,包括可归于道德或信仰题目下的所有事务。

精神之剑第一次被体现在一种法律体系和一门法律科学中,这就是 12 世纪和 13 世纪晚近由格拉提安予以系统化和合理化的伟大的法律家教皇们的教会法。教皇也发展了使这种法律体系运作所需要的设施和官僚机构:一个专门的司法机构、一个财政署和一个文秘署。这是第一个西方近代的政府和法律体系。最终,历代世俗政治体都效法了这种制度。

乍一看来,将 12 世纪晚期、13 世纪甚至更晚的数个世纪的各 527
种法律体系的产生,归因于它们所紧随其后的 11 世纪晚期和 12 世纪早期的革命事件,似乎令人感到奇怪;将后来的发展归因于后来的事件似乎更合乎逻辑。当然,没有后来的事件就不会有后来的发展。不过,12 世纪后期和 13 世纪所有欧洲的法律体系都显示、体现和包含着前辈们所确立的结论性原则。这不应根据黑格尔关于理念的进步来理解,而应根据西方历史的动力来理解,这种动力不仅包含物质的和观念的因素,而且更重要的是指那些施加了朝着某种方向长期变化的压力的重大事件本身。将 12 世纪晚期和 13 世纪法律体系的发展溯源于最终导致了《沃尔姆斯协约》签订的 11 世纪后期的教皇革命,并不比下面的做法更令人感到奇怪:将美国 19 世纪和 20 世纪的种族平等溯源于 18 世纪的美国革命(最终导致了美国宪法的几条“内战修正案”)。没有这样的长时期

图表 2:11～13 世纪的教会法、城市法、王室法以及封建法

年份	教会法(包括罗马法)	城市法	王室法:西西里	王室法:英格兰和诺曼底	王室法:法兰西	王室法:德意志,佛兰德,匈牙利;封建法
1030						1037 年康拉德二世皇帝的封建法令
1040	克吕尼大修道院倡导上帝休战 1049 年教皇利奥九世(1049～1054)					
1050	1054 年东西教会分裂 1059 年罗马宗教会议:枢机主教选举教皇,世俗授职被禁止	1056 年日内瓦习惯 1057 年米兰建立公社	1059 年教皇加封罗伯特·圭斯卡德为阿普利亚和卡拉布里亚公爵			
1060		1066 年授予伦敦特许状		1066 年威廉一世(1066～1087):英格兰的诺曼征服		1068 年巴塞罗那惯例

续表

1070	1073 年教皇格列高利七世（1073～1085） 1075 年《教皇敕令》授职权之争（1075～1122） 1077 年亨利四世皇帝在卡诺萨 1078 年安塞姆，《论上帝之存在》	1073 年授予沃尔姆斯特许状 1074 年反对科隆大主教的起义 1075 年康布雷誓约公社 1077 年授予美因茨特许状		1072 年分离世俗与宗教法院的法令		1077 年皇帝亨利四世被废黜 福希海姆议会：王侯选举皇帝 匈牙利：国王拉迪斯拉斯（1077～1095）：三批王室法律
1080	1080 年发现《学说汇纂》 教皇格列高利废黜亨利四世 1087 年法学院在波伦亚建立	1080 年亨利四世授予卢卡和比萨特许状 1084 年比萨执政官定期选举	1085 年罗杰一世，西西里伯爵（1085～1105）			1082 年卢第奇的上帝和平 1085 年帝国的上帝和平

续表

1090	1095 年沙特尔的伊沃,《教令集》 1096 年第一次十字军东征 1097 年安塞姆,《上帝何以化身为人》 1098 年西多会建立	1095 年《阿马尔菲表》				1093 年士瓦本的上帝和平 1095 年匈牙利:克洛曼国王(1095 ~ 1114):84 条款中的法律改革
1100	1107 年《贝奇协约》,在英格兰和诺曼底终止授职权之争	1106 年独立的城市政府和城市法律制度在科隆建立		1100 年亨利一世(1100 ~ 1135)财政署和国库年报的起源;政府管理和司法行政被合理化 1107 年《贝奇协约》在英格兰和诺曼底终止授职权之争	1108 年路易六世(1108 ~ 1137)路易七世(1137 ~ 1180)王室的控制范围扩大到超出了法兰西:采纳了更集中的政府和法律制度	

续表

1110		1115 年奥莱龙案卷	1112 年罗杰二世（1112～1154） 创立文秘署，财政署，专业王室法院，巡回法官，王室执行官，《封臣明细表》	1118 年《亨利一世的法律》		1111 年佛兰德：第一个世俗的和平法令
1120	1122 年彼得·阿伯拉尔，《是与否》 《沃尔姆斯协约》，终止帝国的授职权之争	1120 年授予弗赖堡特许状 1127 年授予圣奥梅尔特许状 1129 年马格德堡未成功的反对主教的起义伦敦从亨利一世那里接受了确认选举市政官的权利				1122 年《沃尔姆斯协约》 1125 年美因茨会议：选举洛泰尔（1125～1138）

续表

1130	1130 年伊尔内留斯逝世 1139 年彼得·阿伯拉尔,《伦理学》 第二次亚特兰宗教会议		1136 年设立专业法官			
1140	1140 年格拉提安,《歧异教规之协调》 1147 年教皇尤金三世命令神职人员不得参与或将案件交付世俗审判	1142 年比萨的特许状 1143 年荷尔斯泰因的阿道夫二世伯爵建立吕贝克	1140 年《阿里亚诺法令》			
1150	1151 年彼得·伦巴德 1159 年教皇亚历山大三世(1594 ~ 1181)索尔兹伯里的约翰,《论政府原理》	1153 年狮子亨利授予吕贝克特权状	1154 年威廉一世(115 ~ 1166)	1150 年瓦卡里乌斯在牛津 1154 年亨利二世(1154 ~ 1189)		1152 年红胡子弗雷德里克(1152 ~ 1190)当选;皇帝和平法令 1154 年狮子亨利,巴伐利亚和萨克森公爵(1154 ~ 1180)

续表

						1155 年红胡子弗雷德里克在罗马加冕，与“四博士”协商 1156 年创设奥地利公国 1158 年龙卡利亚议会
1160	1164 年亨利二世规定英国教会的《克拉伦登宪章》	1161 年比萨的《法律与习惯》 1162 年红胡子弗雷德里克摧毁米兰 1167 年伦巴德团建立 1169 年米兰设立首席执政 1169 ~ 1191 年在腓力统治期间授予布鲁日和其他佛兰德城市特许状	1166 年威廉二世（1166 ~ 1189） 王室法确立了神职人员的利益并允许所有自由人成为神圣人员	1164 年《克拉伦登宪章》 1166 年新占有之诉；骑士服役的调查		1160 年奥地利米努斯特许状 1162 年为普罗旺斯福卡尔奎尔郡制定的法令 1168 年维尔茨堡设立 1169 年佛兰德：腓力伯爵（1169 ~ 1191）；通过和平法令立法

续表

1170	1170 年布尔加鲁斯逝世，“四博士”中最有名望的贝克特殉难 1172 年亨利二世在阿夫朗什 撤销《克拉伦登宪章》中的侵犯性条款 1179 年第三次亚特兰宗教会议		1176 年陪审法官：收回被占继承土地之诉 1178 年普通诉讼法院 1179 年根据权利令状的调查程序《财政署对话集》	1170 年贝克特殉难；撤销《克拉伦登宪章》中侵犯性条款	1172 年对骑士服役的调查	1172 年匈牙利：国王贝拉三世(1172～1196)；行政与法律结构的集中化和合理化 1179～1180 年狮子亨利的审判 在巴伐利亚建立维特尔斯巴赫王朝 确立皇家王侯秩序

续表

1180		1181 年红胡子弗雷德里克占领吕贝克 1183 年《康斯坦茨和约》，“公社特许权大宪章”马格德堡政府改革；马格德堡法的首次编纂		1187 年格兰维尔《论英格兰王国的法律与习惯》	1180 年腓力二世（奥古斯都）（1180～1223）法兰西的行政管理结构被合理化	1186 年关于纵火的法令
1190	1190 年休古西奥，《大全》 1198 年教皇英诺森三世（1198～1216）			1193 年休伯特·沃尔特就任坎特伯雷大主教和首席政法官 1199 年国王约翰（1199～1216）		

续表

1210	1215 年第四次拉特兰会议:禁止教士参与神明裁判,变质说得到官方承认	1213 年米兰习惯汇编	1213 年英格兰成为教廷采邑 1215 年大宪章 1216 年亨利三世(1216～1272) 1219 年刑事案件中引入陪审制	1214 年布汶之战	1212 年弗雷德里克二世(1212～1250)	
1220					1223 年路易八世(1223～1226) 1226 年路易九世(1226～1270)	1220 年与宗教王侯之条约 1221 年爱克·冯·瑞普高:《萨克森明镜》 1222 年匈牙利:金玺诏书
1230	1234 年格列高利九世,《教令集》		1231 年《奥克斯都法典》			1232 年《王侯倾斜令》 1235 年美因茨皇家和平令

续表

1240						1244 年最初五个主要巴伐利亚和平法令
1250	1250 年阿库修斯的《规范注释》			1256 年布拉克顿,《论英格兰的法律与习惯》 1258 年第一个议会	1250 年作为司法机构而确立的巴黎高等法院 1258 年关于通过决斗逃避审判的法律	
1266		1266 年马格德堡法在布雷斯劳的接受				
1270					1277 年新侵占法令	1274～1275 年《士瓦本明镜》《德意志明镜》
1280					1283 年博马努瓦尔,《博韦的习俗和惯例》	

的透视,就既不能理解西方历史的周期性大变动,也不能理解继这些大变动之后所形成的和曾经用于防止它们重新发生的伟大传统。连续性和发展导致更新,演进带来革命。

实现一次革命要经历几代人的时间是毫不奇怪的。特别是,如果某人集中探讨革命目标的制度化和制度化过程中的必要妥协,那么他就必须考察长期的运动。就教皇革命而言,它的主要目标中的两个即**依法而治**(rule *by* law)和**法的统治**(rule *of* law)——统治者们必须寻求通过法律制度系统地实现他们的政策,他们自身也受到他们用以统治的法律制度的约束——对于西方社会来说是相当新的东西。如果要想确保这些原则,那么,最先采用这些原则的人们的子孙和重孙们就必须接受和内化这些原则以及采用和修改这些原则。

日耳曼民俗法的大多数制度、程序、概念和规则是在教皇革命后数个世纪里消失的,而不是立即消失的。尽管教会法和王室法禁止血亲复仇,但进入 15 世纪后,这种做法在欧洲的许多地方仍继续存在。子女的婚姻仍由父母安排,贵族之间的婚姻尤其如此。虽然日耳曼的共誓涤罪程序转变为宣誓证据,但根据证人的社会地位衡量誓言的价值表明了古老的形式主义痕迹依然存在。这些
528 仅仅是旧事物存活下来的少数几个例子。不过,从整体看,日耳曼民俗法在下列事件的影响下终于消失了:政治权威分成两部分,即教会政权和世俗政权;教会国家以及最终世俗国家的形成;教会法以及最终各种世俗法律类型的合理化和系统化。

但是,对于新法律的合理化和系统化的计划,统一的日耳曼民俗文化是一个必要的基础。西方的法条主义植根于早期公有的社群主义(communitarianism)。教皇革命本身只有在一个已经联合成基督教徒信众(*populus christianus*)的社会才有可能发生;关于谁

应该控制教会的斗争和由此而来的谁应该控制“意识形态”（今天所称谓的）的斗争，是以存在一种对教会的共同效忠和一种共同信仰为先决条件的。与此相关的谁应该控制教会财富的问题也以存在着关于教会财富应该用于宗教目的共同信念为前提。革命破坏先前存在的统一体，而这种统一体正是革命得以发生的前提。它确立了教会法和世俗法新的划分，并将这种划分制度化。而且在世俗法内部，又分为封建法、庄园法、商法、城市法和王室法；在每个这样的分支中，又划分为理性、习惯和命令。先前存在的统一体一直是种族、地域、阶级、家庭、信仰的统一体。不过，事实上，各种新的、系统化的、合理化的、不断发展的和超越的法律体系，部分目的是旨在维护旧的统一体，虽然其形式完全不同于先前通行的形式。

日耳曼民俗法本身与公有村社社会特别是部落社会是一致的。像日耳曼神话、艺术和语言本身一样，日耳曼民俗法是分散的、包含在习惯之中并被认为或多或少是永久性的。基督教曾经输入了一种富有生气的要素，它对部落的价值提出了怀疑。但在11 世纪晚期之前，尽管有某些例外，在日耳曼民族的传统生活中却一直没有系统地反映基督教；基督教在很大程度上是另一个世界的信仰。然而，教皇革命使基督教教义成为一种政治和法律纲领。教会变成了国家。教会法变成了一种特别的工具，首先是将教会国家联结在一起的工具，其次是改造世界的工具。其他正在涌现的制度也寻求根据理性和良心改革习惯。但这并不意味着摧毁旧的社会共同体；恰恰相反，其旨在强化这些社会共同体。

将理性适用于习惯，即废除大量不合理的习惯和将合理的习惯输入法律体系中，至少可以说是一种大胆的方案。11 世纪 80 年代在佛罗伦萨的一个图书馆里发现了查士丁尼的《学说汇纂》原

本,这非常及时,但并非纯系偶然,而此后不久在博洛尼亚建立了
529 一所大学即第一所欧洲大学来研究这个原本,则肯定不是偶然的。由此,法学家好比有了一部完备的词典,在其中可以发现法律术语、概念、准则;有了一种据以对习惯进行筛选的规则,那时罗马法被称作"书面理性"(*ratio scripta*)。这如同基督教神学家们第一次突然发现了《旧约》一样。西方法学家们将一种新的辩证方法运用于阐释罗马法条文,以便调和矛盾之处。因此,他们能够从这些条文中抽象出罗马人自己绝不会想象得到的概念内涵——一种契约法理论、一种占有权概念和界定了对使用强力管辖权的详尽学说,等等。法学家们由此赋予西方以分析和综合条文的独特方法。他们教导西方学会从案件中综合出规则,将规则合成原则,将原则合成一个体系。他们所使用的至今在美国的法律科学中仍然流行的方法,是从各种特殊性中认定共性,把整体看作相互作用的各部分。这是近代西方科学的原型,因为它把习惯和规则看作素材,从素材中提取出可以解释这些素材的规律——"法则"。从历史学和社会学角度讲,这种方法对于协调相互冲突的各种法律体系来说是必需的,其中首先是协调教会法与世俗法之间的矛盾,其次是协调各种世俗法律体系之间的矛盾。

如果经院哲学的辩证方法对于构建西方的法律是不可缺少的,那么,伴随着这种方法的使用而形成的神学原理,对于西方法律的基本概念、特别是它关于犯罪与刑罚的概念则是必不可少的。教皇革命的神学是一种关于审判的神学。上帝首先是正义的上帝。他通过化身为基督和基督为人类而牺牲自己,而使做忏悔的基督徒的最初原孽得到宽恕,但他们的实际罪孽则必须通过现世或炼狱来救赎。违法必须付出代价。借助于付出这种代价,法律得到维护,先前的犯罪者可以进入天堂。这种神学为教会最初建

立的与履行忏悔和补赎圣事的“内部法庭”相对的审判犯罪的“外部法庭”奠定了基础。一套刑法原则发展起来，它们类似于大多数西方国家今天通行的刑法原则：必须有某种外在的犯罪行为，该种行为必须为法律所禁止，它必须具有直接或间接动机，它必须是损害结果的近因，它必须对社会共同体构成危害。

这些原则和整个教会法是以对正义的上帝的信仰为基础的，
上帝掌管一个依照法律统治的世界，赏罚分明，并对例外案件予以 530
仁慈地宽免。这种神学信仰与对称做基督教世界的复杂的社会联合体的政治信仰是一致的，在这个联合体中，相互作用的教会和世俗王国的辩证关系，是由一种相似的基于法律的正义和基于正义的法律所规定的，仁慈在例外的案件中发挥一种重要的作用。

教会法是近代西方的第一个法律体系，它在12世纪被理解为及时向前发展的一种一体化的法律体系。教会本身第一次被看做一个法律组织，一个靠法律治理的国家，它使自己成为一个具有专门法院、专门财政署和文秘署的复杂官僚机构。教会的宪法性法律采取社团法的形式；它将罗马的社团构成（*Anstalt*）概念与日耳曼的合伙（*Genossenschaft*）概念结合起来，又给两者加上唯名论所谓基督教的团体人（group person）的概念。从社团的教会法中取得了下面的概念：未经协商机构的“建议和同意”，执行机构不得采取某些行动，这样的协商所依据的原则是，直接受某项决定影响的人有权参与制定该决定。教会法也是近代对人管辖和对事管辖这种区分的渊源所在。事实上，对教会法权能和司法管辖权的限制是与确定和限制教会主权的宪法性准则密切联系的，而确定和限制教会主权的目的则是在其内部分配管理权，决定其成员的基本权利和义务。

教会法内部的系统化，采取发展与婚姻、遗嘱、财产、协议和不法行为有关的次级法律体系的形式——基础是教会对圣礼、遗嘱、有俸圣职、誓言和犯罪分别具有管辖权。每一个次级体系都有自己的结构特征,同时又共同具有整个教会法体系的结构特征。因此,关于婚姻的教会法发展出有关无效婚姻(基于欺诈、胁迫和错误)的规则,它类似于关于契约一般无效的教会法规则,并以贯穿于整个教会法的一般原则为基础。世俗当局对遗赠土地所施加的限制导致教会法学家们发展出与继承法和财产法相交叉的信托法。总之,有关遗嘱、契约和财产的教皇法在下面的意义上来说是反封建的:它们赞成遗嘱自由,主张不拘泥形式而作出的承诺具有可执行性,以及主张完全的财产所有权。另外,与人们有时设想的相反,教会坚决主张收取借贷利息——实际上,教会法学家们第一
531 次把“利息”的含义区分为通过借贷合法收取的费用和通过借贷非法收取的费用(“高利贷”)。

对教会和教会法管辖权的界定不仅仅是出于方便,而且事关原则,即人们为之斗争、流血和牺牲的一个重要原则,托马斯·贝克特的殉道证明了这一点,托马斯反对国王亨利二世力图恢复对教会管辖权的某些限制,他认为这是对教皇领导下的教会自由事业的侵犯。在1164年的《克拉伦登宪章》中,国王曾实行他外祖父亨利一世(曾统治到1135年)时期的习惯。但教会在亨利二世登基之前即1135~1154年所谓的斯蒂芬无政府状态时期就已经获得了很大的进展。亨利与托马斯为合法解决他们之间的争执,进行了6年之久的斗争;这是一种关于管辖权的法律冲突,冲突双方都高度评价法律在任何冲突中的作用。结果,亨利二世撤销了《克拉伦登宪章》中“侵犯性的”规定,虽然哪些是侵犯性规定哪些不是侵犯性规定绝不会完全弄清楚。问题最终通过教会法院与世俗法院的相互竞争而再次不怎么令人满意地解决了。世俗法院将通过禁

止令状保护它们的管辖权,但这种令状很难适用且更难实行。教会法院如果受到严重挑衅,就可以将王室法官开除教籍。如果教皇本人受到严重挑衅,例如像国王约翰那样不服从他,那么他就可以封锁整个英格兰,而且他确实那样做过,由此造成极大混乱。大体说来,两种司法管辖权还是相互合作的。

教皇革命像一颗原子弹的爆炸,将日耳曼人的基督教世界分裂成两部分:其一是被看作独立的、可见的和共同的法律结构的教会;其二是被看作划分为各类政治体的世俗秩序。教会组成了由单一法律体系即教会法调整的单一国家结构。由于教会和它由此成为精神的领域,所以它被认为是人类在尘世尽可能密切地接触上帝的领域。教会的法律无疑是人法;但它也被认为是自然法和神法的反映。但是,世俗秩序是更欠完善、更原始和更囿于尘世之见。所以,它的法律与非理性的因素、权力、迷信和堕落有更多的联系。但是,它能够重生,能够得到补救;它具有积极的意义。教会有助于使它更充分地与自然法并最终与神法相一致。教会法可用作各种世俗法律秩序仿效的样板。

每一单个类型的世俗法律都或多或少局限于某类具体的现世事务:封建法针对封建事务,城市法针对城市事务,王室法针对王室事务,等等。这使世俗法律区别于教会法,后者的管辖权虽然也有限制,但它可以扩大适用于任何地方的任何人所犯的某些类型 532
的罪孽。

世俗法具有增进和改造它所调整的世俗关系的任务。领主与封臣之间义务的相互性的法律概念改造了封建关系。领主受其前辈庄园习惯约束的法律概念改变了庄园关系。信贷、合伙和合营的法律概念改变了商事关系。公民自由的法律概念和宣誓结盟城市公社的宪法特性改变了城市关系。国王服从法律以及臣民可以不服从甚至可以诛戮暴君的权利和义务的法律观念改变了国王与臣民的王室关系。

因此,人们认为世俗政治体应予解析,应加以调整。一种新政治科学被创立起来,其中首要代表就是2世纪伟大的学者索尔兹伯里的约翰的著作,因为这部著作分析了政府的特征、统治者的职责、选择统治者的方式和臣民服从他们的义务。法学家们,包括罗马法学家和教会法学家也对主权理论和关于统治者权力的宪法性限制的理论做出了贡献。

包括封建法、庄园法、商法、城市法和王室法在内的世俗法与教会法相比,更多地根源于习惯,因而也就更少受到博学的法学家们的修正。(罗马法则完全不同:它是一种在大学里被学习和教授的学问型法律,而不是任何具有司法管辖权实体的实在法,通常也不会被改变——在所有这些方面类似于法律史——但与此同时,它又是一种所有实在法应予遵循的理想法,一种能够用于填补缺漏的辅助性法律。)不过,在11世纪晚期和12世纪早期,世俗法发生了变动并且是根本性变动。世俗统治者们的决定和博学法学家们的影响改变了它。它被系统化,被改革。教会则有意识地对它进行改造。

大约在1050年到1200年这段时期,西欧经历了作为一个体系的封建法的形成过程。封建的权利和义务变得更客观、更明确和更少专断性,也变得更普遍、更一般、更统一。这方面的例子如继承采邑和转让采邑的权利和义务,以及以金钱支付代替履行封建义务。此外,发展出领主与封臣之间权利的更大互惠性:领主应庇
533 护、帮助和支持封臣,而封臣则应经营采邑。如果领主失信于封臣,封臣有权以正式的拒绝臣服的行为与领主脱离关系。通过法庭诉讼,封臣可以参与领主的司法活动。因此,封建法为西方处理

尊卑之间法律义务的相互关系首次在世俗领域提供了经验。最后，封建法取得了独立的和整体的法律体系的特征，它具有某些一体化了的要素和随时发展的能力与趋向。当然，与教会法相比，它欠缺系统性，欠缺自觉层面的整体性，也欠缺专业性和科学性；它大都是习惯法。但它却朝着教会法所确定的路线行进。

领主—封臣关系与领主—农民关系不同，它们受不同的法律调整。作为一种特色，调整后者的法律包含在庄园的习惯之中。西方的庄园领主与许多非西方的封建制度中的领宅不同，他们通常不是"不在地主"或只是收税人；他们生活在庄园土地上，对庄园的管理予以监督，并作为庄园政治统治者统治庄园。农民可能是农奴，也可能是自由农，但在这两种情况下根据庄园法他们都有某些权利。例如，包括农奴在内的全部农民都参加庄园法庭的司法活动，从而形成一种特色。

与封建法不同，庄园法并没有规定领主与农民之间的契约互惠关系。不过，农民可通过施加集体压力取得更有利的条件，这些条件具有以效忠为条件而相互授予的让步的效力。农民(不管是农奴还是自由农)持有土地的合法权利又加强了这种效力。租金、赋税和劳役也由习惯限定，对于它们的限度和性质的争议也认为应根据庄园法予以解决。由农民同领主一道坐堂判案的庄园法院对于刑事和民事案件作出裁决，一些关于农民起诉领主的判决的案件已经被记录汇编。农民仍贫穷并受压迫；但农民可根据一种法律体系取得权利。农民是人，是庄园共同体的成员，是"整个忠诚关系"的一部分。实际上，由于农民发现自己能够逃到自由城市、修道院、学校或参加罢工或起义，他们的处境终究还是改善了。在 14 世纪和 15 世纪，农民开始吞食庄园，庄园制度遂告消失。法律曾为这种发展开辟了道路。而早在任何废除农奴制的运动出现很久以前,把包括农奴在内的农民承认为庄园共同体的“公民”,就是对农奴制的潜在挑战。

封建法和庄园法注定要衰落:庄园法注定要彻底消失,而封建法在封建经济和政治关系已经丧失活力很久之后仍会作为旧事物
534 保留下来,这是一个方面,另一方面,商法则前途有望。由于农村的农业贸易和随后的海外与城市间贸易的繁荣,这个法律体系在11世纪晚期和12世纪早期也被系统化了。因此,资本主义的商法作为封建法和庄园法的孪生兄弟而出现。

虽然从1050年到1200年欧洲的总人口也许只增加了一倍,但同期的欧洲城市人口却大概增加了10倍。商人行会兴起了,大量的流动商人参与市场和集市。一种精致的法律制度体系发展起来,它依照在整个西方多少是统一的标准处理各种商业交易。

在12世纪发展起来的商法中具有特色的概念和技术包括善意购买者(他对物品的权利可能超过卖主)的概念、通过移交票证象征性地交付货物、默示担保、非正式协议的约束力和联合经营。而且,这些构成一体化商法体系的独特特征,随着习惯得以编纂和获得解释而最终发展起来。经公证的交易契约变成了汇票;经公证的付款承诺变成了本票;海上借贷和押船借贷发展成为一种保险;银行家的证书变成了信用证。就像在教会法以及封建法和庄园法(程度稍差)里的情况一样,商法给人这样一种印象:前后数代人(在此场合是指商人)为了使该法律体系富有生命力并不断发展而持续合作。

欧洲数以千计的新城市和城镇也发展出它们自己的法律类型,这种法律也具有以下特征:客观性、普遍性、互惠性、分享裁判权、整体性和发展的特性。大多数古罗马的城市已经衰败变为村庄,但在11世纪晚期、12世纪和13世纪早期得以重建。新城市通

常采取宣誓结盟公社的形式,持有由国王或封建领主授予的特许状。它们具有强烈的共有社会的特征,具有以下义务:相互帮助,互相保护,共同商议,共同参与对官吏的选举,共同参加集会、议事会和司法裁判。他们通常被免除封建义务。这方面,也是西方宪政的重要源泉,尤其是在公民权利和自由领域。

最后,新型王室法紧随教皇革命而出现。国王对教会的宗教权威已经被取消,此后,他作为世俗的统治者而统治,人们认为他的主要任务是在他的王国内维持安宁和主持正义。教皇革命剥夺 535
了皇帝和国王们的神圣性和他们作为教会最高统治者的地位,从而把他们降至世俗君主的地位。不过,与此同时,教皇革命又通过支持新的地域性王权概念增强了王权,这种新概念有助于把氏族首领和封建领主转变成特定地域的最高统治者。此前,国王们通常直接控制着权贵、顾问、直属封臣,但对于地方和部落首领、次级封臣和臣民一般只是通过权贵、顾问、直属封臣间接地控制。在12世纪和13世纪,他们作为地域性统治者开始通过王室官吏直接统治他们的臣民,这些官吏被授权执行多少有些特定的任务,诸如王室法官和税务官等。这些王室官吏受王室法律的指导和约束。欧洲的国王像教皇一样,开始通过他们的代理人进行统治,后者是专业人员,但不是王下之王,他们组成了常设的政府部门,诸如文秘署、财政署和司法机构等。政府管理成为独立的活动,这种活动小于整体(王权)的政治活动,但大于单个政府官吏活动的集合。

12世纪和13世纪王室法——包括公国和其他自治领地"君侯"的法律——的发展深受教皇革命的影响,它实际上是教皇革命的一部分,因为一方面,各种王室法律体系之间具有明显的相似性,另一方面,各种王室法律体系与教会的法律具有明显的相似性。1075年,格列高利七世第一次宣布教皇独自具有"制定新法律”(*condere novas leges*)的权力,在那以后,西方每一个王国的君主也都开始成为“立法者”(*conditor legum*,像12世纪中叶在诺曼底的西西里所称谓的)。《阿里亚诺法令》、德意志的和平条令、英格兰国王关于占有的法令、法国的“法令”(*ordonnances*)和“条例”(*établissements*)全都反映了对君主立法的权力和职责的新信念。与此相似,随着教廷在12世纪早期变成专门的司法机构,随后各王国的御前会议(*curia regis*)也由贵族大会转变为法院。同样,随着教会法通过格拉提安及其后继者变得结构性更强和更加科学化,结构性较强的王室法律体系也逐渐被创立出来,并如同教会法一样,通过解释和立法而有机地发展。所有地方的民法都从刑法中分离出来;所有的地方都采用了合理的证据方法以补充或取代古老的共誓涤罪程序和神明裁判方法;所有的地方都发展出了关于司法管辖权的相似的基本概念——高级审判和低级审判的管辖权以及关于土地占有权的管辖权。

王室法律“体系”开始在欧洲各王国创立。法律学者开始出
536 现,他们在王室法律体系中看到了——像早期的法学家们先是在罗马法体系然后是在教会法体系中曾看到的那样——一套内在互相关联的规则和制度。英格兰的格兰维尔和布拉克顿、德意志的爱克·冯·瑞普高和法兰西的博马努瓦尔以及其他人,全都在他们的重要著作中“概述”了他们各自地域政治体的法律。不过,在这之前,为了法律的内部关系,人们已经制定了法律本身。1140年西西里的罗杰二世的《阿里亚诺法令》在第一条就宣布了应通过解释来澄清法律中模糊之处的原则。解释、使法律具有一致性和合理性、“定义的发展”、系统化以及将法律视为在综合相对立因素基础之上而形成的一种复杂的统一体——所有这些都开始被认为是王室法律的重要特征,正如它们先前从伊尔内留斯和伊沃、阿佐

和格拉提安的时代以来就被认为是罗马法和教会法的重要特征一样。

作为法律体系概念前提的是关于它的发展的概念。以前,在日耳曼统治者们定期的立法中,每一部伟大的"法典编纂"都被理解为是一部对习惯法的一般性重述,以取代先前的习惯法。但在11 世纪之后,新王室法却以旧王室法继续存在为前提,实际上是以旧王室法为基础。当一位国王在他前辈的基础上增加了新的立法,法律便开始扩展和发展。这方面最明显的例子可能首先是从罗杰二世的西西里立法(《阿里亚诺法令》)到他儿子的立法再到他孙子弗雷德里克二世的立法(《奥古斯都法典》);其次是从亨利二世时期经理查、约翰的统治到亨利三世期间英格兰国王们颁布的一系列关于占有的法令和其他令状。

法律有机发展的概念是与合法性的原则相联系的。国王服从法律被认为是理所当然的。"国家应根据法律建立"——第一部斯堪的纳维亚的法律著作就曾以这样的话开头。同时,广泛传播的对法律的统治的信念在理论上,但绝不总是在实践中支持依法而治。这种信念就是指,国王本身受法律约束,如果国王的命令是错误的,国王的臣民在某些情况下有权拒绝服从他的命令,12 世纪索尔兹伯里的约翰和其他人以及 13 世纪的爱克·冯·瑞普高、布拉克顿、博马努瓦尔和其他人都曾表达过这种信念。

首先,这种信念植根于世界本身服从法律的神学信条。

其次,这种信念植根于对每一种权力都施加了实际和理论限制的世俗与宗教权威的二元性。甚至包括诺曼人的西西里在内的欧洲所有王国都经历了教权与王权之间的紧张状态。甚至大多数强有力的世俗统治者们也不得不经常地认真考虑教皇的意见,这 537
不仅在他们的对外事务上是这样,而且在包括他们发展其法律体系在内的对内政策上也是这样。这部分是由于以下事实:在整个12世纪和(较少程度上的)13世纪(换言之,在西方政治和法律思想形成时期),国王的主要官吏本身都是高级僧侣,他们也要部分地效忠于罗马教皇。

再次,法律至上的信念植根于在每一个王国内部世俗权威的多元性,尤其植根于王室、封建和城市政治体彼此之间存在的辩证紧张关系。这也是教皇革命彻底性的一个方面。世俗与宗教政治体之间的划分,以在一种宗教权威内存在许多世俗权威为前提,而这种宗教权威又以世俗权威之间的相互作用为前提。当然,每个王国内部世俗权威的多元性不仅是一个概念,而且也是一个压倒一切的政治、经济和社会的现实。欧洲城市建立在公社自治和公民自由的基础之上。封建政权也不断抵制王权对他们特权的侵犯。经过许多世纪,王权专制主义才在欧洲大部分地区得以确立。不过,尽管经济、政治和社会的权力极其分散,暴君仍可能出现,在这方面西西里的例子便是有力的证明;因此,其他地方对法律至上的信念不仅是对物质条件的反映,而且在维护这些条件方面也起到积极的作用。

最后,对法律至上的信念与在封建等级中上级与下级之间的相互义务密切联系,也与承认中央和地方当局之间以及官方和民众的管理机构之间辩证的互动关系相联系。封臣"反抗"他的领主的权利和农民基于庄园习惯而享有的权利,在发展出可用以对抗专制权力的法律意识过程中是重要的因素。

中央和地方当局之间的互动关系有赖于代理权的概念和现实的发展。几乎欧洲的所有地区,在12世纪都出现了一种地方层次上的王室官职——邑长(*baillis*)、法官(*Richter*)、郡长(sheriffis)和巡回法官。它们并没有取代地方领主和其他地方权威,而是与他们分享权力。也几乎在所有地方都出现了王室法官和其他王室官吏一方面与底层的民众另一方面与陪审团、贵族会议及陪审法庭(*Schoeffen*)之间的互动关系。民众参与裁判的各种形式的存在,对于成功地确立王室法律体系并使它保持高于国王本人专断行使的权力地位,是一个重要的并且最终可能是一个不可或缺的要素。

超越马克思,超越韦伯

本书叙述的历史的各个部分是为历史和法律各个不同领域的 538
专家们所熟知的。但本书所叙述的历史作为一个整体却异常地令他们感到陌生,并在许多方面与惯常的先入之见相冲突。它与通常对西方历史的分期不一致。它把西方文明的历史作为一个整体而不是作为单个国家的历史来看待。它把近代的各种特征归因于一般被认为是近代以前时代的东西。它不承认通常所谓的封建主义时代的占支配地位的封建特征,并把封建法和庄园法当作补充性的而不是与商法、城市法和王室法相对立的体系。它将西方法律传统的根源追溯至教会政治体与世俗政权的急剧截然分离,追溯至第一个近代西方法律体系在教会内部的形成。在这些和其他方面,本书的叙述必定不仅与有关西方历史而且也与广为流行的有关历史本身性质的假定、观点和理论存有分歧。这些假定、观点和理论以十分不同的叙述为前提——而事实上过去两代人的专史研究并不赞成这种叙述。所以,在本书结论部分,必须正视某些理论上的障碍,以便充分理解西方法律传统的基础,阐明本书所叙述历史的某些理论内涵。

大多数受过教育的人们仍将西方历史分成四个阶段即古典古

代、罗马帝国的衰落和灭亡、中世纪以及近代(始于文艺复兴和宗教改革运动)。他们试图根据构成西方文明的各个民族的历史来观察近代;试图将中世纪贬低为只是作为近代得以涌现的背景。由于西方不仅正经历着近代的终结,而且也正经历着近代构成其中一半时间的整个一千年的终结,以下事实——15 世纪和 16 世纪的文艺复兴和宗教改革运动针对 11 世纪和 12 世纪早期的文艺复兴和宗教改革——只是开始重新引入了历史意识。终于,更多的人开始认识到,早期的文艺复兴和宗教改革运动构成了西方历史的第一个重大转折点,它不仅是西方法律传统的源泉,而且也是西方其他社会思想和社会行动的源泉。

传统的西方历史分期的谬误是与最初开始撰写“科学历史”时
539 夸大了的 19 世纪的民族主义密切相联系的。实际上,在许多情况下,科学历史存在的目的,似乎都是在于追溯一个民族从部落和封建的起源到当代的荣耀和威严的发展历程。今天,民族主义的编史方法在许多领域正在让位。但是,在法律,尤其是在英国和美国法律方面,民族主义的编史方法仍居于统治地位。在西方文明内的每一个国家的法律体系的独特性都得到了强调,而共同特征却被低估了。尽管西方各国的法律体系具有共同的起源,但各自都因其独特性而被它的维护者们所拥戴,而这种独特性据说是与法律所属的特定民族的独特性格和独特历史相对应的。比较法律史学家们一直只是通过把西方的法律体系划分为“欧洲大陆的”法系和“英美”法系对这种倾向略加抵制。新近又加上了第三个“法系”,即苏联和东欧的“社会主义法系”。不过,真实的情况是,这些全都是同一谱系的分支。所有西方的法律体系——英国的、法国的、德国的、意大利的、波兰的、匈牙利的和其他国家的(包括 19 世纪以来俄国的)——都有共同的历史根源,从这种共同的根源中它们不仅获得了共同的术语和共同的技术，而且获得了共同的概念、共同的原则和共同的价值。

除了民族主义的谬误之外，法律方面的历史编纂也受到了来自包括新教和罗马天主教在内的宗教谬误的妨害，此种谬误掩盖了天主教的中世纪历史与宗教改革后近代欧洲历史之间的连续性。在这些谬误之上又增添了启蒙运动以及马克思主义理论的谬误：前者着眼于一场与宗教改革处于同一时期的文艺复兴，后者着眼于与文艺复兴和宗教改革处于同一时代的资本主义的兴起。掩盖中世纪与近代的连续性也就掩盖了在 11 世纪晚期和 12 世纪早期格列高利天主教教会改革前后时期存在的**断裂**（*discontinuity*）。其结果是，6 世纪到 11 世纪日耳曼、凯尔特和其他欧洲民族的共有村社的民俗法中所存在的西方法律传统背景，已经被遗忘殆尽。

18 世纪后期和 19 世纪出现的另一种历史编纂也掩盖了西方法律传统形成的历史，这种工作与社会学这一新科学密切联系。这种新的历史编纂有时被称作“社会经济史”，有时被称做“社会理论”。它的先驱包括孟德斯鸠、黑格尔、圣西门、孔德、托克维尔和其他人。它后来的主要代表人物是 19 世纪中叶的卡尔·马克思
和 19 世纪晚期与 20 世纪早期的马克斯·韦伯。这些“社会理论 540
家”与“科学派史学家”不同，他们试图根据在政治和思想事件表象背后所起作用的社会和经济力量来解释历史。科学派史学家们不是把他们看作“真正的”历史学家，而是看作“理论家”；不过，他们的理论主要涉及的却是实在的历史，即西方的历史。19 世纪和 20 世纪早期的社会理论家们特别关心对周期性打断社会演进过程的革命予以解释。其中尤其是马克思，伴随这种研究，他形成了无所不包的革命概念；他把革命看作是对社会、经济、政治、法律和意识形态的全面改造，甚至是对人自身的改造[1]。不过，马克思的历史

唯物主义导致了对欧洲重大革命原因过分简单化的解释,导致了一个基于社会各阶级与生产资料的关系而作出的狭窄的社会阶级定义。因此,他误解了新教革命,并完全忽略了教皇革命。而且,马克思直接从欧洲各民族的历史中推断人类的历史,而没有充分考虑到诸如西方文化、伊斯兰文化和中国文化这样一些中间型文化的重要性。正如罗伯特·塔克所注意到的:"在马克思看来,真正的社会单位是人类,即人类的集体……所有社会革命都是世界革命。"[2]因此,马克思不知不觉地把西方的历史等同于世界的历史。他的著名论断是:"革命是历史的火车头",这个论断仅仅适用于西方,而不适用于作出此论断时的非西方文化;在某种程度上正因为他作出了这一论断,在后来才变成可适用于解释非西方文化的命题。

社会理论家们尽管与传统的历史编纂相背离,但他们却简单地接受了流行的对西方历史的分期,即分为在过去某个不确定时期开始的中世纪和大约从 16 世纪(可能是 17 世纪或 18 世纪)开始的近代。不过,对此他们附加一种预告,西方历史的近代时期将要被一个新时代所取代。

社会理论家们赋予中世纪的社会经济构成以特殊的含义。他们称其为"封建主义"时代。对比之下,近代被看作一个"个人主义"或"资本主义"的时代,具体称谓哪一个取决于主要考虑的是社会价值还是经济价值。社会理论家们试图分析这些前后相继的社会秩序类型,并试图解释它们怎样存在和为什么存在。为了创造一门关于社会演进的普遍的科学,他们使用历史的和比较的方法。马克思主义认为,每个社会都经历了从"亚细亚的"(Asiatic)或奴
541 隶制的经济到封建主义、从封建主义到资本主义、从资本主义到社会主义的过程。他把这种进步看作是阶级斗争动力推动的必然

结果。封建主义的概念对这种理论来说是至关重要的,它的出发点是,被束缚于土地之上的农民与封建统治阶级之间的冲突,最终会导致一种新的冲突,即工业无产阶级和资本主义统治阶级之间的冲突,并且从这种冲突中注定要产生一个社会主义的无阶级社会。

许多非马克思主义者们也归纳出了封建主义的一般特征,把它看做是许多文化发展过程中的一个阶段。特别是,日本和俄国文化被认为在它们历史的"中世纪"期间已经经历了封建主义。对封建主义的跨文化研究产生了有趣的和有价值的见解;但它是一种引人误入歧途的世界主义。在它的背后潜伏着一个种族中心论的问题,"中世纪西方社会的哪些特性对于封建主义的一般定义来说是基本的?"大多数社会经济史学家们曾经强调指出了以下四个特性:农民被束缚于土地之上(农奴制);专门化的军事阶层(骑士制);掌握在分布于地产上的贵族手中分散的公共权力(领主制);通过分封和隶属性土地占有权制度而在贵族中间分配权力和特权(采邑制)。他们随后在其他文化中寻找相似的东西。这种定义可以称作是一种学术上的帝国主义。

这种定义忽略了大多数传统的封建主义概念中的有关要素,它们是:(1)生活在封建制度下人们的信仰体系;(2)在各种封建体系中教会与世俗当局的关系;(3)在封建社会中流行的各种类型法律理论和法律思想。这些忽略致使人们难以了解关于封建制度下的思想、政治和法律的普遍意义——尽管至少就西方封建制度而言,以上四个方面在整个社会秩序中曾经起到极其重要的作用。即使像大多数历史唯物主义者所假定的那样,中世纪的意识形态、政治和法律是建立在封建生产方式的经济基础之上的上层建筑,也仍然存在着一个重要的疑问,即"西方的封建主义怎么会和为什么会产生一种不同于日本和俄国的封建主义所产生的上层建筑?"

在马克思看来,封建主义的本质因素首先包括具有隶属性土地占有权的小规模农业("小生产方式"),其次是农民被束缚于土地(农奴制)。这些使封建统治阶级有可能从农民的劳动中获取剩余价值。在马克思主义看来,西方封建社会全盛时期封建土地占有权的其他方面,诸如分封制、骑士制和分散的公共权力,不是封建主义的决定性特征。像考察资本主义一样,马克思根据封建主
542 义的冲突而不是它的内聚力去考察它。此外,马克思对下列事实不感兴趣:在西方封建时代的经济中,货币和商业曾经起到了重要的作用;在 12 世纪和 13 世纪,一种具有数以千计城市的繁荣的城市文明与小生产方式同时并存。至少当代的马克思主义者们并不——他们也不能——否认这样的事实,但是,他们通常认为这种事实不具有任何重大意义。他们继续依赖于马克思的假定,即多少是静止的和自给自足的农村经济与商业上不断扩展的城市经济之间的持续对立,最终导致后者("资本主义")推翻了前者("封建主义")。

对于这种马克思的分析来说,不幸的是,"封建生产方式"即庄园制度到了 14 世纪末就在全欧洲被废除了,而马克思所定义的"资本主义的"生产方式却是在 18 世纪或至早是在 17 世纪初才开始存在。这留下了一个约 3 世纪或 4 个世纪的"过渡"期,在这期间,中央集权的国家权力即欧洲的专制君主制发展起来。根据马克思主义的理论,新的民族国家的职能是镇压农民,"因为封建权力的地方机构已不复存在"。[3] 因此有人论证说,虽然政治制度完全变化了,但社会经济制度仍保持未变。一位著名的马克思主义历史学家指出:"统治阶级仍未变,恰好像共和制、立宪君主制和法西斯专政都可以是资产阶级的统治形式一样。"[4] 这种观点无异于

挥舞画笔涂抹历史！

马克思对封建主义的解释包含着这样的假定：政治统治是经济上占统治地位的阶级维护其统治的一种根本手段；因此，所采取的政治统治的形式尤其是法律形式仅仅是这种阶级统治的一种工具。正如马克思和他的合作者恩格斯所指出的："法学家们想象他们正操纵着**一套先验的**（*a priori*）原则，而实际上这些原则只不过是经济的反映。"[5]统治阶级的经济状况尤其是他们的经济利益构成每一个社会的"物质基础"，这种基础得到维护；政治和法律仅仅产生于这种基础并保护和维持这种基础的"意识形态的上层建筑"的一部分。

然而，这种观点由于下列事实而变得混乱：在所谓封建制度下的法律，不仅维护当时通行的领主与农民的权力结构，而且还对这种结构进行挑战；法律不仅是加强而且也是限制封建领主权力的一种工具。西方的第一批专职法学家们——大学教授、法官以及教皇和主教们或皇帝国王和封建贵族所雇用的律师——提出了这样的问题：如果统治者的意志与法律相反，那么可在什么时候和用什么办法抵制他们的意志。这不仅是一个哲学问题，也是一个涉 543
及当时正在创立的政治权力体系的问题，这种体系以今日所谓的"制约与平衡"（来源于同一社会秩序内部政治权力的二元主义和多元主义）为特征。

较成熟的马克思主义历史学家们会承认西方存在一种"合法性"和"法治"的传统，但除了少数例外，他们会认为这种传统不具有根本的历史意义。[6]他们会像罗德尼·希尔顿那样认为，12 世纪和 13 世纪西欧出现的政治上和法律上自治的城市共同体使"欧洲的"封建主义区别于"其他封建主义"。[7]但是希尔顿随后补充说，将城市的独立归因于新的资本主义生产方式的发展或者领主与农民之间阶级关系的重要变化,则是错误的。他由此得出结论说这种城市共同体没有**理论上**(*theoretical*)的意义。推而广之,关于合法性问题他也会得出同样的结论。从他的观点来看,法律甚至政治是上层建筑的一部分,是意识形态的一部分,也就是说,它反映而不是**决定**(*determine*)社会中的经济力量。经济力量构成基本的现实("存在");而法律依其定义来说却并不构成这种基本的现实——它只是"意识"的一部分。这种教条决定着全部论证。

还有,如果像希尔顿所指出的那样,不同的封建主义产生不同的法律体系,那么,例如,是什么使西欧的封建法律如此不同于日本或俄国的封建法律?是什么造就了西方的下列制度:包含领主与封臣之间权利和义务互惠关系的**封建契约**(*feudal contract*);以提供劳役为条件的授予土地占有权的**采邑**(*fief*);一方面是庄园领主、管家和其他官吏,另一方面是农民用以解决阶级利益冲突的**庄园法院**(*manorial court*)?除了封建主义自身以外,一定还有其他东西,因为西欧以外存在的封建主义并没有产生出这些法律概念和法律制度。

不仅如此,西欧的经济制度本身也以十分不同于日本或俄国的方式发展出来。所以,难道不是这三种文化的**法律**(*legal*)制度的差异在促成**经济**(*economic*)制度变化方面起到了重要作用,而不是恰好相反吗?如果是这样,那么,基础和上层建筑的模式就变得非常成问题了。事实上,在所谓封建主义下的包括宪法性法律、财产法和其他法律部门的西方法律的发展,是马克思主义者们认为的资本主义 17 世纪到 18 世纪各种经济变化的先决条件。

544 对于该理论来说历史编纂是极其重要的:如果这种历史编纂是错误的,那么该理论随之错误。如果近代西方法律的主要特征、主要概念、制度和程序出现于 11 世纪晚期和 12 世纪——始于启蒙运动和法国大革命的社会理论家称之为封建主义时代的全盛时期——那么,这一事实本身就是对历史唯物主义关于法律和历史的一般观点的实质性否定。

对于非历史唯物主义者来说,这种否定可能是无意义的。不过,在这方面持错误观点的不仅仅是历史唯物主义。封建主义和资本主义的区分对于近代主义者们(modernists)已经普遍变得重要了,有些人把近代看作一种崭新和截然不同的未来的序幕对于他们来说,这种区分尤其重要。在这种场合,封建主义的概念被转换成"传统社会"或"前工业社会"的概念,它被认为多少是静止的和自然生长的,而资本主义——和现在的社会主义——是与以"现代化"和"工业化"为特征的具有活力的社会相联系的。事实上,这似乎就是许许多多受过教育的人们看待今天世界的方式。

但在实际上,从 11 世纪晚期到 16 世纪早期这段时间的西欧,是一个在经济以及社会生活的其他方面经历了迅速而能动的扩张和发展的传统社会。不仅许多马克思主义者和新马克思主义者坚持这种矛盾的观点,而且许多其他学派的社会理论家也坚持这种观点。例如,反马克思主义的经济史学家 W. W. 罗斯托曾争辩说,当代亚洲和非洲的传统社会自身不能实现根本性的变化,为实现变化,它们需要通过伴随有新的企业家精英出现的那种在投资方面急剧上升所产生的"外源冲击"或"起飞效应"。[8]这同以下传统的(但错误的)观点相一致:中世纪欧洲的封建经济在受到来自 16 世纪城市和扩展的商业冲击之前一直处于静止状态。事实上,农业的巨大发展发生在 11 世纪晚期和 12 世纪早期。历史学家们现在常讲"第一封建时代"和"第二封建时代"。[9]此外,在 14 世纪,分封制衰落了,庄园制度消失了,租用土地和其他形式的财产关系被用于创设更晚些时候所谓的"农业资本主义"。

英国经济史学家佩里·安德森曾经试图从马克思主义的观点出发去解释仅仅在欧洲资本主义产生于封建主义这一事实。他把这种发展归因于欧洲封建主义制度中的某些独特的特征,而其他马克思主义者通常认为这些特征一直是上层建筑而不是经济基础的一部分。安德森争辩说,上层建筑和基础的区分不适用于封建
545 主义制度。他指出,在前资本主义社会,“亲属关系、宗教法律或国家这些‘上层建筑’必定加入了生产方式的组织结构”。[10]

承认封建时期欧洲法律与经济的一体化似乎首先就威胁到马克思的整体分析。不过,通过另一种方法即认为马克思关于基础与上层建筑的划分只适用于社会结构被打破的时期,或许可以挽救他的分析,马克思主义者们可能会同意,通常——在所有社会中——经济和法律制度是完全交叉重叠的。例如,财产权(所有权)通常就具有经济的和法律的两个方面,这两方面水乳交融般地相互联系在一起。但在某些时候,这两个方面可以分离,当马克思把经济意义上的财产权即经济权力区别于法律意义上的财产权即经济权利时,他心目中可能想到的正是这种分离的情况。实际上,理解马克思主义的社会理论的正确思路可能是,他根据一种旨在主要适用于革命时期的理论解释全部历史。

这也有助于说明马克思把来自于自然科学的 19 世纪的因果关系思想转用于历史的发展方面。他寻找类似于物理学和化学中科学法则那样的科学历史法则。他在历史唯物主义中发现了这样的法则——例如,以下这项法则:每个社会中生产方式决定着生产资料所有者和非所有者之间的阶级关系,这些阶级关系转过来决定着社会的政治发展。这种一元论的公式似乎是解释一般社会生活中复杂事件的太过于简单化的方法,它在马克思的思想中具有两个重要的作用:它解释了现存制度和信仰的革命性起源;它为通

过革命的方式攻击这些制度和信仰提供了基础。不过,现今甚至在物理学和化学中的因果关系的思想也更复杂了,而在社会理论方面,讲纯粹的因果关系法则已变得越来越不可能了。说政治、经济、法律、宗教、艺术和思想之间存在互动关系——而不把这些水乳交融般相互联系的社会生活方面分成"原因"项和"结果"项,是更准确的和更有益的。但这并不否认,某种关系和利益比其他关系和利益更重要和更有影响力。从决定论的态度倒退到相对论的态度,大可不必。不过,真实的情况似乎是,在某时某地,经济的因素较为重要;在某时某地政治的因素较为重要;在某时某地宗教的因素较为重要;在某时某地法律的因素较为重要,如此等等。在所有时间和地点,居支配地位的重要因素则是这些不同因素的交互作用。

从这种观点出发,伟大的德国社会理论家马克斯·韦伯 546
(1864～1920)对法律所作的论述尽管往往是模糊的,但却是卓越的,它代表了对经典的马克思主义思想的某种进步。韦伯抛弃了他所谓的"马克思主义的进化论教条",[11]其中尤其是下面的主张:全部社会都经历了从"亚细亚的"或奴隶制的经济到封建主义再到资本主义和社会主义的相继发展阶段。他也反对马克思主义以经济决定论为前提的历史唯物主义。他在1910年指出:"如果我们考察因果关系的链条,那么在过去的某个时间里,我们看到它是由技术而到经济再到政治,在另一个时间里,则是由政治到宗教再到经济以及其他方面。这里并不存在终点。在我看来,常被人们信奉的关于经济在某种意义上是因果关系链条中终点的历史唯物主义的观点,作为科学的命题是彻底终结了。"[12]

此外,韦伯与马克思不同,他强调近代西方社会的独有特征和"它的发展方向的普遍意义和有效性"。[13]他把近代西方社会的独特性和重要性归因于一些独特的因素,这些因素在欧洲历史的前近代、前资本主义和前新教时期就已经出现。在韦伯看来,西方的封建主义、中世纪的西方城市和“传统的”(相对于“合理的”)中世纪西方社会的其他特征本身就包含了世界其他文化的传统社会中所缺少的力量:这些力量最终能够使西方实现转换。[14]

因此,韦伯能够发现西方法律早期发展的独特性和特有的重要性以及它对后来经济发展的重要意义。他指出,只有西方文明才经历了一种十分发达的民间司法、一种对封建制度下身份集团的法律规定、社会等级集团对君王权力的宪法性控制、用“自然法”取代一种身份法体系和对罗马法的相继接受。他指出:“在世界的其他地方很少能够找到与这些事件相类似的东西,由于这个原因,在西方以外的任何地方都一直没有完全达到那种由受过训练的法律专家对法律予以明确塑造的阶段。”[15]在韦伯看来,高度发展的、合理的法律制度的存在是资本主义出现的必不可少的先决条件。他指出:“正如我们所见,经济条件在所有的地方[在社会的发展中]都起到一种重要的作用,但在任何地方这种条件独自和本身都不是决定性的……对于那些在商品市场中具有利益的人们来说,总体上法律的合理化和系统化及……细节上不断依赖法律的程序
547 发挥功能,构成资本主义企业……存在的最重要的条件之一,资本主义的企业没有法律的保障就不能存在。”[16]

韦伯反对——至少是严格限制了——马克思经济决定论的理论和社会—经济演进的普遍模式的理论,强调包括西方法律在内的西方历史的独特性和“普遍意义与有效性”,在这一过程中,他的社会理论表明了他得益于早期的法律训练,尤其是得益于在欧洲法律史方面受到的训练。他的第一个研究生学位是法律学位,他的第一份工作是在柏林法院任职。然后他回到大学攻读另一个高

级的法律学位,撰写了论述影响12世纪到15世纪意大利和欧洲其他地方的贸易公司和手工业行会的商法学位论文。后来,他30岁时,在弗赖堡大学就任经济学正教授,两年后成为海德堡大学的社会学教授。虽然他随后作为社会学学家、尤其是政治和宗教社会学学家取得了名望,但他的社会学理论总是借重于法律史,他最重要的著作中有一本是法律社会学。

比较之下,马克思虽然也(先韦伯60年)在法律方面取得了第一个学位,并在深受德国最伟大的法学家卡尔·弗雷德里克·萨维尼影响的柏林大学研究法律,但他不仅背叛了萨维尼探讨法律的历史方法,而且还彻底反对法律史和法学。[17]

韦伯作为一位社会理论家尤其是作为一位法律社会理论家的影响,一般主要源自他把社会划分成各种类型。每一社会类型都包含在社会内部的一种相应的经济类型、政治制度类型、法律类型、宗教类型和艺术风格类型。因此,韦伯能够对特定社会类型中结构性要素以及它们之间的相互作用提供一种综合的描述。不过,各种社会类型并不意指实际的历史类型,而是意指"理想的类型",即模式或范式。他指出,通常不能在历史中找到它们的"纯粹的"形式。但是,也不只是意在把它们作为一种智识方面的学说构筑,而是旨在使它们在某种程度上(无论多么粗率)与实际的历史经验相一致。例如,以"形式合理"(formal rationality)为特征的法律的理想类型是这样一种类型:其中法律表现为一种逻辑一致的抽象规则的结构,根据这种结构,能够认定特定案件和问题中的有效事实并解决这些案件和问题。根据韦伯的观点,这种法律类型服务于资本主义经济的需要并由西方资本主义国家实际法律制度 548
的许多特征所表明。不过,韦伯认为,作为19世纪欧洲领头的资本主义国家,英国的法律不是以形式合理为特征,从部分的意义上说,它是“传统的”法律类型(依赖于确定不移地相信古老传统的神圣性)的一个例证,从另外的意义上说,它又是“神授的”(charismatic)类型(依赖于个人尤其是法官的模范品格)的例证。因此,三种理想法律类型的划分一般是:合理的、传统的和神授的,这种划分似乎一方面是旨在澄清实际法律制度的基本特征;另一方面是旨在当这种划分与历史现实不相一致时,韦伯学派的学者们可以回头谈论它的分析的价值或“启发性的”价值。一种特定的制度部分地归属于一种理想类型,部分地可以归属于另一种理想类型,这并不妨碍这种划分。

因此,理想类型这个概念的模糊性表现在,论者运用历史的例子去肯定它们,而同时又不容许运用历史的例子去反驳它们。韦伯在运用它们描述实际的社会制度与只把它们用作分析的框架之间摇摆不定。

除了这三种理想法律类型——形式合理的、传统的和神授的——韦伯还提出了第四种,即“实质合理”(substantively rational)的理想类型。在法律中,形式合理表示通过逻辑概括和解释的过程对抽象规则的系统阐述和适用;它强调的是通过逻辑的方法搜集全部法律上具有效力的规则并使之合理化,再把它们铸造成内部一致的复杂的法律命题。相比之下,实质合理突出的方面不是符合逻辑的一致性,而是符合道德考虑、功效、便利和公共政策。〔18〕韦伯将形式合理与实质合理的区分适用于经济活动;前者是指经济的可计算性,后者是指经济对道德的、政治的、功利的、平等的、享乐主义的以及诸如此类的价值或目标的实现。不过,法律或经济活动中的实质合理并不与任何历史上的社会类型相对应(虽然韦伯认为它是在“近代法律发展中的反形式主义倾向”中出现的,并可能出现于未来的社会主义社会),〔19〕而在法律和经济活动中的形式合理却被认为是自16世纪以来的资本主义社会中一般社会活动的特征。

与此相似，韦伯认为传统的法律是传统社会的特征，神授的法律是神授社会的特征。他把“传统的”界定为“由根深蒂固的习惯所决定的”。至少在法律方面“传统的”一词似乎相当于通常所谓“习惯的”一词。在“传统的权威”中，合法性是以“古老规则和权力的神圣性为基础”。“服从不是由于制定的规则，而是由于根据传统占有权威地位的人或由传统的主人选择占据这样位置的人”。 549

法律不是公开创制的；改革只有通过假装是对过去的重新确认才能得以合法化。老人政治（由长者统治）、家长制和世袭制是传统的统治类型。古代中国、埃及和伊斯兰教国家提供这种类型的例证。根据韦伯的观点，封建权威具有许多世袭的因而是传统的权威的特征，但是，“西方的封建主义并不是典型世袭制的例子”。[20]

“神授的”被界定为“对神圣性、英雄主义或个人模范品格以及对该个人所揭示或制定的规范性模式或命令的信奉”所决定的类型。韦伯的这种权威类型可能是最不容易确切理解的。“神授能力”（charisma）一词的原意是“神赐的天赋”，基督教在最初几个世纪用它意指圣灵给予基督教徒的医治权。德国伟大的法律史学家鲁道夫·索姆曾用它意指圣礼的恩赐概念，此概念是12世纪前教会法律的基础。韦伯从索姆那里借来这个词并用它指“被赋予超自然的、超人的或至少是极其特殊的权力和个性”的个人品格。韦伯的这个概念不仅包括“救星、英雄和先知们”，而且包括魔法师、利用巫术为人治病和占卜的僧侣以及蛊惑人心的政客，他认为：“价值自由的社会学分析会把它们放在同一水平上对待。”[21]

韦伯指出，合理权威，尤其是他称做官僚政治的次级合理性概念,是“受智识上可分析的规则约束的,而神授权威与全部这些规则无关,在此意义上讲,它尤为不合理。传统权威受过去传递下来的先例约束,就此限度而言,它也要适应规则。神授权威在其要求的领域中,摒弃过去,在这种意义上,它是一种特别革命的力量”。[22]这样说来,似乎是不会有神授法律这样的东西了。不过,韦伯通过下面的假定避免了得出这一结论,这个假定就是,虽然“纯粹的神授权威具有一种与每日的常规结构尤其不相关”的特性,但它能够转变成这样的结构;它能够被“常规化”。实际上,因为它本身是不稳定的,如果它想要存活则必须实现这种转变,变得“或者是被传统化或者是被合理化,或者是二者兼具”。[23]韦伯在古代罗马社会、佛教和印度教的社会、罗马天主教教会、德意志的亲族和村社社会中找到了这样“神授能力被常规化”的例证。从这点出发,韦伯认为所有的权威和法律类型在起源上都是神授的:不仅在单个案件中是这样,而且用于处理所有未来类似案件的一般规范也是由具有神授能力资质的人所启示的。韦伯指出:“这样的法律
550 启示……是这种类型‘制定法’之母。”[24]而且,“制定法律和发现法律的神授的新时代特征,已经在合理制定和适用法律时期的许多制度中较大程度地保持下来……晚近像布莱克斯通这样的学者也曾把英国法官称做活着的神谕宣示者……”[25]

韦伯的神授能力常规化的概念为原本基本上是一种静态的模式输入了能动的要素。另一个能动的要素是从传统的权威和法律类型到合理的权威和法律类型的转变,其中,在传统社会里,一群受过法律训练的专家们在使法律系统化以满足新的合理需要和官僚政治社会的需要方面,发挥着重要的作用。不过,似乎只有西方才实际上是以内源代谢(endogenously)方式从传统类型的社会发展出合理的和官僚政治社会,因而韦伯在西方历史的独特事件中

而不是在传统社会的任何一般趋向或“法律发展”中找到了这种发展的源泉。韦伯宣称,“从一种理论观点看,法律和诉讼程序的一般发展可以认为经历了下列阶段”,他随即列出了几个阶段,大体是与神授的、传统的和形式合理的类型相对应;但是,他紧接着就指出:“在历史现实中,理论上构筑的各阶段……在所有的地方都没有按照顺序遵循我们刚好勾画出的路线,甚至[在]西方也不例外。”[26]

如果一个人不考虑韦伯的社会学和他的分类,而只考虑他对西方法律制度具体特征的描述,那么他不得不对韦伯所展现的有关西方法律史8个世纪发展的大量细节材料产生深刻印象。韦伯认定了许多构成今天研究基础的根源事实:11世纪晚期和12世纪早期的授职权之争奠定了西方教会与国家分离的基础;12世纪的新教会法是第一个近代西方的法律体系;领主与封臣之间的权利和义务的相互性使西方的封建主义区别于其他社会的封建主义;12世纪和后来西方的城市在授予公民宪法性权利方面是独一无二的。但韦伯受到其编史观的妨碍,终未能从这些事实中得出正确的结论,这种编史观假定,16世纪是中世纪与近代之间以及封建主义与资本主义之间的明显分界点。像马克思一样,韦伯也认为西方的法律是资产阶级的法律、资本主义的法律,或用韦伯特殊的术语讲,是官僚政治的法律、形式合理的法律。

如果人们将韦伯对理想的法律类型的划分适用于11世纪晚 551
期和12世纪早期出现的西方各种实际法律体系,那么他就会对以下事实感到惊异:在每一法律体系中,他所说的所有4种理想类型是**结合在一起的**(*combined*)。新教会法、新城市法、新封建法、新庄园法、新商法和新王室法全都强调规则的重要性和在规则适用中逻辑一致的重要性;实际上,如果人们关注大学中讲授的法律思想,就会看到19世纪德国学说汇纂学派的概念法学的萌芽,韦伯曾将这种概念法学奉为形式合理的、官僚政治的法律的顶峰。它们也全都强调韦伯视为传统法律标志的先例和习惯。此外,教会法和王室法尤其具有强烈的神授要素,它们期待教皇或国王作为神选的法律的宣示者;其他法律体系也与神圣的和经常是巫术的东西保持着许多联系。例如,全部法律体系都很重视誓言。最后,韦伯的实质合理的概念,也反映在从理性和良心的意义上对自然法和衡平法的强调之中,这种自然法和衡平法要求根据规则的目的解释规则并在特殊的案件中推翻"严格法律",以便保护贫弱者和维护诚实信用关系。

法律的、逻辑的、传统的、神圣的和目的的这几个方面的结合,过去并且现在仍可能是使法律结合成一个有机整体——一种可以理解为具有持续发展能力的法律体系——必不可少的条件。

显然,韦伯把法律划分成数种理想类型本身并没有为法律的社会理论提供适当的基础。作为对各种历史上的法律秩序彼此之间异同的一般分析,它是有益的,但它并没有说明这些异同。它没有回答下面的问题:"神授的法律何以在一个社会中会被传统化和被合理化而在另一个社会则不会这样?"此外,它甚至没有提到当然更谈不上解说以下事实:西方法律传统本身就是所有这4种理想类型的一种结合。

韦伯本人对西方法律独特性和对各法律秩序之间差异性的一般解释,不是源于他的理想类型的理论,而是出自他的政治学理论,尤其是来自他的以下理论:政治生活的主要动力是统治,而统治的主要手段是强制。他指出,决定各种法律秩序之间差异性的主要因素是"政治权力关系的多样性"。甚至在韦伯看来极其重要的各种文化中法律专家们性质和功能的差异,也被他解释为"主要依赖于政治因素”。他此处的政治因素是指政治权力的因素。[27]

因此，韦伯仍局限于他所属的经济和政治历史的传统之内，马 552
克思也属于这种传统，但与马克思不同的是，他将历史中基本的因素归因于——尽管有时不承认——政治而不是经济。还有，他比马克思更重视历史中观念的作用。由于这两个原因，他也更重视其中始终包含政治和智识因素的法律的作用。但是，韦伯最终把观念和法律归源于政治，而把政治归源于统治和强制。在韦伯看来，神授能力、传统和合理性是为更有效地实行强制的政治权威提供合法性的主要源泉。

除了马克思和韦伯类型的社会理论之外，人类学家关于在各种非西方文化——安第斯山的文化、中美的玛雅文化、近东伊斯兰教势力范围内的文化和古代埃及、印度与中国文化——中兴起的“国家水平的社会”(state-level societies)的著作中，还发展出第三种不很复杂的社会历史分析。许多人类学家已经回归到19世纪进化论的概念，认为小规模单个家庭的平等联合发展成为以家族为基础的大部落，这些大部落依次进化成为具有血缘等级的酋长领地，最终演化成分层的、分化的和中央集权的国家。他们认为从酋长领地转变成国家的最重要原因(“主要原动力”)是新的灌溉技术、战争、人口增长和贸易。此外，他们有时强调性质上不怎么特定的其他两个因素：社会中分化的集团之间的日益“合作与竞争”和伟大的宗教型和艺术型风格(art styles)的“综合的权力”。一种具有代表性的观点是，起作用的不是单个的原因，但是，在形成“社会成员和阶层的等级安排——这种安排[转而]使国家结合为实际的整体”——中，一般说来环境和经济是决定性因素。“国家宗教型和国家艺术型风格的重要贡献就在于使该种等级制度合法化，在于通过归纳宗教经验确认那些处在顶层的神圣分支机构。"包括法律的制度性结构和程序在内的合作与竞争被看作是完全中立的:"它们能够像推动进化作用那样轻而易举地发挥维持社会自动平衡的功能。"[28]

他们认为这些国家水平的社会出现的关键是"分层化",即统治者与被统治者的分化以及在被统治者中各集团和阶层的分化。分层化带来冲突,这种冲突导致政治的集权化;通过对世界全方位的逻辑解释,尤其通过科学和神学以及通过逻辑全方位的法律形式的社会控制,国家依次得到支撑。

553 虽然这些人类学理论的创立者们很少注意早期的欧洲历史,但他们却倾向于认为,西方国家(与它的神学、科学和法律一道)的产生遵循着类似于其他文化中国家产生的路线。然而,事实上,西方国家水平的社会的产生与其他文化中国家水平的社会的产生存在几个重要的差异;这些差异不仅与人类发展学的理论所作的解释不一致,而且与马克思和韦伯的理论所作的解释也不一致。

第一个差异是西方在11世纪晚期首先出现的不是"国家",而是具有国家形式的教会。而且,虽然教会是中央集权的,并具有集中化的和系统化的法律,但它只主张管理生活的一半,另一半是由各种不同的世俗权威机构管理,世俗权威与教会以及各世俗权威彼此并存于同一领土上。在中央集权的教会及其被赋予集权特征和被系统化的法律出现以后的两三个世纪间,世俗权威机构的政治和法律制度也逐渐变得中央集权化和系统化。在国家水平的教会与国家水平的世俗权威之间以及在国家水平的世俗权威彼此之间存在着合作与竞争——有时是激烈的竞争。

西方社会在它发展的第一个主要阶段的第二个独有的特征是,在神学、科学和法律之间存在着辩证的紧张关系,这相当于教会当局与世俗政治当局之间的辩证的紧张关系。现世与来世、理性与信仰、人定法与神法之间的紧张关系威胁着西方基督教世界的分裂;而最终在新教改革运动中,这些紧张关系确实造成了这种分裂。

第三,社会合为一体,它的神学、科学和法律被赋予逻辑的和全方位的特性,这种特征部分是由及时发展、不断前进和进化的独特意识——它与对过去重大革命的回顾与对未来革命的预告相结合——所赋予的。西方在整整数个世纪中经历的革命与进化之间辩证的相互作用,是其历史的独有特征。教会掉头回顾格列高利的改革并掉头回顾格拉提安创立的新法律,它抵制诸如威克利夫、胡斯和其他地方自治会的敌对者们所倡导的新的改革;城市国家掉头回顾它颁布的定期更新的特许状,反对或拥护来自外部和内部的政治起义和改革运动;王国也陷入了类似的或急或缓的法律进化的辩证过程中,这种进化伴随着革命性变革和“最后审判”的背景。

无论是人类学的分层理论还是经济决定论或是各种政治决定 554
论的社会学理论,都不能解释西方法律传统的这些独特的特征。它们确实有助于说明某种法律秩序的需要或期望,但并无助于说明具有独特动力的、在西方实际出现的这种独特法律秩序的需要或希望。

不过,马克思和韦伯关于法律、它的历史和它与经济与政治关系的理论,以及人类学关于国家形成后的社会兴起的理论之所以值得关注,部分是因为它们已经被人们广泛地接受(虽然通常是以打了折扣的形式),部分是因为它们对重要的问题提出了答案。人们面临着这样的挑战:要么接受这些答案,要么发现更好的答案。如果说法律不是阶级统治的一种主要工具,那么它是什么呢?如果西方法律在它的形成时期不是封建主义意识形态的反映,那么它是什么呢？如果说当代西方的法律不是以私有财产、契约自由和其他资本主义的制度为基础，那么它以什么为基础？如果不满足于将西方类型法律的特征概括为形式合理和服务于官僚政治的社会秩序，那么如何概括它的特征才算适当呢？如果法律不是建立在物质基础——无论是经济基础（马克思）还是政治基础（韦伯）——之上的意识形态的上层建筑的一部分，那么就非得回到根据观念的冲突和综合观察历史的不可接受的黑格尔主义那里去吗？有人认为，西方法律的概念和价值的出现仅仅是因为智识的或精神的努力，并且它们本身在西方经济和政治制度的形成中是一种发动力和牵引力，人们必须相信这种观点吗？

马克思主义的和韦伯的社会理论可用于有效地防止这样的诱惑，即对法律和法律制度的发展，求助于纯粹意识形态的或理想主义的解释。社会理论家们确信，不能把西方各种精致的近代法律体系的出现解释为是观念冲突的结果，这无疑是正确的。当然，部分是由观念冲突的个人和集团的政治斗争引起的；部分则是革命的结果。但对于社会理论提出了这样的问题，“是什么引起了革命呢？”如果仅仅以叙述的形式描述革命而不是解释革命，那将隐含着以下含义，即革命实际上只是表面的东西——一种权贵们的政治和意识形态的斗争（教皇党对皇党或王党）。难道革命不也直接与发生在生活于村庄、庄园以及城市和城镇的广大民众之间的事情相关联吗？如果顶层的权力和官方的意识形态问题部分地与底层的社会和经济生活直接相关联，那么，开始形成的新型法律体系
555 不仅可以解释为是政治和智识历史的一部分，而且也可以解释为是社会和经济历史的一部分。

马克思主义把法律作为意识形态的上层建筑一部分的划分，甚至可能导致仅仅根据展现的官方法律政策和法律概念来论述法

律史,而不是也根据整个社会的和经济生活的调节机制论述法律历史。许多马克思主义者认为法律分离于经济基础;将作为一种法律制度的财产权看做分离于作为一种经济制度的财产权;虽然有人称道法律是经济上阶级利益的反映这个基本的马克思主义命题,但这个命题所论述的不是法律在社会和经济生活中实际起作用的方式,而是法律表达它的主导社会价值或反映它的意识形态特征的方式。

历史学家、社会学家和人类学家们既对理想主义的法律概念又对杰出人物关于政治法律变化的理论做了一种重要纠正,这些历史学家、社会学家和人类学家们对社会金字塔底层的社会生活中即社会大多数人中体现的法律政策、法律概念以及法律制度做了一般考察。在教皇革命的时代,这些大多数人是指广大部落成员和村民、自由农民和农奴、工匠、商人、教区教士、修道士——与酋长、君王、领主、主教、修道院院长、法律家和学者相对。对那时社会下层结构的研究表明,在社会金字塔底层所发生的与顶端所发生的存在一种密切的关系和互动作用。

更特殊的是,如果没有前数百年底层民众(grass-roots)集团的多元主义以及在农民大众与皇室和王室权力的顶层之间存有中间性的集团,从教皇革命中出现的宗教当局与世俗当局之间的竞争与合作的制度就不可能得到确立。[29]同样,如果在此前几个世纪没有发展出遍及整个西方基督教世界的民众信仰共同体即信众团体,就不会形成罗马天主教教会在教皇权力下的政治统一。此外,在各类宗教的和世俗的社会共同体内部法律的系统化,只是因为先前在那些社会共同体内部发展了非系统化的和非正规的法律关系结构才有可能。领主与封臣的关系——骑士身份和有俸圣职——已经存在。领主与农民的关系从农民起义中幸存下来并已

经采取庄园经济的形式。罗德尼·希尔顿记述说,早在10世纪,诺曼底的村庄就从地区的集会中选举代表参加农民大会,此外,在
556 这个时期,就发展出以下做法,即农民与村社管理机构之间就劳务、捐税和权利事项进行谈判。[30]从下到上,每个等级在必要时都能够向上级提出要求,要求得到合理的待遇。[31]在法律变成大学的学科之一很久以前,在专业的律师和法官出现很久以前,在各种法律体系变得系统化很久以前,就出现了上述做法。

因此,西方法律传统部分产生于基层团体内部以及它们之间社会和经济互相联系的结构。相互关系的行为模式需要规范:惯例被转变为习惯、习惯最终又被转变为法律。后一种转变即习惯转变成法律在某种程度上是因为中央集权的政治权威的出现,当时需要在顶层有意识地重新组织,以便控制和指导中层和底层缓慢变化着的结构。于是,法律成了被改造的习惯,而不只是立法者的意志或理性。法律自下而上传播,而不仅仅是自上而下传播。

所以,社会理论必须承认一种比马克思和韦伯所认为的更宽泛的法律概念。正如他们所确信的那样,法律是一种统治工具,一种实现立法者意志的手段。这种与实证主义法学派一脉相承的社会理论只道出了部分真相。法律也是对人类理性所理解的道德准则的一种表达。这种与自然法理论相关联的法律观点也只是部分正确。最后,法律是习惯的一种派生物,一种根源于社会共同体的历史价值和规范的产物。这第三种观点与法律哲学中的历史法学派相一致,也能像另两个学派的任何一个一样,主张自己揭示真理的1/3。

通过把这三种观点结合起来,可以对马克思和韦伯提出的问题,给予比他们更好的回答。法律部分是阶级统治的工具和统治阶级利益在意识形态上的反映。在每个法律制度中都可以找到说

明这种观点的例子,但这种观点并不全面。在西方,法律也一直是防止统治阶级专断权力的武器,其中很多取源于理性和道德的内容以及很多取源于早期历史时期的内容并不一定反映统治阶级的利益。

与此相似,说 16 世纪以前的西方,法律是封建主义意识形态的反映也只是道出了法律的一个方面。其他方面——例如,13 世纪和 14 世纪关于为羊毛贸易和香料贸易筹措资金的商业信贷法——是资本主义的反映。大部分教会刑事法律极力在维护法律 557
的意义上强调报应,这似乎也同样适用于任何社会—经济制度。

同样,把近代西方各种法律体系归结为资本主义意识形态的反映,是一种过分简单化的做法。许多近代法律在性质上更多的是封建的而不是资本主义的,许多则不应以任何社会—经济条件为标准概括特征。这就需要一种较为复杂的分类和特征概括体系,它不仅依赖经济和政治结构的类型,而且依赖哲学的、宗教的和其他种类的标准。

应把法律看作物质基础的一部分还是意识形态的上层建筑的一部分,对这个问题的回答是:在西方,法律既是前者的一部分又是后者的一部分——也就是说,西方法律表明这种两分法本身是错误的。法律像田地和机器一样,是一个社会中生产方式的一部分;不经操作,田地或机器便毫无意义,而法律恰是关于它们操作的组成部分。如果没有关于工作和交换的权利和义务,就没有人播种和收获庄稼。如果没有某种法律对机器的生产和使用活动予以规定,就没有人生产机器,机器就不会从生产者转移到使用者手中并予以使用,它的使用价值和受益也就不会获得。这样的法律调整本身就是资本的一种形式。马克思将作为经济权力的财产权区别于作为法律权利的财产权,并将前者作为原因,把后者作为结果,但在社会经济现实中很少出现这种分离;通常,它们是两种彼此连在一起的表述方式,指的是同一东西。

但这并不是说,法律是**仅有**(*only*)的社会—经济事实,也不是说法律权利是表述经济权力的**仅有**(*only*)的另一种方式。法律不仅仅是事实,它也是一种观念或概念,此外,它还是一种价值尺度。它不可避免地具有智识的和道德的方面。与纯粹智识的和道德的标准不同,法律需要人来实施,而法律与纯粹的物质条件也不同,它包含观念和价值。而且,法律的各种观念和各种价值被认为彼此之间具有某种程度的一致性……与社会共同体中的非法律方面的观念和价值即它的整个意识形态也具有某种程度的一致性。

法律实质上**既是**(*both*)物质的**又是**(*and*)意识形态的这一事实是与以下事实相联系的:法律**既是**(*both*)从整个社会的结构和习惯自下而上发展而来,**又是**(*and*)从社会中的统治者们的政策和价值中自上而下移动。法律有助于对这两者的整合。因此,至少在理论上讲,被马克思看作革命主要动因的社会—经济条件与政治—道德的意识形态之间所存在的冲突,可以通过法律解决。持这种观点的人在某种程度上是为了避免他所不喜欢的马克思将法律归结为意识形态的理论结论。

最后,在西方,法律——甚至自教皇革命以来——一直具有一
558 种强劲的历时性的(diachronic)因素,不只如此,它还具有一种强劲的传统因素。传统不仅仅是历史的连续性。一种传统是有意识和无意识因素的一种混合。用奥科塔威·帕斯的话讲:“传统是一种社会的可以看得见的一面——制度、遗迹、作品和物,但它尤其是社会的被淹没了的看不见的一面:信仰、希望、恐惧、压抑和梦想。”法律通常与可见的一面、与作品相联系;但对西方历史的研究尤其是对它的起源的研究,揭示了它在民众最深层信仰和情感中的根

源。没有对炼狱的恐惧和对最后审判的希望,西方法律传统就不会存在。

“一个社会每当发现自己处于危机之中,就会本能地转眼回顾它的起源并从那里寻找症结”,讲这段话的也是奥科塔威·帕斯。[32]

缩略语

CLS	Canon Law Series
D.	Digest of Justinian
Decretum	Gratian, *Concordia Discordantitum Canonum* (*Decretum*)
Just., C.	Codex of Justinian
Just., I.	Institutes of Justinian
Just., Nov.	Novels of Justinian
MGH	*Monumenla Germaniae Historica*: *Auctores Antiquissimi*, *Constitutiones et Acta Publica*
Migne, PL	J. -P. Migne, *Patrologia Latina*
TRHS	*Transactions of the Royal Histroical Society*
ZSS(*germ*)	*Zeitschrift der Savigny-Stiftung für Rechtsgeschichte*, *germanistische Abteilung*
ZSS(*rom*)	*Zeitschrift der Savigny-Stiftung Für Rechtsgeschichte*, *romanistische Abteilung*

注　释

导　论

〔1〕　这个运动通常称作格列高利改革(Gregorian Reform)而不称作宗教改革(Reformation);不过,"改革"(Reform)一词是对原来拉丁词"改革"(*reformatio*)一词的翻译,后者在其他场合几乎一律译作"改革"(reformation)。 561

〔2〕　Lon L. Fuller,*The Morality of Law*,2nd ed.(New Haven,Conn.,1964),p. 106.

〔3〕　Robert A. Nisbet,*Social Change and History*(New York,1969),p. 1. 尼斯贝特在他的著作中对将这类比喻适用于社会的变化的做法予以指责;不过,他并没有指责将这类比喻适用于社会意识或意识形态,在这种社会中,那些经历社会变化的人们相信这种变化具有增长或发展的特征。他在后来的一部著作中,承认了较为适度的比喻。参见他的著作:*History of the Idea of Progress*(New York,1980)。

〔4〕　Sir Frederick Pollock and Frederic William Maitland,*The History of English Law*,2nd ed.(1898;

reprint ed. Cambridge,1968),Ⅱ,561.

〔5〕“侵害之诉”是对被告的侵权行为“直接”所致损害的救济措施;后来发展出来“注明案情的侵害令状”(trespass on the case),作为对“间接”引起的损害的救济措施,间接损害包括疏忽的不法行为和疏忽地履行协议所造成的损害。广泛的论述见 Albert K. Kiralfy, *The Action on the Case*(London,1951)。

〔6〕在20世纪早期,德国的法律史学家和社会学学家马克斯·韦伯肯定了这样的事实:西方曾经发展出来一种在任何其他文明中都找不到的思想方法。参见 *Max Weber on Law in Economy and Society*, ed. Max Rheinstein (Cambridge, Mass., 1966), pp. 304 – 305。他认为,识别这种方法只能根据它的一个特性,即他所谓的“形式合理性”。这是19世纪法学家们的根本的方法,在德国(但据韦伯认为,英格兰不是这样)尤其如此,这些法学家们企望构建一种符合逻辑结构、前后一致的抽象法律规范,从而根据这些规范能够认定特定案件的有效事实或问题并解决这些事实或问题。这种方法在19世纪被反对者称作“概念论”(*Begriffsjurisprudenz*)。马克斯·莱因斯坦认为,韦伯在他的《法律社会学》中指出,决定是否如此
562 理解法律推理,是资本主义兴起的一个原因或一个结果。莱因斯坦本人认为这种方法是区别于英国普通法的欧洲大陆的特征,“它是从12世纪首先是在意大利的大学,然后是法国、荷兰和德国的大学中发展起来的”。*Max Weber*, p. li. 但只要读一读12世纪和13世纪的法律文献,不管它们是关于罗马法(大陆法)、教会法方面的还是关于王室法、封建法以及城市法方面的,也不管在意大利或法国还是英格兰和西西里以及西欧其他地方,就会明白,19世纪意义上的概念论在早些时代的法律推理中仅仅起到某种作用,并且没有起到主要作用。在较早时代各种法律制度中,还极力强调从案件中取得规则和概念的方法,这恰是莱因斯坦和其他人所说的英国普通法传统中的一种主要的推理方法。例如,教皇教令曾是12世纪和其后教会法的主要渊源,而它们基本是教皇法院判决案件的判决理由。此外,为了协调明显冲突的经典,暴露它们的不明确性和评估作者的权威

性,还发展了各种辩证的方法。其中最重要的,显然是由格拉提安所创立的关于法律渊源等级的思想,它使诸法律制度实现了一体化:格拉提安在他大约于 1140 年撰写的《歧异教规之协调》(*Concordance of Discordant Canons*)的头几行就指出,如果遇有冲突,制定法应优于习惯,自然法应优于制定法,神法应优于自然法。这意味着,在那时,对作为产生法律的传播最广泛的习惯要根据理性加以评估,如果发现它不合理,就予以废除。这几乎谈不上是西方意义上的"形式合理性"或"逻辑形式主义"。但它却为使各种法律体系结合成为发展的法律"机体"提供了一个基础,这种机体不仅包括规则,而且包括原则和准则以及诉讼程序和司法判决。

更一般地说来,马克斯·韦伯的分类即将所有法律制度分为三个大类型——合理的、传统的和神授的,从哲学的观点看,是富有启发的,但从历史的和社会学的观点看则引人误入歧途,因为西方的诸法律体系和整个西方的法律传统集这三种类型于一体,对于将法律有效地整合为一个有机的整体——一个被理解为具有持续发展能力的法律"机体",这样一种结合可能是必不可少的。

这些问题在本书尾论一章中有更充分的论述。

〔7〕 See C. K. Allen, *Law in the Making*, 7th ed. (Oxford, 1964), pp. 65 – 66.

〔8〕 F. W. Maitland, "Why the History of English Law is Not Written," in H. L. Fisher, ed., *Collected Legal Papers of Frederic William Maitland* (Cambridge, 1911), I, 488.

〔9〕 克伦威尔 1648 ~ 1649 年的大印上刻有"恢复自由元年"一语。其后的大印使用"恢复自由"第二年、第三年等字样。参见 A. and B. Wyon, *The Great Seal* (London, 1887), p. 36, Eugen Rosenstock-Huessy 也有论述,参见 *Out of Revolution: The Autobiography of Western Man* (New York, 1938), pp. 300, 761。

〔10〕 "光荣革命"这个名称具有回归早期位置的含义。这显然是源于为保持自 1640 年起议会所采取的措施而做的巨大努力。因为 1688 年 563

11 月议会并没有举行会议,其时奥林治的威廉和他的妻子玛丽被召到英国取代詹姆斯二世,人们感到有必要由全体上届议会成员参加会议。关于制一新印代替詹姆斯所携走并在他逃走的路上愤怒地扔进泰晤士河中的御玺,也有激烈的争论。每一件事都被认为是在过去某时曾经发生过的,否则便将不被看作"革命"。

〔11〕 约翰·F. 肯尼迪总统在他的《和平战略》(*Strategy of Peace*)一书中,列举了七次震动我们的国家和我们的世界的和平"革命"。它们是人口革命、农业革命、技术和能源革命、生活标准的革命、武器发展方面的革命、不发达国家的革命和民族主义革命。在 1964 年,一个三重革命特别委员会(Ad Hoc Committee on the Trifle Revolution)向约翰逊总统提交了一份关于控制论革命、武器革命和人权革命的报告。在 A. T. 冯·列文的 *Development through Revolution*(New York,1970)一书第 2 章中,还列举了许多其他"革命"。如他所言(p. 32)的,在用词方面缺少明确性"是现象本身的一个特征"。"革命"一词来自政治领域,开始时是由一位英国的历史学家在 1884 年创造"工业革命"一词,其类似于 1789 年的"法国大革命",认为有必要在英国历史中创造一个类似后者的事件。参见 Arnold Toynbee,*Lectures on the Industrial Revolution of the Eighteenth Century in England* (London, 1884)。自第二次世界大战以来"革命"和"革命的"这类词语适用的泛滥,它们甚至扩大适用到最普通的消费品("针织品领域革命""除臭剂方面的革命"),可能是对 20 世纪共产主义革命一种类似语言的反感。

〔12〕 这是他的 *Out of Revolution*(New York,1938)一书的主题。

〔13〕 罗森斯托克 – 胡塞列举了第七次革命,即 13 世纪意大利的革命,包括北意大利城市国家制度的改造。参见 *Out of Revolution*, p. 562。我曾把自由城市的兴起作为教皇革命的世俗方面的一部分来对待,它不仅是意大利的,而且是欧洲范围的。诺曼·坎托仅仅计算四次革命:教皇革命、新教改革、法国大革命和俄国革命。他没有解释略去英国革命和美国革命的原因。这两次革命显然不符合他的革命一词的定义,他把革命

定义为:“涌现出一种新的意识形态,这种意识形态否定组成现行制度的数个世纪发展的结果,而争取一种新型世界秩序。”参见 Norman F. Cantor, *Medieval History: The Life and Death of a Civilization* (New York, 1968), p. 300。他对教皇革命的解释支持本书所作的说明。

〔14〕 Thomas S. Kuhn, *The Structure of Scientific Revolutions*, 2nd ed. (Chicago, 1970).

〔15〕 参见 Crane Brinton, *The Anatomy of Revolution*, rev. ed. (New York, 1965), p. 16:“我们应该把革命看作一种高烧……当所有的症状出现……革命的高烧便已经开始。这种激动的情绪(不是始终一律而是有进有退)导致一种危机,常常伴有发狂……恐怖统治。在危机过后,便进入了一个恢复健康时期,通常以一次或两次复旧为标志。最后,发烧结束,病人又是原来的自己,通过这种经历,可能在某些方面实际上变得更强壮……但肯定没有完全变成一个新人。”布林顿把他所谓的“概念式图 564
解”适用于英国、美国、法国和俄国革命。

〔16〕 Marc Bloch, *Feudal Society*, trans. L. A. Manyon (London, 1961), p. 60. 参见本书第 2 章注释〔1〕,那里引证了许多其他杰出历史学家的论述以说明类似的意思。

〔17〕 Joseph R. Strayer, *On the Medieval Origins of the Modern State* (Princeton, N. J., 1970), p. 22.

〔18〕 Norman Cohn, *The Pursuit of the Millennium*, 2nd ed. (New York, 1972), p. 281.

〔19〕 Ibid., pp. 10 – 11, 285 – 286.

〔20〕 Norman O. Brown, *Love's Body* (New York, 1968), pp. 219, 220.

〔21〕 *Out of Revolution.*

〔22〕 Rosenstock-Huessy, *The Christian Future* (New York, 1946), p. 70.

〔23〕 Rudolph Sohm, *Weltliches und geistliches Recht* (Munich and Leipzig, 1914), p. 69. (所有译文均系我自己所译,除非另有注明。——H.

J. 伯尔曼)

〔24〕 参见 Gerrard Winstanley, *Platform of the Law of Freedom* (quoted in Rosenstock-Huessy, *Out of Revolution*, p. 291):“全部创造的精神是改造世界。”也见托马斯·凯斯(Thomas Case)1641 年在英国下议院的讲演:“改革必须是普遍的。改造所有的地方、所有的人和所有的行业;改革审判庭,改革下级地方官吏……改革大学,改革城市,改革农村,改革中小学校,改革安息日,改革法令,改革对上帝的崇拜。我们的天父(heavenly father)没有种植的所有植物都应予以根除。”引自 in Michael Walzer, *The Revolution of the Saints: A Study in the Origins of Radical Politics* (Cambridge, Mass., 1965), pp. 10-11。16 世纪的宗教改革被理解为教会改革;一个世纪之后,新教寻求[用密尔顿(Milton)的话]“对改革本身的改革”,正如沃尔泽所指出的(p. 12),这意指激进的政治活动,即作为一种宗教目标的政治进步。

〔25〕 See A. D. Lindsay, *The Modern Democratic State* (New York, 1962), pp. 117-118; David Little, *Religion, Order, and Law: A Study in Pre-Revolutionary England* (New York, 1969), p. 230.

〔26〕 这四个人都被指控为违抗政府法令。每人都以良心的更高级法律为基础和根据源于英国法(《大宪章》)的基本法律原则替自己辩解。对佩恩和汉普登的审判在 *6 State Trials* 951 (1670) 和 *3 State Trials* 1 (1627)(五骑士案)中予以报道。对尤德尔的审判摘录,连同背景材料,可在 Daniel Neal 的书中找到: *The Histroy of the Puritans* (Newburyport, Mass., 1816), pp. 492-501。关于对利尔伯恩的审判,Joseph Frank 曾予以论述,参见 *The Levellers: A History of the Writings of Three Seventeenth Century Social Democrats: John Lilburne, Richard Overton, and William Walwyn* (Cambridge, 1965), pp. 16-18。

〔27〕 社会契约的理论通常追溯至 17 世纪诸如约翰·洛克和托马斯·霍布斯等哲学家。但在一个世纪之前,加尔文曾经对日内瓦全体人民接受信仰表白的声明和宣誓服从“十诫”以及宣誓效忠城市的行为予以

指责。警察召集人们成群结队地参加盟约。参见 J. T. MeNcill, *The History* 565 *and Character of Calvinism* (New York, 1957), p. 142。也见本书第 2 章和第 12 章,那里曾把社会契约的理论追溯到教皇革命和作为盟约公社的城市。

〔28〕 See Roscoe Pound, *Jurisprudence* (St. Paul, Minn., 1959), Ⅲ, 8–15.

〔29〕《共产主义建设者道德法典》是苏联共产党 1961 年的第 22 次代表大会通过的《共产党纲领》的一部分。可见丹·雅各布斯(Dan N. Jacobs)编, *The New Communist Manifesto and Related Documents*, 3rd rev. ed. (New York, 1965), p. 35。

〔30〕 See *The Laws and Liberties of Massachusetts* (Cambridge, Mass., 1929).

〔31〕 Grant Gilmore, *The Death of Contract* (Columbus, Ohio, 1974), pp. 87–94.

〔32〕 Roberto M. Unger, *Law in Modern Society* (New York, 1976), p. 194.

〔33〕 Ibid., p. 196.

〔34〕 Bloch, *Feudal Society* (Chicago, 1961), I, xvi.

〔35〕 Ibid., p. xvii.

〔36〕 Christopher Hill, "A Comment", in Rodney Hilton, ed., *The Transition from Feudalism to Capitalism* (London, 1976), p. 121.

第一章 西方法律传统的背景:民俗法

〔1〕 参见 H. R. Loyn, *Anglo-Saxon England and the Norman Conquest* (New York, 1962), p. 292。在这一章中,"封建的"一词是在一种广泛的、非专门的意义上使用的;关于封建法在 11 世纪晚期和 12 世纪的发展的讨论,留待后面一些章进行。

〔2〕 Ernst Levy, *West Roman Vulgar Law* (Philadelphia, 1951), pp. 6 – 7. See also Fritz Schulz, *History of Roman Legal Science* (Oxford, 1948), p. 273.

〔3〕 Wolfgang Kunkel 甚至称 *Leges Visigothorum* 作为一部立法作品既浅薄,又粗糙。Kunkel, *An Introduction to Roman Legal and Constitutional History* (Oxford, 1973), p. 162. Kunkel 说:"甚至在意大利,法理学也衰退到可以想象的最低水平。近代学术曾枉费心机地试图证明在意大利存在一种具有某种地位的连续不断的罗马法传统。" Ibid., p. 181. See also P. O. King, *Law and Society in the Visigothic Kingdom* (Cambridge, 1972).

〔4〕 粗俗罗马法的术语、概念和规则在强化加洛林王朝时期的王室权威方面起了某种作用。然而,残存的加洛林王朝的法律文献并没有反映出这样一种法律文化,即可以与古典罗马法的法律文化或由发生在三个世纪后的革命事件所造就的法律文化相媲美的法律文化。参见 Rosamund McKitterick, "Some Carolingian Lawbooks and Their Functions", in *Authority and Power: Studies in Medieval Law and Government*, ed. Brian Tierney and Peter Linchan (Cambridge, 1980), pp. 13 – 28。

〔5〕 Salic Law 的英译本可见于 Ernest F. Henderson, ed., *Select Historical Documents of the Middle Ages* (London, 1912), pp. 176 – 189。比 Salic Law 稍早一点的法律汇编是国王 Eurie(466 ~ 484 年在位)颁布的
566 Lex Visigothorum,但它只残留下一些片段。其他"蛮族人的法"包括:肯特国王大约在 600 年颁布的 Laws of Ethelbert;伦巴第国王 Rotharius 在 643 年颁布的 Edictus Rothari;以及颁布于 8 世纪中的 the Lex Ribuaria(of the Ripuarian Franks), the Lex Alemanorum (of the Alemans) 和 the Lex Baiuvariorum (of the Bavarians)。在 8 世纪末,Charlemagne 的使节们记载了弗里西亚人、图林根人和萨克森人的法律。对这些法律和其他法律(苏格兰人、威尔士人和爱尔兰人的法律,挪威人的法律,冰岛的法律,以及俄国的法律)的讨论见 A. S. Diamond, *Primitive Law Past and Present* (Lon-

don,1971)。

〔6〕 Laws of Ethelbert, sec. 34 – 42, 50 – 55, 58 – 60, 65 – 66. Laws of Ethelbert 的英译本可见于 F. L. Attenborough, *The Laws of the Earliest English Kings*(New York, 1963), pp. 4 – 17。

〔7〕 See István Bóna, *The Dawn of the Dark Ages: The Gepids and the Lombards in the Carpathian Basin* (Budapest, 1976), pp. 80 – 81.

〔8〕 参见 Diamond, *Primitive Law*, pp. 228, 273。原始法与所谓的印欧民族的古代法的关系在该章末讨论。

〔9〕 这种分析一部分是凭借 James R. Gordley, "Anglo-Saxon Law", ms, 1970, Harvard Law School Library。分析的术语取自盎格鲁 – 撒克逊法,但它们几乎与当时其他日耳曼法律秩序的术语相同,并且明显类似于所有印欧社会最早的法律秩序的术语。

〔10〕 Laws of Ethelbert, secs. 8, 15.

〔11〕 See Raoul Berger, "From Hostage to Contract," *Illinois Law Review*, 35(1940), pp. 154, 281.

〔12〕 Gordley, "Anglo-Saxon Law", p. 23.

〔13〕 Claude Lévi-Strauss, *The Elementary Structures of Kinship* (Boston, 1969), p. 482.

〔14〕 Peter Brown, "Society and the Supernatural: A Medieval Change", *Daedalus*, Spring 1975, p. 135.

〔15〕 Quoted in George W. Rightmire, *The Law of England at the Norman Conquest*(Columbus, Ohio, 1932), p. 37.

〔16〕 Ibid., p. 36.

〔17〕 Quoted in Sir Francis Palgrave, *The Rise and Progress of the English Commonwealth* (London, 1832), p. cxxxv.

〔18〕 Jakob Grimm, *Deutsche Rechtsalterthiimer* (1828; 3rd ed., 1881), introduction. See also Grimm, "Von der Poesie im Recht", *Zeitschrift für Geschichtliche Rechtswissenschaft*, 2(1816), pp. 25 – 99.

〔19〕 Rudolph Huebner, *A History of Germanic Private Law*, trans. F. S. Philbrick (Boston, 1918), pp. 10 – 11.

〔20〕 Ibid., pp. 11 – 12.

〔21〕 Gordley, "Anglo-Saxon Law", p. 31.

〔22〕 "Maxims", p. 48, Cotton MSS, The British Library, London.

〔23〕 *Beowulf*, lines 2140 – 41. See also *The Icelandic Saga: The Story of Burnt Njal*, trans. Sir G. W. Dasent, new ed. with intro. by G. Turville-Petre (Edinburgh, 1957),在这本英雄传说中,英雄主义和复仇精神被具体展现在部落审判集会(*ting*)上戏剧性的程序之中。类似的观点可以在最早的日耳曼诗集 *Icelandic Edda* 中发现,这本诗集充满了暴力、复仇和悲壮的英雄主义的故事。Franz Borkenau 强调,在 Eddic 诗集中占支配地位的是一种强烈的犯罪和个人责任意识,这与晚些时候的 Siegfried 英雄传说 *Nibelungenlied* 形成对比,因为在后者中,犯罪一般受到否定,杀人者可以是英雄。Borkenau 在下面两者间找到了一种对应的东西:一则是 Eddic
567 英雄传说和诗集对乱伦和谋杀家庭成员看得很重,这些犯罪紧随有报应;另一则是在 7 世纪、8 世纪和此后的寺院苦行赎罪规则加以惩罚的犯罪中,乱伦("规定得令人惊讶地详尽")和谋杀(尤其是家庭成员内部的谋杀)处于显著地位(据他看来)。参见 Franz Borkenau, "Primal Crime and Social Paranoia in the Dark Ages", *End and Beginning*, ed. Richard Lowenthal (New York, 1981), pp. 291 – 382。在该章后些时候讨论苦行赎罪规则。

〔24〕 Loyn, *Anglo-Saxon England*, p. 217.

〔25〕 Ibid., p. 300.

〔26〕 Claude Lévi-Strauss, *Structural Anthropology*, trans. C. Jacobson and B. Schoepf (New York, 1963), p. 132.

〔27〕 参见 Calvert Watkins, "Studies in Indo-European Legal Language, Institutions, and Mythology," in George Cardona, Henry M. Hoenigswald, and Alfred Seen, eds. *Indo-European and Indo-Europeans* (Philadelphia,1970),p. 321。Watkins 举出印欧民族所共有的复杂的法律概念的几个例子,包括交出加害者这一概念。关于这一概念有一个共同的词条(拉丁文为 *sarcire*,赫梯语为 *sarnikzi*),它在两种社会*同样的法律结构中占有同样的地位,但这两种社会在使用这同一语词期间并没有任何相互交往(它是指交出或赎买对他人造成了损害的奴隶或物)。Watkins 强调,当相互影响在编年史和地理上为不可能时,同时存在一种语言上的对应和一种制度上的相似就表明了某种共同的起源。他的例子"证明,在印欧社会中的交出加害者制度必定像拉丁和赫梯共同体一样古老,而就我们目前的知识状况而言,应该说这一制度属于共同的印欧时期"(Ibid.,p. 333)。

印欧民族古代法的某些共同特征为当代原始社会所分享;尽管如此,近代人类学家却完全回避对早期印欧法的研究,这一部分是因为它对一种社会进化理论具有肯定的蕴意,一部分是因为它无法加以"实地"研究。Diamond (*Primitive Law*)是一个例外,他实际上是企图把古代法与当代原始法相提并论的唯一的当代人类学家。然而,当他把古代法与当代绝大多数原始法比较时,他没有强调古代法的一个最重要的独特标志,即它强调法院的核心作用,或者说,它强调法律秩序中正式裁判(既包括诉讼又包括判决)的核心作用。

〔28〕 J. E. A. Jolliffe,*The Consitutional History of Medieval England*, 3rd ed. (London,1954),p. 24. See also Fritz Kern,*Kingship and Law in the Middle Ages*,trans. S. B. Chrimes (Oxford,1939),p. 151:"[中世纪早期的]法律是古老的;新的法律语词矛盾……所有的立法和法律改革被想像为恢复人们所违反的好的古老法律。"

〔29〕 关于这个阶段的僧侣运动,Christopher Dawson 作了短小精辟的探讨,见他的 *The Making of Europe*:*An Introduction to European Unity* (1932;New York and Cleveland,1956),pp. 176 – 186。更详尽的叙述,参见 Brendan Lehane,*The Quest of Three Abbots* (New York,1968)。

---

* 指日耳曼社会和中欧社会。——译者注

〔30〕 盎格鲁－撒克逊的编年史家讲了一个故事,说的是罗马传教士 Paulinus 在 7 世纪初向 Northumbria 的异教国王及其追随者布道。当
568 Paulinus 讲完时,据说有一只麻雀飞过宴会厅,于是国王的一位年老的顾问说道:"人的一生就像一只麻雀飞过一个明亮的大厅,这时正值冬季,一个人坐着吃饭,壁炉的火熊熊燃烧,外面没有冰冷的暴风雨。这只麻雀从一扇门飞进来,在明亮温暖的大厅中停留片刻,然后飞出另一扇门,消失在冬季的黑暗之中。人的一生虽然像这样停留片刻,但此前和此后的情况我们却一无所知。如果这种新的说教能告诉我们,那么就让我们追随它吧。" Bede, *Historia ecclesiastica gentis Anglorum*, ed. Charles Plummer (Oxford, 1896), Ⅱ, 13.

〔31〕 See Heinrich Boehmer, *Das germanische Christentum*, in *Theologische Stuidien und Kritiken*, 86(Halle, 1913), pp. 165－280.

〔32〕 See Marc Bloch, *Feudal Society*, trans. L. A. Manyon(London, 1961), p. 83; R. Howard Bloch, *Medieval French Literature and the Law* (Berkeley, Calif., 1978), p. 19.

〔33〕 关于 Ethelbert,圣徒 Bede 在 130 年后著述说:"在他施予他的民族的其他恩惠中,还包括他采纳其顾问的意见、按照罗马人的实例制定判决。"("decreta illi iudiciorum iuxta exempla Romanorum cum consilio sapientium constituit") Bede, *Historia Ecclesiastica*, Ⅱ, 5. Wallace-Hadrill 指出,"iuxta exempla Romanorum"这一用语不应理解为法律是按照罗马人的方式制定的,"而应理解为 Ethelbert 仿效……Salic Law 和各种由 Augustine 从意大利带来的勃艮第人、哥特人和伦巴第人的实例。"参见 J. M. Wallace-Hadrill, *Early Germanic Kingship in England and on the Continent* (Oxford, 1971), p. 37。Wallace-Hadrill 又说,埃塞尔伯特法的 90 章中至少有 19 章在 Lex Salica 中有类似规定,它与其他日耳曼法典也有类似的规定。他写道(p. 39):"所举的典型例子证明,在罗马人的心目中,皈依和法律之间存在有联系;在高卢、西班牙和意大利是这样;在肯特当然也是如此。"

尽管如此,两位主要的英国法律史学家极力否认英国法的外来影响,他们甚至声称埃塞尔伯特法“在根源上完全是非基督教的”,并且“可能”颁布于597年基督教传入英格兰以前。Henry G. Richardson and George O. Sayles,*Law and Legislation from Ethelbert to Magna Carta*(Edinburgh, 1966). 在反驳这种看法的过程中,Wallace-Hadrill 指出,埃塞尔伯特法属于包括了法兰克法、勃艮第法和其他日耳曼法的一种法律传统的体系。伟大的教皇 Gregory 派出一个由 Augustine 为首的40人(加上译者)使团去完成使 Ethelbert 皈依的使命,并写信给英国国王说,通过转向真正的信仰,他将得到上帝保佑,正如皇帝 Constantine 已经获得的保佑一样。因此,就像 Wallace-Hadrill 书上所写的那样(p. 29),教皇“的意思当然是新的皈依者将加入各天主教国王组成的家庭,而[在君士坦丁堡的]皇帝则是他们的家长。这个时期教皇和皇帝的信件使这一点毫无疑问……在政治上这一点所包含的意思极少或根本不包含任何意思。但是,一个必然的结果是,新的皈依者将进入以皇帝为根源的成文法的传统。这就是为什么必须断定埃塞尔伯特法颁布的年代在他皈依之后的一个理由。法典是送给日耳曼国王的一种罗马人的礼物,尤其是一种信基督教的罗马人的礼物”。又见 A. W. B. Simpson,“The Laws of Ethelbert,” in M. S. Arnold, T. A. Green, S. A. Scully, and S. D. White, *On Laws and Customs of* 569 *England: Essays in Honor of Samuel E. Thorne* (Chapel Hill, N. C., 1981), pp. 3 – 17。

〔34〕 See George Vernadsky, *Medieval Russian Laws* (New York, 1947).

〔35〕 Alfred 还在他的法律中包括了这样的金科玉律,即你不想人家那么待你,你也不要那么待人家,并补充道:“据此,一个人须记住一条法令:他公正地裁判每一个人;他无须留意其他任何法典。”Alfred 法可见于 Attenborough, *Laws*, pp. 62 – 93。

〔36〕 参见 Dawson, *Making of Europe*, pp. 190 – 201。查理曼统治下的法兰克帝国“比拜占庭帝国在更大的程度上是一个**教会国家**……皇帝

是教会和国家的统治者,他的法律为僧侣的行为以及教义和仪式的管理规定了最严格、最详尽的规则……整个帝国政府很大程度上是教会性质的,因为帝国划分为300个郡,而在这300个郡的地方管理中,主教和朝廷平等地分享权力,同时,中央政府主要掌握在大法官法庭和皇家教堂的教士手中……对地方管理的控制和监督由加洛林王朝特有的帝国巡回使制度加以保证。这些巡回使就像[后来]英国的巡回法官一样,巡视帝国各郡,但就此也要指出,最重要的使命是交由主教和修道院院长去完成的”(p. 190)。道森引证了阿尔昆的看法。阿尔昆是查理曼的一个主要的盎格鲁-撒克逊顾问,他写道,世上有三种最高权力——罗马的教皇统治权、君士坦丁堡的帝王统治权和查理的王室尊严——而在这三种权力中,最后一种又是至高无上的,因为查理已被基督指定为基督教民众的领袖(*populus Christianus*)。阿尔昆在教会礼拜仪式中说到查理自己的帝国时,把 *imperium Romanorum* 的措辞换成 *imperium christianum*,后者既凌驾于罗马教廷之上,又凌驾于罗马人之上。

关于英格兰的“神圣”王权和 Alfred 作为教会首脑的作用,参见 William A. Chaney, *The Cult of Kingship in Anglo-Saxon England* (Berkeley and Los Angeles, 1970), esp. Chap. 6, “Sacral Kingship in Anglo-Saxon Law”。钱尼写道:“日耳曼王权中最基本的观念就是它的宗教职能和政治职能的不可分性……[国王]不是神,他不是万能的,但是,他浑身充满了他的部落的幸福生活所依赖的超凡力量。这就是国王的超自然力……[它]不是为国王一人所具有,而是为整个‘王族’所具有。所谓整个‘王族’指的是人们从中选举国王的全体王亲”(pp. 13, 15)。神圣王权被带入基督教时期;僧侣两界间没有任何区分,因而国王在两个方面都是基督的代理人,他“必须就教会事务和世俗事务制定法律——就其王国全体在上帝和国王统治下的幸福生活制定法律”(p. 192)。“国王仍然是在神保佑下的民众首领,因而宗教和国王职能的分离就像在异教统治下一样不可思议……统治者被期待为他的民众扮演一种神学上的和来世学上的角色”(p. 247)。

〔37〕 Ⅷ Aethelred 2, in Agnes J. Robertson, ed., *The Laws of the Kings of England from Edmund to Henry* I (Cambridge, 1925), p. 119.

〔38〕 Ibid., p. 43.

〔39〕 Rudolph Sohm, "Fränkisches Recht und römisches Recht", *ZSS* (*rom*), 1 (1880), 1.

〔40〕 See Ernst Levy, "Reflections on the First Reception of Roman 570
Law in Germanic States", *Gesammelte Schriften*, I (Cologne, 1963), pp. 201 - 209; Levy, "Vulgarization of Roman Law in the Early Middle Ages", ibid., pp. 220 - 247; Levy, *West Roman Vulgar Law: The Law of Property* (Philadelphia, 1951); Levy, *Weströmisches Vulgarrecht: Das Obligationenrecht* (Weimar, 1956).

〔41〕 参见 Loyn, *Anglo-Saxon England*, p. 292。"存在一种能够保证[一个人]行为正当以及在他受伤害或被杀时为他报仇的亲属团体是非常重要的……如果一个人被监禁,那么他的亲属会给他送饭。如果他在得到庇护后、或者在他自己家中被围后、或者在旷野里和平投降后被他的敌人俘虏,那么他的亲属将在30日内得到通知。如果他在偷窃时被抓获,或者被指控施展妖术或纵火,那么他的亲属可以做他的保人。如果其亲属拒绝这么做,那么他将被判罚苦役或被宣告死刑。如果他在作为苦役犯的第一年间被杀,那么他的亲属将取得对他的赎杀金……如果一个人年轻时被处死,那么亲属有责任扶养他的后代……亲属当然对地产拥有广泛的权威……然而,就亲属在所有这些社会事务中——如确保一个人的法律地位,给他提供在法庭上为他的清白或美名收誓的保证宣誓人——所具有的重要性而言,它所起的最引人注目、因而也是最重大的作用是与下面两种密切相关的制度相联系的:偿付赎杀金和实施血亲复仇。如果一个人为暴力所杀,那么他的亲属随后就有权对杀人者的亲属进行血亲复仇。这样的血亲复仇可以被调停。长矛和金钱之间可以做交易;而赎杀金就是为达成这种和解由一方亲属偿付给另一方亲属的款项。它是一种血价。"洛恩所刻画的虽然是盎格鲁-撒克逊法,但这种刻画同样适用

于法兰克法以及5世纪、6世纪和10世纪、11世纪之间欧洲所有民族的法。

〔42〕 克恩写道:“[习惯法]无声无息地去除了陈旧过时的法律——这些法律逐渐为世人所忘却、进而又平缓地消失,但是,它本身仍然年轻,仍然总是被人们信以为古老的。然而它并非古老;而是恒久地把新法嫁接于旧法。它是从充满创造力的潜意识的源头中涌出的一股当代法律的清新溪流,这股溪流在很大程度上并没有为有记载的法律和宪章的确定领域所疏导……习惯法就像原始森林,虽然从未砍伐并几乎不改变外形,但它不断地获得新生,因而一百年后它将完全成为另一片森林。当然,从外表看它仍然是同样‘古老的’森林,在其中,一个地方的缓慢生长伴随有其他地方的某种未被察觉的枯朽。” Kern, *kingship and Law*, p. 179.

〔43〕 在英格兰,有一批论述苦行赎罪规则的作品,虽然数量较少,但价值较大。这些作品包括:John T. McNeill and Helena M. Gamer, *Medieval Handbooks of Penance: A Translation of the Principal Libri Poenitentiales and Selections from Related Documents* (New York, 1938); Thomas P. Oakley, *English Penitential Discipline and Anglo-Saxon Law in Their Joint Influence* (New York, 1923); John T. McNeill, *The Celtic Penitentials and Their Influence on Continental Christiantiy* (Paris, 1923)以及McNeil在*Medieval Handbooks*一书的导言中所引用的几篇文章。苦行赎罪规则在6世纪至10世纪的僧侣运动中的作用在勒汉的*Quest of Three Abbots*一书中得到生动的描述。

〔44〕 See Bernhard Poschmann, *Penance and the Anointing of the Sick*, trans. Francis Courtney, S. J. (New York, 1964), p. 104.

571 〔45〕 Ibid., p. 64. See the Penitential of Cummean (ca. 650), in McNeill and Gamer, *Medieval Handbooks*, p. 98.

〔46〕 卜尼法斯,盎格鲁-撒克逊僧侣,他在使如今为德意志的地方皈依基督教的过程中起了主要作用。他反对凯尔特人对私下补赎的强

调。813 年查理曼颁布的一项教士会法规包含有这样的要求,即“公开的罪孽,公开的忏悔”,847 年的美因茨会议也规定公开的犯罪应该有公开的补赎;但是,McNeil 的 *Celtic Penitentials* 一书的第 173 页指出,这些规定并不经常获得实施。然而,人们仍然习惯于做公开的补赎,至少这是一件完全自愿的事。因此一项 10 世纪的苦行赎罪规则规定:“在四旬斋之初,所有将接受或已经接受公开补赎的忏悔者,都应在教堂门前把自己引见给城市主教;这时,他们身披麻布,光着双脚,面垂向地。”Regino's Ecclesiastical Discipline, Canon 295, in McNeill and Gamer, *Medieval Handbooks*, p. 315.

〔47〕 参见 Oakley, *Penitential Discipline*, p. 169。在杀人的情况,除了通常类型的补赎外,还要求犯罪者赔偿被杀者的朋友(这可能指赎杀金)并为其父母提供服务。

〔48〕 参见 McNeill, *Celtic Penitentials*, p. 185。较早的习惯用语是假设状态的:“Ipse te absolvat” or “Absolvat te sanctus Petrus et beatus Michael archangelus。”在 13 世纪初期,一般使用的是陈述性的习惯用语:“Ego absolvo te auctoritate domini Dei nostri Jesu Christi et beati Petri Apostoli et officii nostri.”

〔49〕 参见 McNeill and Gamer, *Medieval Handbooks*, p. 323。“医治灵魂之药”的习惯用语可以追溯到更早的时代。因此《卡米恩的苦行赎罪规则》以下面的话开场:“有益于健康的灵魂之药的《序言》从这里开始。”(Ibid. p. 99)

〔50〕 这是特拉利思的亚历山大(525 ~ 605)说的话。他是当时最伟大的医学权威。Ibid., p. 44.

〔51〕 Penitential of Columban (ca. 600), A. 12. Ibid., p. 251.

〔52〕 Ibid., p. 223.

〔53〕 Robert C. Mortimer, *Western Canon Law* (London, 1953), p. 28.

〔54〕 Ⅵ Aethelred 50, in Robertson, *Laws of the Kings*, p. 104.

〔55〕 See Dawson, *Making of Europe*, p. 190.

〔56〕 *Leges Henrici Primi*, ed. and trans. L. Downer (Oxford,1972), pp. 81,101,143,173,177,271.

〔57〕 Quoted in Doris M. Stenton, *English Justice between the Norman Conquest and the Great Charter*, 1066 – 1215 (Philadelphia, 1964), p. 7.

〔58〕 Ibid., p. 8.

〔59〕 Stephen D. White, "'Pactum... regem vincit et amor judicium,' The Settlement of Disputes by Compromise in Eleventh-Century Western France," in *American Journal of Legal History*, 22 (1978), pp. 301 – 302.

〔60〕 Max Gluckman, *Custom and Conflict in Africa* (Oxford, 1955), pp. 1, 5.

〔61〕 Wallace-Hadrill, *Early German Kingship*, p. 151.

〔62〕 Kern, *Kingship and Law*, p. 180. 虽然克恩说的是"中世纪的"法律,但他显然涉及中世纪早期的民俗法,即11 世纪晚期以前那个阶段的民俗法。

〔63〕 这个故事被讲述于 Robert E. Ornstein, *The Psychology of Consciousness*。

572 〔64〕 关于意识的两个相互补充的方面——直观的方面(包括神秘和诗歌)和分析的方面——以及它们与大脑两半球和身体两半部的关系,参见 Ornstein, *Psychology of Consciousness*。又见 Jerome Bruner, *On Knowing: Essays for the Left Hand* (Cambridge, Mass., 1962), pp. 2 – 5。布鲁纳把右面的象征性与行为、法律和科学相联系,把左面的象征性与感情、直觉和良心相联系。他注意到法语中表示法律的词——*droit*——和表示右面方向的词"right"之间的联系。(德语的 *Recht* 一词、俄语的 *pravo* 一词和英语的"right"一词也同样如此。它们在很大意义上曾是指法律,现在也仍然指一种在法律上受保护的要求,前者的情况如"common Right"这一古老的用语,后者的例子如"财产权"或"契约权"。)然而,布鲁纳明白,科学知识——法律大概也一样——不能只用右面来取得。他在其导言中写道:"从幼年以来,我就被右面和左面的事实和象征性——一者是实干家,另一者是梦想家——深深迷住了。右表示秩序和合法,即 *le droit*。它的美就是那些几何状的东西和整齐划一的蕴意。科学就是用右面求得知识。然而,这只是说许多科学研究可能忽视了它的刺激因素之一,因为科学研究的伟大假设是左面载负的礼物。”

〔65〕 See Paul Bohannan, *Justice and Judgment among the Tiv* (London, 1957).

〔66〕 Diamond, *Primitive Law*, pp. 61, 195, 317 (n. 10), 320.

〔67〕 See Henry Sumner Maine, *Ancient Law: Its Connection with the Early History of Society and Its Relation to Modern Ideas* (Boston, n. d.), p. 15.

〔68〕 Diamond, *Primitive Law*, pp. 47 – 48。戴蒙德还批评梅因,因为他声称早期法典“不过是现存习惯的汇集”(p. 45),并且说:一般地讲,“法律来自先前存在的行为规则,这些行为规则同时具有法律、道德和宗教的性质”(p. vii)。的确,戴蒙德认为梅因的后一个见解是那么不可信,以至于对它的批评“在如今几乎没有必要”(Ibid.)。但是,梅因在其论断上几乎总是比他的批评者所认识的他要小心谨慎得多。首先,他论及的不是日耳曼的法典,而是古代罗马、希腊和印度的法典(《十二表法》、雅典的《梭伦法典》和《梅努法》)。其次,关于在历史上“法律”(这里梅因没有说“法典”)是“来自”先前存在的行为规则的主张,这是不言自明的,除非一个人想要假设最早的法律规则是从某个立法者的头脑中冒出来的。那些先前存在的行为规则具有道德、宗教以及法律的性质,戴蒙德认为这是荒谬的;然而,他的论点是“建立在把‘道德的和宗教的’与‘教士的’或‘教会的’相混淆的基础上的”。梅因的看法和戴蒙德的看法将在注释〔69〕和〔70〕中讨论。

〔69〕 Dennis Lloyd, *The Idea of Law* (London, 1970), p. 235. 劳埃德写道(p. 232):“有一个时期人们普遍持这样一种观点,即在早期社会中,要在法律规范、道德规范和宗教规范之间作出划分是不可能的,因为这些规范被极其紧密地编织为单一的织品……虽然习惯规范可能凭靠社会共

同体的宗教信条并从它们那里获得强大的约束力,但这一事实并不像早先的作者如梅因所设想的那样,意味着在原始社会中不可能区分宗教规则和世俗规则……经常可以划分出两类规则:一类规则构成社会共同体的宗教戒律,对它们的违反将使违反者受到超自然力量的直接惩罚;另一
573 类规则调控共同体的社会经济组织,其实施或者掌握于某种世俗权威——部落或氏族本身、部落或氏族首领、或者长老团体——之手,或者掌握于某个受害者的亲属之手。"这里是把梅因放错了地方,因为梅因的著作中从来没有这样的话,即在早期社会中,不可能把由超自然的制裁强行实施的宗教戒律区别于由部落或亲属强行实施的社会经济组织的规则。他的著作中只有这样的话:"世俗的"规则(就像劳埃德、戴蒙德和其他学者对它们的称呼)凭靠——劳埃德也承认——社会共同体的宗教信条并从它们那里获得强大的约束力;的确,世俗规则极其借重宗教信条,以至于可以用劳埃德的精彩的话说,它们被"编织为单一的织品"。

戴蒙德和梅因之间的差异以及劳埃德和梅因之间较小程度上的差异,更多是产生于在有关法律的性质和目的的观念上的不同,而非产生于对显著事实的识别上的不同。戴蒙德和劳埃德都认为法律的标志就是由政府官员把制裁强加给违反规则的行为。因此,劳埃德写道(p. 235):"总而言之……原始习惯和发达法律之间的重大差异不是前者缺少法律的本质特征或没有以制裁做后盾,而仅仅是它没有集中的管理机构……没有创制或实施法律的集中的机构。"正文中的戴蒙德的法律定义在本质上也是实证主义的:法律由国家制定和强制实施的规则所组成。而梅因认为,法律的本质特征是存在着"对用以解决争议的原则拥有独占权"(*Ancient Law*, p. 11)的一群人——实际上即法官。梅因是首先说明一种实证主义的法律定义忽略了许多原始法——并且说明一种包括所有习惯而不论其起源和性质的定义则与此相反,它几乎不忽视任何法律——的学者之一。因此,虽然梅因在他的著作中事实上没有怎么论及日耳曼民俗法,但他有可能不是像戴蒙德那样首先在早期法典中发现它的起源,而是在这些法典所反映和指导的公众集会的判决和法令中找到它的起源。梅因有可能

说，日耳曼法典的规则"源于"先前存在的行为规则，这些规则同时具有法律、道德和宗教的性质。使法典成为"法律"的是这样一个事实，即构成这些法典的判决和法令反映并指导那些负责在冲突的案件中宣告和适用习惯的人的知识。然而，通过说明法兰克法令和盎格鲁－撒克逊法令是一种宗教体系——天命和荣誉、神明裁判和保证宣誓裁判的体系——一个有机组成部分，我相信我不仅已经证明它们"源于"同时具有法律、道德和宗教性质的、先前存在的行为规则，而且还证明了这样一个事实，即它们本身与道德和宗教的信条"交织"为一个单一的织物。

戴蒙德对法律的定义使他把日耳曼法典本身当作是"这种"法律——而不是当作更广泛的法律秩序（的确也是道德和宗教秩序）的一部分。他甚至争辩说，在法典中没有的东西无法在法律上具有重要性，并特别提及早期法典没有多少有关程序的内容这一事实。因此他声称（p. 61）："对当 574
时的野蛮人来说，问题的本质是法律规则而非程序规则；要不是因为梅因有名的言论帮助传播的一种有关原始法的普遍看法——[用梅因的话讲]对早期的人来说，一项程序规则的重要性高于一项实体规则，以至于实体法初看起来仿佛逐渐被隐藏在程序的缝隙之中——这可能已成为不言自明的一个简单的真理。"说问题是"不言自明"的唯一基础是在法典中没有多少关于程序的内容。然而，假定人们想要使法典涉及法律的每个重要方面是毫无事实根据的。人们主要想使法典涉及需要规定实体规则的那些法律方面。法典的绝大多数规定涉及的是杀人、伤害、性犯罪（强奸、通奸和诱奸）和偷窃。除程序以外有许多东西是完全被省略或极少被触及的。例如，在一些法典中，叛国罪就没有包括在内。各种封建关系一般也没有规定，土地法则极少提及。实际情况是，实体规则规定了应支付给不同形式侵害的确定的金钱数额，而对这些规则的系统表述则是谈判解决氏族之间和家庭之间冲突的程序的一个重要部分。因此，可以与梅因一样说，法典的法律的的确确"仿佛被隐藏在程序的缝隙之中"。

〔70〕 Diamond, *Primitive Law*, p. 326 和其他地方说，法律和宗教在原始社会中有两个联系点：其一，某些罪行极其可恶，以至于它们既违反

了法律又违反了宗教规范;其二,宗教制裁或信奉魔法在法律程序中可以通过运用神明裁判或其他某种预测方式而被用于确定事实真相。另外他还说,法律完全是世俗的,并且在本质上不受宗教的影响。当然,这些结论都是从他的法律定义(见注释〔68〕和〔69〕)中产生出来的。

〔71〕 参见 Fung Yu-Lan,*A History of Chinese Philosophy*, trans. Derk Bodde, Vols. 2(Princeton,N. J.,1953)。天即自然宇宙,据说它是与人类事务相互作用的;天确定什么是善良的人并惩罚邪恶之徒(Ibid.,Ⅱ,500 – 508)。对法和礼的短小精悍的概括可见 Derk Bodde and Clarence Morris, "Basic Concepts of Chinese Law," in James T. C. Liu and Wei-ming Tu,eds., *Traditional China* (Englewood Cliffs,N. J.,1970),pp. 92 – 108。神圣的礼植根于与生俱来的感情,它为父子、君臣、夫妻、长兄幼弟和朋友与朋友这些主要的人际关系规定了行为模式;相反,法则通过设置一种强制性的整齐划一而消灭这些关系。礼是古代圣人依照人性和宇宙秩序创制的,它具有普遍的效力;相反,法只是今人的特意创造。礼仪和礼节赋予生活诗意和美感;相反法则是机械的和没有感情色彩的。我为自己对这些见识有某种理解而感访 Y. C. Liu。

第二章　西方法律传统在教皇革命中的起源

〔1〕 教皇革命是教会的历史连续性的根本中断,它是西方历史上第
575 一次伟大的革命。这种观念首先由尤金·罗森斯托克 – 胡塞在其著作 *Die europäischen Revolutionen* (1931;3rd ed. rev., Stuttgart,1960)和 *Out of Revolution:The Autobiography of Western Man* (New York. 1938)中加以倡导。又见他的著作 *Driving Power of Western Civilization: The Christian Revolution of the Middle Ages* (Boston,1949),该书由卡尔·W. 多伊奇作序。在教会历史学家中,再见 Gerd Tellenbach, *Libertas: Kirche und Weltordnung im Zeitalter des Investiturstreites* (Stuttgart,1936),trans. with intro. by R. F. Bennett as *Church,State,and Christian Society at the Time of the Investiture Contest* (London,1959) (reprinted as a Harper Torchbook, New

York,1970)。特伦巴赫声称(p. 111),把教会从王室控制和其他世俗控制下解放出来的运动开始于 1058 年,它构成了“世界历史上的一场伟大革命”,而教皇格列高利七世则“处于天主教世界的历史中最伟大的——也许仅仅从宗教的观点看是这样——转折点上……他在本质上是一个革命者;通常意义上的改革……无法使他满意”(p. 164)。在 David Knowles and Dmitri Obolensky, *The Christian Centuries*, Vol. 2, *The Middle Ages* (New York,1968),p. 169 中,作者说,在格列高利改革过程中,“西方第一次出现了僧侣或庞大的僧侣群体这样一种有组织的阶级。他们在主教的统治下紧密结合在一起,而主教本身又受到罗马主教的严格约束。他们拥有使他们与俗人相分离的某种法律和利益。俗人将处于一种较低的地位”。他们还写道(p. 260):“宽泛地讲,可以说正是格列高利改革最终使僧侣和俗人作为教会内部的两个部分而相分离。这种分离得到越来越多的强调,不久‘教会’和‘教士’就成了表示与俗人相对的僧侣的用语。”甚至像沃尔特·乌尔曼这样坚信罗马天主教历史的连续不断性的人——他写道:格列高利七世试图“把抽象的原则转化为具体的政府行为——也仍然把格列高利改革的特征刻画为‘第一次具体运用这些原则’。”Walter Ullmann,*The Growth of Papal Government* (London,1955),p. 262。乌尔曼写道:11 世纪后半期的罗马教皇不“只是一个‘改革’的教皇”——教皇没有“将其目标限于消除某些邪恶和陋习”。“教皇所试图的是实施僧侣统治的原则……”换言之,教皇所从事的不“只是改革”,而是革命。

R. W. 萨瑟恩在其力作 *Western Society and the Church in the Middle Ages*(Harmondsworth,1970)中说(p. 34):在 1050 年后六七十年内,有关西欧经济状况、宗教理想、政府形式和宗教仪式进程的看法,“在几乎每个方面都有了变化”。“世俗统治者已经从他的半僧侣的显赫地位中降了下来,教皇在宗教和世俗事务中都表现为一种新的干预和指导力量,《本尼迪克特修道条例》(*Benedictine Rule*)失去了在宗教生活中的垄断地位,一种全新的刺激被注入了法律和神学,而且还朝着认识甚至控制物质世界的方向迈出了重要的几步。欧洲的扩张真正开始了。所有这一切在如此之短的时间里发生,这在中世纪历史上是最引人注目的事实。”

耶维斯·康加撰写的一篇具有启发性的论文认为:“由圣利奥九世(1049~1054)开始并由圣格列高利七世大刀阔斧地加以推进的改革,从
576 一般教义的观点看和从特殊的权威概念的观点看,都代表着一个决定性的转折点。”康加指出:为支持格列高利的立场而寻找法律条文,标志着教会法律科学的产生:格列高利计划的奥妙在于把绝对的正义或神法转化为一种新的教会法体系,而教皇的法律权威则是这种体系的中心。康加写道:“一个人服从上帝的代理人实际上就是服从上帝。”他说,从 11 世纪起,教会的权威、尤其是教皇的最高权威,逐渐被用法律的术语加以规定。例如,正是在那时,“教廷”(papal curia)第一次被用于指作为一个法院的教皇皇室,它有权自动复查在所有主教法庭中宣布的判决。Yves Congar, “The Historical Development of Authority in the Church: Points for Christian Reflection”, in John M. Todd, ed., *Problems of Authority: An Anglo-French Symposium* (London and Baltimore, 1962), pp. 139 – 140.

伟大的法国社会经济史学家马克·布洛赫写道:“格列高利改革是一场影响巨大的运动,毫不夸张地说,天主教的明确形成可以追溯到这场运动;这场运动成为东西方教会之间最终分裂的契机绝不只是一种巧合。虽然这场运动——一场比当时的人所认识到的更为革命的运动——的表现多种多样,但它的实质可以概括为少数几句话:在一个神职人员和世俗人员直至那时还几乎混合不清的世界里,格列高利改革宣告了教会被赋予的宗教使命的唯一性和至上的重要性;格列高利改革努力使教士区别于并高于普通的信徒。”Marc Bloch, *Feudal Society*, trans. L. A. Manyon (London, 1961), p. 107. 布洛赫还从各个方面说明这样一种看法,即教会内部的革命潮流是与同时期发生的一种重大的社会—经济转变相联系的,这种转变使他所谓的“第一个封建时期”分离于“第二个封建时期”。他写道(p. 60):“一系列极其深刻和极其广泛的变化在接近 11 世纪中叶时发生”,这些变化“影响到社会活动的所有图解。”在这里,布洛赫除了指宗教变化和社会经济变化之外,还指(p. 107)这个时期“文化的巨大发展”

和一种有关社会的新的思维方式。他强调11世纪后期法理学复兴的重要性,认为它“导致了一种认识,即社会生活的现实是某种可以加以有条理地刻画和自觉地改造的东西”。新的法律教育“反复灌输对论点进行推理的习惯,而不论所讨论的主题是什么”。结果是,到了12世纪末,“活动家们支配有比他们的先辈所利用的更为有效的精神分析手段”。

在由教皇约翰二十二世发起的新近的改革运动中,数量越来越多的罗马天主教激进变革的鼓吹者开始把教皇格列高利七世称作教会历史新时代——一个他们认为渐近结束的时代——的开创者。参见 Hans Küng, *The Church* (New York,1967),p. 384。

在世俗历史学家中,通过重新发现作为近代西方制度、思想、艺术等的形成时期的“12世纪”,教皇革命的意义部分获得了阐明,部分则被掩盖了起来。英语著作一直可以追溯到 C. H. 哈斯金斯的 *Renaissance of the* 577
Twelfth Century (Cambridge, Mass., 1927)。又见 Marshall Clagett, Gaines Post, and Robert Reynolds, *Twelfth-Century Europe and the Foundations of Modern Society* (Madison, Wis., 1961); Colin Morris, *The Discovery of the Individual*, 1050 – 1200 (New York, 1972); Sidney R. Packard, *Twelfth-Century Europe: An Interpretive Essay* (Amherst, Mass., 1973); Norman F. Cantor, *Medieval History: The Life and Death of a Civilization* (New York, 1963)。最后这本书的作者把格列高利改革说成是“西方历史上第一次伟大的世界革命”,他把它与宗教改革、法国革命和俄国革命置于一个系列。这本书正确地辨别出根本变革的时期是大约1050年到1150年,而不是1100年到1200年。

马克·布洛赫曾写道:“伟大史诗在11世纪法国的出现,可以被当作预示着继之而来的时代中文化的巨大发展的征兆之一。‘12世纪的复兴’是一个常被用来刻画这场运动的短词;如加上必要的限定,即‘复兴’(renaissance)一词从字面解释容易使人觉得只是一种重新兴起,而不是一种新的发展,那么这一用语是正确的——假如不是在过于刻板的年代学的意义上理解它的话。因为虽然这场运动只是在12世纪期间获得全面的发展,但它最早的表现,如与其相伴随的那些人口统计和经济上的变化,则恰恰先于 12 世纪二三十年代就开始了。”Bloch,*Feudal Society*,p. 103.

约瑟夫 · R. 斯特雷耶把近代世俗国家观念的起源归功于格列高利七世和与他的名字相联系的 11 世纪晚期和 12 世纪的发展。见他的 *On the Medieval Origins of the Modern State*(Princeton,N. J.,1970),p. 22。这是我的书的主题之一。

关于授职权之争以后这个时期欧洲各种政治形态在宪法和法律结构方面的革命性变化,在海因里希 · 米泰斯的重要著作中有详尽的探索:Heinrich Mitteis,*Der Staat des hohen Mittelalters:Grundlinien einer vergleichenden Verfassungsgeschichte des Lehnzeitalters*, 4th ed.(Weimar,1953),translated by H. F. Orton under the title *The State in the Middle Ages:A Comparative Constitutional History of Feudal Europe*(Amsterdam,1975)。米泰斯毫不犹豫地提及在这期间的一种“宪法性革命”和一种“政治思想上的革命”以及各种法律上的“革命性变化”。在沃尔特 · 乌尔曼的重要著作 *Law and Politics in the Middle Ages*(London,1975)中也包含了这同一论题的许多内容,虽然他并没有对授职权之争以前和以后的时期作出如此明确的划分。

又见彼得 · 布朗,“Society and the Supernatural:A Medieval Change”,*Daedalus*,Spring 1975,p. 133,在这里他提供了一张可以用作本章目录的关于各种根本变化的一览表。布朗写道:“僧侣和俗人之间的一种新的关系在授职权之争[虽然是一场与一个伟大教皇——格列高利七世(1073 ~ 1085)——的名字相连接的斗争,但实际上作为欧洲社会变革潮流中的一个变化,它是一种普遍的和不可避免的进程]时期突然出现。在 11 世纪期间,封建骑士阶级作为一个独特的团体出现,而在 12 世纪,城市生活的
578 事实和一种新型的商人职业特性的事实也逐渐保留了下来……我们在法律和组织的形式上可以发现新的发展:在数个世纪的习惯的、口头的法律之后出现了成文法典,在博洛尼亚的学院中接受了罗马法,对基督教会的教会法和神学进行了编纂(在大约 1140 年由格拉提安编纂的《教令集》和

大约1150年由伦巴第的彼得编纂的《教父名言集》中）……在管理上的无以计数的新的冒险和在社会组织的各种新形式上的不断尝试，充满了12世纪的欧洲历史。终于……我们找到了一种自我表现方式的探测器。”

尽管有这一系列的权威性著作，有关在所谓的中世纪期间发生的欧洲历史连续性的任何根本性断裂的传统观点，仍然是怀疑主义的。悉尼·R.帕卡德写道：“虽然对1100年和1200年欧洲各政体的比较将揭示出许多重要的差异，但一些作者企图在这个领域还设想出又一种‘革命’则好像依靠的是最不可靠的根据。”Packard, *Twelfth-Century Europe*, p. 321. 或许甚至是这种对渐进式变化的信奉，也可以被这里提出的这种实质性根据所推翻：即在大约1075年和1225年这一个半世纪中，整个欧洲出现了各种新的法律体系。

〔2〕 Brown, “Society and the Supernatural”, p. 134.

〔3〕 皇帝亨利三世以他是基督的代理人为由证明他1046年废黜三个教皇是正当的。参见 Southern, *Western Society*, pp. 104 – 105。后来亨利四世写信给教皇格列高利七世说：“你竟敢触犯我……我，按照罗马教皇的惯例，只有上帝一人才能加以裁判。”参见 Geoffrey Barraclough, “The Investiture Contest and the German Constitution”, in Schafer Williams, ed., *The Gregorian Epoch: Reformation, Revolution, Reaction?* (Lexington, Mass, 1964), p. 63。

〔4〕 参见 Rosenstock-Huessy, *Out of Revolution*, p. 506。戴维·诺勒斯写道：克吕尼直到11世纪才完成形成了中心；实际上它比12世纪西多会的组织状况要松散得多。引自 Williams, *The Gregorian Epoch*, p. 39。

〔5〕 See F. L. Ganshof, *The Imperial Coronation of Charlemagne* (Glasgow, 1971).

〔6〕 Brian Tierney, *The Grisis of Church and State*, 1050 – 1300, *with Selected Documents* (Englewood Cliffs, N. J., 1964), pp. 13 – 14。支撑这一章的许多内容所利用文件可以在蒂尔尼的书中找到。又见 Brian Tierney and Sidney Painter, *Western Europe in the Middle Ages*, 300 – 1475 (New

York,1978)。

〔7〕 Tierney,*Grisis of Church and State*,p. 227.

〔8〕 R. F. Bennett,in his introduction to Tellenbach,*Church*,*State*,pp. xiv-xv.

〔9〕 Quoted by Orville Prescott,*Lords of Italy*:*Portraits from the Middle Ages* (New York,1972),p. 43.

〔10〕 K. J. Leyser,"The Polemics of the Papal Revolution,"in Beryl Smalley,ed.,*Trends in Medieval Political Thought* (Oxford,1965),p. 53.

〔11〕 引用同上,p. 42。又见 Karl F. Morrison,*Tradition and Authority in the Western Church*,300 – 1140 (Princeton,N. J.,1969),pp. 294 – 295:"利奥九世在罗马宗教会议和曼托瓦宗教会议上曾目睹了对他禁止[买卖圣职和僧侣结婚]的强烈抗议。但是,格列高利反对买卖圣职的教令则在整个欧洲激起了那样一种反抗……他要求僧侣独身生活的教令也遇到了类似的反应。1059 年,彼得·达米安企图在米兰实施僧侣独身生活的教令,这导致了一次民众暴动,而在斯蒂芬九世统治下的罗马僧侣则认为僧
579 侣节欲是'徒劳无益'的。当布雷西亚主教宣读尼古拉二世禁止僧侣结婚的教令时,他手下的僧侣把他揍得死去活来。格列高利的法令遭受了同样的待遇。一位修道院院长由于捍卫格列高利的禁令而在巴黎宗教会议上受到攻击,鲁昂僧侣的大主教还用石头把他打出他的教会。康布雷的僧侣公开造反。类似的情况也盛行于一些德国教会。"

〔12〕 *Dictatus Papae* 的拉丁原文在 Karl Hofmann,*Der Dictatus Papae Gregors* Ⅶ(Paderborn,1933),p. 11。*Dictatus Papae* 的英译可见 S. Z. Ehler and J. B. Morrall,*Church and State through the Centuries* (London,1954),pp. 43 – 44,复制于 Tierney,*Crisis of Church and State*,pp. 49 – 50。

〔13〕 参见 Augustine Fliche, *La réforme Gregorienne*, Ⅱ (Paris,1933),202。现在人们一般猜想这 27 条主张是随后一个有文件的原文的目录,然而,这个文件从未编写出来。

〔14〕 这封信收录于 Tierney,*Crisis of Church and State*,pp. 59 – 60。

〔15〕 这项教令收录于 The *Correspondence of Pope Cregory Ⅶ:Selected Letters from the Registrum*,ed. and trans。Ephraim Emerton(1932;reprint ed.,New York,1969),p. 133。

〔16〕 格列高利写信给征服者威廉说:"因此,如果在那可怕的审判日,在接受无法展现的公正而至高无上的审判者、万物的创造者的审判时,我将为你负责任,那么你想想,是否我不必孜孜不倦地为你提供拯救,是否为了你自身的安全你不应该毫不迟延地服从我,以便你可以占有生活的国土。"引自 James Bryce,*The Holy Roman Empire*(New York,1886),pp. 157 – 158。

〔17〕 Gabriel Le Bras,"Canon Law",in C. G. Crump and E. F. Jacob,eds.,*The Legacy of the Middle Ages*(Oxford,1926),pp. 333 – 334.

〔18〕 参见 E. Bernheim,"Politische Begriffe des Mittelaters im Lichte der Anschauungen Augustins",*Deutsche Zeitschrift für Geschichte*,n. s. 1(1896 – 1987),7(教皇作为基督在人间的代理人,他是"debitor justiciae in omnibus qui in Christo sunt-curia totius christianitatis.")。

〔19〕 这是罗森斯托克 – 胡塞的 *Out of Revolution* 一书的一个较重要的主题。

〔20〕 Southern,*Western Society*,p. 27。萨瑟恩指出(同上):"希腊正教的体系和伊斯兰教的体系比西欧的体系更丰富得多、更强有力,在智识上也更复杂。西欧是拜占庭的穷亲戚。"

〔21〕 教皇格列高利七世从 1074 年开始倡导一种观念,即组织一支罗马教皇属下的军队,把东部的基督徒从土耳其异教徒的统治下解放出来。在发动第一次十字军东征时,教皇乌尔班二世认为他正沿着由格列高利指引的道路前进。参见 Carl Erdmann,*Die Entstehung des Kreuzzugsdgedankens*(Stuttgart,1936),pp. 149 – 153,210 – 211,285 – 286,308 – 309。除了从穆斯林异教徒那里解放基督葬地以外,十字军东征的一个目的将是向东部基督教界输出教皇革命。在一些情况下,东正教教徒也加入十字军参加者发起的战斗。教皇宣布他凌驾于君士坦丁堡和整个基督教界

之上。但是,这个目的最终没有被达到。1099 年,十字军参加者建立从属于罗马教皇的耶路撒冷王国。然而,第二次十字军东征(1147~1149)毫
580 无结果;第三次十字军东征(1189~1192)虽然成功地攻取了阿克,但未能重新攻占已于 1187 年由萨拉丁占领的耶路撒冷。第四次十字军发起于 1199 年,以 1203 年攻打君士坦丁堡和十字军参加者废黜并更换皇帝告终(甚至都没有接近耶路撒冷)。13 世纪还另有四次十字军东征,但它们实际上都失败了(虽然弗雷德里克二世在 1228~1229 年中曾短时间收复耶路撒冷)。尽管如此,十字军达到了重要的国内政治效果。它们反映了教皇革命的意识形态并保持其活力。它们扩大贸易并促进了诸如威尼斯、热那亚和比萨这样一些重要的意大利贸易城市的发展。它们加强了罗马教皇的权力。最后,它们有助于造就一个军事贵族——骑士——阶级,这个阶级具有基督教和欧洲的特性。

〔22〕 Southern, *Western Society*, pp. 34 – 35. 萨瑟恩又写道:“虽然在这种扩展运动的背后没有任何单一杰出的技术革新,但存在许多情况的一种结合:资本积累的增加、人口的增长、地中海重归西欧控制、希腊帝国和穆斯林帝国的政治衰落,所有一切都有助于向西欧展现不断扩大的景象。”萨瑟恩还特别提到定居荒芜的土地,改进河流、道路和运河,以及组织市场和信贷。“在西欧所有边境开始殖民,而与殖民一道的则是开始了无拘无束的军事侵略过程。西欧在其历史上第一次成为一个拥有剩余人口和剩余生产能力的地区……在 1100 年后的两个世纪中,西欧处于强烈的权力和优势欲望的控制之下,这种欲望好像没有任何明显的限制。”林恩·怀特对萨瑟恩关于“在这种扩展运动的背后没有任何单一杰出的技术革新”的观点表示怀疑(参见注释〔23〕)。

〔23〕 Lynn White, *Medieval Technology and Social Change* (Oxford, 1961), pp. 57 – 69:怀特说明发明马轭的重要性,认为它第一次使大规模地使用马力成为可能(pp. 72 – 76)。农用马的更广泛使用与春耕和三年一次轮作制相联系,后者使增加食物供应成为实际可能。关于 12 世纪的技术进步,M. D. 切努写道:“能量生产由于利用水力和引起圆周运动的机

器的完善和推广而取得巨大进展,这种机器包括:水磨车;水车,它使一匹马能够做从前需要二十五匹马的工作;风车,1105 年第一次在欧洲被使用;能够通过一种重物和齿轮装置贮存动力的机器……新的运输和旅行手段给人以更大的自由:早期发明的马拉车或牛拉车的轭改变了乡村生活;船的龙骨和舵的使用从 1180 年开始;罗盘为远距离航海创造了条件……机械钟开始使时间安排合理化……"M. D. Chenu, *Nature, Man, and Society in the Twelfth Century*, ed. and trans. Jerome Taylor and Lester K. Little (Chicageo, 1968), p. 43 (1957 年首次出版,书名为 *La théologie au douzième siècle*)。

〔24〕 参见第三章关于西方法律科学的起源。Chenu, *Nature, Man, and Society*, pp. 16 – 17, 指出,阿伯拉尔在 12 世纪早期的数十年里对以下两个方面的东西作出一种"严格区分":其一,可以归因于上帝在构造世界 581
过程中的创造性活动的那些东西;其二,"解释那些不是起源于奇迹的东西的构造和发展"的"自然原因"。他把后者说成是 *vis naturae*("自然力")和 *naturales causae*("自然原因")。

〔25〕 参见 Marc Bloch, *Feudal Society*, pp. 93, 103。对 11 世纪晚期和 12 世纪早期新的文学作品与同时代的法律发展的相互联系作出开拓性研究的是 R. Howard Bloch, *Medieval French Literature and law* (Berkely, 1977)。

〔26〕 查理曼在"我相信圣灵……它发自圣父"的话的后面插入了"和发自圣子"(*filioque*)这样一句话,从而修改了《尼西亚信经》。这冒犯了东部教会,因为它代表着一种新的三位一体概念,同时也因为它是对教会历史上最重要的基督教全体会议的最重要的宣言的一种单方面修正。参见第四章注释〔28〕。

〔27〕 Peter Brown, in Smalley, *Trends*, p. 11.

〔28〕 Ibid., p. 12.

〔29〕 *De Civitate Dei* 1. 35. 46. 参见 R. A. Markus, *Saeculum: History and Society in the Theology of St. Augustine* (Cambridge, 1970), pp. 20 – 21:

"他的历史见解的基本主题之一[就是]从基督降临到世界末日的所有历史都是同质的,但它无法按照取自《圣经》记载的历史的某种模式加以制定。"又见 G. L. Keyes, *Christian Faith and the Interpretation of History* (Lincoln, Nebr., 1966), pp. 177 – 178:"从一种基督教观点讲,[基督徒]根本不指望一个尘世国家比他眼前看到的国家要好多少,更不要说在尘世逐渐建立天国了。"

〔30〕 Quoted in Tierney, *Crisis of Church and State*, pp. 68 – 69, 71.

〔31〕 Quoted in Eugen Rosenstock-Huessy, *Soziologie*, Ⅱ (Stuttgart, 1958), 663.

〔32〕 Quoted ibid., p. 662.

〔33〕 See *Policraticus: The Statesman's Book of John of Salisbury*, trans. John Dickinson (New York, 1963), p. 9.

〔34〕 K. J. Leyser, in Smalley, *Trends*, p. 60.

〔35〕 参见 Chenu, *Nature, Man, and Society*, pp. 162 – 201。切努说(p. 162):"在人们的头脑中唤醒对人类历史的一种积极认识并非 12 世纪的拉丁基督教界最不辉煌的成就。"又见 R. W. Southern, "Aspects of the European Tradition of Historical Writing. 2. Hugh St. Victor and the Idea of Historical *Development*", *TRHS*, 5th ser., 21 (1971), 159。沃尔特·弗伦德强调了在彼得·达米安、索尔兹伯里的约翰、沃尔特·麦普和其他 12 世纪作者的作品中对现代性这一概念的使用。Walter Freund, *Modernus und andere Zeitbegriffe des Mittelaters* (Cologne, 1957)。他把这一点追溯到 11 世纪晚期格列高利改革者的那种信念,即他们将进入全新的、前所未有的时代(p. 60)。

〔36〕 参见 Geoffrey Barraclough, *The Origins of Modern Germany* (Oxford, 1947), p. 114:"希尔德布兰德党背弃了旧时的有关两大权力[宗教的和世俗的]协调合作的基拉西乌斯理论,寻求教会和国家的分裂,包括完全改变国王在基督教社会中的地位。这不一定意味着国王要服从教
582 皇,尽管格列高利不久就从他自己的论点中得出了肯定性结论;然而,这

必定意味着国王的僧侣地位和性质受到挑战。对格列高利来说,国王是一个可以免职的官员。”

1302年,教皇卜尼法斯八世又推进了格列高利的看法,说:“他否定世俗之剑处于彼得的控制之中,因而没有理解上帝的言语。”这种看法对应于教皇作为基督在尘世的代理人拥有“完全权力”(*plenitudo potestatis*)的学说。然而,世俗之剑由国王和诸侯代为挥舞,宗教之剑则由教皇直接挥舞。Southern,*Western Society*,p. 143. 又见 Tierney,*Crisis of Church and State*,pp. 183,188,189。参见第七章。

〔37〕 主教权威是授职权之争的结果,关于其本质的转变,整体可见 Robert L. Benson,*The Bishop-Elect:A Study in Medieval Ecclesiastical Office*(Princeton,N. J.,1968)。本森分析的许多原始材料构成了本章的基础。

〔38〕 第一个短语来自罗森斯托克的 *Europäischen Revolutionen*(1931)。第二个短语来自特伦巴赫的 *Libertas:Kirche und Weltordnung*(1936)。11世纪的改革者使用的短语只是“正当秩序”。

第三章 西方法律传统在欧洲大学中的起源

〔1〕 参见 *Samuel E. Thorne,ed. and trans.,Bracton on the Laws and Customs of England*,Ⅰ(Cambridge,Mass.,1968),xxxvi. Thorne 令人信服地批驳了梅特兰的布拉克顿是一个“糟糕的罗马法学家”的观点。

〔2〕 哈斯金斯写道:“在博洛尼亚之前还有其他一些法律研究中心,诸如罗马、帕维亚以及拉韦纳(Ravenna),在伊尔内留斯之前还有其他一些博洛尼亚法学家,最著名的是被称为‘博洛尼亚灿烂明亮之光’的佩普”,Charles Haskins,*The Renaissance of the Twelfth Century*(Cambridge,Mass.,1927),p. 199。但是,如同哈斯金斯同时指出的那样,正是伊尔内留斯“最终将法律从修辞学中分离出来,赋予它作为独立研究对象的完整地位,它的基础不再是摘句或概要,而是《民法大全》的文本,它的整体可以对其每个部分加以解释”。最后这句话也是本章的要旨所在。

英语作品中对博洛尼亚大学法学院最好的描述是 Hastings Rashdall,

The Universities of Europe in the Middle Ages (Oxford,1936),I,87 – 267。论述该问题的经典著作仍然是 Friedrich Carl von Savigny, *Geschichte des römischen Rechts im Mittelalter*,2nd ed.,Ⅲ,(Heidelberg,1834),137 – 419。精彩的短篇论述见 David Knowles, *The Evolution of Medieval Thought* (New York,1962),pp. 153 – 184。不仅对于博洛尼亚的法律教学,而且包括对博洛尼亚制度向欧洲其他大学的移植情况所进行的一项富于价值的研究是 Helmut Coing, ed., *Handbuch der Quellen und Literatur der neueren europäischen Privatrechtsgeschichte*, I (Munich,1973),39 – 128。

〔3〕 奥多弗里杜斯在 13 世纪早期报道说在博洛尼亚大学有 10,000 名学生。此数字受到了某些重要学者的怀疑,一个 1000 人的数字估计见 Coing, *Handbuch*, p. 81。但是,其他一些重要学者对于 10,000 人的估计却不加怀疑,其中包括 P. Heinrich Denifle, *Die Entstehung der Universitäten des Mittelaters bis* 1400 (Berlin, 1885), p. 138; and Albano Sorbelli, *Storia della Università di Bologna*, vol., 1, *Il Medioevo*: *Secc. XI-XV* (Bologna, 1944),p. 209。

583 〔4〕 Rashdall, *universities of Europe*, pp. 159 – 160.

〔5〕 See generally ibid. pp. 50 – 54,275 – 278. See also note 7.

〔6〕 Ibid., pp. 159 – 160.

〔7〕 巴黎大学在 1200 年从国王腓力处接受某些特权,它的第一个章程是于 1215 年从教廷使节处接受。它的起源可以追溯至 12 世纪早期的阿伯拉尔。

〔8〕 参见 S. P. Scott, ed., *The Civil Law*, vol. 17 (Cincinnati, Ohio, 1932)。《法典》和《新律》的抄本在西方流传下来了,查士丁尼《法学阶梯》所依据为蓝本的盖尤士《法学阶梯》也流传至今。但是四部书中最为重要的《学说汇纂》却失传了。

〔9〕 D. 42. 16,关于强力和武力禁令。查士丁尼汇编的拉丁文本见于 Paul Krueger, Theodor Mommsen, Rudolf Schoell, and Wilhelm Kroll, eds., *Corpus Iuris Civilis* (Berlin,1954 – 1959)。

〔10〕 John P. Dawson, *The Oracles of the Law* (Ann Arbor, Mich., 1968), pp. 114 – 115.

〔11〕 Ibid., pp. 116 – 117.

〔12〕 Paul Vinogradoff, *Roman Law in Medieval Europe* (Oxford, 1929), p. 59.

〔13〕 Odofredus, quoted in Savigny, *Geschichte*, p. 553.

〔14〕 认为辩证法是一种将对立方面加以综合的当代惯用概念来自黑格尔。但是思想的传统却可以追溯到阿伯拉尔。

〔15〕 Haskins, *Renaissance*, p. 53.

〔16〕 See Knowles, *Evolution*, p. 162.

〔17〕 Peter Abailard, *Sic et Non*: *A Critical Edition*, ed. Blanche Boyer and Richard McKeon (Chicago, 1976)。在序言中,阿伯拉尔表明了协调矛盾的若干种可能的方式(例如,同样的词可以在不同的意义上使用);但是他的追随者们(假如不是他本人的话)却承认机械的协调或许是不可能的,矛盾字句的意义只能在《圣经》以及教父著作整体的联系和意图中发现。参见 Martin Grabmann, *Die Geschichte der scholastischen Methode*, Ⅱ (Freiburg, 1911), 168 – 229。

〔18〕 John Herman Randall, Jr., *Aristotle* (New York, 1960), p. 33.

〔19〕 Ibid., p. 54.

〔20〕 Aristotle, *Topics*, 1. 1. 100^a25 – 100^b23; 1. 12. 105^a10 – 19, in Richard Mckeon, ed., *The Basic Works of Aristotle* (New York, 1941), pp. 188, 198.

〔21〕 See Ludwig Wittgenstein, *On Certainty*, ed. G. E. M. Anscombe and G. H. von Wright (New York, 1969).

〔22〕 See Wolfgang Kunkel, *An Introduction To Roman Legal and Constitutional Law*, trans. J. M. Kelley, 2nd ed. (Oxford, 1973), pp. 98 – 103.

〔23〕 Carl J. Friedrich, *Transcendent Justice*: *The Religious Dimension of Constitutionalism* (*Durham. N. C.* , 1964), p. 5.

〔24〕 Kunkel,*Introduction*,pp. 84 – 86,95 – 124.

〔25〕 Fritz Schulz,*History of Roman Legal Science* (Oxford,1946),pp. 57 – 58.

〔26〕 Fritz Schulz,*Principles of Roman Law* (Oxford,1936),p. 53;Peter Stein,*Regulae Iuris:From Juristic Rules to Legal Maxims* (Edinburgh,1966),p. 36.

〔27〕 Schulz,*Roman Legal Science*,p. 94.

584 〔28〕 Ibid.,p. 95.

〔29〕 Stein,*Regulae*,p. 36.

〔30〕 Ibid.,pp. 45 – 46.

〔31〕 Ibid.,p. 37.

〔32〕 Ibid.,p. 41.

〔33〕 Ibid.,p. 48.

〔34〕 Ibid. ,See also Dietrich Behrens,"Begriff und Definition in den Quellen",*ZSS* (*rom*),74(1957),352.

〔35〕 D. 19. 1. 11. 1.

〔36〕 Stein,*Regulae*, p. 118.

〔37〕 因而,依据 D. 50. 17. 67,"如果一句话有两种意义,更适合本案者应被接受",但是,依据 D. 50. 17. 114,"如果字句含义模糊,应当接受它们最有可能的和平常的意义"。据 D. 50. 17. 125,"被告人应具有较之原告人为更为有利的地位",而依据 D. 50. 17. 126,"如争议由两个人的权利主张所引起,占有者地位优先"。

〔38〕 Stein,*Regulae*,p. 70.

〔39〕 Theodor Viehweg,*Topik und Jurisprudenz*,5th ed. (Munich,1954),p. 74.

〔40〕 Quoted in Schulz,*Principles*, pp. 51 – 52;see Max Weber,*Economy and Society*, ed. Guenther Roth and Claus Wittich, Ⅱ (New York,1968),787. See also Viehweg,*Topik*,pp. 46 – 61. But see Stein,*Regulae*, pp.

74 - 89.

〔41〕 Schulz, *Roman Legal Science*, pp. 43 - 48.

〔42〕 Ibid., p. 65.

〔43〕 Quoted in Stein, *Regulae*, p. 157.

〔44〕 Peter Abelard, *Dialectica*, ed. L. M. de Rijk (Assen, Netherlands, 1956), p. 263.

〔45〕 参见 Willian and Martha Kneale, *introduction to Logic* (Oxford, 1968)。这本标准教科书的作者认为阿伯拉尔是逻辑学发展史上的四个最为重要的人物之一,其他三位是亚里士多德、莱布尼茨和弗雷格(Frege)。参见 pp. 202 - 203, 245, 320, 511。Manuel Lourenço 指示我注意该书,并就存在判断的概括的错综复杂性对我加以引导,我向他表示感谢。

〔46〕 例如,鉴于查士丁尼的汇编只在一个非常有限的意义上对于"一项契约的性质"进行了简略的涉及,注释法学家们便将 *natura*("性质")译为"实体",并对于一项契约的"实体"能否由一项明示的协议恰当地予以排除展开了争论。到了 14 世纪,巴尔都斯发展出了一种精致的理论,这种理论对于实体(*substantialia*)、性质(*naturalia*)和事件(*accidentalia*)三者作了区分,实体是赋予契约以存在的因素,舍此则契约便不能存在(例如,在买卖契约中的出卖物和价格),性质是从契约中推论出来的因素,它们可以由明示的条款予以改变,事件是仅仅来自于当事人的明示指定的因素。参见 Baldus, D. 2, 14, 7, 7. no. 1; Gl. *Extra naturam* D. 2, 14, 7, 5. Cf. Helmut Coing, "Zum Einfluss der Philosphie des Aristoteles auf die Entwicklung des Römischen Rechts", *ZSS* (*rom*) 69 (1952), 24 - 59。虽然科因教授引述了巴尔都斯的这段论述,但是他却没有将中世纪欧洲的法律推理与拜占庭的法律推理相区别,而是持一种仿佛是直线延续的观点追溯亚里士多德的影响。

注释法学家运用一句格言引申出具有广泛差异的结果的卓越例证见 585
于 Gerhard Otte, *Dialektik und Jurisprudenz* (Frankurt am Main, 1971), pp. 214 - 215。

〔47〕 甚至在今天,关于亚里士多德究竟属于实在论者还是唯名论者,抑或是介于二者之间,有时称为概念论者仍存在着争议。概念论者认为事物的本质(共相)存在于这些事物之中,而不是在与它们分离的状态下而存在(实在论),也不是无所不在(唯名论)。这种观点与阿伯拉尔十分接近,它也暗含在这样的观点之中,即法律规则是对特殊判决的概括。

〔48〕 格拉提安的生平见 Stephan Kuttner,"The Father of the Science of Canon Law",*The Jurist*,1 (1941),2 – 19。

〔49〕 *Decretum*, in E. Friedberg, ed., *Corpus Iuris Canonici*, vol. 1 (1879;reprint ed.,Graz. 1959).

〔50〕 See Migne. *PL* 140. 539 – 1058. 伯查德死于 1025 年。

〔51〕 Migne, *PL* 166. 47. 伊沃生活的年代大约是 1040 年至 1115 年。

〔52〕 他的辩证方法所依托的其他教会法学家和神学家见 Stanley Chodorow, *Christian Political Theory and Church Politics in the Mid-Twelfth Century*: *The Ecclesiology of Gratian's Decretum* (Berkeley, 1972), p. 2, n. 3。

〔53〕 See Stephan Kuttner, *Harmony from Dissonance*: *An Interpretation of Medieval Canon Law* (Latrobe, Pa., 1960).

〔54〕 *Decretum*, Dist. 9, c. 1.

〔55〕 Ibid., Dist. 9, dict, post c. 11.

〔56〕 Ibid., Dist. 1, c. 2.

〔57〕 Ibid., Dist. 9, c. 2.

〔58〕 弗里兹·舒尔茨认为古典罗马法中这样的规定,如"君主所喜欢者即具法律效力",如"君主不受法律束缚"是被狭窄地予以解释的,只是到了后古典时期,皇帝才一般地居于法律之上。这种观点可能是正确的。参见 Schultz, "Bracton on Kingship", *English Historical Review*, 60 (1945), 136。不过,没有任何罗马法学家主张皇帝应受法律的束缚的论述流传下来(或者如彼得。班诺思所说,或许从来没有哪位法学家做过这

样的论述并流传下来)。文中表达的观点可以得到查士丁尼法典中的规定的支持而不是反驳,法典 1. 14. 4:“行使统治权的君主承认服从法律,这是与他的尊严相符合的一项声明;因为我们的权威依赖于法律的规定。”

〔59〕 *Decretum*, Dist. 10, c. 1 and Pars Ⅱ.

〔60〕 Ibid., Dist, 11, Pars Ⅰ。对于格拉提安的法律渊源论述的独创性所进行的一个分析见于 Jean Gaudemet,“La doctrine des sources du droit dans le Decret de Gratien”,*Revue de droit canonique*, 1 (1951),6。斯坦利·乔德劳强调指出格拉提安对于法律等级体系的探讨的关键在于他将教会视为类似于其他司法共同体的一个司法共同体。Stanley Chodorow, *Christian Political Theory*, p. 97。由于这样的理由,他认为一项法律或法律原则在等级体系中的地位首先是由该法律或法律原则的创造者的政治权威决定的。

〔61〕 Gabriel Le Bras,“Ganon Law”, in C. G. Crump and E. F. Jacob, eds., *The Legacy of the Middle Ages* (Oxford, 1926), pp. 325 – 326.

〔62〕 *Decretum*, Dist. 9. c. 1.

〔63〕 Ibid., Dist. 37, translated in A. O, Norton, ed., *Readings in* 586
the History of Education (New York, 1971), pp. 60 – 75.

〔64〕 涉及从两个矛盾的解决方案中选择一个的一种不同的综合是托马斯·阿奎那哲学方法的特征(阿奎那生活于 13 世纪后期),在这方面,阿奎那向后退了一步。

〔65〕 See Frederick H. Russell, *The Just War in The Middle Ages* (Cambridge, 1975).

〔66〕 See Hermann Kantorowicz, “The *Quaestiones Disputatae* of the Glossators”,*Tijdschrift voor Rechtsgeschiedenis/Solidus Revue d' histoire du droit*, 16 (1939), 5.

〔67〕 Ibid., p. 23.

〔68〕 Ibid., pp. 55 – 56. 坎托罗维奇列举的词汇如下:*titulus*, *rubrica*, *summaria*, *exordium*, *casus*, *causa*, *materia*, *thema*, *ponere*, *queritur*, *questio*, *controversia*, *disputatio*, *actor*, *argumentum*, *decisio*, *definitio*, *determinatio*, *iudicum*, *sententia*, *responsum*, *distinctio*, *divisio*, *problema*, *solutio*,以及其他。但可以参见 Fritz Pringsheim, "Beryt und bologna", in *Festschrift für Otto Lenel* (Leipzig, 1921), pp. 204, 252。坎托罗维奇指出普灵谢姆(他的写作差不多早了 20 年)误将这些词汇中的许多归于查士丁尼之后在东方发展的罗马法。

〔69〕 Kantorowicz,"The *Quaestiones Disputatae*", pp. 1 –6.

〔70〕 Ibid., p. 43.

〔71〕 Ibid., pp. 5 –6.

〔72〕 See Sehulz,"Bracton on Kingship",pp. 43 –44.

〔73〕 将从前在法律方面发展出来的近代科学方法应用于自然现象的一个早期例证——或许是最早的例证——可以在罗伯特·格罗斯泰斯特(1168 ~1253)的著作中发现,格氏在 13 世纪头十年里执教于牛津大学,从 1235 年直到去世担任林肯主教。格氏在对光、声、热、天文学以及其他自然现象所进行的实验研究中,尤其注重以亚里士多德有关"事实"(*quia*)和"事实的理由"(*propter quid*)的区分为基础。在这方面,他增加了一种方法,即把所观察的现象分解成它的构成要素,并在理论上重新构建该现象,再将理论上的重构("Composition")与构成要素("resolution")相比较以检验所使用的原则的有效性。用一位论述格罗斯泰斯特在科学史上的地位的现代作者的话来说:"格拉提安使用了同样的逻辑方法去改革教会法。" A. C. Crombie, "Grosseteste's Position in the History of Science",in D. A. Callus, ed., *Robert Grosseteste, Scholar and Bishop: Essays in Commemoration of the Seventh Centenary of His Death* (Oxford, 1955), p. 100。格罗斯泰斯特的学生男杰。培根(约 1200 ~1292)在论及格罗斯泰斯特时说,他和其他同时代的科学家们"知道数学的力量能够揭示万物的起因,能够对人类以及神的现象作出充分的解释。" Francis S. Stevenson, *Robert Grosseteste, Bishop of Lincoln: A Contribution to the Religious, Political, and Intellectual History of the Thirteenth Century* (London, 1899) p. 51。斯蒂文森又指出培根所称的“数学的力量”指的可能就是现在(1899 年)所谓的“法律的统治”,并且“对这一点的充分认识可以在格罗斯泰斯特的著作中发现”。参见 A. C. Crombie, *Crosseteste, Bacon, and the Birth of Experimental Science*, 1100 – 1700 (Oxford, 1953). p. 10。

〔74〕 “Causa est civilis disceptatio de certo dicto vel facto certae personae.” See Alessandro Giuliani, “The Influence of Rhetoric on the Law of 587
Evidence and Pleading”, *Juridical Review*, 62 (1969), 231.

〔75〕 Ibid., pp. 234 – 235. 这类关联性规则最初应用于当事人和证人通过宣誓所作的陈述(positiones),后来适用于要通过证人和证据材料加以证明的诉讼主张(*articuli*),随着宣誓价值的降低,它们最终取代了旧的形式。

〔76〕 Ibid., p. 237.

〔77〕 Alexander Koyre, *From the Closed World to the Infinite Universe* (Baltimore, 1976).

〔78〕 李约瑟在寻找为什么近代科学没有在传统中国文明(或印度文明)而只在欧洲文明中得到发展的答案的过程中,强调了下面两个方面的重要性,一方面是巴比伦、斯多葛派以及犹太教的法律体系概念,这种法律是由一个超验的神或上帝所制定,其范围涵盖了人以及自然界其余部分两方面的行为,另一方面是只在 16 世纪晚期和 17 世纪才出现的在人类自然法和非人类自然法之间的明显区分(与此相反,中国人没有一种适用于非人类现象的法律的概念)。李约瑟认为,西方向一种分离的自然法体系信仰的转变主要原因在于封建主义末期和资本主义初期国王专制主义的兴起。罗杰·培根曾使用“自然法律”的事实在李约瑟看来是支持前述观点的,因为关键的事实在于培根的概念“直到文艺复兴时期新的政治专制主义以及实验科学新的诞生将它重新置于关注焦点之前是处于休眠状态的”。参见 Joseph Needham, *The Grand Tiration: Science and Society in East and West* (London, 1969), pp. 310 – 311。李约瑟的解释只有部分

的正确性。在16世纪和17世纪的西方,无论是科学领域还是社会领域均发生了一些新的变化,这是一个不争的事实。当时人们认为物质自然具有其自身的法则,这种法则与人类自然的道德法则判然有别,这种观点也是正确的。但是,说培根——以及他之前的格罗斯泰斯特——关于存在物质和光的法则以及自然界的其他法则的观点"在他那个时代完全没有赢得普遍的接受"(同上, p. 310)却是一个高度误导。格罗斯泰斯特和培根的理论代表着他们那个时代科学思想的特征(参见注释〔74〕)。它们是既大不同于古巴比伦、希腊以及希伯来的世界观。又与12世纪以前基督教(无论是东方还是西方)的世界观迥然不同的科学世界观的一部分。它是这样一种世界观,它通过将世界与上帝、将暂时与永恒、将"自然原因"(用阿伯拉尔语)与超自然原因予以分析性地分离,从而允许——实际上也是要求——对适用于两个领域中的每个领域的法律予以系统化。这种理论为后来的在世界范围内自然与人的分析性分离并进而许可和要求对适用于这两个领域中每个领域的法律进行系统化开辟了道路。系统化的方法也是基本相似的。因此,近代科学思想的兴起应当首先追溯到11世纪晚期和12世纪教会与世俗权威的分离,其次才是16和17世纪所发生的事件(包括绝对世俗君主制的兴起)。

588 〔79〕 参见 André F. Cournand and Harriet Zuckerman, "The Code of Science: Analysis and Some Reflections on Its Future", *Studium Generale*, 23 (1970), 941, 945-961。感谢格雷斯·古戴尔提醒我注意到这篇有价值的论文。

〔80〕 Ibid., p. 945.

〔81〕 See Harold J. Berman, "The 'Right to Knowledge' in the Soviet Union", *Columbia Law Review*, 54 (1954), 749.

〔82〕 参见第四章。从公元1世纪起异端就被教会加以谴责,在不同的时代里它曾受到世俗当局与教会当局两方面的迫害。然而,直到教皇革命将西方教会设定为一种法律实体之前,异端并未具有法律上犯罪的特征。一般的论述见 Herbert Grundmann, *Ketzergeschichte des Mittelalters*

(Göttingen 1963)。富有价值的文献资料英文译本载入 R. I. Morre, *The Birth of Popular Heresy* (London, 1975), and Jeffrey B. Russell, *Religious Dissent in the Middle Ages* (New York, 1971)。

〔83〕 Robert K. Merton, "Science and the Democratic SociaI Structure", *Social Theory and Social Structure* (1942; reprint ed., New York, 1957), pp. 550 – 561.

〔84〕 治观念史的史学家们有时会把事情的方向搞反了。参见 *A Scholastic Miscellany: Anselm to Ockham*, ed. and trans. Eugene R. Fairweather (New York, 1956):"的确,一整部中世纪思想史可以根据亚里士多德的逐步再发现而加以组织。"然而事实上,新神学和新法律科学的奠基者们,尤其是阿伯拉尔和格拉提安的主要著作的出现却早于亚里士多德有关逻辑学的主要著作的翻译。这倒不是说在 6 世纪由波伊提乌所传播的亚里士多德逻辑理论无甚重要。但是问题在于,为什么它们突然间获得新的意义?为什么突然感受到将他有关逻辑学的著作翻译出来的必要性?

〔85〕 11 世纪晚期、12 世纪和 13 世纪的欧洲犹太人在欧洲的不同地方和不同时间里生活状况有着戏剧性的变化。在某些地方和某些时间,他们是残酷迫害和官方放逐的对象;而在其他一些地方和时间他们却能够与邻人相安无事,取得成功乃至政治上的影响力。在整个这个时期里,犹太人保留着他们自己的法律和法庭,同时也要服从王室法律。他们经常受到国王和平法令和城市自由宪章的特殊保护。

虽然犹太法对西方法的直接影响尚无法辨析,但是犹太思想对于那个时代的一般知识气候确实有所贡献。这是通过两种方式产生的。第一种是犹太思想的直接影响——尤其是在米德拉西(Midrash)中所表达的、在犹太思想家中所普遍使用的寓言推理传统,和以居住在法国北部的拉什(1040 ~ 1105)为中心以及一个世纪以后以摩西·迈蒙尼德(1135 ~ 1204)的著作为中心的理性学派。如同贝瑞尔·斯莫利所指出的那样,拉什对于 11 世纪晚期和 12 世纪早期若干重要思想家的影响可以直接辨别出来,而托马斯·阿奎那(1225~1274)和奥伯图斯·马格努斯(Albertus Magnus,约1200~1280)两人则均受到迈蒙尼德的影响。参见 Beryl Smalley, *The Study of the Bible in the Middle Ages* (Notre Dame, 1978), 尤其是
589 pp. 149–172,论拉什的影响;关于迈蒙尼德,参见 Wolfgang Kluxel, "Die Geschichte des Maimonides im lateinischen Abendland als Beispiel eines christlichjüdischen Begegnung", in *Judentum im Mittelalter*, *Miscellanea Mediaevaiia*, Ⅳ (Berlin, 1966)。

第二种影响方式较难辨别。基督教学者为了使他们对《旧约全书》有清晰的理解,便寻求与犹太知识分子接触,由此他们发现犹太人经常对字句有不同的翻译,对章节文字的解释也经常以完全不同的方式进行。这迫使基督教学者们重新审查他们的资料来源和他们的论证,并常常作出一些新的解释以对抗犹太人的知识和批评。Smalley, *The Study of the Bible*, pp. 364–365。以这样的方式,如罗伯特·切斯勒所说,"与基督教欧洲知识传统相并列的一种分离的知识传统的存在逼迫进行弱点的交锋和观念的激发,如没有两种传统的并列,这种情况是不可能出现的"。

尽管如此,无论是犹太思想还是犹太法律看来都没有对西方法律制度产生任何实体性的影响,至少流传下来的文献表明的情况是这样。斯莫利在他的书第157页注释2中引用 L. Rabinowitz, *The Social Life of the Jews in Northern France in the XII-XIV Centuries as Reflected in the Rabbinical Literature of the Period* (London, 1938),来说明"基督徒们精于犹太法律的例子为人所熟知"。但是,Rabinowitz 实际上只举出了一个例子,即一个研究犹太法律的基督徒最后皈依了犹太教的例子。

这种情况的一个根本原因可能是在犹太教中缺少宗教法与世俗法的分离:对于12世纪的犹太人来说,犹太法的每一部分都植根于作为上帝圣言的《圣经》以及作为上帝意志所选中者的犹太人共同体的特征之中。同时,《塔木德》强烈的决疑色彩也使它与西方法律思想不能相容,后者注重法律原则的系统化。

或许是由于类似的原因,在11世纪和12世纪,伊斯兰教对于西方法

律的影响也是微不足道的。虽然欧洲人对于伊斯兰文明感兴趣,但在那个时候他们的研究基本局限于天文学、占星术、数学以及医学。举一个例子,在11世纪晚期,一位为阿普利亚公爵罗伯特·圭斯卡德服务的突尼斯基督徒非洲的康斯坦丁(Constantinus Africanus)曾将若干医学著作由阿拉伯语译为拉丁文并把它们献给萨莱诺大学。只是在13世纪后期,西方法律的主要导向已经确定之后,阿拉伯哲学才在诸如托马斯·阿奎那和罗杰·培根这样的神学家中间具有了影响。参见 Johann Fueck, *Die arabischen Studien in Europa, bis in den Anfang des* 20. *Jahrhunderts* (Leipzig, 1955); R. W. Southern, *Western Views of Islam in the Middle Ages* (Cambridge, Mass.); F. Wuestenfeld, *Die Uebersetzungen arabischer Werke in das Lateinische seit dem XI Jahrhundert* (Göttingen, 1877)。

一个例外情况是由克吕尼修道院院长可敬者彼得(Peter the Venerable,1092~1157)造成的。有一次彼得为调停卡斯蒂利亚与阿拉贡之间的一场争执而到伊比利亚旅行,在那里他发现了两个具有阿拉伯知识的人在研究占星术。这两个人与彼得一道回到克吕尼修道院,其中的一位将《古兰经》译为拉丁文(虽然有许多脱漏和误译),另一位则翻译了一本有关穆罕默德教导的小册子。彼得将这些作品送给明谷的伯纳德,但是他的努力并没有导致对《古兰经》的广泛研究。如 R. W. 萨瑟恩写道的那样,《古兰经》的翻译是"一个终结而不是一个开端。对伊斯兰教的认真研究也不是可敬者彼得的同时代人或他的直接继任者所能接受的目标"。 590
Southern, Western Views, pp. 33 – 37。

只有到后一个世纪,由于诸如莱蒙德·马蒂尼(Raymundus Martini)和拉蒙·鲁尔这样的阿拉伯学家的著作,阿拉伯哲学在西方才得到普遍的接触和了解,并对各个方面的学者发生了影响。但即使这时,西方的法律制度似乎在很大程度上仍未被伊斯兰思想所触及。参见 Deno J. Geanakoplos, *Medieval Western Civilization and the Byzantine and Islamic Worlds* (Lexington, Mass., 1979), p. 159。

〔86〕 Knowles, *Evolution*, pp. 80 – 81.

〔87〕 罗伯托·昂格尔将欧洲历史上作为一种自治制度的法律概念的出现归因于一种超验理论、一种对集团多元化的信仰以及自由世俗国家的观念三者的聚合。参见 Roberto M. Unger, *Law in Modern Society: Toward a Criticism of Social Theory* (New York, 1976), pp. 66 – 76,83 – 86, 176 – 181。在他的分析和这里的叙述之间存在着某些显而易见的相似性,虽然他的更为哲学性的解释和这里的更为历史性的解释之间有着鲜明的反差。尽管如此,由于将西方的自治法律制度的概念的起源时期定为 17 世纪,由于将此概念与一种实证的政治和法律理论的出现相联系,昂格尔教授便回避了教会的政治和法律特性以及教会与国家间关系方面的严峻问题,这类问题乃是自 11 世纪晚期到 19 世纪的西方政治思想与法律思想的中心问题,并仍然以隐蔽的方式纠缠着包括自由主义和社会主义在内的西方世俗宗教。参见 Harold J. Berman, *The Interaction of Law and Religion* (New York, 1974)。

〔88〕 邓肯·肯尼迪在他的论文"Form and Substance in Private Law Adjudication," *Harvard Law Review*,89(1976),1685 中表达了对于法律思想中形式与实体之间相互依赖关系的类似信仰,但却对二者各自的性质有不同的看法。肯尼迪教授宣称在当代美国私法裁判中,法律的全部**形式**都可以归入两种对立的范畴,一种是"规则",它们相对狭窄和明确,并被认为要依据客观性和一般性而加以操作,另一种范畴是"准则",诸如公平、合理以及正当程序,它们相对宽泛,允许根据特别基础对于人和情势加以处理。肯尼迪教授又进一步宣称法律的全部**实体性目标**也归入两种对立的范畴之中,一种是"个人主义",他将其等同于自利、当事人自治以及互惠,另一种范畴是"利他主义",他将其等同于分享、牺牲和共同承担经济困难。为了完成这种循环,肯尼迪教授声称对于以规则的形式进行的法律论证的优先是与个人主义的实体目标相联系的,而对于以规范的形式进行的法律认证的优先是与利他主义的实体目标相联系的。他写道(第 1776 页),其中存在着交叉,但是"在一个更深的层面上……个人主义的形式主义者与利他主义兼非形式主义者是从决然矛盾的宇宙观出发而

产生影响的"。这种分析代表着与西方关于冲突的规则和准则(以及其他法律表达的冲突形式,如学说、概念以及类推)最终可以通过作为整体的法律体系而加以协调的传统概念的决裂。与此相似,它也与西方关于法律的冲突目标,不仅包括个人主义与利他主义,也包括其他对立的价值(例如,差异性与统一性、变化与连贯、自由与平等)最终可以在整个法律 591
体系的价值内获得协调的传统信念相决裂。不仅如此,由一个特定法律形式所服务的一个特定法律目的的范围不能抽象地回应,而只能在一个具体的历史场合中加以回应,这也是西方传统法律思想的一项假定。在某些社会(如共产主义社会)和某些领域甚至是所谓私法领域(如公社财产法)中,规则可以是更为利他主义的,而准则可以是更为个人主义的(用肯尼迪教授赋予这类词语的意义)。

通过将分析的结构变为一系列二元化(这些二元论本身最终也将变为一种单一的两难推理),肯尼迪教授对于普遍存在的对法律规则的怀疑论以及普遍存在的对依据法律准则而作判决的所谓"特别之治"(adhocracy)的信仰进行了引人注目的表达。当代的西方人发现很难信任法律规则,因为他是将它们视为与整个制度(这些规则是其中的组成部分)相脱节的东西。他发现容易信仰价值,因为他发现它们并没有受到在各种类型的案件中实现这些价值的必要规则的阻碍。这种"规则与价值的自相矛盾"被罗伯托·昂格尔揭示为现代自由思想的死亡性终结。参见 Roberto M. Unger, *Knowledge and Politics* (New York, 1975), pp. 88 – 100。

挖掘西方法律思想在 11 世纪和 12 世纪的起源的一个目的便是通过揭示内涵而表明作为具有 900 年历史的西方法律传统根基的综合性法律科学与在 20 世纪西方占据突出性(如不是统治性)地位的分散性法学之间的对立。

第四章 西方法律传统的神学渊源

〔1〕 *Encyclopedia Britannica*, 1969, ed., s. v. "myth."

〔2〕 这句话来自 *Book of Common Prayer*。它的渊源是《以西结书》

18:23。

〔3〕 见《诗篇》98:8 –9;《耶利米书》23:5;《弥迦书》4:3;《阿摩司书》5:18;《西番雅书》3:8 –11 和 1:15。

〔4〕 《尼西亚信经》(公元 325 年)。参见 J. N. D. Kelly, *Early Christian Creeds* (New York, 1950), pp. 215 –216。

〔5〕 《马太福音》25:31 –46。

〔6〕 见《法律选编》(一部约出现于公元 740 年的拜占庭皇帝颁布法律的选辑)的序言,载 Edwin H. Freshfield, *A Manual of Roman Law: The Ecloga* (Cambridge, Mass., 1926)。该选编开端即说:"本法律选编由机智而仁慈的皇帝利奥和康斯坦丁以简明的形式予以安排,内容来自查士丁尼大帝的《法学阶梯》、《学说汇纂》、《法典》和《新律》,并循着更大仁慈的方向进行修订,通过本世界第 6234 年第 9 号指令在 3 月发布。"

〔7〕 参见 Jaroslav Pelikan, *The Christian Tradition*, vol. 2, *The Spirit of Eastern Christendom, 600 –1700* (Chicago, 1974), pp. 279 –280。东正教从来没有发展出关于善功、赎罪、炼狱以及余功理论。某些东方神学家曾引入了一些与炼狱有某些类似的观念,但是它们在东方教会中从来没有获得广泛的接受。永罚学说被拒绝接受,并且一般而言,法律思想在东方神学中只起到了微小的作用。

〔8〕 Eugen Rosenstock-Huessy, *Out of Revolution: The Autobiography of Western Man* (New York, 1938), pp. 509 –510.

592 〔9〕 这是"部分赦免",通常按年、月、日或"四十天"("quarantines",四旬斋期间)而判给。赦免期**不是**参照惩罚时间,而是参照补赎时间;例如,6 年的赦免在价值上相当于生活在早期教会的悔罪纪律下的 6 年。

〔10〕 John T. McNeill and Helena M, Gamer, *Medieval Handbooks of Penance* (New York, 1938), p. 17. 参见 Bernard Poschmann, *Penance and the Anointing of the Sick* (New York, 1964), chap. 1, n. 41a, pp. 147 –149。波希曼指出(第 148 页),"赦罪"(*absolvere*)进入补赎圣礼相当晚,在很长时间里,它被视为罪人自己的补赎事功。在他看来,"对罪孽的宽恕[在 11

世纪以前被视做]首先是实现个人的补赎事功",因而没有"为一项真正的赦罪行为留下……余地",并且"在最后的分析中赦罪表现出缺乏内涵",这一事实乃是早期实践的一个"根本性的困难"。对于早期实践的这种解释完全反映了11世纪和12世纪改革家们的见解。

〔11〕 *De Vera et Falsa Poenitentia*, Migne, PL. 40. 1113,写于约公元1050年,并错误地归于圣奥古斯丁名下。在后来的一个世纪里,这本论著曾被格拉提安以及其他教会法学家所广泛使用。在16世纪,伊拉斯谟对它作了详尽的注释;路德否认它的权威。正文中引用的一节在第1129页。

〔12〕 Ibid.

〔13〕 *De Vara et Falsa Poenitentia*, *Chaps.* 10, 18, *Migne*, PL. 40. 1122, 1128. Poschman, *Penance*, p. 158, n. 3,指出施加暂罚的权力与施加永罚的权力之间的等同并没有在传统的教义上增加新的东西。但是这种说法忽视了这本小册子作者的一个观点,即所论及的暂罚及是在这个世界里的暂罚,而不是在来世中的暂罚(炼狱)。

〔14〕 See George H. Williams, *Anselm*: *Communion and Atonement* (St, Louis, 1960), p. 18.

〔15〕 Poschmann, *Penance*, pp. 156 – 183, esp. pp. 178 – 179.

〔16〕 有许多作品论及兰弗朗克和贝朗瑞之间的论争,包括Hasso Hofmann, *Repräsentation*: *Studien zur Wort-und Begriffsgeschichte von der Antike bis ins* 19. *Jahrhundert* (Berlin, 1974)一书中进行的附有对权威文献的引证的有益讨论。参见Joseph Ghellinck, *Le Mouvement théologique du douzième siècle* (Bruges, 1948), p. 72。又见R. W. Southern, *Saint Anselm and His Biographer* (St. Louis, 1960), p. 21。在1080年,即他的观点遭到官方谴责之后大约第21年,贝朗瑞最终宣布放弃他的观点。

〔17〕 "变质"一词,(东方教会不知道这个词)只是到了12世纪中期才开始流行;变质学说直到1215年第四次拉特兰宗教会议上才为官方所接受。不过,圣体奉举礼在12世纪早期的弥撒礼中已初露端倪。参见

Colin Morris, *The Discovery of the Individual*, 1050 – 1200 (New York, 1972), p. 142。在 13 世纪,酒不给予俗人,除非最值得尊敬者。

按照圣托马斯·阿奎那的观点,饼与酒的“实质”是“在诵读该辞[Hoc est corpus meum]的最后一刻”变为基督神奇的肉与血的。*Summa*
593 *Theologica*, pt. Ⅲ, qu. 75, art. 7, reply obj. 3。“这种圣礼的至善境界并不取决于信徒的参与,而取决于这些要素的献祭。”Ibid., pt. Ⅲ qu. 80 art. 12, reply obj. 2。“这一点将它与其他所有圣礼区分开来。”Ibid., pt. Ⅲ, qu. 73, art. 1。只要主持献祭的教士既接受了圣饼又接受了酒,不给俗人以酒并不影响其有效性。Ibid., pt. Ⅲ, qu. 80. art. 12, reply obj. 2.

〔18〕 1264 年教皇乌尔班确立了基督圣体节,以庆祝圣体的奉举。罗森斯托克 – 胡塞称它为“教皇革命的教会节日”。*Die europäischen Revolutionen*, 2nd ed. (Stuttgart, 1951), p. 168。时至今日,在人口主要是罗马天主教徒的地方,它仍然是规模最大的大众化节日之一。

对于变质说,德国伟大的历史学家兰克写道:“教士特权在实质上也是与这个信条相关联的。”Leopold von Ranke, *Deutsche Geschichte im Zeitalter der Reformation* (Leipzig, 1867), p. 157.

〔19〕 正如乔治·威廉斯所表明的那样,安塞姆之前的赎罪理论主要与洗礼的奇迹相联系,通过洗礼,人便由于等同于耶稣的复活而从死亡和恶魔的控制之下获得解放。洗礼的重点在于强调再生以及放弃一个人在皈依前生活的恶魔控制。与此相反,安塞姆及其后继者们将救赎主要与圣餐礼相联系,圣餐礼与洗礼形成对照的是它是一种重复性圣礼,在 11 世纪它要以补赎圣礼为先导。从那以后,圣餐礼便被认为是将人从罪孽中解救出来的圣礼。“所关注者不再是对人皈依前生活中恶魔控制的背弃,而是对于人在洗礼之后罪孽的补赎的履行。”Williams, *Anselm*, p. 13。威廉斯指出(第 24 页),根据新的理论,圣餐礼“使得更大程度地参与赎罪,也就是通过圣礼而与基督实际地结合在程度上要高于通过圣礼的再生成为可能”。但是要注意到通过圣礼而与基督相结合指的是与十字架上的基督而非复活的基督的结合。因而,与教会史上第一个千年中的洗

礼中心相对照的第二个千年中的圣餐中心是与后来对于上帝在人类史上的道成肉身相联系的，这与早期对于人在天国中的神化的强调形成了对比。

〔20〕 参见 Pelikan, *Christian Tradition*, Ⅱ, 138。佩利坎指出，基督复活对于东方救赎学说的中心地位在圣餐礼和神学家著述两方面都得到突出："圣体判定的言辞扩大到包括这样的诫命：'每当你食此饼、饮此酒，你要宣称我的［基督的］死亡，**你要承认我的复活**'……在圣餐中所表现的复活乃是由基督通过钉死于十字架之上和复活而战胜哈得斯（Hades）的力量而构成的救赎的决定性的内容。"佩利坎又指出东方的"圣餐礼派神学家"进一步发展了同样的主题："圣餐礼的语言使得战斗与胜利的主题成为一种描述拯救方式的一种自然方式。"

〔21〕 Petrus Lombardus, *Sentantiarum Libri Quatuor*, *Migne*, *PL*
192. 519。在 Book Four, Dist. Ⅱ（col. 841）中，作者简单地说："现在我 594
们总计新法律中的圣事，它们是洗礼、坚信礼、饼的祷告即圣餐礼、补赎礼、膏礼、授圣职礼和婚礼。"他并没有对于这种排列加以解释或提供权威依据予以支持，从此以后，它被作为对圣事的完整列举而视为当然。值得注意的是，彼得·伦巴德（col. 839）在为一项圣事下定义的时候，不仅根据圣奥古斯丁所谓作为"上帝恩典的一个标志"，而且也将它作为它所表示的恩典的一种"动机"。在东方情况相反，直到非常晚近，在某种程度上直到今天，在以可以感知形式表现的上帝的各种恩典之间过去与现在都没有加以明显的划分。圣徒在圣像中的存在、蜡烛的点燃以及圣礼过程中的任何部分和每一个部分都是一种玄秘（因而是一种圣事），并具有神奇的恩典授予力量。教会本身便是一种圣事；教堂是一座上帝本人居住以及他的显示可以感受到的房子。然而在西方，这类玄秘事项逐渐被称为与"圣事"相对照的"准圣礼典"，只有以特定形式举行的特定的礼仪才被认为是要"通过它自身的力量"（*ex proprio vigore*）以圣礼的形式而进行。

〔22〕 圣奥古斯丁提供了所有后来时代的智慧；不过，虽然无论是圣安塞姆（他经常被称为经院主义神学的创始人），还是圣托马斯·阿奎那

(他是经院主义神学的最著名的阐述者)都自认为是奥古斯丁的信徒,如果像有些人所做的那样,将奥古斯丁等同于经院主义却是不正确的。其间最主要的区别是奥古斯丁并没有在理智与信仰之间进行明显的区别,他寻求知识并不是为着他自身的缘故,而是为着与上帝的联合。在这方面他依循的是东方基督教神学的传统,这种传统“从来没有在神圣玄义和神学之间,在个人对于上帝玄秘的体验与教会所确认的教条之间作出明显的区分”。Vladimir Lossky, *The Mystical Theology of the Eastern Church* (London, 1957), p. 8。罗斯基指出(p. 104):“东正教教会的神学……从来没有尝试在一个教义体系方面与哲学订立同盟;尽管内容丰富,东方的宗教思想却从来不具有一种经院主义。如果说它包含着基督教神秘直觉的特定要素的话,思考也总是被与上帝联合的中心观念所控制,而从未获得一种体系的特征。”从这个角度出发,罗斯基将圣奥古斯丁置于基督教时代头五个世纪权威的教父的行列之中,他们的神学在11世纪之前的东方教会与西方教会都同样盛行。

在将神学定义为“对上帝的性质的描述或解释”时,圣奥古斯丁追随了希腊的习惯说法。参见 *City of God* (trans. Marcus Dods) 8. 1 and 6. 8。不过,他所进行的描述和解释用的却是哲学的术语,他将这种哲学看作是智慧,其真实性要靠关联性而加以检验。因此他写道所有的柏拉图派哲学家都对“神学中他们称之为物质的亦即自然的部分”有深入的研究,他特别提到柏拉图的一个论证。即在躯体与思想的可变形式背后,必然存在一种不可变的和不容任何比较的第一形式,那就是上帝。*City of God*, 8. 6。他赞美这种见解符合《出埃及记》里的一段描述:当摩西问上帝的名字时,上帝答道:“我是自有永有的;你要对以色列人这样说,那自有的打
595 发我到你们这里来。”圣奥古斯丁发现在自有的摩西的上帝与柏拉图认为存在于一切现象背后的永远不变的形式之间存在如此巨大的相似性,以至于他“几乎倾向于”相信柏拉图必定读过《圣经》。*City of God*, 8. 11。

耶维斯·康加写道,奥古斯丁相信一种“真正的神学”会引导异教徒

信仰基督教。“但是对于他来说,这种真正的神学仍然只是一种如柏拉图主义一般的哲学……的确,要使 theologia(神学)一词具有对于我们的那种含义,我们看来还必须等待阿伯拉尔。”Yves Congar, *A History of Theology* (New York, 1968), p. 32。埃田尼·吉尔森也强调了——确实是过分强调了——柏拉图主义在圣奥古斯丁思想中的作用;然而,当转向圣安塞姆(他反复地说他唯一的雄心便是重述他的老师奥古斯丁所已经说过的东西),吉尔森便面临着这两个人在思想方法上的巨大差异。吉尔森写道,安塞姆和他的弟子们“在神学史上以他们在对所有的启示真理给予合理的展示中的粗心而闻名……这种为启示教条而寻求必要的理性的鲁莽雄心从来没有进入奥古斯丁的头脑之中。”Etienne Gilson, *Reason and Revelution in the Middle Ages* (New York, 1938), p. 27.

不只是圣奥古斯丁,实质上在教会史的第一个千年中,无论是东方还是西方,所有的神学家都会同意罗斯基的“概念神学”应不惜任何代价而加以避免的说法,因为这种学说将挫败本来是“走向无限”的神学目标。他写道,东方的思想态度“拒绝构想关于上帝的概念”。它“彻底排除所有将使上帝智慧的玄秘适应人类思想方式的抽象的和纯粹的知识神学。它是一种涉及全部人的存在态度:不存在脱离经验的神学;有必要去改变、去成为一个新人……上帝知识的方式必然是神化了的人的方式”。Lossky, *Mystical Theology*, p. 39。11 世纪晚期以及此后的西方神学家却表达了一种不同的态度。他们寻求将神学概念化,使上帝的属性适应人类的思想方式。对于他们来说,神学是与神圣玄义与个人灵性相分离的。例如,安塞姆是一位神秘主义者和诗人,但是当他打算“只凭理性”证明神圣玄秘的时候,便把它们抛在一边。他力求在人的范畴中包括神的性质——是将上帝降到尘世,而不是将人抬上天国。对于 11 世纪晚期和 12 世纪的经院学者来说,上帝知识的方法是道成肉身的方法,而不是将人神化的方法。

关于作为“经院主义神学的缔造者”的安塞姆,和关于作为要对 *theologia* 一词在“新的意义上”大众化而负责者的阿伯拉尔,参见 Ghellinck,

Mouvement théologique, p. 83。

〔23〕 Anselm. *Proslogion*, *seu Alloquium de Dei Existenta*, Migne, *PL* 158. 225。参见 M. J. Charlesworch, *St. Anselm's Proslogion* (Oxford, 1965),包括原文和英文翻译。关于安塞姆,一般的论述见 Southern, *Saint Anselm*。圣奥古斯丁曾写道,"你应当理解你所信仰者"(*quod credis intelligans*),并引用《以赛亚书》里的说法,"假如你不欲信仰,便不必理解"(*nisi credideritis*, *non intelligetis*)。参见 L. Schoop, ed., *The Fathers of the Chruch*: *A New Translation*, Ⅱ (New York, 1953),300,301 –302。不过,
596 圣奥古斯丁的重点在于以理智之光或理解而影响通过信仰所知道的东西,而圣安塞姆的重点却是对于启示的真理进行合理的证明或展现。奥古斯丁的"理解"近于智慧;安塞姆的"理解"则近于科学。(以赛亚的意思与二者均大不相同。)

〔24〕 Anselm, *Cur Deus Homo*; Migne, *PL* 158. 359 –431. See John McIntyre. *St. Anselm and His Critics*: *A Reinterpretation of the Cur Deus Homo* (Edinburgh, 1954).

〔25〕 "通过他在十字架上的死他补偿了上帝的正义,使我们得以摆脱罪孽而获自由,制服了撒旦的力量并恢复我们以恩典。从那时起天国之门便向我们敞开。但是为了进入,我们必须参加赎罪……**在圣经中,基督的复活与他的死相联系:它是赎罪的必要组成因素,尽管不是实质性因素**。通过他的死,基督将我们从罪孽中解放出来,并敞开了天国之门;通过他的复活,他向我们预示并恢复了由于亚当的罪而失去了的生活……当然,基督值得以其死而换得罪的宽恕、正义和荣耀,但是按照神意的计划,只有当复活之后使徒们才出走和布道,只凭复活我们便可以得到宽恕。" Rev. J. S. Considine, "The Passion, Death, and Resurrection of Christ", in St. Thomas Aquinas, *Summa Theologica*, 1st complete Amer. ed. trans. Fathers of the English Dominical Province (New York, 1948), Ⅲ, 3426, 3436(着重号系后加)。又见 Williams, *Anselm*, p. 9,作者在这里令人信服地将《上帝何以化身为人》解释为一种圣餐礼理论。

〔26〕 William J. Wolf, *No Cross*, *No Crown*: *A Study of the Atonement* (*New York*, 1957), pp. 19 – 20.

〔27〕 参见 Williams, *Anselm*, p. 25。在崇拜的形式上也出现了并行的变化。因此,Morris, *Discovery of the Individual*, p. 142,指出在 12 世纪"一种新的祷告姿势被广泛接受,后来成为惯例;跪倒在地、两手合拢。这是一种效忠的姿势,它被用来表达信仰者对他的主的个人忠诚"。在那以前人们是拜倒在地的,如在东方教会中仍然实行的那样。

〔28〕 参见第二章注释〔26〕。在 809 年,查理曼将"及子"条款作为他自己的帝国教堂中的信经的组成部分;教皇利奥三世在罗马没有接受对信经的这种修改,虽然他已接受了它所反映的教义。直到 1014 年罗马教廷才接受对圣礼的变革,采纳了"及子"条款。这是导致 1054 年教会的东西两部分分裂的主要原因,并且依然是它们重新联合的一个障碍。参见 Kenneth Scott Latourette, *A History of Christianity*, I (New York, 1975), 303; 又见 Pelikan, *Christian Tradition*, Ⅱ, 183 – 198。

〔29〕 See also *Proslogion*, chaps. 9 – 11, Migne, *PL* 158. 231 – 234.

〔30〕 *De Vera et Falsa Poenitentia*, chap. 10, Migne, *PL* 40. 1122.

〔31〕 Ibid.

〔32〕 Ibid.

〔33〕 See Southern, *Saint Anselm*, p. 98.

〔34〕 See Robert D. Crouse, "The Augustinian Background of St. Anselm's Concept of Justitia", *Canadian Journal of Theology*, 4 (1958), 111.

〔35〕 在《上帝何以化身为人》中,安塞姆曾问只凭仁慈而赦免罪孽而不要求任何补偿或惩罚对上帝是否适当。他指出"对于上帝来说,在他的治下不规则地(*inordinatum*)赦免任何东西都是不适当的",以同样的方式对待罪与非罪"对于上帝并不适当"。他接着又说:"也要注意这一点。 597
人人皆知人的正义是由法律加以规定……但是如果罪孽既得不到宽恕,又得不到惩罚,它便不服从任何法律的规定……因此,只凭仁慈而赦免的

不正义较之看来极为不当的正义要更为自由。” *Cur Deus Homo*, bk. 1, chap. 12, Migne, *PL* 158. 377. 在 BK. 1 chap 24 中安塞姆又回到这一问题上来,他指出若上帝只是宽恕人的不服从将导致人得到赐福,对其罪孽不再追究。“对上帝这边来说,这样的仁慈真正是与他自身相矛盾,他的仁慈不可能属于这一种。”这就引起了安塞姆的学生如此说,“如果上帝运用正义的方法,那么无耻之徒便无计可逃;上帝的仁慈似乎就会消亡”。对此安塞姆答道,“你曾要求理性,现在就接受理性,我并不否认上帝是仁慈的……但是我们现在所谈的乃是人在此生过后,上帝赐福于他们的最大仁慈。这样,我想通过前面所提供的理由我已经充分表明了除非罪孽已被完全赦免,死后升天的赐福不应给予任何人,同时也表明了除非因为罪孽[和]依据罪孽的大小而欠下的债得到了偿还,便不应给予这种赦免。” Migne, *PL* 158. 397 – 398.

〔36〕 See Gottlieb Söhngen, *Grundfragen einer Rechtstheologie* (Munich, 1962), and “Rectitudo bei Anselm von Canterbuty als Oberbegriff von Wahrheit and Gerechtigkeir”, in H. K. Kohlenberger, ed., *Sola Ratione*: *Anselm-Studien für Pater Dr. h. e. F. S. Schmitt* (Stuttgart, 1970).

〔37〕 关于宗教改革后的代受惩罚理论,参见 Wolf, *No Cross*, *No Crown*, p. 109。无论是路德,还是加尔文,都从安塞姆的救赎观念中吸收了许多内容。不过,加尔文将问题的基础从由于对上帝荣耀的破坏而有必要赎罪转换为由于破坏了他的法律而有必要赎罪。因此,基督被钉死于十字架上便被加尔文视为人的全部罪与罚转移给基督。加尔文的观念被他的追随者们相继改变为这样一种上帝观,即把上帝作为“完整的和完善的正义,由此而来的是他不容邪恶,也不会允许存在冤仇未报的状态”。参见 Theodorus Beza, “Confessio”, *Theol. Tract.*, Ⅱ, 2, quoted in Hugo Grotius, *A Defence of the Catholic Faith concerning the Satisfaction of Christ against Faustus Socinus*, trans. with notes and hist. intro. by F. H. Foster (Andover, Mass., 1899), p. xiv。索齐尼(Socinus)认为由于上帝系受到侵犯的当事人,而非执掌由他人颁布的法律体系的法官,因此他可以简单

地宽恕对他的侵犯行为。在回答这一论证时,格劳秀斯(Grotius)对于上帝以私人权能所为的行为和以公共权能所为的行为作了区分;他强行惩罚是作为统治者而进行的。福斯特(Foster)指出这种"政府"理论传给了英国的加尔文派信徒们,并由此带到了美洲殖民地,在那里,如乔纳森·爱德华兹这样的人便强调"哪里有道德的创造物存在,哪里便必须有一个道德的政府……为了有一个道德的政府,便必须有一种刑罚……如果一种刑罚遭到斥责,而从未加以施行,法律便成为无法……如果上帝通过刑罚的施行而维持他的法律的权威,便会显示出他在他的政府的立法与行政两方面的行为是一致的……但是如果法律的权威得不到支持,便是鼓励和诱发罪孽而不是限制它。"因此,基督被钉死于十字架上乃是神圣法律所强制的行为。基督的受难取代了对于罪人的惩罚,目的在于提供一个能够达到使人们较之刑罚处罚更为顺从的范例。Grotius, *Defence*, p. li。这种:"主观"或"范例"理论曾得到阿伯拉尔的辩护,但在宗教改革之 598
前却遭到普遍拒绝。

〔38〕 *Cur Deus Homo*, bk. 1, chaps. 13 – 14, Migne. *PL* 158. 379, 381.

〔39〕 See St. Thomas Aquinas, *Summa Theologica*, pt. Ⅱ-Ⅱ, qu. 62, arts. 3,6.

〔40〕 See Svend Ranulf, *Moral Indignation and Middle Class Psychology* (New York, 1964).

〔41〕 *De Vera et Falsa Poenitentia*, chap. 20, Migne, *PL* 40. 1129 – 30.

〔42〕 这句话是奥利弗·温得尔·霍姆斯法官设想他要对一名将被处死的犯罪者所说的一席话中的一句。参见 Harold J. Berman, *The Interaction of Law and Religion* (New York, 1947), p. 168, n. 18。

〔43〕 "Non enim consisteret peccatum, si interdictio non fuisser." Peter Lombard, *Sententiarum Libri Quatuor*, Migne, *PL* 192. 734.

〔44〕 Peter Abelard, *Ethica*, *seu Scito Te Ipsum*, chaps. 5 – 7, 12.

Migne, *PL* 178. 647 – 653; D. E. Luscombe, ed., *Peter Abelard's Ethics* (Oxford, 1971), pp. 38 – 49, 55. See Stephen Kuttner, *Kanonistische Schuldlehre von Gratian bis auf die Dekretalen Gregors IX* (Vatican City, 1935), pp. 4 – 6, 19 – 20. On Gratian, see Kuttner, "The Father of the Science of Canon Law", *Jurist*, 1(1941), 2. 格拉提安不朽的著作《歧异教规之协调》(*Concordia Discordantium Canonum*)被公认标志着教会法从神学中的第一次分离。饶有兴趣的是,僧侣格拉提安是博洛尼亚的一位教授"实践客观神学"(*theologia practica externa*)的教师。参见 Hans Erich Feine, *Kirchliche Rechtsgeschichte*, Ⅰ (Weimar, 1950), 228。格拉提安受到了阿伯拉尔的强烈影响,而阿伯拉尔则受到了安塞姆的强烈影响。

〔45〕 在现代各国刑法制度中,通常规定应受惩罚的行为必须构成对社会希望保护的利益的损害。苏联刑法制度在这方面比起其他国家走得更远,因为它规定以"社会危害性"而确定一项行为的犯罪性。这非常类似于教会法学家的一项行为要构成教会法上的犯罪必须构成针对教会的一桩丑闻的概念。如果社会危害性(或丑闻)本身必须构成一种社会性损害从而使该行为应受惩罚的话,那么社会危害性(或严重犯罪)在术语学上并不存在特别的道德或不道德;不过,如果只是具有导致损害的倾向便足以导致的行为的处罚(或仅仅是社会滋扰的感觉),那么刑法干预是否正当便成为问题。参见 Harold J. Berman, *Soviet Criminal Law and Procedure: The RSFSR Codes*, 2nd ed. (Cambridge, Mass., 1972), pp. 21, 37。

〔46〕 See Kuttner, *Kanonistische Schuldlehre*, p. 189.

〔47〕 阿伯拉尔关于罪孽的观点在 1140 年桑斯(Sens)宗教会议上遭到教皇英诺森二世的谴责。参见 Luscombe, *Peter Abelard's Ethics*, pp. 9n, 15n, 21n, 24n, 38n, 46n, 63n, 162n。然而这一谴责乃是针对脱离了其上下联系或被夸大了的具体主张而发出的。阿伯拉尔的主要贡献,即他对他为导致一项行为在道德上是善还是恶的因素的意向的强调却在教会法上得到普遍接受。因此,一名刽子手服从法律而吊死一个人,他的行

为便没有任何罪孽性,但是若出于个人仇恨的动机而吊死那个人,他便犯下了一桩罪孽。(教会法学家借用 *malum in se*[本性不法行为]的范畴来表述无论意向如何皆为罪孽的行为,但是在事实上,它们是一些其意向毫无例外都是罪孽性的行为。)阿伯拉尔在倾向于去犯下一桩罪孽与对犯罪孽的内心的同意之间所作的区分也被接受:他说,一个坏的倾向并不必然包含对上帝意志的藐视和违反。不过,即使是对犯下罪孽的内心同意或 599
决定,也不能由尘世间的法院予以惩罚(虽然教会在天国的法院可以惩罚),除非它本身表现为一种外在的行为,阿伯拉尔这样说(这一观点也被教会法学家所普遍接受——虽然不是完全接受)。阿伯拉尔指出,应在尘世间加以惩罚的是罪孽的行为而非罪孽本身。这不仅导致了如正文中所表述的那种应受惩罚性的更高的标准,而且也导致了对于世俗考虑要求更为严苛地处遇方面的更低的标准。因而,一个因疏忽大意而杀死了她的孩子的妇女应受到严厉的处罚,"并非由于她犯下的过错,而是为了使她或其他妇女今后处理这类问题时更加谨慎"。与此相似,罪孽虽小却是公之于众者较之罪孽虽大却仍处在秘密状态者受到的处罚要更加严厉,因为公开的罪孽能够通过其范例而鼓励其他人犯罪。"无论怎样的行为,只要它能够加重共同的堕落或公共的损害,便应以更重的矫正措施予以惩罚……并且丑闻越大,对涉及的人的处罚也越重,即使导致导闻的只是个轻微的过错……这种做法与其说是符合正义的义务,不如说是符合政府的实际效用,也就是如我们所说的那样,保证防止公共损害的共同利益。"Ibid., pp. 38 – 39,42 – 43,44 – 45。

〔48〕 Duttner, *Kanonistische Schuldlehre*, pp. 25 – 28,反复论述该问题。对正文中论证有效性的最佳证据是对于"藐视"的压倒性关注。见该书注释〔50〕的讨论。

〔49〕 Ibid., pp. 377 – 379.

〔50〕 Ibid., pp. 28 – 38.

〔51〕 Gabriel Le Bras, "Canon Law", in G. G. Grump and E. F. Jacob, eds., *The Legacy of the Middle Ages* (Oxford, 1926), p. 357.

〔52〕 对于11世纪和12世纪对圣母玛丽亚的崇拜的最好的描述可能仍然是 Henry Adams' s *Mont-Saint-Michel and Chartres* (New York, 1913)。

〔53〕 See (from the twelfth century) *The Art of Courtly Love by Andreas Capellanus*, with intro. trans., and notes by J. J. Parry (New York, 1941).

〔54〕 See Udo Wolter, *Ius Canonicum in Iure Civili* (Cologne, 1975), p. 45; see also Helmut Coing, "English Equity and the Denunciato Evangelica of the Canon Law", *Law Quarterly Review*, 71(1955), 223.

第五章 教会法:第一个西方近代法律体系

〔1〕 参见《马太福音》18:15-17;《哥林多前书》5:1-5,7:12-8:13,11:5-16;《使徒行传》1:23-26,2:44-45,4:32,15:5-29,16:4。

〔2〕 英文译文参见 *The Didache*, ed. and trans. J. A. Kleist (Westminster, Md., 1948); R. H. Connolly, *Didascalia Apostolorum*, ed. and trans. R. H. Connolly (Oxford, 1929); *The Statutes of the Apostles or Canones Ecclesiastici*, ed. and trans. G. W. Horner (London, 1904)。注释和书目参见 Johannes Quasten, *Patrology*, Ⅰ (Westminster, Md., 1950), 29-39, and Ⅱ (1953), 119-120, 147-152; Erik Tidner, *Sprachliches Kommentar zur lateinischen Didascalia Apostolorum* (Stockholm, 1938)。

〔3〕 第3世纪在北非举行的若干次宗教会议所决定的事务中的一项是如何对待那些在迫害之下曾彷徨退缩而后又悔过的"堕落过的"基督
600 徒们。阿尔勒会议(公元314年)规定任何人不得重新受洗。在尼西亚宗教会议上,主教们行使了更为广泛的权力,包括确认旧的习惯(例如,涉及主教的选举的第4条教规,关于保留亚历山大和安蒂奥克主教管区特权的第6条教规)、取消从前的习惯(例如,第15条教规取消了流动性主教、教士和副主祭)以及颁布新法律以适应新形势(如规定了副主祭的圣礼职能的第18条教规和规定对希望重归教会的"保罗派"人员进行再洗礼的

第 17 条教规)的权力。参见 *The Disciplinary Decrees of the General Councils*, ed. and trans. H. J. Schroeder (St. Louis, 1937), pp. 8 – 58。

〔4〕 教会法的第一部汇编由安蒂奥克的梅勒蒂奥斯(Bishop Meletios of Antioch,死于 381 年)编辑,内容包括公元 4 世纪的五次地方宗教会议的教规。在查尔西登(Chalcedon)宗教会议(451)上——这是第四次普世(全教)会议,第二次于 381 年开于君士坦丁堡,第三次于 431 年开于以弗所——这部由 104 条教规构成的汇编获得通过,其中包括在尼西亚和君士坦丁堡会议上所发布的教规以及来自梅勒蒂奥斯主教的汇编的教规。在 6 世纪早期,查士丁尼皇帝发布敕令:“我们接受这四次会议[尼西亚、君士坦丁堡、以弗所以及查尔西登]的宗教教导为神圣的权威文件,我们将[它们所颁布的]教规作为法律予以遵守。”Just., Nov. 131. 自那以后,在东方又举行了四次普世宗教会议,一次在 553 年(第二次君士坦丁堡会议),一次在 680 年(第三次君士坦丁堡会议),一次在 787 年(第二次尼西亚会议),一次在 869 年(第四次君士坦丁堡会议);不过,最后一次的普世性质存在争议。在 692 年,第五、六宗教会议(Quinisext Council)又称石顶圆屋宗教会议(Council in Trullo)颁布了一部教规汇编,对于第五、六两次(因此称“quinisext”)普世会议(第二、三次君士坦丁堡会议)的教规予以补充;“石顶圆屋”汇编在西方遭到非议,但却是后来东方汇编的基础,这些汇编包括 879 年在君士坦丁堡举行的福提乌斯会议(Photian synod)颁布的教规,它们废除了 869 年宗教会议的法令。一般认为福提乌斯汇编代表了古典东方教会的终点。参见 p. A. de Lagarde, *Reliquiae Iuris Ecclesiasticae Antiquissimae Graece* (Leiqzig, 1856); J. A. Zallinger, *Des Canons et des collections canoniques de l' Église grecque* (Paris, 1858); J. B. Pitra, *Iuris Ecclesiastici Graecorum Historia et Monumenta*, Ⅰ (Rome, 1864)。又见注释〔5〕。

东方的汇编构成了西方早期教会法汇编的基础,在西方,第一个重要的汇编是公元 500 年左右编于罗马的《迪奥尼修斯汇编》(*Collectio Dionysiana*)。该汇编后来以各种版本复制和流布,其中之一称为《哈德里安集》,由教皇哈德里安于774年送给查理曼。另一部重要的汇编名为《西班牙集》,编于7世纪的西班牙。后来它被归入塞维利亚的圣伊西多尔名下。它包括了高卢和西班牙地方宗教会议的立法。注意不应将它与9世纪法兰克的伪造品、同时也托名塞维利亚的圣伊西多尔的《伪伊西多尔教令集》或称《伪教令集》相混淆(见第2章)。《伪伊西多尔教令集》一部分内容以《西班牙集》为基础。它的作者的首要目的之一是反对主教听命于世俗当局以及与世俗当局密切结合的大主教们。在这方面,古代的教规被以提高罗马主教的权威为目的予以篡改和伪造,在11世纪和12世纪,教皇党将这些教规作为教皇至高无上的宣言。虽然《伪伊西多尔教令集》的权威性曾偶尔受到怀疑,但直到16世纪伊拉斯谟以及其他人最终证明
601 它为伪造品之前,它一直被作为权威文件对待。无论是《西班牙集》还是《伪伊西多尔教令集》,在内容编排上较之早期的教规汇编都是一种进步,它们虽然仍按编年顺序排列,但也依照一些专题进行再分类。尽管如此,第一部在较大范围内以专题事项(圣事、圣礼、道德犯罪等)加以排列的教会法汇编却是1010年由法兰克—日耳曼人的沃尔姆斯城市的主教兼君主伯查德编辑的《教令集》。整体可见 Paul Fournier and Gabriel Le Bras, *Histoire des collections canoniques en Occident*, Ⅰ (Paris, 1931); Alfonso van Hove, *Prolegomena ad Codicem Iuris Canonici* (Rome, 1945)。

〔5〕 人们经常忘记罗马法的许多内容(不只是在古代,也包括古典和后古典时期)具有一种宗教特征。希腊语中法律一词,*nomos*(相当于拉丁词 *lex*),最终与 *canon*(教规)一词合成一个组合词:*nomocanones*,在6世纪到10世纪拜占庭皇帝们定期颁布的将世俗法规与宗教法规合在一起的汇编即以此词为标题,这些汇编有时就像西方的皇帝们于8世纪和10世纪之间所颁布的教会法一样,被研究早期教会法的学者们忽略了。对于 *Nomokanon in Fifty Titles* 和 *Nomokanon in Fourteen Titles* 的讨论载 J. A. B. Mortreuil, *Histoire du droit Byzantin*, Ⅰ (Paris, 1843), 217, 481; 又见 Zachariae von Lingenthal, *Die griechische Nomokanon*, *in Memoires de l'academie imperiale des sciences de S. Petersburg*, Ⅱ (St. Petersburg,

1977)，2。由利奥三世皇帝所颁布的《法律选编》的希腊文和英文翻译载 E. H. Freshfield, *Roman Law in the Later Roman Empire*; *The Isaurian Period*: *The Ecloga* (Cambridge, 1932)。又见 Mortreuil, *Histoire*, Ⅰ, 357 – 372。

〔6〕 Rudolph Sohm, *Das altkatholische Kirchenrecht und das Dekret Gratians* (Leipzig, 1914).

〔7〕 Stephan Kuttner, "Some Considerations on the Role of Secular Law and Institutions in the History of Canon Law" (Paper read at the Conference on Law and the Humanities held by the American Council of Learned Societies, Dumbarton Oaks, April 12 – 13, 1950), p. 356。库特纳教授补充道:"索姆**应当**指出的对立是两种不同的法律思想模式,即 12 世纪辩证的合理性与早先世纪的直线形传统主义之间的对立。"

〔8〕 *Dictatus Papae*, chap. 7. See chapter 2 at note 12.

〔9〕 See Gabriel Le Bras, Charles Lefebvre, and Julius Rambaud, *Histoire du droit et des institutions de l' Église en occident*, vol. 7, *L' Age classique*: *Source et theorie du droit*, 1140 – 1378 (Paris, 1965), p. 133.

这里也并不试图挽救索姆论点中的另一个主要内容,即格拉提安的著作属于"旧的天主教法"的早期时代,在本质上它是一件圣礼性法律的作品,只是在格拉提安之后才有了圣礼权(圣职权力)与司法管辖权的明显划分。与这种观点相反,格拉提安强调教皇以及主教的立法和司法管辖权是来自他们职位而非来自他们的圣礼权力的某种东西。斯坦利·乔德劳说在这一点上他与索姆见解相同。参见 Chodorow, *Christian Political Theory and Church Politics in the Mid-Twelfth Century* (Berkeley, 1972), pp. 8 – 16。但是,他也强调了(pp. 65, 173)格拉提安将教会作为一个"司法上的共同体"并授予教皇所有的立法权和最高的司法权这一事实。

〔10〕 参见 Peter Stein, *Legal Evolution* (New York, 1980)。斯坦指 602
出(p. ix),"法律进化论有其自身的历史,它开始于 18 世纪"。在这本除了这一观点,其他方面都很卓越的研究著作里,他忽视了这样的事实:宣

扬法律进化论的法律哲学的“历史学派”(伯克、萨维尼以及其他人)依赖于一种被自觉意识到的开始于12世纪和13世纪的传统。

〔11〕《教法大全》(*Corpus Juris Canonici*,从13世纪起人们便这样称呼它)在1580年通过官方的和正式的方式确定由下列文件组成:(1)格拉提安的《教令集》(约1140年);(2)《增补教令集》(*Liber Extravagantium*,通常称*Liber Extra*),这是一部教皇格列高利所颁教令的汇编(1234);(3)《西克斯特斯教令集》(*Liber Sextus Decretalium*,或称*Liber Sextus*),这是教皇卜尼法斯八世所发布教会的汇编(1298);和(4)《克雷芒集》(*Clementinae*),是教皇克雷芒(1305~1314)以及维埃纳(*Vienne*)宗教会议所颁教令的汇编,它发布于1314年,教皇约翰二十二世于1317年将它致送各大学。除此之外,在教皇约翰二十二世统治结束之后不久以非官方形式编辑的下述两部汇编通常也被视为《教会法大全》的内容,虽然官方并不将它们包括在内;(5)约翰二十二世(1316~1334)的《集外集》(*Collectio Viginti Extravagantium*);和(6)《通行教令增补》(*Extravagantes Communes*)。(*extravagantes*一词指那些游离于基本文献之外的教令——*decretales extra decreta vagantes*。)除了古典教会法的基本文献之外,还有一些权威性标准注释、评注和提要,其中以休古西奥的《提要》(约1190年)和日耳曼人约翰(*Joannes Teutonicus*)的《标准注释》最为重要。

1317年的《克雷芒集》是特兰特宗教会议(1545~1563)以前最后一部教会法的官方汇编,它并没有导致(如许多人所期待的那种)一部综合性教会法典的颁布,只是分别就某些对象(如神职人员的义务、薪俸、宗教官职、婚姻、悔罪纪律以及刑事程序)制定了若干法律规范体系。特兰特会议的一般效果是教皇权力的急剧集中和教廷法律管辖权的急剧扩展。

在特兰特会议之后的几个世纪里,教会法的形式结构与规则并没有经历实质性的变化。到了1904年,教皇庇护十世设立了一个起草新的教会法典的委员会;1914年委员会工作完成,同一年教皇本尼迪克特颁布了新的《天主教教会法典》(*Codex Juris Canonici*),并于1918年5月19日生效。实质上,新的法典不过是将经特兰特会议修订的12~14世纪的教会法进一步予以系统化而已。

1959 年 1 月 25 日,也就是教皇约翰二十三世就职不久,教皇便宣布他将召集一次普世宗教会议,这次会议的目的在于改革罗马天主教会并推进世界范围内分裂的基督教各教会之间更为密切的联合(它们都被邀请派观察员出席未来的会议);此外,他还要设立一个委员会,以实现"人们期待和希望的教会法典的现代化"。John XXIII, Allocution of Jan. 25, 1959, *Acta Apostolicae Sedis* (Rome. 1959), pp. 51 - 68。该委员会组建于 1963 年 3 月 28 日,其职责是贯彻 1962 ~ 1965 年第二次梵蒂冈宗教会议的改革精神,对法典进行完全的修订。

〔12〕 Charles p. Sherman, "A Brief History of Medieval Roman Canon Law," *Canadian Law Times*, 39(1919), p. 638。谢尔曼的下述说法 603
(p. 649)反映了 19 世纪西方惯常的概念——不幸的是,尽管几乎该领域的所有当代专家都令人信服地进行了驳斥,但许多人仍相信这种概念:"《教法大全》是罗马皇帝查士丁尼《民法大全》的长女……法律和法学上的重大问题都由罗马的法律家们一劳永逸地加以构想,他们的劳绩被记录在《民法大全》之中;教会法学家们在《教法大全》中逐字逐句地或间接地吸收了罗马法律家的许多解决方案,他们拯救了欧洲的文明,直到[16 世纪及以后]欧洲可以直接吸收罗马法的本来源头。"

〔13〕 参见 Robert E. Rodes, Jr., *Ecclesiastical Administration in Medieval England: The Anglo-Saxons to the Reformation* (Notre Dame, Ind., 1977), p. 66。在这本包含着有价值的见解,但在这一点上却大谬不然的书中,罗德斯教授指出:"[教会法学家]对法律如何运作的描述,他们对于法律性质的理论思考,他们划分法律条文以及对象和渊源的方式都直接或间接地来源于罗马法学家。"罗德斯引用了教皇权力至高无上原则作为最重要的例子,他指出这一原则"是通过类比罗马法中皇帝的地位而得到它权力完整性(*plenitudo potestatis*)的法律形式的"。当然,教会法学家们为了论证教皇作为教会的"君主"的至高无上地位的确曾部分地依赖于罗马法中有关君主(*princeps*)握有最高权力的规定。然而,《民法大全》中并

没有记载“对法律性质的理论思考”以及对“权力完整性”的理论思考,它们是由教会法学家所提供的,这也是很清楚的。

〔14〕 See Udo Wolter, *Ius Canonicum in Iure Civili* (Cologne, 1975).

〔15〕 第一个法兰克皇帝查理曼加冕于800年,其称号为“查理,由上帝加冕的最尊贵的奥古斯都,伟大的、和平的皇帝,统治着罗马帝国”。在当时的西方,“罗马帝国”并不具有强烈的地域内涵,而首先是指西方基督教世界的各民族;“基督教帝国”的说法比起“罗马帝国”来更为常用。西法兰克的统治者奥托二世(死于983年)是第一位自称“罗马皇帝”的君主,在萨克森的康拉德二世于1024年建立萨利安王朝之后,“罗马帝国”一词第一次于1034年用来指他治下的土地。在皇帝弗雷德里克一世(巴巴罗萨即红胡子弗雷德里克)(1152~1190)治下第一次提到“神圣帝国”这样的说法,但是“神圣罗马帝国”这种精确的说法在1254年之前并没有使用。只有到了200年之后——在弗雷德里克三世(从1452年至1493年的皇帝)治下——“日耳曼民族的神圣罗马帝国”这一称号才最终形成。但是,指出萨利安王朝和霍亨斯陶芬王朝的“罗马帝国”实质上是日耳曼人的,而不是罗马人的,这肯定是公允的。

〔16〕 一些人仍然持这样的观点,认为西方的日耳曼各民族在11世纪和12世纪“继受了”罗马法是人们相信罗马帝国权威的衣钵已经传给了法兰克皇帝查理曼及其继位者的结果。甚至保罗·柯沙克尔也指出对于注释法学家来说,查士丁尼立法文件的权威依赖于罗马帝国依旧在萨
604 克森的统治者亨利四世及其继承者的帝国中生存这个事实。参见Koschaker, *Europa und das römische Recht*, 3rd ed. (Munich and Berlin, 1958), pp. 70-71。然而实际上,即使在日耳曼诸王的“罗马帝国”内,罗马法也只是在作为一种潜在的和辅助性的法律的程度上得到直接适用,它“仅仅在地方立法与习惯留给它的空间内发生作用”;此外,它对于世俗法的影响也是间接的,表现在它的术语与概念被用作解释立法与习惯的基础这方面。参见Kuttner, “Role of Seeular Law”, p. 353。如库特纳所

指出,最为重要的是教会法被作为罗马法"继受"的工具来使用。这并不是说罗马法没有被视为一种活法,或皇帝们没有时而自称古代的罗马帝国通过他们的身份而仍然存在。见注释〔17〕。

〔17〕 在1152年的龙卡利亚议会(Diet of Roncaglia)上,红胡子弗雷德里克皇帝宣布了一项关于大学权利的新法律,并命令将它置于查士丁尼《民法大全》的相应条款之中。的确,龙卡利亚议会的一整套法令都以一种令人联想到罗马帝国立法的方式加以颁布。然而,如果不是唯一的,这也是罕见的例子,红胡子弗雷德里克最终不得不放弃他复辟拜占庭统治方式的梦想。见第十四章。

〔18〕 在一次破例性的评论中,梅特兰说,"与《学说汇纂》相比,《教令集》只算得上是粗糙的原料"——格拉提安著作的学术水准不能与古典罗马法学家的法学等量齐观。Sir Frederick Pollock and Frederic William Maitland, *History of English Law*, 2nd ed. (1898; reprint ed., Cambridge, 1968), 24。毫无疑问,梅特兰所想的并非本来的《学说汇纂》,而是由中世纪的研究罗马法的学者重新构筑为编排更为紧凑:具有连贯统一的概念与定义体系、一劳永逸地制定并包含着对难解的法律逻辑问题的复杂解决方案的《学说汇纂》。根据这样的标准,任何法律制度,只要它的目的在于反映社会的实际状况并为着适应新的形势而变化,都难免像是"粗糙的原料"。说这句评论是破例性的,理由在于梅特兰并不以法律逻辑自身的缘故而看重它,对于他自己所钟爱的英国普通法,他便永远不会接受类似的评判。

〔19〕 "精确地判定[教皇的完整的权力的正式确认]在什么时间发生是困难的,但它开始于比西那诺的西蒙(Simon of Bisignano)撰写《大全》(*Summa*, 1177-1179)……并且完成于教皇英诺森三世任内当是毋庸怀疑的。在该时期里,这个术语的演进成为展现教会法学家学说的全部形成过程的一个缩影。"John A. Watt, *The Theory of Papal Monarchy in the Thirteenth Century: The Contribution of the Canonists* (New York, 1965), p. 78。

〔20〕 *Decretum*, Dist. 19, c. 9,引述了一段早期文献,说明教皇阿纳斯塔修斯(Anastasius)由于是一名异端而被神意所驱除。见注释〔21〕。

〔21〕 Ibid., Dist. 29, ante c. 1。格拉提安提出了这样的问题:如圣杰罗姆和圣奥古斯丁这样的伟大的"神圣经典解说者"的言论能否优先于教皇的教令?他的结论是,在解说神圣经典时教父应当优先,但在处理法律事务时,教皇应当优先,因为在后一种情况下,"必要的不仅是知识,而且还包括权力"。格拉提安并没有使用 *jurisdictio*(管辖权)一词与教皇的法律权威相区分,而是用了 *excutio potestatis*("权力的执行")这种说法,他
605 赋予这个词组以与他的后继者们在分析教皇判决争议(包括教义争议)权力时赋予 *jurisdictio* 一词者相同的意义。正如布里安·蒂尔尼所说,"教会法学家们在信仰事务方面赋予教皇的权威是一位最高法官而不是一位永无谬误的教师的权威。[格拉提安的后继者]休古西奥研究了本身便是一个博学的神学家的教皇所面临的情况。如果他与另外一位神学家发生对立,他作为教皇的身份并不能给他作为一名教师所表达的观点增加格外的分量;但是作为判决案件的教皇,他所规定的所有东西都必须遵守。假如教皇在判决一起涉及信仰事务的争议中犯了错误,教会法学家们确信在整个教会被引入歧途之前,错误会由他本人或被一位继任人[像阿纳斯塔修斯的情况那样(见注释〔20〕)]予以纠正"。Brian Tierney, *Origins of Papal Infallibility, 1150 – 1350* (Leiden, 1972), p. 42。蒂尔尼表明,在13世纪末以前并不存在教皇永无谬误论的理论,这种理论本是为对教皇权威予以限制而提出:它意味着以前教皇永无谬误的言论在任何时刻都不能由当权教皇予以改变。又见 Tierney, *The Foundations of the Conciliar Theory* (Cambridge, 1955)。

〔22〕 在11世纪中期之前,"枢机"这一名称具有多种含义。到了11世纪中期,改革派教皇们指派28个邻近教会的在罗马四大巴西里卡中任职的"枢机"主教和教士执行罗马教会中的行政职能,而不只是(如以前那样)仅仅执行圣礼职能。同时,非罗马人也被选为枢机主教团成员。例如,其中就包括锡尔瓦坎迪达的洪贝尔(Humbert of Silva Candida),他是

最重要的改革家之一。这样,枢机主教和教士第一次成为教廷的行政团体。根据1059年尼古拉二世的敕谕,他们又成为教皇选举人。参见Stephan Kuttner, "*Cardinalis*: The History of a Canonical Concept", *Traditio*, 3(1945), 129-214;*New Catholic Encyclopedia*, 1967 ed., s. v. "cardinal"。

〔23〕 Yves Renouard, *La Papauté à Avignon* (Paris, 1954), p. 29。1378年标志着东西教会大分裂(the Great Schism,1378-1417)的开始,当时两个(有一段时间是三个)教廷均自命正宗,相互竞争。在那以前,从1307年到1377年,教皇的居所并不在罗马,而是在法国南部的阿维尼翁;这个时期逐渐以上帝教会的巴比伦之囚而闻名。

〔24〕 See Gabriel Le Bras, *Institutions ecclésiastiques de la Chrétienté médiévale* (Paris, 1964), pp. 346-348.

〔25〕 教皇使节的权威作为一般原则第一次在《教皇教令集》(*Dictauts Papae*)中予以宣布,在该集中,格列高利七世命令道(教令第四条):"他的[即罗马教皇的]使节,即使级别较低,在宗教会议上也具有高于所有主教的地位,并可以作出罢黜他们的决定。"教皇使节的权力最终来源于对他们的特殊任命。

〔26〕 Le Bras, *Institutions*, p. 414.

〔27〕 Ibid., p. 419。勒·布拉指出:"教士们带着不信任的眼光注视着这个通常由俗人组成的组织对教会财产的管理。在他们看来,这样做违反了教会法的一项基本原则[指的是'俗人,无论他们如何虔诚,也无权处分教会财产'的教规]。一些[地方]宗教会议曾对此实践表示抗议。然而,教区居民参与分教区世俗生活的古代习惯最终导致了对财产管理房 606
组织的接受,到了14世纪,这种组织成为基督教世界中的正式制度之一。"

〔28〕 梅特兰论证教会是一种联邦制结构,在这种结构之下,主教管区具有双重的服从关系:一方面服从大主教,另一方面服从教廷。与此相似,每个分教区也有一种双重服从关系:一方面服从主教管区,另一方面

服从教廷。这样在实际上,每个大主教管区便是联邦制国家里的一个邦国。F. W. Maitland, *Roman Canon Law in the Church of England* (Cambridge, 1898), pp. 101 – 105。

这个分析的一个困难在于中央权力机构即教廷是享有全权的;没有哪种事项是排他性的保留给"邦国"的。另一方面,假如人们把 12 世纪和 13 世纪的教会作为与联邦制相对的单一制国家,它又确实是由数量众多、形形色色、各自均有其相当自治权的次级单位而组成。

〔29〕 George Size, "Thoughts on the Government of the Church in the Classical Period", (ms in the Possession of the author, 1978), p. 4.

〔30〕 *Glossa Platina ad Dist.* 19, c. 19, quoted in Tierney, *Papal Infallibility*, p. 32。拉丁词 *arbitrium* 被蒂尔尼译为"判断",我在这里将它译为"意志"。

〔31〕 Paul Hinschius, *Das Kirchenrecht der Katholiken u. Protestanten in Deutschland*, Ⅲ (Berlin, 1883), 769.

〔32〕 *Decretum*, Dist. 40, c. 6.

〔33〕 Tierney, *Conciliar Theory*, p. 57。在 13 世纪早期,教会法学家阿拉努斯(Alanus)便预期着 14 世纪和 15 世纪更为极端的公会议理论,他写道:"只有犯异端罪才能将教皇置于与其自己的意志相对立而加以审判的地步……在这种犯罪中之所以如此,是由于在信仰事务方面教皇地位不及枢机主教团或主教大会。" *Glossa ad Dist. 40 c. 6*, quoted in Tierney, *Papal Infallibility*, p. 52。

〔34〕 休古西奥的理论在 Tierney, *Papal Infallibility* 一书中引用。在《标准注释》中这一学说并没有被接受。休古西奥论证说,格拉提安只是通过举例的方式,要不就是论述由于教皇可以由于异端而被控罪(即使这种异端并没有公之于众)时才提及异端。

〔35〕 Tierney, *Papal Infallibility*, p. 48.

〔36〕 Ibid., pp. 51, 53, 89.

〔37〕 Tierney, *Conciliar Theory*, p. 97.

〔38〕 对罗马社团法的一个简要论述见于 W. W. Buckland, *A Text-Book of Roman Law from Augustus to Justinian*, 2nd ed.(Cambridge, 1932), p. 175。对于罗马社团法律概念与近代西方概念之间的关系的精彩分析,见 P. W. Duff, *Personality in Roman Private Law*(Cambridge, 1938)。

〔39〕 Otto von Gierke, *Das deutsche Genossenschaftsrecht*, 4 vols. (Berlin, 1868 – 1913).

〔40〕 参见 Pierre Gillet, *La personnalité juridique en droit ecclésiastique spécialement chez les Décretistes et les Décrétalistes et dans le Code du droit canonique*(Malines, 1927), p. 61。吉雷分析了注释法学家也就是罗马法学家的理论,但是这些理论与教会法学家的理论在实质上并无二致,它们中的许多来源于教会法学家的著作。吉雷指出,"社团"这一名称适用于所有类型的"为维护每个人的正义而组成的"联合体,包括宗 607
教的和世俗的(p. 70)。许多拉丁词,如 *universitas*、*collegium*、*corpus* 以及 *societas* 都被作为同义词使用;此外,宗教的和民事的"基金"也被视为社团。联合体需要至少三个成员才能具有社团的资格。但并不要求必须有一个特许状或特定的组织形式。

依照普鲁希尔(Plöchl)的说法,对于在多大程度上授予单个的宗教实体以法人资格必须得到更高的教会当局的同意这个问题,这个时期并没有提供结论性的回答。Willibald M. Plöchl, *Geschichte des Kirchenrechts*, Ⅰ(Vienna, 1953), 175。

〔41〕 Plöchl, *Geschichte*, p. 73.

〔42〕 参见 Gierke, *Genossenschaftsrecht*, vol. Ⅲ。这种对比无疑是被吉尔克夸大了,对于吉尔克,有人曾说他"是一位乐于强调罗马社团对于国家的依附,从而造成与自由的日耳曼合作社更为鲜明对比的艺术家,对于自由的日耳曼合作社,他既是历史学家,又是预言家"。Duff, *Personality*, p. 118。

〔43〕 Gillet, *La personnalité juridique*, p. 76.

〔44〕 Ibid., pp. 77 – 78. See Walter Ullmann, "The Delictal Responsibility of Medieval Corporations”, *Law Quarterly Review*, 64 (1948), 77.

〔45〕 吉尔克的社团“拟制”理论(即它是一种其存在与其权力均来源于政治权威的人为的人)起源于13世纪教皇英诺森四世的一项教令的论点已被彻底否定。参见Gillet, *La personnalité juridique*, p. 163; Duff *Personality*, pp. 221－224; Tierndy, *Conciliar Theory*, p. 98。吉雷表明了教会法学家的拟制理论并非如吉尔克所想的那样。教会法学家说的是一个社团(*universitas*)的成员们被法律(*finguntur*)视做构成一个人。被吉尔克视为标志着拟制理论确立的教皇英诺森四世的著名教令指出:“Collegium in causa universitatis fingatur una persona”——在涉及社团的事务中,“集团”“被作为如同它是”一个人一样“对待”。但这并不是说社团作为一种独立于它的成员的抽象实体而存在,也不是说社团的“本质”存在于集团之中,而“偶性”存在于单个成员之中。无论是英诺森四世,还是其他教会法学家都没有发展出这样的理论,它们也不必然暗含在“法律人格”可以成为一个集体、一个集团或一项基金的特征之中。12世纪到13世纪的教会法学家也不像吉尔克所设想的那样是一些“过分的实证主义者”。相反,由他们所发展出的社团法反映的是一种适中的唯名论观点(见注释〔48〕)。同样重要的是,它反映了这样一种观点,一个集团的法律能力以及法律权利与义务如同一个个人的法律能力以及法律权利与义务,都产生于与产生所有的法律(包括神法、自然法以及教会与世俗政治体的实在法)相同的渊源。英诺森四世会说给予一个集团的拥有财产、订立契约以及起诉与应诉的能力比起给予个人的这类能力并不更具有人为性或“拟制性”。

〔46〕 这一点由蒂尔尼指出,见 *Conciliar Theory*, p. 101。

〔47〕 Ibid., pp. 96, 101.

〔48〕 蒂尔尼称它为一种“适中的实证主义”立场(ibid., p. 102)。不过,在这方面,他引用了14世纪伟大的法学家巴尔托鲁的论述:“所有的哲学家和教会法学家都[相信]整体并非真正地[*realiter*]不同于它的组成
608 部分”——这是唯名论观点的一段经典论述。参见第三章。

〔49〕 Ibid., p. 108.

〔50〕 Ibid. 蒂尔尼注意到开始时存在将“建议”(*consilium*)与“同意”(*consentio*)相混淆的趋向。

〔51〕 Ibid., p. 111.

〔52〕 Ibid.

〔53〕 Ibid., p. 117. 教会法学家的法律研究方法的一个精彩例子(曾被蒂尔尼使用, Ibid., pp. 103 – 104)是贝尔纳·帕尔曼斯(Bernardus Parmensus)论述一名主教能否不经他的教士会同意便在法院中起诉或应诉这一问题的一段话。“他首先提出那个惯常的机体隐喻——主教与教士会不能进行分离的行为,因为它们是一体的……但是接下来他又引述罗马法中的一系列看来要指出一个相反结论的规定……然后他得出自己的结论,主张在其教会的利益无论如何不能受到损害的特定案件中,主教可以独自行为,并附带地评论说罗马法的规则对于教会案件不具有拘束力:*Nec in rebus ecclesiasticis stamus legibus illis sed canonibus*... 他提出罗马法原则似乎是要表明解决问题的途径不只是机体隐喻所规定的那一种,但随后便迅速地得出在他看来最有利于增进教会福利的解决方案。”蒂尔尼正确地总结说,这段文字中所示范的处理概念与法律规定的方法“将我们带进教会法学家成就的中心处”。“维护教会内有序的生活正是教会法学家在处理涉及教会社团权威以及它们各种成员的权利的大量诉讼(其本身数额往往较小)时所面临的真正任务。他们既解决了面临的问题,又在这个过程中发展出一种关于社团结构的精致而和谐的理论,这是一个很值得重视的知识成就。”附带说一句,贝尔纳·帕尔曼斯还是第一位提出权利三重划分学说的人,三重权利指的是属于主教的权利、属于教士会的权利以及由主教和教士会联合持有的权利。

〔54〕 这句格言——*Quod omnes tangit omnibus tractari et approbari debet*——涉及这样一项规则,即如果若干个监护人(*tutores*)拥有一项不可分割的监护权(*tutela*),那么不经全体同意,他们的共同管理关系便不能被解除。12 世纪和 13 世纪的罗马法学家和教会法学家将这一规则与其他许多从《学说汇纂》中发现的要求所有享有共同权利(尤其是这些人之一

提起诉讼或发生针对其中一人的诉讼性质的权利)的人全体同意的规则放在了一起。然后,他们将作为这多种规则基础的原则适用于涉及社团或其他共同体的法律事务之中,他们总结说,只要一项法律事务目的在于共同的利益,便有必要得到或全体成员、或他们中的多数、或"更健全的部分"(*sanior pars*)的同意。对此进行的一个有意义的讨论见 Gaines Post, *Studies in Medieval Legal Thought* (Princeton, 1964), chap. 4, "A Romano-Canonical Maxim, *Quod Omnes Tangit*, in Bracton and In Early Parliaments."

第六章 教会法律体系的结构要素

609 〔1〕 关于12世纪和13世纪的教会婚姻法,参见 A. Esmein, *Le mariage en droit canonique*, 2 vols. (Paris, 1891); Gabriel Le Bras, "La doctrine du mariage chez les théologians et les canonistes depuis l' an mille", in *Dictionnaire de théololgie catholique*, Ⅸ (1926), 2123 – 2317; Willibald M. Plöchl, *Geschichte des Kirchenrechts*, Ⅱ (Vienna, 1955), 267 – 298。

〔2〕 Gabriel le Bras, "Ganon Law", in C. G. Crump and E. F. Jacob, eds., *The Legacy of the Middle Ages* (Oxford, 1926), p. 345。这篇论文仍然是对16世纪前教会法(包括婚姻法)的主要特点一篇极为有用的概要。

〔3〕 关于12世纪和13世纪的教会继承法,参见 Henri Auffory, *Évolution du testament en France des origines au treizième siècle* (Paris, 1899); Jerome Hannan, *The Canon Law of Wills* (Washington, D. C., 1934)。

〔4〕 Sir Frederick Pollock and Frederic William Maitland, *History of English Law*, 2nd ed. (1898; reprint ed., Cambridge, 1968), Ⅰ, 314. 死亡赠与不只是一种盎格鲁-撒克逊的设计;诺曼人也知道该制度,在其他日耳曼民族中也有并行的制度。

〔5〕 Just., Nov. 131. 9, and 131. 11. 1 and 2. See generally Hannan, *Wills*, p. 334; F. H. Lawson *The Roman Law*, *Reaeder*, (New York, 1969), pp. 81 – 83, 234. See also Demetrios Constantelos, *Byzantine Philanthropy and*

Social Welfare (New Brunswick, N. J., 1968).

〔6〕 Pollock and Maitland, Ⅰ, 338 – 339.

〔7〕 See Hannan, *Wills*, pp. 274 – 275.

〔8〕 G. D. G. Hall, ed. and trans. *The Treatise on the Laws and Customs of England Commonly Called Glanvill* (London and Edinburgh, 1965), p. 70.

〔9〕 关于12世纪和13世纪的教会财产法，参见 Plöchl, *Geschichte*, p. 396; Hans Erich Feine, *Kirchliche Rechtsgeschichte*, Ⅰ (Weimar, 1950), 310, 327。

〔10〕 *Decretum*, C. 3q. 1c. 2.

〔11〕 See Francesco Ruffini, *L'Actio Spolii* (Turin, 1889), p. 327.

〔12〕 Ibid., p. 244.

〔13〕 See Just., C. 8. 4. 1.

〔14〕 See D. 48. 16. 1.

〔15〕 Just., Ⅰ, 4. 15. 6.

〔16〕 关于12世纪和13世纪的教会契约法，参见 Plöchl, *Geschichte*, p. 399; Timothy Lynch, *Contracts between Bishops and Religious Congregations; A Historical Synopsis and a Commentary* (Washington, D. C., 1947); Alfred Söllner, "Die causa im Kondiktionen-und Vertragsrecht des Mittelalters bei den Glossatoren, Kommentatoren und Kanoniken", *ZSS* (*rom*), 77 (1960), 182 – 269。

〔17〕 D. 2. 14. 7. 1.

〔18〕 James R. Gordley, "The Search for a General Theory of Contract", (ms in the possession of the author, 1979), p. 48.

〔19〕 Ibid.

〔20〕 Söllner, "Causa", p. 240.

〔21〕 Just., C. 4. 44. 8. 拉丁文全文以及英文全译和对它的分析，载 Kenneth S. Cahn, "The Roman and Frankish Roots of the Just Price of Medie- 610 val Canon Law" ,*Studies in Medieval and Renaissance History*,6(1969),1。

〔22〕 Eduardus Bocking,ed.,*Corpus Legum sive Brachylogus Iuris Civilis* (Berlin,1829),pp. 98 - 99,quoted in Cahn,"Roman and Frankish Roots",p. 18,n. 15.

〔23〕 教皇亚历山大三世(1159～1181)的一项教令涉及一起博韦教士会成员将一片森林卖给 Chaalis 修道院的案件,阿拉斯(Arras)地方主教宣布买主所付价款比正当价格一半还要低,但教皇教令规定买主无须(如主教所判决的那样)索回价款并返还财产,而是提供了一种可选择的方式,即付清正当价格的差额部分。Gregory Ⅸ,*Decretals* 3. 17. 3,cited by Cahn,"Roman and Frankish Roots",p. 25,n. 40。

〔24〕 See. J. R. Gordley,"Equality in Exchange",*California Law Review*, 69 (1981),p. 1640.

〔25〕 Ibid.,See also John T. Gilchrist,*The Church and Economic Activty in the Middle Ages* (New York,1969),p. 274.

〔26〕 See John Noonan,Jr.,*The Scholastic Analysis of Usury* (Cambridge,Mass.,1957),p. 11.

〔27〕 Ibid.,p. 506.

〔28〕 Decretum,C. 14. q. 4,and 46,cc. 9 and 10.

〔29〕 Gilchrist,*Economic Activity*,p. 107.

〔30〕 关于 12 世纪和 13 世纪教会的诉讼程序和证据法,参见 Plöchl,*Geschichte*, Ⅰ,88 - 90,and Ⅱ,311 - 388;R. B. Clune,*The Judicial Interrogation of the Parties*, CLS, no. 269 (Washington, D. C.,1948);Allessandro Giuliani,"The Influence of Rhetoric on the Law of Evidence and pleading,"*Juridical Review*, 62 (1969),231 - 251。

〔31〕 *De Vera et Falsa Poenitentia*, Migne, *PL* 40. 1129.

〔32〕 Giuliani, "Rhetoric".

〔33〕 See Helmut Coing,"English Equity and the Denunciatio Evangelica of the Common Law". *Law Quarterly Review*, 71 (1955),233.

〔34〕 Mauro Cappelletti and Joseph M. Perillo, *Civil Procedure in Italy* (*The Hague*, 1965), pp. 35 – 36.

〔35〕 教会法学家指出有关权利主张的举证责任应由提出主张的一方当事人承担。这可能是无罪推定学说的渊源之一。不过,由于事实上口头程序由书面程序取而代之,法官开始要求被告人提供解释以回答对他们的控告,因此导致了(按照 M. J. 埃塞的观点)"一种实质上的有罪推定"。参见 M. J. Essaid, *La présomption d'innocence* (Rabat. 1971), p. 26, n. 15。

第七章 贝克特对亨利二世:并行管辖权之争

〔1〕 See Z. M. Brooke, *The English Church and the Papacy from the Conquest to the Reign of John* (Cambridge, 1952), chap. 12, "Stephen. The 'freedom of the Church'".

〔2〕 Ibid., pp. 188 – 190.

〔3〕 参见 Beryl Smalley, *The Becket Conflict and the Schools* (Oxford, 1973), p. 122; Charles Duggan, "The Becket Dispute and the Criminous Clerks". *Bulletin of the Institute of Historical Research*, 35, no. 91 (May 1962), 1 – 28; James W. Alexander, "The Becket Controversy in Recent His- 611 toriography". in *The Journal of British Studies* (Hartford, Conn). 9 no, 2 (May 1970). 1 – 26。亚历山大有力地驳斥了 H. G. 理查森和 G. O. 塞雷斯在《中世纪英格兰的治理》(艾丁堡, 1963 年)里所持的陈旧的反贝克特的立场。

〔4〕 George Greenaway, ed. and trans., *The Life and Death of Thomas Becket Chancellor of England and Archbishop of Canterbury Based on the Account of William Fitzstephen His Clerk with Additions from Other Contemporary Sources* (London, 1961), p. 22 (Greenaway's account is strongly pro-Henry).

〔5〕 Sidney R. Packard. *Twelfth Century Europe*: *An Interpretive Essay* (Amherst, Mass., 1973), p. 286.

〔6〕 Sir Frederick Pollock and Frederic William Maitland, The *History of English Law*, 2nd ed. (1898; reprint ed. Cambridge, 1968), 1, 449.

〔7〕 这里所采取的立场受到包括注释〔3〕里引用的在内的许多权威著作的支持,但是,它在包括注释〔4〕和〔5〕所援引在内的英国政治和法律的历史学家们中间却不是一种流行的立场。一部著名的亨利二世的传记把冲突直接归咎于贝克特的不妥协,但在谈到亨利的索求时却大打折扣——并因此也只是隐晦地谈到贝克特殉难后亨利所作出的退让。参见 W. L. Warren, *Henry* Ⅱ (Berkeley and Los Angeles, 1973), pp. 462 – 464, 477 – 482, 538 – 548。不同意赞同亨利的观点,这并不是说在贝克特一方也不存在达成妥协的充分的余地。贝克特和亨利都把自己锁闭在他们不能解脱自身的极端立场。不过,像沃伦那样,认为贝克特是一位残留的格列高利主义者,不合时宜,并且注定要失败,这忽视了教皇格列高利七世的革命在整个12世纪极富生命力这一事实。不仅贝克特,而且教皇亚历山大三世也强烈地谴责《克拉伦登宪章》,指责亨利"篡夺……属于耶稣基督的权力"并且"混淆教会与国家"。ibid., pp. 524 – 527.

〔8〕 See Smalley, *Becket Conflict*, pp. 124 – 125.

〔9〕 See David Knowles, *Thomas Becket* (London, 1970), pp. 18 – 84.

〔10〕 Pollock and Maitland, Ⅰ, 454, 455, 443, 447.

〔11〕 Greenaway, *Life and Death of Thomas Becket*, p. 19.

〔12〕 我们把英国独特的僧侣权益学说归功于贝克特的殉难。它后来的发展可以说是荒诞离奇的。僧侣身份通常的标准是阅读能力,这会随着时间的推移使越来越多的人获得豁免。为了扼制滥用,产生出这样一个规则,即僧侣权益只能使用一次——不论受有罪宣判的教士是否在第一次违法后被剥夺教士身份。为了使这个规则易于施行,于1490年规定,一个被判有罪的教士应该在大拇指上烙印。[这一做法被说成是"拇指规则"(rule of thurmb)一词的起源]

普拉克内特(Plucknett)写道,"改革乍看起来是废除令人厌烦的罗马遗风的方便之机,但实际上,政策是摇摆不定的"。1547年,僧侣权益被扩及重婚罪犯——从前,因为低级僧侣(虽允许成婚)因犯重婚罪或与寡妇结婚而丧失僧侣身份,所以重婚罪犯被排除在僧侣豁免权之外——并且还扩及王国里的贵族(peers),不论他们能否阅读。(贵族还免受烙印。)在17 世纪,僧侣权益还扩及妇女。"在 1707 年,通过废除阅读标准或'首节 612
韵文'(neck verse),所有的俗人都被允许享受这一权益。"

普拉克内特评论说:"事实上,所有这些意味着僧侣权益的性质经历了一种根本的变化。1576 年的一项立法规定,被宣判有罪的教士不再移交给罪犯的忏悔牧师,而应该被立即解职,这一权益与教会或僧侣的最后联系因此被割断,不过,同一立法授权根据法院的裁量在解职前处以一年的监禁。即使是在宗教改革之前,议会也大胆地规定轻微的叛逆不能再适用于僧侣……宗教改革之后,一大批法令使谋杀、海上掠夺、拦路抢劫、强奸、夜盗和许多其他的犯罪不能适用于僧侣。后果是重大的。重罪与轻罪的差距非常之大。通过使用僧侣权益,议会能够使一些初次犯下的死刑罪(不能适用于僧侣),只有作为第二次重罪的死刑罪(才能适用于僧侣),这样一来,比中世纪的两个范畴更多的一种粗略的犯罪分类遂成为可能。这一进程通过发展 1576 年立法的政策和对被证明犯有能适用于僧侣的偷窃罪的人科处流放 7 年的刑罚而得以向前推进。因此,僧侣(权益)的残存极大地缓和了刑罚的苛严,并且容许发展不同等级的刑罚。"在英格兰,僧侣权益最终于 1827 年被废除。Theodore F. T. Plucknett,*A Concise History of the Common Law*, 5th ed. (Boston,1956),pp. 439 – 441。

〔13〕 Frederic W. Maitland, *Roman Cannon Law in the Church of England* (London,1898),pp. 56 – 57.

〔14〕 "当王室特权理论维护国王始终享有禁止教令法院受理属于王室管辖的诉讼的权利时,禁止令作为一种法律工具,却始终为诉讼当事人所运用。"G. B. Flahiff,"The Writ of Prohibition to Court Christian in the Thirteenth Century", Part Ⅱ,*Medieval Studies*, 7 (1945),232。

〔15〕 Ibid.,p. 257.

〔16〕 Ibid.,p. 237.

〔17〕 Ibid., p. 241, n. 71.

〔18〕 Ibid., pp. 243 – 244.

〔19〕 Ibid., pp. 244 – 245.

第八章 世俗法的概念

〔1〕 C. C. 韦布编辑的《论政府原理》的拉丁文本于1909年由牛津大学出版社出版。有一个由约翰·迪金森翻译和作导言的英译本,题目是 *The Statesman's Bood of John of Salisbury, Being the Fourth, Fifth, and Sixth Books, Selections from the Seventh and Eighth Books, of the Policraticus* (New York, 1963)。一位主要历史学家曾称索尔兹伯里的约翰为"他的时代最有造诣的学者和文体家"。David Knowles, *The Evolution of Medieval Thought* (New York, 1962), p. 135。索尔兹伯里1115年出生于英格兰,他在阿伯拉尔、Gilbert de la Porree 和其他大师的指导下在法国的沙特尔学习12年。12世纪50年代后期他在教廷服务,后来又随从大主教托
613 马斯·贝克特服务多年。1164年他被国王亨利二世放逐,但1170年贝克特被谋杀时,他又出现在坎特伯雷。他从1176年开始任沙特尔主教,直到他1180年去世为止。《论政府原理》是献给贝克特的。

〔2〕 See George H. Willams, *The Norman Anonymous of* 1100 *A. D.*, Harvard Theological Studies, vol. 18 (Cambridge, Mass., 1951).

〔3〕 Ibid., p. 173.

〔4〕 Dickinson, *Salisbury*, p. lxxxi.

〔5〕 Ibid., pp. lxxx-lxxxi.

〔6〕 Ibid., p. lxxxii.

〔7〕 亚里士多德的 *Politics* 大约被译于1260年。阿奎那的 *De Regimine Principium* 写于1266年。

〔8〕 索尔兹伯里的约翰的 *Metalogicon* 与《论政府原理》写于同年(1159),该著引用了亚里士多德的 *Analytica Priora* 和 *De Elenchis Sophisticis*。亚氏的这两本书译于1128年和1140年间。

〔9〕 R. W. Carlyle and A. J. Carlyle, *A History of Medieval Political Thought in the West*, 6 vols. (London, 1903 – 1936), Ⅱ, 2; Ⅲ, 140, 142 – 143, 146.

〔10〕 See Dickinson. *Salisbury*, p. xl.

〔11〕 Ibid., p. xxii.

〔12〕 Carlyle, *Medieval Political Thought*, Ⅳ, 333.

〔13〕 Ibid.

〔14〕 "圣奥古斯丁对作为共同体和领土意义上的国家漠不关心……然而,[他]确实接受了古老的国家概念的某些成分,即法律和正义的观念、秩序和安宁的观念。罗马共和国和罗马帝国曾试图在它们关于人类真正目标的有限的概念中实现这些观念……因此,圣奥古斯丁在积极意义加以评价的地域帝国和地域王国,不是作为共同体或领土意义上的国家,而是在一种混合的状态中作为公正政体的形式和功能意义上的国家。在这种混合状态中,天国自在于这个世界。" Gerhard B. Ladner, "Aspects of Medieval Thought on Church and State", *Review of Politics*, 9 (1947), 403 – 422。

〔15〕 Quentin Skinner, *The Foundations of Modern Political Thought*, Vol. 2, *The Age of Reformation* (New York, 1978), p. 353. See note 17.

〔16〕 *Ergo est... princeps potestas publica...* Webb, *Policraticus* 5.1. 参见 Gaines Post, *Studies in Medieval Legal Thought: Public Law and the State, 1100 – 1322* (Princeton, N. J., 1964), p. 515, n. 42。Post 有力地支持了关于近代国家概念植根于 11 世纪晚期、12 世纪和 13 世纪的法律思想的看法。

〔17〕 黑体词是原文注释〔15〕的引语所删略的,这里补上。

〔18〕 当然,有关近代国家概念产生的作品卷帙浩繁。参见 Skinner, *Modern Political Thought*, Ⅱ, ix-x:"所发生的一种关键性转变是从统治者'维护其国家'——这只意味着维持他自己的地位——的观念到存在一种统治者有职责去维护的、独立的法律和立宪的秩序即国家秩序的观念。"

但是,正如斯金纳坚持认为的那样,这种转变不是16世纪作出的,而是11世纪晚期和12世纪作出的,并反映在索尔兹伯里的约翰的作品中。

614 然而,斯金纳进而采纳了这样一个国家定义(由马克斯·韦伯作出),即国家是“它自己领土内法律和合法力量的唯一渊源,并且是它的公民忠诚的唯一合适对象”。按照这个定义,甚至今天的美利坚合众国被称作一个国家也是值得怀疑的,因为它在某种程度上是由国际法(包括国际习惯法以及国际条约和协议)支配的,并且它的公民可以有不同的忠诚(如宗教忠诚)。

〔19〕 Dickinson, *Salisbury*, p. 335.

〔20〕 Ibid., pp. 4 – 5.

〔21〕 Ibid., p. 351.

〔22〕 Ibid., p. 212.

〔23〕 Ibid., p. 213.

〔24〕 Ibid., p. 258.

〔25〕 Ibid., p. 85.

〔26〕 Ibid., pp. lxxiii-lxiv(引自《论政府原理》3. 15)。

〔27〕 一些法学家认为,授职仪式需要僧侣参加,它是一项圣礼,由此而使统治者就任其职位——另一些法学家则认为,它只是确认对他的选举。与此类似,一些法学家主张,开除教籍、堕入异端或分裂教会使一个统治者的命令失去合法的权威——另一些法学家则主张,这样的命令的合法性取决于它们的性质和目的。而不是取决于有无教会对统治者的指责。因此,格拉提安引证了格列高利七世写的一封信,在这封信中,格列高利提到:当教皇扎卡里一世使法兰克人不发誓忠诚墨洛温王朝最后一个国王希尔德里克三世、以便他们能发誓效忠他的继承者而不构成假誓罪时,扎卡里参与了废黜希尔德里克。格列高利以此证明他反对亨利四世的行为正当。格拉提安的学生鲁菲努斯后来按照对希尔德里克所发誓言的性质讨论了这一事件,要具体地说,他讨论了是基于国王个人的能力发的誓,还是基于他的职位发的誓。

〔28〕 Dickinson, *Salisbury*, p. 84.

〔29〕 Ibid.

〔30〕 Ibid., p. 65.

〔31〕 Ibid., p. 9.

〔32〕 Ibid., p. 84.

〔33〕 Ibid., p. xliii.

〔34〕 Ibid., p. 191.

〔35〕 Ibid., p. 65.

〔36〕 Ibid.

〔37〕 Carlyle, *Medieval Political Thought*, Ⅰ,63 – 70,125 – 131。迟至11世纪80年代教皇党才求助于契约理论向皇帝的权威挑战。据说,皇帝“对他的臣民的残忍暴虐”,必然导致“人民摆脱他的统治和对他的臣服,因为显然是他首先违反了契约,而他得以任命依靠的正是这一契约”。劳滕巴赫的马内戈尔德的话,被引用于 Brian Tierney, *The Crisis of Church and State*, 1050 – 1300（Englewood Cliffs, N. J., 1964）, p. 79。马内戈尔德又说:“举一个比较粗陋的例子来讲,如果一个人出合理的工钱雇用某人饲养他的猪,而后来发现他不是在照料它们,而是在偷窃、宰杀和毁灭它们,那么这个人难道不能拒绝付给他约定的工钱并使他不体面地被免除 615
照料猪的工作吗?”在同一文献稍后的地方(p. 80)马内戈尔德说:“从此以后,任何人都不能使自己成为一个皇帝或国王。人民使某人君临他们之上是因为下列理由:凭借他的公正权威统治和管理他们;分配给每一个人他所应得的;保护好人;镇压坏人;给所有的人以公道。然而,如果他违反了他据此获得选举的契约……那么理性就公正地认为,他解除了人民臣服于他的义务,因为他自己首先违反了约束他们双方的相互忠诚的契约。”索尔兹伯里的约翰虽然是教皇革命的支持者和王室暴政的反对者,但没有接受这种“左翼”论点。

〔38〕 Aristotle, *Politics* 1. 1, in *The Basic Works of Aristotle*, ed. Richard Mckeon（New York, 1941）, p. 1127.

〔39〕 Ladner, "Aspects of Medieval Thought", pp. 411 – 416.

〔40〕 See Myron P. Gilmore, *Argument from Roman Law in Political Thought*, 1200 – 1600 (Cambridge, Mass., 1941), pp. 15 – 36.

〔41〕 D. 2. 1. 1 and 1. 16. 7. 2. See John W. Perrin, "Azo, Roman Law, and Sovereign European States", *Studia Gratiana*, 15 (1972), 92 – 94, 97 – 101.

〔42〕 Perrin, "Azo", p. 93.

〔43〕 Ibid., p. 95.

〔44〕 Ibid., p. 93.

〔45〕 See Joseph R. Strayer, *On the Medieval Origins of the Modern State* (Princeton, N. J., 1970), p. 21.

〔46〕 See Ernst H. Kantorowicz, *The King's Two Bodies: A Study in Medieval Political Theory* (Princeton, N. J., 1957), pp. 143 – 192.

〔47〕 Fritz Kern, *Kingship and Law in the Middle Ages*, trans. S. B. Chrimos (Oxford, 1939), pp. 83 – 84.

〔48〕 See Ralph E. Giesey, *The Oath of the Aragonese and the Legendary Laws of Sobrarbe* (Princeton, N. J., 1968).

〔49〕 Magna Carta, 17 John (1215), chaps. 12, 17, 38, 39, 40, 41, 42, 45.

〔50〕 Golden Bull, chaps. 1, 2, 3, 9, 14, 16, 23, 28. 1222 年 Golden Bull 的全文参见 Henrik Marczali, *Enchiridion Fontium Historiae Hungarorum* (Budapest, 1902), pp. 134 – 143;参见 C. M. Knatchbull-Hugessen, *The Political Evolution of the Hungarian Nation*, Ⅰ (London, 1908), 19 – 30。

〔51〕 参见 Roberto M. Unger, *Law in Modern Society: Toward a Criticism of Social Theory* (New York, 1976), pp. 273 – 274 所修饰的戴雪勋爵的定义。昂格尔称法治为一种"法律秩序",他一方面把它与"习惯法"相对照,另一方面把它与"官僚政治法"相对照。这使他得出一种错误看法(p. 54),即"这种法律秩序伴随着近代欧洲自由主义的社会而出现",

也就是说,它直到 17 世纪才出现。

第九章 封建法

〔1〕 马克·布洛赫把封建主义划分为两个阶段:从 8 世纪到 11 世纪中为“第一阶段的封建时期”;从 11 世纪中到 15 世纪为“第二阶段的封建时期”。他写道:“总之,有两个前后相继的封建时期,它们彼此在本质特征上截然不同。” Bloch, *Feudal Society* (London, 1961), p. 60. 与此相类似,乔治斯·达比认为 11 世纪是西方封建制度产生的关键时期,并称 1070 年到 1180 年这一百多年为“取得重大进步的世纪”,在这一个多世纪中,封建主义作为一种制度在整个欧洲得以建立。Georges Duby and Rob- 616
ert Mandrou, *A History of French Civilization*, trans, J. B. Atkinson (New York, 1958), p. 59; see also Duby, *The Early Growth of the European Economy* (London, 1974). Compare Rodney H. Hilton, *Bond Men Made Free: Medieval Peasant Movements and the English Rising of 1381* (London, 1973), pp. 14 – 16; David Herlihy, ed., *The History of Feudalism* (New York, 1970), p. 3.

〔2〕 参见 Jean Richard, *The Latin Kingdom of Jerusalem*, Vol. A (New York, 1979), 67, 在这里耶路撒冷王国被说成是“最纯粹的封建法理论家可能梦想过的那样一种乌托邦”。

〔3〕 Bloch, *Feudal Society*, pp. 62 – 63.

〔4〕 对于这些入侵的精彩分析,参见同上, pp. 3 – 36。

〔5〕 Duby and Mandrou, *History of French Civilization*, p. 43.

〔6〕 参见 Herlihy, *History of Feudalism*, pp. xiv-xv. Duby and Mandrou, *History of French Civilization*, p. 47, 说:“截至 11 世纪初,人们被迫对[由效忠关系引起的各种义务]获得一种明确的意识。” 又见 Bloch, *Feudal Society*, pp. 219 – 224。

〔7〕 Samuel Thorne, “English Feudalism: Estates in Land”, *Cambridge Law Journal* 17 (1959), pp. 193 – 209, 分析了英国的情况。

〔8〕 F. L. Ganshof, *Feudalism* (New York, 1964), pp. 133 – 136,讨论了欧洲各地采邑的可继承性的发展。

〔9〕 Bloch, *Feudal Society*, p. 195.

〔10〕 Ibid., p. 197.

〔11〕 Ganshof, Feudalism, p. 78,说:接吻"只不过是肯定双方缔结的契约的一种方式,就像它被用于肯定其他形式的契约一样"。"只不过"一词可能引起误解。契约得以有效形成的整个仪式,象征着由契约各方承担的义务。牛津大学哲学家约翰·奥斯丁的措辞是:这些言语和动作是"陈述实际行为的表达"(Performative utterances)。它们使它们象征的东西得以存在。

〔12〕 Friedrich Herr, *The Medieval World: Europe, 1100 – 1350* (New York, 1961), p. 37.

〔13〕 *MGH*, Legum, Ⅳ, Ⅰ, pp. 90 – 91. 这一封建法规和后来的封建法规在大约 1100 年被汇集在 *Consuetudines Feudorum* (后来称为 *Libi Feudorum*)。《大宪章》的起草者无疑知晓康拉德宪章。参见 Walter Ullmann, *Law and Politics in the Middle Ages* (London, 1975), pp. 216, 219。

〔14〕 Sir Frederick Pollock and Frederic William Maitland, *History of English Law*, 2nd ed. (1898; reprint ed., Cambridge, 1968), Ⅰ, 589.

〔15〕 Philippe de Beaumanoir, *Coutumes de Beauvaisis*, ed. A. Salmon, 2 vols. (Paris, 1970), Ⅰ, secs. 294 – 301.

〔16〕 Bloch, *Feudal Society*, p. 227,说:"附庸关系契约同时约束两个按定义处于不同社会地位的人。"

〔17〕 Heer, *Medieval World*, p. 40.

〔18〕 See Herlihy, *History of Feudalism*, p. 98.

〔19〕 Ibid., p. xv. On the *Libri Feudorum* see Heinrich Zoepfl, *Deutsche Rechtsgeschichte* (Stuttgart, 1858), pp. 120 – 126; Walter Ullmann, *Law and Politics in the Middle Ages* (London, 1975), p. 217.

〔20〕 封建法的其他早期渊源是:the *Statute* of Count William Ⅱ for

the county of Forcalquier in Provence (1162), the *Assie au Comte Geoffroy* for Brittany (1185), and the *Charte féodale* for Hainault (1200)。出处可见 617
Ganshof, *Feudalism*, p. 68。

〔21〕 Bloch, *Feudal Society*, pp. 181 – 189.

〔22〕 Beaumanoir, *Coutumes de Beauvaisis*, sec. 146.

〔23〕 See Frederic William Maitland, "The Mystery of Seisin", *Law Quarterly Review*, 2 (October 1886), 481 – 496.

第十章 庄园法

〔1〕 See Rodney H. Hilton, *Bond Men Made Free: Medieval Peasant Movements and the English Rising of 1381* (London, 1973), p. 61.

〔2〕 拉丁语"庄园"(*manerium*)这个词是在1066年由诺曼人引入英格兰的,但这种制度本身已经先此存在很长时间了。不过,斯堪的纳维亚各民族从未发展出一种庄园制度;那些于10世纪早期在法兰克帝国的西部地区定居的古斯堪的纳维亚人(诺曼人)从法兰克人那里接受了这种制度。

〔3〕 Philippe de Beaumanoir, *Coutumes de Beauvaisis*, ed. A. Salmon, Ⅱ (Paris, 1970), secs. 1451 – 1453, and Georges Hubrecht, "Commentaire historique et juridique," Ibid, Ⅲ (Paris, 1974), pp. 184 – 186.

〔4〕 根据封建法和庄园法,农奴未经他的领主的许可不能担任圣职,同时,根据教会法,非自由人不能担任圣职。不过,迫使希望担任圣职的农奴获得自由的压力或准许农奴送其子女为担任圣职而学习的压力一直是巨大的,正如这样的事实所表明的:有大量的教士先前曾经是农奴。

〔5〕 也参见注释〔4〕,需要领主的许可,但拒绝授予这种许可则要冒永久受指责之风险。

〔6〕 教会法律家们一致认为,奴隶制是违反自然法的,虽然一般也都认为奴隶制根据实在法是合法的。"教会以其权威来强调那些限制主人专断权力和保护奴隶的罗马法规定,并借助于它自己的刑罚制裁来实

施这些法律,在有关奴隶婚姻方面,它比[查士丁尼的罗马法走得更远]。" R. W. Carlyle and A. J. Carlyle, *A History of Medieval Political Thought in the West* Ⅱ, (London,1909),129。因此,根据教会法,自由人与奴隶之间的婚姻是有效的。格拉提安重申了圣格列高利的一项陈述。在这里他把道成肉身的目的描述为打断借以束缚人的奴隶制的链条和恢复他们的原始自由;并极力主张,所以使那些生性自由的人得到自由,和恢复那些本是生而自由但因不得不服从国家法律而受奴隶制的束缚人的自由,是可嘉的行为。Ibid., p. 135. See Also Marc Bloch, *Feudal Society*, trans. L. A. Manyon (London,1961),p,65。

〔7〕 Hilton, *Bond Men*, p. 65.

〔8〕 Perry Anderson, *Passages from Antiquity to Feudalism* (London, 1974),pp. 149,185.

〔9〕 Hilton, *Bond Men*, pp. 69 – 70.

〔10〕 Achile Luchaire, Quoted in Maurice Dobb, *Studies in the Development of Capitalism* (London,1946),p. 46.

〔11〕 Ibid.,p. 46.

618 〔12〕 Ephraim Lipson, *Economic History of England*, 7th ed., Ⅰ (London, 1937),pp. 92 – 94.

〔13〕 Anderson, *Passages*, pp. 152 – 153.

〔14〕 Beaumanoir, sec. 1043.

〔15〕 Ibid., sec. 295.

〔16〕 See John p. Dawson, *A History of Lay Judges* (Cambridge, Mass.,1960),p. 194.

〔17〕 Rodney H. Hilton, *A Medieval Society* (London, 1966),pp. 150 – 151.

〔18〕 参见 W. O. Ault, *Open-Field Farming in Medieval England: A Study of Village By-Laws* (London, 1972),pp. 145 – 174,在本书中,用现代英语重新翻译了庄园法院的案卷。

〔19〕 Ibid., p. 157. 这个案件发生于 1290 年,但它也能前此 150 年发生。

〔20〕 Ibid., p. 157.

〔21〕 Ibid., pp. 81 – 144,在这里复述了这样的地方规章。

〔22〕 Anderson, *Passages*, p. 148.

〔23〕 在 1702 年,霍尔特勋爵(Lord Holt)主张,根据英国法不能出售黑人,并认为"只要黑人来到英格兰,他就成为自由人;在英国一个人可以是农奴,但不能是奴隶"。*Smith* v. *Brown and Cooper*, 2 Salk. 666 (1702)。

〔24〕 Beaumanoir, sec. 15.

〔25〕 *Encyclopaedia Britannica*, 1969 ed., s. v. "serfdom and villeinage", 246 – 247 (Rodney H. Hilton).

第十一章 商法

〔1〕 See generally Robert S. Lopez, *The Commercial Revolution of the Middle Ages*, 950 – 1350 (Englewood Cliffs, N. J., 1971); Robert S. Lopez and Irving W. Raymond, eds., *Medieval Trade in the Mediterranean World: Illustrative Documetns with Introductions and Notes* (New York, n. d.); Raymond de Roover, *Business, Banking, and Economic Thought in Late Medieval and Early Modern Europe* (Chicago, 1974).

〔2〕 See Norman J. G. Pounds, *An Historical Geography of Europe*, 450 *B. C.-A. D.* 1330 (Cambridge, 1973).

〔3〕 See Lopez, *Commercial Revolution*, chap. 3.

〔4〕 Henri Pirenne, *Economic and Social History of Medieval Europe* (New York, 1937), pp. 48 – 49.

〔5〕 Ibid., p. 14. 这一论断由皮雷纳引自 Levin Goldschmidt, *Universalgeschichte des Handelrechts*, Ⅰ (Stuttgart, 1891), 139:"Homo mercator vix aut numquam potest Deo placere."皮雷纳没有提及 St. John Chrysostom

在公元3世纪首次说了这句话,也没有提及这一引语接下去是:“因此,任何基督徒都不应该是商人,如果他希望成为商人,那么他应该被逐出教会。”虽然这反映了11世纪晚期以前的禁欲主义精神,但它几乎不反映十字军东征时格列高利七世及其继承者的罗马教会的精神。

〔6〕 Pirenne, *Medieval Europe*, p. 28。皮雷纳从909年去世的St. Gerald of Aurillac的传记中引用了一段情节,但没有注明在两个世纪后存在的一种转变。他写道(pp. 28 – 29):“教会自始至终把商业利润当作对拯救的一种威胁。它的禁欲理想非常适合于农业文明,并使它总是怀疑
619 社会变革。虽然教会无法阻止这种变革,甚至这种变革还迫使它服从其需要,但是它绝不会与其公开调和。教会对利益的禁止将严重地阻碍晚些世纪的经济生活。它阻止商人不受良心约束地致富,并阻止商业做法与宗教戒律相调和。为了证明这一点,我们只需读读许多银行家和投机商的遗嘱就行了。这些遗嘱指出,他们曾欺骗过的穷人应该受到偿还;并把他们从心底里觉得是不义之财的一部分遗赠给僧侣。”但是,这建立在一种错误的心理学理论和一种对教会立场的非常简单化的看法的基础之上。

〔7〕 马克斯·韦伯第一次提出他的把资本主义兴起与宗教改革相联系的命题是在“Die protestantische Ethik und der Geist des Kapitalismus,” *Archiv für Sozialwissenschaft und Sozialpolitik*, vols. 20 and 21 (1904 – 1905)。英译本以 *The Protestant Ethic and the Spirit of Capitalism* 书名出版。与此同时,厄恩斯特·特勒尔奇在其著作 *Die sozialen Lehren der christlichen Kirchen und Gruppen* (Tübingen,1912)中详尽阐述了韦伯的命题,沃纳·桑巴特在其著作 *Der Bourgeois* (Munich,1913)中则激烈抨击了韦伯的命题。在 *Religion and the Rise of Capitalism* (New, York,1926)一书中,R. H. 托尼遵循韦伯关于资本主义从宗教改革时期开始兴起的命题,同时指出社会和经济的同步发展具有更大的重要性。然而,其他学者强调资本主义先于宗教改革。参见 H. M. Robertson, *Aspects of the Rise of Economic Individualism* (Cambridge,1933);Amintore Fanfani, *Catholicism*,

Protestantism, and Capitalism (New York,1935)。近来为韦伯的命题辩护的文章见 Ehud Sprinzak,"Weber's Thesis as an Historical Explanation," *History and Theory*, 11 (1972),294。上述许多材料的摘录可见于罗伯特·W. 格林的著作 *Protestantism and Capitalism: The Weber Thesis and Its Critics* (Boston,1959)。

〔8〕 又见《马可福音》10:23 –25("有钱财的人进上帝的国是何等的难哪!")。这里整个强调的不是拥有财富的罪恶,而是热爱财富的罪恶。

〔9〕 See chapter 5.

〔10〕 See Henri Pirenne, *Medieval Cities: Their Origins and the Revival of Trade*, trans. Frank D. Halsey (Princeton. N. J., 1925), pp. 157,158.

〔11〕 Quoted in F. M. Burdick, "Contributions of the Law Merchant to the Common Law", *Select Essays in Anglo-American Legal History*, Ⅲ (Boston,1909),50.

〔12〕 Gerard Malynes, *Consuetudo vel Lex Mercatoria, or the Ancient Law Merchant* (London,1622),引自前言"To the Courteous Reader"。

〔13〕 William Blackstone, *Commentaries on the Laws of England* Ⅰ (Portland, 1807),273.

〔14〕 William Mitchell, *An Essay on the Early History of the Law Merchant* (Cambridge,1904),p. 7.

〔15〕 Ibid.,p. 9.

〔16〕 See Levin Goldschmidt, *Universalgeschichte des Handelsrechts*, Ⅰ (Stuttgart,1891),119.

〔17〕 Ibid.

〔18〕 Magna Carta. 17 John (1215), chap. 41. 该条继续规定:"……但在战时属于与我们交战的国家的商人除外。如果战争爆发时在我们的领土内发现这样的商人,那么在我们或我们的大法官得知我们的商人在

620 与我们交战的国家中的待遇之前,应该扣押他们,但不得伤害他们的人身和货物。如果我们的商人在那里安然无恙,那么他们的商人在这里也应该安然无恙。"

〔19〕 Hubert Hall, ed., *Select Cases concerning the Law Merchant*, Ⅲ (London,1932),175.

〔20〕 Goldschmidt, *Universalgeschichte*, pp. 180 – 182.

〔21〕 参见 Mitchell, *Essay*, pp. 14 – 16。米歇尔写道:"在马赛,商事法官的存在可以追溯到12世纪,他们的职责就是'简易地、不纠缠法律细节地'处理案件和纠纷。德国的商业同业公会、英国和法国的海事法庭都实施简易审判。对于路过的外地人或在途中的外国商人实行一种特别迅速的审判,一般是通例。"

〔22〕 这一文献被转载于 G. F. Sartorius Freyherrn von Waltershausen, *Urkundliche Geschichte des Ursprunges der deutschen Hanse*, ed. J. M. Lappenberg, Ⅱ (Hamburg,1830),3。其形式是亨利向他的大法官、司法行政官以及在法国和英格兰的"所有仆从和信徒"发布一项命令,要求他们"保护、维护和捍卫科隆的公民、商人和其他人及其所有的财产[物]和占有物……就像我自己的[*sicut meas proprias*]一样"。另一文献刊印在同一卷的第4页,它重申了上述命令,即要求保护、维护和捍卫"科隆人和公民及其所有的财产、商品和占有物,就像对我的人和朋友一样",并补充道:"你们不得强迫他们服从他们……不习惯遵行的任何新的习惯或权利。"这两个法律文献分别颁布于 Woodstock 和 Northampton,但没标明日期。(亨利二世1154～1189年在位统治)可以推测,科隆城当局也以给那里的英国商人提供类似的保护作为回报。

〔23〕 See chapter 6.

〔24〕 这一法令以译文形式被转载于 Lopez and Raymond, *Medieval Trade*, pp. 276 – 277。它规定:首席行政官和市议员认为,如果书面或非书面的兑换契据和其他贸易契约由于这种障碍而无法获得实施,那么这将给经常订立这类契约的热那亚公民和商人造成重大的损失和不便,要

不也会使任何贸易都无法进行,使所有的船舶都无法被派往航行。

〔25〕 Goldschmidt, *Universalgeschichte*, pp. 170 – 171.

〔26〕《贸易中心城镇法》,27 Edward Ⅲ (1353)。

〔27〕 Mitchell, *Early History of Law Merchant*, pp. 14 – 17,20.

〔28〕 Decretal "Saepe Contingit" of Pope Clement V (1306), *Copus Juris Canonici*, *Decretalium Collectiones* (Leipzig,1881),p. 1200.

〔29〕 "Item propter personas qui celeren habere debent iustici iusticiam, sicut sunt mercatores quibus exhibetur iustitia pepoudrous." Bracton, *De Legibus et Consuetudinbus Angliae*, fol. 333, in Samuel Thorne, *Bracton on the Laws and Customs of England*, Ⅳ (Cambridge, Mass.,1977),63.

〔30〕 在德国和法国法中,动产的诚信购买者对真正的所有者的权利表现于下列格言:"Hand wahre Hand"和"Meubles n'ont point de suite"。在英国法中,这一学说限于在"公开市场"(market overt)的交易。

〔31〕 Goldschmidt, *Universalgeschichte*, p. 133,称之为"Die Materialisierung des Besitzrechts."它适用于土地和动产。 621

〔32〕 海上借贷(*foenus nauticum*)是向装运货物到海外的商人所提供的一种无担保借贷,它偿还的条件是船舶安全返回。利率是非常高的;在 11 世纪、12 世纪一般是 50%。西方法学家创立了一种变化形式的海上借贷,即 *respondentia*,它要求在货物运抵其目的地的情况下就偿还利息和本金,而不论船舶的情况如何。冒险借贷虽然只有在船舶返回的情况下才可以加以偿还,但由于它以卖方向出借方转让货物的留置权和他对船舶本身的利益作为担保,因而花费较少。海上借贷被当作高利贷受到非难,并最终于 1236 年受到教皇格列高利九世的谴责。参见 Raymond de Roover, "The Organisation of Trade", in *Cambridge Economic History of Europe*, ed. M. M. Postan, E. E. Rich, and Edward Miller, Ⅲ (Cambridge, 1963),54。

〔33〕 这里所列举的绝大部分可见于 Goldschmidt 的 Universalgeschichte,从第 133 页开始。

〔34〕 “Vel ei cui ordinaverit.” Ibid., p. 135, n. 145. 戈德施米特引用了海因里希·布鲁纳的话,大意是说“汇单”自6世纪以来就以各种老一套的方式在意大利得到了使用,但是,戈德施米特指出,与近代习惯(“to X or order”或“to the order of X”)相对应的汇单首先出现于12世纪的意大利和13世纪的德国。虽然按照戈德施米特的看法,本票早在9世纪就在意大利获得了使用,但在佛兰德和法国,它只是自13世纪末以来才获得使用,在德国则只是自14世纪初以来才获得使用。

〔35〕 Lopez, *Commercial Revolution*, p. 72.

〔36〕 Goldschmidt, *Universalgeschichte*, p. 306.

〔37〕 Ibid., p. 176.

〔38〕 Lopez, *Commercial Revolution*, p. 73.

〔39〕 De Roover, “*Organisation of Trade*,” p. 50.

〔40〕 Ibid.

〔41〕 See W. A. Bewes, *The Romance of the Law Merchant* (London, 1923), pp. 20, 21.

〔42〕 See F. Edler de Roover, “Early Examples of Marine Insurance,” *Journal of Economic History*, 5 (1945), 172, 183, 198.

〔43〕 各种新的信用手段既不可能在希腊—罗马的世界中找到,也不可能在日耳曼诸民族中间发现。虽然在阿拉伯人中存在某些与它们类似的东西,但它们终究是一种发明。洛佩斯把信用的产生和发展看作在这个时期导致各种城市共同体创立的同一种协作精神的具有根本意义的一种结果。参见 Lopez, *Commercial Revolution*, pp. 71-73。

〔44〕 Goldschmidt, *Universalgeschichte*, p. 36。戈德施米特表明,各种类型的法律事务就像法律自身一样,要服从“双重发展规律”,即“展开(演化)的规律”和“简化的规律”。他显然是用第二个规律指概念的简化,或者指日益增加的普遍性。这个规律看来是靠不住的,尤其在适用于商业事务时更是如此,因为商业事务似乎不仅变得越来越复杂(这也许是它们的“演化”的一部分),而且还变得越来越不容易受概念的整体性的

影响。

第十二章 城市法

〔1〕 Henri Pirenne, *Medieval Cities: Their Origins and the Revival of Trade*, trans. Frank D. Halsey (Princeton, N. J., 1925), p. 56. 622

〔2〕 See Lewis Mumford. *The City in History, Its Origins, Its Transformations, and Its Prospects* (New York, 1961), p. 253.

〔3〕 Robert S. Lopez, "The Trade of Medieval Europe: The South", in *Cam. bridge Economic History of Europe*. ed. M. M. Postan, E. E. Rich, and Edward Miller, Ⅱ (Cambridge, 1963), 297 – 298. See also R. S. Lopez, *The Birth of Europe* (New York, 1967), pp. 260 – 262.

〔4〕 "Omnes burgenses et tota communa liberorum hominum habeant wambais et capellet ferri et lanceam." Assize of Arms, art. 3, in William Stubbs, ed., *Select Charters and Other Illustrations of English Constitutional History*, 9th ed. rev. (Oxford, 1951), p. 153. 斯塔布斯评论说:"在第3条里,人类普遍自由一词的使用……提供了了解整个法案的政治趋向的一条线索。"

〔5〕 参见 Maxime Rodinson, *Marxism et Monde Muselman* (Cambridge, Mass., 1972), p. 106。莱比杜斯(Ira M. Lapidus)表述了一种不同的见解,参见 *Muslim Cities in the Late Middle Ages* (Cambridge, Mass., 1967)。

〔6〕 See Norman J. G. Pounds, *An Historical Geography of Europe, 450 B. C. – 1330 A. D.* (Cambridge, 1973); J. C. Russell, *Late Anceint and Medieval Population, Transactions of the American Philosophical Society*, vol. 48, pt. 3 (Philadephia, 1958), pp. 60 – 62; Lopez, *Birth of Europe*, pp. 258 – 270; Lopez, "Trade of Medieval Europe," pp. 293 – 304.

〔7〕 Lopez, "Trade of Medieval Europe", p. 303.

〔8〕 Mumford, *City in History*, p. 260.

〔9〕 See Wilhelm Reinecke, *Geschichte der Stadt Cambrai bis zur Erteiling der Lex Godefridi* (1227) (Marburg,1876).

〔10〕 See Albrert Vermeesch, *Essai sur les origines et la Signification. de la commune dans le nord de la France* (*onzième et douzième siècles*) (Heule, Belgium, 1966).

〔11〕 参见 L. H. Labande, *Histoire de Beauvais et de ses institutions communales jusqu'au commenicement du quinzième siècle* (pairs, 1892),pp. 62,64;Carl Stephenson, *Borough and Toun: A Study of Urban Origins in England* (Cambridge, Mass.,1933),p. 37。路易六世特许状的日期不详;有可能是1122年。公社建立的确切年份亦不详,虽然有些时候它被标为1099年。

〔12〕 巴尔斯的兰斯林(Lancelin de Bulles),一位显赫的土地所有者,他把主教的领地大量地占为己用,并且成功地使他的儿子富尔克(Fulk)于1089年当选为主教。参见 Labande, *Histoire*, *de Beauvais*, chap. 4。

〔13〕 Ibid.

〔14〕 Stephenson, *Borough and Toun*, p. 38. See also Charles petits-Dutailles, *Les Communes françaises* (Paris, 1947).

〔15〕 Stephenson, *Borough and Town*, pp. 29,30. See also Rodney H. Hilton, *Bond Men Made Free* (London, 1973),p. 81; Maurice Prou. *Les coutumes de Lorris et leur propagation aux douzième et treizième siècles* (Lorris,1884).

〔16〕 D. Ainé, *Histoire de Montauban* (Montauban. 1855); Stephenson, *Borough and Town*, p. 32.

〔17〕 Stephenson, *Borough and Town*, pp. 30,31.

623 〔18〕 Ibid.,p. 34.

〔19〕 Ibid.,p. 35.

〔20〕 斯蒂芬森转述说,圣奥梅尔不得不在第二年放弃了他的权利,

但是,市民们被授予对固定的出租财产征集他们自己的税收的权利。

〔21〕 Ibid.,p. 24.

〔22〕 本节所含资料出自以下书籍:Paul Strait, *Cologne in the Twelfth Century* (Gainesville, Fla.,1974); Richard Koebner, *Die Anfaäge des Gemeinwesens der Stadt Köln* (Berlin, 1922); Thea Buyken and Hermann Conrad, *Die Amtleutebücher der Kölnischen Sondergemeinden* (Weimar, 1936); Carl Hegel, *Die Chroniken der deutschen Städte vom* 14. *bis ins* 16. *Jahrhundert*, Vol. 12, köln (1875; reprint ed., Göttingen, 1968); Elisabeth Rütimeyer, *Stadtherr und Stadtbürgerschaft in denrheinischen Bischofsstädten: Ihr Kampf um die Hoheitsrechte im Hochmittelalter* (Stuttgart, 1928); Arnold Stelzmann, *Illustrierte Geschichte der Stadt Köln*, 3rd ed. (Cologne, 1962); Edith Ennen, *Die europäische Stadt des Mittelalters*, 2nd ed. (Göttingen,1975)。又见 Friedrich Lau, *Entwicklung der Kommunalen Ver fassung und Verwaltung der Stadt Köln bis zum Jahre* 1396 (Bonn, 1898)。

〔23〕 Stephenson, *Borough and Town*, pp. 33 – 35. See also Franz Beyerle, *Unter suchungen zur Geschichte des aelteren Stadtrechts von Freiburg im Breisgau* (Heidelberg, 1910),p. 75.

〔24〕 M. V. Clarke, *The Medieval City State: An Essay on Tyranny and Federation in the Late Middle Ages* (London, 1926),pp. 15 – 16.

〔25〕 汉斯·理查德(Hans Reichard)在他的著作里列了一份完整的母城与子城的一览表,参见 *Die deutschen Stadtrechte des Mittelalters* (Berlin, 1930),pp. 76 – 79。

〔26〕 更为重要的是,1631 年,马格德堡城在一场大火中几乎完全毁灭,它的档案全部化为灰烬,以致与马格德堡法有关的所有资料实际上只能来自曾经接受马格德堡法的其他城市的档案。参见 Georg Piltz, *Magdeburg: Stadt am Strom* (Dresden, 1954),pp. 52 – 54;F A. Wolter, *Geschichte der Stadt Magdeburg vonoihrem Ursprung bis and die Gegenward*,

3rd ed. (Magdeburg, 1901),p. 162。

〔27〕 第一部马格德堡法的九个条款的拉丁文本载于 Paul Laband, *Magdeburger Rechtsquellen zum akademischen Gebrauch* (Königsberg, 1869),pp. 1 –3。

〔28〕 分别用古德语写成的 1261 年和 1304 年的布雷斯劳和格尔利茨法载于 ibid.,pp. 14 –31,and in Ernst Theodor Gaupp, *Das alte Magdeburgische und Hallische Recht: Ein Beitrag zur deutschen Rechtsgeschichte* (Breslau,1826),pp. 229 –323。

〔29〕 Paul Laband, *Das Magdeburg-Breslauer systematische Schoeffenrecht aus der Mitte des* XIV. *Jahrhundert* (Berlin, 1863).

〔30〕 Stephenson, *Borough and Town*, p. 120.

〔31〕 Ibid., pp. 152,153,165,166.

〔32〕 Ibid.,p. 143.

〔33〕 Ibid.,p. 180. See also Christopher N. L. Brooke. *London*, 800 –1216: *The Shaping of a City* (London, 1975); Mary Bateon, "A London Municipal Collection of the Reign of John," *English Historical Review*, 17 (1902),pp. 480 –511,707 –730.

624 〔34〕 亨利一世发给伦敦市民的特许状,参见斯塔布斯,*Select Charters*, pp. 107 –108。

〔35〕 据《土地调查清册》,约克在 1086 年有一个市民团体和管辖市民的 4 位法官;这可能代表着诺曼征服前的制度的一种残留。在 12 世纪 70 年代曾有一个在约克建立公社的尝试,但未获得成功。1203 年,约克从国王那里接受了一份特许状,并因此主张像温彻斯特那样享有公社的地位,后者的商人行会从亨利二世那里,并且也可能从亨利一世那里获得了对特权和习惯的许可。由理查德和约翰发给温彻斯特的新特许状为市民对城外诉讼的豁免权和自治的城市政府提供了保障。参见 Peter Werham, *York* (London,1971),pp. 62 –83;G. W. Kitchin,*Historic Towns: Winchester* (London, 1891),p. 163;B. B. Woodward, *History of Winchester* (Winchester, [c. 1900]); J. E. A. Joliffe, *The Constitutional History of Medieval England* (*London*, 1937), pp. 321 – 326。

还应该提到辛奎城(Cinque Ports),它虽然在不同的时期曾与30多个城镇结为一体,但最初是由5个镇(黑斯延斯、罗姆内、海斯、多佛、桑威奇)组成的。这些城镇每年为保护王室提供一次船舶服务,以此换取自治体的特权。这一做法可以追溯到12世纪初;它是在亨利二世时由官方规定的。1205年,这些城镇头一次获得了一些个别的特许状(individual charters)。1260年,一份一般的特许状(general charter)发给城镇的全体市民。不过,似乎还没有联盟的正式的书面文件或其他的正式宪章。这些城镇所享有的大量特权包括设立一个普通的裁判庭(a common court of justice),免除通行税和其他负担,免受它们的地域之外的司法权的管辖,以及每年开办一次商品交易会。参见 K. M. E. Murray, *Constitutional History of the Cinque Ports* (Manchester, 1935), pp. 1 – 27。

〔36〕 伊普斯威奇特许状的完整文本见 Charles Gorss, *The Gild Merchant: A Contribution to British Municipal History*, 2 vols. (Oxford, 1890), Ⅱ, 115 – 116。用来指明修道院院长的职位终身占有的措辞——他们应"根据品行端正"(quanmdiu se bene gesserint)而供职——在英国革命后的17世纪也用来指明法官的职位终身占有,并且体现在1701年的《王位继承法》之中。

〔37〕 下面的记述引自伊普斯威奇的《土地调查清册》,它载于 Gross, *Gild Merchant*, Ⅱ, 115 – 123. See also ibid., Ⅰ, 23 – 26 and Stephenson, *Borough and Town*, pp. 174 – 178。

〔38〕 伊普斯威奇的《土地调查清册》载于 Gross, *Gild Merchant*, Ⅱ, 122 – 123。

〔39〕 参见 Helen M. Jewell, *English Local Administration in the Middle Ages* (New York, 1972) p. 53。作者还正确地强调了市民对出席郡法院和百户法院的豁免权的重要性,这一豁免暗含着他们享有自己在城里拥有具备同等权能的法院的权利。这种城市自行审判的权利(连同"承

包”应向王室缴纳的年税的权利)于1131年永久地授予伦敦。不过,王室始终维持着王室的普通法诉讼法院和王座法院对重罪案件和涉及自由持有土地的讼争的管辖权。当这些法院巡回旅行时,它们在某些地方被要求在城市的范围内进行审判;不过,在通常情况下,来自城市的12名陪审员必须和来自百户郡的陪审团一起出席巡回(“巡视”)审判。

〔40〕 See generally Alfio Natale, *Milano medievale, da Attila ai Tor-*
625 *riani* (Milan, 1964); Cesare Manaresi, ed., *Gli Atti del Comune di Milano fino all'anno MCCXVI* (Milan, 1919).

〔41〕 引自 Eugen Rosenstock-Huessy, *Out of Revolution: The Autobiography of Western Man* (New York, 1938), p. 571。

〔42〕 关于此一时期公社自治的这些和另一些资料,参见 *Encyclopaedia Britannica*, 1969 ed., s. v. "commune (medieval)" (D. P. Waley)。

〔43〕 Ibid., p. 199.

〔44〕 Rosenstock-Huessy, *Out of Revolution*, p. 573.

〔45〕 Francesco Calasso, *Medio Evo del Dirtto*, Ⅰ (Milan, 1954), 422.

〔46〕 Ibid.

〔47〕 See *Constituta Legis et Usus Pisanae Civitatis*, in Francesco Bonaini, ed., *Statuta inediti della Citta di Pisa*, Ⅱ (Florence, 1870), pp. 634 – 1026 (The *Consitutum Legis* occupies pp. 647 – 809; the *Constitutum Usus* occupies pp. 810 – 1026).

〔48〕 Friedrich Heer, *The Medieval World* (New York, 1962), p. 74.

〔49〕 See Franco Valsechi, *Le Corporazioni nel' organismo politico del medio evo* (Milan, 1931), pp. 21 – 23.

〔50〕 Franz Wieacker, *Privatrechtsgeschichte der Neuzeit* (Göttingen, 1967), p. 51.

〔51〕 Statute of the Staple, 27 Edward Ⅲ (1353).

〔52〕 John H. Mundy and Peter Riesenberg, *The Medieval Town* (New

York, 1958), Document No. 43, pp. 163 - 164.

〔53〕 See Harvey Cox, *The Secular City* (New York, 1965).

〔54〕 参见 Max Weber, *The City*, trans. and ed. Don Martindale and Gertrud Neuwirth (New York, 1958)。在序文里,马丁代尔对城市社会学领域里的美国和欧洲的学术成就作了比较,他指出,美国的社会学家倾向于从地理和生态的角度来观察当代的城市,并且主要关注城市的社会结构对于挣脱家庭纽带和地方性联系,崩解文化、种姓和身份以及取代依靠军事占领的秩序和行业性利益的作用。与此相对比,在欧洲,像西梅尔(Simmel)和迪尔凯姆(Durkheim)那样的社会学家强调城市的社会——心理特征(它的定时性、可计算性和精确性的提高,它的"玩腻了"的态度,它的高效率,它的紊乱或不确定性)。另一些社会学家则追随库朗热(Fustel de Coulanges)和韦伯,采取一种历史的和比较的方法。马丁代尔展示了有关城镇长官体系制度的历史发展的知识是如何帮助20世纪初期的美国人避免对美国城市中的市长和市政会的角色以及城市管理人的角色发生误解的。

〔55〕 Weber, *City*, pp. 54 - 55.

〔56〕 See William Bennett Munro, *The Government of American Cities* (New York, 1926).

〔57〕 Weber, *City*, p. 91.

〔58〕 Ibid., pp, 92, 93.

〔59〕 Ibid., p. 94.

〔60〕 Ibid., p. 96.

〔61〕 Ibid., p. 97.

第十三章 王室法:西西里、英格兰、诺曼底和法兰西

〔1〕 Joseph R. Strayer, *On the Medieval Origins of the Modern State* (Princeton, N. J., 1970), p. 22.

〔2〕 Ibid., p. 33. 626

〔3〕 Heinrich Mitteis, *The State in the Middle Ages*, trans. H. F. Orton (Amsterdam, 1975), p. 307. 也见斯特雷耶 *Medieval Origins*,第 12 页:“现代国家,无论我们今天在何处发现它,都是以 1100 ~ 1600 年在欧洲出现的模式为基础。”

〔4〕 Mitteis, *State*, pp. 307 – 308.

〔5〕 James M. Powell, ed. and trans., *The Liber Augustalis or Constitutions of melfi Promulgated by the Emperor Frederrick* Ⅱ *for the Kingdom of Sicily in* 1231 (Syracause, N. Y., 1981), p. xxxviiii.

〔6〕 See Orville Prescott, *Lords of Italy*: *Portraits from the Middle Ages* (New York, 1972), p. 3.

〔7〕 Quoted in David C. Douglas, *The Norman Achievement*, 1050 – 1100 (Berkeley and Los Angeles, 1969), p. 105.

〔8〕 Ibid., p. 143.

〔9〕 Mitteis, *State*, p. 172.

〔10〕 罗杰二世继承其父西西里伯爵的头衔。在他征服了卡拉布利亚和阿普利亚之后,教皇洪诺留授予他阿普利亚公爵之头衔。当洪诺留于 1130 年死去时,两名竞选教皇者当选。罗杰二世急于成为国王,便支持其中的弱者阿那克莱图斯(Anacletus),后者很快就为他举行涂油宗教仪式并封他为西西里、阿普利亚和卡拉布里亚之王。在 1139 年,阿那克莱图斯已死,洪诺留的继承人英诺森二世又重新加封罗杰为国王。普雷斯科特在他的 *Lords of Italy* 一书的第 83 页很好地叙述了这段历史。

〔11〕 参见 H. G. Creel, *The Origins of Statecraft in China*, Vol. 1, *The Western Chou Empire* (Chicago and London, 1970),其中引用了一本由一位穆斯林地理学家于 1154 年写于罗杰宫廷的书,它“论及中国政府的篇幅远比谈论其他任何国家都要多”。

〔12〕 See generally Ferdinand Chalandon, *Histoire de la Domination Normande en Italie et Sicile* (New York, 1960); Douglas, *Norman Achievement*; Claude Cahen, *Le régime féodal de l' Italie normande* (Paris, 1940).

〔13〕 See Charles H. Haskins. "England and Sicily in the Twelfth Century", pt. 3, *English Historical Review*, 26 (October 1911), pp. 641, 655, 663 – 664.

〔14〕 Heinrich Mitteis, *Der Staat des hohen Mittelalters* (Weimaer 1953), p. 238. 这段话在米泰斯的 *State* 一书的英译本中的第 226 页译得不好。

〔15〕 这是一部对数以百计日耳曼式的法律规则的汇集，表明了某些残存的罗马法影响，但是，没有那种表明从 12 世纪起西方法律传统所具有的系统性和整体性。参见 *Liber Legis Langobardorum Papiensis Dictus*, *MGH*, Legum Ⅲ, p. 290。

〔16〕 Max Hofmann, *Die Stelluung des Königs von Sizilien nach den Assisen von Ariano* (1140) (Münster, 1915), pp. 39, 155, 174.

〔17〕《阿里亚诺法令》条文由勃兰德隆 · 弗朗塞斯科中心整理重印，*Il diritto romano nelle leggi normane e sveve del regno di Siclia* (Turin, 1884)。

〔18〕 Hofmann, *Stellung*, p. 65.

〔19〕 Ibid., p. 72.

〔20〕 Quoted Thomas C. Van Cleve, *The Emperor Frederick* Ⅱ *of Hohenstaufeu*: *Immutator Mundi* (Oxford, 1972), p. 241.

〔21〕 See Haskins, "England and Sicily", pp. 642 – 643.

〔22〕 Ibid., pp. 644 – 645.

〔23〕 Ibid., pp. 647 – 648. 627

〔24〕 参见 Hofmann, *Stellung*, p. 85.

〔25〕普雷斯科特 *Lords of Italy*，第 16 页。他还指出，弗雷德里克也禁止建立私人城堡，在他长期的统治中，他自己曾经在具有战略意义的地点建立六个新城堡。普雷斯科特对罗杰二世、弗雷德里克二世和其他南意大利的统治者在 11 世纪后期到 14 世纪初期的业绩的描述，确实是最生动的，可能是关于这方面所有著述中最好概述。

〔26〕 Powell, *Liber Augustalis.* 本书在正文中作了具体引证。

〔27〕 Quoted by Prescott, See *Lords of Italy*, p. 166.

〔28〕 Powell, *Liber Augustalis*, p. xx.

〔29〕 Ibid., p. xxi.

〔30〕 Quoted by Prescott, See *Lords of Italy*, p. 167.

〔31〕 See Douglas, *Norman Achievement*, pp. 105 – 106.

〔32〕 Ibid., p. 144.

〔33〕 威廉的法令由威廉·斯塔博斯(William Stubbs)整理重印, *Select Charters and Other Illustrations of English Constitutional History from the Earliest Times to the Reign of Edward* Ⅰ (Oxford, 1913), pp. 95 – 99。

〔34〕 Ibid., p. 144.

〔35〕 See Z. N. Brooke, *The English Church and the Papacy* (Cambridge, 1931), pp. 154 – 155.

〔36〕 Ibid., pp. 155, 167 – 167, 174, 187 – 189, 198 – 199, 211 – 212.

〔37〕 See W. L. Warren, *Henry* Ⅱ (Berkeley and Los Angeles, 1973); Amy Kelly, *Eleanor of Aquitaine and the Four Kings* (Cambridge, Mass., 1950); Jacques Boussard, *Le Gouvernement d' Henri* Ⅱ *Plantagenet* (Paris, 1956).

〔38〕 Walter Map, *De Nugis Curialium*, ed. M. R. James (Oxford, 1914), p. 261.

〔39〕 Ibid., p. 277.

〔40〕 Doris M. Stenton, *English Justice*, 1066 – 1215 (Philadephia, 1964), p. 53.

〔41〕 其他封建权利义务(除了以服军役为条件的土地占有制)包括:(1)继承税——继承人支付的一笔钱,以便获准重新与领主建立因继承人的前亡而断裂的关系;(2)先占,即在继承税交付之前,领主具有首先占有该土地的权利;(3)监护,即在继承人是未成年人或未婚的妇女的场合领主管理其地产和占有其收益的权利;(4)主婚,即如果女继承人同意

领主为她选择丈夫的权利；(5)收回地产，即如果土地持有人因为已经在放逐法外或被处以重罪监禁或无继承人而不能履行义务，该土地复归领主；(6)土地转让税，即土地持有人如将土地卖给或赠与他人，须向领主交小一笔税务；(7)捐献，即付款帮助领主完成各种义务。1215 年，《大宪章》将捐助的数量减为三种：赎回被俘的属于领主的人，领主的长子成为骑士，领主的长女结婚。

〔42〕 See Charles H. Haskins, *Norman Institutions* (Cambridge, Mass., 1918), p. 155.

〔43〕 See Haskins, "England and Sicily", pp. 651 – 655.

〔44〕 See Ibid., pt. 1, July 1911, pp. 438 – 443; cf. *Dialogus de Scaccario* (*The Course of the Exchequer*), ed. and trans. Charles Johnson (New York, 1950), pp. 35 – 36.

〔45〕 全段引自 T. F. T. Plucknett, *A Concise History of the Common Law*, 5th ed. (Boston, 1956), p. 148。

〔46〕 引语出自梅特兰。参见 F. W. Maitland, *The Constitutional* 628
History of England (Cambridge, 1965), pp. 106 – 107. 47. Strayer, *Medieval Origins*, p. 34。

〔47〕 Strager, *Medieval Origins*, p. 34.

〔48〕 Ibid.

〔49〕 R. C. van Caenegem, *Royal Writs in England from the Conquest to Glanvill* (London, 1959), p. 200.

〔50〕 Ibid., p. 199.

〔51〕 See Ibid., p. 444.

〔52〕 G. D. G. Hall, ed. and trans., *The Treatise on the Laws and Customs of the Realm of England Commonly Called Glanvill* (London, 1965), p. 167.

〔53〕 普拉克内特曾经论述了 *Assize of Clarendon*，他并且翻译了其中的大部分，*Concise History*, pp. 112 – 113。

〔54〕 哈佛大学法学院开设的法律制度发展课程,1968 年。

〔55〕 关于在刑事案件中废除神明裁判和采用陪审团,见普拉克内特的 *Concise History*,第 118 ~ 126 页。他描述了英格兰对废除神明裁判的抵制,对使用邻人调查团的程序取而代之的犹豫,以及拒绝选择由法庭询问当事人和陪审员。

〔56〕 See Frederric William Maitland, *The Forms of Action at Common Law* (Cambridge, 1965).

〔57〕 见第六章,注释〔10〕和〔11〕 。

〔58〕 Sir Frederick Pollock and William Maitland, *History of English Law*, 2nd ed. (1898;reprint ed., Cambridge, 1968), Ⅰ. 146.

〔59〕 Joüon des Longrais, *Henry Ⅱ and His Justiciars: Had They a Political Plan in Their Reforms about Seisin?* (Limoges, 1962). 在大约此前 15 年新上任的德国国王红胡子弗雷德里克曾经一直试图取得类似的成就。在他的 1152 年的"和平法令"中,规定,"同一领主下的两名封臣关于占有权的争议,应当向王室法官提起诉讼,从而使封建法院被限制于解决并不经常发生的所有权问题;我们从当时的文件了解到,占有的问题是通过陪审调查团的程序解决的。恰好像英格兰的亨利二世一样,弗雷德里克试图创造一种王室管辖占有的诉讼程序,并由此限制贵族的司法管辖权"。Mitteis, *Der staat des hohen Mittelalters*, p. 254. 不过,弗雷德里克未能创设一种可以实现他的野心的程序方面的司法制度,最终便决定鼓励发展组成德意志帝国各领地内的王侯的司法管辖权。见第十四章。

〔60〕 Hall, *Treatise Called Glanvill*, p. 1.

〔61〕 J. E. A. Jolliffe, *The Constitutional History of Medieval England* (London, 1961), p. 206.

〔62〕 See Charles H. Haskins, *Norman Institutions* (Cambridge, Mass., 1918), p. 58; see also Charles Petit-Dutaillis, *The Feudal Monarchy in France and England from the Tenth to the Thirteeth Century*, trans. E. D. Hunt (London, 1936), p. 162.

〔63〕 Haskins, *Norman Institutions*, p. 192.

〔64〕 Ibid., pp. 192 – 193.

〔65〕 See Ernest-Joseph Tardiff, *Coutumirs de Normandie*, 2 Vols. (Rouen, 1881 – 1903).

〔66〕 See Maurice Jallut, *Philippe Auguste*, *fondateur de l' unite française* (Paris, 1963); Achille Luchaire, *Philippe Auguste* (Paris, 1884).

〔67〕 *Chronique rimée de Philippe Mouskès*, publ. Baron de Reiffen- 629
berg, Ⅱ (Brussels, 1838), 427ss. 23735 – 23738.

〔68〕 以下论述由可在下面的书中发现的事实材料——但不总是由解释——所支持：Francois J. M. Olivier-Martin, *Histoire du droit français des origines à la révolution*, 2nd ed. (Paris, 1951); Émile Chénon *Histore générale du droit français public et privé des origines à* 1815, Ⅰ (Paris, 1926); Mitteis, *Der Staat des hohen Mittelalters*; Ludwig Bussion, Konig Ludwig Ⅸ, *der Heilige und das Recht* (Feiburg, 1954); Petit-Dutaillis, *Feudal Monarchy*。

〔69〕 Olivier-Martin, *Histore*, p. 225.

〔70〕 Thomas Aquinas, *Summa Theologica*, pt. Ⅰ-Ⅱ, qu. 90 – 97.

〔71〕 John P. Dawson, *The Oracles of the Law* (Ann Arbor, Mich., 1968), p. 276.

〔72〕 Ibid., p. 268.

〔73〕 See Olivier-Martin, *Histore*, p. 114. See note 87.

〔74〕 Philippe de Beaumanoir, *Coutumes de Beauvaisis*, ed. A. Salmonb, 2 vols. (Paris, 1970), Ⅰ, sec. 683.

〔75〕 Henry Summer Maine, *Ancient Law* (1861; 3rd Amer. ed. New York, 1888), p. 24.

〔76〕 "到 1296 年——大约在它开始作为御前会议的一个独立分支出现后的 35 年至 40 年——一项皇家法令限定[巴黎高等]法院的正式成员为 51 名法官。23 年之后，即在 1319 年，这样的官吏总计为 67 人……在

1345 年,[其成员]固定在约 80 人……与英格兰相比,差别特别明显……在 1300 ~ 1500 年,王座法院和普通诉讼法院的常任法官通常总共不是 80 名而是 8 名或 9 名。"Dawson, *Oracles*, p. 274。

〔77〕 See Beaumanoir, *Coutumes*, Ⅰ, sec. 1:"Ci commence li livre des coustumes et des usages de Beaumanoir."

〔78〕 "……每个男爵都是各自领地的领主……国王地位在所有领主之上,是整个王国的统治者,他有权制定本王国内通行的法律,也有权制定统一的对外方面的法律。"Beaumanoir, *Coutumes*, Ⅱ, sec. 1043。

〔79〕 Beaumanoir 关于诉讼代理人和律师在邑长法院的作用的论述,乔治斯·胡伯莱西特在他"Commentaire historique et juridique"一文曾予以概述,原载菲利普·德·博马努瓦尔的 *Coutumes de Beauvaisis*,第 3 卷(巴黎,1974),第 4 章和第 5 章。道森在 *Oracles* 书的第 282 ~ 285 页论述了巴黎高等法院的诉讼代理人和律师的职能。

〔80〕 Beaumanoir, *Coutumes*, Ⅱ, secs. 1122 - 1223.

〔81〕 Ibid., Ⅰ, secs. 954 - 988.

〔82〕 Ibid., Ⅱ, sec. 999. 博马努瓦尔的"明示协议高于法律"(*Convenance vaint loi*)一语是拉丁语"明示协议高于法律"(*Conventio vincit legem*)表述的翻版,后者在当时通用于全欧洲,并可以在一个世纪之前的格兰维尔的著作中找到。这个短语的含义是,"除非另有协议",当事人的意志高于那些限定契约义务的(非强制性的)法律规定。在 M. E. 提加其他方面的一篇值得一读的论述博马努瓦尔的短文中和 M. R. 利维的著作中做了相反的解释,后者的著作见 *Law and the Rise of Capitalism*(纽约,1977),第 145 页。

〔83〕 Beaumanoir, *Coutumes*, Ⅱ, sec. 1000.

〔84〕 Ibid., Ⅱ, secs. 823 - 936. 道森强调法国刑法、民事债法(契约
630 和侵权行为法)和刑事与民事诉讼程序方面习惯法的地方性,认为实质上整个法国王室习惯法是由土地法、已婚者财产权利、继承、赠与和遗嘱法构成的。不过,正如博马努瓦尔所指出的,刑法几乎没有被当作博韦当地

特有的东西予以表述。例如,叛乱罪、伪造货币罪和异端罪,像杀人、纵火、抢劫和其他犯罪一样,被放在同样的位置予以论述。另外,博马努瓦尔所阐述的契约法几乎不能仅仅看作博韦当地的习惯,而是在适当的案件中似乎可适用于包括王室法院在内的法国任何法院的习惯(在非制定法意义上)法。道森的分析较适合于后来的时期,那时才第一次产生协调和统一法国各地各种各样习惯的需要。参见 Dawson,"The Codification of the French Customs",*Michigan Law Review*, 38 (1940),765。

〔85〕 Olivier-Martin, *Historie*,p. 233.

〔86〕 布拉克顿从诉讼案卷中录下约 2000 个判例;这些判例汇集在由梅特兰编的关于他的 *Note Book* 中。没有发现博马努瓦尔曾有类似的笔记;不过,在他的著述中他曾参考——但未提名字——数以百计的判例。他对法国判例法(法语为 *jurisprudence*)的利用曾经被描述如下:"有时他通过阐述一个习惯规则和引用一个司法判决开始阐明法律。有时他与此相反:从他所见到的已经作出的司法判决开始,他指出该判决所适用的原则……作为新近向一个习惯提出异议的证据,[博马努瓦尔]一成不 631
变地仅仅参考司法判决,毫无疑问,这是因为单个先例就有足够的效力,因为这种先例是决定性的。"Hubrecht,"Commentaire",p. 4。

〔87〕 见博马努瓦尔前引书第 31 节。这段的解释是指"相似的"案件,而不是指"相同的"案件,这可以从胡伯莱西特的"Commentaire"第 19 页论述中得到证明,他还指出:"因此,法国的判例法是在类似于英国法中的判例法的条件下被适用,法官可以在[诉讼人]不在场的情况下直接判决。"博马努瓦尔著作中的另一段初看上去似乎与作者高度评价司法判决的一致性的观点或他所分析的法律相矛盾。有关这段(第 1880 节)指出,法官为了避免导致再次认定先前他曾经判决过的甚至是错误的判决,如果他已经参与判决一个与当前案件相似的案件,他应回避当前案件。细读之后,这段似乎是指法官曾经作为当事人一方而参加的一个先前案件,而不是指法官曾经作为法官而参加的案件。随后一节(第 1881 节)支持这种解释,它要求法官如果在一个相似的案件中曾经作为证人出庭,则没

有资格参与审理当前案件。又见 Hubrecht,"Commentaire",p. 4。

〔88〕"法国和英格兰具有同样的法律和政治制度的基础步入中世纪后期。现代法国所包括的大部分地区是与英格兰在一个共同的主权下,与它联在一起;政治制度是由同样的封建组织的基本形式铸造的;私法大都是由未经系统阐述的流行的习惯组成的,甚至在细节上显著相似。早在 13 世纪,法律与政府趋向歧异的倾向便已经明显。"Dawson,"Codifi-
632 cation",p. 765. 道森教授这里所论述的是从 16 世纪到 19 世纪的视角出发。如果从 11 世纪到 12 世纪的视角出发撰写同样的事实,那么,最后一句可能改为:"迟至 13 世纪,相似性仍多于差异性。"

第十四章　王室法:德意志、西班牙、佛兰德、匈牙利和丹麦

〔1〕 Heimich Mitteis, *Der Staat des hohen Mittelalters* (Weimar, 1953),p. 155. 一种可采用的译文见于 Mitteis,*The State in the Middle Ages*, trans. H. F. Orton (Amsterdam,1975),p. 149。

〔2〕 Mitteis,*Der Staat*, p. 201.

〔3〕 Ibid.,p. 256ff.

〔4〕 Ibid.

〔5〕 参见 Peter Munz,*Frederick Barbarossa: A Study in Medieval Politics* (London,1969),pp. 250 – 251。埃德曼的说法有些不同,见他所著:"Der Prozess Heinrichs des Löwen",in Theodor Mayer,ed.,*Kaisertum und Her zogsgewalt im Zeitalter Friedrichs* I (Leipzig,1944),pp. 348 – 353。

〔6〕 Mitteis,*State*,p. 335.

〔7〕 Ibid.,pp. 225 – 233,310. See also Albert Brackmann,"Die Wandlung der Staatsanschauungen im Zeitalter Kaiser Friedrichs I",*Historische Zeitschrift* 145 (1932).

〔8〕 1111 年,教皇帕斯加尔二世《特权令》列举了作为王权标志的皇家权利,这些权利涉及城市、公爵领地、侯爵领地、伯爵领地、铸币、通行税、市场、皇家的和教皇的圣职授予权、百户法院以及其他事项。Hermann

Conrad, *Deutsche Rechtsgeschichte*, 2nd ed. (Karlsruhe, 1962), I, 369 – 376.

〔9〕 Heinrieh Appelt, "Friedrich Barbarossa und das römische Reeht", *Römische historische Mitteilungen*, 5 (1961 – 1962), 18 – 34; H. Koeppier, "Friedrich Barbarossa and the Schools of Bologna," *English Historical Review*, 54 (1939), 577 – 607.

〔10〕 Mum, *Barbarossa*, pp. 122 – 124.

〔11〕 参见 Günther Schmidt, *Das Würzburgische Herzogtum und die Gräfen und Herren von Ostfranken vom* 11. *bis zum* 17. *Jahrhundert*, Quellen und Studien zur Verfassmags-geschichte des deutschen Reiches im Mittelalter und (Weimar, 1913), pp. 1 – 52。施密特指出，这不是一个赤裸裸的权力或在公国拥有大量土地的问题，而是一个给正在形成的德意志地域性国家赋产特征的主持审判的权能问题。参见 Heinrich Appelt, *Privilegium Minus: Das staufische Kaisertum und die Babenberger in Östeereich* (Vienna, 1973)。又见 E. E. Stengel, "Land-und lehnrechtliche Grundlagen des Reichsfürstenstandes", in *Abhandlungen und Untersuchungen zur mittelalterlichen Geschichte* (Cologne, 1960)。

〔12〕 See Walter Ullmann, "The Pontificate of Adrian Ⅳ", *Cambridge Historical Journal*, 11 (1955), 243.

〔13〕 Munz, *Barbarossa*, p. 31.

〔14〕 Ibid., p. 372.

〔15〕 Joachim Gernhuber, "Die Landfriedensbewegung in Deutschland bis zum Mainzer Reichalandfrieden von 1235", *Bonner Rechswissenschaftliche Abhandlungen*, 44. (Bonn, 1952), 72 – 102.

〔16〕 Ibid., p. 74.

〔17〕 Lorenz Weinrich, ed. and trana., *Quellen zur deutscher Verfassungs-Wirtschafts-, und Sozialgeschichte bis* 1250, Ausgewählte Quellen zur deutschen Geschichte des Mittelalter, vol. 32 (Darmstadt, 1977), pp. 166 – 167. Only a digest of the 1003 land peace has survived. 633

〔18〕 Ibid.,p. 214. 着重号系引者所加。

〔19〕 Ibid.,p. 216.

〔20〕 Mitteis,*State.*,p. 243.

〔21〕 Weinrich,*Quellen*,pp. 246 – 259.

〔22〕 弗雷德里克根据四博士的请求颁布这一条令,作为对他们在会议上服务的一种奖赏。它是德意志皇帝明确补充查士丁尼法律的唯一的例子。

〔23〕 1186 年,弗雷德里克针对纵火犯颁布了《禁止纵火和平令》,该法由 23 条组成,其中有些条款相当长。这是力图把纵火这种对皇家和平的严重威胁置于皇家控制之下的一份成熟的文件。

〔24〕 在 1186 年至 1235 年间,领地和平运动并未完全停止,但也没有取得实质性的进展。1224 年由亨利七世颁布的最重要的和平令即《亨利和解令》代表着一种向着早期形式的复归;没有提到 jus 或 lex,并且,许多规定只不过重申了对公爵领地的传统限制。这一时期的另外两个主要制定法——1220 年《与宗教王侯的条约》和 1232 年《王侯倾斜令》——并不意味着是和平令,它们仅仅是弗雷德里克二世对宗教王侯和世俗王侯的让步。

〔25〕 Weinrich,*Quellen*,pp. 462 – 483.

〔26〕 See James M. Powell, ed. and trans., *The Liber Augustalis or Constitutions of Melfi Promulgated by the Emperor Frederick* Ⅱ *for the Kingdom of Sicily in* 1231 (Syracuse, N. Y.,1971),Ⅰ,8,"Mainzer Landfriede 5".

〔27〕 See Heinz Angermeier, *Königtum und Landfriede im deutschen Spätmittelalter* (Munich,1966),pp. 27 – 29.

〔28〕 弗雷德里克二世的改革意味着法院判决将被汇集起来并保管在一个单独的地方,以致最繁杂的公共生活关系的一种法律架构,一种用于法律宣讲的范型得以建立起来。R. Scholz, *Beiträge zur Geschichte der Hoheitsrechte des deutshen Königs zur Zeit der ersten Staufer*, 1138 – 1197, Leipzig Studien, Vol. 24(1896),p. 26。

〔29〕 Karl August Eckhardt, ed., *Sachsenspiegel V:Landrecht in hochdeutsher Übertragung* (Hannover,1967),prolog and Ⅲ,78, no. 2. 没有封建法的现代德语版本(尽管有古德语的现代版本)。

〔30〕 “教皇除了因异端、遗弃妻室或毁坏教堂,不得革除皇帝的教籍。”Eckhardt,*Landrecht* 1. 1;3. 57. 1.

〔31〕 “除非伴随王室的放逐法外,革除教籍就只能伤害灵魂,而不能在领地法或公国法上夺取任何生命或降服任何人。”Eckhardt,*Landrecht* 3. 63. 2.

〔32〕 “法官可以在他所在的任何地方受理其法院管辖之内的任何起诉,除非一个起诉涉及他自己的土地或者是关于指控一名自由人犯罪的;在这种情形下,法官唯有在真正的地方司法会议上或根据王室禁令,才能进行审判。”Eckhardt,*Landrecht* 1. 59. 1.

〔33〕 Eckhardt,*Landrecht* 3. 57. 2.《萨克森明镜》上说侍臣有资格享有七分之一的投票权,但是,由于这个职位的占有者波希米亚的国王不是德意志人,因此他没有享有选举人的投票权。不过,1290 年,皇帝鲁道夫凭借《萨克森明镜》的权威,授予波希米亚以投票权,并因此将 7 名选举人固定下来,直至 17 世纪中叶。

〔34〕 Eckhardt,*Landrecht* 2. 66. 1. 634

〔35〕 参见 Adolf Laufs, *Rechtsentwicklung in Deutschland* (Bedin, 1978),pp. 21 – 22,引用 Eckhardt,*Landrecht* 2. 13. 1,并论述不同类型的对偷窃的刑罚。

〔36〕 Laufs, *Rechtsentwicklung*, citing Eckhardt,*Landrecht* 2. 69.

〔37〕 它对城市法的冲击尤其可以从马格德堡法的发展、14 世纪初期的格尔利茨法以及 1356 年布雷斯劳公国法里看出来;当德意志民族东移时,它继续伴随他们,在荷兰留下它的踪迹。它屡屡被人评注,其中著名的有勃兰登堡的骑士兼法学家约翰 · 冯 · 布赫(曾受训于博洛尼亚)在 1325 年以后所作的评注,以及同样曾受训于博洛尼亚的尼古拉斯 · 武尔姆斯于 1400 年前后所作的评注。参见 Herman Conrad,*Deutsche Rechtsge-*

schichte, Ⅰ (Karlsruhe,1954),pp. 477 – 479;Richard Schröder and Eberhard Freiherr von Künssberg, *Lehrbuch des deutschen Rechtsgeschichte*, 7th ed. (Berlin,1932),pp. 722 – 725。

〔38〕 Hans Fehr, "Die Staatsauffassung Eikes von Repgau", *ZSS (germ)* 50(1916),159.

〔39〕 写于 1274 ~ 1275 年的《士瓦本明镜》是南德意志最有影响的法律著作。它吸取了巴伐利亚的民俗法、皇家法、和平条令、罗马法以及教会法。与《萨克森明镜》所采取的前皇家姿态(Pro-imperial stance)相比较,它采取了前教皇的立场(Pro-papal position)。同样写于 1274 ~ 1275 年的《德意志明镜》虽然倚重于《萨克森明镜》,但较多地采用了教会法和罗马法。它并没有什么重大的影响。1328 年至 1338 年写于黑森的《法兰克明镜》在很大程度上是先前的皇家法。14 世纪还出现了一些小型的著作。参见 Conrad,*Deutsche Rechtsgeschichte*,p. 479。

〔40〕 Geoffrey Barraclough, trans., *Medieval Germany*,911 – 1250: *Essays by German Historians*, Ⅰ (Oxford,1938),104.

〔41〕 Ibid.,p. 76.

〔42〕 Mitteis,*Der Staat*,p. 330.

〔43〕 *MGH.* LegumⅣ, Ⅰ,p. 222.

〔44〕 Barraclough,*Medieval Germany*, Ⅰ,105.

〔45〕 《与宗教王侯的条约》和《王侯倾斜令》载于 Weinrich, *Quellen*,pp. 382,434。

〔46〕 Ruth Hildebrand,"Der sachsische 'Staat' Heinrichs des Löwen." *Historische Studien* (Berlin),no. 302(1937),pp. 371 – 392.

〔47〕 Karl Jordan, *Heinrich der löwe: Eine Biographie* (Munich, 1979),p. 148.

〔48〕 Max Spindler,*Die Anfänge der bayerischen Landesfürstentums*, Schriftenreihe zur bayerischen Landesgeschichte, Vol. 26 (Munich,1937). In general see Eugen Wohlhaupter,*Hoch-und Niedergericht in der Mittelalterli-*

chen Gerichtsver fassung Bayerns, Vol. 12, pt. 2, of *Deutschrechtliche Beiträge*, ed. Konrad Beyerle (Heidelberg, 1929); Wolfgang Schnellbogl, *Die innere Entwicklung der bayerischen Land frienden des* 13, *Jahrhunderts* Vol. 13, pt. 2, of *Deutschrechtliche beträge*, ed. Konrad Beyerle (Heideberg, 1932).

〔49〕 Spindler, *Anfänge*, p. 116.

〔50〕 Ibid., p. 120. 635

〔51〕 Ibid., pp. 166 – 167.

〔52〕 Ibid., pp. 176 – 184.

〔53〕 Ibid., p. 167.

〔54〕 雷克斯温斯也取消了所有的对罗马法的适用(除了用于研究)。这包括查禁《西哥特人的罗马法》或《阿拉列克提要》——一种成为这个类型的罗马法的首要版本的前查士丁尼罗马法的概要(由阿拉列克二世于506年颁布)。

〔55〕 See Eugen Wohlhaupter, *Studien zur Rechtsgeschichte des Gottes-und Landfriedens in Spanien*, Vol. 14 of *Deutschrechtliche Beiträge*, ed. Konrad Beyerle (Heidelberg, 1933).

〔56〕 Juan Beneyto Perez, *Manual de Historia del Derecho* (Madrid, 1960), pp. 101 – 128; E. E. von Kleffens, *Hispanic Law until the End of the Middle Ages* (Edinburgh, 1968), pp. 238 – 268.

〔57〕 西班牙最早的大学巴帕伦西亚大学建于1208年至1214年。1239年,它迁址并与萨拉曼卡大学合并,后者的建立可能早十余年。萨拉曼卡成了研究罗马法和教会法的一个重要的中心。

〔58〕 Beneyto Perez, *Manual*, pp. 110 – 123; von Kleffens, *Hispanic Law*, pp. 147 – 236.

〔59〕 Leopold A. Warnkönig *Flandrische Staats-und Rechtsgeschichte bis zum Jahr* 1305, Ⅰ (Tübingen, 1835), 127. See also Henri Pirenne, *Geschichte Belgiens*, Ⅰ (Gotha, 1899); Raymond Monier, *Les Institutions cen-*

trales du Comte de Flandre de la fin du neuvième siècle à 1384 (Paris, 1949).

〔60〕 Warnkönig, *Flandrische Rechtsgeschichte*, p. 149.

〔61〕 Ibid., pp. 160 – 162.

〔62〕 On Hungary, see Thomas von Gogyay, *Grundzüge der Geschichte Ungarns*, Ⅰ (Pest, 1851), 66 – 125; Dominic Kosary, *A History of Hungary* (Philadelphia, 1906), pp. 50 – 61; E. Pamlenyi, ed., *A History of Hungary* (Budapest, 1973), pp. 29 – 61.

〔63〕 See T. K. Derry, *A History of Scandinavia* (Minneapolis Minn., 1975); John Danstrup, *A History of Denmark* (New York, 1947).

〔64〕 *Das jutsche Low, aus dem Danischen überstetzt von Blasius Eckenberger*, ed. N. Falck (Altona, 1819).

〔65〕 Danstrup, *Denmark*, pp. 28 – 31. 序文的一些部分直接取自教会法。

〔66〕 Derry, *Scandinavia*, p. 66.

〔67〕 Aristotle, *Nicomachean Ethics*, 5. 10. 1137^b 11 – 28, in Richard Mckeon, ed., *The Basic Works of Aristotle* (New York, 1941), p. 1020.

尾　论

〔1〕 See Robert C. Tucker, "The Marxian Revolutionary Idea", in *Revolution*, ed. Carl Friedrich, *Nomos*, no. 8 (1966), pp. 217 – 246, esp. p. 219.

〔2〕 Ibid., pp. 223 – 224.

〔3〕 Christopher Hill, "A Comment", in Rodney Hilton, ed., *The Transition from Feudalism to Capitalism* (London, 1976), p. 121.

〔4〕 Ibid.

〔5〕 Letter to Conrad Schmidt, Oct. 27, 1890, in Karl Marx and Friedrich Engels, *Selected Works*, Ⅲ (Moscow, 1966), pp. 492 – 493.

〔6〕 Perry Anderson, *Passages from Antiquity to Feudalism* (London, 1974), p. 153. 636

〔7〕 Hilton, *Transition*, pp. 9 – 30 (quotation, p. 18).

〔8〕 W. W. Rostow, *The Stages of Economic Growth* (Cambridge, Mass., 1960), pp. 4 – 7.

〔9〕 See David Herlihy ed., *The History of Feudalism* (New York, 1970), pp. 3, 34.

〔10〕 Perry Anderson, *Lineages of the Absolutist State* (London, 1974), p. 403. 东德的马克思主义者鲁道夫·巴罗也认为西方的封建主义是一种独特的经济形式,它具有"转变"成资本主义的"内在趋势"。巴罗指出:"封建主义一资本主义基本上是一个发展过程。" *The Alternative in Eastern Europe*, trans. David Fernbach (London, 1978), p. 66。

〔11〕 *Max Weber on Law in Economy and Society*, ed. Max Rheinstein (Cambridge, Mass., 1966), p. 297.

〔12〕 Proceedings of the First Conference of German Sociologists, 1910, quoted in Max Weber, *Economy and Society*, ed. Guenther Roth and Claus Wittich (New York, 1968), Ⅰ, lxiv.

〔13〕 Max Weber, *Gesammelte Aufsatzen zur Religions-soziologie* (Tübingen, 1920), p. 1.

〔14〕 通过援引韦伯著作中的许多话可以证明这一结论,虽然可以援引他的其他论述限制甚至否定这一结论。事实上,韦伯的历史著作是十分混乱的和不一致的,尽管他的理论分析恰恰相反。

〔15〕 Rheinstein, *Max Weber*, p. 304.

〔16〕 Ibid., p. 305.

〔17〕 See Donald R. Kelley, "The Metaphysics of Law: An Essay on the Very Young Marx", *American Historical Review*, 83 (April 1978), 350 – 367.

〔18〕 Rheinstein, *Max Weber*, pp. 63 – 64.

〔19〕 lbid.,p. 303.

〔20〕 Weber.,*Economy and Society*,pp. 226 – 227 and 1070.

〔21〕 Ibid.,p. 242.

〔22〕 Ibid.,p. 244.

〔23〕 Ibid.,p. 246.

〔24〕 Ibid.,p. 76.

〔25〕 Ibid.,p. 86.

〔26〕 Rheinstein,*Max Weber*,pp. 304 – 305.

〔27〕 Ibid.

〔28〕 Kent v. Flannery,"The Cultural Evolution of Civilizations",*Annual Review of Ecology and Systematics*,3(1972),399,407.

〔29〕 See Grace Coodell,"From Status to Contract: The Significance of Agrarian Relations of Production in the West, Japan, and in 'Asiatic' Persia," *European Journal of Sociology*, 21(1980), 285 – 325, esp. 288 – 291.

〔30〕 Rodney H. Hilton, *Bond Men Made Free: Medieval Peasant Movements and the English Rising of* 1381 (London,1973),pp. 70 – 75.

〔31〕 Goodell,"From Status to Contract",p. 298.

〔32〕 Octavio Paz,"Reflections: Mexico and the United States", *The New Yorker*, September 17,1979,pp. 138,153.

致　谢

本书的撰写始于 1938 年，当时我在伦敦经济学院做法制史研究生。我在尤金·罗森斯托克－胡塞的鼓励下来到伦敦，研究课题是 1640 年至 1689 年英国革命对英国法律发展的影响。第一次世界大战后那个时期里英国法律史学界的泰斗 T. F. T. 普拉克内特告诉我，除非从 12 世纪和 13 世纪连同这个时期的格兰维尔和布拉克顿开始研究起，否则对英国法律史便一个词都不会理解。我接受了他的建议。不过，同时我也聆听了 R. H. 托尼关于 17 世纪英国法律史的课程。这三位人士都是伟大的欧洲人，虽然他们的思想来自非常不同的时代：普拉克内特的思想植根于 12 世纪至 17 世纪，托尼的是 17 世纪至 20 世纪，罗森斯托克－胡塞的则是他所谓的世界大战革命（World War Revolution）的战后余响。我乐于指出本书是建立在他们三位的研究的基础之上的。

在中间的数十年里,我得到了数量众多的学生研究助手以及许多同事和朋友的帮助。这里我只提及三位,他们的协助体现在有图表的书页上:卡门·阿雷瓦洛(Callllen Arevalo)绘制了地图;罗伯特·切斯勒(Robert Chesler)制作了图表2;乔治·塞兹(George Size)制作了图表1。

霍顿·米弗林公司(Houghton Mifflin Company)同意重印阿奇博尔德·麦克利什在《人文季刊》(*Human Season*)所发表的《隐喻》(Metaphors)一诗的一部分(版权1972,阿奇博尔德·麦克利什),英国图书馆(British Library)同意引用在"科顿手稿"《格言集》中发现的一首盎格鲁-撒克逊时代的诗歌,谨致诚挚的谢意。

我还应当向国家人文中心(National Humanities Center)表示感谢,它为我完成本书手稿并安排后来的进展提供了一个最令人惬意的环境。

索 引

(条目后数字系本书英文原版页码,检索时请查本书边码)

译后记

对于我国法学界的读者来说，哈罗德·J. 伯尔曼并不是一个陌生的名字。这位哈佛大学著名教授的两本书在此前已被译为中文出版，一本是他主编的《美国法律讲话》，[1]另一本是他的一册篇幅不大的著作：《法律与宗教》。[2]近年来，他的一些著作——包括我们译出的这一本——的若干章节的译文也曾出现在国内的几家法律期刊上。《法律与革命——西方法律传统的形成》已经是他的第三部译为中文出版的著作了。一位美国法学家的著作一而再、再而三地被译为中文，除了R. 庞德以及本书作者之外，一时还想不到其他的例子。

伯尔曼1918年生于康涅狄格州，获得过文学硕士与法学学士学位，并到伦敦大学经济学院

---

〔1〕 陈若桓译，三联书店1988年版，1992年重印。编者中文译名"伯曼"。这是哈佛大学16位教授就美国法律各个方面所作系列讲座的汇编，伯尔曼是讲座的组织者和第一讲"美国法律历史背景"的作者。台湾的中文译本参见柏曼主编：《美国法律论坛》，段重民、法治斌译，幼狮文化事业公司1977年版。

〔2〕 梁治平译，三联书店1991年版。

攻读法律史专业,之后陆续任教于斯坦福大学和哈佛大学,又在苏联科学院国家与法研究所做过访问学者,甚至还在莫斯科大学担任过教职。现在是哈佛大学名誉教授、埃莫里大学教授。他是世界上最著名的社会主义法专家之一。

本书是长期研究的一个结晶,作者称他的写作始于1938年,至1983年出版,时间跨度达45年之久。就研究对象而言,它当然是一部法律史著作。在书中,作者对西方法律传统的重要形成因素的挖掘和分析都达到了前所未有的高度。虽然英国卓越的历史学家梅特兰(F. W. Maitland)的名言12世纪是“一个法律的世纪”早已广为人知,但是把西方法律传统的形成期定位于11世纪末至13世纪末这二百年中,并且将教皇革命及其所引发的教会与世俗两方面的一系列重大变革作为西方法律传统得以产生的基本因素,却是伯尔曼的独特贡献。为了论证其观点,作者描述了作为西方法律背景的民俗法,回顾了随着教皇革命而来的新的法律科学和新的法律体系的诞生和发展——如法律科学在博洛尼亚等大学的孕育与繁荣、专门法律职业家阶层的形成以及一系列新的法律制度(契约法、信托、法人制度、债务人的权利与破产规则、代理与委托、遗嘱继承和遗嘱检验程序、证据法、改造罪犯的刑法以及近代衡平法的三大原则),等等。作者对中世纪教会法学的发展、教会法与世俗法之间的互动关系、各种类型的世俗法律体系的形成及其特点的描述,在具体和详尽的程度上均超过了以往的同类著作。在这个过程中,作者对于从前法律史学家们过分强调英国法律发展的独特性的倾向提出了批评。他强调并且用材料证明,在中世纪,英国具有与大陆欧洲共同的法律概念、法律原则与法律价值。他指出,所有西方国家的法律制度“都具有某些基本的分类模式。例如,它们全都保持一种立法与司法之间的平衡。在司法中,维系着法典法与判例法之间的平衡。它们都明确作了刑事法律与民事法律的划分。它们全都根据行为的故意或过失、因果关系和义务等概念分析各种犯罪(像12世纪早期阿伯拉尔对它们的首次分析一样)。它们全都把民事之债或明确或含蓄地划分为契约、不法行为(侵权行为)和不当得利(准契约)。在这些和其他许多共同的分类范畴的背后,存在共同的政策和共同的价值"。[3]

对于《法律与革命》这类的著作来说,有一个问题是无法回避的,那就是为什么所谓西方法律传统只能在西方国家中形成?解答这一问题的努力也必然将作者带到法律领域之外,而进入社会发展史的研究。伯尔曼显然不满意于马克思、韦伯以及一些人类学理论关于法律与社会发展的学说,他提出了"超越马克思、超越韦伯"(Beyond Marx, beyond Weber)的口号。他列举并阐述的促使西方法律传统得以在11世纪至13世纪欧洲形成的主要历史与社会因素包括中央集权化的、具有系统化法律的教会先于近代世俗国家而出现,教权与俗权之间的合作与竞争,神学、科学以及法律之间存在的辩证的紧张关系,西方社会在若干世纪中革命与进化之间辩证的互动关系,等等。而这类因素却是非西方社会所不具备或不能同时具备的。

在伯尔曼关于法律发展的论述方面,最引人注意的是他将"革命"模式用于解释西方法律发展的历史进程以及他关于基督教会以及神学在西方法律传统形成过程中的作用的理论。[4] 本书英文版出版后,西方学术界对此作了许多评论。一些人称赞伯尔曼对于"革命"模式的运用本身便具有革命性的意义,因为在此前,有关

---

〔3〕 见本书第29页。

〔4〕 伯尔曼对于"革命"学说的讨论,详见导论中"法律与革命"一节。教会和神学的作用则是贯穿全书的基本论题。

"革命"的理论虽然繁杂纷纭,但是对于这一概念加以明确界定,并将西方法律传统的形成期定位于发生教皇革命的12世纪前后,又进行如此广泛深入的论证,却是前无古人的。不过,也有人认为作者的"革命"模式限制了他的视野,使他对11世纪之前法律观念与法律制度的发展估价不足,并且作出了某些值得商榷的历史概括。[5] 在教会以及神学对于西方法律传统的形成的影响程度方面,评论者对于伯尔曼的观点也是赞许与批评兼而有之。不过,这本书里最具争议性的观点或许是,起源于12世纪,到今天影响已及于世界各个角落的西方法律传统目前是否处在伯尔曼所称的危机之中。深切地感觉到这一危机并期望通过寻根溯源、探索摆脱危机的途径乃是伯尔曼写作此书的基本动机和动力。在本书篇幅不小的导论和尾论中,作者对于危机的种种症状及其原因作了较多的叙述和分析。他的中心论点是:在我们这个世纪里,自11世纪起历经数次革命而不衰的西方法律传统正在经历一场前所未有的危机,法律结构的完整性、它的发展特性、它的宗教基础、它的超越特质都已丧失殆尽。丧失了这些基本信念和价值前提的法律越来越支离破碎、越来越脱离道德而接近于头痛医头、脚痛医脚式的权宜之术。不仅如此,"西方法律传统的根本基础的崩溃是不能弥合的:对于这些基础最大的挑战乃是人们对于作为一种文明、一种社会共同体的西方本身的信念和对9个世纪以来维系西方文明的那种法律传统普遍丧失了信心"。[6]

这样的议论不禁使人想起斯宾格勒的《西方的没落》,引起激

---

〔5〕 参见旧金山大学法学教授巴塞特(William. W. Bassett)发表在《哥伦比亚法学评论》第85卷(1985)第7号上的长篇评论:"探究西方法律传统的起源"(Exploring the Origin of the Western Legal Tradition);该评论的中译文(阮齐林译)见《比较法研究》第4卷(1990)第4号。

〔6〕 导论,见本书第46页。

烈争议是必然的。牛津大学马格德伦学院研究员艾伯特逊(David Ibbetson)便对伯尔曼的危机论表示了异议。他认为"西方法律传统"不是那种功能失调可以用临床的方式加以验证的有机体;它最终只能凭直觉认知(这也是伯尔曼所坦率承认的)。个人在迅速变化的社会面前感到疏离和迷惘,过去的一些毋庸置疑的价值受到了怀疑乃至遭到了攻击,由于将这些价值认定为传统的核心内容,因此便断定传统本身已处在危机之中。这种论断未免下得过于轻易。〔7〕

尽管如此,《法律与革命——西方法律传统的形成》一书的重要价值及其巨大的包容量还是受到了评论界的一致肯定。艾伯特逊指出:"无论我们对伯尔曼所谓'西方法律传统'的现实及其危机有何看法,我们必须认真地看待他对发生于11世纪末到13世纪末的法律变化的分析。不管人们多么不同意他的某些解释,该书的巨大容量不能不给人留下深刻印象。在分析不同国家的不同法律制度,并对它们加以比较方面,伯尔曼可谓游刃有余,无与伦比。"〔8〕我们在前面曾引述过的巴塞特教授评价道:"伯尔曼这部书的不朽贡献不仅仅由于他对法律史的传统研究方法的彻底批判,更为重要的是,作为这一批判的必然结果,伯尔曼成功地重新激起法律家们对我们法律遗产中最基本问题的兴趣。"他称这是"一部极富论战性且深掘历史的力作。……伯尔曼是社会主义法特别是苏联法律制度、当代法理学以及商法等领域公认的权威,他正是以这样的优势写作此书的。在现存的美国法学家中,能够广博地汇集实践性的、比较的和哲学的学识从事此项艰巨的编年史

---

〔7〕 参见艾伯特逊在《牛津法律研究学刊》第6卷(1986)第1号上发表的评论:"12世纪的法律、宗教与革命"(Law, Religion and Revolution in the Twelfth Century);中译文(吴玉章译),载《法学译丛》1991年第1期。

〔8〕 同前注引文。

的写作任务的,诚可谓非伯尔曼莫属。”

以上这一番粗略的介绍或许有助于读者了解本书在学术上和思想上的价值以及出版这部书中文版的价值。自清末以来,我国的法律在制度层面上已经告别了悠久的中华法系传统,走上了西方法的轨道。这种赤县神州数千年未有之巨劫奇变实在是大大突破了伯尔曼的“革命”模式——按伯尔曼的界定,革命固然是一种激烈的转变,一种创造新法律体系的运动,但它并不意味着与传统的决裂;革命之后,法律仍在传统之内。正是在这个意义上,西方历史上的数次伟大革命才成为西方法律传统的源头活水。反观我国,近代以来的革命在目标上却完全是摧毁旧有的传统。这样便带来了一系列严峻的问题,其中最尖锐者便是导致我们的法律制度与法律文化即一般民众对于法律、司法机构以及法律家的态度、观念以及信仰之间不是水乳交融、相得益彰,反而经常是凿枘不投乃至互为水火;失去民情支持的法律不可能成为活的法律,仿佛将鱼置于篮子里,哪里还会有“静江如练抛玉尺”的英姿呢。为了解决这样的难题,我们需要了解本国法律传统在基本价值层面上能否成为现代化法制的文化基础,需要真切地了解和把握西方法律传统的精神与形态,在这个基础上探索熔铸一种超越东方与西方的新型法制的途径。当年杨鸿烈氏曾称清末法律改革家沈家本为“媒介”东西方法律的“冰人”,如今看来,这两种文化之间的“婚姻”并不和谐、美满,原因之一便是当事者双方对彼此经历、性格等背景情况缺乏了解。我们不妨将本书当做有助于人们了解西方法律传统历史、性格,尤其是早年经历对于其性格影响情况的一份考察报告。

我们四位译者过去的学习与目前的工作旨趣大抵上是研究西方的法律思想和法律制度,并将它们与中国的传统思想与制度作些比较分析。伯尔曼的这类著作自然对我们有很大的吸引力(尽管就本书而言,其中并非每个观点都是我们所能接受的)。数年前,我们就曾有翻译此书的打算,无奈翻译虽有心,出版不知处,只得将这个计划一次次地向后推迟。“外国法律文库”的创立终于使得本书出版成为可能。经过一年多的翻译和互校,完成了这项工程。对于我们来说,这本书的翻译无疑是一次值得纪念的合作。

不消说,将这本耗费作者近半个世纪心血的力作译为中文有相当大的难度。现代阐释学的一个趋势是不断地削弱作者本身在解释作品意义上的权威性。虽然翻译在一定程度上也是一种阐释——用另一种语言,即另一种文化符号表述“本文”的意义,但是现代的翻译规范,尤其是社会科学作品的翻译规范,却越来越强调译本应忠实于作者以及原著;译者只能恪守“我注六经”的本分,亦步亦趋地跟着作者走。我们在翻译过程中虽然努力遵循这样的规范,但是,伯尔曼所涉及的领域如此广泛,对各个领域的研究如此专精,加上汉语与西方语言之间巨大的文化差异以及我们几位译者期望目标与实际能力之间的距离,因此也有刘禹锡诗所谓“常恨言语浅,不如人意深”那样的感慨。深望本书所涉及的各个领域的专家、翻译界人士以及其他读者对译文惠予批评,以便再版时修订。

中国社会科学院法学研究所周叶谦教授细心审阅了本书的部分译稿,并提出了很有价值的改进意见,谨向他致以衷心谢意。

译　者
一九九三年春于北京

附记　本书的翻译分工为:导论、第十、十三章和尾论为高鸿钧译出,张志铭承担第一、二、八、九、十一章的翻译,夏勇承担第七、十二、十四章的翻译,贺卫方译的是第三、四、五、六章。

图书在版编目（CIP）数据

法律与革命. 第一卷 /（美）哈罗德 · J.伯尔曼（Harold J. Berman）著；贺卫方等译. -- 北京：法律出版社，2018（2022.3重印）

书名原文: Law and Revolution: The Formation of the Western Legal Tradition

ISBN 978-7-5197-2477-1

Ⅰ. ①法… Ⅱ. ①哈… ②贺… Ⅲ. ①法制史—研究—西方国家 Ⅳ. ①D909.9

中国版本图书馆CIP数据核字（2018）第160271号

法律与革命（第一卷）
FALÜ YU GEMING（DI YI JUAN）

［美］哈罗德 · J.伯尔曼 著
贺卫方 高鸿钧 张志铭 夏 勇 译

责任编辑 韩满春
装帧设计 贾丹丹

出版发行 法律出版社
编辑统筹 学术 · 对外出版分社
责任校对 郭艳萍
责任印制 陶 松
经　　销 新华书店

开本 A5
印张 28.625　**字数** 659千
版本 2018年9月第1版
印次 2022年3月第3次印刷
印刷 天津嘉恒印务有限公司

地址：北京市丰台区莲花池西里7号（100073）
网址：www.lawpress.com.cn
投稿邮箱：info@lawpress.com.cn
举报盗版邮箱：jbwq@lawpress.com.cn
销售电话：010-83938349
客服电话：010-83938350
咨询电话：010-63939796

书号：ISBN 978-7-5197-2477-1　**定价**：118.00元

凡购买本社图书，如有印装错误，我社负责退换。电话：010-83938349

提高现代文阅读和写作成绩的金钥匙

成秋菊作品
阅读试题详析详解

栀子花

（1）窗台上的水杯里放着几株栀子花，一阵风吹来，馥郁扑鼻。

（2）又要端午了，有时候一些节气的出现，让我们知道一些花要开了；有的时候因为一朵花，而想到一个节气，很难说是时间造就了生灵，还是生灵让时间有了意义。

（3）这栀子花，花期短暂，好像夜间突然开遍村庄，在月光下更白亮朗润，前尘往事都被牵连了来，在农人馨香的梦境中醉着。

（4）一早去田间劳作的路上，栀子花被农人随意摘取一朵别在耳后，那清香一阵阵隔空传来，农人按捺不住深呼吸一口，将这香气狠狠吸入鼻中，来一场精神抖擞的田间劳作预热。一天之计在于晨，穿插在阡陌乡道上的淡淡香气，是平实生活外偶然的诗意点缀，众人皆喜。

(5) 那些老爷们儿也开始玩起了浪漫，摘点儿花枝，用红绳子捆成一束，小心翼翼地放在房间的一隅，老爷们儿平时粗言粗语，现在闲看栀子淡放，只待到晚间月影中，良人归来，倚着这柔情如许的花意，细细谛听彼此耳语。

(6) 人识花，花养人，日常忙于生计，农人都将浪漫藏掖，只等在这栀子花开的节气里，且赏同心处，夜夜酣眠。

(7) 村落被这流转的香气所染，生活也像被洗过了一样。雨淅淅沥沥下着，栀子花瓣片片纷飞，幽幽清香升腾起静默里的优雅，纯白的花瓣，沾满天地间的灵气。

(8) 那些平时咿呀呀卖菜的老奶奶，笑语盈盈，歪斜着身子，踮着脚尖，像圆规一样在地上挪动着，凑近那花团锦簇中，只为采掘心目中最盛那朵，采摘后别在身上、发间，一缕幽香不请自来。村中老人迷信，头上不可别白花，白花为作古之事所需，然而，唯独栀子花破格，可以任意佩戴，百无禁忌。妇人相约而行，头上别着栀子花，少时羞答答的模样再现，她们迈着小步，在这白花的点缀下，垂垂落入旧时光，那时，少女提着篮，白天在林间追打嬉闹，别着这样的洁白栀子花于发际，晚上将花朵轻卸窗前，将满腹的儿女心事，都藏在那“一钩新月风牵影，暗送娇香入画庭”的梦境中。

(9) 现在她们一起勇敢起来，不拘于白花禁忌的条条框框旧俗，只将这栀子花溶解在雨打风吹人老去的乡愁情思里。

(10) 那些孩童，林间追逐打闹，被父母训斥完，还是不安分，在田埂间的木桥边奔跑，斜风细雨中被村姑唤了去，邀看庭中栀子花。那纯白的栀子花，如霜似雪，被稠密枝丛所掩，孩童便举起胖乎乎的白净小手，在纷纷扰扰的枝杈间，耐下性子，一点点往前探，拾得白花一朵朵，在这一伸一缩间，心境变缓，那香味让人心神宁静。孩童采摘累了歇息，在院落里剥落起厚实水润的花瓣，小鸡来啄食，这一帧画面，留在孩童眼底，镌刻在他们的记忆深处，成为对抗浮躁尘世的那一缕纯净洁白。

（11）这纯白的花脱俗无瑕，方寸之间村人皆爱，它们是灵魂深处的窥看，纵是时光须臾过，压在记忆深处的栀子花，总是提醒我们：幸福隐匿在这方寸之间的纯白里，并非袒露于奢豪无度的物质里，花开本无觉，我们终其一生的追寻，最是动人情意处，竟是这片片花语间。

1．本文写了关于栀子花的几个场景？请用简洁的语言概括。

2．请你任选一句赏析文中画线句子的表达效果。

（A）“那些平时咿呀呀卖菜的老奶奶，笑语盈盈，歪斜着身子，踮着脚尖，像圆规一样在地上挪动着，凑近那花团锦簇中，只为采掘心目中最盛那朵。”

（B）“孩童便举起胖乎乎的白净小手，在纷纷扰扰的枝杈间，耐下性子，一点点往前探，拾得白花一朵朵，在这一伸一缩间，心境变缓，那香味让人心神宁静。”

3．阅读全文，说说“最是动人情意处，竟是这片片花语间”的具体含义。

4．结合语境，分析第（7）段话在文章结构和内容上有什么作用？

5. 第（8）段中，唯独栀子花破格，可以任意佩戴，百无禁忌，为什么会有这种说法？

参考答案：

1.（1）农人带着栀子花去田间劳作，变得诗意；（2）农人将栀子花放置家中，寻一点浪漫；（3）老奶奶将栀子花别在发间，追忆年少旧事；（4）小孩子伸手去栀子花丛中摘花，将花瓣在院落中播散，内心变得洁白。

2.（A）使用了动作描写，使用比喻的修辞手法，把扭动的脚尖比喻成圆规，生动形象地说明了老人摘取栀子花认真细致的情态，刻画了老人内心的激动，抒发了对栀子花的热爱和赞美的情愫。

（B）使用了动作描写和外貌描写，“胖乎乎的白净小手”写出了孩童可爱纯真的憨态，“耐下性子，一点点往前探，一伸一缩”刻画了孩童对世界耐心的探知，抒发了对栀子花的喜爱，栀子花的纯白洁净让人的心灵得到安宁。

3. 栀子花纯洁美丽，给寻常生活下的人民带来了诗意，浪漫，追忆，宁静，含蓄地表达了人们平时忙于生计，忽略了生活中的一些美好，栀子花来表现内心依然有很多美好的向往，揭示人们内心深藏的爱意。

4. 结构上承上启下，承接了上文中对栀子花的描写，引出了下文老奶奶跟孩童采摘栀子花的场景，同时也与文章最后一段“片片花语”相呼应，内容上第七段话写栀子花纯白，沾染天地灵气，为下文老奶奶回到旧时光跟孩童得到内心的熏染埋下伏笔，引起读者的阅读兴趣。

5. 栀子花是自然之物，具有生命的隐喻，从侧面反映了农人淳朴的天性，对自然的追寻，以及骨子里深藏的浪漫和美好，跟栀子花的品格是一样，表面上说是为栀子花破格，宣示的其实是一种内心世界与外在环境的协调统一。

灶房

(1) 正屋旁边的灶房，是我经常光顾的地方。

(2) 童年味觉是人之初对生活最初的感喟，灶房里藏着的那些影影绰绰的记忆，是云谲波诡的尘世间，焐在我心底的那抹温热。

(3) 一年四季，总有不同的盼头，春天去荒地里刨一些类似荠菜、马兰头、地木耳、马齿苋等野菜是亲近自然、回归野性最直接的方式，看见满坡的野菜，趴着身子闻下去，俯身去感受大地的呼吸，摘回家剁碎了包馄饨。周正种植的蔬菜平日娇生惯养地侍奉，轻易可得，是农家囊中私物，成为自家独享的粗茶淡饭。倒是这野菜，是荒弃之地的无私馈赠，让灶房因此有了别样的期待，通常会分予一些给左邻右舍尝鲜，农村的日子一来二去就灵动起来了。

(4) 夏天则是考验人的时候，菜品不多，孤零零地长在院落中，一些果瓜的藤蔓喜欢攀过砖墙，绕到别处去，顺手摘一些回家凉拌，倒也别致。夏夜奶奶会把灶房弄得油香四溢，麦香扑鼻，她把大米炒煳了，做大麦粥，清爽解腻，最后沉淀的几粒大米也是柔糯香绝，口齿留香，配上油炸的各种面食、茄饼、菜饼、蛋饼等，搬出槐木餐桌，夏天的傍晚朝霞满天，偶尔会有火烧云，所有的一切染上红光，家人端着果茶在灶房进进出出，农家乐事悉数登场。

(5) 冬天，横梁上挂满了风干的各类咸鱼、腊肉、香肠等，灶房内的柴火总是烧得旺盛，家人用剪刀剪一点腊味，在阳光下晒会儿，放在饭头上一起蒸，饭好了，腊味也熟了，一股咸香的鲜气，沿着热气向上升腾，家人忍不住夹起一片，于唇齿间撕磨，点评下咸、淡，像农民点评每年的收成，吃咸了不好，家人一边互相监督着频频伸向菜的筷子，一边聊着家常。

(6) 最有意思的当属秋天，我们家在村子正中间，有个小型河坝，秋收时节，从早到晚，一直有打号的农人从门前经过，经常有人过来讨口水喝，他们到我家用水瓢从水缸里舀满水就咕咚咕咚灌几大口下去，喝完抡起肩上的湿毛巾将脸上的汗渍擦拭干净后，光着膀子大口喘吁着出门了，奶奶经常拿着一些临时洗好的果蔬追出去。那时候，经常可以在田间打得一些野味，小的就不去细说，瘆人的是有几次抓到碗口大的花蛇，众人合力才将突然窜出来的蛇制服，大家拎着这软软的尤物到我家中让奶奶蒸煮，我吓得躲进房间，大气不敢出。奶奶将剥好皮的蛇肉在大锅里用水蒸煮熟了，夏夜凉风习习，皓月当空，农人纷至沓来，将这大蛇瓜分了去，用盘子盛一点，小心端揣在怀里，舍不得吃，每人分得的很短一截留给家中的孩子。我吃过一次蛇肉，味道确实鲜美，但也是唯一一次，很长时间，我一直理解不了这种野蛮的吃蛇行为。

(7) 其实怨不得农人，乡村的土壤，养成了他们直来直去的性格，毕竟蛇闯入他们秋收禁地，也会咬伤人，土地是不容冒犯的，对土地本能的保护是原始的、单调的、真实的。

(8) 除了吃方面，灶房承载了另一段温馨过往。

（9）我想养宠物，开春后奶奶想办法帮我一起孵小鸡。她提前用麦草帮母鸡铺个小窝，让母鸡在上面孵化，地点选在灶房，灶房温度高，白昼温差小，十天以后，奶奶开始在灯光下照鸡蛋，鸡蛋里会有一小圈阴影，照见的留下，其他是水蛋，第二十一天，小鸡开始用小尖嘴啄蛋壳，先啄开一个小口子，再慢慢变大，它们顶着湿漉漉的毛发一点点出来，毛茸茸的十分可爱。见证生命的出生是件很有趣的事情，我静心饲养我的小宠物，开始给小鸡喂一些奶粉，它们一点点长大，黄昏时分，它们身上铺满了一层层金光，在院落里追逐扑打，我一只只赶着进鸡圈，有一种使命感。那些小鸡破壳而出的画面，成为我内心深处挥之不去的坚韧力量。

（10）至于说在灶房角落里为找寻几只蛐蟀而被打翻的菜坛，因为没有零食而偷偷去厨房舀两勺红糖解馋，把奶奶送人的脆饼掰开边角后偷一点儿躲门缝里吃，在奶奶刚做好的桂花糕里舔两口的种种，不知道奶奶都发现了没有？这些都成了我与灶房心照不宣的秘密。

（11）如今，灶房早已拆迁，苍茫大地上行走，麦田也变成了一片蟹塘，远天星空被黑夜中斑驳的低矮树影吞噬，散落在一边的路灯的辉光变得暗淡，只剩下我的呼吸与疼痛。

1．本文记叙了灶房里有关奶奶的几件趣事，请你简要概括。

2．第（8）段中，结合语境，所谓的温馨过往具体指什么事？有什么意义？

3．第（10）段画线句子有什么表达效果？

4．文末，为什么作者说“只剩下我的呼吸与疼痛”。

参考答案：

1．(1) 夏天奶奶做大麦粥跟各种面食等。

(2) 农忙时候给农人果蔬，蒸煮田地里抓到的蛇。

(3) 开春给我养宠物。

2．所谓的温馨过往是：我想养宠物，奶奶在开春帮我孵小鸡。

意义：让我感受到亲情的温暖，见证了生命的出生，感受生命的坚韧力量。

3．用反问的语气，表面上是说这些事情是我与灶房之间的秘密，其实是体现奶奶其实发现了这些秘密，只是不说，维护了我的童心跟自尊，是一种爱的体现。

4．灶房是过往的温馨回忆，那里有家人在灶房的温暖回忆，邻里之间的乡土亲情，还有作者成长的印记，现在被拆除了，原先温暖的乡村记忆不复存在，表现了作者的追思、怀念。

星星

(1) 夜色稠密，像一块黑色的幕布将村庄缠绕，四下无人，只有树杈间的叶子沙沙声。

(2) 浓密的黑夜，要把一切黏住，花草、河道，路上的行人渐渐稀少。

(3)“明天的天气，怎么感觉要下雨了！”妈妈将粪桶的担绳，丢置在柴房里，任其孤零零地倚靠着墙角，抬头看了看天上浓厚灰蒙的云层，露一点愁色。

(4) 星星在旧时乡间是一种时间的指引与天气的昭示，虽然道理不尽然正确，却是老家流传下来的千古习训，沿袭旧俗是农耕社会的一部分，连同勤劳、质朴的天性，一起流入农人的血脉，在苍茫大地上主宰着乡村与自我的命运，一点微弱的光，也具有庇护信仰的魔力。

(5) 小时候的星空是感受微微风簇浪，散作满河星的清新；是在野间嬉闹，于林间漫步时，仰望星星的无限童趣。流星透疏木，走月逆行云，幻想着自己能成为一颗星，在辽阔的天际无忧穿行，眨一眨眼，在花丛中忽闪不见。

(6) 夜长人自起，星月满空江，父亲的长夜枯坐，是希望生活有所安放的寂寥与温柔，夜深人静，看着灯下睡熟的我们，帮我们盖被后，轻轻关灯，披一件薄衣，徘徊于窗前，抿一口烟，不愿惊扰我们的梦境，看完满天星辉后，将明天的生计，盘在脑海里，放下白天的喧嚣，预备一个辽阔的梦境，与一片静谧的星河相望。

(7) 迟迟钟鼓初长夜，耿耿星河欲曙天，天没有全亮，夜露还未散去，奶奶拉起帘子，看着星星剩下寥寥几颗，在远天闪闪烁烁，便开始喃喃自语“还可以再睡会！”那时候的生活简单，日子就像星星一样透亮，北极星成为老人告诉我的第一个星星的名字，《观象》载“居其所而众星拱之”，有的星星经常变换位置，唯此星在固定的位置，早起晚落，忠贞无二，陪伴众生于尘世间浮浮沉沉。

(8) 星空的情感是多变的，它是“纤云弄巧，飞星传恨，银汉迢迢暗度”下，千里迢迢、相思万里终来相会的踽踽而行；是乡间那些为了追梦，爱人远走他乡，生活暂时分隔两地，“今宵绝胜无人共，卧看星河尽意明”的清朗君心，长夜寂寥，他们在彼此心间亮着，待到他日他年来相见，一定是万家灯火、星河四畔的境况两全。

(9) 那些田间劳作晚归的农人，将生活过成了黑白双面，一声已动物皆静，四座无言星欲稀，月色浓时人影淡，月色淡时人影重，星星掌着灯，照亮田埂间的水塘与叶片间的月光，农人心中一片了然，星光在河面水波间流转，农人打了个哈欠，将这生活的苦都散作满天的星辉，兀自亮着，亮着，照亮困境暗角，蓦然回首，立于田垄间，点亮未来的，原来是自己的心盏无眠。

(10)“闲云潭影日悠悠，物换星移几度秋”，时间在星云变幻中，变换着形状跟模样，镌刻沧桑与永恒，那些人事，也在白驹过隙的岁月中，变了模样。

(11) 夜色渐浓，唯此一颗心。

1．文章开头有什么作用？

2．第（7）段中，“唯此星在固定的位置，早起晚落，忠贞无二，陪伴众生于尘世间浮浮沉沉。”作者这一句有什么深层的含义？

3．作者在文中描绘了星星的几个场景？请简要分析。

4．请赏析文中画横线的句子。

“星星掌着灯，照亮田埂间的水塘与叶片间的月光，农人心中一片了然，星光在河面水波间流转，农人打了个哈欠，将这生活的苦都散作满天的星辉，兀自亮着，亮着，照亮困境暗角，蓦然回首，立于田垄间，点亮未来的，原来是自己的心盏无眠。”

5．请赏析文末最后一句“唯此一颗心”，这颗心包含什么样的情愫？

参考答案：

1．渲染低沉厚重的感情基调，通过情境的反差，引出下文星星点亮人们生活的各种场景，烘托出星星对人们生活的积极影响，带给人们各种希望。

2．表面上是写星星对众生的守护，其实是暗喻了家人时时刻刻的关怀，不管世事如何变迁，总在我们身边给予指引，带给我们温暖的力量。

3．(1) 星星是时间的指引和天气的昭示；(2) 星空下的无限童趣；(3) 父亲在星空下对生计的思考；(4) 奶奶在星夜中的陪伴；(5) 星空下的浪漫爱情；(6) 农人在星空下劳作。以上场景表达了星星和农人的生活休戚相关，与其说是星星影响了人们的生活，其实说白了是人们自身对生活心存美好与善意，星星只是一种背景的烘托。

4．此句用了拟人的修辞手法，赋予星星人的动作，生动地表现了星星像个体贴的朋友，在田间帮助并陪伴农人，去战胜黑夜的暗角，景物描写也烘托了温馨美好的氛围，但是突然来了一句转折，点亮自己的原来是内心的灯，代表生活的希望，它点亮了未来的路，星星点亮的是当下的路途，心与星两者相互呼应。

5．包含对生活的爱意，对家人的关怀，对爱情的憧憬，对未来的期盼，对美好的追寻，对时间的追忆。

蚂蚁

(1) 天地万物，来和去都有它的时间。

(2) 蚂蚁除外。

(3) 童年时，只要你想看蚂蚁，随便出去都能看到。

(4) 不管春夏秋冬，阴晴雨雪，小路上、花丛中、河畔边、大树上……甚至家里的餐桌旁，都能看到它们的身影。

(5) 任何时候，任何地点。

(6) 蚂蚁如此微不足道，一两只零散的蚂蚁不入眼界，成群结队活动，黑压压一片才勉强让人偶然侧目。

(7) 关于蚂蚁的三大场景让我印象深刻：一场雨来临之前，天边滚动的乌云跟狂风使叶子在场院里打着圈，家禽纷纷扑翅归巢，田野里的庄稼东倒西歪，农人急急忙忙收起农具，一切开始变得躁动，这个时候蚂蚁排着整齐队列，黑压压一片，如血管流动，井然有序通往洞口深处。

(8) 随便放一块食物屑在地面上，少数蚂蚁看到开始通风报信，试探性地品尝后，掉转头，去寻找同类，过会儿来看，定然是黑压压一片围在食物屑旁，它们用小小的身躯全力撬动那食物屑，微微地抖动着，几乎在原地挪着，等你消磨掉性子，一转眼的工夫再回来，它们已经拖着食物屑走了长长的一段路。

(9) 在潮湿阴暗或者阳光充足的地面上，经常看到蚂蚁筑巢，洞口大都呈圆形，四周有堆积的土石，密密麻麻的有松动的土粒，阳光充足时，那些巢穴凸出来的泥巴凝固起来，变成一个个小小的山丘。

(10) 而蚂蚁带给我快乐的时刻都来源于童年的恶作剧。

(11) 看到黑压压的一片，我用脚狠狠踩踏或者用水浇过去；故意拿着一块食物等到它们都聚拢来，正兴致勃勃准备搬运时，我一下子将食物挪开；用树枝捣掉它们刚做好的巢穴。

(12) 它们惊慌失措，扭动着小小的身躯奔赴四面八方，我拍手称快，它们太渺小，看不清它们的表情，但它们不再朝一个方向使劲，急乎乎地四处兜转，加疾步伐，我知道在这场战役中我赢了。

(13) 我觉得改变了它们的行踪和计划，但是快感很快消逝：那群下雨搬家逃窜的蚂蚁又开始组成队列；刚死去的昆虫边上围满了蚂蚁，变成了它们的新食物；那些被毁掉的家园第二天很快有新土翻过的痕迹。

(14) 到头来，我一场场恶作剧都只是徒劳，长远看，我才是最终的失败者。蚂蚁游戏只是我临时起意的个人狂欢，在挫折中及时调整并最终站起来成了蚂蚁的生存哲学。

(15) 我还发现，虽然蚂蚁无孔不入，但是很少在餐桌上、床上、衣柜里、食柜里出现，这些是农人不能接受的地方，会影响到农人的生活起居，他们一定会采取行动。在蚂蚁进化的过程中是不是掺杂了什么判断的精明基因，让他们对这些场所保持敬畏与距离，小小的蚂蚁脑袋里也装着断、舍、离的智慧。

(16) 我们对世界的认识究竟还有多少没有发现?

(17) 我在感喟命运、对抗生活磨砺的过程中踟蹰前行，蚂蚁在生活本能跟诗意世界里慢慢栖居。

(18) 不光是我，很多童年发小都是我的同谋，蚂蚁容易被逼威利诱，为食物努力奔波却易误入他人禁地深陷囹圄。

(19) 可蚂蚁，才不会记仇计较，慢慢拾起各自微小能量，安分守己做好本职，兵来将挡，水来土掩，即便身负暗箭依然不折不挠，一副事不关己、随遇而安的姿态，单纯简单地去生活，才是固守生命的意义与价值。

(20) 而这种简单，反而让它们生活得更诗意。

(21) 春天伊始，万物生辉，蚂蚁将满城春色尽收眼底。

(22) 夏日渐长，百草丰茂，蚂蚁不觉声色感受夏日雷雨浩浩荡荡。

(23) 秋天萧瑟，收成在望，蚂蚁步履迟缓畅享人间秋日繁忙万象。

(24) 冬雪初降，大地苍茫，因为之前竭尽全力储藏，现在只需聚集巢穴，安安稳稳把来年望。

(25) 未雨绸缪的智慧，在蚂蚁身上也体现得淋漓尽致，起起落落间，平凡愈加珍贵。

(26) 我倾其所有学习各种人生道理最终都能回归到蚂蚁带给我的一课课哲学故事里。

(27) 人，有时候何尝不是一只蚂蚁？

1. 用简短的文字总结哪三大场景对我印象深刻？

2. 结合语境，解释第（25）段“未雨绸缪”的含义。

3. 你从蚂蚁身上得到了什么启示？

4. 第（14）段，为什么“我才是最终的失败者”？

5. 请你任选一句，赏析文中画横线的句子。

(A)“一场雨来临之前，天边滚动的乌云跟狂风使叶子在场院里打着圈，家禽纷纷扑翅归巢，田野里的庄稼东倒西歪，农人急急忙忙收起农具，一切开始变得躁动，这个时候蚂蚁排着整齐队列，黑压压一片，如血管流动，井然有序通往洞口深处。”

（B）“少数蚂蚁看到开始通风报信，试探性地品尝后，掉转头，去寻找同类，过会来看，定然是黑压压一片围在食物屑旁，它们用小小的身躯全力撬动那食物屑，微微地抖动着，几乎在原地挪着，等你消磨掉性子，一转眼的工夫再回来，它们已经拖着食物屑走了长长的一段路。”

参考答案：

1.（1）下雨前蚂蚁搬家；（2）蚂蚁搬动散落的食物屑；（3）蚂蚁筑巢。三大场景表现了蚂蚁的团结，安分守己做好本职工作，随遇而安，简单而单纯地去生活的态度让我印象深刻。

2.“未雨绸缪”的原意是比喻事先做好准备工作，预防意外的事发生。蚂蚁在秋天努力搬运，在过冬前积累了丰厚的食物，在上文中已经把这一场景进行了简短说明，字里行间表现了蚂蚁的勤劳，对自然变化的预见性，表达了对蚂蚁的敬佩和喜爱。

3.（1）蚂蚁虽然渺小，但是抱团取暖，团结一致的力量是巨大的。（2）遇到任何突发情况要安然处之，积极采取行动，不自怨自艾，有随遇而安的生活态度。（3）对事物抱有敬畏，不去苛求外界环境。（4）做事要未雨绸缪。

4. 通过“我”的恶作剧，我原本以为可以改变蚂蚁的计划，让它们在“我”的影响下落荒而逃，用“我”的自以为是烘托了蚂蚁遇到挫折时的果断干脆，积极应对，不折不挠的精神，从这点来看，蚂蚁有我值得学习的地方，我的失败凸显出蚂蚁的优秀品质，从而引发了我对人生哲学的思考。

5．(A) 句使用了对比描写，使用比喻的修辞手法，把蚂蚁井然有序的搬移状态比作血管，生动说明了蚂蚁的团结，井然有序，在暴雨中淡然、繁忙的状态，大雨来临前其他动植物的凌乱与蚂蚁整齐的状态形成了鲜明的对比，更凸显了蚂蚁的优良品质。

(B) 句使了大量的动作描写，“试探性地品尝后”写出了蚂蚁的小心谨慎，“黑压压一片围在食物屑旁”刻画了蚂蚁的团结，对突发情况有快速的决策和行动力，“用小小的身躯全力撬动那屑末，微微地抖动着”表达了蚂蚁做事的全力以赴，不屈不挠的坚韧品格。

螽斯

(1) 入秋后，秋光清浅，大地清明，天被滤得净透，轻霭秋波，都浸在这煦色韶光的秋色中。

(2) 在这恬静的节气里，昆虫不似夏日繁杂纷沓，“草拂之而色变，木遭之而叶脱”，秋天晨光极目苍凉，那些灌木草丛中的虫鸣显得灵动了，将秋水长天，流水落花的悲寥减去三分。

(3) 在这所有的秋天虫鸣中，我独爱螽斯。

(4) 先不说形态独特，它们身甲柔软，触角细长，透体青绿，不似螳螂凶猛，不比蝈蝈刚烈，不若寒蝉萧瑟，不像萤火冷清，戢戢遍禾黍，是田间、叶片三三两两的点缀。

(5) 关于螽斯，在《诗经·周南》中有记载：“螽斯羽，诜诜兮。宜尔子孙，振振兮。”古人把螽斯视为吉祥之物，用螽斯的多子象征子孙繁盛，在战争与农耕时代，人口意味着生产力，明代孔贞运也有“闺门之内，歌樛木而咏螽斯，和气蒸蒸也”！螽斯曾带给人们希望与和睦的寓意。

(6) 古往今来，美好的事物总是勾得住人心，让人相信暖意与永恒，可以延绵不绝地传承。

(7) 最喜欢的是螽斯的鸣叫，螽斯是靠翅膀振动鸣叫，在我们老家，螽斯是“夜虫”，不求高远，只在低浅的灌木草浪中踟蹰而行，人易于亲近。它们声音清虚空灵，素净文雅，在夜色中千交万织，上下起伏有节奏，极富诗意。此刻若庭中望月，野间闻虫鸣，天外观星宿，这闹中的寂寥，最荡人心。

(8) 螽斯鸣叫密集，似在一决高下，让你感动于这种热烈与庄重，白天你被各种事由羁绊，各种声音不绝于耳，很难独辟蹊径专注哪一脉，而此刻，你独身旷野，螽斯声纷至沓来，此起彼伏，融于天地月色间，让你内心异常安静，我们有时候听不到内心的声音，是因为我们看到的太多，听到的太多，反而失了本心。

(9) 而螽斯，独爱这夜色无边。

(10) 做人的道理，自然都给予了我们，而我们还在现实中苦苦追寻，乱了方寸。

(11) 我特别喜欢捕捉它们，童年没有什么玩具，这些野间的昆虫，是一种拾得的乐趣。

(12) 父亲夜行，经常给我们抓来一些体态硕大的螽斯，它们在屋中的孤影与独奏显得悲寥，父亲告诉我们，螽斯也叫“鬼蜢”，是已故亲友的魂魄，所以当晚上有“鬼蜢”飞进家里，人们都会将其抓住并喂其米饭然后放出野外。

(13) 显然，米饭是不会喂的，螽斯会在屋中呜咽而啼，毕竟，它们是属于自然的。

(14) 第二天，那些抓来的螽斯总会不翼而飞，应该是趁我们熟睡后，被父亲放归了。

(15) 现在老家的螽斯越来越少，难得看到一个便远远看着，不去捕捉，因为我知道，它们跟我一样，循着一种思念，孤身前行。

1. 第（3）段，指出作者为什么独爱螽斯？

2. 作者最后一句话“它们跟我一样，循着一种思念，孤身前行”表达了什么样的情感？

3. 第（8）段中，有时候听不到内心的声音，是什么原因造成这种情况？

4. 文章开头有什么作用？

5. 我特别喜欢捕捉它们，童年没有什么玩具，这些野间的昆虫，是一种拾得的乐趣。这句话的作用是什么？

参考答案：

1.（1）作者先从形态上说明了个人的偏好，螽斯柔软，不刚烈，不萧瑟，没有颓然的气质。

（2）螽斯代表了美好的寓意，象征生产力。

（3）喜欢螽斯的鸣叫，清虚空灵，将夜色衬托得无比美好。

（4）不忘自己的本心，能代表自己内心的声音。

2.（1）表达作者对父亲的思念，上文中阐述了父亲捉螽斯，放归螽斯的事例，自己也不再去捕捉，是一种内心世界的探索与追随。

（2）对螽斯的怀念，上文说螽斯在老家越来越少，螽斯承载了童年的回忆，也暗指渐渐消失的乡村文明。

3．现在的社会文明，让很多事物唾手可得，人心变得浮躁，看到的东西、听到的东西太多，人们总是忙忙碌碌，疲于奔波，对精神世界的探寻和追求少了，忘记了本心，走得太快，在不切实际的追求渐渐迷失了自己。

4．渲染了安静清旷的氛围，奠定了全文恬淡的感情基调，引出了螽斯在秋色中灵动的状态。

5．承上启下，总结了上文中螽斯的各种状态和对我童年的影响，表达了对它们的喜爱，也为下文父亲放归螽斯埋下伏笔。

挑货郎

（1）最初领会到等待与希望的百般感觉，竟然是在挑货郎那里。

（2）从很远处传来挑货郎的声音："鸡毛鹅毛猪骨头牛骨头羊骨头兑糖咯！破布鞋破球鞋破套鞋破蓑衣棉絮破布垃圾也好兑啰！"拨浪鼓脆脆声传来，吆喝声响彻云际，引得猫洞里的老猫一呼噜从洞口掉出，一条线箭步到院墙地面，周边乡邻家的小孩蜂拥而上，不约而同拖拽着大人，一下聚拢在挑货郎身边，把他团团围困住，这场景就像掉落在地面的方糖，瞬间引来一大群蚂蚁，黑压压的密不透风。

（3）大家手里早已拿着事先备好与挑货郎置换的各种杂货

了，细细看，有穿旧的衣鞋，在父母厂里玩耍偷偷塞口袋的废铁，不用的闹钟、鸡毛、鸭毛，旧的揉成一团的塑料，有的甚至把剪下的长发也留着。总之，旧物五花八门，但总能换回一点儿零碎物品。

(4) 卖货郎的一身行头：扁担的一头是一个大箱子，上面有玻璃罩，方便看置换的货物，另外一头是大箩筐，放收集来的旧杂货。

(5) 孩子眼尖，闹着要吃糖，眼睛总能一下扫到薄荷糖，那薄荷糖咬下去会起气孔，甜腻到嗓子，让人浑身发酥，有时候也有麦芽糖、花生糖、花花绿绿的巧克力豆，运气好的时候有牛轧糖，可以揣在手中捏半天，想起来就舔两口，再小心用糖纸包着，舍不得一下子吃完，糖纸上一层口水。

(6) 换完糖，有的孩子开始摇着父母的手臂或者瘫软着腿攀着家长弯下的腰，吊着脖子，娇声细语地吵着要换一些玩具，常见的有头绳、毽子、皮球、会唱歌的塑料公鸡、泥制的鸟哨子，还有一吹就叫的红顶黄底的塑料喇叭，拿到心仪的玩具，孩子们就心满意足地互相炫耀着，笑着闹着，渐渐散开去，剩下大人在原地讨价还价。

(7) 那些妇人跟老人真是过日子的主，火柴、纽扣、小镜子、针线、肥皂、夹子、蛤蜊油、头绳……看着卖货郎这些家常的用品，她们念叨着柴米油盐贵，生活不易之类的场面话，借以与挑货郎讨价还价，一群妇人七嘴八舌、叽叽喳喳，让人透不过气，小孩子开始觉得无趣，不耐烦地纷纷抽离人群。

(8) 卖货郎压低了嗓子跟她们讨价还价，他耐心地听着那群妇人聒噪而估，最后会多给她们一点儿物品作为添头，见到一点儿好处妇人们也就收心了，性子自然慢下来了，叉在腰间的手也垂下来，眉间纹舒展开，捧着置换来的日用品，就近找个歇息的地方聊会儿天。

(9) 挑货郎箩筐里塞满了五颜六色、形态各异的旧货物，“嘿哦嘿哦”一鼓作气，将半蹲的大腿抖了抖，咬咬牙后，小腿使劲往上蹬，腰背像弹簧弹上去，在空中定了定身，手头握紧了扁担，开始挑着担子离开，人影越来越小，三个小圆点在远方荡着。

(10) 一般收回去的旧货物回去分拣，晒干，清洗，一些好的挑选出来可以卖到供销社，另外的可以卖给废品回收站，有的将收来的鸡毛做成鸡毛掸子去集市上卖钱，一些好的猪鬃可以做板刷。

(11) 总之，物尽其用，那时很多东西都是修修补补，旧了舍不得扔掉，过日子讲究细水长流，实在不中用的就卖给挑货郎。

(12) 以前只要想到挑货郎会从家门口经过，心里就有说不出的轻松，这些生活中的小改变与插曲，心中美滋滋的，幸福是件简单的事。

(13) 但是却苦了那些挑货郎，他们喜欢穿着松口的黑色布鞋和青灰大褂，很多人头上戴着帽子，日晒雨淋时能防护下，他们经常风餐露宿，居无定所，出来都是个把月，一筐一箱走天下。日积月累，高低肩是常见病，因为一直吆喝，时间长了嗓子会有撕裂感，但是也未曾想过顺口含几块玻璃罩里的糖。

(14) 为了省钱，有时候他们连饭也顾不得吃，吃尽人生苦味，留下步履匆匆，但他们背影坚定，也更懂珍惜，露出明亮好看的笑容。

(15) 有次一个挑货郎在人群散去后，在我家东墙边停下，大声粗喘着气。那时刚入夏，临近中午，挑得有点久了，力气换不过来，拿起一个边已经发硬的馒头在那儿啃咬，一嘴下去掉很多面屑。

(16) 父亲见状，赶紧跑回家盛了一大碗饭，将鱼肚上的大骨刺剔除，留两大块白嫩细肉埋于碗底，米饭上盖满了青菜，看上去寡淡清爽，给挑货郎端去，邀请他进屋。

(17) 那人迟疑了下，嘴巴张开却什么也说不出，稚气未脱的脸上慢慢红晕染开，最终只肯在我家屋檐下端着碗，坐在石头沿上，吃着吃着，独自在那用袖子抹着脸，头低得看不见鼻子。

(18) 吃完饭，之前准备的开水刚好凉下来了，父亲帮他把水壶灌满，挑货郎要送给我们两块肥皂，父亲执意不肯要，两人娘们儿似的推搡着，最终拗不过父亲。

(19)“爸爸，看到路过家门口的年轻人，都不能给饭，你说讨饭的老年人多少都要给点儿。”年幼的我问父亲。

(20)“一个是辛辛苦苦赚钱，不去跟别人讨生活，一个是讨饭，其他地方不去努力，再说，无非是添双碗筷的事情！”

1．本文写了什么事情？请用简洁的语言概括。

2．结合语境，分析第（14）段话在文章结构和内容上有什么作用？

“为了省钱，有时候他们连饭也顾不得吃，吃尽人生苦味，留下步履匆匆，但他们背影坚定，也更懂珍惜，露出明亮好看的笑容。”

3．请赏析文中第（9）段画横线的句子。

“挑货郎箩筐里塞满了五颜六色、形态各异的旧货物，‘嘿哦嘿哦’一鼓作气，将半蹲的大腿抖了抖，咬咬牙后，小腿使劲往上蹬，腰背像弹簧弹上去，在空中定了定身，手头握紧了扁担，开始挑着担子离开，人影越来越小，三个小圆点在远方荡着。”

4．本文的标题是“挑货郎”，但是作者最后却写了父亲送饭给挑货郎吃，这样写是否偏题了？为什么？

参考答案：

1．（1）挑货郎经过门前，让人们将家中旧物换取日用品等，他们的到来给人们日常生活带来生机，提倡节约的理念深入人心，同时他们勤劳、质朴、吃苦耐劳的优良品质也让人感动。

（2）通过父亲给挑货郎饭吃等一系列细节，表现了挑货郎的淳朴、善良，跟当时淳朴的民风。

2．结构上承上启下，承接上文挑货郎谋生的种种艰辛，引出了下文父亲邀请进屋吃饭的情节。

内容上写出了挑货郎这个行业的奔波繁忙，体会了人生的百般滋味，在这种情况下，挑货郎依然乐观开朗，表现了对挑货郎的崇敬之情。

3．使用了一连串的动作描写，刻画了挑货郎勤劳、朴实的品质，为了生活，四处奔走表现谋生的不易，侧面表达了对挑货郎的关怀、尊重。

4．不偏题，送饭这一段落的实质是从自身的经历更深刻地表现了挑货郎的个性与不易，也表现了乡土淳朴的民风，更好地升华了文章主题。

冰糖葫芦

(1) 我还是有点儿虚弱，吃不下饭，躺在床上，吊着水。

(2) 周围都是白的，白的窗帘，白的墙壁，白的水杯，白的瓷盆……我让自己眼神模糊，这样可以将疼痛化作空气的一部分，晕乎乎地成袅袅轻烟疏离开。我累得只够做一个梦境，耳边突然轰隆隆开始爆裂，火光蔓延到大脑中，不停敲击我的神经，从喉咙开始疼痛，到胸口……一直到脚，我渐渐走入一片炙热沙漠中，我的腿开始去寻被窝的凉凉边角，最后悬挂在冷冷的铁护栏上，我能感觉到那片海了，不久被窝开始潮湿、溽闷，我像在海里了。

(3) 这次久烧不退，发烧了好几天。

(4) 妈妈偷偷来床边看我几次，我都知道。她蹑手蹑脚、脚尖踮着、猫着步子，一会儿看看阳光是不是快要照着我的脸，一会儿看看手臂有没有露被窝外，一会儿看看是不是出汗过多，一会儿站着，一会儿坐着，一会儿又走着，最后弄得坐也不是，站也不是，走也不是。

(5) “你醒啦。”妈妈轻轻唤我，摩挲着我额头，半个身子俯下来，“想吃点什么？”

(6) 此时，我蜷缩着身子如孩童，害怕听到声音并去做回应，声音就像刀片刮着墙，落下的灰尘在身上怎么也掸不走，我厌烦、敏感、固执。

(7) 幸好，我的眼睛还没有老去。

(8) 窗外的玉兰开了，只见花不见叶，花蕾红白直立，宁静不杂沓。

(9) 妈妈把窗帘拉开，窗户半掩，偷一点儿春色，风不大，时不时飘来，恰到好处。

(10) 生病了，不愿意对春景做过多联想，只要不是纯白的就好，纯白让记忆空白，虚弱与疲惫会被放大，有机可乘。

(11) 我什么也不想吃，我吃的可能不是一种东西，我说不出来，它应该是一种鲜活，一种新奇，一种希望，一种力量，能让我吞噬后，跟身体的不适握手言和。

(12) 不知道怎的，我那时脑海里出现了冰糖葫芦。

(13) 它味道酸甜，红得浓艳，抹在上面的白糖，亮如霜雪，有着热烈而孤冷的况味。山楂在漫山遍野间，迎风昂首盛放，绿树阔如林，红色竞点缀，连着大地呼吸，吸尽朝露雨水，沉甸饱满，兀自狂欢。

(14) 镇上来的那位卖冰糖葫芦的山东小伙子，即便穿着很脏的衣服，看不出本来颜色，脸被晒成大麦色，也难掩浓浓青春气息，他每天用自行车驮着用稻草、钢丝缠的简易架子，上面插满了糖葫芦的条棒，卖光了隔天又插满了，那些山楂上的虫洞，别人看来觉得恶心，对于那时的我，它们是生命鲜活的载体。

(15) 有关生命的一切，都是鲜活的，好像吃了这些糖葫芦，我就能蓄积相应的力量。

(16)“现在没有冰糖葫芦了吧？”我感叹了下。

(17)“哦，你躺着，我出去打点儿水给你！”妈妈走开了，将窗户拉起了点儿，刚好够一点儿风拐进来，还能看到白玉兰的枝干的一角，玻璃上反射着玉兰花的影子。

(18) 我盯着窗外，渐渐有了困意，酣睡过去。

(19) 已经很久了，她回来的时候，气喘吁吁，津津汗渍直往额头渗，她抓起一串糖葫芦，递给我，另外一只手快速将被子叠成方块压于我背后，抱着我坐起，迅速将一件外套帮我披上。

(20) 她只是看着我，我把冰糖葫芦的塑料膜打开，开始吃起第一个，酸甜将我嘴里的苦盖住了。她的笑容慢慢舒展开，长长叹口气，还没有叹完气，意识到自己的情绪后，半路上又收回来，卡在喉咙里，怔怔地看着我。

(21)“这个真是很难买呢，都吃掉啊！”她笑着。

(22) 我突然想起来，镇上卖冰糖葫芦的只有山东小伙子一家，他只有周一、周三、周五的时候才出现，其他时间去镇上做一点儿搬运的零工。

(23) 而今天，正好是周四。

(24)“这个糖葫芦怎么买到的——”我正咬着糖葫芦，停在半空，不安与好奇心的驱使让我听她说下去。

(25)“我先到镇上菜场去问，菜场的人说，去学校问问，孩子喜欢吃这些，我先去的小学，门卫说，考虑到安全问题，那个条棒容易戳到人，让我到中学问问，门卫说是外地人卖的，没有人知道他住哪里，只知道他每次回家都要骑上学校门前的那座高桥，下去了就不知道往哪儿去了。我就又上了桥，下了桥，一路问，一路找……我怕走得慢，你这边又需要我，但是又不想放弃……赶紧跑回来，都几十年没有这么跑了……我是老了吧？”

(26) 她说着说着，摇着头，回忆让她的眉毛挤成一簇。

(27) 看着我吃完，她轻轻卧在床边，说想睡会儿了。

(28) 后来，我时常想起她跨过那座桥，在希望与绝望间，一直往前的样子，前面没有路口。

1．结合上下文，说明作者为什么想吃糖葫芦？

2．糖葫芦有什么样的象征意义？

3．文中第（25）段的语言描写是不是显得啰唆？说说你的理解。

4．文中大量的篇幅描写了玉兰，跟糖葫芦关系不大，是不是偏离主题？

5．赏析第（4）段画线句子的表达效果。

“妈妈偷偷来床边看我几次，我都知道。她蹑手蹑脚、脚尖踮着、猫着步子，一会儿看看阳光是不是快要照着我的脸，一会儿看看手臂有没有露被窝外，一会儿看看是不是出汗过多，一会儿站着，一会儿坐着，一会儿又走着，最后弄得坐也不是，站也不是，走也不是。”

参考答案：

1．（1）生病了，没有味觉，冰糖葫芦味道酸甜。（2）山楂在野外生长得热烈，充满生命力的样子唤起了作者生活的希望。（3）卖冰糖葫芦的小伙子也充满能量和青春气息，间接表现了作者的虚弱体质，内心在寻找一种能量的寄托。

2．（1）文中刚开始的段落写作者生病，冰糖葫芦代表了鲜红、旺盛的生命力，表现了作者对生活的希望。

（2）后面寻找冰糖葫芦艰辛的路程，象征了无微不至、坚强温暖的母爱。

3．第（25）段通过语言描写表达了母亲找冰糖葫芦的艰辛，这种艰辛通过文字的繁复来体现，也表现了母亲内心的纠结，出门在外对“我”的记挂与不放心，作者没有亲眼见到母亲出去寻找冰糖葫芦的样子，只能通过这种语言来侧面描绘此种场景。

4．不偏离主题，玉兰细节的描写，表现了作者对生活中美好事物的向往，生病时看世界变得苍白无力，玉兰宁静纯洁，春色满园，烘托出温暖安静的氛围，描写玉兰的过渡为下文引出冰糖葫芦做了铺垫。

5．一连串的动作描写，“蹑手蹑脚、脚尖踮着、猫着步子”写出了母亲的温柔细心，“一会儿看看阳光是不是快要照着我的脸，一会儿看看手有没有露外面，一会儿看看是不是出汗过多”道出了母亲无微不至的关怀，“一会儿站着，一会儿坐着，一会儿又走着”，刻画了母亲的不安、焦急，含蓄地表达了深厚的母爱。

留守

(1) 留奶奶有四个儿子，家中除了她，全是男丁，生在一堆男人中，长此以往，造就了留奶奶直来直去、雷厉风行的性格，就像她家的银杏树，有了王者之风。留奶奶立于树下的时候，枝繁叶茂的银杏像有了主心骨，银杏树在留奶奶旁边的时候，留奶奶有了深厚的依靠。

(2) 秋天无风时，村落中树木皆静，村庄的一切都在沉睡，唯独那棵白果树的一簇叶团在晃动，还很有节奏。她家果树品种多，她很能干，总是让果树土沃、根坚、枝肥、叶厚、果满，自然就少不了他人的惦念，在农田干活的留奶奶干活中不时朝家门瞅。那会儿村庄虽被密不透风的各种树木所掩，但是敏锐精干的她能立刻觉察到银杏树正遭受一场劫难，匆匆甩开手中的农具，边大声喊边提着裤脚管，一溜烟儿地往家冲，“毛孩子，兔崽子，看我不抓到你们！”直直撸起袖子，一双粗壮的手臂被太阳晒得不成样了，像从淤泥刨出而久置空气下变成焦黄的藕片。

(3) 我们放下竹竿就溜，竹竿还悬在树上，慢慢荡着，我们不敢走正路，从她家后院绕，平时走路都要踮脚避开鸡屎的我们已经顾不得多脏了，能走人的地方脚就直接踏上去了，鸡被我们惊得不停扑打着翅膀，乱奔乱窜。

(4) 轰轰烈烈的偷果计划落败，奔跑呐喊的她成了我们的童年假想敌。

(5) 但最后，留奶奶总会用篮子铺一层报纸，抓满了白果，给左邻右舍分一点儿。乡邻回去煮熟了，唠嗑的时候，抓两把白果你一点儿我一点儿地分，那些偷白果的孩子家自然也有份，用她的话说，孩子偷我果子的时候，我想到的都是果子，但是当我打果子的时候，又想到那些孩子了。

(6) 虽然结局是皆大欢喜，但是她还是我们心目中强大的对手，虽然六十多岁了，但是精神矍铄，总有干不完的气力。她年轻时辛苦抚养四个儿子，孩子们长大后外出打工了，老两口过着粗茶淡饭的生活，那些果树就是他们的孩子，不同季节，这些孩子变着花样，给老两口的生活增添不同色彩，门前总是变换着不同光景，看的人心里愉悦，走过的人徒生羡慕。

(7) 白果树，一直是留奶奶家的明星，时光白驹过隙，我们从垂髫孩童到了而立之年，留爷前几年去世了，留奶奶深居简出，那棵白果树每年都会结很多果实，一如既往地热闹。

(8) 留奶奶老了，四个儿子商量集体出钱给母亲造一座更好的房子安度晚年，但都在异地，工作太忙回不来，盖新房一切细节全凭留奶奶做主。

(9) 前段时间回家，正值深秋，村中树木因为修路砍伐了很多，白色水泥钢筋路面铺设满的乡村，树木竟然只是点缀了，幸好留奶奶家的银杏树还是老样子，让我些许宽慰。

(10) 我想顺手拍几张放手机里，留个念想，毕竟难得回家。

(11)“奶奶，你们家白果树还是很漂亮，很茂盛，那么多叶子落下来，就你们家门口最好看了！”我在抬头的间隙，忍不住夸赞起来。

(12)“哎呀，叶子太多，扫起来麻烦，我这里要起房子，挡在路上。要卖喽！”她从银杏根部开始，一直扫到树冠顶端的叶片，迟迟不把眼神收回。

(13) 我有点儿吃惊，毕竟这么多年了，她怎么舍得的，但想想对于农人，生活中哪有这么多秋风扫落叶的诗情画意，他们在乎的是实惠，我其实想听到从她口中说出银杏最终卖给一个好人家的回答。

(14)“舍得，有什么舍不得的——叶子那么多。”她捋了下额前垂落的一缕白发，叹了两声，眼神幽幽地落在我脚上，低着头。

(15)“我——能给你拍张照片吗？”我下意识地蹦出这么一句，我想留下点儿什么，我自己也说不出是什么，是为我自己，是为她，还是为它。

(16) 她因为吃惊，露出拘谨的笑容：“啊呀——我从没有用手机拍过照片，今天穿的衣服——不好看，你等我下。”

（17）她把握在手中的扫帚重重垂靠在围墙的护栏上，手不知道抓在哪里，松开又捏紧，在衣角上拧来拧去，突然凑近了，去倚靠她那棵白果树，僵直的脖子努力避开衣领的摩挲，腿在树干旁微微抖颤。

（18）我最终还是没有按下手机按键。

1．本文记叙了发生在留奶奶与银杏上的几件事，请你简要概括说明。

2．请赏析文中画线句子的表达效果。

“那会儿村庄虽被密不透风的各种树木所掩，但是敏锐精干的她能立刻觉察到银杏树正遭受一场劫难，匆匆甩开手中的农具，边大声喊边提着裤脚管，一溜烟地往家冲，‘毛孩子，兔崽子，看我不抓到你们！’直直撸起袖子，一双粗壮的手臂被太阳晒得不成样了，像从淤泥刨出而久置空气下变成焦黄的藕片的外皮。”

3．最后一句，作者为什么没有按下手机按键？

4．第（17）段，“她把握在手中的扫帚重重垂靠在围墙的护栏上，手不知道抓在哪里，松开又捏紧，在衣角上拧来拧去，突然凑近了，去倚靠她那棵白果树，僵直的脖子努力避开衣领的摩挲，腿在树干旁微微抖颤。”从这段描写中我们可以看出留奶奶什么样的内心活动？

5．文中的银杏代表了什么？

参考答案：

1．（1）留奶奶精心养护银杏，将银杏变得枝壮叶厚，表现了留奶奶的勤劳能干。

(2) 守护着银杏，防止村中孩童偷银杏果，表现了留奶奶对银杏的珍视。

(3) 分银杏果，表达了乡民淳朴、善良的本性。

(4) 年老的留奶奶要卖银杏树，从侧面说明了留守老人的无奈，孤苦的心境。

2．画线句子使用了语言描写和动作描写，刻画了留奶奶雷厉风行、能干勤劳的性格，与后面年纪大时的状态形成鲜明的对比，渲染了留奶奶晚年生活的孤单、无力感，应用了比喻的修辞手法，将手臂比喻成藕片的外皮，表现了留奶奶常年劳作辛苦，她对家里日复一日的辛苦的付出跃然纸上，形象生动。

3．想到年轻时候的留奶奶精神抖擞、风光无限，现在却孤身一人，子女不在身边，充满了对留守老人的怜爱与同情，也表现了作者对过往童年时光的追忆。

4．内心的不舍与迷茫，年轻时候为了家庭子女倾情付出，换得现在一身孤苦，连一直陪伴自已的银杏也要被移走，物质的富足替代不了内心的虚无，整个人变得没有精神气，内心寻不到温暖，通过这一系列动作描写反映了内心的不安。

5．(1) 从侧面反映了留奶奶年轻时候的勤劳能干，将银杏打理得枝繁叶茂。

(2) 银杏也代表亲情的陪伴，不管发生什么事情，银杏一直在留奶奶身边，成了她的精神支柱，银杏的搬离，表达了留守老人内心的孤独、彷徨，精神世界的坍塌。

(3) 银杏也代表童年的乐趣，表达了相邻之间淳朴、温暖的乡土亲情。